日本思想大系 4

最澄

安藤俊雄
薗田香融

岩波書店刊行

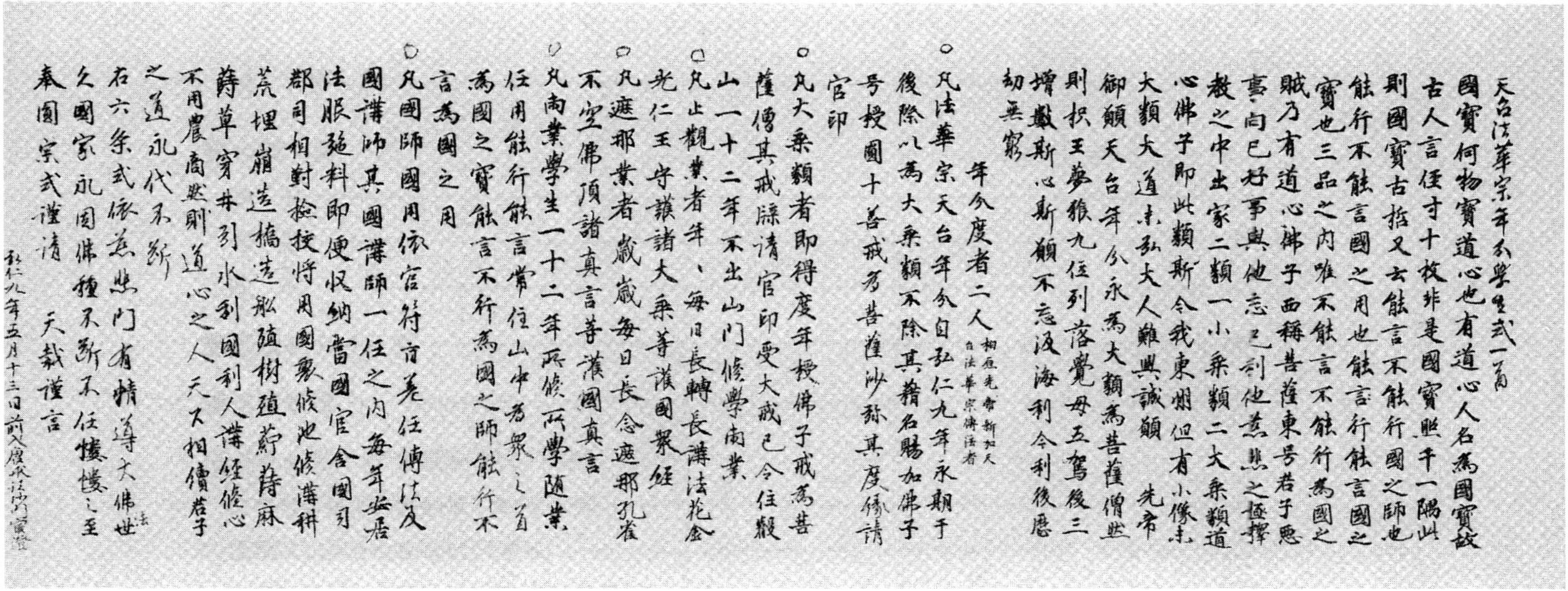

天台法華宗年分學生式一首
國寶何物寶道心也有道心人名爲國寶故
古人言徑寸十枚非是國寶照千一隅此
則國寶古哲又云能言不能行國之師也
能行不能言國之用也能行能言國之
寶也三品之内唯不能言不能行爲國之
賊乃有道心佛子西稱菩薩東号君子悪
事向己好事與他忘己利他慈悲之極釋
教之中出家二類一小乘類二大乘類道
心佛子即此類斯今我東州但有小像未
大類大道未弘大人難興誠願 先帝
御願天台年分永爲大類爲菩薩僧然
則枳王夢猴九位列落覺母五駕後三
増轍斯心斯願不忘汲海利今利後歴
劫無窮
年分度者二人 柏原先帝新加天台法華宗傳法者
○凡法華宗天台年分自弘仁九年永期于
後際以爲大乘類不除其籍名賜加佛子
号授圓十善戒爲菩薩沙弥其度縁請
官印
○凡大乘類者即得度年授佛子戒爲菩
薩僧其戒牒請官印受大戒已令住叡
山一十二年不出山門修學両業
○凡止觀業者年年毎日長轉長講法花金
光仁王守護諸大乘等護國衆經
○凡遮那業者歳歳毎日長念遮那孔雀
不空佛頂諸真言等護國真言
○凡両業學生一十二年所修所學隨業
任用能行能言常住山中爲衆之首
爲國之寶能言不能行爲國之師能行不
言爲國之用
○凡國師國用依官符旨差任傳法及
國講師其國講師一任之内毎年安居
法服施料即便收納當國官舎國司
郡司相對検校將用國裏修池修溝耕
荒埋崩造橋造船殖樹殖紵蒔麻
蒔草穿井引水利國利人講経修心
不用農商然則道心之人天下相續君子
之道永代不断
右六条式依慈悲門有情導大佛法世
久國家永固佛種不断不任慺慺之至
奉圓宗式謹請 天裁謹言
弘仁九年五月十三日前入唐求法沙門最澄

天台法華宗年分学生式一首（六条式）　最澄自筆　　比叡山延暦寺蔵

目次

凡例

底本について

一、本書に収録したものの底本は、次の通りである。

顕戒論——叡山文庫浄土院所蔵寛延二年版本。

顕戒論を上るの表——石山寺所蔵写本「叡山大師伝」より。

顕戒論縁起——大谷大学所蔵享保元年版本。

山家学生式　付 得業学生式・表文

天台法華宗年分学生式一首(六条式)——比叡山延暦寺所蔵最澄自筆「天台法華宗年分縁起」より。

勧奨天台宗年分学生式(八条式)——叡山文庫浄土院所蔵寛延二年版本。

天台法華宗年分度者回小向大式(四条式)——同右。

比叡山天台法華院得業学生式——「伝教大師全集」。

先帝御願の天台年分度者を法華経に随って菩薩の出家となすを請ふの表一首——比叡山延暦寺所蔵最澄自筆「天台法華宗年分縁起」より。

大乗戒を立つることを請ふの表——石山寺所蔵写本「叡山大師伝」より。

守護国界章——大谷大学所蔵享保十八年版本。

決権実論――「伝教大師全集」。
願文――石山寺所蔵写本「叡山大師伝」より。

本文について

一、すべて訓み下し文を以て本文とし、原漢文は、後に一括して掲げた。
一、漢字は新字体を使用し、俗字・古字・略字などは通行の字体に改めたが、特定の漢字については、底本のままの字体を用いたものもある(例　慧、鑒、癡、著)。
一、本文のかなづかいは、歴史的かなづかいによった。
一、振りがなは、すべて校注者の施したものである。これは現代かなづかいによった。
一、適宜、段落(改行)を設け、句読点や並列点(・)を施し、「　」「　」『　』をつけた。
一、底本の二行割書きは、〈　〉に入れ、小字で一行に組んだ。
一、闕字・平出は、すべて底本のままとした。
一、誤字・脱字とみられるものは、他本により、または校注者の意によって訂補し、それぞれについて原則として注記した。補った場合は(　)に入れた。
一、「顕戒論」「顕戒論縁起」における、牒・公験などの体裁(日付・署名など)については、必ずしも底本の通りにはせず、正式の書式に従って整えたが、一々注記はしなかった。

原漢文について

一、適宜、段落を設け、句点を施した。

一、訓み下し文で訂補した誤字・脱字などは、原漢文では正さずに、底本のままとし、その右傍あるいは字間に・(黒点)を付した。

一、版本に付されている返り点と送りがなは、省略した。

注について

一、重要語句・事項、ならびに、頭注に収まりきらなかったものは、補注に記した。補注のある項目には、頭注の末尾に「↓補」とした。

一、「顕戒論」「顕戒論縁起」「八条式」「四条式」「守護国界章」(以上版本)、および「決権実論」(伝教大師全集)の底本には、本文の上欄に校異に関する注記があり、参照すべき点があるので、必要に応じて掲げておいた。

一、「正蔵」「続蔵」「伝全」は、それぞれ「大正新脩大蔵経」「大日本続蔵経」「伝教大師全集」の略である。

一、「正蔵」の並み数字は巻数、平数字はページ数、abcは、それぞれ、上・中・下段であることをあらわす。「伝全」もこれに準ずる。例　正蔵五二、一六〇b――大正新脩大蔵経五十二巻一六〇ページ中段。

一、底本の使用について便宜を賜わった各所蔵家、ならびに、御協力をいただいた方々に、深く感謝の意を表する。

一、安藤と薗田の執筆分担その他、本書が成るまでのいきさつについては、とくに解説の「後記」を見られたい。

顕戒論

最澄畢生の念願であった大乗戒建立の根本理念と成立根拠を述べた書で、最澄の主著とみなされるもの。弘仁九年(八一八)三月、小乗二百五十戒の棄捨を宣言し、比叡山上に大乗戒壇を独立させることを決意した最澄は、同年五月から翌年三月にかけて、三種の学生式(六条式・八条式・四条式)を撰上して、大戒建立の勅許を請うたが、僧綱側は天皇の下問に答えて、南都諸大寺の意見をまとめ、四条式に対する駁論を造り、大戒建立に反対する理由を上奏した。本書は、僧綱の表対に答えて執筆されたもので、上中下三巻より成り、上巻に二篇、中・下巻に三篇、都合五篇を収める。第一篇では、僧綱の上表に対して逐一論破を加え、第二篇では、四条式第一条に述べた三寺の別を明らかにし、第三篇では、同じく第二条に述べた文殊上座の制の根拠を示し、第四篇では、同じく第三条に述べた大乗僧戒の成立する証文を集め、第五篇では、四条式第四条所述の大乗戒の授戒法のよりどころとなった証文を集めている。大戒の勅許は最澄の生前には実現を見なかったが、本書の呈上されるや、僧綱側は沈黙を余儀なくされ、ついに大乗戒の勅許、ひいては天台宗団の僧綱支配からの離脱が果たされた。宗派仏教の成立の基礎を与えた、仏教教団史上、注目すべき意義を荷う書である。弘仁十一年(八二〇)、最澄五十四歳の撰。底本には叡山文庫浄土院所蔵寛延二年版本を用いた。

顕《けん》戒《かい》論《ろん》　巻上

前入唐受法沙門《さきのにっとうじゅほうしゃもん》*伝燈法師位《でんとうほっしい》最澄《さいちょう》撰す

*稽首《けいしゅ》す十方の*常寂光《じょうじゃっこう》　常住内証《ないしょう》の*三身仏《さんじんぶつ》
*実報《じっぽう》・方便《ほうべん》・同居《どうこ》の土《ど》　大悲示現《じげん》の*大日尊
稽首す十方の*真如性《しんにょしょう》　妙法《みょうほう》*一乗真実教《いちじょうしんじつきょう》
*四教《しきょう》・*五味《ごみ》・権実《ごんじつ》等　*八万法蔵一切経
稽首す十方の*内眷属　大智大悲大三昧
*第一義《だいいちぎ》諦和《たいわ》合僧《ごうそう》　*地前地上《じぜんじじょう》の諸菩薩《ぼさつ》
帰命《きみょう》す*台蔵の盧舎那《るしゃな》　千華百億の釈迦尊
帰命す*仏性一実戒　*十重四十八軽戒
帰命す*上座如来母　文殊師利大菩薩
帰命す*妙海王子等　二十有余の諸菩薩
帰命す*南嶽・天台等　伝戒師師諸《もろもろ》の聖衆
我れ今一乗戒を顕発して　一切の諸の有情《うじょう》を利楽《りぎょう》せん
*円戒を開かんがためにこの論を造る　仰ぎ願はくは常住の深*三宝

伝燈法師位　天平宝字四年(七六〇)に制定された僧位十三階のうち、伝燈大法師位につぐ二番目の位。
稽首　頭を地につけて礼拝すること。
常寂光・実報・方便・同居　→補
三身仏　仏身に法身(ほっしん)、報身(ほうじん)、応身(おうじん)の三種身がある。
大日尊　仏陀を日光に喩えた尊称。
真如性　ものごとのありのままのすがた。真理。
一乗真実教　法華経に説かれる一乗真実。一乗とはすべての衆生が等しく最高の悟りである仏陀になる教えであって、三種類の悟りがあるという三乗教の方便と区別される。
四教　→補
五味　→補
八万法蔵　仏陀の教え(法蔵)には八万の法門があるとせられる。
内眷属　仏法を求め仏法を守護する衆生。法華経従地涌出品にある涌出の菩薩など。
第一義諦和合僧　小乗の声聞(しょうもん)僧に対して、大乗の菩薩僧をいう。
地前地上　菩薩修行の段階に十地という位があり、その最初の位を初地という。地前とは初地以前の菩薩、地上とは初地以上の菩薩をいう。
台蔵の盧舎那…　梵網経に説かれる蓮華台蔵世界の中心には華台があって盧舎那仏がおり、その華台には千葉の蓮華があって千釈迦があり、千世界をなし、その一世界にまた百億

冥護顕護して妨難なからしめたまへ　戒を伝へ国を護りて後際を尽さん
*二種の生死の諸の有情　非を防ぎ悪を止めて仏種を護り
一心法性の本を開悟して　自《おのずか》ら法楽を受けて寂光に遊ばしめん

恭《うやうや》しく聞《ぶん》す。*在俗の君子すら己《おの》が長を恃《たの》むことなし。いはんやこの沙門《しやもん》、何ぞ彼の短を談ぜん。ああ、*玄を守りて黙せんと欲すれば、円戒まさに泯ぜんとす。世に順じて言を発すれば、是非絶え難し。これを以て、顕戒論を造りて　*弘仁の君《きみ》に進む。伏して惟《おもんみ》れば、皇帝陛下、*明、日月に等しく、徳、天地に同じ。政、*五常を行ひ、教、*一味を信ず。弘仁外《ほか》なく、賢臣隠るることなし。*仏日、重ねて光り、*内証の道興《おこ》る。円教の大戒必ず興顕すべきの時なり。*蘭若《らんにゃ》の禅窟《ぜんくつ》必ず建立すべきの日なり。所以《ゆえ》に*三寺の文を挙げて大乗の院を請ひ、*文殊の位を定めて*菩薩僧を望む。原《たず》ぬるにそれ、*白牛《びやくご》を賜ふの朝《あした》、*三車を用ひず。*家業を得るの夕《ゆうべ》、何ぞ除糞を須《もち》ひん。故に経に云く、*正直《ただち》に方便を捨ててただ無上道を説くと。また云く、*今の作《な》すべき所、ただ仏の智慧なりと。まさに今、*六統勢を振ひて仏戒を抑没《よくもつ》し、群釈口を憑《たの》みて対論を強募す。*三百もつて心を刺す。何ぞ口を緘《つぐ》むことを得ん。且《しばら》く*直筆もつて口に代《か》へ、以て万が一を陳ぶ。伏して願はくは、明君、幸に*殿最を照したまへ。この論三巻、上中下あり。その篇目を録して先づ大綱を発すと云ふのみ。

釈迦があり、百億世界をなすという。
仏性一実戒　最澄の円頓戒(梵網戒)のことで、従来の具足戒に対していう。仏性戒は涅槃経に説かれている。
十重四十八軽戒　→補
上座如来母…　文殊を諸仏諸菩薩の父母とする説は放鉢経等に見える。文殊を上座とすることについては、巻中の「文殊の上座を開顕する篇第三」を参照。
妙海王子等　内証仏法血脈譜の菩薩戒相承によれば、盧舎那仏より妙海王子・逸多菩薩等の二十余菩薩に次第相付され、鳩摩羅什に至るとする(伝全一、三二)。
南嶽・天台　南嶽慧思禅師と、天台大師智顗。→補
円戒　円教の戒、即ち円頓戒。
三宝　仏・法・僧の三宝。
二種の生死　分段生死と、変易生死。→補
在俗の君子…　後漢の崔子玉の座右銘に「人の短を道(い)ふことなかれ。己れの長を説くことなかれ」という。
玄を守りて…　言葉を超えた深遠な真理については語りたくない、という意味。揚雄の解嘲に「玄を知り黙を知るは道を守るの極なり」という。
弘仁の君　嵯峨天皇。
明、日月に…　周易乾卦に「それ大人は天地とその徳を合し、日月とその明を合す」という。
五常　仁・義・礼・智・信。

顕戒論巻上　両篇　十三明拠

雲を開きて月を顕はす篇第一

三寺有る所の国を開*顕する篇第二

大日本国、大乗寺を先にし兼行寺を後にするの明拠を開示す　一

寺を建つる本願に差別あるの明拠を開示す　二

鳴鐘の無遮は現事に違するの明拠を開示す　三

初修業の菩薩、小乗寺に同ぜざるの明拠を開示す　四

小律儀に同ずる菩薩と小律儀に同ぜざる菩薩との明拠を開示す　五

四種三昧院の明拠を開示す　六

大乗得定の者の明拠を開示す　七

利他の故に小律儀を受くるの明拠を開示す　八

上品の殊勝は大乗の意にあらざるの明拠を開示す　九

菩薩、利他の故に外に声聞の相を現ずるの明拠を開示す　十

叡山、大天に類せざるの明拠を開示す　十一

分部に是なく非なきの明拠を開示す　十二

滅後の分部住持の明拠を開示す　十三

一味　一乗の教をいう。
仏日　仏陀を日光に喩える。
内証　仏自らの悟り。具体的には法華の教法をいう。
蘭若　阿蘭若。梵語アランニャの音写。比丘が居住して修行するにふさわしい、人里はなれた静かな場所。
三寺の文　四条式の冒頭の文を指す。三寺とは小乗寺・大乗寺・大小兼行寺のこと。
文殊の位　本文五九頁以下参照。
菩薩僧　大乗戒によって出家せる僧。本文七二頁以下参照。
白牛を賜ふ…　法華経譬喩品の火宅喩による。→補
三車　→補
家業を得る…　法華経信解品の長者窮子喩による。→補
正直に…　法華経方便品の文(正蔵九、一〇a)。
今の作すべき所…　法華経譬喩品の文(正蔵九、一五a)。
六統　僧綱の表に連署した六人の僧綱(一七頁)。
三百もって…　三百の矛をもって胸を刺すほどのいたみ。梵網経巻下(正蔵二四、一〇〇五a)。
直筆　ありのままを書くこと。曲筆に対する語。
殿最　功労及び成績を調べて、上功を最といい、下功を殿という。軍功考課の差等などに用いる語。

顕戒論巻中　三篇　二十九明拠

文殊の上座を開顕する篇第三

大乗の大僧戒を開顕する篇第四

顕　底本「示」を本文の内題によって改む。

僧　底本なし。本文の内題によって補う。

戒　本文の内題にこの字なし。

回直の 底本「回直」なし。本文の内題によって補う。

等　底本なし。本文の内題によって補う。

宮中の出家　底本「出家貢名住邑犯禁」を本文の内題によって改む。

慧　本文の内題にこの字なし。

必ず　本文の内題に「必」字なし。

過　本文の内題にこの字なし。

六統　↓一〇頁注

重ねて箴し重ねて弾ず　↓補

護命　七五〇―八三四。法相宗。元興寺の僧。当時大僧都で、僧綱を代表する立場にあった。

天台の式并に表　山家学生式（六条式・八条式・四条式）と表文。

式　律・令・格・式の一。執式、即ち施行細則を式という。

生　衆生。

独り治めず（不独治）　底本「独不治」を改む。底本上欄に「独不二字疑倒」。

華台の舎那　蓮華蔵華台の毘盧舎那仏。↓八頁注「台蔵の盧舎那…」

一乗の円宗　三乗（菩薩・縁覚・声

雲を開きて月を顕はす篇第一

前入唐沙門最澄*重ねて箴し重ねて弾ず

大日本国*六統表

沙門*護命等謹んで言《もう》す。

僧最澄奉献せる*天台の式幷に表、教理に合はざるを奏するの事

沙門護命等聞く。*式を立てて民を制するは必ず国主に資《よ》り、教を設けて*生を利するは良《まこと》に法王にあり。〈箴《しん》して曰く、君、*独《ひと》り治めず、必ず良臣を須《もち》ふ。臣、一善を得れば、必ずその君に献《たてまつ》る。いはんや万善を得て、あに君に献らざらんや。梵網の教は生を利するの敵制なり。*華台の舎那、いづくんぞ法王にあらざらんや。〉国主の制に非ざれば以て遵行することなく、法王の教に非ざれば以て信受することなけん。〈箴して曰く、*一乗の円宗は先帝の制なり。海内の*緇素《しそ》、誰れか遵行せざらん。*心地の円戒は千仏の大戒なり。*闡提《せんだい》を除きて外《ほか》、誰れか信受せざらん。〉故に仏自ら戒を制す。菩薩等に非ず。〈箴して曰く、*五十八戒は舎那の自制なり。なほ小仏の制に非ず。いはんや菩薩等に属せんや。〉

仏在世の時は弟子諍《あらそ》ふことなし。*正像に至るに及びて異見競ひ起り、遂に*弱植の徒をして偽弁に随つて以て長く迷はしめ、*倒置の倫《ともがら》をして邪説を*逐つて永く溺れしむ。〈弾じて曰く、*調達の異見、あに仏の世に非ずや。*善星《ぜんしょう》の不信、已に仏の時にあり。*仏性の諍、正像に興ると雖も、而も能《よ》く過を洗ふ。何ぞ偽弁と称せん。*空有の見、*像末に起ると雖も、而も能く迷を断ず。何ぞ邪説となさん。その長迷永溺するは、これ学者の失なるが猶《ごと》し。〉所以《ゆえ》に*四依の菩薩は論を造りて

聞)の区別なく、すべての衆生が等しく仏になるという宗旨。天台宗のこと。

緇素　緇は黒衣で出家、素は白衣で俗人のこと。

心地の円戒　梵網経には戒を心地といい、天台はこれを円頓戒とする。

闡提　一闡提。梵語イッチャンティカの音写。信不具足といわれ、永久に成仏し得ないものとされる。

五十八戒　→八頁「十重四十八軽戒」補

正像・像末　→補

弱植の徒　意志の弱い人。

倒置の倫　考えの間違っている人。

逐　底本「遂」を改む。底本上欄に「遂疑逐」。

調達　提婆達多。釈尊に背き、独自の教団を組織して対抗したという。

善星　釈尊の弟子で、邪見を起し、仏の教えを信ぜず、尼連禅河の畔で生きながら地獄に落ちたという。

仏性の諍　→補

空有の見　空とか有とかに執われる見解。

四依の菩薩　十地等覚の位にある菩薩。

馬鳴…世親　→補

則　底本「忌」を改む。底本上欄に「忌疑誤当作則」。

起信…仏性　→補

四教　→八頁補

六度　六波羅蜜。→補

宗を会《え》し、三乗の賢聖は教に順じて旨を述ぶ。〈箴して曰く、四依の菩薩は則ち*馬鳴《めみよう》・竜樹《りゆうじゆ》・弥《み》勒《ろく》・無著《むじやく》・堅恵《けんね》・世親《せしん》なり。所造の論等は則ち*起信・*中・門・瑜伽《ゆが》・顕揚・宝性・仏性なり。四依、論を造るに、権《ごん》あり実あり。三乗、旨を述ぶるに、三あり一あり。所以《ゆえ》に天台智者、三乗の旨に順じて*四教の階を定め、一実の教に依つて一仏乗を建つ。*六度に別あり。戒度何ぞ同じからん。受法同じからず。威儀あに同じからんや。この故に、天台の伝法深く四依に依りまた仏経に順ず。あに*胸臆ならんや。〉

漢の明帝、*永平三年、*夢に金人を見ることありしより以来《このかた》、像教東に流れて霊瑞一に非ず。〈弾じて曰く、「自有漢明」より「霊瑞非一」に至るは、これ則ち*破邪論の文なり。その論のこの文の意は、仏法を救はんがための故に、*奕《えき》に対してこの文を造れり。今この上式の意は、仏戒を顕はさんがための故に、*権に対してこの式を造る。已に望む所同じからず。明らかに知んぬ、文を案ずること謬れりと。また漢帝の夢見、永平三年なりとは、その論の謬文なり。謹んで*開元・貞元の二録を案ずるに、漢帝の夢見は永平七年なり。謬文を簡ばず、輙《たやす》く上表に載す。忠となすに足らざるなり。〉*摩騰・法蘭、聖旨を前に導き、*羅什・真諦、微言を後に闡《ひら》く。〈弾じて曰く、摩騰・法蘭はただ小乗を伝へ、羅什・真諦は大小を兼ねて伝ふ。*大乗の布薩《ふさつ》、文殊を敬ふと雖も、未だ座を別《わか》たず、また国制なきなり。〉*玄奘・*義浄、久しく西域を経《め》ぐり、聞く所、見る所、具《つぶさ》に漢地に伝ふ。〈弾じて曰く、玄奘・義浄は各《おのおの》*記伝を造り、大小の別学、具に両伝に載す。ただ伝の文を抜きて伝の義を案ぜず。ああ玉を*埋むるの歟、あに免るることを得べけんや。〉我が日本国、*志貴嶋宮御宇天皇、歳戊午に次るとき、*百済の王、仏法を奉渡す。聖君の敬崇、今に至りて絶えず。〈弾じ・

胸臆　自分勝手な思惑(おもわく)。
永平三年　六〇年(西暦)。
夢に金人を…　→補
破邪論　唐の太史令傅奕(ふえき)が仏法を廃すべきことを天子に上奏したのに対し、法琳はこの論を作って反論し仏法を救おうとした。ここに引用された文は、破邪論巻上に見える。広弘明集巻十一(正蔵五二、一六〇b)。
奕　傅奕のこと。前項参照。
権　方便の教え。
開元・貞元の二録　唐の智昇撰、開元釈教録(→六一頁注「開元目録」)と、唐の円照撰、貞元新定釈教目録(→七一頁注「貞元釈教録」)。
摩騰・法蘭　迦葉摩騰と竺法蘭。ともに中インドの人で、漢訳最古の経典、四十二章経を訳出したと伝えられている。
羅什・真諦　→補
大乗の布薩　→補
玄奘　→補
義浄　→補
記伝　玄奘の「大唐西域記」(→一九頁注「玄奘三蔵の西域伝」)と、義浄の「南海寄帰内法伝」(→二七頁注)。
埋むる　顕戒論賛宗鈔では、韓非子の故事により「埋」を「理(みが)」と読んでいるが、今は底本通りに読む。
志貴嶋宮御宇天皇　欽明天皇。
百済の王　明王。日本書紀によれば欽明天皇の十三年(五五二)、わが国にはじめて仏像・経巻を送った。

て曰く、天皇の即位は元年*庚申なり。御宇正しく三十二歳を経《へ》たり。謹んで歳次暦を案ずるに、都《すべ》て戊午の歳なし。*元興の縁起、戊午の歳を取るは巳に実録に乖《そむ》く。敬崇の言、未だその理を尽さず。*沈焼の事理、すべからく注載すべし。〉

入唐の学生《がくしょう》、*道照・*道慈等、往きて明師に逢ひて学業抜萃なり。天竺の*菩提、唐朝の*鑒真等、徳を感じ化に帰して遺教を伝通す。かくの如きの人等、徳、時に高きも都《すべ》て異議なかりき。〈弾じて曰く、道照の入唐は*麟徳以前、道慈の向唐は*開元年中なり。この両《ふたり》の学僧、何ぞ後の制を知らん。また*印土の菩提、支那の鑒真、*天宝の載、大唐を辞し、勝宝の年、日本に到る。上座の制、未だ唐国に興らず。二方の両徳、何ぞ異議あらん。〉而して僧最澄、未だ唐都を見ず、ただ辺州にありて即便《すなわ》ち還り来り、今私に式を造りて輙《たやす》く以て奉献す。〈弾じて曰く、最澄・*義真等、延暦末年、使を大唐に奉じ、道を天台に尋ぬ。謹んで*国徳を蒙りて台州に到ることを得。即ち当州の*刺史*陸淳、求法の誠を感じて、遂に天台の*道邃和上《どうずいわじょう》に付す。和上、慈悲にして、*一心三観を一言に伝へ、菩薩の円戒を至信に授く。天台一家の法門、巳に具はる。また明州の刺史*鄭審則《ていしんそく》、更に越州に遂《わた》して*灌頂を受けしむ。幸に*泰嶽霊《たいがくれい》*巌寺《がんじ》*順暁和上《じゅんぎょうわじょう》に遇《あ》ふ。和上、*鏡湖東嶽の峰山道場に両部の*灌頂を授け、種種の道具を与ふ。受法巳《すで》に畢《おわ》りて船所に還帰す。大使、処分して第一船に乗らしむ。遂に藤纜《とうらん》を*望海に解き、布帆を西風に上ぐ。鷁旗《げきき》東に流れ、竜船、岸に著く。法宝を頂戴して*金闕《きんけつ》に復命す。*主上、随喜して新法を頂礼し、*六学生を差して円教の学を奨め、*八大徳を屈して灌頂の水を飲ましむ。更に仏頂壇を建てて*十律師に灌頂せしむ。新の両業を伝へんがため毎年二人を度す。また有司に命じて*公験を最澄等に給ふ。謹んで公験に因順して円の三学を請ず。まさに今造る所の式は*先帝の

庚申　五四〇年。戊午は五三八年。欽明天皇の治世(五四〇—五七一)の間に戊午歳はないことを指している。

元興の縁起　元興寺伽藍縁起幷流記資財帳。

沈焼の事理　物部守屋等の上奏により、敏達天皇が仏像を難波の堀江に捨てさせ、寺を焼かせたこと。

道照　六二九—七〇〇。六五三年入唐し、日本にはじめて法相宗を伝える。

道慈　六七〇頃—七四四。七〇一年入唐。主として三論宗を学ぶ。

菩提　七〇四—七六〇。菩提僊那(ぼだいせんな)。七三六年に来日。東大寺大仏の開眼供養の導師。

鑒真　↓補

麟徳　唐の年号(六六四—六六六)。

開元　唐の年号(七一三—七四一)。

印土　印度。インド。

天宝　唐の年号(七四二—七五五)。

義真　↓補

国徳を…　日本国の威徳によって。

刺史　州の長官。

陸淳　底本「陸綧」を改む。↓補

道邃　↓補

一心三観　↓補

鄭審則　↓補

灌頂　仏智を象徴する水を頂にかける密教儀式。仏位を継承させることを示す。↓補

泰嶽　泰山。山東省にあり。

巌　底本「厳」を改む。底本上欄に「厳疑巌」。

制を述ぶ。何ぞ私に造ることあらん。元由を知らずして輙《たやす》く私に造ると言ふ。あに忠言にあらんや。〉その文浅漏《せんろう》にして事理詳《つまびら》かならず。〈弾じて曰く、上式の文は*奕《えき》の文と同じからず。何ぞ浅漏なることあらん。仏戒の事理また奕の理と異なり。あに不詳なることあらんや。未だ両文を練《けみ》せず、直に論の文を写す。誰れか博覧の人、この文章を信ぜんや。〉法門を紊乱《びんらん》するのみに非ず、兼ねて復《ま》た*令条に違す。〈弾じて曰く、*三学を備ふ、これ紊乱に非ず。屈滞すれば直表す。何ぞ令条に違せん。〉誠にすべからく僧身を召対して教に依つて論定せしむべし。〈弾じて曰く、已に式の文あり、邪正定め易し。更に僧身を召して、何の定め難きことを問はんや。〉然れば則ち、玉石、貫を異にし、清濁、流を分《わか》たん。〈弾じて曰く、大小、寺を別《わか》ち、玉石、貫を異にす。受戒、師を異にして、清濁、流を分つ。それ*浮詞、理を隠し、強口、道を*関《ふさ》ぐ。誠にすべからく各《おのおの》明拠を開き、真に依つて真を吐くべし。いづくんぞ弁口に任せて欺に任せ誑に任せんや。〉敢へて愚見を以て軽《かるがる》しく威厳に触れ、伏して惶恐を増す。謹んで言《もう》す。〈弾じて曰く、君に事《つか》ふるの道、忠あり信あり。奏対、理に乖《そむ》く。罪、帰する所あり。人を抑へ道を隠す。あに恐惶にあらんや。〉

弘仁十年五月十九日

大僧都伝燈大法師位　*護命
少僧都伝燈大法師位　*長慧
少僧都伝燈大法師位　*狭山池所にあり
律師伝燈大法師位　*施平
律師伝燈大法師位　*豊安

順暁　→補
鏡湖　越州にあり。
両部　金剛界と胎蔵界の両部。
望海　望海県。明州のこと。
金闕　宮城。
主上　桓武天皇。
六学生　延暦二十四年(八〇五)秋、最澄帰朝の後、道証・守尊・修円・勤操・慈蘊・慈念らに詔して、最澄将来の天台法門を研究せしめた。
八大徳　延暦二十四年九月一日、高雄山寺に壇を建立し、最澄をして灌頂を行わしめた。受法者は、道証・修円・勤操・正能・正秀・広円等。なお円澄も加わったという。
十律師　延暦二十四年九月、さらに平安京の西郊に仏頂壇を建て、重ねて灌頂を勤修した。右の八大徳の外に、豊安・霊福・泰命等を加えた。十は概数であろう。
公験　伝法の公験。顕戒論縁起所収(一八一頁)。
先帝の制　桓武天皇の定めた天台宗年分度者の制。
奕　→一五頁注
令条　僧尼令第八条に「僧尼は所司に縁らず、輙(たやす)く表啓を上(まつ)るべからず」とある。
三学を備ふ　この文の中に脱字があるのではないか。底本上欄に「備字上下疑有脱字」。
浮詞　虚言。
関　底本「開」を改む。底本上欄に

律師伝燈大法師位　*修円
律師伝燈大法師位　*泰演

宗意忍び難く、且《しばら》く*不軽《ふぎょう》の伽陀《かだ》を説きて曰く、

西国より流伝する戒　*文殊上座多し
*六綱寂滅を求む　いづくんぞ*娑婆を愛せん
敬つて不軽の記を奉ず　当来に仏陀と作《な》れ
円妙の道を障《さ》ふることなく　彼の*珠鵝《しゅが》を済《すく》ふことをなせ

三寺有る所の国を開示する篇第二

*山家の式に曰く、

一　凡《およ》そ仏寺に三あり。

一には一向大乗寺　初修業菩薩の住する所の寺
二には一向小乗寺　一向小乗律師の住する所の寺
三には大小兼行寺　久修業菩薩の住する所の寺

天台法華宗の年分学生、并に*回心向大の初修業の者は、一十二年、深山の*四三昧院に住せしめ、得業以後、利他の故に、*小律儀を仮受せば、兼行寺に住することを許す。

「開道之開疑関」。
護命　→一三頁注
長慧　?—八二六。弘仁元年九月律師。のち大僧都に至る。
狭山池所にあり　勤操のこと。彼はこの時、狭山池所(大阪府南河内郡)に赴いて不在であった。勤操→補
施平　?—八二三。伝不詳。弘仁七年律師。
豊安　?—八四〇。律宗。唐招提寺の僧。如宝の弟子。のち大僧都に至る。

修円　→補
泰演　法相宗。元興寺の僧。勝虞の弟子。
不軽の伽陀　最澄は南都の法師達に対して弾箴したが、不軽菩薩の意(法華経常不軽品)にならって彼等も円妙の仏道を成就すべしと願って作った偈頌。
文殊上座　大乗寺は文殊菩薩を上座とする。巻中参照。
六綱　→一〇頁注「六統」
娑婆　梵語サハーの音写。堪忍土と訳す。この世界のこと。この世界は衆生の忍ぶべき苦悩多く、聖者もまた教化に忍ぶべきこと多きによって名づく。
珠鵝を…　→補
山家の式　ここは四条式。
回心向大　小乗の心をひるがえして大乗に向うこと。
四三昧院　四条式には「四種三昧

*僧統奏して曰く、件の三種の寺、今何れの処にかあると。〈已上奏の文〉

論じて曰く、*件の三種の寺とは、遠くは*五印度にあり、中は大唐国にあり、近くは*この間にあるべし。*小乗の学者、*大乗の学者、兼学大小の住する所の伽藍、これを名づけて寺となす。その文堕ちず。何に由つてか疑を致さんや。

謹んで*玄奘三蔵の西域伝を案ずるに、三学の国あり。具《つぶさ》に列《つら》ぬること左の如し。

第一、大乗を習学する国、略して一十五国

一に*迦畢試《かびし》国　周り四千余里。国の大都城、周り十余里。伽藍百余所。僧徒六千余人。並に多く大乗の法教を習学す。

二に*濫波《らんぱ》国　周り千余里。国の大都城、周り十余里。伽藍十余所。僧徒寡《すくな》し。並に多く大乗の法教を修学す。

三に*僧訶補羅《そうがぶら》国　周り三千五六百里。国の大都城、周り十四五里。伽藍三所〈二所は虚にして僧なし。一所は僧徒百余人〉。並に大乗教を学す。孤山の中に伽藍あり。僧徒二百余人。並に大乗の法教を学す。

四に*迦湿弥羅《かしゅみら》国　周り七千余里。国の大都城、南北十二三里、東西四五里。伽藍百余所。僧徒五千余人。大山に故伽藍あり。僧徒三十余人。並に大乗の法教を学す。

五に*毘羅刪拏《びらさぬ》国　周り二千余里。国の大都城、周り十余里。伽藍二所。僧徒三百人。並に皆な大乗の法教を習学す。

六に*摩掲陀《まかだ》国　周り五千余里。城に居人少く、邑に*編戸多し。伽藍五十余所。僧徒

院」。→四二頁注「四種三昧院」

小律儀　小乗の戒律威儀。

僧統　→補

件　底本「彼」を改む。底本上欄に「彼疑誤応作件」。

五印度　インドの総称。東・西・南・北・中のインド。

この間　わが国のこと。

小乗・大乗　→補

玄奘三蔵の西域伝　玄奘が六二九―六四五年の間、インド・西域を旅行した時に見聞した記録。大唐西域記。十二巻。

迦畢試国　カピシ。今のカーフリスターン地方。隋唐時代には罽賓（けいひん）という。

濫波国　ランパまたはランパカ。今のラグマーン地方。

僧訶補羅国　シンハプラ。今のケータース地方。インダス河の東岸にあり。

迦湿弥羅国　カシュミラ。今のカシュミールで、都はスリナガル。カニシカ王時代に三蔵の結集のあった処。南北朝時代には罽賓といった。

毘羅刪拏国　ヴィラシャーナ。今のエーター県ビルサリ地方。「刪」字、底本「那」を改む。底本上欄に「那伝作刪」。

摩掲陀国　マガダ。ガンジス河南方流域。今のパトナ地方及びその周辺。

編戸　戸を成して住む住民。

万有余人。並に多く宗として大乗の法教を習ふ。跋始婆《ばしば》僧伽藍《そうがらん》あり。僧徒七百余人。並に大乗の法教を学す。

七に*烏茶《うだ》国　周り七千余里。国の大都城、周り二十余里。伽藍百余所。僧徒万余人。並に皆な大乗の法教を習学す。

八に*羯餧伽《かりんが》国　周り五千余里。国の大都城、周り二十余里。伽藍十余所。僧徒五百余人。*大乗上座部の法を習学す。

九に*憍薩羅《こうさら》国　周り六千余里。国の大都城、周り四十余里。伽藍百余所。僧徒万人に減ず。並に皆な大乗の法教を習学す。

十に*僧伽羅《そうがら》国　周り七千余里。国の大都城、周り四十余里。伽藍数百所。僧徒二万余人。大乗上座部の法を遵行す。

十一に*蘇剌佗《そらだ》国　周り四千余里。国の大都城、周り三十余里。伽藍五十余所。僧徒三千余人。多く大乗上座部の法を学す。

十二に*伐剌拏《ばらな》国　周り四千余里。国の大都城、周り二十余里。伽藍数十。*荒圮《こうひ》已《すで》に多し。僧徒三百余人。並に大乗の法教を学す。

十三に*遭矩吒《そうくだ》国　周り七千余里。国の大都城、周り三十余里。三宝を敬崇す。伽藍数百所。僧徒万余人。並に皆な大乗の法教を習学す。

十四に*斫句迦《しゃくくか》国　周り千余里。国の大都城、周り十余里。伽藍数十。毀壊已《すで》に多し。僧徒百余人。大乗を習学す。

烏茶国　ウドラ。今のオリッサー州の北部、ウデープル。

羯餧伽国　カリンガ。南インド東海岸のヴィジアナグラムを中心とした地方。

大乗上座部　上座部(→二五頁注)は普通、小乗諸部の根本とされるが、大乗に属する上座部もあったことがわかる。

憍薩羅国　コーサラ。中インドの最南にあり、今のシルプルが首都。舎衛城のあるコーサラとは異なる。

僧伽羅国　シンハラ。今のセイロン島。

蘇剌佗国　スラストラネ。今のカーティアーワール半島の南部。

伐剌拏国　バラナまたはハラナ。今のクツラム河沿いのナワル湖東部。

荒圮　荒れくずること。

遭矩吒国　ジャークダ。今のガズニ及びグザルを中心とする地方。二つの都城あり。

斫句迦国　チャカーカ。沮渠(しょきょ)。新疆ウィグル自治区莎車県ヤーカルシド。その南カルガリクとする説もある。

十五に*瞿薩旦那《くさだんな》国　周り四千余里。伽藍百有余所。僧徒五千余人。並に多く大乗の法教を習学す。

第二、大小を兼学する国、一十五国

一に*闍爛達羅《じやらんたら》国　東西千余里、南北八百余里。国の大都城、周り十二三里。伽藍五十余所。僧徒二千余人。大小二乗を専門に習学す。

二に*屈露多《くろた》国　周り三千余里。国の大都城、周り十四五里。伽藍二十余所。僧徒千余人。多く大乗を学し、少しく諸部を習ふ。

三に*秣菟羅《まとら》国　周り五千余里。国の大都城、周り二十余里。伽藍二十余所。僧徒二千余人。大小二乗を兼功習学す。

四に*羯若鞠闍《かにやきくじや》国　周り四千余里。国の大都城、長さ二十余里、広さ四五里。伽藍百余所。僧徒万余人。大小二乗を兼功習学す。

五に*阿踰陀《あゆだ》国　周り五千余里。国の大都城、周り二十余里。伽藍百有余所。僧徒三千余人。大乗・小乗を兼功習学す。

六に*弗栗恃《ふりつじ》国　周り四千余里。伽藍十余所。僧徒千人に減ず。大小二乗を兼功通学す。

七に*尼波羅《にはら》国　周り四千余里。国の大都城、周り二十余里。邪正を兼信す。伽藍天*祠、堵を接ぎ、隅を連ぬ。僧徒二千余人。大小二乗を兼功綜習す。

八に*奔那伐弾那《ふんなばつだな》国　周り四千余里。国の大都城、周り三十余里。伽藍二十余所。僧

瞿薩旦那国　クスターナ。于闐(うてん)。今の新疆ウィグル自治区和闐県。コータン地方。

闍爛達羅国　ジャランダラ。北インド、今のジャランダルにあたる。

屈露多国　クルータ。北インド、今のカングラー県クルー地方。

秣菟羅国　マトゥラー。中インド西北部、今のマットラ市にあたる。

羯若鞠闍国　カナークジャ。曲女城という。今のデリー東南のカナウジ。

阿踰陀国　アヨージャ。中インド、今のウード地方。世親が大小乗の論を製した寺院のあることで有名。

弗栗恃国　ウルジ。今のカーブル河流域、フピアーンにあたる。都城シンドゥリア。

尼波羅国　ニパラ。今のネパール。

天祠　天を拝する宗教(ペルシヤ系のマニ教など)の祠。

奔那伐弾那国　プニャヴァルダナ。今の北部ベンガル地方、パルヴァティプル。

徒三千余人。大小二乗を兼功綜習す。

九に*恭建那補羅国《きょうけんなぷら》　周り五千余里。国の大都城、周り三十余里。伽藍百余所。僧徒万余人。大小二乗を兼功綜習す。

十に*摩訶剌佗国《まからだ》　周り六千余里。国の大都城、周り三十余里。伽藍百余所。僧徒五千余人。大小二乗を兼功綜習す。

十一に*契吒国《けった》　周り三千余里。国の大都城、周り二十余里。伽藍十余所。僧徒千余人。大小二乗を兼功習学す。

十二に*鄔闍衍那国《うじゃえんな》　周り六千余里。国の大都城、周り三十余里。伽藍数十所。僧徒三百余人。大小二乗を兼功習学す。

十三に*鉢伐多国《はつばた》　周り五千余里。国の大都城、周り二十余里。伽藍十余所。僧徒千余人。大小二乗を兼功習学す。

十四に*狼掲羅国《らうがら》　東西南北、各《おのおの》数千里。国の大都城、周り三十余里。伽藍百余所。僧徒六千余人。大小二乗を兼功習学す。

十五に*活国《かつ》　周り三千余里。国の大都城、周り二十余里。伽藍十余所。僧徒数百人。大小二乗を兼功綜習す。

第三、ただ小乗を学する国、四十一国

一に*阿耆尼国《あぎに》　東西六百余里、南北四百余里。国の大都城、周り六七里。伽藍十余所。僧徒二千余人。小乗教を習学す。

恭建那補羅国　コンカナプラ。今のトゥンガバドラー河北岸のアマグンディ附近、カンプル。

摩訶剌佗国　マハーラタ。デカン高原のマラータ族所住の地方、ワーダー。

契吒国　クッチャ。今のカッチ島の中部にある大湖の北に位するカダ。

鄔闍衍那国　ウジャヤニ。今のウッジャインにあたる。

鉢伐多国　パルヴァタ。今のジャムー地方、サンバル湖の西南にあたるパルバサル。

狼掲羅国　ランガラ。今のカラチ地方。

活国　今のアフガニスタンのクンドゥス。

阿耆尼国　アグニ。今のカラシャール地方。タクラマカン沙漠の北辺にあり。

二に*屈支《くつし》国　東西千余里、南北六百余里。国の大都城、周り十七八里。伽藍百余所。僧徒五千余人。小乗教を習学す。

三に*跋禄迦《ばろか》国　東西六百余里、南北三百余里。国の大都城、周り五六里。伽藍数十所。僧徒千余人。小乗教を習学す。

四に*縛喝《ばくか》国　東西八百余里、南北四百余里。国の大都城、周り二十余里。伽藍百有余所。僧徒三千余人。並に皆な小乗の法教を習学す。

五に*梵衍那《ぼんえんな》国　東西二千余里、南北三百余里。国の大都城、長さ六七里。伽藍数十所。僧徒数千人。宗として小乗を学す。

六に*磔迦《たくか》国　周り万余里。国の大都城、周り二十余里。伽藍十所。僧徒百余人。並に小乗の法を学す。

七に*至那僕底《しなぼくち》国　周り二千余里。国の大都城、周り十四五里。伽藍十所。僧徒三百余人。*説一切有部を学す。

八に*波理夜呾羅《はりやたら》国　周り三千余里。国の大都城、周り十四五里。伽藍八所。僧徒寡《すくな》少し。小乗を習学す。

九に*薩他泥湿伐羅《さたにしばら》国　周り七千余里。国の大都城、周り二十余里。伽藍三所。僧徒七百余人。並に皆な小乗の法教を習学す。

十に*窣禄勤那《そろきんな》国　周り六千余里。国の大都城、周り二十余里。伽藍五所。僧徒千余人。多く小乗を学し、少しく余部を習ふ。

屈支国　クッチ。亀玆(じき)。今の新疆ウィグル自治区クッチャ。タクラマカン沙漠にあって、阿耆尼国とともに要衝の地。

跋禄迦国　バールカー。姑墨。今の新疆ウィグル自治区阿克蘇(あくす)にあり。

縛喝国　バクトラ。今のバルク。大夏のあった地方。

梵衍那国　梵音不明。ヒンズークシュ山脈の渓谷にあり。今のバーミヤン。

磔迦国　タクハ。今のビアース河とインダス河の間にある地方。

至那僕底国　シーナブクチ。漢封。今のフィローズプル地方、マジタ。

説一切有部　小乗二十部の一。上座部より出。薩婆多部、有部ともいう。三世実有・法体恒有を説くことにより有部という。小乗諸派のうち最も有力。

波理夜呾羅国　パーリヤートラ。今のバイラート。

薩他泥湿伐羅国　スターネーシュヴァラ。今のターネーサル。

窣禄勤那国　シュルグナ。今のデーフラ県地方にあたる。

十一に*秣底補羅国《まちぶら》　周り六千余里。国の大都城、周り二十余里。伽藍十余所。僧徒八百余人。多く小乗教を学す。

十二に*瞿毘霜那国《くびそうな》　周り二千余里。国の大都城、周り十四五里。伽藍二所。僧徒百余人。並に皆な小乗の法教を習学す。

十三に*堊醯掣呾羅《あひせいだら》国　周り三千余里。国の大都城、周り十七八里。伽藍十余所。僧徒千余人。並に皆な小乗*正量部の法を習学す。

十四に*劫比他《こうひた》国　周り二千余里。国の大都城、周り二十余里。伽藍四所。僧徒千余人。小乗正量部の法を学す。

十五に*阿耶穆佉《あやほきや》国　周り二千四五百里。国の大都城、周り二十余里。伽藍五所。僧徒千余人。小乗正量部の法を習学す。

十六に*鉢邏那伽《ばらやか》国　周り五千余里。国の大都城、周り二十余里。伽藍両所。僧徒寡少《すくな》し。並に皆な小乗の法教を学す。

十七に*憍賞弥《こうさんび》国　周り六千余里。国の大都城、周り三十余里。伽藍十余所。僧徒三百余人。小乗教を学す。

十八に*鞞索迦《びさっか》国　周り四千余里。国の大都城、周り十六里。伽藍二十余所。僧徒三千余人。並に小乗正量部の法を学す。

十九に*室羅伐悉底《しらばしち》国　周り六千余里。都城荒頽す。周り二十余里。伽藍数百所。僧徒寡少《すくな》し。正量部を学す。

秣底補羅国　マティプラ。窣禄勤那の東方、ガンジス河の対岸、ムザファルナガル地方。

瞿毘霜那国　ゴーヴィサナ。今のカーシプル地方。

堊醯掣呾羅国　アヒチャトラ。今のカシプル。

正量部　小乗二十部の一。犢子部より出で、正しい経量を行う意より正量部と名づく。

劫比他国　カピタ。仏が天より降下した所として有名。今のサンキーサ。

阿耶穆佉国　アヤムクハ。今のバルハルガリ。

鉢邏那伽国　プラヤーガ。ガンジス・ジムナ両河の合流地方、アラハーバード。

憍賞弥国　カウシャーンビ。もとヴァンサ国の首都。今のアラハーバードの東南にあたる。

鞞索迦国　ヴィシャカ。今のスワン地方。

室羅伐悉底国　シュラーヴァスティ。舎衛城。仏陀時代のコーサラ。

婆羅痆斯国　ヴァーラーナシ。波羅奈。今のベナーレス。
戦主国　今のガンジス河とソーン河とに挟まれた地方。都城ガージプル。
吠舎釐国　ヴァイサーリ。維摩経を説かれた所として有名。今のバサーリ。
伊爛拏鉢伐多国　イリナ・パルヴァタ。今のムンギール附近。
瞻波国　チャンパー。仏陀時代、十六大国の一たるアンガ国の首都。今のバーガルプル附近。
三摩呾吒国　サマタタ。今のベンガルの東南部、ガンジス河の大三角州地帯。
上座部　仏滅百年頃、仏教教団が分裂し、上座・大衆二部に分れた。これを根本分裂という。保守的な上座部は小乗仏教の起源となった。
羯羅拏蘇伐剌那国　カルナスヴァルナ。今のベンガルの西部。ガンジス河西方のバルハンプル附近。カルカッタの東北。
駄那羯磔迦国　ダナカタカ。今のグントゥールのダーラニュッタ。
大衆部　部派時代、保守的な上座部に対立した自由主義的な仏教部派。大乗仏教の母胎になったといわれている。
達羅毘荼国　ドラヴィダ。南インド全般を指すが、特に今のマドラス市西南地方。

二十に*婆羅痆斯国《ばらなし》　周り四千余里。国の大都城、長さ十八九里、広さ五六里。伽藍三十余所。僧徒三千余人。並に小乗正量部の法を学す。
二十一に*戦主国《せんしゅ》　周り二千余里。都城、周り十余里。伽藍十余所。僧徒千人に減ず。並に皆な小乗の教法を遵習す。
二十二に*吠舎釐国《べいしゃり》　周り五千余里。伽藍数百所。僧徒寡少《すくな》し。小乗正量部の法を習学す。
二十三に*伊爛拏鉢伐多国《いらんぬばはった》　周り三千余里。国の大都城、周り二十余里。伽藍十余所。僧徒四千余人。多く小乗正量部の法を学す。
二十四に*瞻波国《たんば》　周り四千余里。国の大都城、周り四十余里。伽藍数十所。僧徒二百余人。小乗教を習ふ。
二十五に*三摩呾吒国《さんまたた》　周り三千余里。国の大都城、周り二十余里。伽藍三十余所。僧徒二千余人。並に皆な上座部*の学を遵習す。
二十六に*羯羅拏蘇伐剌那国《からぬそばらな》　周り四千四五百里。国の大都城、周り二十余里。伽藍十余所。僧徒二千余人。小乗正量部の法を習学す。
二十七に*駄那羯磔迦国《だなかたくか》　周り六千余里。国の大都城、周り四十余里。伽藍二十余所。僧徒千余人。並に多く大衆部*の法を習学す。
二十八に*達羅毘荼国《だらびだ》　周り六千余里。国の大都城、周り三十余里。伽藍百余所。僧徒万余人。並に皆な上座部の法を遵学す。

二十九に*摩臘婆国《まらば》　周り六千余里。国の大都城、周り三十余里。伽藍数百所。僧徒二万余人。小乗正量部の法を習学す。

三十に*伐臘毘国《ばらび》　周り六千余里。国の大都城、周り三十余里。伽藍百余所。僧徒六千余人。多く小乗正量部の法を学す。

三十一に*阿難陀補羅国《あなんだふら》　周り二千余里。国の大都城、周り二十余里。伽藍十余所。僧徒千人に減ず。小乗正量部の法を習学す。

三十二に*瞿折羅国《くしゃら》　周り五千余里。国の大都城、周り三十余里。伽藍一所。*(僧徒)百余人。小乗教の説一切有部を習学す。

三十三に*信度国《しんど》　周り七千余里。国の大都城、周り三十余里。伽藍数百所。僧徒万余人。並に小乗正量部の法を学す。

三十四に*阿点婆翅羅国《あてんばしら》　周り五千余里。国の大都城、周り三十余里。伽藍八十余所。僧徒五千余人。並に小乗正量部の法を学す。

三十五に*波剌斯国《ぱらし》　周り数万里。国の大都城、周り四十余里。伽藍二三所。僧徒数百人。並に小乗教を学す。

三十六に*臂多勢羅国《びたしら》　周り三千余里。国の大都城、周り二十余里。伽藍五十余所。僧徒三千余人。並に小乗正量部の法を学す。

三十七に*阿軬荼国《あばんだ》　周り二千四五百里。国の大都城、周り二十余里。伽藍二十余所。僧徒二千余人。多く小乗正量部の法を学す。

摩臘婆国　マーラヴァ。今のカイラ、アフマダーバード地方。

伐臘毘国　ヴァラビー。今のカーティアーワール半島の東部。

阿難陀補羅国　アーナンダプラ。今のバローダのバドナガル附近。

瞿折羅国　グルジャラ。ケーサルにある。首都バルメル。

僧徒　底本なし。底本上欄に「百上疑脱僧徒二字」。

信度国　シンドゥ。今のシンドウの北部地方、今のアロールに首都があったという。

阿点婆翅羅国　アウドゥムバディラ。インダス河口地方ケーティにあり、今のカラチが首都だったという。「翅」字、底本「趐」を西域記によって改む。

波剌斯国　ペルシャ。今のイラン。

臂多勢羅国　ピタシーラー。今のブダプル。

阿軬荼国　アヴァンダ。ブタプルの西北マンガンド。

三十八に*安呾羅縛国《あんたらば》　周り三千余里。国の大都城、周り十四五里。伽藍三所。僧徒数十。然るに皆な大衆部の法を遵習す。

三十九に*羯盤陀国《かつばんだ》　周り二千余里。国の大都城、周り二十余里。伽藍十余所。僧徒五百余人。小乗教を習学す。

四十に*烏鎩国《うしゃ》　周り千余里。国の大都城、周り十余里。伽藍十余所。僧徒千人に減ず。小乗教を習学す。

四十一に*佉沙国《きゃしゃ》　周り五千余里。伽藍数百所。僧徒万余人。小乗教を習学す。

また謹んで*義浄三蔵の*南海寄帰内法伝の第一を案ずるに、云く、大乗・小乗の区分定まらず。*北天南海の郡は純《もっぱ》らこれ小乗、*神州赤県の郷は、意、大乗を存す。自余の諸処は大小雑行すと。〈已上伝の文〉

明らかに知んぬ、小大及び兼学具《つぶさ》に西域(伝)*に載せ、大小別修の事、また南海伝に出づ。而るに今、僧統奏して、「*件《くだん》の三種の寺、今何れの処にかある」と云ふは、未だ両伝を案ぜざるなり。

大日本国、大乗寺を先にし兼行寺を後にするの明拠を開示す　一

僧統奏して曰く、我が日本国、曾てこの寺なしと。〈已上奏の文〉

論じて曰く、*上宮が寺を建てしより二百余年、伽藍太《はなは》だ多し。あに三が中の一寺なからんや。また東大寺*深律師の論に云く、一向大乗寺、この間にまたあり。*行基僧正の四十九

安呾羅縛国　アンタラーヴァ。今のアマザン。
羯盤陀国　ガルバンド。今の新疆ウィグル自治区サリーコル渓谷。都城タシュクルガン。
烏鎩国　ウシャ。今の新疆ウィグル自治区ヤンギヒサール。
佉沙国　カシャ。疏勒。新疆ウィグル自治区カーシュガル。東西交通の要衝。
義浄三蔵　→一五頁「義浄」補
南海寄帰内法伝　四巻。義浄が六七一―六九五年に試みたインド・南海旅行の見聞録。以下の引用文は、正蔵五四、二c。
北天南海　北インドと南海諸国。
神州赤県　中国人が自国のことを、こういう。
伝　底本なし。底本上欄に「域下疑脱伝字」。
件の三種の寺　大乗寺・小乗寺・大小兼行寺をいう。
上宮　聖徳太子。
深律師　景深のこと。東大寺律宗の僧、法進の弟子。彼の迷方示正論に四条式の二十八失を摘出するという。
行基僧正の四十九院　行基は薬師寺の僧。のち大僧正。行基の足跡をとどめた所、みな道場が建ち、畿内に四十九院を数えるという。

院の如きを謂《い》ふ。また*伝戒の師僧来儀して、已に*大師の遺訓に依り、皆な声聞の*別解脱戒《べつげだつかい》を受けて比丘の菩薩となる。それより已後はこれ一向大乗の寺に非ずと。〈已上論の文〉

まさに知るべし、初時は称して一向大乗寺と*なす、後時は名づけて大小兼学寺となすことを。それ機に随つて寺を定むれば別ならざることを得ず。*蔵通両機の菩薩は、まさに*小乗の律儀戒を受くべし。*別円二機の菩薩は、まさに大乗の律儀戒を受くべし。今僧統奏して、「曾てこの寺なし」と云ふは、また深律師の論に違す。

寺を建つる本願に差別あるの明拠を開示す 二

僧統奏して曰く、寺を建つる本願に三の差別なしと。〈已上奏の文〉

論じて曰く、寺を建つる本意は、出家を置かんがため、また三宝の寿命を住持せんがためなり。もし爾《しか》らずんば、これ小乗寺にあらず、これ大乗寺にあらず、これ兼行寺にあらざるなり。三色の寺の外《ほか》、更に何等の寺と名づけんや。まさに知るべし、深律師の論に二種の寺あることを。何ぞ三の別なからんや。

*鳴鐘の*無遮《むしゃ》は現事に違するの明拠を開示す 三

僧統奏して曰く、*毘尼蔵《びにぞう》の中に*別衆を許さず。門を闢《ひら》きて鐘を鳴らす。意、無遮にありと。〈已上奏の文〉

論じて曰く、僧統の言の如きは教理爾《しか》るべし。而るに、僧籍、数を定め、升飯、限りあ

伝戒の師僧　唐僧鑒真を指す。
大師　釈尊のこと。
別解脱戒　→補
なす(為)　底本「者」を改む。底本上欄に「者疑為」。
蔵通　→八頁「四教」補
小乗の律儀戒…　四分律等に規定される小乗の律儀に従って戒を受けること。
別円　→八頁「四教」補

鳴鐘　善見律毘婆沙論によると、僧食の鐘を打たず、門を閉ざして食すれば盗みを犯したことになるという。鐘を鳴らすのは僧供が教団の共有であることを示す。
無遮　すべての人々に平等に財・法の二施を行うことで、一般に五年に一度の無遮大会を指す(梵網経菩薩戒本疏巻二。正蔵四〇、一六四c)。
毘尼蔵　三蔵(経・律・論)のうちの律蔵。毘尼は梵語ビナヤの音写。
別衆を許さず　別衆食戒によれば、僧伽を離れて別に衆をなして食を受けることを禁制している(四分律巻十四)。
招提と常住　招提とは、無遮大会に招かれて来集した十方衆僧。常住とは、その寺に籍を置き常住する僧。

り。ただ言には無遮を唱へ、飯には有遮を存す。招*提と常住とその意また別なり。もし無遮を存せば*曇謨《どんも》に順ずべし。

初修業の菩薩、小乗寺に同ぜざるの明拠を開示す　四

僧統奏して曰く、いはんや菩薩の四*弘の願、あに三*執あらんや。法界を家となす。何れの処か寺に非ざらん。これに由るが故に三寺なかるべしと。〈已上奏の文〉

論じて曰く、四弘誓願とは差別の境に立つ。上求《じょうぐ》及び下化《げけ》、成ずべくまた度すべし。それ法界を家となすは、これ即ち観心の境界なり。伽藍《がらん》を建立するは、*有待《うたい》の身命のためなり。もし有待の身を引きて強《し》ひて観心の境に同ぜば、何ぞ難*処を制しまた*安居《あんご》を制せんや。故に*銑律師云く、*安居と言ふは要期《ようご》してここに住す、故に安居と曰ふ。比《このごろ》濫《みだ》りに*法界安居を用ふるを見る。既に聖教に乖《そむ》く。人法倶に非なり。愚人遵稟して、曾て未だ*思択《しちゃく》せず。必ずこれ天*魔、仏法を壊乱するならん。甚だ悲しむべし。既に法界に遍す。何ぞ安居を用ひん。何が故ぞ、この文、安居坐禅の処を立てしむるやと。〈已上疏の文〉明らかに知んぬ、僧統奏する所の「法界を家となす」の言、「何れの処か寺に非ざらん」の義、定んで*彼の所破に堕するを。

謹んで*説妙法決定業障経《せつみょうほうけつじょうごっしょうきょう》を案ずるに、云く、*その時、夫人《ぶにん》、仏に白《もう》して言《もう》さく、もし初修行の菩薩あらんに、何等の人か善知識に非ずして、まさに共に住すべからずと。仏、夫人に告げたまはく、もし三界の中、*梵釈《ぼんしゃく》四王、沙門《しゃもん》婆羅門《ばらもん》は皆な修行の菩薩の与《ため》に善

曇謨　ダルマ、即ち法のこと。
四弘の願　菩薩の共通した四つの誓願。即ち、㈠衆生無辺誓願度、㈡煩悩無数誓願断、㈢法門無尽誓願学、㈣仏道無上誓願成。
三執　三種の寺を固執すること。
有待の身命　寿命に限りのある肉身。
難処　仏道修行に困難な場所。
安居　雨期に仏弟子達が一定の場所に居住して遊行せず修行すること。
→補
銑律師　法銑律師。灌頂の伝記や梵網疏二巻を作ったという(学生式問答・東域目録など)。
安居と言ふは…　現在の梵網疏(上巻のみ現存)には見当らない。
法界安居　聖教にも定められていない、抽象的な意味での安居をいう。
思択せず　聖教に基づくかどうか、善か悪かを思慮分別しない。
天魔　天子魔。他化自在天子魔。欲界第六天たる他化自在天に居住する魔王とその眷属で、人の善や修行を妨げなやますものという。
彼の所破　法銑律師の論破したところ。
説妙法決定業障経　唐の智厳訳。次頁の称讃大乗功徳経の同本異訳とされている。
その時…　正蔵一七、九一二b。
梵釈四王　梵天・帝釈天・四天王天。
→六三頁注「釈梵護世四天王」

知識となる。ただ*声聞《しょうもん》を除く。善知識に非ず。恐らくは声聞、修行の菩薩の大乗の道行を退せしめん。何を以ての故に。声聞・*縁覚は己《おの》れの利のための故に、勧《すす》めて初修行の菩薩を引きて小乗に回入《えにゅう》せしむ。ここを以て声聞乗の人は善知識に非ず。夫人まさに知るべし、初修行の菩薩はまさに声聞の比丘と同じく房舎に居すべからず、同じく*牀に坐せず、同じく路を行かざれと。また云く、*復《ま》た次に修行の菩薩、まさに数《しばしば》小乗の経論を覧《み》るべからず。何を以ての故に。仏道を障《さ》ふるがための故なり。夫人まさに知るべし、修行の菩薩は寧《むし》ろ身命を捨つとも、菩提を棄《す》てて声聞に入りて*羅漢の道を求めざれと。〈已上経の文〉

明らかに知んぬ、初修行の菩薩はその小儀の比丘と同じく房舎に居せず、同じく牀に坐せず、同じく路を行かざることを。

また*称讃大乗功徳経を案ずるに、云く、*その時、衆中に一《ひとり》の菩薩あり、女相を示為す。徳厳華《とくごんけ》と名づく。仏の威神を承《う》けて座より起《た》ちて、稽首し礼を作して、仏に白《もう》して言《もう》さく、何等をか名づけて菩薩の悪友となす、新学の菩薩知り已《おわ》りて遠離せんと。

その時、仏、徳厳華に告げて言《のたま》はく、我れ世間を観るに、天魔・梵・釈・沙門・婆羅門等、新学の菩薩の与《ため》に無上菩提において悪知識となるとも、声聞・*独覚乗を楽《ねが》ふ者の如くなることあることなし。所以《ゆえん》はいかん。それ菩薩となりては必ず諸の有情《うじょう》を利楽《りぎょう》せんがための故に、*無上正等菩提を勤求《ごんぐ》す。*二乗を楽《ねが》ふ人は志意下劣にして、ただ自ら涅槃の楽《らく》を証せんことを求む。この因縁を以て、新学の菩薩、まさに彼れと同じく一寺に住し、同じく一房に止《とどま》り、処を同じくして*経行《きょうぎょう》し、路を同じくして*遊適《ゆじゃく》すべからず。もし諸《もろもろ》の菩薩、

声聞　↓補

縁覚　↓補

牀　縄牀のこと。

復た次に…　正蔵一七、九三b。

羅漢　阿羅漢。梵語アルハンの音写。訳して応供、無生。声聞の究竟位。

称讃大乗功徳経　唐の玄奘訳。↓二九頁注「説妙法決定業障経」

その時…　正蔵一七、九一〇c。

独覚乗　↓三〇頁「縁覚」補

無上正等菩提　声聞や縁覚の求める不完全な道とは異なり、究極的な悟りを求める道をいう。

二乗　声聞乗と縁(独)覚乗。

経行　一定の場所を往復すること。「キンヒン」とも読む。坐禅中に疲労や睡気を脱却するために行う衛生運動。

遊適　遍歴修行すること。

已に大乗において多聞《たもん》を具足し*不壊信《ふえしん》を得ば、我れ別に彼れと同居することを開許せん。引きて発心し菩提に趣かしめんがための故なり。もし*彼の種類、善根未だ熟せずんば、まさに為めに大乗の法教を説きて*誹謗《ひぼう》を生ぜしむべからず。罪を獲ること無辺なり。新学の菩薩はただまさに久しく大乗を学する多聞の菩薩に親近《しんごん》すべし。無上正等菩提において種《う》うる所の善根速《すみや》かに成就するがための故なり。まさに二乗を楽《ねが》ふ人に親近すべからず。所以はいかん。彼れ菩薩の菩提心を障《さ》ふるが故に、彼れ菩提心を棄捨せしむるが故に、彼れ菩提心を虧損《きそん》せしむるが故に、彼れ菩薩の行を毀犯《きほん》せしむるが故なり。菩薩、まさに寧《むし》ろ身命を棄捨すとも、まさに大菩提心を棄捨して二乗を趣求するの作意《さい》を発起すべからず。もしは諸の菩薩、諸の有情を勧《すす》めて菩提心を捨てて二乗地に趣《おもむ》かしめ、もしは諸の菩薩、諸の有情を勧めて菩提心を捨てて諸の悪業を造らしめば、倶に地獄に堕し、諸の劇苦を受けん。菩薩寧《むし》ろ大菩提心を守りて*五無間《むけん》を造り地獄の苦を受くとも、終《つい》に大菩提心を棄捨して、*預流果《よるか》の証を趣求せんと欲せざれ。菩薩寧ろ大菩提心を守りて百千大劫に地獄の苦を受くとも、終に大菩提心を棄捨して、*一来果《いちらいか》の証を趣求せんと欲せざれ。菩薩寧ろ大菩提心を守りて*傍生《ぼうしょう》の身を受け、或は餓鬼と作《な》るとも、終に大菩提心を棄捨して、*不還果《ふげんか》の証を趣求せんと欲せざれ。菩薩寧ろ大菩提心を守りて*十悪業《あくごう》を造り*諸の悪趣に堕すとも、終に大菩提心を棄捨して、*無生果の証を趣求せんと欲せざれ。菩薩寧ろ大菩提心を守りて大火坑に入り諸の*含識《ごんしき》を救ふとも、終に大菩提心を棄捨して、法賊に同じく涅槃界に趣かざれ。菩薩は、一切の有情、生死の中において輪転無救なるを哀愍す。初めて無上菩提心

不壊信　大乗に対する確固たる信念。

彼の種類　二乗を楽(ねが)う人。

誹謗　非難しそしること。

五無間　五無間業。無間地獄の苦果を感ずる五悪業のことで、殺父・殺母・殺阿羅漢・出仏身血・破和合僧の五逆罪に同じ。

預流果　声聞が聖者の位に登ってから阿羅漢に至るまでを四段階に分けて、四沙門果という。これはその第一段階。聖者の流れに入るという意味で、見惑を断ち、無漏の智慧が生ずる位。須陀洹果。

一来果　四沙門果の第二段階。今一度、三界に生れ、思惑の一部分を断ずる位。斯陀含果。

傍生　畜生。人間以外の動物をいう。

不還果　四沙門果の第三段階。再び三界に生れて来ないという意味で、残りの思惑を断ずる位。阿那含果。

十悪業　殺生・偸盗・邪淫・妄語・両舌・綺語・悪口・貪欲・瞋恚・愚癡。

諸の悪趣　地獄・畜生・餓鬼・阿修羅の四悪趣。

無生果　四沙門果の第四段階。阿羅漢果。

含識　衆生のこと。

を発する時、一切の天・人・*阿素洛《あすら》等、皆なまさに供養すべし。已に能《よ》く一切の声聞・独覚乗の果を映奪し、已に能く一切の魔軍を摧伏す。諸の悪魔王、皆な大に驚怖すと。

時に徳厳華、仏の語を聞き已《おわ》りて重ねて仏に請ひて言《もう》さく、何を魔軍と謂ふや、ただ願はくは世尊、哀愍して為めに説きたまへと。

仏、徳厳華に告げたまはく、もし大乗の法教を説くを聞きて、随喜を生ぜず、聴聞を楽《ねが》はず、悟入を求めず、信受すること能はず、反つて*軽笑・*毀呰《きし》・*凌懱《りょうべつ》・*離間《りけん》・*謗讟《ぼうとく》・*捶《すい》打《だ》・*駆擯《くひん》を加ふることあらば、まさに知るべし、これ等は皆なこれ魔軍なることを。これ則ち名づけて楽非法《ぎょうひほう》者・性鄙劣《ひれつ》者・求外道者・行邪行者・壊正見者となす。まさに知るべし、これ等は大乗を誹毀すればまさに地獄に堕して諸の劇苦を受け、彼れより出で已りて餓鬼の中に生じ、百千劫を経て、常に糞穢を食《くら》ひ、後に人中に生じて、盲・聾・瘖・瘂、支体具せず、その鼻*匾㔸《へんてい》し、愚鈍無知にして、*形貌矬《ざ》陋《ろう》なるべし。かくの如く漸次に罪障消除して十方に流転し、或は諸仏に遇ひて親近供養し、復《ま》た大乗を聞き、聞き已りて或は能く随喜信受せん。これに因つて便《すなわ》ち大菩提心を発し、勇猛精勤して菩薩の行を修し、漸次に増進して乃ち菩提に至らんと。〈已上経の文〉

明らかに知んぬ、初業の菩薩、*小儀に共せざることを。

小律儀に同ずる菩薩と小律儀に同ぜざる菩薩との明拠を開示す　五

謹んで*不必定入定入印経《ふひつじょうにゅうじょうにゅういんぎょう》を案ずるに、云く、その時、文殊師利童子、仏に白《もう》して言《もう》

阿素洛　梵語アスラの音写。阿修羅(あしゅら)。インドでは戦闘を事とする一類の鬼神とみなされ、常に帝釈天と戦うとされた。

軽笑　あざ笑う。

毀呰　そしる。

凌懱　はずかしめ、軽蔑する。

離間　仲を割く。

謗讟　悪口をいう。

捶打　むちでうつ。

駆擯　追い立ててしりぞける。

匾㔸　鼻筋のまがること。

形貌矬陋　丈が低く、醜く、いやしい。

小儀　小乗の律儀。小律儀。

不必定入定入印経　一巻。元魏の般若流支訳。以下の引用文は、正蔵一五、六九九c。

さく、世尊、ただ願はくは世尊、諸の菩薩のために必定不必定入智印法門を説きたまへ。彼の*印を以ての故に、我れをして、この菩薩は必定、この菩薩は不必定、これは*阿耨多羅《あのくたら》三藐三菩《さんみゃくさんぼ》提《だい》を必定せずして、無上智の道を退すと知ることを得しめたまへと。

仏言《のたま》はく、文殊師利、この中に則ち五種の菩薩あり。何等をか五となす。一には*羊乗行、二には*象乗行、三には*月日神通乗行、四には*声聞神通乗行、五には*如来神通乗行なり。文殊師利、かくの如きを名づけて五種の菩薩となす。文殊師利、初めの二菩薩は阿耨多羅三藐三菩提を必定せずして、無上智の道を退す。後の三菩薩は阿耨多羅三藐三菩提を必定して、無上智の道を退せずと。

文殊師利言《もう》さく、世尊、何《いず》れの*二菩薩か阿耨多羅三藐三菩提を必定せずして、無上智の道を退するや。世尊何《いず》れの三菩薩か阿耨多羅三藐三菩提を必定して、無上智の道を退せざるやと。

仏言《のたま》はく、文殊師利、羊乗行の菩薩、象乗行の菩薩あり、この二菩薩は阿耨多羅三藐三菩提を必定せずして、無上智の道を退す。文殊師利、月日神通乗行の菩薩、声聞神通乗行の菩薩、如来神通乗行の菩薩あり、この三菩薩は阿耨多羅三藐三菩提を必定して、無上智の道を退せず。*文殊師利、まさに云何《いかん》が羊乗行の菩薩を知るべき。文殊師利、譬へば、人あり、他方の五百仏の世界、*微塵等数の世界の外、彼れに*因縁あり大因縁あり、彼れに*所作あり大所作あり、彼れに*所重あり大所重あり、彼の事のための故に、かくの如きの*微塵世界を過ぎて彼の処に到らんと欲して、かくの如く思惟す、我れ何の乗に乗じて而も能く

印　心印。仏心の象徴をいう。

阿耨多羅三藐三菩提　梵語アヌッタラ・サミャク・サンボティの音写。無上正徧智と訳す。世に無上なる仏の悟り。

羊乗行　羊の引く乗物に乗って行くこと。

象乗行　象に乗って行くこと。

月日神通乗行　太陽や月にまで至り得る神通力をもった乗物で行くことか。

声聞神通乗行　声聞の有する神通力(六神通など)をもった乗物に乗って行くこと。

如来神通乗行　仏の有する極めてすぐれた神通力をもった乗物に乗って行くこと。

二菩薩　この経相では初の二を不必定とし、後の三を必定としている。

文殊師利…　以下、羊乗行の説明。

微塵等数　塵のごとく無数に多いこと。

因縁あり　関係・つながりがある。

所作あり　用件がある。

所重あり　大切なことがある。

微塵世界　塵の数ほどの多くの世界。

かくの如きの世界を過ぐることを得、彼の処に到ることを得んと、かくの如きの人即便《すなわ》ち思惟《しゆい》す、もし我れ今、羊乗に乗ぜば、則ちまさにかくの如きの世界を過ぎて彼の処に到ることを得べしと、文殊師利、かくの如きの人、既に思惟し已りて即ち羊乗に乗じて彼の道に発行し、長久の時を経て到ること百由旬《ゆじゆん》*、大風輪起り吹きて回還せしむること八十*由旬ならんが如し。文殊師利、意において云何《いかん》。かくの如きの人、彼の羊乗に乗じて彼の世界において能く過到せんや不《いな》や。もしくは一劫*を経、もしくは一百劫、もしくは一千劫、億百千劫、もしくは不可説不可説劫*にも、彼の人能く一世界を過ぎんや不《いな》やと。

文殊師利答へて言《もう》さく、世尊、彼れもし能く一世界を過ぎんには、この処《ことわり》あることなし。かくの如きの人、彼の羊乗に乗じて、もしくは一劫を経、もしくは一百劫、もしくは一千劫、億百千劫、もしくは不可説不可説劫にも、もし能く一世界をも過ぐることを得んには、この処《ことわり》あることなしと。

仏言《のたま》はく、かくの如し。文殊師利、もしくは善男子、もしくは善女人、阿耨多羅三藐三菩提心を発し已りて、声聞乗の人と相ひ随つて止住し、声聞の人に近づき、声聞の人に習ひて恭敬供養し、声聞乗の人と共に知識となり*、財物交通し、与共《とも》に同じく住し、もしくは林中にあり、もしくは寺舎にあり、もしくは経行*処、同一処に行じ、声聞乗を読み、声聞乗を誦し、声聞乗を思ひ、声聞乗を信じ、復《ま》た他人をして読誦思信せしめん。かくの如きの人は声聞乗に住し、声聞乗に摂せられ、善根行を種《う》ゑ、声聞に牽《ひ》かるるが故に、鈍智*を得て無上智の道を退す。かくの如きの菩薩は、菩提心・慧根*・慧眼*を修すれども、而も

由旬　梵語ヨージャナの音写。長さの単位。一由旬は一日の行程で、四十里または三十里という。
八十　底本「八千」を経によって改む。
劫　梵語カルパの音写、劫簸の略。非常に長い期間。
不可説不可説劫　言葉にいいあらわせぬ長い長い時間。永遠と同義語。
知識となる　知り合いになる。
経行　↓三〇頁注
鈍智　利智に対す。低劣な智慧のこと。
慧根　智慧を開発する原動力。
慧眼　智慧のそなわった眼。

目の瞑する　目がはっきり見えなくなる。
怨悪　怨憎、怨恨と同じ。
便を伺ふ　チャンスを伺う。
砕畢鉢　西域に産する非常に辛い植物から作った香辛料。
文殊師利…　以下、象乗行の説明。

復た後時に声聞智に住して善根行を種うれば、則ち還つて愚鈍にして破壊して成ぜず。文殊師利、譬へば、人あり、もしくは眼病を患ひ、もしくは*目の瞑《みよう》することあらん、かくの如きの人、眼を開かんがための故に、一月療治し勤めて休息せず、一月を過ぎ已りて眼少しく開くことを得るに、彼れ*怨悪ありて常にその*便を伺ひ、*砕畢鉢《さいひつばち》を把りてその眼中に著け、彼の人の眼をして転《うた》た闇《くら》く更に閉ぢて眼を開くことを得ざらしむるが如し。かくの如く、かくの如し。文殊師利、もし彼の菩薩、菩提心・慧根・慧眼を修すれども、而も復た後時に声聞智に住して善根行を種うれば、則ち還つて愚鈍にして破壊して成ぜず。文殊師利、これ羊乗行の菩薩なり。まさに知るべし。*文殊師利、まさに云何《いかん》が象乗行の菩薩を知るべき。文殊師利、譬へば、人あり、かくの如きの微塵世界の外、彼れに因縁あり大因縁あり、彼れに所作あり大所作あり、彼れに所重あり大所重あり、彼の事のための故に、かくの如きの微塵世界を過ぎて彼の処に到らんと欲して、かくの如く思惟す、我れ何の乗に乗じて而も能くかくの如きの世界を過ぎて彼の処に到ることを得んと、かくの如きの人、即《すなわ》ち便ち思惟す、もし我れ今、八分相応の象乗あらば、則ちまさにかくの如きの世界を過ぎて彼の処に到ることを得べしと、文殊師利、かくの如きの人、既に思惟し已つて即ち八分相応の象乗に乗じて彼の道に発行し、百年常に行くこと三千由旬、大風輪起り吹きて回還せしむること一千由旬ならんが如し。文殊師利、意において云何《いかん》。かくの如きの人、彼の象乗に乗じて一世界において能く過ぐとなすや不《いな》や。もしくは一劫を経、もしくは一百劫、もしくは一千劫、億百千劫、もしくは不可説不可説劫にも、彼の人能く一世界を過ぎんや不《いな》やと。

文殊師利答へて言《もう》さく、世尊、彼れもし能く一世界を過ぎんには、この処《ことわり》あることなし。かくの如きの人、彼の象乗に乗じて、もしくは一劫を経、もしくは一百劫、もしくは一千劫、億百千劫、もしくは不可説不可説劫にも、もし能く一世界を過ぐることを得んには、この処《ことわり》あることなしと。

仏言《のたま》はく、かくの如し。文殊師利、もしくは善男子、もしくは善女人、阿耨多羅三藐三菩提を発し已りて、声聞乗の人と相ひ随つて止住し、声聞の人に近づき、声聞の人に習ひて共に知識となり、与共《とも》に同じく住し、もしくは林中にあり、もしくは寺舎にあり、もしくは経行処、同一処に行じ、声聞乗を読み、声聞乗を誦し、声聞乗を思ひ、声聞乗を信じ、復た他人をして読誦思信せしめん。かくの如きの人は声聞智に住し、声聞乗に摂せられ、善根行を種ゑ、声聞に牽《ひ》かるるが故に、鈍智を得て無上智の道を退す。かくの如きの菩薩は、菩提心を修し善根行を種ゑ大乗に安住すれども、而も復た後時に声聞智に住して善根行を種うれば、則ち還つて愚鈍にして破壊して成ぜず。文殊師利、譬へば、大木の広さ千由旬、大海に漂《ただよ》はされ、大海の中において衆生を済度せんに、*空行の夜叉《やしゃ》、出だして陸地に置き、繋縛《けばく》して五百由旬の大鉄坑の上に在《お》くが如し。文殊師利、意において云何《いかん》。かくの如きの大木、彼の大海水の復《ま》た能く漂はさんや不《いな》や。復た能く海中にして衆生を済《すく》はんや不《いな》やと。

文殊師利答へて言《もう》さく、能はずと。

空行の夜叉　夜叉(梵語ヤクシャの音写)は鬼の一種で、仏法を守護する八部衆の一つに数えられる。これに地上・空中・天の三種の夜叉があるとせられる。ここは空中の夜叉を指す。

文殊師利…　以下、月日神通乗行の説明。

仏言《のたま》はく、かくの如し。文殊師利、もし彼の菩薩、菩提心を修し、善根行を種ゑ、一切智智の海道を修行せんに、牽回《けんえ》して退せしむるときは、則ち一切智智の大海の道に向ふこと能はず、生死大海の一切衆生を救抜すること能はず。文殊師利、これ象乗行の菩薩なり。まさに知るべし。*文殊師利、まさに云何《いかん》が月日神通乗行の菩薩を知るべき。文殊師利、譬へば、人あり、かくの如きの微塵《みじん》世界の外、彼れに因縁あり大因縁あり、彼れに所作あり大所作あり、彼れに所重あり大所重あり、彼の事のための故に、かくの如きの微塵世界を過ぎて彼の処に到らんと欲して、かくの如く思惟す、我れ何の乗に乗じて而も能くかくの如きの世界を過ぎて彼の処に到ることを得んと、かくの如きの人即便《すなわ》ち思惟す、もし我れ今、月日神通乗に乗ぜば、則ちまさにかくの如きの世界を過ぎて彼の処に到ることを得べしと、文殊師利、かくの如きの人、既に思惟し已りて即ち月日神通の乗に乗じて彼の道に発行せんが如し。文殊師利、意において云何。かくの如きの人、月日神通の乗に乗じて彼の世界において能く過到せんや不《いな》やと。

文殊師利答へて言さく、世尊、久時には則ち能くせんと。

仏言《のたま》はく、かくの如し。文殊師利、もしくは善男子、もしくは善女人、阿耨多羅三藐三菩提心を発し已りて、一切の声聞乗の人と相ひ随って止住せず、一切の声聞乗の人に近づかず、一切の声聞乗の人に習はず、知識と作《な》らず、財物交せず、共に同じく住せず、もしくは林中にあり、もしくは寺舎にあり、もしくは経行処、同処に行ぜず、また声聞乗の法を読誦せず、声聞乗の法を思はず信ぜず、他人をして読誦信学せしめず、乃至一偈もまた学習せず、読まず誦せず。彼の人もし読まば則ち大乗を読み、彼の人もし誦せば則ち大乗を誦す。もし説く所あらば、則ち大乗、乃至一偈を説く。文殊師利、これはこれ月日神通乗行の菩薩なり。まさに知るべし。文殊師利、譬へば、*大伽楼羅《かるら》王あり、大力少壮、意の念ずる所に随つて、*須弥山《しゅみせん》頂より能く異処に到るが如し。かくの如く、かくの如し。文殊師利、月日神通乗行の菩薩、戒聞深心、大力少壮勇健にして、能く心の念ずる所に随つて、仏仏の世界皆な能く過到することを得、諸の如来衆会の輪の中において皆な能く身を示す。*文殊師利、まさに云何《いかん》が声聞神通乗行の菩薩を知るべき。文殊師利、譬へば、人あり、かくの如きの微塵世界の外、彼れに因縁あり大因縁あり、彼れに所作あり大所作あり、彼れに所重あり大所重あり、彼の事のための故に、かくの如きの微塵世界を過ぎて彼の処に到らんと欲して、かくの如く思惟す、何の神通に乗じて而も能くかくの如きの世界を過ぎて彼の処に到ることを得んと、かくの如きの人、即便《すなわ》ち思惟す、我れ今もし声聞の神通に乗ぜば、則ちまさにかくの如きの世界を過ぎて彼の処に到ることを得べしと、文殊師利、かくの如きの人、既に思惟し已りて即爾に便《すなわ》ち声聞の神通に乗じて彼の道に発行せんが如し。文殊師利、意において云何。かくの如きの人、声聞の神通に乗じて、彼の世界において能く過到せんや不《いな》やと。

文殊師利答へて言《もう》さく、能く過ぎんと。

仏言《のたま》はく、かくの如し。文殊師利、もしくは善男子、もしくは善女人、阿耨多羅三藐三菩提心を発し已りて、一切の声聞乗の人と相ひ随つて止住せず、一切の声聞乗の人に近づ

大伽楼羅王　八部衆の一つ。金翅鳥(こんじちょう)ともいい、伝説上の鳥類の王で、獰猛な大怪鳥。

須弥山　古代インドの世界観によると、一つの世界の中央に須弥山があり、その周囲に人間界などがあると考えられていた。

文殊師利…　以下、声聞神通乗行の説明。

抹香　沈檀(じんだん)をついて粉末にした香料。道場や塔廟などに散布する。
塗香　白檀・竜脳を砕いて泥のようにした液体の香料。身体に塗る。
妙鬘　妙なる華鬘(けまん)。はなかずらのこと。
麤獷に語せず　荒々しい言葉を使わない。底本「麤鉱」を改む。底本上欄に「鉱経作獷」。

かず、一切の声聞乗の人に習はず、知識と作《な》らず、財物交せず、同じく修行せず、共に語説せず、共に同じく住せず、もしくは寺舎にあり、もしくは林中にあり、もしくは経行処、同処に行ぜず、声聞乗の法を読まず誦せず、声聞乗の法を思はず信ぜず、他をして読ましめず、他をして誦せしめず、乃至一偈も声聞乗において相応して誦せず、また他を教へず。彼の人もし読まば則ち大乗を読み、彼の人もし誦せば則ち大乗を誦し、また他人をして大乗を読誦せしむ。もし説く所あらば則ち大乗を説く。彼れ大乗を解信する菩薩摩訶薩等、大乗を読む人、大乗を誦する人、大乗を摂する人において、敬重正信、随順修学し、与共《とも》に相応し随逐して捨てず、依附親近《しんごん》して法の如く供養し、共に知識となり、与共《とも》に同じく住し、もしくは林中にあり、もしくは寺舎にあり、もしくは経行処、与共《とも》に同じく行ず。大乗の人、大乗を摂する人、大乗を受くる人、大乗を持する人において、第一の敬重、最勝の供養、いはゆる燈明、種種の華香《けこう》・*抹香《まつこう》・*塗香《ずこう》・*妙鬘《みようまん》・塗身、かくの如く供養す。かくの如きの人、大乗を読誦し、第一の喜心をもつて他人のために説き、心、未学の菩薩を軽慢せず、面を正して言説し、意を先にして問訊し、悪語を作《な》さず、*麤獷《そこう》に語せず、常に愛語を説き美妙の語を説く。かくの如きの人、乃至失命・身死の因縁にも大乗を捨てず。常に一切の大乗を行ずる人、大乗を学する人、大乗を読む人、大乗を誦する人、大乗を摂する人を摂し、力の如く摂取し、法の如く摂取し、心の堪ふる所の如くす。彼の人かくの如くなれば、人の憎悪することなく、与《とも》に諍対することなし。常に一切の未だ曾て聞かざる経を求め、心、常に従つて聞く所の者を敬重す。心、未学の菩薩を軽慢せず、他人の過《とが》に文殊師利…　以下、如来神通乗行の説明。

おいて、もしくは実・不実にも説かず枉《ま》げず、他の便を求めず、常に勤めて慈悲喜捨を修学せん。文殊師利、これはこれ声聞神通乗行の菩薩なり。まさに知るべし。*文殊師利、まさに云何《いかん》が如来神通乗行の菩薩を知るべき。文殊師利、譬へば、人あり、かくの如きの微塵世界の外、彼れに因縁あり大因縁あり、彼れに所作あり大所作あり、彼れに所重あり大所重あり、彼の事のための故に、かくの如きの微塵世界を過ぎて彼の処に到らんと欲して、かくの如く思惟す、何の神通に乗じて而も能くかくの如きの世界を過ぎて彼の処に到ることを得んと、かくの如きの人即便《すなわ》ち思惟す、我れ今もし如来の神通に乗ぜば、則ちまさにかくの如きの世界を過ぎて彼の処に到ることを得べしと、文殊師利、かくの如きの人、既に思惟し已りて即爾に便ち如来の神通に乗じて彼の道に発行せんが如し。文殊師利、意において云何。かくの如きの人、如来の神通をもつて彼の世界において能く速《すみや》かに過ぎんや不《いな》やと。

文殊師利答へて言さく、能く過ぎんと。

仏言《のたま》はく、かくの如し。文殊師利、もしくは善男子、もしくは善女人、阿耨多羅三藐三菩提心を発し已りて、一切の声聞乗の人と相ひ随つて止住せず、一切の声聞乗の人に近づかず、一切の声聞乗の人に習はず、知識と作《な》らず、財物交せず、同じく修行せず、共に語説せず、共に同じく住せず、もしくは林中にあり、もしくは寺舎にあり、もしくは経行処、同処に行ぜず、声聞乗の法を読まず誦せず、声聞乗の法を思はず信ぜず、他をして読ましめず、他をして誦せしめず、乃至一偈も声聞乗において相応して読まず、相応して誦せず、また他を教へず。彼の人もし読まば則ち大乗を読み、彼の人もし誦せば則ち大乗を誦す。また他人をして大乗を読誦せしむ。もし説く所あらば則ち大乗を説く。かくの如きの人、身口意浄く、善く戒法を持《たも》ち、また他人をして身口意を浄からしめ、善法に住せしむ。彼れ大乗を修行する菩薩摩訶薩等、大乗を読む人、大乗を誦する人、大乗を摂する人において、敬重正意、随順修学し、与共《とも》に相応し随逐して捨てず、依附親近して法の如く供養し、共に知識となり、与共《とも》に同じく住し、もしくは林中にあり、もしくは寺舎にあり、もしくは経行処、与共《とも》に同じく行ず。大乗を行ずる人、大乗を摂する人、大乗を受くる人、大乗を持する人において、第一の敬重、最勝の供養、いはゆる燈明、種種の華香・抹香・塗香・妙鬘・塗身、かくの如く供養す。かくの如きの人、大乗を読誦し、第一の喜心をもつて他人をして読ましめ、他人をして誦せしめ、心、未学の菩薩を軽慢せず、余の菩薩において安住して学せしめ、常に*愛語を説き美妙の語を説く。かくの如きの人、乃至失命・身死の因縁にも大乗を捨てず、常に一切の大乗を行ずる人、大乗を学する人、大乗を読む人、大乗を誦する人、大乗を摂する人を摂し、第一の敬重、心に大喜を生じ大供養を*設く。また他人をしてかくの如く修学して大深心あらしむ。彼の人かくの如くなれば、人の憎悪することなく、与《とも》に諍対せず。常に一切の未だ曾て聞かざる経を求め、第一の深心、慇重心《おんじゅうしん》をもつて求む。心、常に従つて聞く所の者を敬重し、彼の人の所において*師想を生じ、また他人をしてかくの如く修学せしむ。心、未学の菩薩を軽慢せず、他人の過《とが》において、もしくは実・不実にも説かず枉げず、他の便を求めず、また他人をしてかくの如く修学せしむ

愛語 四摂(→一三三頁注)の一。人に親愛の心を生ぜしめる言葉。

設 他本は「説」。

師想 師として尊敬する想い。

蔵通の戒 小乗・権大乗の戒。→八頁「四教」補

無翼の劣菩薩 翼のない鳥は地に落ちるように、二乗に堕落する低劣な菩薩。大品般若経大如品に出。

別円の戒 大乗の戒。→八頁「四

と。〈已上経の文〉

明らかに知んぬ、五種の菩薩、或は必定あり、或は必定せず。それ必定せざる者は小儀に共《ぐう》するに由るが故に、羊乗・象乗の者は仏果必定せず。これ即ち*蔵通の戒、*無翼の劣菩薩なり。三種の神通乗は仏果已《すで》に必定す。これ*別円の戒に当る。直道の菩薩等なり。*この間は大乗の学なり。云何《いかん》ぞ小儀を執して永く*大の別儀を遮せん。寺房を共《ぐう》せざるの制、分明に仏経に載す。何を以てか法華の制に順ぜずして更に声聞の小律儀を学せんや。

*四種三昧院の明拠を開示す 六

僧統奏して曰く、また四三昧院と言ふは誰れ人の修する所ぞ。何の*三昧ぞや。ただその名を聞きて未だその実を見ずと。〈已上奏の文〉

論じて曰く、四三昧院とは*円観を学する者の住する所の院なり。*文殊般若に依つて常坐一行三昧院を建立し、*般舟三昧経に依つて常行仏立三昧院を建立し、法華経等に依つて半行半坐三昧院を建立し、*大品経等に依つて非行非坐三昧院を建立す。具《つぶさ》には*止観に説くが如し。何ぞ他宗を案ぜずして、諳に未だ実を見ずと咲《わら》ふや。

謹んで*摩訶止観《まかしかん》の第二を案ずるに、云く、行法衆多なり。略してその四を言ふ。一には常坐、二には常行、三には半行半坐、四には非行非坐なり。通じて三昧と称するは調《ちょう》・直《じき》・定《じょう》なり。*大論に云く、「善心一処に住して動ぜず。これを三昧と名づく」と。法界はこれ一処、止観能く住して動ぜず。四行を縁となして心を観じ、縁を藉りて調直す、故に

教」補

この間 比叡山の仏教のこと。

大の別儀 小乗と区別された大乗独自の律儀戒。

四種三昧院 最澄は弘仁三年(八一二)七月、比叡山に法華三昧堂を造って法華三昧を始修したという。のち円仁はその遺志をついで常行三昧堂を建立した。四種三昧は常坐(一行)・常行(念仏)・半行半坐(法華)・非行非坐(覚意)三昧。摩訶止観巻二上に出る。

三昧 サマーディ。定・等持と訳す。心を一境に集中して散乱させぬ状態。

円観 大乗究竟の円頓止観、また円教の止観。

文殊般若 文殊師利所説般若波羅蜜経及び文殊師利問経を指す。

般舟三昧経 後漢の支婁迦讖訳に一巻本と三巻本があるが、天台では三巻本を重視したと考えられる。観仏三昧または念仏三昧を説いた経典。

大品経 鳩摩羅什訳の摩訶般若波羅蜜経。俗に大品般若経という。

止観 摩訶止観。

摩訶止観 中国天台宗の開祖、天台大師智顗(→八頁「南嶽・天台」補)の講説。二十巻。もと円頓止観と題して講述されたが、門人の灌頂が後に摩訶止観と改題した。天台三大部の一。以下の引用は、巻二上の文(正蔵四六、一一a)。

大論 大智度論。百巻。大品般若経

通じて三昧と称するなり。一に常坐は*文殊説・*文殊問の両般若に出づ。名づけて一行三昧となす。方法とは、*身に開遮を論じ、*口に説黙を論じ、*意に止観を論ず。具《つぶさ》には経に説くが如し。二に常行三昧は般舟三昧経に出づ。翻じて仏立《ぶつりゅう》となす。身の開遮、口の説黙、意の止観、具には経に説くが如し。三に半行半坐は*方等陀羅尼経《ほうどうだらにきょう》・*妙法蓮華経に出づ。身の開遮、口の説黙、意の止観、具には経に説くが如し。四に非行非坐三昧とは、*南嶽師は呼びて随自意となす。意起れば即ち三昧を修す。*大品には覚意三昧と称す。意の趣向するところ皆な覚識を明了にす。復《ま》た三名ありと雖も実はこれ一法なり。今、経に依つて名を釈す。覚とは照了なり。意とは*心数《しんじゅ》なり。三昧は前に釈するが如し。且《しばら》く*請観音経《しょうかんのんきょう》に約してその相を示す。具には経に説くが如しと。〈已上本文〉

明らかに知んぬ、四三昧院とは行者の居する所なり。春秋は常行、冬夏は常坐、行者の*楽欲《ぎょうよく》に随つて、まさに半行半坐を修し、また非行非坐を修すべし。*天台の智者は己心中に行じて陀羅尼を発し、*南嶽の一行は常坐に依つて行じて一行の名を得たり。末葉後生、誰れか勤修せざらんや。

大乗得定の者の明拠を開示す　七

僧統奏して曰く、この土《くに》は本より来《このかた》、得定《とくじょう》の人なし。何を以てかまさに得業《とくごう》の虚実を知らんとすと。〈已上奏の文〉

論じて曰く、六統、志を同じくして得定の人を隠す。*深律師の云く、*両《ふたり》の聖人ありと。

の註釈書。鳩摩羅什訳。竜樹の作と伝えられる。以下の引用文は、正蔵二五、二一〇b。

文殊説　文殊師利所説般若波羅蜜経。一巻。梁の僧迦婆羅訳。

文殊問　文殊師利問経。二巻。梁の僧迦婆羅訳。

身に開遮　起居動作において許されることと許されないこと。

口に説黙　口業の上での言説と沈黙と。

意に止観　意業の上での、心の動揺を停めて精神統一する止と、あるがままにものごとを観察する観と。

方等陀羅尼経　大方等陀羅尼経。四巻。北涼の法衆訳。

妙法蓮華経　安楽行品等による。

南嶽師　→八頁「南嶽・天台」補

大品には…　大品般若経には百八三昧の中に覚意三昧を説く(正蔵八、二五三a)。

心数　具体的な心理作用。

請観音経　請観世音菩薩消伏毒害陀羅尼呪経。一巻。東晋の竺難提訳。

楽欲　願い求めること。

天台の智者…　智顗は光州の大蘇山で修行中に初旋陀羅尼(空の悟り)を得たという。

南嶽の一行　南嶽慧思が一行三昧を随自意三昧と称して修したことは摩訶止観巻二に見える。

深律師　→二七頁注

両の聖人　聖徳太子と行基を指すか。

もし聖人を許さば、いづくんぞ定徳なからんや。*両言相違す。信を取るに足らず。普門に示現して徧せざる所なし。凡そ寺を造り僧に供し、*封を納れ田を納れて三宝を住持す。かくの如き等の類の国王・王子・大臣・宰相、聖にあらずして何人ぞや。*首楞厳定《しゆりようごんじよう》の力に非ずんば、誰れか敢へてかくの如くなる者ならんや。それ智、如来に等しくして他の徳を*平すべし。*偏へに*有漏智《うろち》を以て他の定を平すべからず。国を損し聖を隠すこと、これに過ぐるはなし。

　謹んで維摩経《ゆいまぎよう》の上巻を案ずるに、云く、*滅定を起たずして而も諸の威儀を現ず、これを*宴坐《えんざ》となす。道法を捨てずして而も凡夫の事を現ず、これを宴坐となすと。〈已上経の文〉*羅什《らじゆう》曰く、謂《おも》へらく、滅定に入ると雖も、而も能く無量の変化を現じて、以て衆生に応ずと。*僧肇《そうじよう》曰く、小乗、滅尽定に入れば、則ち形、枯木の猶《ごと》くにして*運用の能なし。*大士、*実相定に入れば、心智永く滅すれども而も形は*八極に充つ。機に順じて作し、*応会《おうえ》すること無方なり。挙動進止、威儀を捨てずと。また云く、小乗は*生死を障隔す、故に*光を和すること能はず。大士は、善悪、旨を斉《ひと》しくし、道俗一観す。故に終日凡夫、終日道法なりと。

　*天台智者の維摩経の疏に云く、「滅定を起たずして而も諸の威儀を現ず、これを宴坐となす」とは、この次に不思議の勝用を示す。「不起滅定而現諸威儀」とは、これその滅定に入りて用なきを譏《そし》るなり。声聞の入定は皆な*心念の要期《ようご》に因つて入出す。正しく定にある時は*四威儀を現ずることを得ず。*迦葉《かしよう》、定に入りて自ら施す所の*用《ゆう》なし、*弥勒《みろく》、起出して方《まさ》に乃ち*十八変を現ずるが如し。故に知んぬ、二乗の入定は自において用なく、他におい

両言　僧統の奏言と景深律師の言葉。
封を納る　封戸を寺に寄進すること。
首楞厳定　梵語シュラガーマ・サマーディの音写。勇健定と訳す。三昧中の王といわれ、十地の菩薩になってはじめて得る三昧。これにより衆生済度のために自在力を得る。
平す　評価する。
偏　底本「徧」を改む。底本上欄に「徧疑誤当作偏」。
有漏智　煩悩の過ちを離れない智慧。
滅定を…　維摩詰所説経弟子品の文（正蔵一四、五三九c）。滅定は滅尽定ともいい、すべての精神活動を停止させる禅定をいう。
宴坐　身心を不動ならしめ、安静に坐ること。
羅什曰く…　註維摩経巻二にある（正蔵三八、三四四c）。註維摩経は、羅什（→一五頁「羅什・真諦」補）の説などを合わせて僧肇の編纂したものと言われるが、後世の編纂にかかるとする説もある。
僧肇曰く…　同右。僧肇→補
運用の能　自在に用いはたらく力。
大士　大乗の士。菩薩のこと。
実相定　中道実相を体得する禅定。
八極　八方ということで、この世界全体をいう。
応会すること…　どこにでも自在に応同して出会うこと。
生死を障隔す　迷いの生死と悟りの涅槃を別個のものとする。

て益なきことを。世人、この物は用なしと言ひて、棄てて録せざるが如し。二乗の定、もし用なければ即ちまた体なし。これ思議の滅定なり。故に呵して*不必と言ふなり。今、大乗の不思議の定は用あり、故に体あり。ここを以て菩薩、仏慧に趣くを以て不思議の定に入り、能く滅定を起たずして*十法界の威儀を現ず。*阿修羅《あしゅら》の琴の前人に随つて韻を吐くが如し。菩薩の滅定は*物機の来るを逐ひて即ち能く諸の威儀を現ず。この方に定に入るも十方に形を現じ、余の処に宴坐するもこの間に行住す。汝声聞の入定、既に要期を作す。何ぞ誓願をもつて定を動かして、衆生の機をして、この定を起たずして諸の威儀を現ずるを感ぜしめざる。良《まこと》に不思議の真性を見ざるに由り、*願波羅蜜なきに由る。故に滅定において十法界の四威儀を現ずること能はざるなり。用なきの定は物の重んぜざる所なり。故に前に呵して不必と言ふなり。復た次に法身の定に入るは則ちかくの如くならず。三界の生死の身なしと雖も、而も法性身、仏慧に趣くを以て諸の禅定不思議の滅定に入り、能く三界において十法界の四種の威儀を現じ、一切の諸法を示現せざることなし。これを不思議究竟の真の宴坐となすなり。

「道法を捨てずして而も凡夫の事を現ず、これを宴坐となす」とは、これはこれ第二に法心の一双に約して、その法心の拙、真の宴坐に非ざるを呵す。故に前に呵して不必と言ふなり。文即ち二あり。初めに法に約して呵す。もし*身子、真を出でて俗に入らば、方《まさ》に能く凡夫の進止に同ず。もし諸禅及び滅定を捨てずんば、何ぞ要期して定を出づることを得ん。まさに知るべし、即ちこれ道法を捨てて凡夫の法に同ずと。これ則ち凡法・聖法の

光を和す　↓八一頁注「和光」

天台智者の…　維摩経文疏巻十一にある(続蔵一、二八、一、三三左)。

心念の要期　心中で重視し期待すること。

四威儀　行・住・坐・臥の行動。

迦葉　↓六二頁注「摩訶迦葉」

なし(無)　底本「不能」を改む。底本上欄に「不能二字略疏作無字」。

弥勒　↓六三頁注

十八変　菩薩の十八種の神変力。瑜伽師地論に出。

不必と言ふ　維摩経弟子品の舎利弗の言葉「時維摩詰、来謂レ我言、唯舎利弗、不三必是坐為二宴坐一也」を指す(正蔵一四、五三九c)。

十法界　地獄・畜生・餓鬼・阿修羅・人・天・声聞・縁覚・菩薩・仏の各法界。

阿修羅の琴　阿修羅の福徳によって、弾ずる者なくして自然に思うままに奏でる琴のこと。

物機　済度されるべき衆生の機根。

願波羅蜜　十波羅蜜の一。菩薩が衆生済度の誓願を完成しようと期すること。

身子　舎利弗(↓六二頁注)の異名。

二ありて捨てざることを得ざるなり。菩薩は爾らず。仏慧に趣くを以て、凡即ち仏の法にして二なく別なしと知る。あに道法を捨てて更に道法に入らんや。即ちこれ非道を行じて仏道に通達す。もし非道において通達すること能はずんば、何ぞ謂ひて道となさん。この故に菩薩は仏慧に趣く力を以て、能く道法を捨てずして凡夫の事を現ず。道法とは四教に明かす所の*慧行の道法、*行行の道法なり。凡夫の事とは*三業不善の事、三業善の事、*三不善根の事、*三善根の事なり。また前に*浄名を歎じて*白衣たりと雖も、而も沙門清浄の律行を奉持す等と云ふ*二十九事、無量の方便の事の如し。法身常に三昧にありて一切の道法を捨てず、三界に行きて徧く凡事に同ずることを現ず。而も凡身において仏道に通達す。王三昧に入れば一切の三昧悉くその中に入り、かくの如き等の道法を捨てずして凡夫の事を現じ、物を引きて不思議解脱、仏の浄土に入らしむるなり。これ即ちこれ究竟の真の宴坐なり。これを以てその道法の拙を譏る。故に前に呵して不必と云ふなりと。〈已上疏の文〉

明らかに知んぬ、未だ深定を練《けみ》せずして実相の定を泯ずることを。*南嶽《なんがく》大師、大唐に定を得、我が国を哀愍《あいみん》して*王家に託生し、仏法を建立して有情を利益す。もし南嶽を許さずんば深く*僧伝に背かん。それ風色、見難しと雖も、葉を見て*方を得ん。心色、見えずと雖も、而も情を見ば知り易し。闍射は*大地の的に若《し》かず、*昧礼は常不軽には如《し》かざるなり。

利他の故に小律儀を受くるの明拠を開示す　八

僧統奏して曰く、また利他の故に仮に小律儀を受くと言ふはこれ倒言なりと。〈已上奏の

慧行　四諦十二因縁などの真理を対象にして智慧を得る行法。
行行　諸の煩悩を破り対治する行法。
三業　身・口・意の三業。
三不善根　地獄・餓鬼・畜生。
三善根　阿修羅・人・天。
浄名　維摩詰(ゆいまきつ)の意訳。彼は俗人であるから、白衣という。
白衣たり…　維摩経方便品の文(正蔵一四、五三九a)。
二十九事　維摩経方便品に維摩居士の徳を二十九事あげて讃歎している。
南嶽大師　→九頁「南嶽・天台」補
王家に託生し　南嶽慧思は日本に生れかわって聖徳太子になったという伝説を指す。
僧伝　思託律師撰の延暦僧録(日本高僧伝要文抄収載)上宮皇太子菩薩伝に慧思転生説を述べている。
方を得ん　風の方向を知り得る。
大地の的　大智度論巻六十一に「譬へば地を射るに著せざる時なし。もし余物を射れば或は著し或は著せざるが如し」(正蔵二五、四九三a)とある。
昧礼は…　昧は夕暮れ。人の顔の見分けのつかない時は、常不軽菩薩(法華経常不軽品)のように誰れ彼れの区別なしに礼拝尊重しておけば間違いがない、という意。
鑒真和上　→一六頁「鑒真」補
菩薩戒　大乗菩薩の保つべき戒。大乗戒のこと。→補
小根　小乗の教えがふさわしい機根

文〉

論じて曰く、*鑒真《がんじん》和上、十六にして出家し、十有八歳にして*菩薩戒を受く。後に*小根を利せんとて仮に小律儀を受く。今、山家もまた先に菩薩戒を受け、後に利他の故に仮に小儀を受くることを請ふ。已《すで》に和上の志に契《かな》ふ。何ぞ倒言の失に及ばんや。

謹んで*大唐伝戒師名記大和上鑒真伝を案ずるに、云く、釈の鑒真、揚州江陽県の人なり。俗姓は淳于《じゅんう》氏、即ち斉朝の*淳于髠《じゅんうこん》大夫の後なり。十六にして出家し、十有八歳にして菩薩戒を受くと。また云く、もし単に菩薩に依つて住持せば、小根誰れか度せん。故に菩薩の発心は*十地に超ゆ。もし成仏の究竟を論ぜば還つて声聞と作《な》る。故に我が*大師、*三祇に行満じ、百劫に修成し、方便して頭を剃し、惑を断じて仏を求め、*十六心の満において*木叉《もくしゃ》定んで生ず。まさに知んぬ、諸の出家は要《かなら》ず声聞の律儀を学して乃ち能く住持す。戒律を厳浄し*三蔵を弘揚し、機に随つて物を利することを。また云く、遂に*景竜二年三月二十八日の*晡時《ほじ》を以て、*西京*実際寺の壇において方《まさ》に*具足戒を受くと。〈已上伝の文〉

明らかに知んぬ、我が大日本国の*伝戒の大和上、先に大乗戒を受け、後に小乗戒を受くることを。小根を利するが故に、更に小戒を受く。あに利他にあらざらんや。もし*教に随つて自利せば大《だい》に会《え》せざるべし。もし心に随つて大を成ぜば自利にあらざるべし。何ぞ自ら*大儀の*仮受を称して倒言となさんや。

のもの。

大唐伝戒師名記大和上鑒真伝　思託撰。現存せず。ここの引用文は、その逸文として重要。他に東大寺要録・聖徳太子伝暦などにも一部引用。

淳于髠大夫　→補

十地　菩薩の行位のうち最高位。

大師　釈尊のこと。

三祇　三阿僧祇(あそうぎ)の間。阿僧祇は無数と訳す。非常に長い時間。

十六心　小乗有部(うぶ)では、四諦を観察する見道の無漏智に、惑を断ずる無間道の智即ち八忍と、真理を証する解脱道の智即ち八智があり、これを十六心という。

木叉　→七三頁注「十波羅提木叉」

三蔵　経・律・論の仏教聖典。

景竜二年　七〇八年。

晡時　申(さる)の刻。今の午後四時。

西京　唐の都長安。

実際寺　→補

具足戒　小乗律に規定する比丘・比丘尼の戒で、一般に比丘は二百五十戒、比丘尼は三百四十八戒とする。受戒作法として三師七証(→八八頁補)と白四羯磨(→八六頁補)が条件とされる。

伝戒の大和上　鑒真和上を指す。

教に随って…　小乗教に随って自利を旨とすれば、大乗利他の教がわからない、という意味。

大儀　大乗の律儀。

仮受　かりそめに小乗戒を受ける。

上品《じょうぼん》の殊勝は大乗の意にあらざるの明拠を開示す　九

僧統奏して曰く、凡そ受戒の法は*上品殊勝の悕求《けぐ》を発起して方《まさ》に即ち得戒す。既に仮受と知らば、誰れかそれに戒を与へんと。〈已上奏の文〉

論じて曰く、利他のための故に上品殊勝の悕求を発起せば、誰れの大乗の律師か仮受を授けざらんや。もし*能受の者ありて未だ仮受を解せざれば、まさに教導して云ふべし、無上道の遠方便のための故に、仮に小儀を受けよと。而も仮受の者を許さずんば、あに一向の小乗の律師にあらざらんや。

謹んで*宣律師の鈔の第二を案ずるに、云く、*問ふ、この教宗、これ何の乗にして大乗の志を発するや。答ふ、この四分宗の義、大乗に当る。戒本の文に云く、もし自身のために仏道を欲求することあらば、まさに正戒を尊重し、及び衆生に回施して共に仏道を成ずべしと。律の中に多く誠例あり。*光師また判じて、大乗律の限りに入ると。〈已上鈔の文〉

*慈和の記に云く、「四分宗の義、大乗に当る」とは、光師が「これ大乗律の限り」と判ずる所以は教に約して明かさず、ただ師承の所学に拠る。今の鈔にまた「義、大乗に当る」と云ふが故なりと。また云く、*まさに上品の心を発して上品の戒を得べし。もし下品の心の者は、乃ち羅漢に至るまで、戒、これ下品なり。*毘跋律《びばりつ》に云く、発心して、我れ今、道を求め、まさに一切衆生を救ふべし。衆生皆な寿命を惜しむ。この事を以て受くれば、これ下品の軟心なり。仏戒を得と雖もなほ上勝に非ずと。余の二は義に就きてこれを明かす。云何《いかん》が中品なりや。我れ今、正心に道に向ひて衆生の疑を解し、我れ一切のために*津

上品殊勝の悕求　永久に戒を犯さないというすぐれた決意。

能受　底本上欄に「能受之受疑当作授」とある。

宣律師の鈔　唐の道宣(五九六—六六七)の四分律刪繁補闕行事鈔。六巻。

問ふ…　四分律行事鈔巻上三、受戒縁集篇の文(正蔵四〇、二六b)。

光師　北魏慧光律師(四六八—五三七)。四分律疏の著があったという。

慈和の記　慈和寺朗然律師(七二四—七七七)の四分律鈔記。現存せず。宋伝には四分律行事鈔を講じて古今決十巻を著すという。台州録に「四分律鈔記一十九巻」あり。

まさに…　四分律行事鈔巻上三、受戒縁集篇の文(正蔵四〇、二六a)。

毘跋律　毘婆沙律のこと。善見律ともいう。セイロン系の律蔵。十八巻。斉の僧伽跋陀羅訳。

津梁　渡し場の橋。転じて、事をなすたよりとなるもの。

梁と作《な》り、また能く自利し、復た他人を利せんとして正戒を受持すと言ふが若《ごと》し。云何が上品なりや。我れ今、発心して戒を受く、*三聚戒《さんじゅかい》を成ぜんがための故に*三脱門に趣き、正しく*泥洹《ないおん》の果を求め、またこの法を以て衆生を引導して*涅槃に至らしめ、法をして久住せしめんと言ふが若《ごと》し。かくの如く心を発するもなほこれ邪想なり。いはんや発せざる者は定んで尊尚なしと。毘跋律とは、*発正に云く、ここには品類と云ふと。（*賓）律師の*飾宗に云く、これ大乗律なりと。*折中に云く、一巻あり、*疑偽目の中に出づ。*南斉永明の年、沙門*法度、揚州において得と。彼の律に三品を具す。故に文に云く、三種の慈とは上中下あり。下とは鈔に引く所の如しと。〈已上記の文〉

明らかに知んぬ、*その律、未だ分明ならず、未だ正義となすに足らざることを。何ぞ小儀を執して以て円儀となさんや。

菩薩、利他の故に外に*声聞の相を現ずるの明拠を開示す　十

僧統奏して曰く、声聞戒の如きは多分に自利なり。菩薩の律儀はまた利他を兼ぬ。而るに利他の故に仮に小律儀を受くと云ふは、既に教旨に違す、言論するに足らずと。〈已上奏の文〉

論じて曰く、声聞戒とは、声聞においては自利、菩薩においては利他なり。それ菩薩の律儀に都《すべ》て自利なし。利他を以て即ち自利となすが故なり。まさに知るべし、小果を求めざるが故に、名づけて仮受となすことを。小乗の教に約すれば教に違するに似たりと雖も、

三聚戒　大乗の戒法で在来の小乗の八部衆の修める律儀戒のみならず、進んで善を行う摂善法戒、一切の利他を行ずる摂衆生戒をも包容する新しい律の体系。

三脱門　三解脱門のことで、人法の空を観ずる空解脱門、差別の相を離れる無相解脱門、願求のおもいを捨てる無願解脱門をいう。

泥洹　ニルバーナ。涅槃のこと。

涅槃　元の意味は、吹き消すこと。煩悩の火を滅尽して、悟りの智慧を完成した境地。

発正　会稽開元寺の曇一律師（六九二―七七一）の発正記、十巻。

賓　底本なし。底本上欄に「律師上疑脱賓字」。

飾宗　嵩岳の定賓《じょうひん》律師の四分律疏飾宗義記、十巻。

折中　常州興寧寺の義宣律師の折中記、六巻（今失）。四分律行事鈔を解釈して、自是他非したので、この名がある。

疑偽目　作者の明確でない、或いは他人の偽作とされる書目。

南斉永明の年　四八三―四九三年。

法度　瑯耶《ろうや》摂山の法度（四三七―五〇〇）か。

その律　毘跋律を指す。

声聞　→三〇頁補

菩薩の受に約すれば都て相違せず。もし強ひて相違せしめば*和上の義を破せんのみ。

謹んで妙法蓮華経の第四巻を案ずるに、云く、*衆の小法を楽《ねが》ひて而も大智を畏るるを知る。この故に、諸の菩薩、声聞・*縁覚と作《な》り、無数の方便を以て諸の衆生の類を化し、自らこれ声聞なり、仏道を去ること甚だ遠しと説き、無量の衆を度脱して皆な悉く成就するを得せしむ。*小欲懈怠《けだい》なりと雖も漸くまさに作仏《さぶつ》せしむべし。内に菩薩の行を秘して外にこれ声聞なりと現ず。小欲にして生死を厭へども実は自ら仏土を浄む。衆に*三毒ありと示して、また邪見の相を現ず。我が弟子、かくの如く方便して衆生を度すと。〈已上経の文〉

明らかに知んぬ、諸の菩薩等、還つて声聞と作《な》り、方便力を以て為めに衆生を化することを。庶《こいねが》はくは、将来の有智、心を用ひて思択せよ。

叡山、*大天に類せざるの明拠を開示す　十一

僧統奏して曰く、昔大天に依つて*部二十を分つ。仏法これに因つて遂に衰滅せしむ。今*比叡山、人法を部判す。則ち知んぬ、これ滅法の先兆なることをと。〈已上奏の文〉

論じて曰く、滅後の大天は*過人の罪を犯ずることあり。像*末の叡山は過人の罪を犯ずることなし。*昔の五事は弟子を欺誑す。故に仏法をして衰滅せしむ。今の*四条は経に依つて引導す。故に仏法をして中興せしむ。僧統の卜兆、信ずべきに足らざるなり。

謹んで*慈和の四分の鈔の記の第一巻を案ずるに、云く、*比丘あり、名づけて大天となす。*三逆罪を犯ず。未だ出家せざる前、母と私《ひそか》に通じて遂にその父を殺す。人に知られんこと

和上　鑑真和上。

衆の…　法華経五百弟子受記品の文（正蔵九、二八a）。

縁覚　→三〇頁補

小欲懈怠　小乗の戒を学んで大乗を退くこと。

三毒　根本的な煩悩、貪欲・瞋恚・愚癡のこと。

大天　梵名マハーデーヴァ。訳して大天。中インドのマツラ国の商家の子。彼は殺父・殺母・殺阿羅漢の三逆罪を犯したことを懺悔し、出家して仏門に入った。聡明な彼は人に優れて仏法を身につけたが、やがて本文にあるように五種の異見を提出し、仏教教団が保守的な上座部と進歩的な大衆部に分派（根本分裂という）する原因をつくったという。けれども、大天の五事はかなり進んだ大乗思想を示しており、根本分裂当時の大衆部の思想とは考えられない。大毘婆沙論巻九十九（正蔵二七、五一〇以下）にくわしい。

部二十を分つ　上座部と大衆部に分裂した仏教教団は、後、さらに分派を重ねて二十部を数えるに至った（五三頁以下参照）。

比叡山、人法を部判す　一向小乗・一向大乗・大小兼行寺の区別に基づいて、人や法を分類したことを指す。

過人の罪　自ら凡夫の境界を越えているなどと誇大なことを言う大妄語の罪。

を恥ぢて母を将《ひき》ゐて逃走して、これを*波吒梨《はたり》城に隠す。本国に供養せし羅漢に遇逢《ぐほう》して、復た彰露せんことを恐れ、因つて遂にこれを殺す。後、その母の余人と私《ひそか》に通ずるを見て復たその母を殺す。三逆罪を造りて深く憂悔を生じ、罪を滅せんことを欲求して、因つて即ち出家す。未だ久しからざるに便ち能く三蔵を読誦す。王聞きて遂に請じて宮に入れて供養す。また王の妃と私に通ず。然るに彼れ復た我れはこれ羅漢なりと称す。

後、寺中において*夢に不浄を失して、而も弟子をして汚《けが》す所の衣を洗はしむ。弟子白《もう》して言《もう》さく、師、煩悩已《すで》に尽く、何ぞこの事を容《い》るるやと。師曰く、漏失に二種あり。一には煩悩なり、羅漢には已になし。二には不浄なり、羅漢も未だ免れず。煩悩尽くと雖も、あに*便利涕唾《ていだ》等なからんや。然るに我が漏失、魔のために嬈《なやま》さる、まさに怪しむべからざるなり。これはこれ魔女、我れを毀たんと欲するが故に、而も不浄を以て我が衣を汚すなりと。自ら経を作りて云く、仏、比丘に語《つ》げたまはく、魔、天女を以て*無学の人を毀つ。故に不浄を以てその衣を染汚すと。*部執の疏に准じて、五事皆な自ら経を作りて証成す。これ第一事なり。また諸弟子をして親附せしめんと欲して次第に*四沙門果を得と記す。

弟子問ひて言く、阿羅漢等ならばまさに証知することあるべし。如何ぞ我れ等都《すべ》て自ら知らざるやと。彼れ言く、羅漢もまた無知あり。無知に両《ふたつ》あり。一には*染汚《ぜんま》なり。羅漢には已になし。二には*不染汚なり。羅漢にもなほありと。また自ら経を作りて云く、仏、比丘に語げたまはく、羅漢なほ*無明の心を覆ふことありて自ら知得せずと。これ第二事なり。

弟子復た言く、曽て聞く、聖者已に疑惑を度すと。*四諦《したい》*三宝我れなほ疑を懐くと。彼れ

像末 →一四頁「正像・像末」補

昔の五事 大天の五事。五事については、以下の慈和の四分律鈔記にくわしい。

四条 四条式(一九九頁)。

慈和の四分の鈔の記 →四八頁注「慈和の記」

比丘 梵語ビクシュの音写。男子で出家して具足戒(四分律によれば二百五十戒)を受けたもの。

三逆罪 殺父・殺母・殺阿羅漢・出仏身血・破和合僧の五逆罪のうち、大天は三逆罪を犯したことになる。

波吒梨城 梵語パータリプトラ。華氏城と訳す。マガダ国の首都。今のパトナ。

夢に不浄を失す 夢精のこと。

便利涕唾等 大小便、涙、唾など。

無学の人 阿羅漢を指す。

部執の疏 現存しないが、真諦の部執異論疏のことであろう。五事を大天が仏説として証成したという記録は、大毘婆沙論にも窺基の異部執輪論述記にもなく、真諦の疏にのみあったようである。澄禅撰、三論玄義検幽集巻五参照(正蔵七〇、四五b)。

四沙門果 声聞が無漏の聖位に進むと、次第に預流果、一来果、不還果、阿羅漢果に至るとされる(三一頁参照)。

染汚 物に執着する煩悩のことで、これに妨げられて真理を見る智慧に乏しいという。

不染汚　諦理を自ら悟る智慧はあっても、衆生を教化する智慧に暗いこと。

無明　根本無明のことで、不染汚無知にあたり、大乗菩薩によってはじめて断ぜられる煩悩のこと。

四諦　苦・集・滅・道の四聖諦。↓二三六頁補

三宝　仏宝・法宝・僧宝。

随眠疑　根本的な煩悩である六随眠の一。四諦の道理に迷い疑うこと。

処非処疑　目前の具体的な事物や事象に決断できずに迷うこと。

猶予　決断しないで逡巡すること。

須陀洹　梵語スローター・アーパンナの音写語。四沙門果の第一、預流果(→三一頁注)のこと。

慧・通第一　仏弟子中、舎利弗は智慧第一といわれ、目連は神通第一といわれる。

所作已に弁ず　なすべきことはすべて成し遂げた。

布薩　梵語ウポーシャダの音写語。半月ごとに集会して戒本を読誦し、罪過を懺悔し、清浄に住する僧伽の儀式。

言く、羅漢もまた疑惑あり。疑惑に両《ふたつ》あり。一には*随眠疑《ずいみんぎ》なり。羅漢には已になし。二には*処非処疑《しょひしょぎ》なり。羅漢にもなほありと。解して云く、理に称《かな》ふを処と名づけ、理に称はざる者を名づけて非処となす。法において理に称ひ、理に称はざる事、*猶予して決せざるを処非処疑と名づくと。また自ら経を作りて云く、仏、比丘に語《つ》げたまはく、*須陀洹《しゅだおん》の人、四諦の法においてなほ疑心ありと。これ第三事なり。

弟子また言く、もしこれ羅漢ならばまさに自ら証知すべけん。如何ぞただ師の済度に由つて都《すべ》て現智の能く自ら証知することなきやと。彼れ言く、羅漢は他の度に由ることあり。舎利弗・目連の如き、*慧・通第一なるも、仏もし未だ記せざれば彼れ自ら知らず。いはんや汝鈍根をや。要《かなら》ず他の度に由り、自ら了すること能はずと。また自ら経を作りて云く、仏、比丘に語《つ》げたまはく、聖人また他に依つて疑を断ずることありと。これ第四事なり。

然るに彼の大天、重悪を造ると雖も、未だ善根を断ぜず。後、中夜において自ら罪の重きを惟《おも》ひて、まさに何れの処においてか諸の劇苦《ぎゃくく》を受くべけんやと、憂惶《うこう》に逼《せ》められて、高声に唱へて言く、苦《く》なるかな苦なるかなと。弟子、尋ねて師に白《もう》して言《もう》さく、大師の*所作已《すで》に弁ず、何が故ぞ、苦と唱ふるやと。彼れ遂に告げて言く、我れ聖道を呼ぶ。謂《いわ》く、諸の聖道、もし志誠をもつて苦《ねんごろ》に召命せざれば終に現前せずと。また自ら経を作りて云く、仏、比丘に語げたまはく、聖道、また言のために顕はさるる者ありと。これ第五事なり。

後、*布薩の時、大天、座に昇りて前の五事を集めて而も頌《じゅ》を作りて言く、

無学の漏失は魔の引くに因り　　無知の疑惑は他の度《ど》に由る

聖道《しょうどう》起らんと欲すれば声を仮《か》りて呼ぶ　これを如来真浄《にょらいしんじょう》の教と謂《い》ふ

その時、衆中に、学・無学、多聞・持戒にして、静慮を修する者あり。彼れが説く所を聞きて彼の頌を翻じて言く、前の三句は同じと。第四句を改めて云く、これ汝の狂言にして仏の教に非ずと。竟夜《よもすがら》闘諍して乃ち終朝に至る。城中の士庶、乃至国王自ら来りて諍を和す。僻《かたよ》つて律の文を用ひ籌《くじ》を行ひて諍を滅するに、多人の語を用ふ。賢聖の衆の中には*耆年《きねん》多しと雖も、而も僧の数少し。大天の朋内には耆年少しと雖も、而も衆の数多し。遂に二部を分つ。一には*上座部、二には*大衆部なりと。〈已上記の文〉

明らかに知んぬ、大天が五事は己《おの》が過を隠さんがため、叡山の四条は円戒を伝へんがためなることを。五事の偽は*胸臆《きょうおく》より出で、四条の式は聖典に拠る。回小向大は一乗の正義、*執三諍一は諸仏も*印せず。耆年の上座は理に順じて小衆なり。少年の大天は理に違して多衆なり。*遂に少年をして船に乗ぜしめば、百妄、頓に絶せん。耆年、国を移らば、*一真、今に来らん。

分部に是《ぜ》なく非《ひ》なきの明拠を開示す　十二

謹んで*文殊問経の下巻を案ずるに、云く、その時、文殊師利、仏に白《もう》して言さく、世尊、仏の涅槃に入るの後、未来の弟子、云何《いかん》が諸部を分別せん、云何が根本部ならんやと。仏、文殊師利に告げたまはく、未来の我が弟子に*二十部ありて能く諸法をして住せしめん。二十部とは、幷に*四果を得、*三蔵平等にして下中上なし。譬へば、海水の味、異なりあ

耆年　長老。
上座部　→二五頁注
大衆部　→二五頁注
胸臆　自分勝手な思いつき。
執三諍一　三乗に執着して一乗をそしること。
印せず　印可、認可しない。
遂に少年をして…　少年(大天)を破船に乗せれば溺れて絶滅するであろうが、耆年(賢聖)は神通力によって他国へ移り、真理をもたらす、という意味。部執異論疏によると、上引の文に続き、「(阿育)王既に瞋る。諸善衆をして恒河中に送り、載するに破船を以てし、中流にて墜溺せしむ。聖衆、空に乗り、並に同見の通を得ざる者を摂して、西北に去り迦湿弥羅国に住す。王聞きて悔謝す」とある。
一真　一乗の真実。
文殊問経　梁の僧伽婆羅訳の文殊師利問経。以下の引用は、分部品の文(正蔵一四、五〇一a)。
二十部　→補
四果　四沙門果(→五一頁注)。
三蔵　仏教の根本聖典たる経・律・論。

ることなきが如く、人に二十子あるが如し。真実に如来の説く所なり。文殊師利、根本の二部、大乗より出で、*般若波羅蜜より出づ。声聞・縁覚・諸仏、悉く般若波羅蜜より出づ。文殊師利、地水火風虚空はこれ一切衆生の住する所の処なるが如し。かくの如き般若波羅蜜及び大乗は、これ一切の声聞・縁覚・諸仏の出処なりと。

文殊師利、仏に白《もう》して言さく、世尊、云何が部と名づくるやと。

仏、文殊師利に告げたまはく、初めの二部とは、一に*摩訶僧祇《まかそうぎ》なり〈ここには大衆と云ふ。老少同じく会して共に律部を集むるなり〉、二に*体毘履《たいびり》なり〈ここには老宿と言ふ。淳老宿の人同じく会して共に律部を出だすなり〉。我れ涅槃に入りて後一百歳にこの二部まさに起るべし。

摩訶僧祇より七部を出だす。この百歳の内において一部を出だす。*執一語言《しゅういつごごん》と名づく〈所執は僧祇と同じ。故に一と云ふなり〉。百歳の内において執一語言部より復た一部を出だす。*出世間語言と名づく〈称讃の辞なり〉。百歳の内において出世間語言より一部を出だす。*高《こう》拘梨柯《くりか》と名づく〈これ律を出だせる主の姓なり〉。百歳の内において高拘梨柯より一部を出だす。*多聞《たもん》と名づく〈律を出だせる主に多聞智あるなり〉。百歳の内において多聞より一部を出だす。*只底舸《したいか》と名づく〈これは山名なり。律を出だせる主ここに居するなり〉。百歳の内において只底舸より一部を出だす。*東山と名づく〈また律主の居なり〉。百歳の内において東山より一部を出だす。*北山と名づく〈また律主の居なり〉。これを摩訶僧祇部より七部を出だすと謂ふ。及び本の僧祇、これを八部となす。

百歳の内において体毘履部より十一部を出だす。百歳の内において一部を出だす。*一切

般若波羅蜜　梵語プラジュナ・パラミータの音写。般若は智慧と訳し、波羅蜜は度と訳す。智慧を以て生死の此岸を度り涅槃の彼岸に到ること。菩薩の修する六度(→一四頁注)の一。

摩訶僧祇　大衆部(→二五頁注)のこと。

体毘履　上座部(→二五頁注)のこと。

執一語言　一説部のこと。

出世間語言　説出世部のこと。

高拘梨柯　鶏胤部のこと。

多聞　多聞部。

只底舸　制多山部のこと。

東山　不詳。チベット伝によれば、プールバサイラにあたる。

北山　北山部。

一切語言　説一切有部(→二三頁注)のこと。

語言と名づく〈律主、三世有なるが故に、一切は語言に厝《お》るべしと執ずるなり〉。百歳の内において一切語言より一部を出だす。*雪山と名づく〈また律主の居なり〉。百歳の内において雪山より一部を出だす。*犢子《とくし》と名づく〈律主の姓なり〉。百歳の内において犢子より一部を出だす。*法勝《ほっしょう》と名づく〈律主の名なり〉。百歳の内において法勝より一部を出だす。*賢と名づく〈律主の名なり〉。百歳の内において賢部より一部を出だす。*一切所貴と名づく〈律主、通人のために重んぜらるるなり〉。百歳の内において一切所貴より一部を出だす。*芿山《にょうせん》と名づく〈律主の居なり〉。百歳の内において芿山より一部を出だす。*大不可棄と名づく〈律主初めて生るるや、母これを井に棄つ。父これを追尋す。墜つると雖も死せず、故に大不可棄と云ふなり。また能射と名づく〉。百歳の内において大不可棄より一部を出だす。*法護と名づく〈律主の名なり〉。百歳の内において法護より一部を出だす。*迦葉比《かしょうひ》と名づく〈律主の姓なり〉。百歳の内において迦葉比より一部を出だす。*修妒路句《しゅとろく》と名づく〈律主、修妒路の義を執ずるなり〉。これを体毘履部より十一部を出だすと謂ふ。及び体毘履、*十二部を成ず。

仏、この*祇夜《ぎや》を説く。

摩訶僧祇部　分別して出だすに七あり
体毘履に十一　これを二十部と謂ふ
十八及び本二　悉く大乗より出でて
是なくまた非なし　我れ説く未来に起ると　〈已上経の文〉

明らかに知んぬ、小乗の二十部悉く大乗より出でて是なくまた非なしと。小は同異あり

雪山　雪山部。

犢子　犢子部。

法勝　法上部のこと。

賢　賢冑部のこと。

一切所貴　正量部(→二四頁注)のこと。

芿山　密林山部のこと。

大不可棄　化地部のこと。

法護　法蔵部のこと。

迦葉比　飲光部のこと。

修妒路句　経量部のこと。修妒路は修多羅(しゅたら)の訛音。三蔵中の経を指す。

十二　底本「二十」を改む。

祇夜　重頌という。散文(長行《じょうごう》)で説かれた趣旨を、重ねて偈頌をもって述べる形式。

と雖も大体は差別なし。当今は三乗及び一乗、所見に別異あり。法体は一味なりと雖も、機に随つて浅深あり。*一乗に対なしと雖も、*未開の教は*有余なり。今、*法華の制に依つて暫く小因を求むるを隔つ。

滅後の分部住持の明拠を開示す　十三

謹んで*部執異論幷に*宗輪論等を案ずるに、云く、*仏滅度の後百有余年、分つて両部となる。一には大衆部〈また摩訶僧祇部と名づく〉、二には上座部〈また上座弟子部と名づく〉。後、即ちこの第二百年において大衆部の中より三部を流出す。一には一説部、二には説出世部〈また出世説部と名づく〉、三には鶏胤部《けいいんぶ》〈また灰山住部《けぜんじゅうぶ》と名づく〉。次《つ》いで後、この第二百年において大衆部の中より復た一部を出だす。多聞部と名づく〈また得多聞部と名づく〉。また大衆部の中より更に一部を出だす。説仮部《せっけぶ》と名づく〈異論に云く、また一部を出だす、分別説部と名づくと〉。第二百年満じて一の出家の外道あり、邪を捨てて正に帰す。また*大天と名づく。大衆部の中に出家受具し、多聞精進して制多《せいた》山に居す。彼の部の僧と重ねて五事を詳《つまびら》かにす。これに因つて乖諍して、分つて三部となる〈異論に云く、分つて両部となる。一は支提《してい》山部、二は北山部なりと〉。一に制多山部、二に西山住部、三に北山住部なり。かくの如く大衆部、四に破れ或は五に破れ、本末別説を合して九部となる。一に大衆部、二に一説部、三に*(説)出世部、四に鶏胤部、五に多聞部、六に説仮部、七に制多山部、八に西山住部、九に北山住部なり。

一乗に対なし　一乗はすべての機根のものに等しく説かれたものなれば、対機なし。

未開の教　法華による一乗開顕に対して、未開顕の大小乗諸教。

有余なり　不完全である。

法華の制　法華経安楽行品の説(一〇二頁参照)にしたがって、山家の学生を十二年間隔別して籠山せしむるをいう。

部執異論　世友の著作といわれ、梁の真諦三蔵の訳出。仏滅後百年以後の小乗部派の分裂について明かしている。

宗輪論　異部宗輪論のことで、唐の玄奘三蔵訳。部執異論の異訳。この本文は異部宗輪論により、〈 〉内は部執異論より引用している。

仏滅度の後…　異部執輪論の文(正蔵四九、一五a)。

大天　→五〇頁注

説　底本なし。意によって補う。

その上座部は、爾所《そこばく》の時を経て一味和合す。三百年の初めに少の乖諍あり、分つて両部となる。一には説一切有部、また説因部と名づく〈異論、名を同じくす〉。二には即ち本の上座部転じて雪山部と名づく〈異論に雪山住部と云ひ、また上座弟子部と名づく〉。後、即ちこの第三百年において説一切有部より一部を流出す。犢子《とくし》部と名づく〈異論に云く、可住子弟子部と名づくと〉。次いで後、この第三百年において犢子部より四部を流出す。一には法上部、二には賢胄部《けんちゅうぶ》〈異論に賢乗部と云ふ〉、三には正量部〈異論に正量弟子部と云ふ〉、四には密林山部〈異論に密林住部と云ふ〉なり。次いで後、この第三百年において説一切有部より復た一部を出だす。化地部と名づく〈異論に正地部と云ふ〉。次いで後、この第三百年において化地部より一部を流出す。法蔵部と名づく。自ら称す、我れ*採菽氏《さいしゅくし》師に襲《つ》ぐと〈異論に法護部と云ふ〉。三百年の末に至りて説一切有部より復た一部を出だす。飲光部《おんこうぶ》と名づく。また善歳部と名づく。第四百年の初めに至りて説一切有部より復た一部を出だす。経量部と名づく。また説転部と名づく。自ら称す、我れ*慶喜《きょうき》を以て師となすと〈異論に説度部と云ひ、また説経部と名づく〉。かくの如く上座部、七に破れ或は八に破れ、本末別説、十一部と成る。一に説一切有部、二に雪山部、三に犢子部、四に法上部、五に賢胄部、六に正量部、七に密林山部、八に化地部、九に法蔵部、十に飲光部、十一に経量部なりと。〈已上論の文〉

明らかに知んぬ、二十部、是なくまた非なく、倶に如来の記*を受け、小乗の法を住持す。彼の大天比丘*は大衆部に度を得、過人*の罪を犯して五事の妄を作《な》すことを。

まさに知るべし、所別*の大天の類はこれ即ち滅法の先兆、能別*の上座部は都《すべ》て滅法の相

採菽氏　目連（→六二頁注「大目犍連」）のこと。

慶喜　優多羅（うったら）のこと。阿難（→六三頁注）の弟子という。

如来の記　仏陀が弟子たちに個別的に未成の成仏の記莂（認可）を与えること。

大天比丘　→五〇頁注「大天」

過人の罪　→五〇頁注

所別　受動的に別れること。

能別　積極的に別れること。

なしと。

顕戒論 巻上

山家の式　四条式（一九九頁）を指す。
文殊師利　↓補

顕戒論 巻中

前入唐受法沙門伝燈法師位最澄撰す

文殊の上座を開顕する篇 第三

*山家の式に曰く、

一 凡そ仏寺の上座に二座を置く。

一には一向大乗寺 *文殊師利《もんじゆしり》を置きて、以て上座となす。

二には一向小乗寺 *賓頭盧《びんずる》和上を置きて、以て上座となす。

三には大小兼行寺 文殊と賓頭盧と両《ふたつ》の上座を置く。

僧統奏して曰く、賓頭盧、以て上座となすは明らかに*仏の記あり。文殊師利、以て上座となすは未だ経文あらずと。〈已上奏の文〉

論じて曰く、古徳相伝して云く、それ賓頭盧の像は、*文として像を造ることなく、ただ浄座を敷設して華を見て験《げん》を取るのみ。今この間の諸寺、置く所の上僧の形、恐らくは皆なこれ文殊の像ならん。先代より伝ふる人、謬つて文殊の像を指して、名づけて賓頭盧となすと。〈已上、人の語〉例せばこの間の*吉祥天の像を伝へて、謬つて*摩利支と伝ふるが如し。また*寂徳の*梵網の疏に云く、*もし大小の見異ならば、なほ共に一処に住して同じく一河

賓頭盧 →補

仏の記 仏の言葉を記したものの意。ここでは請賓頭盧法(→六〇頁注)を指す。なお普通「仏の記」とは仏の記莂の意。→五七頁注「如来の記」

文として 請賓頭盧法の文によれば、の意。賓頭盧の像を作ることなく、ただ空座の下に華を敷いて、それが萎むか、または供えた時のままであるかによって、賓頭盧が来臨したか否かの印とする。請賓頭盧法(六〇頁以下)参照。

吉祥天 シュリー・マハー・デヴィー。インド神話のラクシュミーの異名。ヴィシュヌの妃。仏教に入って、福祥を司る女神とされた。

摩利支天 マリーチ。摩利支天。自らその姿を隠し、つねに障難を除いて人々を利益するといわれる。古代インドで崇拝され、のち仏教に入った。

寂徳 義寂大徳。新羅の僧。玄奘の弟子。守護国界章・決権実論に「法相宗沙門」と見える(伝全二、六五〇・同七〇〇)。法華・涅槃・般若・梵網経等に通じ、著作が多い。

梵網の疏 梵網経菩薩戒本疏。三巻。以下の引用文は、梵網経第二十六軽戒に対する注釈(正蔵四〇、六九九a)。

もし大小の見… もし大乗と小乗とに、その見解を異にしているならば、同じ所に住み、同じ河の水を飲むことができない。まして僧としての利益を共有することはできない。

を飲むことを得ず。何《いか》にいはんや利を同じくせんやと。*小を別して大を差《わか》ち、まさに*僧次を成ずべしと。また云く、*五部の異見、法利を共にせずと。〈已上疏の文〉

*青丘の*太賢の*梵網の古迹《こしやく》に云く、また聞く、西域の諸の小乗寺には賓頭盧を以て上座となし、諸の大乗寺には文殊を以て上座となす。*合衆共に菩薩戒を持し、羯磨*説戒、皆な菩薩の法事を作し、菩薩の*律蔵、常に誦《ず》して絶えずと。〈已上迹の文〉

明らかに知んぬ、文殊の上座あることを。

小乗の上座の明拠を開示す　十四

*請賓頭盧法〈或は経と名づく。*開元目録は賢聖集の録に入る。〉

天竺の優婆塞・国王・長者、もし一切の会を設くるには、常に*賓頭盧頗羅堕誓《ぴんずるはらだせい》阿羅漢を請ず。賓頭盧とは字なり。頗羅堕誓とは姓なり。その人、*樹提長者のために*神足を現ず。故に仏、これを遏《とど》めて涅槃することを聴《ゆる》さず。勅して末法の*四部の衆のために*福田と作《な》らしむ。請ずる時は静処において焼香礼拝し、天竺の*摩梨山に向ひて至心に名を称して言へ、大徳賓頭盧頗羅堕誓、仏の教勅を受けて末法の人のために福田と作りたまふ、願はくは、我が請を受け、この処において食したまへと。もし新たに屋舎を作らば、またまさにこれを請じて言ふべし、願はくは、我が請を受け、この舎の牀敷の上において宿したまへと。もし普く衆僧を請じて澡浴する時も、またまさにこれを請じて言ふべし、願はくは、我が請を受け、ここにおいて洗浴したまへと。未だ明けざる前に及びて*香湯・灰水・澡豆・楊

小を別して…　在家施主の招待に応じて赴く場合、小乗の僧と区別して、大乗をわかち、大乗の僧の席次によって赴くべきである。

僧次　僧の席順。受戒以後の古参順による。

五部の異見…　→補

青丘　古代の朝鮮の異称。東方国(中国の海の東)の義。

太賢　自ら青丘沙門と号した八世紀頃の新羅の学僧。唯識法相学者。成唯識学記・梵網経古迹記・菩薩戒本宗要はじめ、著書が多い。

梵網の古迹　梵網経古迹記。四巻。以下の引用は、巻上の文(正蔵四〇、六九c)。これと同じ文章が、法蔵の梵網経菩薩戒本疏第一(正蔵四〇、六〇五b)にあり、太賢はこれによって書いたものと思われる。

合衆　法蔵の疏には「令衆(衆をして)」とある。

説戒　受戒の人に戒律を説き教えること。または布薩の時、上座比丘が戒本を誦し衆僧に懺悔せしめること。

律蔵　ヴィナヤ・ピタカ。仏教聖典の総称を三蔵といい、その中の一。教団の生活上の諸規則を集めたもの。

請賓頭盧法　宋の慧簡訳。賓頭盧は末法の人のために福田となるが故に、天竺の優婆塞・国王・長者等は一切の会を設ける時に、これを請じて食等を供養すべきことを説く小経。以下の引用文は、正蔵三二、七八四b。

枝・香油を具し、冷《りょう》*煖《にゅ》を調和すること人の浴法の如くし、戸を開きて請じ入れ、然る後に戸を閉ぢ、人の浴し訖《おわ》る頃の如くにして衆僧乃ち入れ。凡そ会食・澡浴には、要《かなら》ずすべからく一切、僧を請じ、至心に解脱を求むべし。疑はず昧《くら》からず、信心清浄にして、然る後に*屈すべし。

近世一《ひとり》の長者あり、賓頭盧阿羅漢、仏の教勅を受けて末法の人のために福田と作《な》ると説くを聞きて、即ち如法に大会を施設し、至心に賓頭盧を請ず。*氍氀《くる》の下に遍《あまね》く華を敷きて、以てこれを験せんと欲す。大衆食し訖《おわ》りて氍氀を発くに、華皆な萎《しぼ》む。懊悩して自ら嘖《せ》む。過の従つて来る所を知らず。更に復《ま》た精竭《しょうげち》して*経師《きょうし》に審問し、重ねて大会を設くること前の如し。華また皆な萎む。復た更に傾竭して家の財産を尽し、復た大会を作すことなほまた前の如し。懊悩して自ら嘖む。更に百余の法師を請じて所失を求請し罪過を懺謝す。始めて上座の一人の年老に向ひ、*(羊皮を)四に布きてその*慳咎《けんきゅう》を悔ゆ。上座これに告ぐ、汝三会に我れを請ず。我れ皆な請を受く。汝自ら奴をして門中に遮らしむ。我れ年老にして衣服弊壊せるを以て、これ擯せらるる*頼提沙門なりと謂ひて、肯へて前《すす》ませられず。我れ汝が請ずるを以て強ひて入らんと欲す。汝の奴、杖を以て我が頭を打ちて破る。額の右角の創これなり。第二会にまた来るに、復た前《すす》ませられず。我れまた強ひて入らんと欲す。復た我が頭を打つ。額の中の創これなり。第三会にまた来るに、前の如く頭を打たる。額の左角の創これなり。汝自らこれをなす。何ぞ懊悩する所かあらんと、言ひ已りて現ぜず。長者乃ち知る、これ賓頭盧なりと。それより已来《このかた》、諸人福を設くるに皆な敢へて復た門

開元目録　開元釈教録。唐の智昇撰。後漢明帝十年より唐玄宗開元十八年に至る間(六七—七三〇)に翻訳された大小乗経律論、賢聖集伝等を集録した目録(正蔵五五所収)。
賓頭盧頗羅堕誓　梵語ピンドーラ・ブァーラドヴァーヤの音写。
樹提長者　ジョーティカ。マガダ国王舎城の長者。
神足　神足通。五神通の一。思う所へ思い通りにゆくことのできる通力。
四部の衆　四衆。仏教教団を構成する四種の人。数え方に二種類ある。㈠比丘、比丘尼、優婆塞、優婆夷。㈡比丘、比丘尼、沙弥、沙弥尼。
福田　人に恭敬供養される対象となること。→補
摩梨山　マラヤ山。南インドにあり(西ガッツ山脈の南部を指す)、白檀、栴檀等を産する山という。
香湯・灰水・澡豆　手や身体を洗う湯や粉。澡豆は大豆・小豆・豌豆などを粉末にして作る。
煖　温かいこと。
屈す　顕戒論講弁に「屈ハ屈請也。強テ招レ人義ナリ」という。
氍氀　氍は毛織の敷物、氀は毛織物。毛氈のこと。
経師　経を諷誦する師。
羊皮を　底本「羊皮」なし。他本によって補う。
慳咎　慳も咎も、とが。
頼提沙門　→補

を遮らず。もし賓頭盧を得ば、その坐処の華即ち萎まず。もし新たに房舎・*牀榻《しょうとう》を立て、賓頭盧を請ぜんと欲する時は、皆なまさに香湯を地に灑《そそ》ぎ、香油燈を燃じ、新牀新蓐の蓐の上に、*奮綿《ふんめん》、これを敷き、*白練を以て綿の上を覆ふべし。*初夜、如法にこれを請じ、還つて房の戸を閉ぢ、慎みて軽慢窺看することなかれ。皆な各《おのおの》至心にその必ず来るを信じ、精誠感徹すれば至らざることなし。来れば則ち蓐の上に臥処あることを現ず。浴室もまた湯水を用ふる処を現ず。大会の請を受くる時、或は上座にあり、或は中座にあり、或は下座にあり、処に随ひて僧形を現作す。人その異を求むるに終《つい》に得べからず。去りて後、坐処の華萎まざるを見て乃ちこれを知ると。〈已上法の文〉

明らかに知んぬ、賓頭盧上座は定んで像を造らざるべきことを。

大乗上座の像の明拠を開示す 十五

*文殊師利般涅槃経〈開元目録に大乗単訳の経録に入る。〉

かくの如く我れ聞く。一時、仏、*舎衛国*祇樹給孤独園《ぎじゅぎっこどくおん》に在《まし》し、大比丘僧八千人と倶《とも》なりき。長老*舎利弗・*大目犍連・*摩訶迦葉・*摩訶迦旃延、かくの如き等の衆は上首なる者なり。復た*菩薩摩訶薩十六人等、*賢劫《げんごう》の千菩薩あり。*弥勒は上首たり。復た他方の菩薩千二百人あり。*観世音而《しか》も上首たり。

その時、世尊、後夜分において三昧に入りたまふ。その三昧を一切光と名づく。三昧に入り已りて挙身皆な金色の光明を放ちたまふ。その光大《はなは》だ盛んにして*祇陀林を照して、な

牀榻 ねだい。こしかけ。

奮綿 棉花をはじきふるい、やわらかにととのえたものか。顕戒論賛宗鈔に「奮綿或曰小弓弾振令二匀細一者、奮者振也、綿即綿華絮也」とある。

白練 白のねりぎぬ。

初夜 夜を三分して、初夜、中夜、後夜に分つ。

文殊師利般涅槃経 西晋の聶道真訳。以下の引用文は、正蔵一四、四八〇b。

舎衛国 シュラーヴァスティー。中インド古王国の名。舎衛城は北コーサラ国の都城であるが、都城の名をとって国名ともなした。

祇樹給孤独園 舎衛国の長者、給孤独、本名スダッタが、世尊が舎衛国で人々に教を垂れんことをねがい、ジェータ(祇陀)太子より巨額を投じて買い求め、釈尊に寄贈した園林。祇園精舎、祇園ともいう。

舎利弗 シャーリプトラ。十大弟子の一。智慧第一という。

大目犍連 マハーモッガラーナ。十大弟子の一。神通第一という。

摩訶迦葉 マハーカッチャーナ。十大弟子の一。上行第一という。

摩訶迦旃延 マハーカートヤーヤナ。十大弟子の一。論議第一という。

菩薩摩訶薩 梵語ボーディサットバ・マハーサットバの音写。無上菩提を求める人。摩訶薩は大士と訳す。

賢劫の千菩薩 現在を賢劫というが、最も近い過去の一大劫を荘厳劫、現

ほ金色の若《ごと》し。回旋宛転して文殊の房を照し、化して七重の金台となる。一一の台上に五百の*化仏ありて台中に経行す。時に文殊師利の房の前、自然に五百の七宝の蓮華を化生す。円《まど》かなること車輪の若し。白銀を茎となし、黄金を葉となす。*阿茂吒馬瑙、以てその台となす。雑色の真珠、以て華鬚《けしゅ》となす。その華、光ありて仏の精舎を照す。精舎より出でて還つて文殊師利の房に入る。

その時、会中に菩薩摩訶薩あり、*跋陀婆羅《ばつだばら》と名づく。この瑞現ずる時、跋陀婆羅即ち房より出でて仏の精舎を礼し、*阿難の房に到り、阿難に告げて言く、汝まさに時を知るべし。今夜世尊は神通の相を現じたまふ。衆生を饒益《にょうやく》せんがための故に妙法を説きたまはん。汝、*揵椎《けんち》を鳴らせよと。

その時、阿難、大士に白《もう》す、世尊、今は深*禅定に入りたまふ。未だ勅旨を被らず、云何《いかん》ぞ衆を集めんと。

この語を作す時、舎利弗、阿難の所に至り、告げて言く、法弟よろしく時に衆を集むべしと。

その時、阿難、仏の精舎に入り、仏のために礼を作す。未だ頭を挙げざる頃、空中に声あり、阿難に告げて言《のたま》はく、速《すみや》かに衆僧を集めよと。阿難聞き已りて即ち大に歓喜し、揵椎を鳴らして衆を集む。かくの如きの音声、舎衛国に偏《あまね》し。上は*有頂に聞え、*釈梵護世四天王、無数の*天子と与《とも》に天の華香を将《も》つて祇陀林に詣づ。

その時、世尊、三昧より起ちて、即便《すなわ》ち微笑したまふ。五色の光ありて仏口より出づ。

在の一大劫を賢劫、未来の一大劫を星宿劫という。この現在(賢劫)には、千菩薩(千仏)が出現するとされるので、賢劫または善劫という。

弥勒　マイトレーヤ。釈尊の弟子で実在の人物であったが、当来仏として信仰されるようになった。五十六億七千万年後に兜率天より下生して、釈尊に次いで成仏するといわれる。

観世音　アヴァロキテーシュヴァラ。観音。観自在とも訳す。

祇陀林　祇樹給孤独園。

化仏　仏菩薩等の神通力をもって化作せる仏形。

阿茂吒　宝の名。

跋陀婆羅　ブㇵドラパーラ。賢護菩薩と訳す。八大菩薩、十六菩薩の一。

阿難　アーナンダ。十大弟子の一。多聞第一という。

揵椎　鐘・磬・打木など、打って音を出すものの称。時刻を知らせた。

禅定　禅、静慮。心を一つの対象に専注し、つまびらかに思惟すること。

有頂　有頂天。古代インドの世界観で、天の最高の所。無色界の第四天、非想非非想処天にあたる。

釈梵護世四天王　釈は帝釈天(インドラ)。須弥山の頂、忉利天の王。梵は梵天(ブラフマン)。色界の初禅天にありという。護世四天王は須弥山四面の中腹に住し、仏法を守護し国家をまもるという四天。持国天・増長天・広目天・多聞天(毘沙門天)。

この光出づる時、祇洹《ぎおん》精舎変じて瑠璃と成る。

その時、文殊師利法王子、仏の精舎に入り、仏のために礼を作す。二膝の上に五の蓮華を生ず。文殊、仏前に十指掌を合する時、手の十指の端及び手掌の文、皆な十千の金色の蓮華を出だし、以て仏の上に散ず。化して七宝の大蓋と成りて諸の幢幡を懸く。十方無量の諸の仏菩薩、蓋中に映現す。仏を遶《めぐ》ること*七迊《しちそう》、却《しりぞ》きて一面に坐す。

その時、跋陀婆羅、即ち座より起ち衣服を整理して、仏のために礼を作し、長跪合掌し、仏に白《もう》して言《もう》さく、世尊、この文殊師利法王子、已に曾て百千の諸仏に親近し、この*娑婆世界にありて仏事を施作し、十方面において変現自在なり。却後《しばらくしてのち》久遠にして、まさに*般《はつ》涅《ね》槃《はん》すべしと。

仏、跋陀婆羅に告げたまはく、この文殊師利は大慈悲ありて、この国の*多羅聚落の梵徳婆羅門の家に生ず。その生ずる時、家内屋宅化《け》して蓮華の如し。母の右脇より出づ。身は紫金の色なり。地に堕ちて能く語ること天の童子の如し。七宝の蓋あり、随ってその上を覆ふ。諸の仙人に詣して出家の法を求む。諸の婆羅門、*九十五種の諸の論議師、能く酬対することなし。ただ我が所において出家学道して*首楞厳三昧に住す。この三昧の力を以ての故に、十方面において或は初生・出家・*滅度・入般涅槃を現じ、*舎利を現じて分ち、衆生を饒益す。かくの如く*大士、久しく首楞厳に住し、仏の涅槃の後、四百五十歳、まさに*雪山《せっせん》に至りて五百の仙人のために*十二部経を宣暢し敷演し、五百の仙人を教化し成就して*不退転を得しむべし。諸の神仙と与《とも》に比丘の像と作《な》りて空中に飛騰し、*本生の地に至り、

天子　天に同じ。

七迊　七たびめぐること。
娑婆世界　→一八頁注「娑婆」
般涅槃　梵語パリニルヴァーナの音写。完全な涅槃の意。ここは入滅。
多羅　ターラ。土地の名。
九十五種の諸の論議師　九十五種外道。九十六種外道と数える場合もある。根本に六師外道あり、それに各十五人の弟子があるから九十人となり、これに六師を加えて九十六種とする等、数え方には異説が多い。
首楞厳三昧　→四四頁注「首楞厳定」
滅度・入般涅槃　滅度は涅槃と同義。涅槃に入ることを入滅とも入般涅槃ともいい、釈尊は死によって無余涅槃に入られたから、釈尊の死をとくに入般涅槃という。
舎利を現じて…　舎利は梵語シャリーラの音写。仏の遺骨。釈尊滅後、その舎利を八分して葬ったことを指す。「初生」より「舎利を現じて」までは、釈尊の伝記をもととして、文殊師利の事蹟を述べたもの。
大士　菩薩の異名。
雪山　ヒマーラヤ。
十二部経　→補
不退転　音訳して阿鞞跋致(アビバッチ)ともいう。仏法において証得した法より退堕して、悪趣におちたり、菩薩の地位を失ったりしないこと。
本生　ここでは、もと生れた所の意

空野沢の*尼拘楼陀樹《にくるだじゅ》の下において、*結跏趺坐して首楞厳三昧に入る。三昧の力の故に身の諸の毛孔より金色の光を出だす。その光偏《あまね》く十方世界を照して有縁の者を度す。五百の仙人各《おのおの》皆な大光の身の毛孔より出づるを見ると。

この時、文殊師利、身は紫金山の如く正長*丈六、円光厳顕として而各《おのおの》*一尋なり。円光の内において五百の化仏《けぶつ》あり。一一の化仏に五の化菩薩あり、以て侍者となる。その文殊の冠は*毘楞伽宝《びりょうがほう》の厳飾する所、五百種の色あり、一一の色の中に、日月星辰、諸天竜宮、世間の衆生の希《まれ》に見る所の事、皆な中において現ず。眉間の*白毫《びゃくごう》は右旋宛転し、化仏を流出して光網の中に入り、挙身の光明焔焔として相ひ次ぐ。一一の焔中に五の*摩尼珠あり、一一の摩尼珠に各《おのおの》異光ありて異色分明なり。その衆色の中の化仏菩薩、具《つぶさ》に説くべからず。左手に鉢を執り右手に大乗経典を擎持す。この相を現じ已りて光炎皆な滅して瑠璃の像を化成す。左臂の上において*十仏の印あり、一一の印の中に十仏の形像あり。諸仏の名字、了了分明なり。右臂の上において*七仏の印あり。一一の印の中に七仏の像あり。七仏の名字、了了分明なり。身内の*心処に真金の像ありて結跏趺坐す。正長六尺、蓮華の上にありて四方に皆な現ず。

仏、跋陀婆羅に告げたまはく、この文殊師利、無量の神通、無量の変現あり。具《つぶさ》に説くべからず。我れ今略して説くは未来世の盲冥の衆生のためなり。もし衆生ありてただ文殊師利の名を聞かん者は、十二億劫の生死の罪を除卻せん。もし礼拝供養する者は、生生の処、恒に諸仏の家に生じ、文殊師利の*威神のために護せられん。この故に衆生、まさに勤

味。本生は、普通は、仏の前生物語をいう。

尼拘楼陀樹　ニヤグロードハ。榕樹に類した桑科植物。インド及びセイロンに産す。

結跏趺坐　坐り方の一種。足を組んであぐらをかくような坐り方で、右の足を左の股の上に置き、左の足を右の股の上に置き、安坐する。

丈六　一丈六尺の仏像の意。仏の等身像ともいう。

一尋　長さ。一ひろ。八尺または七尺という。

毘楞伽宝　シャクラーブヒラグナ・ラトナ。釈迦毘楞伽宝ともいう。宝珠の名で、帝釈天が持つといわれる。

白毫　仏の三十二相の一で、眉間に白毛あり、伸ばせば一丈五尺もあるが、右廻りに巻いて収められている。

摩尼珠　宝珠。光によって自在にあらゆる色に変化するという。

十仏の印　大般若経には宝性仏等、華厳経には不動智仏等の現在十方の十仏を説く。印は印文、しるし。

七仏　長阿含経等に、毘婆尸仏以下、過去の七仏を説く。

心処　心の機能のあるところ。

威神　凡夫の智慧では測ることのできない不思議な徳。

めて念を文殊の像に繋《か》くべし。文殊の像を念ずる法は、先に*瑠璃の像を念ず。瑠璃の像を念ずる者は、上に説く所の如く、一一これを観じて皆な了了ならしめよ。もし未だ見ることを得ずんば、まさに*首楞厳経《しゅりょうごんきょう》を誦持し文殊師利の名字を称すること、一日より七日に至るべし。文殊必ず来りてその人の所に至らん。もし復た人ありて宿業の障《さわ》りある者は夢中に見ることを得ん。夢中に見る者は、現在身においてもし声聞を求めば、文殊師利を見るを以ての故に*須陀洹《しゅだおん》乃至*阿那含《あなごん》を得ん。もし出家の人、文殊師利を見ん者は、已に見ることを得るが故に一日一夜に阿羅漢と成らん。もし深く*方等経典を信ずることあらば、この法王子は禅定の中において為めに実義を説きて深法を得しめん。若使《たと》ひ乱心多き者にもその夢中において為めに実義を説き、それをして無上道を堅固にし、不退転を得しめんと。

仏、跋陀婆羅に告げたまはく、この文殊師利法王子、もし人ありて念ぜん、もし供養修福の業を欲する者には、即ち自ら身を化して、貧窮孤独、苦悩の衆生と作《な》りて、行者の前に至らん。もし人ありて文殊師利を念ぜば、まさに慈心を行ずべし。慈心を行ずる者は即ちこれ文殊師利を見ることを得ん。この故に智者、まさに諦《あきら》かに文殊師利の*三十二相八十種好《しゅごう》を観ずべし。この観を作す者は、*首楞厳の力の故に、まさに疾《と》く文殊師利を見ることを得べし。この観を作す者を名づけて正観となす。もし他観する者は名づけて邪観となす。仏滅度の後、一切の衆生、それ文殊師利の名を聞くことを得る者、形像を見る者あらば、百千劫の中、*悪道に堕せず。もし文殊師利の名を受持し読誦する者あらば、設《たと》ひ重障ありとも*阿鼻の極悪猛火に堕せず、常に他方の*清浄国土に生じて仏に値《あ》ひ法を聞きて*無生忍を

瑠璃の像　六五頁一〇行に見える。

首楞厳経　首楞厳三昧王経(羅什訳)。堅意菩薩を対告衆として、首楞厳三昧の法およびその威神を説く経。

須陀洹　→五二頁注

阿那含　不還果(→三一頁注)。

方等経典　もとは九部経。十二部経(→六四頁補)中の一で、広大甚深の義を広説詳説したものという意。大乗仏教では大乗経典を指して方等経典という。ここは後者の意。

三十二相八十種好　仏の肉身や転輪聖王の身に具えている勝れた容貌形相。特に顕著に見やすいものを三十二相といい、微細隠密なるものを八十種好といい、あわせて相好という。

首楞厳　首楞厳経。

悪道　六道のうち、地獄・餓鬼・畜生を三悪道という。三悪趣ともいう。

阿鼻　梵語アビーチの音写。阿鼻地獄。無間と訳す(苦を受けること間断なしの意)。八熱地獄の一で、地獄の最下底にあり、極悪の人ここに堕すという。

清浄国土　清浄なる国土または仏刹土の意。浄土、仏土に同じ。穢土に対す。諸仏の本願によって成就された大清浄荘厳の国土をいう。

無生忍　無生法忍。諸法無生の理を観じてこれを諦観すること。即ち、あらゆるものが空であり、無生であるという真理に心を安んじて動かさないこと。

得んと。この語を説きたまふ時、五百の比丘、*遠塵離垢して阿羅漢を成じ、無量の諸天、菩提心を発して常に文殊師利に随従せんことを願ふ。

その時、跋陀婆羅、仏に白《もう》して言《もう》さく、世尊、この文殊師利の舎利、誰れかまさに上において七宝の塔を起つべきぞと。

仏、跋陀婆羅に告げたまはく、*香山《こうせん》の中に*八大鬼神あり、自らまさに擎《ささ》げ去りて香山の中の金剛山の頂上に置くべし。無量の諸天、竜神夜叉、常に来りて供養し、大衆集まる時、像恒に光を放ち、その光は苦・空・無常・無我等の法を演説せん。跋陀婆羅、この法王子は不壊の身を得。我れ今汝に語《つ》ぐ、汝好く受持して広く一切諸の衆生のために説け。この語を説く時、跋陀婆羅等の諸の大菩薩、舎利弗等の諸の大声聞、*天竜八部は仏の所説を聞きて皆な大に歓喜し、仏を礼して退くと。〈已上経の文〉

明らかに知んぬ、文殊上座はその像を造るべきことを。まさに知るべし、この文殊師利法王子、已に曾て百千の諸仏に親近し、この娑婆世界にありて仏事を施作し、十方面において変現自在なることを。何に因つてか出家菩薩の上座となさざらん。〈*一徳〉

また経に云く、「*もし衆生ありてただ文殊師利の名を聞かんに、十二億劫の生死の罪を除卻せん」と。〈已上経の文〉天竺の法に順じて文殊上座を食堂に安置し、晨朝・日中、二時に礼敬せば、二十四億劫の生死の罪を除卻せん。あに懺悔せざらんや。*浄住の義、深く説戒に契《かな》ふ。天竺の大乗寺に文殊を上座となすは、良《まこと》にこの衆縁に出るなり。

また経に云く、「*礼拝供養する者は、生生の処、恒に諸仏の家に生じ、文殊師利の威神

遠塵離垢　煩悩を離れること。塵も垢も煩悩の異名。塵垢ともいう。

香山　ガンドハ・マーダナ。香酔山、香水山とも。ヒマラヤ山脈中マーナサ湖の北岸にそびえるカイラーサ山を指したものといわれる。この山は帝釈天が乗る善住象王や、執楽神の乾闥婆王等の住処と信ぜられた。またその山の樹々が香薫を出すという。

八大鬼神　四天王所領の鬼衆、乾闥婆(ガンダルヴァ)・毘舎闍(ピシャーチャ)・鳩槃荼(クンブハーンダ)・薜荔多(プレータ)・竜(ナーガ)・富単那(プータナー)・夜叉(ヤクシャ)・羅刹(ラークシャサ)。鬼神は、威あるものを鬼、能あるものを神と名づける。

天竜八部　天竜等の八部で、仏の眷属となり、仏法を守護する八部の異類。天(デーヴァ)・竜(ナーガ)・夜叉・乾闥婆・阿修羅(アスラ)・迦楼羅(ガルダ)・緊那羅(キンナラ)・摩睺羅伽(マホーラガ)。

一徳　底本上欄に「一徳二字疑剰」。

もし衆生ありて…　前引の文殊師利般涅槃経の文(六五頁一六行)。

浄住の義…　浄住は布薩(→五二頁注)のことで、説戒(→六〇頁注)も同じく布薩のこと。懺悔して、清浄に住することは、ふかく布薩の意義にかなうものである、という意。

礼拝供養する者は…　前引の文殊師利般涅槃経の文(六五頁一七行)。

のために護せらる。この故に衆生、まさに勤めて念を文殊の像に繫くべし」と。〈已上経の文〉文殊上座を食堂に安置し、日日礼拝し日日供養せば、施者・受者は、生生の処、諸仏の家に生じ、文殊師利の威神に護せられん。誰れの出家の人か仰信せざる者あらんや。それ夢中に文殊の聖を見ることを得ば、一日一夜に阿羅漢と成らん。またその夢中において為めに実義を説きて、それをして無上道において堅固ならしむ。

また経に云く、「*仏滅度の後、一切の衆生、それ文殊師利の名を聞くことを得る者、形像を見る者あらば、百千劫の中、悪道に堕せず。もし文殊師利の名を受持し読誦する者あらば、設《たと》ひ重障ありとも阿鼻の極悪猛火に堕せず、常に他方の清浄国土に生じて仏に値ひ法を聞きて無生忍を得ん」と。〈已上経の文〉それ*像末の*四衆、*大小の戒を犯して多く*如法ならず。*小乗の上座都《すべ》て*この力なし。もし文殊上座、食堂に置かずんば、遠くは天竺の法に背き、近くは大唐の制に違せん。犯戒の重障、誰れに帰してか滅除せん。阿鼻の猛火、何に由つてか脱することを得ん。何《いか》にいはんや仏に値ひ法を聞きて無生忍を得るをや。有智の賢哲、一一の証文を検勘して優劣の意を*諳悉せよ。

大唐、文殊を上座となす新制の明拠を開示す　十六

謹んで*代宗朝贈司空大弁正広智三蔵和上表制集の第二を案ずるに、云く、天下の寺の食堂の中に文殊上座を置くの*制一首

大聖文殊師利菩薩

仏滅度の後…　前引の文殊師利般涅槃経の文(六六頁一六行)。
像末　→一四頁「正像・像末」補
四衆　→六一頁注「四部の衆」
大小の戒　大乗戒と小乗戒。
如法　仏の教に従い、そむかないこと。
小乗の上座　小乗の制による賓頭盧上座。
この力　前引した文殊師利のさまざまの威神力。
諳悉　そらんじつくすこと。
代宗朝…表制集　→補
制　天子のミコトノリの一種。
京城の大徳…　不空のこと。→補
不空　不空金剛。アモーグハヴァジュラ。七〇五—七七四。→補
緇門　出家者。
梵行　離俗清浄の行。
玄門　玄妙の法門。仏法をいう。
台山　五台山。中国山西省東北部に

右、*京城の大徳、特進試鴻臚卿、大興善寺の三蔵沙門大広智*不空等奏す。跡を*緇門《しもん》に忝《かたじけな》くして久しく*梵行を修し、聖典を習訳して頗る*玄門を悟る。大聖文殊師利菩薩は大乗密教皆な周《あまね》く流演す。今、*台山に鎮在して*兆庶を福滋す。伏して惟《おもんみ》るに、*宝応元聖文武皇帝陛下、徳、乾坤に合ひ、明、日月に並ぶ。無疆の福、我が*生人《せいじん》を康んず。伏して望むらくは、今より已後、天下の食堂の中、賓頭盧の上において特に文殊師利の形像を置きて、以て上座となさしめたまへ。諸の聖典を詢《たず》ぬるに具に明文あり。*僧祇の如来、なほ訓旨を承《う》く。凡そ出家たる者は固《つね》に*衣を摳《かか》ぐべし。*普賢・観音、なほ*払《ほっ》を執りて侍をなし、声聞・縁覚、*篲《せい》を擁して後に居す。これ乃ち天竺国皆な然《しか》なり。僧等の鄙見に非ず。仍つて永く恒式となさんことを請ふ。

*中書門下　*祠部に*牒す

牒す。　勅を奉ずるに、大聖文殊師利菩薩は*法王の子、威徳特尊なり。諸仏の導師となりて、群生の心目を洗ひ、我が兆庶を康んず。無辺を拯《すく》ふに足れり。尊崇あらずんば、人何ぞ瞻仰せん。今京城の大徳、懇《ねんごろ》にここに申奏す。雅《あきら》かに聖典に合す。請ずる所よろしく依るべしと。牒至らば　勅に准ぜよ。故に牒す。

*大暦四年十二月十九日牒す

*中書侍郎*平章事元載

*門下侍郎平章事杜鴻漸

門下侍郎平章事王縉

あり、五世紀頃から文殊菩薩の霊場として仏教信仰の一大中心地となり、特に唐代には最盛期を迎えた。

兆庶　多くの民。兆民に同じ。

宝応元聖文武皇帝陛下　粛宗の尊号。七五六—七六二在位。

生人　生きている人。人民。

僧祇の如来　三阿僧祇の如来。菩薩は三阿僧祇(極めて長時間)に修行して如来になるといわれることから、如来を僧祇の如来とよぶ。大智度論巻四・倶舎論巻十八等に出。

衣を摳ぐ　衣の裾をかかげること。古の敬礼。転じて拝趨すること。

普賢　普賢菩薩。無量の行願を具足し、普く一切の仏土に示現する菩薩。

払　払子(ほっす)。

篲　ほうき。

中書門下　盛唐に始まる政事堂。宰相が政事を合議する処。中書門下堂のこと。

祠部　官名。尚書省の礼部に属し、祭祀・天文・医薬・道・仏を掌る。

牒　直接上下被管関係にあらざる官司間で送る公文書。

法王の子　法王は仏のこと。仏の法より生れたる者。

大暦四年　七六九年。代宗の世。

中書侍郎　中書省の次官。

平章事　官名。唐宋時代の宰相の職。くわしくは、同平章事という。日本古代の参議にあたる。

門下侍郎　門下省の次官。

*兵部尚書平章事李*使

已上の制文、その意分明なり。大乗の出家、誰れか帰向せざらんや。*涇渭、流を分ち、玉石、連を別にす。*有心の*真人は更に論ずべからず。凡そ大唐国の裏《うち》、天下の諸寺、文殊上座を食堂に安置す。大暦四年、歳《ほし》己酉〈即ち大日本国神護景雲三年己酉に当る〉に次《やど》るより、大日本*弘仁十年、歳己亥に次《やど》るに至るまで、正しく五十一歳を経たり。大唐の大興善寺の三蔵は諱は智蔵、不空金剛と号す。梵に*阿目佉跋折羅《あもきやばざら》と曰ふ。本《も》と*西域《さいいき》の人なり。昔、*大弘教金剛三蔵に事《つか》へて真言を稟受し、二十四年、衣を掲《かか》げて益を請ふ。*大師の歿後、還つて*五天に詣り、*梵本の瑜伽、備《つぶさ》に皆な披閲し、周遊徧覧して帝京に旋赴す。或は*河西を化し、或は*関内を帰せしむ。*天宝の末歳、胡馬、関に入り、*至徳二年、京洛を*剋復するに属《したが》ひ、和上親しく*聖旨を承《う》け、*壇場を精建して*灌頂の師となる。翻ずる所の経、総て七十七部、凡そ一百一巻なり。請じて*貞元釈教録に入る。その翻ずる所の経名、具《つぶさ》に列すること表制第三巻の如し。

この故に、*新仁王経の御製の序に云く、三蔵は*学二諦を究め、*教三密を伝ふ。義了《あきら》かに*宗極まり*伊成りて字円なり。*裳を褰《かか》げて西に指し、盃を南海に汎《うか》ぶ。*影と形と対し、*勤《ごん》将《しょう》、歳深からんとす。印度の*声明に妙にして、中華の*韻曲に洞《ほがら》かなり。甘露を朕に沃《そそ》ぎ、香風予を襲ふと。

今、その上表に云く、「凡そ出家たる者は固《つね》に衣を掲ぐべし」と。また云く、「これ乃ち天竺国皆な然《しか》なり」と。また云く、「永く恒式となさん」と。その勅制の文に云く、「雅《あきら》か

兵部尚書　尚書省の六部尚書の一。
使　使を奉じて任に赴き、署名せず。
涇渭　陝西省の涇水と渭水が、合流しても、清濁を異にするように、物の異なることの喩え。
有心　法を信じ道に向うこと。
真人　賢人。真理をさとった人。
弘仁十年　八一九年。
阿目佉跋折羅　アモーグハヴァジュラ。
西域　中国西方諸国の総称。→補
大弘教金剛三蔵　ヴァジュラ・プラジュニャー。金剛智。→補
大師の歿後…　金剛智三蔵の入寂後、不空はその遺命により、大本金剛頂経、大本毘盧遮那経等を請ぜんがためにインドにわたり、経論五百余部をもたらして天宝五年(七四六)長安に帰った(宋高僧伝巻一・真言伝)。
五天　→一九頁注「五印度」
梵本の瑜伽　→補
河西を化し　河西は黄河以西の地。不空は天宝十二年(七五三)節度使哥舒翰の請によって同地に至り教化した。
関内　函谷関から内をいう。陝西省の地。
天宝の末歳…　天宝十五年(七五六)六月の安禄山の叛を指す。→補
至徳二年　七五七年。
剋復　失地を回復すること。
聖旨　玄宗皇帝の趣旨。
壇場　→補
灌頂　→一六頁補

に聖典に合す、請ずる所よろしく依るべしと。牒至らば勅に準ぜよ」と。天竺の三蔵は文殊を上座となし、*大唐の聖皇は勅答して以て永式となす。この間の高徳、*末学膚受、あに天竺の不空三蔵に勝《すぐ》れんや。

*前の入唐留学の僧、上座を言はざるの明拠を開示す　十七

僧統奏して曰く、前の入唐留学の僧等に承るに、久しく彼の国を経るに都《すべ》てこの言なし。而も今奏して、大唐大暦四年、始めて乃ち大乗の上座文殊師利菩薩を天下の諸寺の食堂に安置し、それより以来、*貞元二十二年に至るまで、正しく三十八年を経、大日本国延暦二十五年に当ると言ふは、いはゆる外を見てその内を識らざるなりと。〈已上奏の文〉

論じて曰く、前の入唐留学の僧 各《おのおの》 宗とする所あり。*先度の*少統*行賀法師は*法相を宗となし、*後度の*大統*永忠法師は*三論を宗となす。自業を務むるを以ての故に、文殊の上座已に諮決を闕く。

謹んで大唐大暦四年の表制を案ずるに、云く、今より已後、天下の食堂の中に、賓頭盧の上に、特に文殊師利の形像を置きて、以て上座となさしめたまへと。また云く、永く恒式となさんと。〈已上制の文〉

明らかに知んぬ、「久しく彼の国を経るに都《すべ》てこの言なし」とは、還つて恥、留学に及ぶ。また「外を見てその内を識らず」とは、寧ろ統等にあらずや。

貞元釈教録　唐の貞元十六年(八〇〇)、円照の撰になる仏教の経録。
新仁王経の御製の序　不空訳仁王護国般若波羅蜜多経に、代宗皇帝製の序を収む(正蔵八、八三四c以下)。
二諦　真諦(出世間的真理)と俗諦(世間的真理)。
三密　→補
宗　中心要素となる教義。
伊成りて字円なり　→補
裳を…南海に汎ぶ　不空三蔵が師子国(セイロン)に行ったことをいう。
影と形と対し　相はなれぬこと。
勤将　勤は自らつとめること。将は人にすすめること。自行と化他。
声明　→補
韻曲　韻は音韻、曲はふし。
大唐の聖皇　代宗帝のこと。
末学膚受　根本を学ばないで、その皮相だけを学ぶこと。学問の浅薄なこと。
前の入唐留学の僧　行賀・永忠等。
貞元二十二年　八〇六年。ただし貞元は二十一年までで、実は元和元年である。
先度　行賀は七五三—七八三年に入唐。
少統　少僧都。
行賀　七二九—八〇三。→補
法相　法相宗。→補
後度　永忠は七七七—八〇五年に入唐。
大統　大僧都。

唐の一隅を見て天下の上座を知るの明拠を開示す　十八

僧統奏して曰く、最澄ただ辺州*にありて即便《すなわ》ち還来す。いづくんぞ天下の諸寺の食堂を知らんや。仏の説く所、なほ尽《ことごと》くは行じ難し。*詿誤《かいご》の事何すれぞ信用せんと。〈已上奏の文〉

論じて曰く、最澄唐に向ふ、天下の諸寺の食堂を巡らずと雖も、已に一隅を見、また新制を得たり。その文に云く、天下の食堂に文殊上座を置かしめたまへと。まさに今奏する所の詿誤の事とは、未だ辺州をも見ざれば、不忠の詞なり。もし辺州闕学の失を嫌はば、何《いか》にいはんや*比蘇《ひそ》は自然智《じねんち》なるをや。

大乗の大僧戒を開顕する篇　第四

山*家の式に曰く、

一　凡そ仏戒に二あり。

一には大乗の大僧戒　十*重四十八軽戒《きょうかい》を制して、以て大僧戒となす。

二には小乗の大僧戒　二*百五十戒を制して、以て大僧戒となす。

僧統奏して曰く、今、十重四十八軽戒、以て大乗の大僧戒となすと云ふは、何の経に説く所ぞと。〈已上奏の文〉

論じて曰く、「十重四十八軽戒、以て大乗の大僧戒となす」とは、梵*網経に説く所なり。故に天*宮師の云く、梵*網の大本に拠らば、凡そ大心を発して菩薩戒を稟《う》くるを並に出家の

永忠　七四三—八一六。↓補

三論　三論宗。↓補

辺州…　最澄が入唐の際、明州・台州・越州の三州にのみ行って長安に入らなかったことをいう(伝参照)。

詿誤　人をあざむきまどわすこと。

比蘇は自然智　底本「北蘇…」を改む。底本上欄に「北当作比」。↓補

山家の式　四条式(一九九頁)を指す。

十重四十八軽戒　↓八頁補

二百五十戒　↓四七頁注「具足戒」

梵網経　最も代表的な大乗の戒経。↓補

天宮師　天台宗第四祖慧威尊者。その梵網経の注釈は現存しないが、明曠の菩薩戒疏刪補上巻には「以二天台一為二宗骨一、用二天宮之具縁一補二闕銷釈一」とある。

梵網の大本　梵網経は菩薩心地戒本第十巻上・下のみが現行のものであるが、経序によれば、もと百十二巻六十一品あったと記されている。これが大本であるが、恐らくは架空のことと推定される。

千仏の大戒　この千仏は、賢劫(現在)の千仏とする説(法蔵疏)と、三世(過去荘厳劫・現在賢劫・未来星宿劫)の千仏とする説(明曠疏)とがある。一切諸仏に共通した戒の意。

若仏子…　梵網経第四十二軽戒の文(正蔵二四、一〇〇九a)。

菩薩と名づくることあるべしと。〈已上疏の文〉

まさに知るべし、十重四十八軽戒、以て出家の大僧戒となすことを。

*千仏の大戒の明拠を開示す 十九

謹んで梵網経を案ずるに、云く、「*若《なんじ》仏子、利養のための故に未だ菩薩戒を受けざる者の前、もしくは外道悪人の前において、この千仏の大戒を説くことを得ざれと。〈已上経の文〉

明らかに知んぬ、この千仏の大戒をば大乗の大(*僧)戒となすことを。僧統奏して、「何の経に説く所ぞ」と云ふは、未だ戒経を誦せざるのみ。

仏戒の*別解脱戒の明拠を開示す 二十

謹んで梵網経の下巻を案ずるに、云く、「*この地上の一切の衆生、凡夫癡闇の人のために、*我が本盧舎那仏の心地中、*初発心中より常に誦したまふ所の*一戒、光明金剛宝戒を説きたまふ。これ一切の仏の本源、一切の菩薩の本源、*仏性の種子なり。一切の衆生皆な仏性あり。一切の*意識色心、これ情、これ心、皆な*仏性戒の中に入り、*当当に常に因あり。故に当当の常住法身あり。かくの如き*十波羅提木叉《はらだいもくしゃ》、世界に出づ。この法戒はこれ三世の一切衆生、頂戴受持すべし。吾れ今まさにこの大衆のために重ねて*十無尽蔵の戒品を説くべし。これ一切衆生の戒にして本源自性清浄なりと。〈已上経の文〉明らかに知んぬ、大乗の別解脱戒はこの戒最尊なることを。

僧 底本なし。底本上欄に「乗大下疑脱僧字」。
別解脱戒 →二八頁補
この地上の… 正蔵二四、一〇〇三c。
我が本盧舎那仏 →補
初発心中より 梵網経上巻には、菩薩心地四十心を説く。その初発心よりの意。
一戒 唯一絶対の戒(勝荘注に、真如を離れず性は有無を離るるが故に一戒といふ)。光明金剛宝戒。
仏性の種子 →補
意識色心 →補
仏性戒 金剛宝戒。仏性を体とする戒と解するのと、仏性を開発する戒と解するのと、両義あり。
当当に… 当当とは当来で未来を、因は仏性を指す。未来において常に仏性あり、故に、常住の法身があることになる。法身は、原始仏教では、仏の肉身の奥に見出された仏をして仏たらしめる根拠としての理仏をいい、大乗仏教では、法性・真如をもって法身とした。
十波羅提木叉 十重禁戒(→八頁「十重四十八軽戒」補)を指す。波羅提木叉は、プラーティモクシャ。別解脱戒(→二八頁補)と訳す。禁戒の条目を列挙した戒本をもいう。
十無尽蔵の戒品 功徳が無尽蔵である十の戒品(品は品類)。十重禁戒を指す。四十八軽戒も含まれていると見るべきである。

また云く、
*一切の心あらん者は　　皆なまさに仏戒を摂《しょう》すべし
衆生仏の戒を受くれば　　即ち諸仏の位に入り
位*大覚に同じ已れば　　真にこれ諸仏の子《し》なりと　〈已上経の文〉
明らかに知んぬ、*蔵通の菩薩の*小律儀に共《ぐう》するに同じからざることを。
また云く、*仏、諸の菩薩に告げて言《のたま》はく、我れ今*半月半月に自ら諸仏の法戒を誦すと。〈已上経の文〉明らかに知んぬ、この戒は一切の発心の菩薩もまた誦し、乃至*十住・十行・十回向・十地の諸の菩薩もまた誦することを。
また云く、*この故に戒光口より出づ。縁あり、因なきに非ざるが故に*光あり。光は青黄赤白黒に非ず、色に非ず、心に非ず、有に非ず、無に非ず、因果の法に非ず。諸仏の本源、菩薩道を行ずるの根本なり。この故に大衆諸仏子の根本なりと。〈已上経の文〉まさに知るべし、梵網所説の戒光は蔵通の戒光に同じからざることを。
また云く、*仏、諸の仏子に告げて言《のたま》はく、十重波羅提木叉あり、もし菩薩戒を受けてこの戒を誦せざる者は、これ菩薩に非ず、仏の種子に非ず。我れまたかくの如く誦す。一切の菩薩、已に学し、一切の菩薩、まさに学し、一切の菩薩、今学すと。〈已上経の文〉それこの十重戒は先より伝授すと雖も、然《しか》れどもただその名のみありて、未だその義を伝へず。何を以てか未だその義を伝へずと知ることを得るや。*然るに未だ*円の義を解せざるが故に、なほ*小儀に共《ぐう》するが故なり。

一切の心あらん者は…　梵網経巻下の偈(正蔵二四、一〇〇四a)。

大覚　仏のこと。

蔵通の菩薩　蔵教・通教の菩薩の意。

小律儀　小乗の律儀。

仏、諸の菩薩に…　梵網経巻下の文(正蔵二四、一〇〇四a)。

半月半月に…　毎月の満月と新月の日に行う布薩のこと。

十住…十地　菩薩の階位で、華厳経、瓔珞本業経による。天台はこれをとる。梵網経では十発趣・十長養・十金剛・十地となっている。

この故に…　梵網経巻下の文(正蔵二四、一〇〇四b)。

光あり。光は　→補
仏、諸の仏子に…　梵網経巻下の文(正蔵二四、一〇〇四b)。

然るに　底本上欄に「下然字疑剰」。

円　円教(まどかで完全な教)。天台円教のこと。法華経の開顕された教。

小儀　小乗戒。

声聞の比丘の外、別に大乗出家の菩薩僧あるの明拠を開示す 二十一

謹んで梵網経を案ずるに、云く、*若《なんじ》仏子、口に自ら出家・在家の菩薩、比丘・比丘尼の罪過を説くと。〈已上経の文〉

明らかに知んぬ、比丘・比丘尼の外、別に出家の菩薩僧あることを。

梵網経、小乗を破するの明拠を開示す 二十二

謹んで梵網経を案ずるに、云く、*而も菩薩、*外道悪人・*二乗悪人の仏法中の非法・非律を説くを聞きて常に悲心を生じ、この悪人の輩を教化して大乗の善信を生ぜしむと。〈已上経の文〉明らかに知んぬ、二乗の*律儀戒に共《ぐう》せざることを。

また云く、*若仏子、心、*大乗常住の経律に背きて仏説に非ずと言ひ、而も二乗・外道の悪見、一切の禁戒、邪見の経律を受持せば、軽垢罪を犯ずと。〈已上経の文〉明らかに知んぬ、*二乗禁戒、経律等は、小乗の当分においては正見と名づくと雖も、而もこの仏戒に望むる時は邪見の経律と名づくることを。

また云く、*而も菩薩、悪心・*瞋心を以て横に*二乗声聞戒、経律論を教ふと。〈已上経の文〉明らかに知んぬ、梵網経の仏戒は声聞に同じからざることを。

また云く、*若仏子、仏の経律大乗の法、*正見正性正法身あるに、而も勤学修習すること能はず、而も*七宝を捨てて、反つて邪見の二乗、外道の俗典、*阿毘曇雑論、一切の*書記を学

若仏子… 梵網経第六重戒の文(正蔵二四、一〇〇四c)。

而も菩薩… 梵網経第六重戒の文(正蔵二四、一〇〇四c)。

外道悪人 仏教以外の教を奉ずるもの。明曠の疏には外道即悪人とする。

二乗悪人 声聞乗と縁覚乗の人。

律儀戒 →二八頁「別解脱戒」補

若仏子… 梵網経第八軽戒の文(正蔵二四、一〇〇五c)。

大乗常住の経律 大乗の変わることなき真理を説く経や律。

二乗禁戒 声聞・縁覚の小乗戒。

而も菩薩… 梵網経第十五軽戒の文(正蔵二四、一〇〇六a)。

瞋 底本「慎」を改む。

二乗声聞戒… 梵網経には「二乗声聞の経律、外道邪見論等を教ふ」とある。二乗なる声聞の戒。

若仏子… 梵網経第二十四軽戒の文(正蔵二四、一〇〇六c)。

正見正性正法身 →補

七宝 大乗の教法を七宝に喩える。

阿毘曇雑論 阿毘曇はアビダルマ(教法に対する研究)。小乗論部のこと。種々のアビダルマ論書。

書記 かきもの。書籍。

ばば、これ仏性を断ず。障道の因縁にして菩薩道を行ずるに非ず。もし故《ことさら》に作さば軽垢罪を犯ずと。〈已上経の文〉まさに知るべし、梵網の仏戒は、小乗の経律、阿毘曇論を学習するを許さざることを。

また云く、*もし一念にも二乗・外道の心を起さば軽垢罪を犯ずと。〈已上経の文〉まさに知るべし、一念の二乗の心を許さず、何《いか》にいはんや小律儀戒を受けて日夜誦念せんをや。

明らかに知んぬ、梵網に説く所の菩薩僧は声聞の小律儀に共せざることを。

*大僧の名は大小の通称なるの明拠を開示す　二十三

謹んで*慈和の鈔の記を案ずるに、云く、俗人は*果を証するもまた名づけて第一義僧となすことを得るを以て、*僧宝の数に入ると。また云く、今*緇服の書に題して僧某甲と言ふ。*義浄三蔵この義を許さず。如何《いかん》ぞ*一己《いっこ》にして廼《すなわ》ち四人を目《なづ》けん。故に説く、僧は四人已上を言ふと。〈已上記の文〉

*また*法銑律師云く、僧伽、ここに翻じて衆和合となす。即ちこれ僧家の義用なり。*涅槃経に云く、僧は和合を名づく。和合に二あり。一には世和合、声聞僧を名づく。二には第一義和合、菩薩僧を名づくと。〈已上疏の文〉

明らかに知んぬ、菩薩もまた名づけて僧となすことを。何ぞ僧の名を奪ひて菩薩に許さざるや。

また*竜樹の*大智度論の第二十二巻を案ずるに、云く、仏の*讃じたまふ所の僧の如きは、

もし一念にも…　梵網経第三十四軽戒の文(正蔵二四、一〇〇七b)。一念は極めて短い時間を表わす単位。または瞬間のひとおもい。

大僧の名は…　大僧は具足戒をうけた比丘。比丘は小乗に属するが、大僧の名は大乗・小乗ともにあることを明かす。

慈和の鈔の記　→四八頁注「慈和の記」

果を証す　真理を体得し悟(果)に入ること。

僧宝　三宝の一。僧は仏の教法を学ぶ仏弟子の集団。

緇服の書に…　緇服は僧侶。僧侶が書翰に署名して僧なにがしと書くこと。

義浄　→一五頁補

一己にして…　義浄の南海寄帰内法伝巻三に見える(正蔵五四、二二〇b)。

また(又)　底本「又」字の下に「云」字あり、今削除。底本上欄に「又下云字疑剰」。

法銑律師云く…　梵網経菩薩戒疏の文(続蔵一、六〇、三、二三九右)。

涅槃経に云く…　大般涅槃経(北本)師子吼菩薩品(正蔵一二、五五三)からの引用。

もしは声聞僧、もしは*辟支仏僧、もしは菩薩僧なりと。〈已上論の文〉
明らかに知んぬ、声聞僧、及び辟支仏僧、これ等の外、別に菩薩僧あることを。
また*偈に言く、

*多聞及び持戒　智慧禅定の者
皆な僧数の中に入ること　万川の海に帰するが如し
譬へば衆の薬草の　雪山に依止し
百穀諸の草木の　皆な地に依止するが如し
一切諸の善人　皆な僧数の中にありと　〈已上論の文〉

まさに知るべし、大僧の名はただ声聞僧のみならず、已に*菩薩沙弥の名あり、何ぞ菩薩大僧の号なからんや。

*通受別持(*戒の)明拠を開示す　二十四

僧統奏して曰く、梵網経に説く十重四十八軽戒は、これ出家・在家、乃至奴婢・畜生に通じて受くる所なり。もしこの戒を受くるを以て大僧となさば、その奴婢等もまた僧となすべしと。〈已上奏の文〉

論じて曰く、奴婢已上、*緇素は階を定め、畜生已下もまた著衣を論ぜず。もしこの戒を受くるを定んで通受となさば、その畜生等もまた衣を著すべし。彼れ已に然らず、此れ何ぞ然ることあらん。この故にまさに知るべし、出家・在家、通じて戒を受くと雖も、而も

竜樹　↓一五頁「馬鳴…世親」補
大智度論　↓四二頁注「大論」
仏の…　正蔵二五、二二三b。
辟支仏　梵語プラティエーカブッダの音写。独覚、縁覚と訳す。↓三〇頁「縁覚」補
偈に言く…　大智度論巻二十二の偈(正蔵二五、二二五b)。
多聞　仏の教説を多く聞いて博学なこと。すぐれた仏弟子をいう。

菩薩沙弥　↓補

通受別持　梵網の十重四十八軽戒は、出家在家を通じて受けることができるが、別持即ち出家者に対する別解脱戒(↓二八頁補)として授けることもあることを示す。
戒の　底本「戒」字なし。目次の標題によって補う。
緇素　↓一四頁注

僧・不僧の別あり、また具分も同じからず。奴婢出家するは先に受くるは先に坐し、*郎君家にありては後に受くとも先に坐す。*奴郎の類、別なり。一例することを得ず。具《つぶさ》には下に説くが如し。

謹んで梵網経の下巻を案ずるに、云く、*若《なんじ》仏子、まさに法の如く次第に坐すべし。先に戒を受くる者は前にありて坐し、後に戒を受くる者は後にありて坐す。老少を問はず、比丘・比丘尼・貴人・国王・王子、乃至*黄門・奴婢、皆なまさに先に戒を受くる者は前にありて坐し、後に戒を受くる者は次第に坐すべしと。〈已上経の文〉

明らかに知んぬ、奴婢已上の能く戒を受くる者、もし菩薩戒に依つて出家修道せば皆な名づけて僧となすことを。もし*僧次を請ずる時は僧次を差《つかわ》すべし。もし未だ出家せざる時は、在家の次第に依つて、各各《おのおの》雑すべからず。その当類の中、先受・後受を定む。この故に*天台の義記に云く、道俗に九衆あり。一には比丘、二には比丘尼、三には*六法尼、四には沙弥、五には沙弥尼、六には*出家、七には*出家尼、八には優婆塞、九には優婆夷なり。かくの如きの九衆に次第ありて乱するを得ざること、*律部に説くが如しと。

*天台の明曠師の疏に云く、初めに次第等と言ふは、もし*小を先にし大を後にするは、一切倶に開す。もし大を先にし小を後にするは、大にありては則ち大、小にありては則ち小なり。また*この方は大小の出家則ち分つことなし。またよろしく時処に順ずべし。比丘等とは、*これ等に同じからず。もしそれ出家は則ち*内の二衆、自ら先後を分つ。故に王子も出家せば庶人と類を同じくすと云ふ。もしそれ在家は*外の二衆において而も次第をなす。

郎君家にありては…　郎君は主人、貴公子。主人と奴婢が家にあっては、受戒の先後によらず、主人が先に坐り奴婢は後に坐る。

奴郎　下男と主人。

若仏子…　梵網経第三十八軽戒の文(正蔵二四、一〇〇八b)。

黄門　男子の根欠の不具者。

僧次を請ずる時…　在家の人が僧を、僧中の席次により招いた時は、僧の古参順により赴かしめるがよい。僧次請といい、別請(僧中から特に名ざしで招く)に対する。梵網経第二十八軽戒に説く。

天台の義記　智顗の梵網菩薩戒経義記。以下の引用文は、第三十八軽戒に対する注(正蔵四〇、五七八c)。

六法尼　式叉摩那。沙弥尼が具足戒を受ける直前の二年間、主として六法(愛欲の心で男子にふれない、四銭以下をも盗まない、畜生の命をとらない、うそをいわない、正午をすぎて食事をとらない、飲酒しない)を学び、比丘尼の生活に堪えうるか否かを試す期間のもの。

出家・出家尼　一日一夜の八斎戒を保つもの。円戒十要第五(大乗九衆戒義)・菩薩戒義記聞書巻七参照。

律部　梵網経第三十八軽戒を指す。

天台の明曠師の疏　明曠(八世紀、生没年未詳。六祖湛然門下)の梵網菩薩戒経疏刪補。以下の引用文は、第三十八軽戒に対する注(正蔵四〇、

*王家の男女、家にあるもまた然なり。分たずして而も分ち、*真に即して而も俗なり。男女、戒に依つて雑坐すと謂ふには非ずと。〈已上疏の文〉

明らかに知んぬ、*出家の五衆等、皆な名づけて僧となすことを。ただ畜生等を除くは経の文の次第坐に入らざるが故なり。

菩薩僧所持の威儀戒の明拠を開示す 二十五

僧統奏して曰く、*また声聞僧なほ二百五十戒・*三千の威儀あり。今菩薩僧、何を以てかただ十重四十八軽戒を持《たも》つやと。〈已上奏の文〉

論じて曰く、*地上の菩薩は八万の威儀、地前の菩薩は*随分の威儀なり。何《いか》にいはんや*一分の菩薩、*具分の菩薩あるをや。

謹んで梵網経を案ずるに、云く、*我れ今半月半月に自ら諸仏の法戒を誦す。汝等一切の発心の菩薩もまた誦し、乃至*十発趣・十長養・十金剛・十地の諸の菩薩もまた誦せよと。〈已上経の文〉明らかに知んぬ、八万の威儀、*凡聖の儀に通ずることを。

この故に経に云く、*汝等一切の諸の菩薩、今学し、まさに学し、已に学す。かくの如きの十戒、まさに学し、敬心に奉持すべし。*八万の威儀品にまさに広く明かすべしと。〈已上経の文〉明らかに知んぬ、今菩薩僧に八万の*(威)儀あることを。何ぞ三千の*(威)儀を引きて八万の威儀を泯ずるや。

弄七c)。

小を先にし… 次第に坐すということについて、もし小乗を先にし大乗を後にするならば、小乗・大乗ともに開かれ融通することになる。大乗を先にし小乗を後にするならば、大乗は大乗、小乗は小乗と別々になる。顕戒論闡幽記に「小戒を先に受け後に大戒を受くる儀云々」とするは疑問。

この方 菩薩戒の立場。

これ等 菩薩僧。

内の二衆 出家の男女。

外の二衆 在家の優婆塞・優婆夷。

王家の男女… 出家すれば貴賤をいわないが、在家の優婆塞・優婆夷は貴賤男女によって順序があるということ。

真に即して… 一方では受戒して仏教者の生活を保ちながら、一方では俗世間のしきたりを守る。在家の男女が菩薩戒を受けたことによって順序がなくなるというのでなく、男女貴賤雑坐せずおのずから分れること。

出家の五衆 比丘・比丘尼・沙弥・沙弥尼・六法尼。

また(又) 底本「文」を改む。底本上欄に「文疑又字」。

三千の威儀 比丘・比丘尼の保つべき数多くの生活規則を、三千の威儀、また八万の細行という。威儀は、規矩に合した行動、または戒の別名。

地上の菩薩 菩薩の階位五十二位中、十地以前の菩薩。

随分の威儀　力の堪えるところに随って保つ生活規則。
一分の菩薩　瓔珞本業経第七に「一分の戒を受くるを一分の菩薩と名づけ、乃至二分三分四分、十分なるを具足して受戒すと名づく」。
具分の菩薩　十分の戒を具受する菩薩。
我れ今…　梵網経巻下の文(正蔵二四、一〇〇四a)。
十発趣…十地　梵網経に説く菩薩の階位(四十心)。→七四頁注「十住…十地」
凡聖　→補
汝等一切の…　梵網経巻下の文(正蔵二四、一〇〇五a)。
八万の威儀品　梵網経には大本があったと伝えるが(→七二頁注「梵網の大本」)、その中の一品。しかし恐らくは架空である。
威　底本なし。意によって補う。

別解脱戒　→二八頁補
諦かに聴け…　梵網経巻下の文(正蔵二四、一〇〇四a)。
仏、諸の仏子に…　同(正蔵二四、一〇〇四b)。
十重波羅提木叉　→七三頁注
已に…　同(正蔵二四、一〇〇四b)。
善学の…　同(正蔵二四、一〇〇五a)。
仏、諸の菩薩に…　同(正蔵二四、一〇〇五a)。
汝等…　同(正蔵二四、一〇〇九c)。

大乗の*別解脱戒の明拠を開示す 二十六

僧統奏して曰く、凡そ大僧の名は別解脱に依つて方《まさ》にその名を得と。〈已上奏の文〉

論じて曰く、小乗の別解脱、大乗の別解脱、その大小の名同じと雖も、而もその義天地懸《はる》かに別なり。僧統奏して曰く、「凡そ大僧の名は別解脱に依つて方《まさ》にその名を得」と。〈已上奏の文〉まさに知るべし、また大乗の別解脱戒あることを。何に因つてか菩薩の大僧と名づけざらんや。

謹んで梵網経の下巻を案ずるに、云く、*諦《あきら》かに聴け、我れ正に仏法の中の戒蔵、波羅提木叉を誦せんと。また云く、*仏、諸の仏子に告げて言《のたま》はく、*十重波羅提木叉ありと。また云く、*已に略して波羅提木叉を説くと。また云く、*善学の諸人はこれ菩薩の十波羅提木叉なりと。また云く、*仏、諸の菩薩に告げて言《のたま》はく、已に十波羅提木叉を説き竟《おわ》んぬと。また云く、*汝等まさに一心に波羅提木叉を学し歓喜奉行すべしと。〈已上経の文〉

明らかに知んぬ、菩薩の十重戒を名づけて別解脱戒となすことを。既に別解脱戒と言ふ。何に由つてか僧と名づけざらん。もし僧と名づけずと言はば、定んで自語相違の失あらん。それ波羅提木叉とは*梵語なり。唐語に翻訳して別解脱と言ふなり。出家の菩薩、名づけて僧となすべし。

大小二僧の名の明拠を開示す 二十七

僧統奏して曰く、*釈迦文仏に菩薩僧なし。故に文殊等の諸の大菩薩、声聞に入りて次第

に坐す。この故に大小の二僧なかるべしと。〈已上奏の文〉

論じて曰く、「釈迦文仏に菩薩僧なし」とは、ただ小乗の*能化《のうけ》仏《ぶつ》に約して説く。また「文殊等の諸の大菩薩、声聞に入りて次第に坐す」と云ふは、*和光の故に声聞に入りて坐す。文殊、小乗戒を学すと謂《い》ふにはあらず。

この故に大智度論に云く、*菩薩願じて言く、我れ一たび法を説く時、便《すなわ》ち座上において尽《ことごと》く阿羅漢を得しめん。我れまさに無量*阿僧祇の菩薩摩訶薩を以て僧となすべし。我れ一たび法を説く時、無量阿僧祇の菩薩、皆な*阿鞞跋致《あびばっち》を得しめん。菩薩にこの願ある所以は、諸仏多く声聞を以て僧となす。別の菩薩僧なし。弥勒菩薩・文殊師利菩薩等の如き、釈迦文仏には別の菩薩僧なきを以ての故に、声聞僧の中に入りて次第に坐すと。〈已上論の文〉まさに知るべし、*小の釈迦に別の菩薩なきに約するは即ち*蔵通の意なることを。

故に*太賢師の古迹の下巻に云く、*智度論に、釈迦の法の中に別の菩薩僧なし、この故に文殊・弥勒等、声聞衆に入りて次第に坐すと云ふが如きは、これ*現身《げんしん》の出家を初めとなすことを明かす。その時は相現ぜるを*余衆許すが故なり。もし文殊の*実戒の次第に依らば、已に三大劫を経てまさに雑坐すべからざるが故なり。また*偏学《へんがく》せんとして楽《ねが》ひて声聞衆に入るに非ず。もし声聞を受くるは*富楼那《ふるな》の如し。これ声聞衆にして菩薩に非ざるが故なりと。〈已上古迹の文なり。〉明らかに知んぬ、*久修業《くしゅぎょう》の菩薩は示現自在なるが故に、声聞僧の中に入りて次第に坐す。今は一乗の菩薩等に約す。何に由つてか別の菩薩僧なからん。この故に大小の二僧あるべきなり。

梵語　梵音プラーティモクシャ。
釈迦文仏　釈迦牟尼仏と同じ。
能化　所化に対す。教を説くもの。
和光　和光同塵。老子より出た語。仏教で、仏や菩薩が智慧の光をかくし、煩悩の塵に同じて俗世に出て、衆生を仏道に導き入れること。
菩薩願じて…　大智度論巻三十四の文(正蔵二五、三一c)。
阿僧祇　→四七頁注「三祇」
阿鞞跋致　アヴィニヴァルタニーヤ。不退転(→六四頁注)。
小の釈迦　小乗教の釈迦。
蔵通　→八頁「四教」補
太賢　→六〇頁注
智度論に…　梵網経古迹記の文(正蔵四〇、七一五c)。
現身の出家を…　菩薩は三大阿僧祇の間、生れかわり死にかわり修行を続けるが、この現在の身で、初めて出家したことをあらわす。
余衆許す　周囲の声聞達が出家して仲間に入ることを許す。
実戒　小乗戒や瑜伽論等の大乗戒を権戒とし、梵網戒を実戒とする(法華玄義巻四下)。
偏学　菩薩は利他の故に、あまねく法門を学ぶこと。
富楼那　プルーナ・マイトラーヤニー。十大弟子の一。説法第一という。ここには声聞の代表として出る。
久修業の菩薩　長い間修行せる菩薩。ここでは弥勒・文殊を指す。

智度論にまた云く、*仏あり、一乗のために法を説き、純《もは》ら菩薩を以て僧となすと。〈已上論の文〉明らかに知んぬ、彼の声聞の外、別に菩薩僧あることを。

謹んで梵網経の下巻を案ずるに、云く、*若《なんじ》仏子、先より僧坊の中にありて住し、後に客菩薩の比丘、僧坊舎宅、城邑《じょうおう》、国王舎宅の中、乃至*夏坐《げざ》安居《あんご》の処、及び*大会《だいえ》の中に来入するを見れば、先住の僧はまさに来るを迎へ去るを送るべしと。また云く、*もし檀越《だんおつ》あり、来つて衆僧を請ぜば、客僧に利養の分あらしめ、僧坊の主、まさに次第に客僧を差《つかわ》して請を受けしむべし。而して先住の僧、独り請を受けて而も客僧を差さずんば、僧坊の主、無量の罪を得んと。また云く、*若仏子、一切*別請《べっしょう》を受けて利養を己れに入るることを得ざれ。而してこの利養は*十方僧に属す。而して別に請を受くれば、即ち*十方僧の物を取りて己れに入るるなりと。また云く、*若仏子、出家の菩薩、在家の菩薩、及び一切の檀越ありて、*僧の福田《ふくでん》を請じ、*願を求むるの時は、まさに僧坊の中に入りて*知事《ちじ》の人に問ふべし、今、*僧を請じて願を求めんと欲すと。知事報《こた》へて言く、次第に請ずる者は即ち十方の*賢聖僧《げんじょうそう》を得、而して世人《せにん》、別に五百の羅漢・菩薩僧を請ずるは、僧次の一《ひとり》の凡夫僧に如《し》かず、もし別に僧を請ぜば、これ外道の法なり、*七仏に別請の法なし、孝道に順ぜず、もし故《ことさら》に別に僧を請ぜば軽垢罪を犯ずと。また云く、*若仏子、常にまさに一切の衆生を教化し、僧坊・山林・園田を建立して*仏塔を立作すべし。*冬夏《とうげ》の安居《あんご》、坐禅の処所、一切行道の処、皆なまさにこれを立つべしと。〈已上経の文〉

まさに知るべし、已上の僧の名は等しく皆な菩薩僧を称することを。何ぞ菩薩僧なから

仏あり…　正蔵二五、三一c。
若仏子…　梵網経第二十六軽戒の文(正蔵二四、一〇〇七a)。
夏坐安居　夏安居。↓二九頁「安居」補
大会　↓補
もし檀越あり…　梵網経第二十六軽戒の文(正蔵二四、一〇〇七a)。檀越は、ダーナパティの訳。施主。僧衆に衣食を施与する在家仏教信者。
若仏子…　梵網経第二十七軽戒の文(正蔵二四、一〇〇七a)。
別請　在家の人が僧衆の中から特に指名して招き供養すること。別請を受けるのは律の上で禁ぜられている。
十方僧　一切の僧。四方僧ともいう。
十方僧の物　↓補
若仏子…　梵網経第二十八軽戒の文(正蔵二四、一〇〇七a)。
僧の福田　福田としての僧。↓六〇頁「福田」補
願を求むるの時…　僧田を請ずることにより、勝福を求め、あるいは聞法の事などを願うをいう。↓補
知事　僧中の雑事・庶務を掌る役名。
僧を請じて…知事報へて言く　この部分、正蔵には欠。注釈本の大部分には見える。
賢聖僧　↓補
七仏　過去七仏。↓六五頁注
若仏子…　梵網経第三十九軽戒の文(正蔵二四、一〇〇八b)。
仏塔　ストゥーパ。率塔婆。仏の遺

んや。

菩薩、*鬚髪《しゅほつ》を剃除して出家修道するの明拠を開示す 二十八

*曇摩《どんま》蜜多《みった》の訳、*諸法勇王経に云く、世尊、もし人あり、大乗の心を発して一切智を求めば、鬚髪を剃除して出家修道せよと。〈巳上経の文〉まさに知るべし、大乗の出家、鬚髪を剃除することを。

また法華経の第一に云く、*文殊師利、我れ諸王を見るに、仏所に往詣して無上道を問ひ、便《すなわ》ち楽土・宮殿・臣妾を捨て、鬚髪を剃除して而も法服を被ると。〈巳上経の文〉まさに知るべし、無上道のために鬚髪を剃除して而も法服を被ることを。いづくんぞ小乗の出家となさんや。

また云く、*この諸の王子、父の出家して阿耨多羅三藐三菩提を得るを聞きて、悉く王位を捨て、また随つて出家して大乗の意を発すと。また云く、*その時、十六王子、皆な童子を以て出家して沙弥となると。また云く、*この経を説く時、十六の菩薩の沙弥、皆な悉く信受すと。また云く、*この時、十六の菩薩の沙弥云云と。また云く、*普く大衆に告ぐ、この十六の菩薩の沙弥と。〈巳上経の文〉まさに知るべし、巳に菩薩の沙弥あり、いづくんぞ菩薩僧なからんや。

*智周師の梵網経の疏に云く、*もし大乗の出家の義は、*浄名の諸の長者子に告げて、汝、ただ阿耨菩提心を発せ、これ則ち出家なり、これ則ち*具足なりといふが如く、*華厳経に、

骨(仏舎利)を安置した築造物。

冬夏の安居 →補
鬚髪 ひげとかみの毛。

曇摩蜜多 ダルマ・ミトラ。三五六ー四四二。罽賓国の人。亀玆、燉煌、涼州を教化して中国に入った。五門禅経要用法・観普賢菩薩行法経・禅秘要等を訳出。

諸法勇王経 一巻。菩薩と阿羅漢とを、その価値の大小について論じ、大乗思想を高揚した経典。以下の引用文は、正蔵一七、八四七b。

文殊師利… 法華経序品の文(正蔵九、三a)。

この諸の王子… 同(正蔵九、四a)。

その時… 法華経化城喩品の文(正蔵九、二五a)。

この経を説く… 同(正蔵九、二五b)。

この時… 同右。

普く大衆に告ぐ… 同右。

智周師 六六八ー七二三。中国唐代の人。濮陽大師。法相宗第三祖。成唯識論演秘・梵網経本疏等、著作多し。

もし大乗出家の… 智周の梵網疏はもと五巻あったが、現存は二巻のみ(続蔵一、六〇、二所収)。現存の巻にはこの箇所は見当らない。

浄名の… 維摩詰所説経弟子品(正蔵一四、五四一c)にある。浄名は維摩居士。

具足 具足戒を受けた比丘の意。

華厳経 →補

*善財童子の、菩提心を発し、徧く一百一十の善知識の所を歴《へ》て行菩薩行の法門を求め、文殊師利菩薩・弥勒菩薩*同じく讃嘆して、汝能く三宝を紹隆し、一切の仏の*不共法《ふぐうほう》を成就す、これ真の出家、これ真の具足なりと曰ふが如し。この大乗の出家は*性相の義を具足す。剃《てい》髪《はつ》、染衣《ぜんえ》、義またこれに同じ。即ち*菩提心を以て相となし、一切の行法を性となす。故に能く*五住地《ごじゅうじ》の煩悩の家の法を破するを名づけて出家となすと。〈已上疏の文〉明らかに知んぬ、大乗の出家あることを。

菩薩僧、袈裟を著するの明拠を開示す　二十九

謹んで梵網経を案ずるに、云く、*もし布薩の日は、新学の菩薩、半月半月に常に布薩して十重四十八軽戒を誦せ。もし戒を誦せん時は、まさに諸の仏菩薩の形像の前において誦すべし。一人布薩するには即ち一人誦す。もし二人三人、乃至百千人にもまた一人誦す。誦者は高座、聴者は下座、各各《おのおの》*九条・七条・五条の袈裟《けさ》を被せよと。〈已上経の文〉

まさに知るべし、その菩薩僧は必ず袈裟衣を著することを。

謹んで梵網経の下巻を案ずるに、云く、*仏言《のたま》はく、仏子、人の与《ため》に戒を授けん時、簡択することを得ざれ、一切の国王・王子、大臣・百官、比丘・比丘尼、信男・信女、婬男・婬女、*十八梵・*六欲天、無根・二根、黄門・奴婢、一切の鬼神等、尽《ことごと》く戒を受くることを得しめよ。まさに教へて身に著する所の袈裟、皆な*壊色《えじき》にして道と相応せしめ、皆な染めて青黄赤黒紫色ならしむべし。一切染衣、乃至臥具も尽く以て壊色にせよ。身に著する所の

善財童子　→補

同じく讃嘆して…曰ふが如し　→補

不共法　仏や菩薩にだけ具わり、凡夫にはないすぐれた特質。十力・四無所畏・三念住・大悲(十八不共法)。

性相　性は本質、相は形相。

菩提心を以て相となし…　顕戒論賛宗鈔によれば、相・性の二字が倒置していて、菩提心を性、一切行法を相となすのであろうと。

五住地の煩悩　→補

もし布薩の日は…　梵網経第三十七軽戒の文(正蔵二四、一〇〇八a)。

九条・七条・五条　三衣。→補

仏言はく…　梵網経第四十軽戒の文(正蔵二四、一〇〇八b)。

十八梵　三界中、色界の梵衆・梵輔・大梵天等の十八梵天。

六欲天　欲界の六天。四天王・忉利天・夜摩天・兜率天・化楽天・他化自在天。

壊色　不正色。濁色。青黄赤白黒の色を濁した間色。銅青(緑青等で染めた青)、黒泥(泥にひたした色)、木蘭(この木皮で染めた赤黒色あるいは黄褐色)の三種ありといい、茜・泥・木蘭の三色ともいう。梵網経のこの文では青黄赤黒紫となっている。

戒　底本なし。意によって補う。

銑律師　→二九頁注

大衣を受くるには…　法銑の梵網経疏は一部のみ現存(続蔵一、六〇、三所収)、この箇所は見当らない。大

衣、一切染色にせよ。もし一切の国土の中の国人の著する所の衣服、比丘皆なまさにその国土の衣服の色と異にし、俗服と異なりあらしむべしと。〈已上経の文〉

明らかに知んぬ、十重四十八軽(戒)を受くる出家の比丘は必ず袈裟を著することを。あに声聞僧の鬚を剃し袈裟を著するを仮らんや。

菩薩、三衣等を受くるの明拠を開示す 三十

*銑律師の梵網の疏に云く、*大衣《だいえ》を受くるには云く、菩薩大士一心念、我*仮名菩薩某甲《けみょうぼさつむこう》、此*僧伽梨《そうぎゃり》九条衣、受*両長一短〈七条を受けんには「両長一短」と云ひ、五条を受けんには「*一長一短」と云ふべし。〉、*割截衣《かっせつえ》持と。〈三たび説《い》ふ。〉前人皆な報《こた》へて可爾《しか》りと云へ。これは出家に約して在家に通ぜず。大衣は僧伽梨と名づく。ここに*雑砕衣《ぞうさいえ》と云ふ。条数多きを以ての故なり。また重衣と云ふ。重数多きが故なり。また伏衆衣《ぶくしゅえ》と名づく。これを著して外道を伏するを以ての故なり。用に従へば入王宮聚落衣と名づく。七条は*欝多羅僧《うったらそう》と名づく。ここに上著衣と云ふ。著して五条の上に在《お》くを以ての故なり。用に従へば*入衆衣《にゅしゅえ》と名づく。五条は*安陀会《あんだえ》と名づく。ここに下著衣と云ふ。著すること最も身に近きを以ての故なり。用に従へば即ちこれ道行作務衣なり。通じて袈裟と名づくるは、ここに不正色《ふしょうじき》と云ふ。*真諦《しんだい》云く、*袈裟は赤血色なりと。*もし捨して更に受くべき時は、まさに人に対して口に云ふべし、此割截僧伽梨九条衣、両長一短、*先受持今捨と。〈三たび説《い》ふ。余の二衣もこれに準ぜよ。〉

*鉢《はつ》とは、梵に鉢咀羅《はったら》と云ひ、ここに*応器《おうき》と云ふ。*受法に云く、*此鉢多羅応量受常用故と。

衣は、九条(前出)。

仮名菩薩某甲 実徳なく名のみの菩薩であるそれがし。菩薩僧の自遜した一人称。

僧伽梨 梵語サンガーティーの音写。大衣。九条。

両長一短 ↓補

一長一短 ↓補

割截衣 袈裟を作るのに布を小片に裁ち切って綴じあわせるが、それを規定通りに裁った衣をいう。

雑砕衣 大衣。割截して作る布が多いからいう。

入衆衣 衆人の中に行く時に着る衣の意。

欝多羅僧 梵語ウッタラーサンガの音写。上衣。七条。

安陀会 梵語アンタルヴァーサの音写。内衣。五条。

真諦 →一五頁「羅什・真諦」補

袈裟は赤血色なり ↓補

捨して更に受くべき時… 捨法と受法の作法。↓補

先受持今捨 顕戒論講弁に「先に受持し捨し今受く」の方が意味明瞭という。

鉢 パートラ。比丘が常に所持すべき道具の一で、食器のこと。

応器 比丘所持の鉢が材料・色・量ともに規定の法にかなうという意で、応器という。

受法 僧が衣鉢等を受ける時の作法。

此鉢多羅応量受常用故 ↓補

〈三たび説ふ。〉坐具とは、梵に*尼師壇《にしだん》と云ふ。加法《けほう》に云く、*此尼師壇応量作今受持と。〈三たび説ふ。〉皆なすべからく報へて可爾《しか》りと言ふべし。*捨は準じて知るべしと。〈已上疏の文〉

天台明曠師の梵網の疏に云く、*設《たと》ひ曾て声聞の律儀を受けざるも、もし菩薩戒を受くるには、また三衣を*異弁して加法受持す。*重著せよと制するには非ず。三衣の*条品・受法は声聞に同じ。ただ「*菩薩一心念、我仮名菩薩比丘某甲」と云ふを異となすと。〈已上疏の文〉

明らかに知んぬ、曾て声聞の律儀を受けざるも、更に菩薩の三衣を著する等の法あることを。

大乗戒を授けて大僧となすを開顕する篇 第五

*山家の式に曰く、

一 凡そ仏の受戒に二あり。

一には大乗戒　*普賢経に依つて釈迦牟尼を請じて菩薩戒の和尚となす云云。

二には小乗戒　小乗律に依つて現前《げんぜん》の*十師を請じて*白四羯磨《びやくしかつま》す。

今、天台の年分学生、幷に回心向大の初修業の者に、所説の大乗戒を授けて、まさに大僧となさんとす。

僧統奏して曰く、授戒の法は*前仏《ぜんぶつ》・後仏《ごぶつ》とも所説はこれ一なり。西国・東国も儀式に二なしと。〈已上奏の文〉

尼師壇　梵語ニシーダナの音写。坐具。敷具。

此尼師壇応量作今受持　↓補

捨　捨法。

設ひ曾て…　梵網菩薩戒経疏删補巻下の第三十七軽戒に対する注(正蔵四〇、五九七b)。

異弁　特別に区別して扱う。

重著　重ねて両方を着る。

条品　条の種類。即ち九条、七条、五条。

菩薩一心念…　声聞(小乗)の場合は「長老一心念、我比丘某甲(または大徳一心念…)」というべきを、かくいうこと。

山家の式　四条式(一九九頁)を指す。以下の引用文は四条式の本文と前後し、省略するところがある。

普賢経　↓補

十師　↓八八頁「三師七証」補

白四羯磨　↓補

前仏・後仏　釈迦と弥勒。

菩薩の授戒は…　菩薩善戒経・菩薩地持経等は権で、蔵通の菩薩に授ける戒であり漸悟の戒法、梵網経・瓔珞本業経等は実で、不共二乗の大乗論じて曰く、*菩薩の授戒は権実《ごんじつ》同じからず。*小乗の授戒も機に随ひてまた別なり。「儀式に二なし」と言ふは、もし大小の二戒に約して二なくんば、違教の失あらん。もし小乗教に約して二なくんば、*四部の別、何を以てか別《わか》つべけん。もし大乗に約して二なくんば、*地持《じじ》・梵網、作法同じからず。何ぞ無二なることあらん。具《つぶさ》には*疏《しょ》に料簡するが如し。

謹んで梵網経の下巻を案ずるに、云く、*若《なんじ》仏子、仏滅度の後、好心を以て菩薩戒を受けんと欲する時、仏菩薩の形像の前において、*自ら誓ひて戒を受けよ。まさに七日仏前に懺悔すべし。*好相を見ることを得ば、便《すなわ》ち戒を受くることを得。もし好相を得ずんば、二七・三七、乃至一年、好相を得るを要す。好相を得已りて、便ち仏菩薩の形像の前にて自ら誓ひて戒を受くることを得ん。もし好相を得ずんば、仏菩薩の像前にて戒を受くと雖も戒を得と名づけず。*もし先に菩薩戒を受くる法師の前にて戒を受くる時は、要《かなら》ずしも好相を見ることを須《もち》ひず。何を以ての故に。この法師は*師師相ひ授くるが故に、好相を須ひず。これを以て法師の前にて戒を受くれば即ち得戒す。*重心を生ずるを以ての故に便ち得戒す。もし千里の内に能く戒を授くる師なくんば、仏菩薩の形像の前にて戒を受得することを得。而して好相を見ることを要す。もし法師自ら経律、大乗の*学戒を解し、国王・太子・百官と与《とも》に以て善友となるに倚《よ》りて、而も新学の菩薩、来りて、もしくは経の義、律の義を問ふに、*軽心《きょうしん》・悪心・慢心をもつて一一好く問に答へずんば、軽垢罪を犯ずと。〈已上経の文〉

まさに知るべし、授戒の法は、前仏・後仏、大小各《おのおの》異なり、西国・東国、儀式同じからず。ただ大乗の権実各《おのおの》異なるのみにあらず、四部の小乗の*持犯《じぼん》もまた別なり。それ機

菩薩に授ける頓悟の戒法とする。

小乗の授戒も… 小乗律では戒を授くるによろしい人を種々に分つ。四分律(巻五十九)では五類に分ち、五類の人々を説くが、十誦律、五分律等もそれぞれに分ける。

四部 小乗律五部の中、中国に翻訳された四分律・十誦律・五分律・摩訶僧祇律。

地持 菩薩地持経。瑜伽師地論菩薩地の抄訳。北涼の曇無讖訳。

疏 智顗の梵網菩薩戒経義疏をはじめ、梵網経の疏のこと。

若仏子… 梵網経第二十三軽戒の文(正蔵二四、一〇〇六c)。

自ら誓ひて… 菩薩の自誓受戒。

好相 本文九九頁一〇行以下参照。

もし先に菩薩戒を受く 正蔵には、「もし(若)」の後に「現前」の語あり。これは菩薩の従他受戒をいう。

師師相ひ授く 師より師へと伝え授ける。師資(師と弟子)相承。師師とは双方を敬って言ったもの。

重心 顕戒論講弁に「鄭重心」とあり。

学戒 六事成就(菩薩が六度の行を成就せんがために修める六事)の一で、戒波羅蜜を成就せんがための学修。

軽心 軽んずる心。

持犯 戒を受持すると犯すと。小乗四部律内において戒の持犯について説くところに異りあること。

に随ひて戒を授く。儀式何ぞ一ならんや。その授戒の文は、繁を恐れて且《しばら》く止む。

能授の*三師七証、大小同じからざるの明拠を開示す 三十一

僧統奏して曰く、ただ*能授の人*如法ならざる時は、*所受の*二戒並に得ざるなりと。〈已上奏の文〉

論じて曰く、小乗の能授は*凡聖の十師なり。大乗の能授はただ十方の諸仏なり。*この能授の三師等、何ぞ不如法あらん。ただ*伝戒の凡師はこれ能伝にして而も能授にあらず。三師及以《および》七証に預らざるが故なり。

謹んで*観普賢経等を案ずるに、云く、*今、釈迦牟尼仏を我が和上となし、文殊師利を我が阿闍梨となし、当来の弥勒、願はくは戒法を授けたまへ、十方の諸仏、願はくは我れを証知したまへ、大徳諸菩薩、願はくは我が伴となりたまへと。〈已上経の文〉

明らかに知んぬ、諸仏の能授、不如法に非ざることを。

大機の凡聖、分に随ひて千仏の大戒を修学するの明拠を開示す 三十二

僧統奏して曰く、然るに菩薩戒は微細にして持《たも》ち難く、聖者なほ誤犯を存す。凡夫の所修、皆なこれ*似行《じぎょう》なり。誰れか*上位に同じくその戒を持つべきやと。〈已上奏の文〉

論じて曰く、*大海の水は蚊飲《ぶんいん》を遮せず、菩薩の戒は何ぞ*黄門を遮せん。所以《ゆえ》に、*十地以《い》還《げん》、なほ誤犯あり、畜生已上、分に戒を持つことあり。今聖人を引きて、強ひて凡夫を抑

三師七証 →補
能授の人 戒を授ける人。
如法 →六八頁注
所受の人 戒を受ける人。
二戒 大小二戒。
凡聖 →七九頁補
この 大乗の。
伝戒の凡師は… 大乗の伝戒師は戒を伝える者であっても授ける者ではない。授戒は十方の仏が三師七証となって行うところである。
観普賢経 →八六頁「普賢経」補
今、釈迦牟尼仏を… 観普賢経の文（正蔵九、三九三c）。
似行 形ばかりまねた見せかけの行。
上位 上位の菩薩。
大海の水は… →補
黄門 →七八頁注
十地 →七四頁注「十住…十地」

ふ。今この円戒はただ*七逆を除く。自余の衆生皆な悉く戒を得るなり。

謹んで梵網経を案ずるに、云く、*仏子諦《あきら》かに聴け。もし仏戒を受けん者は、国王・王子、百官・宰相、比丘・比丘尼、十八梵・六欲天、庶民・黄門、婬男・婬女、奴婢、*八部、鬼神・*金剛神、畜生乃至*変化《へんげ》人《にん》、ただ法師の語を解せば、尽《ことごと》く戒を受得す。皆な第一清浄の者と名づくと。〈已上経の文〉

まさに知るべし、梵網の仏戒は凡聖通じて受くることを。何ぞ上位を推して下凡を許さざるや。もし凡夫を許さずんば、深く経旨に違せん。誰れの有智の者か悲痛せざらんや。

また経に云く、*若仏子、国王の位を受けんと欲する時、*転輪王の位を受くる時、百官の位を受くる時、まさに先に菩薩戒を受くべし。一切の鬼神は王身・百官の身を救護し、諸仏歓喜すと。〈已上経の文〉

我が僧統諸賢、何に因つてか小儀を執してこの万善戒を*泯《みん》ずるや。自ら損しまた他を損す。いづくんぞ後報を畏れざらんや。因果を信ずる賢ならば、頭火を救ふが如く先奏を改易せよ。過《あやま》てば則ち改むることを憚るなかれ。あに大に懺悔せざらんや。

*仮名の菩薩、災を除き国を護るの明拠を開示す　三十三

僧統奏して曰く、而して*式の末に云く、「*未《み》然《ねん》の大災は、菩薩僧に非ずんば、あに冥滅《みょうめつ》することを得んや、*国宝・国利、菩薩に非ずして誰れぞや、仏道には菩薩と称す」とは、もし真の菩薩ならば、言ふ所の如くなるべし。その仮名の類はこの言に合はず。然る所以は、

七逆　七逆罪。理に逆うこと甚しき七極罪。→補

仏子諦かに聴け…　梵網経巻下の文(正蔵二四、一〇〇四b)。

八部　天竜等の八部。→六七頁注「天竜八部」

金剛神　経典には仏の左右に金剛杵を持って侍衛している事が見える。

変化人　仏菩薩・鬼神等の人身に化したもの。

若仏子…　梵網経第一軽戒の文(正蔵二四、一〇〇五a)。

転輪王　転輪聖王。七宝を有し四徳を具え、正しい仏法を以て全世界を統治すると考えられた神話的な理想の王者。

泯ず　ほろぼす。

仮名の菩薩　→補

式　四条式(一九九頁以下)を指す。

未然　いまだ現われていないこと。

国宝・国利…　大乗菩薩僧は国宝であり、国を利するものであるという最澄の主張。

今時に当りて、未然の水旱《すいかん》を滅せず、*已興《いこう》の飢苦を救はず、所住の国邑に災禍繁多なり、所住の聚落に死亡少からず。これを以て知ることを得たり、真の菩薩に非ずと。既に言《げん》と事《じ》と相違す。あに偽誑《ぎおう》の詞を信ぜんやと。〈已上奏の文〉

論じて曰く、十住・十地は*分真《ぶんしん》の菩薩なり。相似以還《そうじいげん》は皆な*仮名なり。*五濁《ごじょく》の*正災《しょうさい》は諸仏も滅すること能はず。五濁の*邪災は仮名もまた能く除く。天下の水旱、我れに独り験なきに*送り、四海の死亡《しもう》、言を我が*行住に寄せて、*一猴《いつごう》に預ることを意《おも》はず。明らかに知んぬ、我が道の大なることを。

謹んで*仁王経の下巻を案ずるに、云く、*仏、*波斯匿王《はしのくおう》に告げたまはく、我が滅度の後、法滅せんと欲する時、一切の*有情《うじょう》、悪業《あくごう》を造るが故に、諸の国土をして種種の災起らしむ。諸の国王等は、自身、太子・王子、后妃・眷属、百官・*百姓《ひゃくせい》、一切の国土を護らんがために、即ちまさにこの*般若波羅蜜多を受持すべし。皆な安楽なるを得んと。乃至云く、この*瞻部州《せんぶしゅう》の*十六大国、五百の中国、十千の小国、この諸の国の中、もし七難起らば、一切の国王は難を除かんがための故に、この般若波羅蜜多を受持し解説せよ。七難即ち滅して国土安楽ならんと。

*七難は、

第一に日月《にちがつ》の難に五あり。一には失度の難〈*経に、日月度を失すと云ふが故に〉、二には顔色改変の難〈経に、日色改変して、白赤黄黒色なり、月色改変して、白赤黄色なりと云ふが故に〉、三には日体増多の難〈経に、或は二三四五の日、並照すと云ふが故に〉、四には日月薄蝕の難

已興　すでにおこっている。
分真の菩薩　↓補
仮名　↓八九頁「仮名の菩薩」補
五濁　末世において発生する避けがたい五種のけがれ。↓補
正災・邪災　顕戒論闡幽記に、正災は国土の苦楽・凶災が前業に報いて成るをいい、邪災は衆生不善をなして現報を得るをいうかとあり。
送る　なすりつける。かこつける。
行住　行住坐臥。ふだんの行為。底本上欄に「行疑所」。
一猴に預る　↓補
仁王経　↓補
仏…　仁王経(不空訳)受持品の文(正蔵八、八四三a)。
波斯匿王　パセーナディ王。釈尊時代のコーサラ国王。釈尊に帰依する。
有情　衆生。こころをもつもの。
百姓　多くの民。人民。
般若波羅蜜多　↓五四頁注「般若波羅蜜」
この瞻部州…　前引の仁王経の文に続く。少し省略文あり。瞻部州は閻浮提。古代インドの世界観による、我々の住む世界のこと。須弥山の南にありとする。
十六大国　インド古代のマガダ・コーサラ等の十六国。
七難…　以下の文は、不空訳仁王経によって最澄が合揉したもの。
経に　仁王経を指す。以下割注に「経」とあるのは、不空訳仁王経奉

〈経に、日月薄蝕すと云ふが故に〉、五には重輪の難〈経に、或は重輪あり、一二三四五の重輪現ずと云ふが故に〉。

第二に*星宿の難に四あり。一には失度の難〈経に、星辰度を失すと云ふが故に〉、二には*彗星の難〈経に、彗星変をなすと云ふが故に〉、三には五星の難〈経に、木星・火星・金星・水星・土(*星)等の諸星、各各《おのおの》変をなすと云ふが故に〉、四には昼出の難〈経に、或は星昼に出づと云ふが故に〉。

第三に衆火の難に五あり。一には竜火の難〈経に、竜火と云ふが故に。*賁《ひ》の云く、竜火と言ふは*霹靂《へきれき》火を起すが故なりと〉、二には鬼火の難〈経に、鬼火と云ふが故に。賁の云く、鬼火と言ふは能く疾疫をなすと。私に謂く、火精・*宋無忌《そうむき》を名づけて鬼(*火)となすと〉、三には人火の難〈経に、人火と云ふが故に。賁の云く、人火と言ふは*世の五通ある者、現の*違縁に遇ひて意に願ひて火を起すと。私に謂く、人の過失の火なりと〉、四には樹火の難〈経に、樹火と云ふが故に。賁の云く、樹火と言ふは、*亢陽《こうよう》、時を過ぎ、樹木に火を起すなりと〉、五には大火四起の難〈経に、大火四起し万物を焚焼すと云ふが故に。賁の云く、大火四起とは、不善業熟し、処に随つて火起り、皆な難をなすと〉。

第四に時節の難に六あり。一には時候改変の難〈経に、時節改変すと云ふが故に〉、二には冬夏雨雪の難〈経に、冬雨電雷、夏霜氷雪と云ふが故に〉、三には雨土石山の難〈経に、土石山及《およ》び沙礫を雨ふらすと云ふが故に。また*正法念経に云く、*阿修羅王、諸天と戦ひし時、或は大石の方八百里なるを擎《ささ》げ、或は大山の*波利佉《はりきや》と名づけ、広きこと五百由旬なるを取りて、諸天を

持品の文(正蔵八、八四三a)。

星宿 星のやどり。星座。→補

彗星 ほうき星。古、この星が現われると天下に禍災が起るとされた。

星 底本なし。意によって補う。

賁 良賁。七一七—七七七。中国の人。不空が仁王経を訳出するのを助け、さらにその疏、仁王般若経疏を作る。以下「賁の云く」とあるのは、仁王般若経疏の文(正蔵三三、五一三c)。

霹靂 霹靂。はげしいかみなり。

宋無忌 史記巻二十八封禅書に宋毋忌とあり、その註、索隠に「楽彦引ニ老子道経一云月中仙人宋毋忌、白沢図云火之精曰ニ宋毋忌一蓋其人火仙也」とあり、火之精、火仙であろう。

火 底本なし。底本上欄に「名為鬼下疑脱火字」。

世の五通 →補

違縁 わが心に違うことがら。

亢陽 ひでり。

正法念経 正法念処経。七十巻。元魏の般若流支訳。六道生死の因果を観じ、これを厭離すべきことを詳説した経典。以下の引用文は、正蔵一七、一六a・一九a。

阿修羅王 →三二頁注「阿素洛」

波利佉 原語不明。

擲打す。天の威力を以て即ち空中において箭《や》射るに石砕け、或は火焼滅す。彼の大山を*接して卻《かえ》つて修羅中の*華鬘を打つ。阿修羅の*匈軍衆破れ、散走して海下に入り、還りて本宮に住す。海中の大魚皆な大に怖れ散ぜり。土石山を雨ふらすとはこの類なり〉、四には非時降雹の難〈経に、非時に雹を降らすと云ふが故に〉、五には雨水色変の難〈経に、赤黒水を雨ふらすと云ふが故に〉、六には江河汎漲の難〈経に、江河汎漲して、石を流し山を浮かすと云ふが故に。貰の云く、大雨度を過ぎ、江河汎漲して石を流し山を浮かすと〉。

第五に大風数起の難に三あり。一には昏蔽日月の難〈経に、暴風 数《しばしば》起りて日月を昏蔽すと云ふが故に〉、二には発屋抜樹の難〈経に、暴風は屋を発《あば》き樹を抜くと云ふが故に〉、三には飛沙走石の難〈経に、暴風起りて沙を飛ばし石を走らすと云ふが故に。「暴風数起」の句は*経の初めの文にあるも、後の二所にはなし。貰の云く、初句は総じて標すと。今意を取りて別に加へて、云爾《しかいう》。これ句を加ふることを*怪しむなかれ〉。

第六に天地亢陽の難に三あり。一には*陂《は》池《ち》竭涸《けつこ》の難〈経に、天地亢陽して陂池竭涸すと云ふが故に〉、二には草木枯死の難〈経に、草木枯死すと云ふが故に〉、三には百穀不成の難〈経に、百穀成らずと云ふが故に〉。貰《ひ》の云く、ここに*永泰二年*景午の歳、夏六月、夏より雨に乏し。諸の山川に祈り、まさに時を逾《こ》えんとすることあれども竟《つい》に未だ*嘉応あらず。*修述ここに至りて慙ぢて前《すす》むこと能はず。*巻に対して長く想ひ、輒《すなわ》ち誠告を申《の》ぶ。時に乃ち*偶然として際会す。*験は徴とするに足らず。*天聴俯臨して*猥りに捜問せらる。その月の二十日、*詔して曰《のたま》はく、仁王の真経、義は護国を宗とす。*師は妙旨を演述す。

接して　取りて。持って。
華鬘　阿修羅の王の名。四大阿修羅王の一(正法念処経)。
匈軍衆　兇悪な軍隊。
経の初めの文にあるも…　暴風数起の句は第五難の文章の初めの昏蔽日月難にはあるが、発屋抜樹難、飛沙走石難にはない。最澄が取意によって加え、この文章を構成していることを示す。
怪　底本「悦」を改む。底本上欄に「悦疑怪字」。
陂池竭涸　池の水がかれること。
永泰二年　七六六年。唐の代宗の世。この年十一月、良貰、仁王般若経疏七巻を撰す。
景午　丙午のことか。景も丙も日の意。永泰二年は丙午にあたる。
嘉応　めでたいしるし。応は人の徳に応じて現われるものの意。
修述　良貰の諱であろう。
巻に対して…　仁王経の経巻を前にして想いにふける。
偶然として…　たまたま雨にあうこと。
験は…　祈念の効験はしるしとするに足るほどのものでなかったが…。
天聴…　天子の耳に達する。
猥りに…　かたじけなくも私を捜し出して。
詔して曰はく…　正史に見えず。
師　良貰を指す。
稼　うえつけ。農事。耕作。

弘誓逾《いよいよ》深し。遂に慈雲結陰し法雨流潤することを得、時に*稼増茂して年豊期することあり。至誠の功、*載《すなわ》ち深く喜歓すと。これ実に明主の至道、大臣の深信、*五方菩薩《ごほうぼさつ》の慈力の祐《たす》くる所なりと。

第七に四方賊来の難に三あり。一には侵国内外の難〈経に、四方より賊来りて国の内外を侵《おか》すと云ふが故に〉、二には*兵戈《へいか》競起の難〈経に、兵戈競起すと云ふが故に〉、三には百姓喪亡《そうもう》の難〈経に、百姓喪亡すと云ふが故に〉。

上来、総は即ち七文、別は乃ち二十有九なり。その中の縷細《るさい》、数また多し。例して諸難を明かす。

経にまた云く、*大王、我れ今略してかくの如きの諸難を説かんと。

一には日月不現の難〈経に、それ日、昼に現ぜず、月、夜に現ぜざることありと云ふが故に〉、二には天災の難〈経に、天に種種の災ありて、雲なくして雨雪すと云ふが故に〉、三には地災の難〈経に、地に種種の災ありて、崩裂震動すと云ふが故に〉、四には鬼神出現の難〈経に、或は復た血流して鬼神出現すと云ふが故に〉、五には鳥獣怪異《けい》の難〈経に、鳥獣怪異ありと云ふが故に〉。

経にまた云く、*かくの如きの災難、無量無辺なりと。〈已上経の文〉例して余の難を指す。黒虹の難、白虹の難、諸の不祥相の難、*狼虎肆毒《ろうこしどく》の難、草木虫傷の難、もしくは国、もしくは家、難をなすこと衆《おお》し。

それ*住劫《じゅうこう》の初際は*依正《えしょう》倶に安く、*濁世《じょくせ》已来は災難競ひ起る。所以《ゆえ》に*牟尼《むに》法主は般若を百

載ち　発語の辞。
五方菩薩　不空訳仁王経奉持品に見える護国の菩薩。→補
兵戈　ほこ。転じて戦争の義。
大王…　不空訳仁王経受持品の文（正蔵八、八四三a）。以下の文章も、仁王経により最澄が合揉して作ったもの。
かくの如きの…　同右。
狼虎肆毒の難　狼や虎がほしいままに害をなすことの難。
住劫　四劫（成劫・住劫・壊劫・空劫）の第二が住劫。できあがった世界がそのままで存在する時期。
依正　依報と正報。過去の業によって受けた心身を正報、その心身のより所となる一切世間を依報という。
濁世　五濁悪世。→九〇頁「五濁」補
牟尼法主は…　釈迦が仁王経を諸の国王に付嘱せること。→補

普明は…　→補
山院　叡山の寺院。
百僧の菩薩　仁王経護国品に、国土乱れんとする時、百法師を請じてこの経を解説せしむべしとあるのによる（正蔵八、八四〇a）。いわゆる「仁王百講」はこれによる。
我が宗　天台宗。
白土　意味不詳。→補
講師　→補
山家我相の転経　山家は天台宗。我

王に遺し、往昔《おうじやく》*普明《ふみよう》は法将を百講に屈す。誠に知んぬ、除難護国は般若特に尊く、積福滅災は精進するに如《し》かざることを。誠にすべからく百部の般若を*山院に安置し、*百僧の菩薩を叡嶺に住せしめ、これを以て国の城埓となし、これを以て国の良将となすべし。竊《ひそ》かに以《おもんみ》るに、*我が宗*白土の*講師は、国を護りまた家を守るに足らず。*山家《さんげ》我相《がそう》の転経《てんぎよう》は何を以てか現起の難を除滅せん。ただ*遠因の功徳を除くのみ。

ここを以て*興善寺の*両院に*各一業《おのおのいちごう》を安置す。*持念真言《じねんしんごん》の者は常に国のために念誦し、*(誦)経有智の者は常に国のために*転読す。それ飢を忘れて山を楽しみ、寒を忍びて谷に住し、*一十二年の精進の力、数年*九旬の観行の功に非ざるよりは、何ぞ七難を悪世に排し、また三災を国家に除かん。已定《いじよう》の禍は免脱し難しと雖も、未定《みじよう》の災は縁あれば必ず脱す。何ぞ奨勧せざるべけんや。

大唐の台山金閣等の五寺、常に大乗を転ずるの明拠を開示す　三十四

謹んで*大唐大暦二年三月二十六日の牒制を案ずるに、云く、*金閣等の五寺をして常に仁王護国及び*密厳経《みつごんぎよう》を*転ぜしめ、また呉摩子寺《ごましじ》は、名、且つ便に非ず。望むらくは、改めて大暦法華の寺となし、常に国のために法華経を転ぜんと。〈已上牒の文〉

明らかに知んぬ、*清霊法師の雪を祈り、*慧暁《えぎよう》禅師の雨を祈る、皆な精進に由つて倶にこれ功を積むことを。何ぞ*山林の功を笑ひて偏へに*不形の論を執ずるや。

相は我に執した心を以て経を読誦すること。

遠因の功徳を…　これからさき将来の功徳が期待できる。

興善寺　→六九頁「京城の大徳…」補

両院　灌頂道場と大聖文殊閣。

各一業　真言持誦の業と一切経転読の業(後出の表制集参照)。

持念真言　真言を受持し念誦すること。真言は深い意味のこもった秘密の語句。

誦経有智　経を読誦し智慧あるもの。ここでは後出の大興善寺の一切経転読の僧を指す。底本「誦」字なし。底本上欄に「経上疑脱誦字」。

転読　経典をひるがえして読誦に擬すること。

一十二年…　十二年間籠山の修行。

九旬の観行　摩訶止観によると、観心の行(常坐・常行三昧)は一期九十日を以て限ることが見える(巻二上。正蔵四六、一一b・一三b)。

大唐大暦二年三月二十六日の牒制　不空の請台山五寺度人抽僧制一首を指す(表制集巻二。正蔵五二、八三五b)。大暦二年は七六七年。

金閣等の五寺　五台山(中国山西省太原府五台県)の金閣寺・玉華寺・清涼寺・華厳寺・呉摩子寺(大暦法華寺)。

密厳経　大乗密厳経。三巻。地婆訶羅訳と不空訳とあり。如来蔵、阿頼

大唐の護国の念誦、護国の転経の明拠を開示す　三十五

謹んで*大唐大暦九年六月六日の牒制を案ずるに、云く、興善当院両道場において、各《おのおの》持誦の僧を置かんことを請ふ。

弟子僧　慧朗　慧超　慧璨　慧見　慧海　慧覚　慧暉

右件《くだん》の僧等、当院の灌頂道場において、常に国のために念誦せんことを請ふ。

僧　慧幹　慧果　慧厳　慧雲　慧信　慧珍　慧勝　慧深　慧応　慧行　慧積　慧儁

慧賢　慧英

右件の僧等、*大聖文殊閣の下において、常に国のために勅賜の一切経を転読せんことを請ふと。〈已上牒の文〉

明らかに知んぬ、念誦及び転読は衛国の良将なることを。誠に願はくは、*大日本国天台の両業に菩薩戒を授けて、以て国宝となし、*大悲胎蔵業は灌頂道場を置きて*真言契を修練せしめ、常に国のために念誦し、また国のために*護《ご》(摩《ま》を修し)、摩訶止観業は四三昧院を置きて止観の業を修練せしめ、常に国のために経を転じ、また国のために般若を講ぜしめん。然れば則ち、一乗の仏戒、歳歳絶えず、*円宗の学生、年年相続せん。菩薩の百僧、山林に闕けず、*持戒の八徳、雨を祈るに得易からん。

出家・在家二類の菩薩を列ぬる意の明拠を開示す　三十六

*山家の式に曰く、法華経に二種の菩薩を列ねて以て一類となす。比丘に入れず、以て大

耶識、密厳浄土思想を統合した、七世紀頃成立の大乗経典。

転ず　転読する。

清霊法師　未詳。ただ表制集巻五には、慧朗らが雪を祈ったことが見える(賀春雪表一首。正蔵五二、八五三c)。

慧暁禅師　不空の弟子。表制集巻六にその上表等が見えるが、祈雨のことは見えていない。

山林の功　叡山に十二年間籠山の天台年分学生の修業をいう。

不形の論　→補

大唐大暦九年六月六日の牒制　不空の請於興善当院両道場各置持誦僧制一首(表制集巻四。正蔵五二、八四五b)。

大聖文殊閣　表制集巻三ならびに不空の遺書に、興善寺に文殊閣創建のことが見える。→補

大日本国天台の両業　止観業(摩訶止観業)と遮那業(大悲胎蔵業)。

大悲胎蔵業　胎蔵界曼荼羅の大日如来をより所として修行する業。大悲を以て無尽の諸尊を出し、あまねく教化を垂れる故に、大悲胎蔵という。

真言契　→補

護摩を修し(修護摩)　底本「摩」字・「修」字なし。底本上欄に「護字上下疑有脱字当云修護摩」。護摩は梵語ホーマの音写。密教修法の行事。

円宗　天台宗の別称。

持戒の八徳　→二〇一頁注「請雨経の八徳」

山家の式　四条式(一九九頁)を指す。

の数となす。今この菩薩の類、この間に未だ顕伝せず。弘仁の年より新たに大道を建て大乗戒を伝流して、今より後を利益す。固く大鐘の腹に鏤《ちりば》めて遠く塵劫の後に伝へんと。

僧統奏して曰く、この経の文に依つて、今「この菩薩の類、この間に未だ顕伝せず、新たに大道を建て、大乗戒を伝流す」と云ふは、*事理乖反《かいはん》す。建伝すべきこと難し。*凡そ諸経の中の同聞衆は、ただ大菩薩のみを以て一類となす。小位を入れて以てその数となさず。ここを以て、*文殊等、形は出家すと雖も比丘と称せず。*舎利弗等、既に回心すと雖も菩薩と名づけず。*具縛《ぐばく》の人の如きは未だ*一惑をも伏せず。何を以てか頓に殊勝の*十地に預らんや。〈已上奏の文〉

論じて曰く、二種の菩薩を列ぬるは出家の形を顕はさんがためなり。我れ等頓に十地に預ると謂ふにはあらず。今僧統の云く、「形は出家すと雖も比丘と称せず、既に回心すと雖も菩薩と名づけず」と。〈已上奏の文〉善哉善哉、この文この句。俗語に云く、*一句千金に値すと。円教の出家、形は出家すと雖も小類に預らず、小儀を仮らず。円教の菩薩は別に威儀あり。声聞障道の威儀に共せず。具縛の*円人、未だ一惑をも伏せずと雖も、*迷権の菩薩心をもつて別の十地を求めず。経に曰く、*このために軽しめられて言く、汝等は皆なこれ仏なりと。〈已上経の文〉これをも忍ぶべくんば、孰《いず》れをか忍ぶべからざらんや。

僧統奏して曰く、ただ巧言のみを以ては大道を建て難し。*犯戒《ぼんかい》の比丘を名づけて汚道《おとう》となす。誰れか菩薩の大戒を伝ふべきに堪へんと。〈已上奏の文〉

論じて曰く、*無縁の巧弁《ぎょうべん》は如来も制したまはず。*愛見の巧言はなほ*仁鮮《すくな》し。*犯戒の名は

事理乖反　事実と論理とが相反すること。「反」字、底本「及」を改む。底本上欄に「及当作反」。

凡そ諸経の中の…　諸経の中で同聞衆という時は、大乗の菩薩を以て一類となし、小乗の位の小乗比丘をその中には入れない。

文殊等…　文殊らは菩薩とのみ称し、比丘とはいわない(大乗菩薩)。

舎利弗等…　↓補

具縛　煩悩に縛られた存在。縛は煩悩の異名。

一惑　惑も煩悩の異名。

十地　菩薩の修行階位の十位。菩薩この地位に登ると、はじめて無漏智を生じ仏性をみるとされる。

一句千金…　明心宝鑑に「一言半句重価三千金」とある。

円人　円教の人、円教の菩薩。

迷権　真実でないかりそめのものに迷うこと。

このために…　法華経勧持品の文(正蔵九、三六c)。

犯戒の比丘を…　涅槃経巻三十一に「犯四重者即是汚道」とある(正蔵一二、八二五b)。汚道は聖道を汚す偽善者。汚道沙門。

無縁の巧弁　特定の対象をたてず、機縁によって自在に説くこと。

愛見の巧言　個々の対象にとらわれて語る巧みな言葉。

仁鮮し　論語学而篇の「巧言令色鮮矣仁」による。

十地も洗ひ難く、伝*戒の道は夫婦も伝ふべし。制*開によろしきことあり。何ぞ必ずしも一例ならん。火*を避けて水に堕す、あに統等ならざらんや。

僧統奏して曰く、また大乗戒伝来すること久し。大唐の高徳、此土の名僧、相ひ尋ねて伝授し、今に至りて絶えずと。〈已上奏の文〉

論じて曰く、梵網の戒、先代より伝ふと雖も、この間の受くる人、未だ円意を解せず。所以《ゆえ》に声聞の律儀を用ひて梵網の威儀に同ず。もし声聞の儀に同ぜば、何が故に一*念を制するや。この国の名徳、大乗戒を受くと雖も、大*の安居を用ひず。また大*乗の布薩ありと雖も、未受戒を択ばず、未だ文殊の上座を置かず、未だ別円の威儀を伝へず。大唐の銑律師云く、近*代の華*厳法師、菩薩の行を好みて、菩薩戒と相応するの文、集めて菩*薩毘尼蔵となす。二十巻あり。兼ねてこの戒本の疏を造りて盛んに時に行はると。云云。今六綱の威勢を振ひて千*仏の大戒を遮す。これ舎*那の子にあらず、またこれ釈子にもあらず。

僧統奏して曰く、而して今新たに伝流すと云ふは、これ何等の戒にして而も伝流すべきぞ。高徳の伝ふる所、何を以てか戒に非ざらん。*下流《げる》の授くる所、何を以てかこれ戒ならんと。〈已上奏の文〉

論じて曰く、新宗の伝ふる所は梵網の円戒なり。分*に円*の五徳を備へて一*円根を汲引す。まさに知るべし、円*戒・円臘・円蔵・円禅・円慧は、天*台の釈に非ざれば伝説すべきこと難しと。今高徳の伝ふる所は円の律儀に非ず。下流の授くる所は*獼猴の儀に非ず。あに同日に論ずべけんや。

犯戒の名は…　↓補

伝戒の道は…　円頓戒の戒体は衆生本有の仏性であるから、能授でなく伝戒であり、故に夫婦の間でも伝戒は可能となる。

制開に…　制すると許すとは、場合による。一例のみによるべきでない。

火を避けて…　一方をまぬがれても他方にとらわれること。↓補

一念を制す　暫念小乗戒(梵網経第三十四軽戒)の制。一念でも二乗の心を起すなという制。

大の安居　大乗の安居。↓補

大乗の布薩　↓一五頁補

近代の…　出拠不明。法銑の梵網経疏は一部のみしか現存しない。

華厳法師　賢首大師法蔵のこと。↓二六五頁注「法蔵」

菩薩毘尼蔵　この書のこと不詳。毘尼はビナヤ、律。大乗菩薩の戒律を集めた書の意。

千仏の大戒　↓七二頁注

舎那　盧舎那仏(梵網経の教主)。

下流　高徳に対す。高徳は鑒真、下流は最澄を指す。

分に　それぞれの分際に。

円の五徳　↓補

一円根　一乗円教の根機。

円戒…円慧　円の五徳。

天台の釈　智顗の梵網経の釈、梵網経義疏のこと。

獼猴　粗暴な九獼猴をいう(一二五頁参照)。↓九〇頁「一猴に預る」補

僧統奏して曰く、仏言《のたま》はく、名利のための故に詐《いつわ》りて仏戒を与ふることを許さず。聖教《しょうぎょう》の中に、かくの如き等の事、皆な魔軍と曰ふと。〈已上奏の文〉

論じて曰く、*牛驢《ごろ》の乳その色別ち難く、*両迦《りょうか》の果その形何ぞ別たん。然るに名利のための故に詐を以て授く。その事は知り易し。必ず利を求むるを以ての故なり。興法のための故に真を以て伝ふ。その理は知り叵《がた》し。肉眼の境にあらざるが故なり。*聖教に説く所の魔事は甚だ多し。自他共にあり。誰れか悉く脱することを得んや。

*南唐の註経に云く、問ふ、大乗戒は菩薩の学する所なり、声聞戒の律儀もまたこれ菩薩の所学なることを得るや不《いな》や。答ふ、今四義を以て料簡す。初めに大小は相ひ隔つとは、この経の「*一念二乗の心を起して二乗の経律を学ばば即ち軽垢罪を犯ず」、法華の「*小乗に貪著する三蔵学者と与《とも》共に住せざる」が如し。二に大を以て小を斥《はら》ふとは、維摩経に云く、「*心浄きが故に衆生浄く、心垢《けが》るるが故に衆生垢る」「*如を出でず」、また*迦葉呵《か》せられて云く、「我れこれより来《このかた》、復た人を勧むるに声聞・辟支仏の行を以てせず」と。三に小乗を調伏し摂受すとは、一切の*登地以上の菩薩は現じて二乗と作《な》り、二乗の法に同じて而もこれを調伏す。縦《たと》ひこれ*三十の賢の菩薩なるも、もし出家せば、一一皆な二乗の戒法を受行し、及び摂受せんと欲して、二乗と而も相ひ違背せず。四に*小を開して大に入るとは、法華に、「*汝等の行ずる所はこれ菩薩の道なり。漸漸に修学して悉くまさに成仏すべし」と云ふが如し。また大経に云く、「*菩薩摩訶薩、*四重禁及び*突吉羅《とききら》を持《たも》ちて、敬重《きょうじゅう》堅固なること、等しくして差別なし」と。〈已上註の文〉

牛驢の乳・両迦の果　→補

聖教に説く…　経典中に魔事について説くことはきわめて多く、それを問題にするなら、僧統の方も自分の方(最澄)も、共に免れないことで、当方のみを問題にするのは妥当ではないということ。

南唐の註経　→補

一念二乗の…　梵網経第三十四軽戒の文(正蔵二四、一〇〇七b)。

小乗に貪著…　法華経安楽行品の偈(正蔵九、三七b)。

心浄きが故に…　維摩経弟子品の文。→補

如を出でず　一切のものは真如を離れてはない、の意。維摩経弟子品の文(正蔵一四、五四一b)。

迦葉呵せられて　維摩経弟子品に、迦葉が乞食の法において維摩居士より問詰され、大乗の空、無所得の法を教えられたこと。以下の引用文は、正蔵一四、五四一b。

登地以上の菩薩　十地に登った菩薩。

三十の賢の菩薩　→補

小を開して大に入る　小乗は方便であって大乗に入らんがためのものであり、方便はそのまま真実の価値をもつから、小乗は菩薩の道であるということ。

汝等の行ずる所は…　法華経薬草喩品の偈(正蔵九、二〇b)。

菩薩摩訶薩…　涅槃経巻十一の文(正蔵一二、六八四a)。

*撲陽の智周もまたこの説に同じ。天台法華宗は*二経の意に依つて、暫く一十二年相ひ隔てて修せしむ。何ぞ聖教に乖《そむ》かんや。

菩薩戒の*請師《しょうし》・*問遮《もんしゃ》、小乗に同じからざるの明拠を開示す　三十七

また梵網経に云く、*若仏子、人を教化して信心を起さしむる時、菩薩他人の与《ため》に教誡の法師と作《な》る者、戒を受けんと欲する人を見ば、まさに教へて二師を請ぜしむべし。*和上と*阿闍梨との二師なり。まさに問ひて言ふべし。汝、*七遮罪《しちしゃざい》ありや不《いな》や。もし現身に七遮あらば、師まさに与授すべからず。七遮なくんば受けしむることを得ん。もし*十戒を犯ずることあらば、まさに教へて懺悔せしむべし。仏菩薩の形像の前にありて、日夜六時に十重四十八軽戒を誦し、苦到《ねんごろ》に*三世の千仏を礼して好相を見ることを得よ。もしは一七日、二七日、三七日、乃至一年、好相を見んことを要す。好相とは、仏来りて摩頂し、光華種種の異相を見て便ち罪を滅することを得るなり。もし好相なくんば懺すと雖も益なし。この人は現身にまた戒を得ず、而して増受戒を得ん。もし四十八軽戒を犯ずる者は、*対首懺《たいしゅさん》して罪滅す。七遮に同じからず。而して教誡の師はこの法の中において一一好く解すべし。もし大乗経律の、もしは軽、もしは重、是非の相を解せず、*第一義諦の習種性・長養性《じょうようしょう》・不可壊性《ふかえしょう》・道種性・正法性、*その中の多少、観行の出入、*十禅支、一切の行法を解せず、一一この法の中の意を得ず、而も菩薩にして利養のための故に、名聞のための故に、弟子を悪求貪利して、而も一切の経律を解すと詐り現ぜば、これ自らを欺詐し、また他人を欺

四重禁　最も厳重な禁制で、殺生・偸盗・邪婬・妄語(悟を得ないのに得たという虚偽の言)の四波羅夷罪を禁じたもの。

突吉羅　梵語ドゥシュクリタの音写。悪いしわざの意で軽罪。二百五十戒の中、百衆学と七滅浄・二不定を加えた罪。大乗戒では、殺生等の重禁以外の諸罪すべてをいう。

撲陽の智周　濮陽大師。→八三頁注「智周師」

二経　法華経と梵網経。

請師　師を請く法。

問遮　受戒をさまたげる七遮罪ありや否やを問う。

若仏子…　梵網経第四十一軽戒の文(正蔵二四、一〇〇八c)。

和上・阿闍梨　→八八頁「三師七証」補

七遮罪　七逆罪。受戒の資格を遮ぎる。→八九頁「七逆」補

十戒　→八頁「十重四十八軽戒」補

三世の千仏　→七二頁注「千仏の大戒」

対首懺　懺悔の方法で、師一人に対して懺悔すること。四人以上の僧中で懺悔する衆法懺に対す。

第一義諦の…正法性　→補

その中の多少、観行の出入　→補

十禅支　十一切処、十遍処に同じ。地水火風青黄赤白空識の十法が、あらゆる箇所にゆきわたって間隙がないと観ずること。

す。故《ことさら》に人の与《ため》に戒を受けしむる者は軽垢罪を犯ずと。〈已上経の文〉

明らかに知んぬ、もし未だ大乗経律の円の義を解せず、利養のための故に、名聞のための故に、弟子を悪求貪利して、而も一切の経律を解すと詐り現ぜば、かくの如き欺詐の類は人の与《ため》に戒を受けしむることを許さず。而も未だ円の義を解せざるに自ら智者と称し、未だ円戒を解せざるに自ら持戒を誉《ほ》む。*卑下の慢心、昼夜に相続し、未来の罪報、幾劫にか脱することを得ん。もし*小分の如法を存せば、*山邑《せんおう》倶に*大戒を伝ふることを得ん。もし*円満の如法を論ぜば、十地以還、何ぞ戒を伝へん。*階級測り難し。軽しめざるには若《し》かず。

小果を求むる人を指すは都《すべ》て正義にあらざるの明拠を開示す　三十八

*山家の表に曰く、両業の出家、永く小乗の儀を回《え》して固く大乗の儀となし、法華経に依つて小律儀を交へず、毎年三月、*先帝国忌《こき》の日、比叡山において、清浄の出家の与《ため》に菩薩の大戒を授けて、また菩薩の大僧となす。弘仁を源となしてこの大戒を伝ふと。

僧統奏して曰く、*法華経は小果を求むる人を指して而も不《ふ》親近《しんごん》と云ふ。この国の比丘、小果を求むることとなしと。〈已上奏の文〉

論じて曰く、羊乗と象乗とは小果を求めずと雖も、遂には二乗地に堕すれば、*病行八万劫なり。この国の比丘はこれ小果を求むることとなしと雖も、声聞の威儀を求む。これ則ち小因を求むるなり。いづくんぞ*小果に回《え》せざらんや。*経の文には小因及び小果を簡別せざ

卑下の慢心　七慢中の卑慢。自分より多くすぐれている者に対して、自分は少し劣っているだけであるとする慢心(倶舎論巻十九)。
小分の如法を存せば　いくらかの戒を受持するのを認めるなら。
山邑　山と里。叡山と南都を指す。
大戒　大乗戒。
円満の如法を…　もし完全な持戒を論ずるなら、十地の菩薩も犯戒の名を免れることができないのだから、まして十地以前の者が戒を伝えることはできない。
階級測り難し　伝戒の資格身分は僧統のいうような単純なことではない。
山家の表　「大乗戒を立つることを請ふの表」(二〇六頁)。
先帝国忌の日　桓武天皇の忌日、三月十七日。
法華経は…　法華経安楽行品。→補
病行八万劫　→補
小果に回す　小乗の果にめぐってゆく。
経の文には…　法華経・梵網経・入定不定印経等には、小乗の因と果については特に説きわけていないが、大乗以外の経を求めることを戒めている。

れども、已に余経を求むるを制す。明らかに因を求むることを知りて*親近せざれと制す。義は通じて因果を制するなり。

終に小機を利することの謬《あやま》りなるの明拠を開示す　三十九

僧統奏して曰く、然るに法華一乗は初めより声聞のためにす。故に*三周の説、終に小機を利すと。〈已上奏の文〉

論じて曰く、小機、時熟せば、為めに小乗を説き、もし大機熟せば、為めに大教を説く。*未だ小機のために三周に一乗を説くことを聞かず。恐らくは章疏の謬《あやま》りならん。法華の三周は円の一乗を説き、終に大機を利して皆な*仏記を与ふ。*四十余年顕説することを得ざる所以は、皆な大機未だ純熟せざるに由るが故なり。経に云く、*未だ曾て説かざる所以は、説時未だ至らざるが故にと。あに大機を待つにあらざらんや。今僧統の「初めより声聞のためにす。故に三周の説、終に小機を利す」と云ふは、深く怪しむべきに足れり。

その*安楽行はこれ上地の行とするの謬りなるの明拠を開示す　四十

僧統奏して曰く、その安楽行はこれ上地の行なり。地前の凡夫の菩薩を謂ふには非ず、故に*経に*菩薩摩訶薩と云ふと。〈已上奏の文〉

論じて曰く、*持品《じほん》の上位は*四行を用ひず。*安楽の下位は必ず四行を修す。摩訶薩の言、定んで上下に通ず。故に*賛師《さんし》云く、*菩薩とは三乗の通称なり。もしこれを求めば、加へて

親近せざれ　法華経安楽行品の文。
三周の説　法華三周。→補
小機のために…　小乗の機根のために直ちに一乗の教を説くことは法華経の三周にはない。機根に応じて説法する。
仏記　授記、記莂。修行中の弟子に与える、未来において成仏するという証明。
四十余年…　智顗の教判で、法華経は、釈尊が四十余年説法の後に、はじめて真意を説きあらわしたものとすることをいう。
未だ曾て…　法華経方便品の偈(正蔵九、八a)。
安楽行　→補
経に…　法華経安楽行品に「若菩薩摩訶薩、於二後悪世一、欲レ説二是経一、当レ安二住四法一」「云何名二菩薩摩訶薩行処一」とあり(正蔵九、三七a)。
菩薩摩訶薩　→六二頁注
持品の上位　法華経勧持品(安楽行品の前)の薬王、大楽説菩薩摩訶薩。
四行　四安楽行。
安楽の下位　法華経安楽行品の聴聞衆の上位である文殊菩薩以外の菩薩。
賛師　窺基。法華玄賛の著があるので賛師という。→二五二頁「唐の基」補
菩薩とは…　法華玄賛巻五下の文(正蔵三四、七五三b)。

摩訶薩と名づくと。法華経に云く、*菩薩はこの乗を求むるが故に名づけて摩訶薩となすと。今何ぞ一向に上階に置くや。

謹んで*妙法蓮華経の第五を案ずるに、云く、*また声聞を求むる比丘・比丘尼、優婆塞・優婆夷に親近《しんごん》せざれ、また問訊せざれ。もしは房中において、もしは経行の処、もしは講堂の中にありて共に住止せざれ。或は時に来らばよろしきに随って法を説き悕求する所なかれと。

三論宗の*吉蔵師《きちぞうし》の疏《しょ》に云く、「*また声聞を求むる者に親近せざれ」とは、第五に小乗の縁を離る。*始行の菩薩は*大照未だ円ならざれば、小法に染《せん》すべきを恐る。故に*意形《いぎょう》をしてよろしく隔つべく、*行止《ぎょうし》をして共《ぐう》することなからしむ。「*或は時に来らばよろしきに随つて法を説き希求する所なかれ」とは、もし*機感あらば即ち為めに法を説く。名利のためにせず、希求する所なきなりと。

法相宗の*大乗基師の法華玄賛に云く、「*又不親近」より「無所悕求」に至るまでを*賛じて曰く、これは第二段なり。初めには離し後には離せず。第五の劣友の縁なり。涅槃経に言く、*菩薩は二乗を怖畏《ふい》すること命を惜しむ人の如しと。*寂調音天子所問経に云く、仏、文殊師利に告げたまはく、譬へば、人あり、飢渇*羸痩《るいそう》す、寧ろ飢渇を忍ぶとも、終に雑毒《ぞうどく》の食《じき》を食はざるが如し。菩薩もまた爾《しか》なり。寧ろ悩嫉破戒、悪口《あくく》懶堕《らんだ》、忘念無智となるとも、終に二乗の果地を悕求せず。仏、天子に告げたまはく、貧人《びんにん》の食はこれ*輪王の毒なるが如し。故に二乗の者の持戒精進は即ち菩薩の破戒懶堕なり。故にまさに親近すべからず。

菩薩はこの乗を…　法華経譬喩品の文(正蔵九、一三b)。
妙法蓮華経の第五　妙法蓮華経は羅什訳法華経。二十八品を八巻に分けるが、その第五巻。
また声聞を求むる…　法華経安楽行品の文(正蔵九、三七a)。
吉蔵師の疏　吉蔵(→二六五頁注)の法華義疏。
また声聞を…　「希求する所なきなり」まで、法華義疏の文(正蔵三四、五九六a)。「また…親近せざれ」は、法華経安楽行品からの引用。
始行の菩薩　仏道に入って修行のまだ浅い菩薩。
大照　顕戒論講弁に、照は証得の証かという。
意形　内なる心と外なる形。
行止　進退所作。
或は時に来らば…　法華経安楽行品(正蔵九、三七b)からの引用。
機感　対機(聞き手)の感応。
大乗基師　窺基。→二五二頁「唐の基」補
又不親近より…　「親使・利養・恭敬を悕はざれ」まで、法華玄賛巻九本の文(正蔵三四、八二二a)。
賛じて　明らかにして。
菩薩は…　涅槃経巻二十六(正蔵一二、七七九a)からの引用。
寂調音天子所問経　劉宋の法海訳。寂調音天子に対する文殊の説法で、大乗戒の要義を説く。清浄毘尼方広

来れば為めに法を説き、*親使・利養・恭敬を悕《ねが》はざれと。

*道栄師の疏に云く、「また声聞を求むる比丘・比丘尼に親近せざれ」とは、これ狭劣の縁を離る。また、「問訊せざれ」とは口に親近せず、「共に住止せざれ」とは身に親近せざるなり。これ浅行の菩薩の、大解未だ円ならざれば小法に沈まんことを恐るるに由る。故に意形両《ふたつ》ながら離れしむと。寂調音天子経の文のまさに親近すべからざることを引くは、全く賛師に同じ。故に更に抄出せず。

天台法華宗の*湛然師《たんねんし》の*文句《もんぐ》の記に云く、*二乗の人に近づけば人をして菩提に遠からしむるが故なり。*西方は雑せず。故に「*或来《わくらい》」と云ふ。既に未だ大を受けず、小志を妨ぐることなし。故に「*随宜」と云ふと。

天台法華宗の*章安大師云く、*大経に云く、「*定苦行《じょうくぎょう》とは諸の凡夫を謂ふ。苦楽行とは声聞・縁覚なり。定楽行とは諸の菩薩を謂ふなり」と。*七方便の麤因《そいん》・麤果《そか》に絓《とどま》るは皆な安楽行に非ず、独りこの妙因・妙果のみ安楽行と称すと。また云く、*もし*二万八十億那由他《なゆた》、命を受けて経を弘むるは、深く権実を識り、広く漸頓を知り、また機縁に達して神力自在なれば、濁世の悩乱も*通経《つうぎょう》を障へず、更に*方法を示すことを俟《ま》たず。もし*初依《しょえ》の始心にして円行を修し濁に入りて経を弘めんと欲せば、濁のために悩まされて自行も立たず、また*化《け》の功もなし。この人のための故に、すべからく方法を示して安楽行を明かすべしと。

天台法華宗の湛然師の文句の記に云く、*次にこの品《ほん》の下《もと》、*来意を釈するにまた二あり。先に*深行《じんぎょう》は須《もち》ひざることを明かし、次に「*若初依」の下は、正しく*始行の須ふる者の故に

経の異本。以下の引用文は、正蔵二四、一〇八五c。

羸瘦　やせつかれること。

輪王　→八九頁注「転輪王」

親使　親しく使役すること。

道栄師の疏　道栄は新羅の人。三論宗。東域伝燈録に法華経疏七巻とあり(正蔵五五、一一四九b参照)。現在存否未詳。「栄」字、底本「榮」を改む。底本上欄に「榮当作栄」。

湛然　→補

文句の記　法華文句記。十巻。法華文句の注釈。

二乗の人に…　法華文句記巻九上の文(正蔵三四、三二九b)。

西方は…　インドでは大小雑せず。

或来・随宜　法華経安楽行品の「或時来者随レ宜説レ法無レ所ニ悕求一」による(一〇二頁三行以下参照)。

章安大師云く…　天台宗第二祖章安灌頂(五六一—六三二)が法華文句に附記していったもの(法華文句は智顗口述、章安筆録。章安の附記がある)。

大経に云く…　法華文句巻八下の文(正蔵三四、一一八b)。大経は涅槃経。

定苦行とは…　涅槃経巻二十五(正蔵一二、七六八a)からの引用。

七方便　→補

もし…　法華文句巻八下の文(正蔵三四、一一八c)。

二万八十億那由他　法華経勧持品に「八十万億那由他諸菩薩摩訶薩」とあるが、法華文句には二万八十億那

来ることを明かす。初めの文は須ひざるの人を明かす。「若二万八十億」等と云ふは、*持品の初めに、二万の菩薩眷属と倶に皆な仏前において誓を発して弘経す。ある経本に八千億と云ふは、まさに八十億と云ふべし。即ち持品の中、諸の尼は*記を索《もと》め、仏は記を与へ已《おわ》る。諸の尼は偈を説きて仏を讃じ已る。その時、世尊、八十億の諸の菩薩等を視《み》て、仏称讃し已る。この諸の菩薩は仏の告勅を念じてまさに仏の教の如くにすべき等なり。「深識」の下は、正しく不須の行を明かす。具に*四行に対して以て不須を論ず。初めは深く権実を識る。故に*初行を須ひず。初行の中に二乗と共に任せざらしむ等は、濫《みだ》りに権法を受くることを恐るるを以ての故なり。「広知」とは*第二行を須ひざることを明かす。第二行の中に漸法の過を説かざらしめ、円に倚《よ》りて偏を蔑《ないがしろ》にせざらしむるを以てなり。偏はただこれ漸なり。また「達」の下は、*第三行を須ひざることを明かす。第三行の中に二乗を将護せしめ、及び円を以て別を呵せざらしむるを以てなり。「神力」の下は、*第四行を須ひざることを明かす。第四行の中に後に神通を得しめて、方《まさ》に実に入らしむるを以てなり。「若初依」の下は、始行の人、*この四なきが故に四行を以て防護す。兼ねて自ら進むに堪へたり。故に「欲修円行」と云ふ。他を利せんと欲するが故に、「入濁弘経」と云ふ。「為濁」の下は、この四なきが故に自他倶に失することを明かす。「為是」の下は、正しく来意を結す。「若初依始心」と言ふは、*五品・*六根並に初依に属す。始心は即ち五品の初心にあり。故に初品の中、説法の位に非ずと雖も、力に随ひて経を弘むるにこの四行を須ふ。第三品に至りて正しく法を説きて以て自行を資《たす》くべし。説は即ちこれ*弘なり。理、

由他と見える。那由他はインド数量の名。梵語ナユタ。兆あるいは溝と訳す。

通経　経を弘通すること。

更に方法を…　勧持品の菩薩は経の弘通に障りがないから、あらためて安楽行品の方法を示すことをまたない。

初依の始心　五品弟子位(→一〇四頁注「五品」)の初心。

化　化他。上文の自行に対す。

次にこの品の下…　法華文句記巻九上の安楽行品の釈(正蔵三四、三七b)。

来意　文についての今までの大意。

深行　四安楽行。→一〇一頁「安楽行」補

始行　身安楽行。

若初依　以下「　」中の句は、一〇三頁一二行以下に引く法華文句の句。

持品　法華経勧持品。

記　授記、記莂。

四行　四安楽行。

初行　身安楽行。

第二行　口安楽行。

第三行　意安楽行。

第四行　誓願安楽行。

この四　前引の法華文句にいう「深識㆓権実㆒」「広知㆓漸頓㆒」「達㆓機縁㆒」「神力自在濁世悩乱不㆑障㆓通経㆒」の四。

五品　五品弟子位。天台宗で円教の行位を八位にたてるその最初の位。

すべからくこの品を以て方法となすべしと。〈已上記の文〉

明らかに知んぬ、一向大乗寺にはまさに一乗の行を修すべきことを。

ただ大乗心を発して阿羅漢に超勝するの明拠を開示す　四十一

謹んで大智度論を案ずるに、云く、*問ひて曰く、諸の*阿羅漢・*辟支仏、及び*五通は、これ離欲の人の発心する者なり。或は未だ欲を離れずしてただ発心することあらば、云何《いかん》ぞ勝れんと。

答へて曰く、この事は、先の品の中に已に種種に答ふ。阿羅漢等は*漏《ろ》尽すと雖も、初発心の菩薩に如《し》かず。譬へば、*転輪聖王の太子、胎中にありと雖も、已に余子に勝《すぐ》るるが如し。また国王の太子、未だ位に即《つ》かずと雖も、諸の大臣の有位・富貴の者に勝るるが如し。発心の菩薩に二種あり。一には諸の波羅蜜等の菩薩道を行ず。二にはただ空しく発心す。この中には菩薩道を行ずる者を説く。この人、事未だ成就せずと雖も、能く一切の衆生に勝る。何《いか》にいはんや成就するをや。*歌羅頻伽鳥《からびんがちょう》の如き、㲉中に未だ声を発せざるも、已に能く諸鳥に勝る。何にいはんや成就するをや。菩薩もまたかくの如し。未だ成仏せずと雖も、菩薩道を行じ*諸法実相を説く。音声は諸の外道及び魔民の戯論を破す。何にいはんや成仏するをや。人ありてもし能く一たび発心して言ふことあらん、我れまさに作仏して一切衆生の苦を滅すべしと。未だ煩悩を断ぜず、未だ難事を行ぜずと雖も、心口《しんく》の業重きを以ての故に、一切の衆生の、皆な自ら楽を求め自ら身のためにするが故に、その親しむ所

十信以前の外凡位であるが、それをさらに五品に分ける。

六根　六根清浄位。法華経を読みまたは書くことによって六根が清浄になる位で、天台宗では別教の十信位、円教の相似位とする。

弘なり　経を弘通せしむる所以である。

問ひて曰く…　大智度論巻七十八の文(正蔵二五、六〇九c)。

阿羅漢　→三〇頁注「羅漢」

辟支仏　→七七頁注

五通　五神通。禅定を修めることなどによって得られる自在な不思議なはたらき、神足・天眼・天耳・他心・宿命の五。

漏　煩悩の異名。

転輪聖王　→八九頁注「転輪王」

歌羅頻伽鳥　梵語カルヴィンカの音写。迦陵頻伽。鳥の名。声が美しいので有名。

諸法実相　諸法は現象、実相は実在。諸法の実相、諸法即実相という二つの意味がある。

を愛するに勝る。阿羅漢・辟支仏の、世楽を貪らずと雖も、自ら滅苦のための故に、涅槃の楽を求めて衆生のためにすること能はず。菩薩が心に生じ口に言ふは一切を度せんがためなり。この故に勝る。譬へば、一《ひとり》の六通*の阿羅漢の如し。一の沙弥を将《ひき》ゐて衣鉢を負はしめ、路に循《したが》ひて行くに、沙弥思惟す、我れまさに何の乗を以て涅槃に入るべきぞと。即ち発心す、仏は世の尊となりて最上最妙たり、我れまさに仏乗を以て涅槃に入るべしと。師はその念を知りて、即ち衣鉢を取りて自ら担《にな》ひ、沙弥を推して前にありて行かしむ。沙弥覆《かえ》つて復た思惟す、仏道は甚だ難し、久しく生死に住して無量の苦を受く、且《まさ》に小乗を以て早く涅槃に入らんと。師復た衣鉢の嚢を以て還つて沙弥に与へて担はしめ、後にありて行けと語《つ》ぐ。かくの如くなること三たびに至り、沙弥、師に白《もう》す、師、年耄して状《かたち》は小児の戯るるが如し、方始《はじめ》は我れをして前にあらしめ已り、復た我れをして後にあらしむ、何ぞそれ太《はなは》だ速《すみや》かなるやと。師答ふ、汝初めに発心作仏せんと念ず、この心は貴重なれば則ち我が師道の中に住す、かくの如きの人は諸の辟支仏もなほ供養す、何《いか》にいはんや阿羅漢をや、ここを以ての故に汝を推して前にあらしむ、汝が心還つて悔いて、小乗を取らんと欲す、而も未だ便《すなわ》ち得ず、汝、我れを去ること懸遠たり、この故に汝をして後にあらしむと。沙弥聞き已りて驚悟す、我が師能く我が心を知る、我れ一たび意を発すだも已に阿羅漢に勝る、何にいはんや成就するをやと。即ち自ら堅固にして大乗の法に住すと。〈已上論の文〉

また維摩経を案ずるに、云く、穢食《えじき》を以て*宝器に置くことなかれ。まさにこの比丘*の心

六通　五神通(→一〇五頁注「五通」)に漏尽通(煩悩尽きて解脱を得、威徳具わり、煩悩を尽す方便を知る)を加えて六通という。

穢食を以て…　維摩経弟子品の文(正蔵一四、五四〇c)。

この比丘　この引文の次下の文に、「この比丘久しく大乗心を発し、中ごろこの意を忘る」とある。

汝　維摩詰の富楼那に対する呼びかけ。

彼れ　上文の「この比丘」を指す。

の所念を知るべし。瑠璃を以て彼の水精に同ずることなかれ。汝*、衆生の根源を知ること能はず。発起するに小乗の法を以てすることを得ることなかれ。彼れ*自らに創《きず》なし、これを傷つくることなかれ。大道を行ぜんと欲せば、小径を示すことなかれ。大海*を以て牛跡に内《い》るることなかれ。日光を以て彼の螢火に等しくすることなかれと。〈已上経の文〉

明らかに知んぬ、小大の優劣は天と地との如し。誰れの智あらん者か小の律儀を執せんやと。

未だ仏の智慧を得ずして人を平*すれば罪過を得るの明拠を開示す 四十二

僧統奏して曰く、もし我れまた修行に堪能ならば、その行の中において正しく幾《いくば》くの行をか修すると。〈已上奏の文〉

論じて曰く、僧統の行を問ふは、侮るがためか信ずるがためか。もし侮るがためなりと言はば、自害すること尤も深し。故に維摩詰*の云く、未学*を軽しむることなかれと。

謹んで諸*法無行経の上巻を案ずるに、云く、善男子、この高須弥山王仏は、法を以て浄威儀菩薩に嘱累《ぞくるい》*して法を守護せしめ、嘱累し已りて後、便ち無余涅槃*に入る。時に比丘あり、有威儀《ういぎ》と名づく。戒を持《たも》つこと浄からざれども、四禅*・四無色定《しむしきじょう》*、及び五神通を得、善く毘尼蔵を誦し、苦行を楽《ねが》へども、而も善く他心を知ること能はず。その弟子衆もまた皆な苦行し、頭陀《ずだ》*の法を貴む。

この浄威儀法師、戒を持つこと清浄にして、無所有の法の中において巧方便《ぎょうほうべん》を得、後一

大海を以て… 大海の水を牛の足跡のくぼみに入れるようなことをしてはならない。
平す 評価する。
詰 底本「結」を改む。
未学を… 維摩経菩薩行品の文(正蔵一四、五五四b)。
諸法無行経 羅什訳。二巻。般若空思想の立場から、仏教の実践徳目のほとんどを否定し、大乗の中道実相を説き示した経典。以下の引用は、巻上の文(正蔵一五、七五二c)。
嘱累 ゆだねる(わずらわしいことをゆだねる意)。
無余涅槃 有余涅槃が、煩悩は尽きても、なお依身があって体と心が相続するのに対して、煩悩も依身も滅した涅槃の状態。
四禅 色界の禅定の初禅・第二禅・第三禅・第四禅。これらを修することにより色界の四禅天に生れるという。
四無色定 空無辺処定・識無辺処定・無所処定・非想非非想処定。これらを修することにより無色界の四天に生れるという。
頭陀 梵語ドゥータの音写。衣食住に対する欲望を捨てて身心を修練すること。頭陀行には十二頭陀行あり、常行乞食、受一日一食、著弊衲衣等を行う。後世、頭陀行は、山野をめぐり辛酸にたえる行脚修行の意となった。

時において、浄威儀法師、諸の弟子を将《ひき》ゐて有威儀比丘の住処に到り、与共《とも》に同止す。浄威儀法師、衆生を憐愍《れんみん》するが故に、所住の処に従ひ、常に聚落に入りて、乞食《こつじき》し訖りて還り、百万の家を教化して皆な弟子と作《な》し、*阿耨多羅三藐三菩提心を発せしむ。その弟子衆もまた善く教化して、諸の人民に到りて、為めに法を説き、若干百千の衆生をして皆な阿耨多羅三藐三菩提心を発せしむ。

有威儀比丘、常に塔寺に住することを楽《ねが》ふ。その弟子衆、浄戒を持《たも》たざれども、而も頭陀を行ずることを楽ふ。有威儀比丘、勤行精進してその心決定す。自ら行ずる所を以て諸の弟子を化す。善法に貪著して見得する所あり。いはゆる一切有為の法は皆な無常、皆な苦、一切の法は無我なりと説き、善く*諸の禅定の法を行ずること能はず。また善く菩薩の行ずる所の道を行ずること能はず。本心純ならざるが故なり。

浄威儀法師は善く衆生の諸根の利鈍を知り、有威儀比丘の心を知るが故に、復た常に聚落に入らず。その諸の弟子は本の如く異ならず。

有威儀比丘、浄威儀法師の諸の弟子衆の常に聚落に入るを見て不浄の心を生じ、即ち揵《けん》槌《ち》を鳴らして衆を集めて制を立つ。汝等、今より已去、まさに聚落に入るべからず。一心に修行して静黙なること能はずして数《しばしば》聚落に入るも、何等かの利を得んや。仏の称讃したまふ所は*阿練若《あれんにゃ》の住処なり。汝等一心にまさに禅楽を行ずべし。好みて他家に入ることなかれと。

浄威儀法師の諸の弟子衆、その語を受けず、なほ聚落に入る。

阿耨多羅三藐三菩提　→三三頁注

諸の禅定の法を…　頭陀行のみを善法として固執するが故に、禅定を有為法とみなし行ずることができない。

阿練若　→一〇頁注「蘭若」

後一時において、有威儀比丘、彼の弟子の聚落の中より出づるを見て、更に揵槌を鳴らして衆を集めてかくの如きの言を説く、もし復た更に聚落に入らん者は復たここに住することを得ざれと。

その時、浄威儀法師は有威儀比丘を将護するが故に、諸の弟子に告ぐ、汝等、今より已去、聚落に入ることなかれと。即ち師の教の如く聚落に入らず。その時、諸の人民衆、その師及び諸の弟子を見ず。故に皆な憂悩《うのう》を懐《いだ》き善根退失す。

浄威儀法師は三月を過ぎ、*自恣《じし》竟りて、この中より去りて余の僧坊に至り、その止る所において、師徒還《ま》た城邑聚落に入りて、人のために法を説く。

後時に、有威儀比丘、浄威儀法師の還た他家に入るを見、その弟子の常儀を毀失するを見て、復た不浄悪心を生じ、この念を作《な》して言く、この比丘は破戒・毀戒す、何ぞ菩提あらんと。便《すなわ》ち衆人に語《つ》ぐ、この比丘は雑行《ぞうぎょう》なり、仏道を去ること甚だ遠しと。

有威儀比丘、この業を起し已りて後時に命終す。この業の果報の故に*阿鼻大地獄に堕し、九十百千億劫、諸の苦悩を受く。地獄より出でて六十三万世、常に誹謗を被る。その罪漸く薄くして後に比丘と作《な》り、三十二万世、出家の後、この業の因縁をもつて道に反して俗に入る。また余の善業の因縁の故に、浄明仏の所において出家して道に入り、慇懃《おんごん》に精進すること頭燃《ずねん》を救ふが如し。千万億歳の中に、乃至、*柔順法忍《にゅうじゅんぼうにん》をも得ず。無量千万世も諸根闇鈍なり。

*師子遊歩、汝が意において云何。その時の有威儀比丘はあに異人ならんや。この観を造《いた》

自恣　安居が終わった日に、僧に自己の罪過を他比丘に向って言わしめ、懺悔させ、自ら喜悦を生ぜしめること。

阿鼻　→六六頁注

柔順法忍　一切の事がらの真理に素直に従って安住すること。

師子遊歩　諸法無行経の聴衆の名。

すことなかれ。則ち我が身これなり。我れ時にこの微細《みさい》の不浄心を起すが故に、この罪苦を受けて地獄に堕す。師子遊歩、もし人この微細の罪業を起すことを欲せざる者は、彼の菩薩においてまさに悪心を起すべからず。菩薩の諸の所行の道は皆なまさに信解すべし。まさに瞋恨の心を起すべからず。まさにこの念を作すべし、我れ善く他人の心を知ること能はず、衆生の所行これまた知り難しと。善男子、如来はこの*利を見るが故に、常にこの法を説く。この故に行者はまさに人を*平量《ひょうりょう》すべからず。ただ如来及び似如来の者ありて、乃ち能くこれを知る。この故に行者もし自らその身を護らんと欲せば、慎みて人を平量して相ひ違逆することなかれ。菩薩もし仏法を修集せんと欲せば、常にまさに昼夜に懃心専念すべし。深く菩提心を発する者は、まさに好みて人の長短を求むべからず。菩薩もし能く三千大千世界の中の衆生を教へて十善を行ぜしめんよりは、菩薩の*一食の頃《きょう》の如きも心を静処に一にして*一相法門に入り、乃至聞きて受け読誦解説せんには如《し》かず。この人の福徳、彼れに勝ること甚だ多し。何を以ての故に。諸の菩薩はこの法門を用ひて能く一切の業障重罪を滅し、また一切衆生の中において憎愛の心を離れて、便ち能く疾《と》く*一切種智を得しむと。〈已上経の文〉

明らかに知んぬ、智、如来に等しくして人を平量すべし、人を嫉み法を隠すは未だ聖説を聞かざることを。

顕戒論　巻中

利　利益。ここでは理と同義に用いている。

平量　はかる。是非する。

一食の頃　一度の食事をとるに要する時間。ほんのしばらくの間。

一相法門　ものごとを空平等の立場で見ること。

一切種智　すべてのものごとを、空平等の相と差別の相とを、同時に、精細に知る智恵。

顕戒論 巻下

前入唐受法沙門伝燈法師位最澄撰す

*頓悟《とんご》・漸悟《ぜんご》両種の菩薩の*回直《えじき》の行の明拠を開示す 四十三

僧統奏して曰く、而してただ小律儀を交へずと云ふは、法華経に云く、*汝等が行ずる所はこれ菩薩の道なりと。*最勝王経に云く、*阿耨菩提を求めんと欲せば、まさに声聞・独覚の道を行ずべしと。即ち知んぬ、小律儀の外、更に大律儀なし、*ただ護持する所、麤《そ》あり細《さい》あることをと。〈巳上奏の文〉

論じて曰く、「汝等が行ずる所はこれ菩薩の道なり」とは、まさに知るべし、これ*直往《じきおう》の菩薩の行ならず、これ則ち*回小入大《えしょうにゅうだい》の菩薩の行なることを。それ*神通乗《じんずうじょう》を学ぶ者、何ぞ*羊《よう》・象《ぞう》の乗《じょう》を用ひん。明らかに知んぬ、*今引く所の経文は漸悟の行を開することを。また最勝王経に「*まさに二乗の道を学ぶべし」とは、これまた漸悟の菩薩の行なり。よろしく頓悟の菩薩の行なるべからず。即ち知んぬ、小律儀の外、更に大律儀あることを。強ひて大道を閉《ふさ》ぎてその小径を示すは、*十魔の中、あにその一ならずや。博覧の賢哲、幸《ねが》はくは回直を照せ。

頓悟・漸悟　一足とびに究極の悟りに至ることと、漸々に次第順序を経て悟りに至ること。
回直　回は漸悟、直は頓悟。
汝等が行ずる所…　法華経薬草喩品の偈(正蔵九、二〇b)。
最勝王経　金光明最勝王経。↓補
阿耨菩提を求めんと…　金光明最勝王経滅業障品の文(正蔵一六、四二五b)。ただし正蔵には「願レ求二阿耨多羅三藐三菩提一者、応三当修二行声聞独覚大乗之道一」とあり、「声聞独覚」の次に「大乗」の語が入る。
ただ護持する所…　護るべき戒律に条目がくわしくないのと、くわしいのとの違いがあるだけである。
直往　声聞、縁覚の過程を経ずに、直ちに菩薩の位に入ること。
回小入大　小乗を経て大乗に入る。
神通乗　不必定入定入印経に説く五種の菩薩行中の日月・声聞・如来の三神通乗。無上正覚に到ることの必定とされる教(三二頁参照)。
羊・象の乗　羊乗(→三三頁注「羊乗行」)と象乗(→三三頁注「象乗行」)。
今引く所の経文は…　法華経薬草喩品には「汝等が行ずる所はこれ菩薩の道なり」に続いて「漸々に修学して悉くまさに成仏すべし」とあり、漸悟の行を示していることになる。
まさに二乗の道を…　↓補
十魔の中…　華厳経にいう十魔の中の第九善知識魔。↓補

山中の大乗の出家、国のために常に大乗を転ずるの明拠を開示す 四十四

僧統奏して曰く、また*太政官、去る延暦二十五年正月二十六日の符に偁《いわ》く、*右大臣の宣を被《こうぶ》るに偁く、勅を*奉ずるに、十二律に準じて度者の数を定む。受戒の後、皆な先づ*二部の戒本を読誦し、*一巻の羯磨四《かつまし》分律鈔《ぶんりつしょう》を*諳案《おんあん》せしめ、更に十二条を試せよ。*本業《ほんごう》十条、戒律二条なり。七以上に通ずる者は、次《ついで》に依つて*立義《りゅうぎ》、*複講、*諸国の講師に差任せよ。本業に通ずと雖も戒律を習はざるは任用を聴《ゆる》さざれ。てへれば、謹んで勅旨に依つて施行《せぎょう》すること久し。しかのみならず、年分度者は本《も》と国を鎮めんがためなり。故に宮中において歳の初めに度せしむ。*三司共に会して才長を簡取す。乃ち受戒の日、*省寮同じく集まりて*本籍を*勘会《かんえ》す。而るに今、山にありては独り出家せしめ、また大戒を与ふと言ふは、既に先帝の綸旨を毀《やぶ》り、また如来の制戒を侮るなりと。〈已上奏の文〉

論じて曰く、古来の度者、毎年十人、*先帝の新加は年年両口《りょうく》なり。その新たに加ふる旨は、それ専ら円頓の戒《かい》・定《じょう》・慧《え》を伝持せんがためなり。ただ出家の功徳を悕求《けぐ》するのみにあらず。而るに*頃年《けいねん》の間、この宗の学生は*小儀に拘せられて城邑《じょうおう》に馳散す。*山室空しく蕪《あ》れて、まさに円道を絶せんとす。誠に願はくは、*両箇の度者、*山修を多年に勘へ、文義を中使に試みたまへ。然るときは則ち、*円宗の三学は本朝に絶えず、先帝の御願は永く後際に伝へん。それ台山の五寺は山中に人を度す。中使簡択《かんたく》して更に偸濫なし。いはんや我が

太政官　令制における重要な政治機関で、八省及び諸寮司を総管し、天下の大政を処理した役所。

右大臣の宣…　各宗年分度者の数並びに学業の別を定めた太政官符(一八九頁)。

奉　底本「奏」を改む。底本上欄に「奏疑奉字」。

二部の戒本　→補

一巻の羯磨四分律鈔　→補

諳案　そらんじ考える。

本業　華厳・天台等の六業における学業。

立義　竪義に同じ。論場における講師で経論を講説し義を立つるもの。

複講　復師。講師の立てたところを重ねて述べるもの。

諸国の講師　→九四頁「講師」補

三司　治部省と玄蕃寮と僧綱。

省寮　治部省と玄蕃寮。

本籍　本貫の籍。

勘会　戸籍と勘合すること。勘籍。

先帝の新加…　先帝は桓武天皇。この官符により、従来の南都諸宗の年分度者に、天台宗より新たに二名を加えて十二名としたこと。

頃年の間…　頃年は近年。大同二年より弘仁十一年までの十四年間の叡山の度者、諸方に散在して、住山の者、十人にみたぬさまをいう(一六〇頁・一九一頁参照)。

小儀　小乗戒。南都で受戒せねばならぬ具足戒を指す。

*千年の君、出家を叡山に移し、仏戒を叡嶺に授くるをや。竊《ひそ》かに以《おもんみ》れば、山を退きて邑《さと》に住するは、深く
先帝の綸旨を破る。山に学し山に度するは、何ぞまた如来の制戒を侮らんや。

大唐の台山に百僧等を安んじ、人を度し僧を抽《ぬき》んづるの明拠を開示す 四十五

謹んで*代宗朝贈司空大弁正広智三蔵和上表制集の第二に案ずるに、云く、*台山の五寺に人を度し僧を抽《ぬき》んでんことを請ふの制一首

代州五台山の金閣寺・玉華・清涼・華厳・呉摩子等の寺

右*特進試鴻臚卿大興善寺三蔵沙門大広智不空奏す。

文殊の聖跡、古へより仰ぐ攸《ところ》なり。今
陛下特に更に増修し、伽藍を精建して 恩命稠畳《ちゅうじょう》なるに遇ふ。ここに百神潜祐し、万里来帰すべし。*霊蹤《れいしょう》の建興ここにおいて盛んなりとなす。処既に厳潔なれば、人もまたよろしく然るべし。*艱難已来、僧徒漸く少し。或は経行して*物を化《け》して、便ち*人間《じんかん》に住し、或は*蘭若、縁に随ひて、因つて他処に栖《せい》す。遂に寺中の*礼懺《らいさん》をして*鐘梵遞《たがい》に虧《か》け、樹下の*禅龕《ぜんがん》をして蛛網交《こもご》も闇からしむ。福田未だ広からず、*聖心に愧《は》づることあり。伏して乞ふ、天恩をもつて先より山中にありし*行人《ぎょうにん》・*童子、久しく精苦する者は寺別に二七人を度し、兼ねて諸宗に*道行《どうぎょう》の僧一七人を抽《ぬき》んでて、毎寺相ひ共に三七人に満し、国のために道を行じ、闕くることあれば続《つ》ぎて塡《う》め、金閣等の五寺を

山室　叡山の寺院。
両箇　二人。
山修を多年に勘へ…　十二年間にわたる叡山の修行の成果と学修の成果を中使において試みたまえ。中使は勅使。
円宗の三学　→補
千年の君　嵯峨天皇を指す(祝いの詞)。
代宗朝…表制集　→六八頁補
台山の五寺に…　正蔵五二、八三五b。
特進試…不空　→六九頁「京城の大徳…」補・「不空」補
霊蹤　神霊のみあと。
艱難　天宝十五年(七五六)の安禄山の乱をいうか。
物を化す　人を教化する。
人間　人々の間。世間。
蘭若…　蘭若(→一〇頁注)に住するも、縁によってである。
礼懺　三宝を礼拝し、罪を懺悔すること。
鐘梵…　礼懺を行うのに、鐘声と梵唄の一方が欠けてそろわぬこと。礼懺の儀がととのわないこと。
禅龕　仏像を安置する室。
聖心　天子の御心。
行人　仏道を修行する人。
童子　二十歳未満で、出家をねがって比丘に仕えるもの。
道行　仏道修行、道業。

して常に仁王護国*及び密厳経*を転ぜしめたまへ。また呉摩子寺は、名、且つ便に非ず。望むらくは、改めて大暦法華の寺となし、常に国のために法華経を転ぜしめん。同じく五寺も例して*差遣《しやけん》を免れしめ、その度する所の人、望むらくは、雲京将軍*宗鳳朝と中使魏明秀と、及び修功徳沙門*含光とに委して簡択せしめたまへ。冀《ねが》はくは偸濫なからん。また*清涼山《しょうりょうせん》に　大聖文殊のために閣を造ること已に畢る。伏して望むらくは　天恩をもって一額を*書するを賜へ。永く*来葉《らいよう》を光《かがや》かさんと。

中書門下　大広智不空に牒す

牒す。　勅を奉ずるに、よろしく依るべしと。牒至らば　勅に準ぜよ。故に牒す。

大暦二年三月二十六日牒す

中書侍郎平章事元載

*黄門侍郎平章事杜鴻漸

黄門侍郎平章事王縉

兵部尚書平章事李 使

*検校侍中李 使

検校右僕射*平章事 使

*中書令 使

已上唐の制、山中に人を度して国のために常に仁王等の経を転ず。我が日本国、何ぞこの事なからんや。

仁王護国　→九〇頁「仁王経」補

密厳経　→九四頁注

差遣　地方へさしつかわすこと。出張。

雲京将軍　雲麾将軍(従三品)の誤か。「京」字、底本「景」を改む。底本上欄に「景一作京」。

修功徳沙門　修功徳使(僧尼を統率する官)。僧史略中巻に「中宗時沙門廓清為修功徳使」とある(正蔵五四、二四六a)。

清涼山　五台山のこと。

一額を…　勅額の下賜を乞う。

来葉　後世。

黄門侍郎　門下省の次官。天宝元年(七四二)門下侍郎と改む。

検校侍中　検校は麗正書院(天子の研学所)の属で経籍を掌る。侍中は門下省の長官。検校は兼官。

右僕射　尚書省の次官。右丞相ともいう。

中書令　中書省の長官。

蘇悉地羯羅経　唐の輸波迦羅訳。三

住山修学、十二年を期するの明拠を開示す　四十六

謹んで*蘇悉地羯羅経《そしつじからきょう》の中巻を案ずるに、云く、*もし*時念誦《じねんじゅ》を作《な》さば、十二年を経よ。縦《たと》ひ重罪ありともまた皆な成就せん。仮使《たと》ひ法具足せざるも皆な成就することを得んと。

〈已上経の文〉

明らかに知んぬ、最下鈍の者も十二年を経ば必ず*一験《いちげん》を得んことを。*常転常講《じょうでんじょうごう》、二六歳を期し、*念誦護摩《ねんずごま》、十二年を限る。然れば則ち、仏法霊験ありて国家安寧なることを得ん。

時を知りて山に住するの明拠を開示す　四十七

謹んで*法滅尽経を案ずるに、云く、仏、賢者阿難に告げたまはく、吾が*般泥洹《はつないおん》の後、*五逆の濁世、魔道興盛し、魔、沙門と作りて吾が道を壊乱し、俗衣裳を著けて、袈裟、*五色《ごしき》の服を楽好《ぎょうこう》し、酒を飲み肉を噉《くら》ひ、生を殺し味を貪りて慈心あることなく、更に相ひ嫉妒せん。時に菩薩・辟支・羅漢あり、精進して徳を修す。一切敬待し、人の*宗向する所なり。教化平等にして、貧を憐れみ老を念ひ、窮厄を救育し、恒に経・像を以て、人をして奉事《ぶじ》せしめ、諸の功徳を作さしむ。志性、善を思ひて人を傷害せず。身を損し物を済《すく》ひて自ら己れを惜しまず。設《たと》ひこの人あれども、*衆魔比丘咸《ことごと》く共に憎嫉し誹謗して悪を揚げ、*擯出《ひんしゅつ》駆遣《くけん》して住することを得しめず。自ら共に後において*道徳を修せず、寺廟空しく荒れて人の修理するなく、転《うた》た毀壊に就き、ただ財物を貪り、積聚して散ぜず。功徳を作さず、*奴《ぬ》

巻。密教経典。仏部・蓮華部・金剛部の三部について、その持誦法則、諸曼荼羅、成就法等を説いたもの。五部秘経、三部秘経の一。

もし…　正蔵一八、六三三a。正蔵では、下巻の被偸成物却徴法品第三十七。

時念誦　期間あるいは遍数を定めてくりかえし念誦すること。

一験　一つの効験。験は信仰・祈禱等が具体的なしるしを事実の上にあらわすこと。

常転常講　常に経典を読誦し、常に経典を講讃すること。六条式(一九五頁)参照。

念誦護摩　蘇悉地羯羅経供養次第法品に「若昼念誦、夜作二護摩一、若夜中持誦、昼作二護摩一」(正蔵一八、六六八b)とある。

法滅尽経　訳者不明。仏滅後、遺法の滅するさまを説く小経。以下の引用文は、正蔵一二、一一一八c以下。

般泥洹　涅槃。→四九頁注「涅槃」

五逆　→三一頁注「五無間」

五色　青黄赤白黒の五種の正色(出家者に禁ぜられている色)。

宗向　あがめむかう。

衆魔比丘　多くの魔比丘。

擯出駆遣　人をしりぞけ追い出す。

道徳　正道。道は他に及ぼすをいい、徳は自己に得するをいう。

奴婢を…　梵網経第十二軽戒にも、奴婢の販売を禁じている。四分律に販売戒あり。

婢《ひ》を販売《ぼんまい》し、*田を耕して種殖《しゆじき》し、山林を焚焼し、衆生を傷害して慈愍《じみん》あることなく、奴、比丘と作《な》り、婢、比丘尼と作りて道徳あることなし。婬泆《いんいつ》濁乱して男女別たず。道をして薄賤ならしむるは皆なこの輩に由る。或は*県官を避けて*吾が道に依倚《えき》し、求めて沙門と作りて戒律を修習し、*月半月尽《がつはんがつじん》に戒を講ずと名づくと雖も、厭倦懈怠して聴聞することを欲せず。前後を抄略して尽《ことごと》く説くことを肯《がえん》ぜず。経は読誦せず。設《たと》ひ読者あるも字句を識らず。強ひて是《ぜ》と言ふがために、為めに明者に諮《はか》らず。*貢高《こうこう》にして名を求め、*嘘天雅歩《こてんがほ》、以て栄貴となし、人の供養を冀望《きもう》す。衆魔比丘、命終の後、*精神《しようしん》まさに*無択《むじやく》地獄、五逆罪の中に堕すべし。餓鬼畜生、*更歴《こうりやく》せざることなく、*恒沙辺劫《へんごう》に罪畢りて、乃ち出で生れて、*辺国の三宝なき処にあらん。法滅せんと欲するの時、女人精勤して恒に福徳を作し、男子懈慢にして法語を用ひず。眼、沙門を見れば、糞土を視るが如くす。信心あることなければ、法、*殄没《てんもつ》せんと欲す。その時に当りて諸天泣涙して、水旱調《すいかんととの》はず、五穀熟せず、疫気流行し、死亡《しもう》の者多く、人民勤苦《にんみんごんく》するに、県官*契剋《けいこく》して道理に順ぜざれば、皆な紊乱《びんらん》を思ひ、悪人転《うた》た多きこと海中の沙の如し。*劫尽きんと欲するの時、日月転《にちがつうた》た短く、善者甚だ少くして、もしは一、もしは二なり。人命短促にして、四十にして頭白く、男子婬泆にして、精尽きて命を*夭《よう》し、年寿あるも六十なり。女人命を受くること七八九十、或は百歳に至らん。大水急に起り、卒《にわか》に至ること期《ご》なけん。世人信ぜず、故に常ありと謂ふ。豪賤を問はず、没溺浮漂して*魚鼈食噉《ぎよべつじきたん》せん。時に菩薩・辟支・羅漢・精進の比丘あれども、衆魔、*駆逐発遣《くちくはつけん》して衆会に預らしめず。*三乗、山に入り、福徳の地に淡泊自ら守りて、以て欣快

田を耕して… 四分律に地を掘ることを禁じている(九十単提法の一)。
県官 地方官衙の役人。
吾が道に… 仏道を栖にとって。
月半月尽 月の半ばと月の終りと。即ち満月(十五日)と新月(三十日)に行なった布薩。
貢高 おごりたかぶること。
嘘天雅歩 天にうそぶき、みやびやかに歩くこと。
精神 精霊。精魂。霊。
無択地獄 無間地獄の古訳。↓六六頁注「阿鼻」
更歴 それからそれへと経めぐり生れかわる。地獄・餓鬼・畜生道を経めぐり歩く。
恒沙辺劫 計算することもできぬ極めて長い時間(ガンジス河の沙ほどの多くの時間)。
辺国 中国に対す。文化の劣った国。
殄没 ほろびうせる。
契剋 契はいためる、剋はけずる。役人が人民をいため損すること。
劫尽きんと… 世界が生成破壊するという成・住・壊・空劫の中、住劫の尽きる時(減劫)。この時には五濁が現われるという。
夭す わか死にする。
魚鼈 魚とすっぽん。転じて、ひろく魚類のこと。
駆逐発遣 追いやり外へ出すこと。
三乗… こんな世の中では、声聞・縁覚・菩薩の三乗は山に入り、福徳

となさんと。〈已上経の文〉

今已に時を知る、誰れか山に登らざらんや。

蘭若に*第一義諦の*六波羅蜜を修学するの明拠を開示す 四十八

謹んで*大集月蔵経《だいじゆうがつぞうきよう》の第一を案ずるに、云く、*善男子、もし衆生ありて、ただ読誦に依つて阿耨多羅三藐三菩提を求めんと欲する者は、この人多く喜びて世俗に著す。世俗を以ての故に、なほ己心の煩悩を調《ととの》ふること能はず。何ぞ能く他人の煩悩を調伏せん。善男子、善女人、読誦に楽著して菩提を求むる者は、便ち嫉妬あり、名利・富貴を求め、高心自ら是とし、軽慢他を毀る。自ら高くするを以ての故に、なほ欲界の善根を得ること能はず。何を以てか能く*色無《しきむ》色界《しきかい》の一切の善根を得ん。また声聞の菩提を得ること能はず。何《いか》にいはんや能く辟支仏の道、乃至無上菩提を得んや。何を以ての故に。第一義諦・阿耨多羅三藐三菩提は声聞・辟支仏と共にせず。この故に、世俗を以て能く阿耨多羅三藐三菩提、最勝の善根、大福徳聚《だいふくとくじゆ》を得るに非ず。善男子、譬へば、星火、甚深の大海を枯竭すること能はざるが如し。かくの如くかくの如し。善男子、世俗を以て能く自身の煩悩の大海を竭《つく》さず。何ぞ能く他の衆生の煩悩を竭さん。善男子、譬へば、一人の口の吹く所の風、世界大地を損壊すること能はざるが如し。かくの如く善男子、世俗を以て能く*大慈大悲を成就することを得ず。善男子、譬へば、*藕糸《ぐうし》、*須弥山王《しゆみせんおう》を称動すること能はざるが如し。かくの如く善男子、世俗を以て能く自ら阿耨多羅三藐三菩提の智を満さず。何ぞ能く他をして第一義

の備わった土地で自分を守るほかなくなる。

第一義諦 出世間の道。世俗諦に対す。真諦。勝義諦。涅槃。

六波羅蜜 →一五頁「六度」補

大集月蔵経 大方等大集月蔵経。隋の那連提耶舎訳。十一巻。大方等大集経の一部(巻四十五—五十六)であるが、独立の一経として扱われる。月蔵菩薩が説く月幢神呪、第一義諦、六波羅蜜をはじめ、説法は多岐にわたり、俗信の混入も見える。

善男子… 大集月蔵経月幢神呪品の文(正蔵一三、三〇一a)。

色無色界 色界と無色界。世界を三に分け、欲界・色界・無色界とする。色界は欲界の上にありとされ、きよらかな物質からなり、四禅定を修めたものが生れるという。無色界は物質をこえた世界で、四無色定を修めた者が生れる世界。物質がないから場所をもたず空間の位置はないが、果報の報いによって四階級に分ける。

大慈大悲 仏・菩薩の広大な慈悲。

藕糸 蓮の葉柄や地下茎を折った時に出る糸。

須弥山王 須弥山のこと。→三八頁注「須弥山」

を得しめんやと。〈已上経の文〉

明らかに知んぬ、必ずまさに第一義諦*を修習すべきことを。

謹んで大集月蔵経を案ずるに、云く、*一切の行において*攀縁《はんえん》の想を捨するはこれ*檀波羅蜜、攀縁の想を捨して常に休息せざるはこれ*尸羅波羅蜜《しらはらみつ》、諸の*境界において*瘡疣《そうゆう》を生ぜざるはこれ*羼提波羅蜜《せんだいはらみつ》、*離《り》を捨せざるはこれ*毘梨耶波羅蜜《びりやはらみつ》、諸の事の中において、心、放縦ならざるはこれ*禅波羅蜜、*諸法の*体性に*楽忍《ぎょうにん》を生ずることなきはこれ*般若波羅蜜なり。

復た次に、もし境界において擾濁を起さざるはこれ檀波羅蜜、もし境界において瘡疣あることなきはこれ尸羅波羅蜜、もし境界において染汚《ぜんま》すること能はざるはこれ羼提波羅蜜、もし境界において動転あることなきはこれ毘梨耶波羅蜜、もし境界において*計念《けねん》あることなきはこれ禅波羅蜜、もし境界において一向清浄に行ずるはこれ般若波羅蜜なり。

復た次に、*諸陰《しょおん》において捨するはこれ檀波羅蜜、諸陰において計念せざるはこれ尸羅波羅蜜、諸陰において無我の想を求むるはこれ羼提波羅蜜、諸陰において*怨家《おんけ》の想を起さざるはこれ毘梨耶波羅蜜、諸陰において熾然《しねん》ならしめざるはこれ禅波羅蜜、諸陰において畢竟棄捨するはこれ般若波羅蜜なり。

復た次に、*諸界《しょがい》において捨するはこれ檀波羅蜜、諸界において擾濁せざるはこれ尸羅波羅蜜、諸界において*因縁を捨するはこれ羼提波羅蜜、諸界において数数《しばしば》棄捨するはこれ毘梨耶波羅蜜、諸界において*起発《きはつ》せざるはこれ禅波羅蜜、諸界において如幻の想なるはこれ般若波羅蜜なり。

諦　底本「禅」を改む。底本上欄に「禅疑誤応作諦」。

一切の行に…　大集月蔵経月幢神呪品の文(正蔵一三、三〇一b)。

攀縁　心が対象によりかかってはたらきを起すこと。煩悩妄想のもと。

檀波羅蜜　布施波羅蜜。檀は梵語ダーナの音写。施しのこと。

尸羅波羅蜜　持戒波羅蜜。尸羅は梵語シーラの音写。戒のこと。

境界　感覚・認識の対象となるもの。

瘡疣　かさといぼ。

羼提波羅蜜　忍辱波羅蜜。羼提はクシャーンティ。忍耐すること。

離　離欲・離貪・離染(貪を離れる、または煩悩を離れる)・離相(差別的なすがたにとらわれるのを離れる)等に用い、煩悩や執着を離れること。

毘梨耶波羅蜜　精進波羅蜜。毘梨耶はヴィーリヤ。ひたむきに励む行為。

禅波羅蜜　禅定波羅蜜。禅は梵語ドヒヤーナの音略。心を一つの対象に専注してつまびらかに思惟すること。

諸法　あらゆるもの一切。

体性　体は物の実質。性は体が改まりかわらないことをいう。

楽忍　ねがい求めて安楽なこと。

般若波羅蜜　↓五四頁注

計念　計度分別の念。精神作用が対象に対し動き、かれこれ思いはかること。

諸陰　五陰(色・受・想・行・識)。五蘊。物質界と精神界にわたる一切

復た次に、菩薩、衆生において慈心を起すはこれ檀波羅蜜、諸の衆生において、心、憎愛なきはこれ尸羅波羅蜜、諸の衆生において*悲想を起すはこれ羼提波羅蜜、諸の衆生において救済《くさい》の想を起すはこれ毘梨耶波羅蜜、諸の衆生において喜摂《きしょう》の想を以てするはこれ禅波羅蜜、諸の衆生において*彼此吾我等の想を作《な》さざるはこれ般若波羅蜜なり。

復た次に、菩薩、諸の衆生において法を以てこれに施して*二想を生ぜざるはこれ檀波羅蜜、諸の衆生において柔和*愛語なるはこれ尸羅波羅蜜、諸の衆生において諸悪を起さざるはこれ羼提波羅蜜、諸の衆生において愛語して*退せざるはこれ毘梨耶波羅蜜、諸の衆生において*利益《りやく》憐愍《れんみん》するはこれ禅波羅蜜、諸の衆生において*同じてその法を行ずるはこれ般若波羅蜜なり。

復た次に、菩薩、衆生を諸の善処に安置するはこれ檀波羅蜜、一切の法において依倚《えき》せざるはこれ尸羅波羅蜜、一切の法において一道を以て入るはこれ羼提波羅蜜、一切の法、及び一切の難において擾濁の想なきはこれ毘梨耶波羅蜜、一切の法において分別せざるはこれ禅波羅蜜、能く*一字を以て一切の法に入りて衆生のために説くはこれ般若波羅蜜なり。

善男子、かくの如く菩薩摩訶薩は、この第一義甚深の法要を以て能く六波羅蜜を満す。*世俗に非ずと。〈已上経の文〉

明らかに知んぬ、*第一義の六度は、山林の中に坐臥し、一切の念を起す時、悉く円満せしむることを。

*もし人百億諸仏の所に　多くの歳数《さいしゅ》において常に供養せんも

のことがら。

怨家　怨をもつ人。

諸界　十八界。六根(眼・耳・鼻・舌・身・意)と六境(六根の対境)と六識(六根と六境とを縁として生じた認識)。

因縁を捨す　一切の存在は因(直接原因)と縁(間接原因)とによって生ずるとするが、ここでは、生起の原因を除き去ること。

起発せず　散乱の心を起さない。

悲想　衆生をあわれみ傷んで苦を抜く想。

彼此吾我等の想　彼れとか此れとかの区別や、吾れのものとか我れのものとか執着する想。

二想　彼・我、善・悪等、二つに区別する考え。

愛語　→四一頁注

退せず　(菩薩が)証った位置より退失しないことをいう。

利益　利他。人々の救済のためにつくすこと。

同じて…　菩薩が衆生のなすことに同じて摂取・救済すること。これを同事摂(→一三二頁注「四摂」)という。

一字を以て…　無(空)の一字。即ち、無の一字によって一切法を解し、衆生のために説く。

世俗に非ず　普通、六波羅蜜の菩薩行は世間(世俗諦)において実践するものとされるが、かくのごとく、出世間(第一義諦)の六波羅蜜も成り立

もし能く七日蘭若にありて　*根を摂して*定《じょう》を得ば、福、*彼れより多からん
もし人千億の法を読誦し　及び妙義を解すること仏説の如くならんも
もし七日において蘭若に住せば　三昧の*福聚、転《うた》た彼れより多からん
もし人多歳僧事を営み　更に余種の業を造作せざらんも
もし能く七日蘭若に住せば　その人の福聚、彼れより多からん
衆のために法を説き深義を解し　多くの年歳において余業なからんも
もし能く七日心*寂《じゃく》に住せば　その福徳聚、数ふべからず
もし人多くの仏塔を営造し　伽藍*田業《でんごう》、僧に給施せんも
もし能く七日蘭若にあらば　その福転《うた》た多くして、彼れより勝れん

釈迦の真経、蘭若を*重讃す。*玄奘《げんじょう》、山に入る、良《まこと》に所以《ゆえ》あり。求真の釈子、誰れか山を慕はざらんや。この故に経に云く、*もし人、塔を破すること多百千、及以《および》百千の寺を焚焼せんも、もし*住禅の者を毀謗することあらば、その罪甚だ多きこと彼れに過ぎんと。〈已上経の文〉その罪福を信ぜん者、いづくんぞ*四三昧を笑はんや。

*六虫・*九猴は不浄の出家なるの明拠を開示す　四十九

僧統奏して曰く、また清浄の出家に与へまた大戒を授くと云ふは、この間《かん》誰れか不浄の出家に与へんと。〈已上奏の文〉

論じて曰く、六虫の学者は仏法を食滅し、九猴の出家は未だ必ずしも清浄ならず。誠に

つことを示す。
第一義の六度…　六度(菩薩の社会的実践)は、社会と隔絶された山中(出世間＝第一義諦)でも実践することができる、という意。
もし人…　大集月蔵経魔王波旬詣仏所品の偈(正蔵一三、三〇三a)。

根を摂す　六根を摂りおさめてはたらかさぬこと。
定　心を一の対象に専注して散乱させぬ精神作用、またその状態。
彼れ　百億諸仏の所に多年供養する人。以下これに準ず。
福聚　多くの福徳。
寂　寂静。煩悩を離れたこと。涅槃。
田業　田地。
重讃　大集月蔵経の長行(経典の散文の部分)で述べたところを、次の偈頌(韻文)で重ねて讃歎していることをいう。
玄奘、山に入る　→補
もし人…　大集月蔵経の偈(前出に続く)。
住禅の者　禅に住する者、禅定を修する者。
四三昧　四種三昧(→四二頁注「四種三昧院」)。
六虫　梵網経持犯要記に説く六類の学者を虫に喩える。暗に六統(→一〇頁注)を指すか。
九猴　守護国界主経に説く九人の沙門、即ち九匹の猿のこと(一二五頁

すべからく貢*名の事は大唐に法《のつと》り、除*籍の政は天竺に順ずべし。あに清浄の出家にあらざらんや。

謹んで梵網経の下巻を案ずるに、云く、*若《なんじ》仏子、好心を以て出家して、而も名聞利養のために国王・百官の前において仏*戒を説き、横《ほしいまま》に比丘・比丘尼、菩薩弟子の繫縛をなさば、師*子身中の虫の自ら師子の肉を食ふが如し。外道天魔の能く破壊するに非ず。もし仏戒を受くる者は、まさに仏戒を護ること一子を念ふが如く、父母に事《つか》ふるが如くすべし。而して外道悪人の一の悪言を以て仏戒を謗ずるを聞く時は、三百の鉾をもつて心を刺し、千刀万杖をもつてその身を拍《う》つが如く、等しくして異なりあることなし。寧《むし》ろ自ら地獄に入りて百劫なるも、而も一の悪言をもつて仏戒を破するの声を聞かざれ。いはんや自ら仏戒を破し、人に破法の因縁を教へ、また*孝順《きょうじゅん》の心もなきをや。もし故《ことさら》に作《な》さば軽垢罪を犯ずと。〈已上経の文〉

謹んで梵*網経の持犯要記《じぼんようき》を案ずるに、云く、如《も》し一*類の、閑居して*静慮《じょうりょ》するありて、諸の散乱を離れて心を禅門に摂*せんには、心、澄静なるに由つて髣髴として見*ることあり。或は邪神、力を加して識らしむるに由る。時には自ら少聞にして邪正を別たざるに由る。また*名利恭敬《みょうりくぎょう》を引致せんと欲して、見識する所に随ひて、他をして聞知せしめ、諸の世人に耀かし、咸《ことごと》くこれ聖かと疑はしむ。これ独り*似聖《じしょう》の迹を揚ぐるに由つて、普く諸僧を抑へて帰*すべきことなしとなして、以て仏法を破す。故に重罪を得。これを諸僧の大賊と謂ふと。〈已上記の文〉第一虫竟《おわ》る。

以下)。

貢名　→一三二頁補

除籍　→一三七頁「記籍を立てず」補

若仏子…　梵網経第四十八軽戒の文(正蔵二四、一〇〇九b)。

仏戒　正蔵には「七仏戒」とある。仏の説く戒。

師子身中の虫　→補

孝順　仏説に随順すること。父母に仕える如く忠実にして恭順な心。梵網経第二重戒に「仏性孝順慈悲心を生ずべし」とある。

梵網経の持犯要記　梵網経菩薩戒本持犯要記。または菩薩戒本持犯要記という。新羅の元暁(六一七―?)撰。大乗菩薩戒の律儀をまもるについての要心を記したもの。以下の引用文(第一虫から第六虫まで)は、正蔵四五、九六六c以下。

一類　師子身中の虫の一類。

静慮　→二三一頁注

摂す　摂心ともいい、心を一つの対象に専注して散らさないこと。

見る　幻影を見る。

名利恭敬を…　世人に名利と尊敬を得ようとして。

似聖の迹を揚ぐ　聖人にも似た成果をあげてみせる。

帰すべきことなし　帰依尊重すべきものでない。

如《も》し一類の、長く深山に住するありて、*有所得《うしょとく》の心《しん》をもつて寂静の業を修せんには、魔、彼れの心、以て動壊すべきを知りて、空中の声を発してその所行を讃ず。その人これに由つて自高の心を起し、普く諸僧の人間《じんかん》に住する者、誰れかまさに儞等《なんじら》が所行を称美すべけんと抑ふ。この人の罪過は前の者より重し。これを菩薩の*旃陀羅《せんだら》と謂ふと。〈已上記の文〉第二虫竟る。

如《も》し一類の、性、質直に非ざるありて、或は邪戒を承け、或は自ら邪念し、糸麻を衣《き》ず、五穀を食《じき》せず、反つて利養恭敬を貪求せんと欲して自ら無比を揚げ、諸の癡類を誑《たぶらか》し、群愚咸《ことごと》く己が徳を仰がんことを悕望《けもう》して、普く一切の*異迹《いしゃく》なき者を抑ふ。これに由つて、内に以て真を傷つけ、外に以て人を乱る。傷乱の罪、これより先となすはなしと。〈已上記の文〉第三虫竟る。

如《も》し一類の、性、これ浅近なるありて、世の大運、慢緩多き時において独りその身を正しくし、威儀欠くることなからんには、便ち自高陵他《りょうた》の心を起して、*乗急戒緩の衆を漫毀す。この人全くそれ不善にして、以て*大禁を毀《やぶ》る。福を転じて禍となすこと、これより甚しとなすはなし。問ふ、*邪戒の罪まさに説く所の如くなるべし。正戒を持《たも》つ者、何ぞ必ずしもこれ罪ならん。然る所以は、如《も》し一類の、内に*諸纏なく、*余人の作《さ》と不作《ふさ》とを観ぜず、ただ自心を察して独り正戒を持《たも》つことあらば、かくの如きの菩薩、何に由つてか犯を成さん。答ふ、もし*染心《ぜんしん》なきは、前の説にあらず。而してこの人においてまたまさに分別すべし。もし独り浄きに由つて、諸の世人をして普く諸僧において*福田に非ずと謂はしめ、利

有所得　無所得(→一一三頁注「所得なし」)の対。絶対平等の真理を悟らず、ものにとらわれた心。

旃陀羅　梵語チャンダーラの音写。インドの社会階級の最下級種姓。賤民。

異迹　すぐれた成果。

乗急戒緩　乗は教法で、特に実相を悟る智慧を指し、戒は身口の悪を制する法をいう。大乗の菩薩は乗に急であり、戒に緩いとする(小乗比丘は戒に急、乗に緩)。涅槃経巻六に乗戒のことあり(正蔵一二、六四一b)。

大禁　十重禁戒に不自讃毀他戒あり。

邪戒の罪…　自高陵他(自分を高ぶり他をあなどる)の心を起して、大禁(戒)を犯したことにはなるが、自分自身は正しく戒律を守っている限り、必ずしも罪を犯したことにはならぬはずだ。

諸纏　纏は煩悩。

余人の作と不作　他人が戒律を守っているかいないか。

染心なきは…　自高陵他の底意のない場合は、前説のように戒を犯したことにはならない。

福田に非ずと…　尊敬供養して功徳を得る対象でないといわしめ。→六〇頁「福田」補

声聞自度心の戒に… 小乗戒(声聞自度心戒)の立場では許されるも、大乗戒(菩薩広大心戒)の立場では許されない。

法身 仏をして仏たらしめる法性の理。

等敬の心を… 信者たちが、自分(独り浄きもの)だけではなく、他の僧衆(染衆)に対しても、等しく敬う心を持つようにさせるためには。

知機の大聖 衆生の機根を知る大聖人。

古への大賢… 淮南子巻十六説山訓に「人有二嫁其子一而教レ之曰、爾行矣、慎無レ為レ善、曰、不レ為レ善、将為二不善一邪、応レ之曰、善且由弗レ為、況不善乎」とあるのによる。

邪聡 よこしまにしてさといこと。

諸法… 一切のものは空不可得にして言語の及ぶところではないこと。

自性差別す 自性(物の本性)は本来空であり、差別なきものであるのに、差別ありとすること。

戯論 梵語プラパンチャの訳。正しくない無益な言論。

所得なし 無所得。空を体得し、すべてのものにおいて捉われないこと。

養尊重をして偏へに己れに帰せしめば、*声聞自度心の戒に順ずと雖も、而も菩薩広大心の戒に逆ふ。声聞の無常等の観、浅事においてはこれ顚倒《てんどう》なしと雖も、而も*法身においては即ちこれ顚倒なるが如似《ごと》し。まさに知るべし、この中の順逆もまた爾《しか》なりと。もし独り浄きに由つて、諸の世間の未信の者をして信ぜしめ、信ずる者をして増長せしめ、普く諸僧において平等に供養せしめば、直に犯なきのみに非ず、乃ち多福を生ぜん。然るに独り浄きが雑染の間に居するに由つて、これを以て染衆を抑へざるを得んことを望み、また他をして*等敬の心を生ぜしめんと欲する者は、なほ頭に日月を戴きて行き、而してその暗を卻《しりぞ》けざらんことを欲する者の如し。*知機の大聖に非ざるよりは、何ぞ能くその然ることを得ん。これを以ての故に、*古への大賢、その子を誡めて云く、慎んで善をなすことなかれと。その子対《こた》へて曰く、まさに悪をなすべしやと。責めて言く、善なほなすことなかれ、いはんや悪をなさんをやと。〈已上記の文〉第四虫竟る。

如し一類の、性、これ*邪聡なるあらんには、勝他のための故に、広く諸論を習ひ、*諸法皆な言説を離るることを解せず、有を執すること言の如く、*自性差別すといふ。名利を得んがためにかくの如きの言を作《な》す、我れ三世諸仏の意を得て説く、もしこれに異なる者は皆なこれ漫説なりと。この人、一の讃毀において四の顚倒《てんどう》を具して、以て仏法を乱る。故に重罪を成ず。謂く、それ妄りに有所得の見を執す。仏意を去ること遠きこと、天と地との如し。而も我れ仏意に近しと謂ふ。これ一の顚倒なり。仏意は甚深にして諸の*戯論《けろん》を絶し、一切の法において都《すべ》て*所得なし、而も引きて己が妄見に同ず。これ二の倒なり。この二倒の見を揚げて*四部の上に加ふ。これ三の倒なり。諸の*離辺説の者を抑へてその偏執の下に置く。これ四の倒なりと。〈已上記の文〉第五虫竟る。

如し一類ありて*稟性狭劣にして善友《ぜんぬ》に近づかず、広く学問せず、偏へに一分甚深の経論を習へども*密意を解せず、言の如く義を取りて、*諸法依他の道理を*誹撥《ひはつ》し、かくの如きの見を起し、かくの如きの言を作す、*三性・*二諦はただこれ*教門にして*無所有の中に*仮名《けみよう》を施設《せせつ》す、かくの如く解する者を乃ち真実となす、この説に異なる者は皆なこれ戯論なりと。これに由つて独り自見を恃《たの》みて他の言を受けず。設《も》し鈍根*少聞の人、その所破に堕し、その言ふ所に従ふ者に遇《あ》はば、即ち云ふ、この人は*神明正直《しんめいしようじき》なりと。もし聡明にして文義を解する者、巧みに能く義を立ててその破《は》に堕せざる者に値《あ》はば、便ち*脱失と言ひ、この心惑へりと謂ふ。未だ自解昧鈍にして破を遂ぐること能はざるを識らず。意《こころ》に謂《おも》ふ、彼れの心正しからずして未だ我が意に及ばずと。これなほ*家狗《かく》、兎を逐ふに、望めども及ぶこと能はざるに、便ち己れ超ゆと謂ひて、止りて顧見するがごとし。この*損減の人、略して*二愚に由つて仏法を失壊す。故に重罪を成ずと。〈已上記の文〉第六虫竟る。

また*新訳の仁王般若経の下巻を案ずるに、云く、*大王、我が滅度の後、*四部の弟子、一切の国王・王子・百官は乃ちこれ三宝を住持し護る者なり。而して自ら破滅すること、師子身中の虫の、自ら師子の肉を食ふが如し。外道には非ず。我が法を壊する者は大過咎《かく》を得。正法衰薄して民に正行なく、諸悪漸く増し、その*寿、日に減ず。復た孝子なく、*六親《ろくしん》和せず、天竜祐けず、悪鬼・悪竜、日に来りて侵害す。災怪相ひ継ぎて、禍をなすこと縦

四部　↓六一頁注「四部の衆」

離辺説　有とか無とかの一辺を離れた説。辺は極端の意。有無の二辺を離れた中道。

稟性　生れつきの性質。

密意　仏の真意。

諸法依他　一切のものは、他、即ち種々の条件が相より相まって起り、成り立っているということ。不変の実在ではないということ。

誹撥　そしりはねのける。

三性　↓補

二諦　勝義諦(↓一一七頁注「第一義諦」)と世俗諦。略して真諦と俗諦ともいう。

教門　仏教の理論的方面。観門(実践面)に対す。

無所有　あらゆるものは空であるから、決定された存在性(自性)を求めても得られぬこと。

仮名　↓補

少聞　見聞が少ない。

神明正直　神明は精神。正直は心がまっすぐで偽りよこしまのないこと。

脱失　顕戒論講弁に「云いぬけ」。

損減の人　正法量(正しい教え)を損減する人。

家狗　家で飼う犬。

二愚　梵網経持犯要記には、続いて「二愚…一挙為高愚、三特小誹多愚」という。即ち、㈠自分は愚かであるのに自分の意見を固守する愚、㈡自分は少聞であるのに多聞の人を「脱

横なりと。

*良賁《ろうひ》師の疏に云く、「*如師子身中虫」とは、*蓮華面経《れんげめんきょう》の如し。仏、阿難に告げたまはく、譬へば、師子のもしは命終る者、もしは水、もしは陸、あらゆる衆生も敢へて噉食せず、ただ師子の身より自《おのずか》ら諸虫を生じ、還つて自《みずか》ら師子の肉を噉食するが如し。阿難、我が仏法は余の能く壊するに非ず。これ我が法の中の諸の悪比丘・比丘尼、自《みずか》ら毀壊するが故なり。*彼の経の中の如きはただ出家を喩へ、*今この経の中は具《つぶさ》に*四衆を明かす。行護すること能はず。喩は彼れに同じきが故なりと。〈已上疏の文〉

今この制を告げて、以て*亀鏡となす。*一乗の学者好く思択《しちゃく》すべし。

謹んで*守護国界主経の第十を案ずるに、云く、*大王、まさに古昔の因縁を説くべし。王、まさに諦《あきら》かに思ひ、その義を解了すべし。大王、乃ち往古の世に仏ありて出現す。*迦葉波《かしょうは》如来《にょらい》*応供《おうぐ》正徧知明行足善逝世《しょうへんちみょうぎょうそくぜんぜいせ》間解《けんげ》無上士《むじょうし》調御丈夫天人師《じょうごじょうぶてんにんし》仏世尊《ぶっせそん》と名づく。彼の仏、法を説くこと、*初善・中善・後善にして*梵行を開示す。彼の時に王あり、*訖哩枳《きりき》と名づく。彼の如来において深く浄信を生ず。王、*中夜において二種の夢を得。一には、夢に十の獼猴あり、その九の獼猴、城中の一切の人民、妻妾男女を擾乱し、飲食を侵奪し、什物を破壊す、仍つて不浄を以てこれを穢汚す、ただ一の獼猴、心に*知足を懐きて樹上に安坐し、居人を擾《みだ》さず、時に九の獼猴、心を同じくしてこの知足の者を悩乱し、諸の*留難《るなん》を作し、駆逐して獼猴の衆会より出だすを見る。第二の夢は、一の白象あり、なほし大山の帝王の門に当るが如し、首尾に口あり、皆な水草を食す、恒に飲噉すと雖も、身は常に*羸痩《るいそう》なる

失」としてそしる愚。
新訳　不空訳。→九〇頁「仁王経」補
大王…　仁王経嘱累品の文(正蔵八、八四四b)。
四部　→六一頁注「四部の衆」
寿、日に減ず　五濁末世の命濁(人間の寿命が短くなること)にあたる。
六親　六種の親族。二説ある。㈠父・母・兄・弟・妻・子。㈡父・子・兄・弟・夫・婦。
良賁師の疏　仁王経疏。→九一頁注「賁」
如師子身中虫とは…　仁王経疏巻下三の文(正蔵三三、五三二c)。
蓮華面経　二巻。隋の那連提耶舎訳。未来世の仏法の状態について説いた経典。僧徒の堕落、仏法の移伝、蓮華面王の出現と仏法の滅亡等を説く。
彼の経　仁王経。
この経　蓮華面経。
四衆　→六一頁注「四部の衆」の㈠
亀鏡　てほん。亀鑑。
一乗　→八頁注「一乗真実教」
守護国界主経　守護国界主陀羅尼経。十巻。唐の般若・牟尼師利共訳。
大王…　正蔵一九、五七三b以下。
迦葉波如来　梵語カーシュヤパの音写。過去七仏のうち、六番目の仏。
応供…世尊　如来の十号。→補
初善・中善・後善　初めも中も終りもよい。
梵行　→六八頁注

を見る。

時に王、寤《さ》め已りて大恐怖《だいくふ》を生じ、占相者を召して以てその夢を原《たず》ねしむ。占者、王に白《もう》す、九の獼猴は即ちこれ九王なり。その知足の者は即ちこれ大王なり。これ則ち、九王、心を同じくして大王の宝位を簒奪《さんだつ》す。象の二口は、即ちこれ九王の、自らの国邑《こくおう》を食《じき》し、兼ねて王の国を食するなりと。

王、この語を聞きて驚怖して毛竪《た》つ。而して心未だ決せず。仏に見《まみ》えて以て所疑を断ぜんと思欲す。即ち左右に勅して種種供養の具を厳備せしめ、一心に迦葉仏の所に往詣して、到り*已りて礼を作《な》し、諸の供具を持して如来に上献し、*曲躬《ごくぐ》合掌して仏に白《もう》して言《もう》さく、世尊、我れ昨夜において不善の夢を得、ただ願はくは世尊、我がために解説して疑網を断ぜしめたまへと。時に王、具《つぶさ》に夢みる所を陳《の》べて仏に白す。

仏言《のたま》はく、大王、王の夢みる所は王においてはあらず。憂懼《うく》を生ずることなかれ。王善く諦《あきら》かに聴け。まさに汝がために説くべし。これはこれ未来の五濁悪世に仏ありて出現せん。釈迦牟尼と号す。*滅度の後の遺法の相なり。大王、十の獼猴は即ちこれ彼の仏の十種の弟子なりと。

王、仏に白して言さく、世尊、何をか彼の仏の十種の弟子と名づくるやと。

迦葉仏言《のたま》はく、一には貧にして*活せざらんことを畏れて沙門と作《な》る。二には奴《ぬ》の怖畏《ふい》ありて沙門と作る。三には債負を怖れて沙門と作る。四には仏法の過失を求めんとして沙門と作る。五には*勝他のために沙門と作る。六には*名称《みょうしょう》のために沙門と作る。七には*生天《しょうてん》

詑哩枳　梵語クリーキの音写。

中夜　夜を三分して、初・中・後に分ける。真夜中。半夜ともいう。

知足　少欲知足。欲望を少なくして足るを知り満足すること。倶舎宗では身器清浄の三因の中に数える。

留難　難題。邪魔し人の善事を留止し、修行のさまたげをなすこと。

羸瘦　おとろえやせていること。

已　底本「以」を改む。底本上欄に「以経作已」。

曲躬　身体をまげる。礼を行うこと。

滅度　入滅。涅槃に入ることが滅度であるが、釈尊は死によって無余涅槃に入られたから、釈尊の死を説くに入滅、滅度という。

活　生活。

勝他　他にすぐれようとすること。

名称　ほまれ。名誉。

生天　命終ってから天上に生れようとする信仰で、ヴェーダ時代には三十三天、焔摩天が信仰され、釈尊時代のバラモンは梵天を信仰した。仏教では、欲界の天より無色界の天に至るまでに、善業や禅定を修することによって天上に生ぜんとすることがあった。生天の業因に関しては諸経に多くの説がある。

のために沙門と作る。八には利養*のために沙門と作る。九には未来の王位を求めんと欲するがために沙門と作る。十には真実心をもつて沙門と作ると。

時に彼の大王、彼の仏に白して言さく、世尊、この十の沙門はその相云何《いかん》と。

彼の仏、答へて言《のたま》はく、大王、「貧にして活せざらんことを畏れて沙門と作る」とは、多く衆生ありて因果を信ぜず*、財宝を貪求して互に相ひ侵奪し、遂に天地の雨沢*時ならず、五穀登《みの》らざることを感じて、官税に充せず、飢貧に逼《せ》められ、男女*を鬻売《いくまい》して投寄する所なく、樹上に遺棄する袈裟を披挂《ひけ》*して、自ら鬢髪を剃りて沙門の像《かたち》と作《な》る。阿闍梨なく、また和上もなく、戒なく法なく、相似*の沙門なり。長時に一切の悪法を受行す。僧伽藍に入りて、自ら我れはこれ律師・禅師・法師・大徳なりと称し、衆首に坐居して余僧に謂ひて言く、汝等は皆なこれ我が弟子なりと。清信士《しょうしんじ》*・族姓《ぞくしょう》*・長者・婆羅門の家において、出入遊従し、多く過失を造る。これを第一の「貧にして活せざらんことを畏れて沙門と作る」と名づく。

大王、云何《いか》なるを名づけて「奴《ぬ》の怖畏《ふい》ありて沙門と作《な》る」となす。下賤の奴婢《ぬひ》となりてこの思惟を作す、云何《いかん》ぞ一生、他の駆策《くさく》*を受けんと。逃竄《とうざん》して出家す。これを第二となす。

大王、云何なるを名づけて「債負を怖畏して沙門と作る」となす。謂く、衆生あり、公私の債負、息利既に多ければ酬還*遂げず。既に逼迫《ひっぱく》を被れば逃逝《とうぜい》して出家す。これを第三となす。

大王、云何なるを名づけて「仏法の過失を求めんとして沙門と作る」となす。謂く、諸

利養　身をこやし養う。

因果を信ぜず　因果は原因と結果。我々の行為について見る時、善・悪の業因あれば必ずそれに相応した楽・苦の果が報い、因果の理が乱れることのないのを因果応報といい、因果の理を無視して信ぜぬのを邪見に陥ったものとする。

雨沢　雨のうるおい。

男女　子女。

鬻売　うる。

披挂　ひっかけて着る。

相似　みせかけだけの。

清信士　優婆塞。

族姓　梵語クラ・プトラの訳。善男子と訳す。

駆策　人を使役する鞭。または使役すること。

酬還　返済すること。

の外道、心に嫉妬《しっと》を生じて、遂に共に集議す、誰れか聡明《そうみょう》利根弁慧《べんえ》ありて、仏法の中に入りて彼の所有《しょう》の*世出世《せしゅっせ》の法を学び、その是非を窺ひ、*我が衆に還帰《げんき》して、国王・大臣・長者に対して、論議の幢《はた》を樹《た》て、その過失を出だして、彼の仏の正法を摧壊《さいえ》し破滅せんと。これを第四と名づく。

大王、云何なるを名づけて「勝他を求むるが故に沙門と作る」となす。謂く、或は衆生ありて、*某甲《むこう》あり、衣を披《かず》き髪を落し、多く伎能あり、*三蔵に通達すと聞きて、心に熱悩を生じ、便即《すなわ》ち出家して経律論を学し、所修の善法、皆な彼れに勝れんと欲す。これを第五と名づく。

大王、云何なるを名づけて「名称の故に沙門と作る」となす。謂く、或は人あり、竊《ひそ》かに自ら思惟《しゆい》す、我れもし在家ならば名称あることなし、我れまさに剃落《ていらく》し衣を披きて出家し、勤学多聞にして禁戒を受持し、大衆の中において坐禅入定《にゅうじょう》し、*物をして名を知らしむべしと。これを第六となす。

大王、云何なるを名づけて「生天《しょうてん》を求むるが故に沙門と作る」となす。謂く、或は人あり、*諸天の中の長寿快楽《けらく》を聞き、我れに*方便して上生《じょうしょう》を得ることなしとして、遂に即ち剃髪し、*染衣《ぜんね》出家して、善法を修持して皆な天に生ぜんことを願ふ。これを第七となす。

大王、云何なるを名づけて「利養のための故に沙門と作る」となす。謂く、或は人あり、先より財宝あり、更に*勝処を求め、好*精舎・*房院の華飾《けじき》にして、以て*棲遅《せいち》すべきを得て、自他所有の財産を受用す。これを第八と名づく。

世出世　世間と出世間。世(世間)は梵語ローカの訳。こわれるべきもの、世の中の意。また、世間に属するものをもいう。この場合は、煩悩につなぎとめられて存在しているすべての現象を指す。出世(出世間)は世間をこえはなれているもの。

我が衆　外道。

某甲　たれそれ。

三蔵　→四七頁注

物　衆生。人。

諸天の中の長寿快楽　諸天は長寿で愁悩なく快楽があり、欲界の六欲天より上方に行くにしたがって、それが増すという。ただし無色界の四天は、物質なきが故に場所がない。ただ、業因の差別にしたがってこれをたてる。

方便して　手段を講じる。

染衣　衣を壊色(えじき)に染めること。

勝処　すぐれたところ。

精舎　寺院のこと。

房院　僧房。僧尼の起居する室。

棲遅　静かにくらす。

大王、云何なるを名づけて「未来帝王の位を求めんと欲するが故に沙門と作る」となす。謂く、衆生あり、国王の自在尊崇、富貴安楽なるを見て、便ち*愛楽《あいぎょう》を生じ、遂に出家を求め、修する所の善根をもつて、ただ*当生《とうしょう》に王位に居ることを得んと願ふ。これを第九と名づく。

大王、云何なるを名づけて「真実心の故に沙門と作る」となす。謂く、衆生あり、*刹利《せつり》・大臣・族姓《ぞくしょう》・婆羅門の家に生れ、或は長者居士、商主富貴の家に生れて、盛年美貌なりと雖も、諸の*財色《ざいしき》・富貴・栄顕はなほ浮雲・泡幻・電光の生滅して住せざるが若《ごと》しと観じ、遂に厭離《おんり》を起して菩提心を発《おこ》し、親友《しんぬ》・珍財、一切皆な捨てて、出家して道を慕ひ、律*儀を*秉持《ひんじ》し、*学法修禅、精勤《しょうごん》して懈《おこた》らず。凡そ作す所あるは皆な衆生のためにし、ただ無上菩提の果を求む。これを第十の「真実心の故に沙門と作る」と名づく。

大王、まさに知るべし、王の夢みる所の如き、一の獼猴の、少欲知足にして独り樹上に処して人を擾《みだ》さざるを見るは、即ちこれ釈迦如来遺法の中の真実の沙門なり。その九の獼猴の、衆人を擾乱し、心を同じくして一の獼猴を*駆擯《くひん》するは、即ちこれ釈迦如来遺法の中の前の九の沙門なり。沙門の法なきが故に、総じて名づけて相似の沙門となす。同じく悪行を行じ、共に一の真実の沙門を駆りて衆外に出だす。大王、この悪沙門、破戒悪行にして、一切の族姓の家を汚穢《おえ》し、国王・大臣・官長に向ひて真実の沙門を論説し毀謗して、横《ほしいまま》に是非を言ふ。この悪人、破戒悪行にして、我が持戒の比丘と同じく共に止住し、布薩*説戒すべからず、また同じく一の寺舎に居し、一の国邑《こくおう》を同じくすべからずと云ふ。一切の悪事、皆な彼の真実の沙門に推し与へて、国王・大臣・官長を*蒙蔽《もうへい》し、遂に真実の沙

愛楽　愛しねがう。

当生　未来に生れるところ。当来の生処の意。

刹利　梵語クシャトリヤの音写。インドの四つの社会階級の中の第二の種姓。王族・貴族・士族階級。

財色　財宝と女色。

儀　底本「議」を改む。

秉持　律を守ることが堅固であること。

学法修禅　教法を学ぶと禅定を修すること。

駆擯　→三二頁注

説戒　ここでは布薩と同義に用いる。→六〇頁注

蒙蔽　くらます。だます。

門を駆逐して尽《ことごと》く国界を出ださしむ。その破戒の者は自在に*遊行《ゆぎょう》して、而も国王・大臣・官長と共に親厚をなす。大王、彼の釈迦如来所有の教法は、一切の*天魔、外道悪人、五通の神仙、皆な乃至少分をも破壊せず。而してこの*名相《みょうそう》の諸の悪沙門は、皆な悉く毀滅して余りあることなからしむ。須弥山の、仮使《たと》ひ*三千界の中の草木を尽《つく》して薪となし、長時に焚焼すとも一毫も損することなきも、もし*劫火《ごうか》起らば、火、内より生じ、須臾《しゅゆ》に焼滅して余の灰燼なきが如しと。〈已上経の文〉

まさに知るべし、九猴の出家、仏法を毀滅して*余りあることなからしむ。それこの文を出だすの意は、自らを是とし他を非とするにあらず。ただ*自宗の二人、九猴に堕せず、法をして久しく住して有情を利益せしめんとなり。

自ら菩薩と称して而も狗法を行ずるの明拠を開示す　五十

謹んで*大宝積《だいほうしゃく》経《きょう》摩訶《まか》迦葉会《かしょうえ》の上巻を案ずるに、云く、*その時、弥勒菩薩、仏に白《もう》して言《もう》さく、世尊、ただ願はくは世尊、当来世、愚癡の人の輩、自ら菩薩と称し、自ら沙門と称し、名利のための故に、*施主・*知識・親属を悩乱することを説きたまへ。ただ願はくは世尊、その過悪を説きたまへ。何を以ての故に。もし世尊その過悪を説きたまはば、我れ聞くことを得已りて自ら*心行《しんぎょう》を摂せん。彼の愚癡の人、如来の説を聞きて或は信解することを得ん。如来我れを知らしめ、如来我れを覚らしめたまへと。

その時、世尊、弥勒に告げて言《のたま》はく、善哉、諦《あきら》かに聴け。善くこれを思念せよ。まさに

遊行　遍歴すること。もとの意味は遍歴修行、または遍歴し説法教化すること。

天魔　→二九頁注

名相の諸の悪沙門　うわべだけの沙門。名は耳にきくところ、相は眼にみるところ。

三千界　三千大千世界。→補

劫火　四劫の中の壊劫(世界がこわれつつある時代)の時に起る火災。ここは、悪沙門が内より仏法を破壊することの甚しさを劫火に喩える。

余りあることなからしむ(令無有余)　底本「令有無余」を改む。底本上欄に「有無二字写倒」。

自宗の二人　天台宗の年分度者二人。

大宝積経摩訶迦葉会　大宝積経は種類の異なった幾十の経典を集めて一つの大部の経としたもの。訳者も多様になっている。百二十巻。摩訶迦葉会は、その巻八十八・八十九。北魏の月婆首那の訳。

その時…　大宝積経巻八十八の文(正蔵一一、五〇四a)。

施主　布施主。仏や僧ならびに貧しい人に財物を施す人。檀那ともいう。

知識　善知識。正しい道理を教える人。善友、親友、勝友ともいう。

心行を摂せん　心のはたらき(心行)をおさめととのえよう。

汝がために彼の癡人の過を説くべし。弥勒、*当来末世、後五百歳に、諸の衆生ありて、自ら*称説して言く、我れはこれ菩薩なりと。彼の諸の悪欲、我れ今これを説かん。弥勒、四法を具する者は自ら菩薩と称す。何等をか四となす。一には利養を求め、二には名聞《みょうもん》を求め、三には*諂曲《てんごく》、四には*邪命《じゃみょう》なり。弥勒、この四法を具す。この故に、自ら我れはこれ菩薩なりと称すと。

仏、弥勒に告げたまはく、当来末世、後五百歳に、自ら菩薩と称して而も*狗法《くほう》を行ず。弥勒、譬へば、狗あり、前に他家に至り、後狗の来るを見て、心に瞋嫉を生じて、*啀喍《がいさい》してこれに吠え、内心に想を起して、これ我が家なりと謂ふが如しと。

仏、弥勒に告げたまはく、当来末世、後五百蔵も亦復《またまた》かくの如し。自ら菩薩と称して狗法を行ず。施主の家中に至りて己家《こけ》の想を生ず。既にこの想を起さば便ち貪著を生ず。前に他家に至り、後の比丘を見て、目を瞋《いか》らしてこれを視る。心に*嫉恚《しっい》を生じて而も闘諍を起し、互に誹謗して言く、某甲比丘《むこうびく》、かくの如きの過あり、汝、某甲比丘に親近《しんごん》することなかれ、汝もし某甲比丘に親近せば、則ち衆人のために軽賤《きょうせん》せられ、*罪垢《ざいく》を増長せんと。かくの如きの人、心に嫉妒を生じて、餓鬼の因、貧賤の因を行ず。自活のための故に、妄《みだ》りに己身を称して以て菩薩となす。衣食《えじき》のための故に、如来の智慧功徳を讃歎し、余の衆生をして*信仰を生ぜしめ、内に自ら戒を犯し、悪欲悪行す。

仏、弥勒に告げたまはく、汝、来世を観ぜよ、かくの如き等の大怖畏の事あらん。師子の獣はまさに師子吼《ししく》して師子の業《ごう》を作すべし。*野《や》干鳴《かんめい》して野干の業を作すに非ず。能く一

当来末世、後五百歳　やがて来るべき末世の五百年の意。仏法流通のおとろえゆく段階を五百年ずつの五段階に数えるもので、末世を第五段階の五百年とする(大方等大集経巻五十五)。その意趣は正像末の三時と同じであるが、数え方に違いがある。

称説　たたえのべる。

諂曲　他人にへつらい自分の心をまげること。

邪命　比丘が正しい方法によらないで、よこしまな方法で生活すること(命は活命の意)。

狗法　犬のようなやり方の意で、末世の比丘が、怨み、ねたみ、そねむ、そのやり方を犬に喩えたもの。

啀喍　犬がかみあうこと。

嫉恚　嫉も恚も、仏教では心所(心のはたらき)の一にあげ、ともに煩悩とする。嫉は他の善いことや栄誉をねたむこと。恚は瞋に同じで、にくみいかること。

罪垢　つみ。とが。道理に反し禁断を犯し、そのために苦の報を招く悪い行為。煩悩をも含めて罪ということもある。汚れたものであるから罪垢という。

信仰　三宝(仏・法・僧)を信じて疑わず讃仰すること。

野干　獣の名、狐の類。

切財物を*捨するを讃歎すれども、而も自ら慳悋《けんりん》して貪を離るること能はず。慈愍を讃歎すれども自ら*瞋恚《しんに》を行じ、忍辱《にんにく》を讃歎すれども自ら不忍を行じ、*四摂《ししょう》を讃歎すれども自ら*布施・*愛語・*利益・*同事を行ずること能はず。ただ言語ありて而も菩薩の行を学楽《がくぎょう》し精進すること能はずと。〈已上経の文〉

今この文を引くは、己情《こじょう》を調《ととの》へんがためなり。披覧の道俗、他の非を指すことなかれ。

大唐*貢名の出家は*府官を欺かざるの明拠を開示す　五十一

謹んで代宗朝贈司空大弁正広智三蔵和上表制集の第一巻を案ずるに、云く、*降誕の日、七僧を度せんことを請ふ祠部の　*勅牒一首

無名僧慧通。年五十五　〈*絳州曲沃県。俗姓は王。籍なし。*千福寺に住せんことを請ふ。〉

僧慧雲。年二十二　〈*京兆府長安県。俗姓は段。籍なし。*大興善寺に住せんことを請ふ。〉

僧慧琳。年三十　〈*虢州《かく》閿《ぶん》郷県方祥郷閿郷里。俗姓は何。名は光王。兄の毗*戸をなす。大興善寺に住せんことを請ふ。〉

僧慧珍。年三十三　〈京兆府万年県洪洞郷福潤里。俗姓は王。名は庭現。*伯の高戸をなす。大興善寺に住せんことを請ふ。〉

僧法雄。年二十八　〈京兆府富平県赤陽郷昆山里。籍なし。*静法寺に住せんことを請ふ。〉

僧法満。年十八　〈京兆府万年県崇徳郷文円里。俗姓は胡。*祖の賓戸をなす。〉

捨す　善の心所の一。内心平等で執着せぬこと。
瞋恚　煩悩の心所の一。にくみいかること。
四摂　菩薩が衆生を導くために、衆生をおさめとってゆく方法に四種あるをいう。布施・愛語・利益(利行)・同事の四。
布施　菩薩が財施・法施により衆生を摂め導くこと。
愛語　→四一頁注
利益　身口意の善行を修め衆生を利益して摂め導くこと。
同事　→一一九頁注「同じて…」
貢名　→補
府官　政府の役人。
降誕の日…　正蔵五二、八三二b。「降誕の日」は代宗降誕の日。
勅牒　勅を奉じて発行された牒(→六九頁注)。
絳州　山西省。
千福寺　長安の古寺。咸章四年(六七三)本章懐太子の建立。善導の門下懐感や楚金・法崇らが住した(長安志十・両京新志三)。
京兆府　陝西省。
大興善寺　→六九頁「京城の大徳…」補
虢州　河南省。
戸　上にしるすのは戸主の名。
伯　伯父。
静法寺　長安の古寺。隋開皇三年(五八三)左武侯大将陳国公竇抗の建立

僧慧随。年四十

右大興善寺三蔵沙門不空奏す。上件の僧等は家を出でしより来《このかた》、常に法教を尋ね、*師《し》資《し》を闕《か》かず、*戒行精修、実に*器となすに堪へたり。比《このごろ》俗を離ると雖も、*跡は私名《しみょう》を冒《おか》す。今、 陛下降誕の辰を開き、朝賀し歓欣するの日に因つて、伏して官名を請ひて、以て*正度《しょうど》となし、用《もっ》て 皇祚《こうそ》を資《たす》け、以て無疆《むきょう》を福せん。如《も》し 天恩允許《いんきょ》せば、所司に *宣付《せんぷ》せんことを請ふ。

中書門下 祠部に牒す

牒す。 勅を奉ずるに、よろしく依るべしと。牒至らば 勅に準ぜよ。故に牒す。

*広徳二年十月十九日(*牒す)

中書侍郎平章事杜鴻漸

中書侍郎平章事元載

黄門侍郎平章事王 使

検校侍中李 使

検校右僕射平章事 使

*大尉《たいい》兼中書令 使

また集の第二巻に云く、*降誕の日、僧五人を度せんことを請ふの 制一首

*行者畢数延。年五十五 〈*州貫なし。*梵本賢護三昧経一部を誦し、幷に諸の*陀羅尼を誦す。法名慧達として、*荘厳寺《しょうごんじ》に住せんことを請ふ。〉

(長安志十・両京新記三)。

祖 祖父。

師資 師と弟子の関係をもつこと。

戒行 受戒したものが、戒に随って身口意の三業をおさめること。

器 法器。教法を信受する能力。

跡は私名を冒す 出家しても官府の許しを受けぬため、私の法名を用いていること。

正度 私度に対す。官に認められた得度。中国では得度は古くは自由であったが、僧数が増すに及び、僧籍を設け、得度者には度牒を授け、私度を禁じた(魏書釈老志・仏祖統記)。

宣付 命令を下すこと。

広徳二年 七六四年。

牒す 底本「牒」字なし。唐の牒式に従って補う。

大尉 後漢以来の官名。三公の一。武事を掌る。

降誕の日… 正蔵五二、八三五c。

行者 仏道を修行するもの。

州貫 戸籍の貫付された州。本籍地。以下五人「州貫」なきは外国人か。

梵本賢護三昧経 不詳。→補

陀羅尼 →補

荘厳寺 →補

行者康守忠。年四十三〈州貫なし。経一百二十紙を誦し、并に諸の陀羅尼を誦す。法名慧観として、*東京《とうけい》*広福寺の*大弘教《だいぐきょう》三蔵毘盧遮那院に住せんことを請ふ。〉

行者畢越延。年四十三〈州貫なし。*梵本楞伽経《りょうがきょう》一部を誦し、*金剛般若経并に諸の陀羅尼を誦す。法名慧日として、荘厳寺に住せんことを請ふ。〉

童子石恵璨。年二十〈州貫なし。*梵本大孔雀王経一部を誦し、*随求《ずいぐ》陀羅尼《だらに》并に経を誦す。法名慧広として、*西明寺《さいみょうじ》に住せんことを請ふ。〉

童子羅詮。年十五〈州貫なし。*梵本出生無辺門経を誦し、随求陀羅尼呪并に経を誦す。法名慧《え》儁《しゅん》として、西明寺に住せんことを請ふ。〉

右特進試鴻臚卿大興善寺三蔵沙門大広智不空奏す。前件の行者・童子等、並に*素稟調《そひんじょう》柔《じゅう》にして、*器性淳確《きしょうじゅんかく》なり。経戒に服勤《ふくごん》し真言を諷誦す。志、出家し精修して国に報ぜんことを期す。今降誕の日に因つて、度して僧となし、各《おのおの》前件の寺に配住せんことを請ふ。冀《ねが》はくは福 聖寿を資《たす》け、地久天長ならんことを。

中書門下　大広智不空に　牒す

牒す。　勅を奉ずるに、よろしく依るべしと。牒至らば　勅に準ぜよ。故に牒す。

大暦二年十月十三日牒す

中書侍郎平章事元載

黄門侍郎平章事杜鴻漸

黄門侍郎平章事王縉

東京　洛陽。

広福寺　洛陽の古寺。金剛智はここに没した(宋高僧伝巻一)。

大弘教三蔵毘盧遮那院　大弘教三蔵は金剛智の諡号。金剛智は大暦三年六月広福寺の塔院に僧を置き、真言の経典を学ばしめた(宋高僧伝巻一)。

梵本楞伽経　ランカアヴァターラ・スートラ。漢訳は四訳ある。八識等を説く。

金剛般若経　羅什訳等四訳ある。正蔵八所収。

梵本大孔雀王経　マハーマーユーリー・スートラ。密教経典。→補

随求陀羅尼并に経　→補

西明寺　→補

梵本出生無辺門経　アナンタムクハ・ダーラニー。密教経典。→補

素稟調柔　生れつき温和。

器性淳確　器量と性質が素直で確か。

先師竜門の塔所を…　表制集巻二(正蔵五二、八三六a)。先師は善無畏(→一七八頁補)。竜門は洛陽の南。塔所は葬所。

掃灑　掃除(はいて水をそそぐ)。

故開府儀同三司大弘教三蔵　善無畏の諡号。開府儀同三司は三公に同列の位。開府は、漢代に始まり、特に役所を開いてその属官となす意。儀同三司は、儀制が三公に同じの意。

鄭州　河南省。

身は籍なし　出家して戸籍から本人の籍をぬいているのであろう。

兵部尚書平章事李　使

検校侍中李　使

検校右僕射平章事　使

中書令　使

*先師竜門の塔所を*掃灑《そうさい》するの僧を度せんことを請ふの　制一首

東京《とうけい》竜門*故《こ》開府《かいふ》儀《ぎ》同三司《どうさんし》大弘教三蔵の塔所に掃灑する無名僧慧恒。年四十六〈俗姓は張、名は景芝、貫は*鄭《てい》州栄陽県檀山郷安信里。父の懐道戸をなす。*身は籍なし。*菩薩戒経一巻を誦し、*声聞戒一巻を誦し、法華経一部を誦し、念誦を業となす。河南府広福寺毘盧遮那塔院に住し、幷に竜門塔所に向ひて往来して掃灑せしめん。〉

当院行者趙元及。年三十五〈貫は京兆府雲陽県竜雲郷修徳里。父の貞観戸をなす。身は籍なし。法華経一部を誦し、維摩経一部を誦し、菩薩戒経一巻を誦し、金剛経一巻を誦し、*薬師経一巻を誦し、*阿弥陀経一巻を誦し、金光明経四巻を誦し、*無常経一巻を誦し、*盂蘭盆経一巻を誦す。*保寿寺に住せしめ、法名は慧翷《えりん》とせん。〉

行者田栄国。年三十三〈貫は京兆府万年県積福郷積徳里。父の懐常戸をなす。身は籍なし。大随求真言を誦し、*尊勝陀羅尼を誦し、阿弥陀経を誦し、法華経一部を誦す。*総持寺に住せしめ、法名は慧濬《えしゅん》とせん。〉

童子李宝達。年十三〈貫は京兆府照応県故畳郷修文里。父の守信戸をなす。法華経両巻を誦し、大随求真言を誦し、*理趣般若経を誦す。大興善寺に住せしめ、法名は慧正とせん。〉

菩薩戒経一巻　梵網経(下巻の菩薩戒本として用いられた部分)を指すか、瑜伽戒本を指すか、不明。また、失訳の菩薩戒経一巻があったという(出三蔵記巻四、その他)。

声聞戒一巻　四分律比丘戒本か。

薬師経　薬師瑠璃光如来本願功徳経。一巻。玄奘訳。正蔵一四所収。他に、四訳または五訳あり。中国撰述説もある。薬師如来の十二大願と種々の功徳、仏名を唱える利益を説く。

阿弥陀経　一巻。羅什訳。正蔵一二所収。

無常経　一巻。義浄訳。正蔵一七所収。葬送に読誦する経典。

盂蘭盆経　一巻。竺法護訳。正蔵一六所収。目連の願により、僧の自恣の七月十五日を以て、七世及び現世の亡父母のために、百味の飯食をそろえ、燃燈して十方の僧に供養すれば、亡父母らの死後の苦しみが救われることを説いた経典。

保寿寺　長安の古寺。天宝九年(七五〇)建立(長安志八)。

尊勝陀羅尼　仏頂尊勝陀羅尼、延寿陀羅尼といい、尊勝仏頂尊の内証功徳等を説いた陀羅尼。罪障消滅、寿命増長等、無量の功徳ありという。

総持寺　長安の古寺。隋大業元年(六〇五)、煬帝、父文帝のために建立。はじめ禅定寺と名づけ、荘厳寺の西半にあり、武徳元年(六一八)総持寺と改めた(長安志十・両京新記三)。

右特進試鴻臚卿大興善寺三蔵沙門大広智不空奏す。前件の無名の僧等、先に嘗て*故大和上に奉事し、香火に服勤すること、積みて歳年あり。志性柔和、堅固にして、懈《おこた》ることなし。請ふ、正名を与へ、便ち*塔の額を送りたまへ。彼れに住せしめて掃灑せん。冀はくは*罔極《もうごく》を終へ、師資を展ぶることを獲ん。行者・童子等、並に久しく真言を習ひ、兼ねて経典を誦す。本院を離れずして、業《ごう》已に成就す。伏して乞ふ、度を与へて修持《しゅじ》を励ましめたまへ。

中書門下　大広智不空に牒す

牒す。　勅を奉ずるに、よろしく依るべしと。牒至らば　勅に準ぜよ。故に牒す。

大暦三年六月十三日牒す

中書令元*仮

*門下杜王　同上

*降誕の日、三僧を度せんことを請ふの　制一首

中書門下　大広智不空に牒す

羅文成。年三十八　〈貫は*土火羅《とから》国、金剛般若経を誦し、*起信論を誦し、菩薩戒経を誦す。法名慧弘として、西明寺に住せしめん。〉

羅伏磨。年四十五　〈*宝応功臣*武校尉*守右羽林軍大将*員試*太常卿*上柱国賜紫金魚袋。貫は涼州天宝県高亭郷。法名慧成として、*化度寺に住せんことを請ふ。〉

童子曹摩訶　〈貫は京兆府万年県安寧郷永安里。父戸をなす。法華経一部を誦す。法名慧順とし

理趣般若経　密教経典。くわしくは大楽金剛不空真実三摩耶経般若波羅蜜理趣品。不空訳。他に五訳あり。智法身大日如来の般若理趣清浄の説法をしるす。

故大和上　善無畏(→一七八頁補)。

塔の額を…　ここは善無畏の塔所の額を乞うているのであるが、表制集巻二に、謝御題先師塔額並設斎表(大暦三年六月十三日)が見える。

罔極を終へ　きわまりなき(罔極)師恩に報いることを全うして。

仮　休暇で署名せず。

門下　門下省の侍中(長官)。

降誕の日…　表制集巻二(正蔵五二、八三六c)。

土火羅国　覩火邏。東はパミール、西はヒンドゥクシュ、北は鉄門に接し、アム河が中境を西流する。大夏の故地。西域記当時は二十七国に分れ、突厥に役属していた。

起信論　大乗起信論。真諦訳。如来蔵縁起を説く。中国作説あり。正蔵三二所収。

宝応　唐、代宗の年号(七六二—七六三)。

武校尉　武職の散官。位は将軍に次ぐ。

守右羽林軍　守は、位低く官高きを示す。羽林軍は、禁衛で、左右ある。

員試　員外官。

太常卿　宗廟・礼儀を掌る官名。

上柱国　大功ある者に与えられる勲

て、千福寺に住せんことを請ふ。〉

牒す。　勅を奉ずるに、よろしく並に度を与へて前件の寺に配住せしむべしと。牒至らば　勅に準ぜよ。故に牒す。

大暦三年十月十三日牒す

中書侍郎平章事元載

門下侍郎平章事杜鴻漸

門下侍郎平章事王縉

兵部尚書平章事李　使

*司徒兼中書令　使

謹んで唐の制を案ずるに、ただその実を勘へて政を欺くことを許さず。ただその修*を仰ぎてその籍を勘へず。未度*の前、大戒を受くることを許し、僧家の交りは平等に修せしめ、外は王家に順じ、内は仏法を修す。修学の道を開し、犯戒の類を制す。清浄の出家、これ尤も行ずべし。誠に願はくは、天台一家の年分の二人は一ら《もはら》唐の法に順じ、実に依つて妄を卻《しりぞ》けんことを。然るときは則ち、清浄の度者、山林に乏しきことなく、*済苦《さいく》の用僧、*華《け》夏《か》に余りあらん。

天竺、*記籍《きしゃく》を立てず、また僧統*なきの明拠を開示す　五十二

謹んで新旧《しんく》両本の仁王護国般若経の下巻を案ずるに、云く、大王*、未来世の中、一切の

官のうち最も高きもの。

賜紫金魚袋　唐代、三品以上の百官は紫衣を服したが、それに及ばぬ者に紫を賜うことがあり、金魚袋(符契)をも兼ね賜わったので、賜紫金魚袋という。

化度寺　長安の古寺。隋の左僕射斉国公高熲、開皇三年(五八三)自らの宅を寺となし、真寂寺とした。信行禅師、来たってここに住したので、三階教の中心となるに至った。武徳二年(六一九)化度寺と改めた(長安志十・両京新記三)。

司徒　官名。三公の一。礼教を以て民を導くことを掌る。

修　修行の実績。

未度　正度を受ける前。

済苦の用僧　衆生を救うはたらきのある僧。菩薩僧を指す。

華夏　中国で自国を指していう。華は文化、夏は中国の意。ここは日本を指すか。

記籍を立てず　→補

僧統　→一九頁補

大王…　仁王般若波羅蜜経嘱累品の文(正蔵八、八三三c)。

国王、太子、王子、*四部の弟子、横《ほしいまま》に仏弟子に*書記制戒を与ふること*白衣《びゃくえ》の法の如くし、*兵奴《へいぬ》の法の如くせん。もし我が弟子、比丘・比丘尼、籍を立てて官のために使はるるは、都《すべ》て我が弟子に非ず。これ兵奴の法なり。統官を立て僧籍を摂して、大小の僧統、共に相ひ摂縛《しょうばく》し、獄囚の法・兵奴の法の如くせば、その時に当りて仏法久しからずと。〈已上、羅什三蔵訳する所の*旧本《くほん》なり。〉

*大王、未来世の中、一切の国王、王子、大臣、我が弟子の与《ため》に横に記籍を立て、*官典主を設けて、大小の僧統、非理に役使せば、まさに知るべし、その時、仏法久しからずと。〈已上、不空三蔵訳する所の*新本なり。〉

謹んで即ち仁王経を*翻ずる沙門良賁《ろうひ》師、詔を奉じて造る所の仁王経疏の下巻を案ずるに、云く、*西国の出家は記籍を立てず、また主司なし、僧中の統摂、悉く皆なしと。〈已上疏の文〉

誠に願はくは、*法華の一宗、*天台の両人、*仏国《ぶっこく》の法に依つて、僧籍を立てず、統摂に預らず、叡山に安置して修学することを得しめたまへ。それ*大唐の新任に左功徳使《さくどくし》あり、右《う》功徳使あり。今すべからく右功徳使を差《つかわ》して四時に検校《けんぎょう》せしむべし。その出身の法、一《もは》ら*大学の本籍を除かず、階を加へて学を勧むるに同じくせん。*袈裟を妻子に制し、濃業を俗家に断じ、一十二年、山林に修せしめ、その業を得るに随ひて、まさに進退を定めんとす。もし制に違することあらば、袈裟衣《けさえ》を脱して在家の士となさん。

四部　→六一頁注「四部の衆」

書記制戒　文書やいましめ。

白衣　俗人。

兵奴　軍隊と奴隷。

旧本　→九〇頁「仁王経」補

大王…　仁王護国般若波羅蜜多経嘱累品の文(正蔵八、八四四c)。

官典主　担当官。

新本　→九〇頁「仁王経」補

翻ずる　翻訳する。

西国の出家は…　仁王経疏巻下三の文(正蔵三三、五二三b)。

法華の一宗　天台宗。くわしくは天台法華宗。

天台の両人　天台年分度者二人。

仏国　インド。

大唐の新任に…　中国では貞元年間(七八五―八〇五)以後、左右街大功徳使を置き僧尼の籍を総べたことが、唐書百官志注に見える。また僧史略巻中(正蔵五四、二四五c)参照。

大学　令制では都に大学を置き、五位以上の子弟、東西史部の子、年十三以上、十六以下の者を、就学せしめた(学令)。

袈裟を妻子に制し…　顕戒論闡幽記に「妻子を袈裟に制し、俗家を濃業に断じ」の写倒であろうという。袈裟を着て妻子と離れ、功徳の濃き業のために俗家を離れるの意か。

*宮中の出家、清浄に非ざるの明拠を開示す 五十三

僧統奏して曰く、何を以てか宮中の出家清浄に非ざると。〈已上奏の文〉

論じて曰く、宮中の功徳これ清浄なりと雖も、而も出家の度者、未だ尽《ことごと》くは清浄ならず。*乃ち山家の度者にして山林を愛せず、競ひて追求《ついぐ》を発することあり。已に本宗に背きて*貧里に跉跰《りょうびょう》し、また真如を顧みず、*後報を畏れず、身のために財を覓《もと》め、名のために交を求む。如来の遺教《ゆいきょう》、これに因つて沈隠し、正法の神力《じんりき》、亦復《またまた》顕はれ難し。もしその風を改めずんば、正道まさに絶えんとす。もし清浄を求めずんば、災を排ふに由なからん。この故に、*五台山の五寺は永く山に出家を置き、*興善寺の両院は常に国のために経を転ずることを立つ。未度の前、山に住して*諳練《おんれん》し、已度の後、住すること十二年、これあに清浄に非ずや。

入音声慧法門の明拠を開示す 五十四

僧統奏して曰く、凡そ*犯戒の比丘は、世尊、授戒の師となることを聴《ゆる》さず。今誰れか山にありて大戒を授くべけんと。〈已上奏の文〉

論じて曰く、*挙《こ》足《そく》下《げ》足《そく》、聖人知り難し。これ犯これ持、*小聖何ぞ判ぜん。万里に師を求めて仏戒を受く。山に住して伝授するに何の不可かあらん。*僧統の密懐《みっかい》已に天上に達す。誰れの真の仏子か*忍鎧《にんがい》を著《じゃく》せざらん。*音声慧《おんじょうえ》に入るは今正《まさ》しくこの時なり。誠に願はくは、*知音の君子、同じく*この門に入らんことを。

宮中の出家 当時の年分度者は毎年正月の宮中御斎会のあと、宮中で得度出家する例であった(一一二頁七行以下参照)。

山家の度者にして… 大同二年より弘仁九年に至る天台年分度者で、山を出て他に行くものの多いこと(一六〇頁・一九一頁参照)。

貧里に跉跰す 仏法なき里に逃げて行く。

後報 今生につくった(悪)業により、来世で受ける(悪)果報。

五台山の五寺 一一三頁七行参照。

興善寺の両院 →九四頁注「両院」

諳練 よくなれること。熟練。

犯戒の比丘は… 九六頁一六行以下参照。

挙足下足… 聖人といえども挙動の一々を知り難い。

小聖 小乗の聖人。

僧統の密懐 山家の大戒を破ろうとのひそかな意図。

忍鎧 忍辱。忍辱は一切の外難を防ぐ故、鎧に喩える。

音声慧に入る 音声が空であると悟る智慧に入る。次の「諸法無行経」の引用文参照。

知音 音声の空を知る。

この門 入音声慧法門。

謹んで*諸法無行経の下巻を案ずるに、云く、*その時、華戯慧《けけえ》菩薩、仏に白《もう》して言《もう》さく、世尊、願はくは入音声慧の法門を説きたまへ。当来の菩薩をして、かくの如きの法を聞きて驚かず怖れず、また*一切音声の究竟の性を知りて疑はず悔いず、諸の音声において障礙する所なからしめんと。

仏言《のたま》はく、止《や》みなん、止みなん、この事を問ふことを用ひることをなさんや。この入音声慧の法門はまさに*新発意《しんぼっち》の菩薩の前において説くべからず。所以はいかん。新発意の者は解すること能はず、知ること能はず、思ふこと能はず。もし菩薩摩訶薩、この音声慧法門に入らば、仮使《たと》ひ人ありて恒河沙劫において悪口罵詈《あくくめり》し誹謗毀呰《きし》すとも、この人は恚恨《いこん》を生ぜず。もし人、恒河沙劫において一切の楽具を以て供養すとも、*愛心を生ぜず。譬へば、漏尽の阿羅漢は一切の愛処に愛心を生ぜず、一切の瞋処に瞋心を生ぜざるが如し。善男子、この音声慧の法門に入る菩薩は、*利衰毀誉称譏苦楽《りすいきよしょうきくらく》等の八法において、已に過ぎて心傾動《きょうどう》せざること、譬へば須弥山王の如しと。

その時、華戯慧菩薩、復た仏に白して言さく、願はくは必ず為めに入音声慧の法門を説きたまへ。当来の菩薩、この法門を聞くことを得ば、まさに自ら過咎を知るべし。また余人を教へんと。

その時、仏、華戯慧菩薩に告げたまはく、善男子、汝今諦かに聴け。善くこれを思念せよ。まさに汝がために説くべしと。*ただ然《しか》なり。世尊、願はくは聞かんことを楽欲《ぎょうよく》すと。

仏、華戯慧菩薩に告げたまはく、もし菩薩、貪欲の音声を聞きて*過罪の想を生じ、離貪

諸法無行経　→一〇七頁注

その時…　正蔵一五、七兲a。

一切音声…　音声については、インドでミーマーンサ派が、ヴェーダの声の常住を説き、仏教でも、六根中、耳根が最もすぐれ、音声によって仏道に入るのが最も近道であるとする、音声仏事をなすものがあった。諸法無行経ではその音声が空なることを説く。

新発意　初発心。新たに道心をおこして仏道に入ること。

愛心　執着心。

利衰毀誉称譏苦楽　八風ともいう。利(利得)・衰(損失)・毀(かげでそしる)・誉(かげでほめる)・称(面前でほめる)・譏(面前でそしる)・苦・楽の八は、人の心を煽動するから、八風とも八法ともいう。

ただ然なり　以下「楽欲す」までは菩薩の言葉。この上に脱文あるか。

過罪の想　悪いことをしたと思うこと。

欲の音声を聞きて利益の想を生ずるは、即ちこれ仏法を学せず。もし瞋恚の音声を聞きて過罪の想を生じ、離瞋恚の音声を聞きて利益の想を生ずるは、即ちこれ仏法を学せず。もし*愚癡の音声を聞きて過罪の想を生じ、離愚癡の音声において利益の想を生ずるは、即ちこれ仏法を学せず。もし少欲の音声において喜想を生じ、多欲の音声において*閡想《がいそう》を生ずるは、即ちこれ音声法門を行ぜず。知足の音声において喜想を生じ、不知足の音声において閡想を生ずるは、即ちこれ音声法門を行ぜず。もし*細行の音声において喜想を生じ、麤行の音声において閡想を生ずるは、即ちこれ音声法門を行ぜず。もし楽静の音声においては則ち喜び、*憒閙《かいどう》の音声においては則ち閡とするは、即ちこれ仏法を学せず。もし忍辱の音声において利益の想を生じ、瞋恚の音声において閡想を生ずるは、即ちこれ仏法を学せず。もし精進の音声において利益の想を生じ、懈怠《けだい》の音声において閡想を生ずるは、即ちこれ仏法を学せず。禅定の音声において利益の想を生じ、散乱の音声において閡想を生ずるは、則ち仏法を学せず。智慧の音声において利益の想を生じ、愚癡の音声において閡想を生ずるは、則ち仏法を学せず。もし*近道《こんどう》の音声においては則ち喜び、遠道の音声においては則ち閡とするは、音声法門を学せず。*生死《しょうじ》において過咎《かく》を見、涅槃において利益を見るは、則ち音声法門に入らず。*彼岸《ひがん》においては則ち喜び、*此岸《しがん》においては則ち閡とするは、則ち音声法門を学せず。聚落の音声において閡想を生じ、*空閑《くうげん》の音声において喜想を生ずるは、則ち音声法門を学せず。もし独行の音声において喜想を生じ、衆行の音声において閡想を生ずるは、則ち音声法門を学せず。比丘所行の音声において喜想を生じ、白衣

愚癡　癡。仏教で煩悩の一にかぞえ、心が闇くて的確な判断を下せず迷いまどう心理作用。

閡想　礙想。さまたげとなると思うこと。

細行　こまやかなおこない。

憒閙　みだれさわがしい。

近道　仏道に親近なること。

生死　梵語サンサーラの訳。輪廻とも訳す。前業の報いによって六道の迷界を生れかわり死にかわり輪廻すること。涅槃に入ればこの輪廻のわだちが断ちきられる。

彼岸　涅槃(悟り)の世界。迷の此岸より渡った彼方の悟りの世界。梵語パーラミター(波羅蜜)の訳で、到彼岸ともいう。

此岸　生死の世界。迷妄の生存。

空閑　人里はなれて静かなこと。

所行の音声において礙想を生ずるは、則ち音声法門を学せず。*有威儀《ういぎ》においては則ち喜び、無威儀においては則ち礙とするは、則ち仏法を学せず。清浄の行においては則ち喜び、不清浄の行においては則ち礙とするは、則ち仏法を学せず。*不雑行《ふぞうぎょう》においては則ち喜び、雑《ぞう》行《ぎょう》においては則ち礙とするは、則ち仏法を学せず。離欲の行においては則ち喜び、婬欲の行においては則ち礙とするは、則ち仏法を学せず。離瞋の相においては則ち喜び、瞋相においては則ち礙とするは、則ち仏法を学せず。離癡の相においては則ち喜び、癡相においては則ち礙とするは、則ち仏法を学せず。*空《くう》においては則ち喜び、*有《う》においては則ち礙とするは、則ち仏法を学せず。*無相《むそう》においては則ち喜び、*有相《うそう》においては則ち礙とするは、則ち仏法を学せず。*無作《むさ》においては則ち喜び、*有作《うさ》においては則ち礙とするは、則ち仏法を学せず。菩薩の行においては則ち喜び、*声聞・*辟支仏の行においては則ち礙とするは、則ち仏法を学せず。もし菩薩の過咎を説かば、則ち阿耨多羅三藐三菩提に遠ざかり、また業障《ごっしょう》の罪を受く。もし菩薩の威儀の過罪を説かば、則ち阿耨多羅三藐三菩提に遠ざかる。もし菩薩、他の菩薩において*下想を生じ、己れにおいて勝想を生ずるは、則ち自ら傷《そこな》ふとなし、また業障の罪を受く。もし菩薩、余の菩薩を教へんと欲せば、まさに仏想を生じて、然る後にこれを教ふべし。菩薩、もし阿耨多羅三藐三菩提を捨てざらんと欲せば、まさに心を生じて余の菩薩を軽恚《きょうい》すべからず。善男子、功徳を滅失すること、余の菩薩を軽恚する者に如《し》くことあることなし。この故に、菩薩、もし功徳善根を守護し、また一切法の中において*無障礙慧《むしょうげえ》を得んと欲せば、まさに昼夜各三時に一切の仏道を求むる菩薩を礼すべ

有威儀　起居動作が規律にかない威厳あること。

不雑行　まじりけのない純粋な行。

空　我々が普通にありとする一切のものは、種々の条件が相よって起っているのであって(縁起生)、実体や本体とすべきものはなく、真実には絶対平等、不可得であるということ。

有　空に対す。一切のものは実体として有りとすること。

無相　形相をこえた絶対平等の空のすがた。

有相　相対的差別的な存在のすがた。

無作　因縁によって作られた(縁起)のではないこと。無為。空であること。

有作　作相を認めること。

声聞　→三〇頁補

辟支仏　→七七頁注

下想　軽んずる考え。勝想(まされりとする考え)に対す。

無障礙慧　一切のものにおいてさわりなく通達することのできる智慧。

しと。

その時、文殊師利法王子、仏に白して言さく、世尊、我れ仏の所説の義を知るが如きは、貪欲の音声と仏の音声と等しくして異なりあることなし。瞋恚の音声と仏の音声と等しく、愚癡の音声と仏の音声と等しく、外道の音声と仏の音声と等しく、少欲の音声と多欲の音声と等しく、知足の音声と不知足の音声と等しく、細の音声と麤の音声と等しく、*楽独《ぎょうどく》の音声と楽衆《ぎょうしゅ》の音声と等しく、此岸の音声と彼岸の音声と等しく、遠の音声と近の音声と等しく、生死の音声と涅槃の音声と等しく、聚落の音声と空閑の音声と等しく、布施の音声と慳貪の音声と等しく、持戒の音声と毀戒の音声と等しく、忍辱の音声と瞋恚の音声と等しく、精進の音声と懈怠の音声と等しく、禅定の音声と乱意の音声と等しく、智慧の音声と愚癡の音声と等しと。


その時、華戯慧菩薩、文殊師利法王子に問ふ、何の因縁を以ての故に皆な等しきと。

文殊師利言く、*天子、天子、意において云何。貪欲の音声は何者をこれとなすと。

天子言《もう》さく、この貪欲の音声は空なること*響法の如しと。

文殊師利言く、汝、仏の音声を知ること、亦復《またまた》云何と。

天子言さく、空を出でず、また響法の如しと。

文殊師利言く、この因縁を以ての故に、我れ*二の音声皆なこれ*平等なりと説くと。〈已上経の文〉

明らかに知んぬ、*平等大慧音声の法門は*八風の中の大須弥山、五濁の世の*大明法炬《だいみょうほうこ》なる

楽独　ひとりをたのしみねがう。

天子　華戯慧菩薩を指していう。
響法　音声の空なることを、ひびきが来たって消えてゆくのに喩える。
二の音声　貪欲の音声と仏の音声。
平等　差別の相をこえた空をいう。
平等大慧音声の法門　一切平等の空般若の立場にたてば、あらゆる音声は差別なく空なることをさとること。
八風の中の大須弥山　大智度論巻十七に「若八方風起、不能令須弥山動」(正蔵二五、一八八b)とあり、八方より風おこるとも須弥山の動ぜぬことをいう。
大明法炬　大変明るい法のたいまつ。

ことを。

未だ音声(*慧)法門に入らざれば障礙の罪を犯ずるの明拠を開示す 五十五

謹んで諸法無行経の下巻を案ずるに、云く、*その時、仏、文殊師利に告げたまはく、汝、先世に*初発意地《しょほっちじ》に住して、未だかくの如きの諸の法相に入らざる時、何の障礙の罪を起すとなさん。汝今これを説け。当来世の中、*仮名《けみょう》の菩薩は汝が説く所の障礙の罪を聞きて、まさに自ら守護すべしと。

文殊師利、仏に白して言さく、ただ然なり。世尊、我れまさに自ら障礙《しょうげ》の罪を説くべし。これを聞く者まさに憂怖《うふ》あるべしと雖も、然もそれ能く障礙の罪を滅し、また一切法の中において*無閡慧《むがいえ》を得ん。世尊、乃往過去、*無量無辺不可思議阿僧祇劫、その時、仏あり、師子吼鼓音王如来*応供正徧知明行足善逝世間解無上士調御丈夫天人師仏世尊と号す。その仏の寿命は*十万億那由他歳なり。*三乗の法を以て衆生を度す。国を千光明と名づく。その国の樹木は皆な七宝をもつて成ず。その樹、皆なかくの如き法音を出だす。いはゆる空音・無相音・無作音・*無生音《むしょうおん》・*無所有音・*無取相音なり。この諸法の音を以て、衆生をして道を得しむ。

その師子吼鼓音王仏の初会の説法に、九十九億の声聞の弟子、皆な阿羅漢を得たり。諸漏已に尽きて、諸の*重担《じゅうたん》を捨て、己利《こり》を逮得《たいとく》して、諸の*有結を尽し、正智を以て解脱を得。菩薩衆もまた九十九億あり。皆な*無生法忍《むしょうぼうにん》を得、能く善く種種の法門に入り、若干《にゃくかん》百千万

慧　底本なし。目次の標題によって補う。

その時…　正蔵一五、七五六c。

初発意地　初発心の菩薩は、菩薩の階位中、はじめの十信位にある。

仮名の菩薩　→八九頁補

無閡慧　無礙慧。→一四二頁注「無障礙慧」

無量無辺不可思議阿僧祇劫　数えることも思いはかることもできぬ長い時間。

応供…世尊　如来の十号。→一二五頁補

十万億那由他歳　極めて多くの歳の意。

三乗　声聞・縁覚・菩薩。

無生　あらゆるものの本質は実体なく空であるから、生ずるという変化もないこと。

無所有　あらゆるものは空であるから、決定された存在性(自性)を求めても得られぬこと。

無取相　空の故に相(すがた、属性)を求めとることもできないこと。

重担　煩悩のこと。衆生がになうものであるからいう。

有結　煩悩のこと。有(迷の生存)に結びつけるものという意。

無生法忍　→六六頁注「無生忍」

無余涅槃　→一〇七頁注

億の諸仏に親近《しんごん》し供養す。また若干百千万億の諸仏のために称歎せられ、能く若干百千万億無量の衆生を度し、能く無量の陀羅尼門を生じ、能く無量百千万億の三昧門を起す。及び余の新たに菩薩意を発する者は、称《あ》げて数ふべからず。その仏の国土の無量の荘厳《しょうごん》は説けども尽すべからず。彼の仏、世に住して教化《きょうけ》すること已に訖《おわ》りて、*無余涅槃に入りたまふ。滅度の後、法住すること六万歳にして、諸樹の法音皆な復《ふたた》び出でず。

その時、菩薩の比丘あり。名づけて喜根と曰ふ。時に法師となり、質直端正《しちじきたんしょう》にして威儀を壊せず、*世法を捨てず。その時、衆生、普く皆な利根にして、深論《じんろん》を聞かんことを楽《ねが》ふ。その喜根法師、衆人の前において少欲知足・細行独処を称讃せず、ただ衆人に*諸法実相を教ふ。*いはゆる一切の*法性《ほっしょう》即ちこれ貪欲の性、貪欲の性即ちこれ諸法の性、瞋恚の性即ちこれ諸法の性、愚癡の性即ちこれ諸法の性なりと。その喜根法師、この方便を以て衆生を教化す。衆生の行ずる所、皆なこれ*一相にして、各《おのおの》互に相ひ是非せず。行ずる所の道心に瞋礙《しんげ》なく、瞋礙なきの因縁を以ての故に、疾く法忍《ほうにん》を得、仏法の中において決定《けつじょう》して壊《え》せず。

世尊、その時、復た比丘法師あり、菩薩の道を行ず。名づけて勝意と曰ふ。その勝意比丘は禁戒を護持して、*四禅・*四無色定を得、*十二頭陀《ずだ》を行ず。世尊、この勝意比丘に諸の弟子あり。その心軽動《きょうどう》にして、他の過を見んことを楽《ねが》ふ。

世尊、後に一時において、勝意菩薩は聚落に入りて*乞食《こつじき》し、誤りて喜根の弟子の家に至り、*舎主居士《こじし》を見て、即ちその所に到りて、座を敷きて坐し、居士子のために少欲知足

世法 世諦の法。世間の法で、第一義諦(→一一七頁注)に対す。
諸法実相 →一〇五頁注
いはゆる… 法性を離れて貪欲・瞋恚・愚癡の煩悩なく、その本性は空一相で、しかも貪欲等がそのまま法性であることをいう。煩悩即菩提というのに類する。
法性 法の体性。宇宙のすべての現象が有している真実不変の本性。
一相 本質において相は絶対平等であること。
四禅 →一〇七頁注
四無色定 →一〇七頁注
十二頭陀 頭陀(→一〇七頁注)は、十二条項をたてるが、㈠在阿蘭若処(人里はなれた静かな場所に住む)、㈡常行乞食、㈢次第乞食(乞食するのに家の貧富を選ばない)、㈣受一食法(一日一食)、㈤節量食、㈥中後不得飲漿(中食以後は漿を飲まない)、㈦著弊衲衣(廃物で作った衣を着る)、㈧但三衣(三衣以外を所有しない)、㈨塚間住(墓場に住む)、㈩樹下止、(十一)露地坐(空地に坐る)、(十二)但坐不臥(常に坐る)。
乞食 托鉢。鉢をもって町などをめぐりあるき、ほどこしの食を貰うこと。出家者の生活手段で、その方法には厳重な規律があった。頭陀行中には常行乞食、次第乞食がある。
舎主居士 家の主人である居士。居士は在家で仏道に志すもの。

の細行を称讃し、*無利語の過を説き、衆を遠ざけて独行を楽《ねが》ふ者を讃歎す。また居士子の前において喜根法師の過失を説く。*この比丘は実ならず、邪見の道を以て衆生を教化す、これ雑行の者なり、婬欲に障礙なく、瞋恚に障礙なく、愚癡に障礙なく、一切諸法皆な障礙なしと説けばなりと。

この居士子、利根にして*無生法忍を得たるが、即ち勝意比丘に語《つ》ぐ、大徳、汝、貪欲はこれ何の法となすと知るやと。

勝意言く、居士、我れ貪欲これ煩悩なりと知ると。

居士子言く、大徳、この煩悩は内にありとなさんや、外にありとなさんやと。

勝意言く、*内にあらず外にあらずと。*大徳、もし貪欲の、内にあらず外にあらず、東西南北、*四維《しゆい》上下十方にあらずんば、即ちこれ無生なり。もし無生ならば、云何ぞ、もしは垢《く》、もしは浄ならんと。

その時、勝意比丘、瞋恚して喜ばず、座より起去《きこ》してかくの如き言を作す、この喜根比丘は*妄語の法を以て多く衆人を惑はすと。

この人、入音声法門を学せざるを以ての故に、仏の音声を聞きては則ち喜び、外道の音声を聞きては則ち瞋《いか》り、梵行の音声においては則ち喜び、非梵行の音声においては則ち瞋る。入音声法門を学せざるを以ての故に、浄音声においては則ち喜び、垢音声においては則ち瞋る。入音声法門を学せざるを以ての故に、*道果《どうか》の音声においては則ち喜び、凡夫の音声においては則ち礙とす。入音声法門を学せざるを以ての故に、楽音声においては則ち

無利語　利益することのない言葉。

この比丘　喜根法師。

無生法忍　→六六頁注「無生忍」

内にあらず外にあらず　煩悩の本性の空不可得なるをいう。

大徳　以下「浄ならん」まで「居士子」の言葉。「大徳」の上に「居士子言」の四字脱か。

四維　西北・西南・東北・東南。

妄語　いつわりの言葉。戒律にいましめて、小乗律では四波羅夷罪の一、大乗戒でも重罪とする。

道果　道は菩提、果は涅槃。涅槃は菩提の道によって証せられるから果という。

喜び、苦音声においては則ち礙とす。入音声法門を学せざるを以ての故に、出家の音声においては則ち喜び、在家の音声においては則ち礙とす。入音声法門を学せざるを以ての故に、出世間の音声においては則ち喜び、世間の音声においては則ち礙とす。入音声法門を学せざるを以ての故に、布施においては則ち利想を生じ、*慳《けん》においては則ち礙想を生ず。仏法を学せざるを以ての故に、持戒においては則ち利想を生じ、毀戒においては則ち礙想を生ず。

この勝意比丘、その舎《や》を出で已りて、還りて所止に到るにおいて、衆僧の中に喜根菩薩を見、衆人に語《つ》げて言く、この比丘は多く虚妄邪見を以て衆生を教化す。いはゆる婬欲は障礙に非ず、瞋恚は障礙に非ず、愚癡は障礙に非ず、一切法は障礙に非ずと。

その時、喜根菩薩、この念を作《な》す、この比丘、今必ずまさに障礙の罪業を起すべし、我れ今まさに為めにかくの如きの深法を説き、乃至*菩提の道法を修助する因縁と作さしむべしと。

その時、喜根菩薩、衆僧の所においてこの諸偈を説く。

*貪欲これ涅槃　恚癡《いち》もまたかくの如し
かくの如きの*三事の中に　無量の仏道あり
もし人ありて　貪欲瞋恚癡を*分別せば
この人仏道を去ること　譬へば天と地との如くならん
菩提と貪欲と　これ一にして二に非ず

慳　ものおしみすること。煩悩の一に数える。

菩提の道法　涅槃を実現する智慧(即ち道、菩提)を得るための実践道で、これに三十七項目ありとする。三十七道といい、四念処(身は不浄、受は苦、心は無常、法は無我と観ずる)、四正勤(四つの正しい努力)、四如意足(欲如意足・精進如意足・心如意足・思惟如意足)、五根(信・精進・念・定・慧の五無漏根)、五力(信力・勤力・念力・定力・慧力)、七覚支(念・択法・精進・喜・軽安・定・捨の七覚支。覚支は悟の智慧を助ける意)、八正道(正見・正思・正語・正業・正命・正精進・正念・正定)を数える。

貪欲これ涅槃…　煩悩即菩提というに同じ。

三事の中に…　貪欲・瞋恚・愚癡の三つの煩悩それぞれが、そのまま涅槃なりとする考え方。

分別　精神作用が対境に対してはたらきを起し、その相を取捨区別しておもいはかること。

皆な一法門に入り　平等にして異なりあることなし
凡夫聞きて怖畏《ふい》し　仏道を去ること甚だ遠し
貪欲生滅せず　心をして悩ましむること能はず
もし人に*我心《がしん》及び　*有得《うとく》の見あらば
この人貪欲のために　まさに地獄に入らんとす
貪欲の実性は　即ちこれ仏法の性なり
仏法の実性は　またこれ貪欲の性なり
この二法は一相　いはゆるこれ無相なり
もし能くかくの如く知らば　則ち世間の導きとなる
もし人ありて　この持戒と毀戒とを分別し
持戒の狂を以ての故に　他人を軽懱《きょうべつ》せば
この人に菩提なく　また仏法あることなし
ただ自ら安んじて　有所得《うしょとく》の見の中に*住立《じゅうりゅう》す
もし空閑処《くうげんしょ》に住して　自らを貴しとして人を賤《うと》んぜば
なほ天に生ずることを得ず　何《いか》にいはんや菩提においてをや
皆な空閑に著《じゃく》し　邪見に住するに由るが故なり
邪見と菩提と　皆な等しくして異なりあることなし
ただ*名字《みょうじ》の数　語言《ごごん》を以ての故に別異なり

我心　我ありとする心。我には人我と法我（存在の実体）との二意あり。
有得　→一二二頁注「有所得」
住立　そこにとどまること。
名字　文字。

もし人これに通達せば　則ち菩提に近づくとなす
煩悩は垢なりと分別するは　即ちこれ*浄見に著して
菩提仏法なく　有得見の中に住す
もし仏法に貪著せば　これ則ち仏法に遠ざかる
無礙の法を貪るが故に　則ち還つて苦悩を受く
もし人貪欲瞋恚癡を　分別することなくんば
*三毒の性に入るが故に　則ち菩提を見るとなす
この人仏道に近づき　疾《と》く無生忍を得ん
もし*有為の法と*無為の法と　異なりと見んは
この人終《つい》に有為の法を　脱することを得ず
もし二性同じと知らば　必ず*人中《にんちゅう》の尊とならん
仏は菩提を見ず　また仏法を見ず
諸法に著せざるが故に　魔を降して仏道を成ず
もし衆生を度せんと欲せば　その性《しょう》を分別することなかれ
一切の諸の衆生　皆な涅槃においては同じ
もし能くかくの如く見ば　これ則ち成仏することを得ん
その心閑寂《げんじゃく》ならずして　而も閑静《げんじょう》の相を現ずるは
これ*天人の中において　則ちこれ大賊なりとなす

浄見に著して　ものは清浄であるという見解に執着して。

三毒の性　三毒(→五〇頁注)の本性。

有為　因縁和合によって造られた(縁起生)現象的存在。生滅変化するもの。

無為　因縁によって造られず、生滅変化を離れた永久不変の絶対的存在。

人中の尊　人中において尊ばれるもの。仏をいう。

天人　天と人。天界と人界。

この人に菩提なく
また仏法あることなし
もしはかくの如きの願をなさん
我れまさに作仏《さぶつ》を得べしと
かくの如きの凡夫は
無明力《むみょうりき》の牽《ひ》く所なり
仏法甚だ清浄なること
それ喩へば虚空《こくう》の如し
この中に取るべきなく
また捨つべきあることなし
仏は仏道を得ず
また衆生を度せず
凡夫強ひて作仏*と
度《ど》衆生《しゅじょう》とを分別す
この人仏法において
則ち甚大に遠しとなす
もし衆生の苦を見んは
則ちこれ苦を受くる者なり
衆生に衆生なくして
而も衆生ありと説く
衆生相の中に住すれば
則ち菩提あることなし
もし人衆生
これ畢竟解脱なりと見んは
婬恚《いんに》癡《ち》あることなし
かくの如きを世の将*となす
もし人衆生を見て
非衆生を見ざるは
仏法の実を得ず
仏は衆生の性に同じ
もし能くかくの如く知らば
則ち世間の将となす
もし人成仏せんと欲せば
貪欲の性を壊《え》することなかれ
貪欲の性即ちこれ
諸仏の功徳なり

作仏と度衆生　成仏すると、衆生を教化すると。仏道修行の菩薩は、仏になろうと誓う作仏心と、衆生を教化しようとする度衆生心を具有しなければならないという。

世の将　世人を導く良将。

身見 我ありとする我見と、我に属するものありとする我所見。

夢石女児 夢の中の石女の児。石女はうまずめ。実際にはないものをありとすることに喩える。

もし人発心せんと欲せば
菩提道に随順せよ
自ら心は菩提に異なりと
分別することあることなかれ
発心即ち菩提なり
これを知るを世の将となす
もし外道は悪なりと説き
仏は世中の尊なりと称せん
この二は異に非ずと説く
これを知るを世の将となす
もし人菩提を求めば
この人菩提なからん
もし菩提の相を見んは
これ則ち菩提に遠ざかる
菩提と非菩提と
仏陀と非仏陀と
もしこれ一相なりと知らば
これを世間の導きとなす
もし人この念を作さん
我れまさに衆生を度すべしと
即ち衆生の相に著すれば
この人に菩提なく
また仏法あることなく
*身見《しんけん》の中に住せん
貪欲に内外《ないげ》なく
また諸方にあらず
この空法を分別して
凡夫為《た》めに焼かる
幻の如く炎響の如く
*夢《む》石女児《せきにょに》の如し
諸の煩悩かくの如く
決定《けつじょう》して得べからず
これ空なりと知らざるが故に
凡夫為《た》めに狂惑せらる
もし煩悩の性を求めば
煩悩即ちこれ道なり

もし人ありてこれ道　これ非道なりと分別せば
この人は終に無分別の　菩提を得ざらん
凡夫仏法を畏れば　仏道を去ること甚だ遠し
もし空法を疑はずんば　この人は菩提を得ん
一切有為の法は　即ちこれ無為の法なり
この数は得べからず　数なきが故に無為なり
もし菩提心を以て　自ら高くして畏るる所なく
自らまさに作仏すべしと念ぜば　この人に菩提なく
また仏法あることなく　菩提の宝印*を離る
もしただ経を誦することあらん　憶想して分別を作せども
深く義趣を思はず　ただ名利を貪るがためにす
自ら念ずまさに作仏すべし　必ず成ぜんこと疑ひあることなしと
ただ名利を貪り　経を読み閑静に住し
少欲の行を分別するは　還つて貪心のために牽かる
もし貪を捨遠《しゃおん》せんと欲せば　貪を遠ざくることを得ざらん
もし貪の実法に達せば　この人は能く貪を離る
法の実際*を得ざれば　長夜*に戒を持ち
諸の無礙禅を得と雖も　仏の法味に入らず

宝印　法宝。諸宝中の堅固不壊なるもの。

実際　虚妄を離れた真実の理体。
長夜　凡夫が生死に流転して無明のねむりのさめぬ間をいう。

法に性あることなしと知れば　一切法を没せず
戒非戒を言はざれば　*有見《うけん》の中を脱することを得ん
持戒の性なきを以て　持戒の法を知る
かくの如く戒相を知れば　終に戒を毀《やぶ》らず
諸仏の法王　法蔵思議し叵《がた》し
無量の方便力　諸の衆生を引導す
一相法門を以て　寂滅の道に入らしむ
凡夫仏の我なく　法あることなく
一相自性空なりと説くを聞きて　信ぜざれば深坑《じんこう》に堕せん
白衣にして欲を受くと雖も　この法を聞きて畏れざるは
頭陀の者の　有見の中に住在するに勝る
*現在十方の仏　諸の世間を利益したまふは
法虚空の如しと知りて　皆な以て菩提を得たまへり
もし無智の者　分別の法を楽ふことありて
この実の法を聞かば　則ち疑を生じて怖畏せん
この人無量劫に　備《つぶさ》に諸の苦分を受けん

この諸偈の法を説く時、三万の諸天子は無生法忍を得、万八千人は漏尽解脱す。即ち時に地裂けて、勝意比丘は大地獄に堕す。この業障罪の因縁を以ての故に、百千億那由佗劫、

有見　一切法は空であるのに、実体ありとする見解。

現在十方の仏　→六五頁注「十仏の印」

志楽　仏道をねがう志。
西夏　中国本土の西部。ここはインドを指す。夏は中国。
鬼弁婆羅門　大唐西域記巻八に、マガダ国に鬼弁婆羅門あり、鬼をまつり福を求めたので、魍魎(もうりょう)あいよってこの婆羅門をして高論劇談せしめ、その弁才の右に出るものがなかったが、馬鳴菩薩によって論破されたことが見える(正蔵五一、九一三a)。
東土　日本を指す。
巧言　ことばのたくみな。
禿頭沙門　最澄を指す。大智度論巻

大地獄において諸の苦毒を受け、地獄より出でて七十四万世、常に誹謗を被り、若干百千劫、乃至、仏の名字を聞かず。これより已後、還つて仏に値ふことを得て出家学道すれども、而も*志楽《しぎょう》なし。六十二万世において常に道に反して俗に入り、また業障余罪を以ての故に、若干百千世において諸根闇鈍なりと。〈已上経の文〉

明らかに知んぬ、叡山が誹謗を被るは過去の業の招く所なり。何ぞ己業《こごう》を顧みずして更に他縁の来るを恨みんや。願はくは、今身《こんじん》に償ふことを得て、悪道に入りて受けざらんことを。

一乗の正教は怨嫉多きの明拠を開示す　五十六

僧統奏して曰く、*西夏《さいか》に*鬼《き》弁婆羅門《べんばらもん》あり。*東土に*巧言《ぎょうごん》*禿頭《とくず》沙門を出だす。これ乃ち*物《もつ》類冥《るいみょう》に召して世間を誑惑《おうわく》すと。〈已上奏の文〉

論じて曰く、*摩竭《まか》の鬼弁は、学を*師稟《しひん》せず。*馬鳴《めみょう》、所以《ゆえ》に先に試み後に屈す。*叡山の禿頭は*師を西隣《さいりん》に訪ふ。六綱、所以に未だ深旨を練《けみ》せず。昔*斉朝の光統《こうとう》を聞き、今本朝の六統を見る。実《まこと》なるかな、*法華に何《いか》に況することや。

僧尼令に違せざるの明拠を開示す　五十七

僧統奏して曰く、*僧尼令《そうにりょう》に云く、「僧尼、事ありてすべからく論ずべからん、*所司を*経ずして、輙《たやす》く*表啓を上《たてまつ》り、并せて官*司を擾乱し、妄りに相ひ*嘱請《しょくしょう》せらば、五十日*苦使せよ。

三十八に、鬱多羅婆羅門なるものあり、智慧は熟していなかったが論議に巧みであった、その兄は智慧あり多語を好まなかった。兄が無上菩提を得たと他人の語るを聞き、鬱多羅は悪口して、「この禿頭の人、何ぞよく菩提道を得ん」といったということが見える(正蔵二五、二四〇c)。

物類冥に召して　鬼神の類が冥々のうちに招いて。

摩竭　マガダ国(一九頁参照)。

師稟　師よりさずかること。

馬鳴　→一五頁「馬鳴…世親」補

叡山の禿頭　最澄を指す。

師を西隣に訪ふ　最澄の入唐求法をいう。

斉朝の光統　北斉(五五〇—五七七)の慧光律師。はじめ洛陽にあって国僧都に任ぜられ、のち鄴に入り国統となった。故に世人よんで光統律師という(続高僧伝巻二十一)。

法華に…　法華経法師品に「如来の現在にすらなほ怨嫉多し、いはんや滅度の後をや」とあり、法華経の文にたぐえられることだの意。

僧尼令に云く…　僧尼令は、養老令に二十七条あり、僧尼の修行や生活を規定したもの。ここはその第八条。

所司　玄蕃寮と治部省。

経　養老令の本文では「縁」。

表啓　天皇(表)・皇太子(啓)に上奏する文書。

司　養老令の本文では「家」。

再犯せらば百日苦使せよ」と。而して輙く表を上るは、既に法令に違すと。〈已上奏の文〉

論じて曰く、所司の省寮は*屈滞なしと雖も、而も所司の有綱、年年寮屈す。今令条に依つて直に表を上りて奏す。あに法令に違せんや。釈尊の*遠讖《おんしん》、今正しくこの時なり。*仁王《にんのう》の明文《みょうもん》、実に深く信ずべし。

自他平等に同じく法性に入るの明拠を開示す　五十八

六統*群釈法を護るが故に　内は慈悲に住して麤語《そご》を現ず
余また法を護りてこの論を造る　*梋に応じてその声に巨細あり
*客主怪しむことなかれ夢裡の語　凡聖《ぼんしょう》本来*これを離れず
*随機の法門は一三異なれども　*随法の実教は差別《しゃべつ》なし
大唐の*貞観に三乗興《おこ》り　*大周より以還《このかた》一乗を盛んならしむ
*開元の載《とし》に真言起り　*文殊上座大暦に定まる
*天台円教は貞元に興り　*臨海に敷揚して円戒を伝ふ
*大日本国未だ円教あらず　一乗の根性なんぞ済度せざらん
*桓武皇帝*彼れを哀愍《あいみん》し　一円の法雨を延暦に降らし
円教の法泉を*心地に開き　円機の衆生は水を見ることを得
一乗の出家は年年双べども　円教の*三学未だ具足せず
*二学芽《きざ》すと雖も未だ戒学あらず　これを以て*鱗に触れて円戒を請ふ

囑請　依頼する。
苦使　経典書写、仏像荘厳、仏殿の修理、掃除等の使役(僧尼令第十五条)。
屈滞なし　→補
遠讖　遠く未来のことを書き記した予言書。
仁王の明文　前掲の仁王経囑累品の文に「統官を立て僧籍を摂して、大小の僧統、共に相ひ摂縛し、獄囚の法・兵奴の法の如くせば、その時に当りて仏法久しからず」(一三八頁)とあるのを指す。
群釈　南都の六大寺が四条式に反駁を加えた牒。顕戒論縁起の目次(一六六頁)参照。
梋に応じて…　相手に応じて此方もそれ相応に言うこと。
客主…　言う方(主)も答える方(客)も、これを空無においてみるなら、夢の中の語の如きもの故、あやしむことなかれ。
これ　空。
随機の法門…　衆生の機根にしたがって説く法門は一乗三乗の区別があるけれども。「門」字、底本「同」を改む。底本上欄に「同疑門字」。
随法の実教…　法によるなら、本来、教には差別がない。
貞観に…　貞観(六二七—六四九)年間に、玄奘三蔵が瑜伽師地論を訳したこと。
大周より以還…　大周(則天武后の世、六八四—七〇四)に、賢首大師が華厳

発願す六統及び群釈　自他六和《ろくわ》して諍論を息《や》め
機に随ひ法を説きて群生《ぐんじょう》を利し　同じく一味の真如海に入らんことを

顕戒論 巻下 終

経をひろめたこと。
開元の載に…　開元(七一三―七四一)年間に、善無畏・金剛智が金剛頂経・大日経等の密教経典を訳したこと。
文殊上座…　大暦(七六六―七七九)年間、不空が文殊を請したこと。
天台円教は…　貞元二十年(八〇四)、最澄が入唐して台州に到り、道邃・行満より天台円教を授かったことを指す。
臨海に…　臨海は浙江省台州。最澄が台州で道邃から円戒を伝授したことをいう(一一六頁参照)。敷揚は、のべあらわすこと。
大日本国　日本を大日本国と称した最初の例。
桓武皇帝…　桓武天皇の延暦二十五年(八〇六)、天台一宗に勅許があったこと。
彼れ　前句の「一乗の根性」を指す。
心地　戒のこと。梵網経玄義に「此の戒即ち心地」と。
三学　戒・定・慧の三学。
二学　定・慧の二学。
鱗に触る　君上の意に逆う。竜のあごの下に鱗一枚あり、人がこれに触れると竜は怒って人を殺すという。竜は人君の象徴(韓非子説難)。

六和　身和・口和・意和・戒和・見和・利和の六和。または仏道修業者が互に和同愛敬する六和敬(円戒・同見・同行・身慈・口慈・意慈)。

顕戒論を上るの表

弘仁十一年(八二〇)二月、最澄は僧綱の表対に答えて「顕戒論」三巻を造り、これを天皇に奏上したが、この表は、そのとき「顕戒論」三巻・「仏法血脈」一巻に添えて上呈された上表文である。その内容をみると、はじめに「顕戒論」撰上の動機及び経過を略述し、次に論の要旨を示し、もって大乗戒建立の勅許を賜わらんことを強く請うている。表文のうち、大同二年度以降の天台宗年分学生にして山を去るものの多いことを訴えた部分は、大乗戒建立の現実的な動機を正直に述べたものとして注目される。本文として、(A)「叡山大師伝」所収、弘仁十一年二月二十九日付のもの、(B)「伝述一心戒文」(上巻)所収、前年十一月二十一日付のもの、の二種があり、文に繁簡が見られる。内容から判断して、(A)は(B)の再治本と思われるので、ここでは(A)を収めた。底本には「叡山大師伝」(石山寺本)所収のものを用いた。

光定　↓補
表対等の文　弘仁十年五月十九日、最澄の四条式を駁して僧綱が上った表文。顕戒論に引用される。
南天　南天竺の略。南インド。
竜樹　↓一五頁「馬鳴…世親」補
八不　中論の初に不生不滅不断不常不一不異不去不来の八不を掲げ、実相が生滅等の分別智の認識範疇によって限定すべからざること、かかる分別智を越えた中道の次元に属することを主張する。
東印　東インド。
馬鳴　↓一五頁「馬鳴…世親」補
一心　馬鳴の著とされる大乗起信論に、一心を真如と生滅の二門に分け、心真如の随縁受薫によって万法の成立を説く。
護法　↓補
頌を…　護法は世親の唯識三十頌の解説(釈論)を作り、後に他の九論師の説と合揉して成識唯論を作った。
悪取の空　↓補
青弁　↓補
天親　新訳では世親という。↓一五頁「馬鳴…世親」補
五の過失　世親の仏性論巻一縁起分第一に、仏が仏性を説く因縁は五種の過失を離れしめんがためであるとし、下劣心・慢下品人・虚妄執・誹謗真実・我執を挙げている(正蔵三一、七八七a)。
堅慧　↓一五頁「馬鳴…世親」補

顕《けん》戒《かい》論《ろん》を上《たてまつ》るの表《ひょう》

沙門最澄言《もう》す。去年十月廿七日、僧*光定に附して、僧綱上《たてまつ》る所の*表対《ひょうつい》等の文、最澄に示し給ふ。天雨《てんぬ》流洽《るごう》して、枯木更に栄え、捧戴慚愧《ざんき》して、悚踴《しゅゆ》地なし。最澄、誠惶誠恐、以て懼《おそ》れ以て忻《よろこ》ぶ。最澄聞く、*南天の*竜樹は*八不を織りて邪を破し、*東印の*馬鳴《めみょう》は*一心を立てて道を開く。*護法は*頌を釈して*悪取の空を断じ、*青弁《しょうべん》は論を造りて有所得《うしょとく》を遮す。*天《てん》親《じん》は論を製して*五の過失を洗ひ、*堅慧《けんね》は論を作りて一の究竟を顕はす。大乗の論は則ち*無着の顕揚、小乗の論は則ち*衆賢の顕宗、邪を破り正を顕はすこと、*車に載するに勝《た》へず。ここを以て、唐朝の*法琳《ほうりん》は傅奕《ふえき》を破邪に制し、秦代の*僧肇《そうじょう》は般若を無知に示す。*宝台《ほうだい》の上座は仏性論《ぶっしょうろん》を作り、緇州《ししゅう》の*恵沼《えしょう》は慧《え》日論《にちろん》を造る。かくの如き等の類、歴代繁興せりと。

伏して惟《おもんみ》るに、陛下、天に承《う》け祚を践《ふ》み、聖政これ新に、正法国を理《おさ》め、*霊と契を合す。今、この法華宗は、*登駕の桓武皇帝、国のために建つる所なり。その*両箇の度者は、法華宗に依つて*大の出家を定む。それ円頓の学人は、*三車を門外に求めず。何ぞ羊車の威儀を用ひん。*化城を中路に楽《ねが》ふことなし。あに迂廻《うえ》の径を過ぎんや。*財を付《さず》くるの晨《あした》、父

を知り家を知る。何ぞ*客作をなさん、何ぞ*除糞をなさん。*功を賞《ほ》むるの夕、髻《もとどり》を解きて珠を授く。何に由つてか宅を望まん、何に因つてか城を求めん。明らかに知んぬ、先帝の伝法、古今に比《たぐい》なし。護国の利生、塵劫にもあに朽ちんやと。

今、山家の宗に依つて、*円の三学を定め、*菩薩僧を望み、謹んで　天制を請ふ。則ち四条式を僧綱等に給ひ、異宗の和を聞く。この時、僧統、護法の志を存して、高く智剣を振ひ、*群釈、破石の心を執《しゅう》して、論鼓(*あらんこと)を請ひ、表《ひょう》を　内裏に進めて、密かに天制を待つ。ここにおいて、帝心広博にして、都《すべ》て愛(*憎)なく、表奏を*山に給ひて、更に死灰を煖《あたた》む。謹んで表対を案ずるに、ただ小家の詞を陳《の》べて、聖教を述ぶることなし。博覧を受けずして、*三寺を日本に泯《ほろぼ》す。新制を諮《はか》ることなくして、*上座を文殊に遮す。*鳴鐘遮することなきは、還つて*算升を恥づ。*法界を家となすは、深く*銑の破に堕す。*倒言の詰《なじ》り、反《かえ》つて*和上を罵《ののし》り、違教の妨げ、また師伝に乖《そむ》く。昔、*大天の五事は、仏説に依ることなく、今、叡山の四条は、聖教に拠るところあり。また律儀を問へば、則ち「我れは大乗」と称し、上座を定むれば、則ち還りて*賓頭《びんず》に向ふ。已に*辺州と嫌ふ、あに*比蘇《ひそ》を信ぜんや。もし*仮名《けみょう》を許さずんば、誰れか真実となす者あらんや。

竊《ひそ》かに以《おもんみ》るに、*年分の五宗は、国家の良将、人倫の資粮、*両海の舟航、彼岸の*梯蹬《ていとう》なり。倶《とも》に行《ぎょう》じ倶に用ひるときは、則ち味、*塩梅《あんばい》に同じく、同じく説き同じく伝ふるときは、則

無着　無著。→一五頁「馬鳴…世親」補
衆賢　→補
車に載するに勝へず　車に載せられないほどの大量の著述をいう。
法琳　→補
僧肇　→四四頁補
宝台の上座　→補
恵沼　慧沼。→補
霊と契を合す　霊は天祥、契は地瑞で、世のよく治まったさま。
登霞　帝王の崩御をいう。
両箇の度者　延暦二十五年、桓武天皇勅許の天台宗の年分度者二人。
大の出家　大乗の威儀に従ってする出家。
三車　→九頁補
化城を…　→補
財を付くる…　→九頁「家業を得る…」補
客作・除糞　→九頁「家業を得る…」補
功を賞むる…　→補
円の三学　→一一二頁「円宗の三学」補
菩薩僧　→一〇頁注
群釈　→一五五頁注
あらんこと(有)　底本なし。天台霞標(初篇一)によって補う。
憎　底本なし。天台霞標(初篇一)によって補う。
山に給ふ　天皇が僧綱の表対を最澄に送って見せたことをいう。

ち声、*金口《こんく》に等し。何ぞ自宗に償《むく》いて、忽《たちまち》に諸宗を遏《とど》めん。ただ耳より入り口より出づるを貴びて、内心を治むることを得ず。もし*清虚の功なくんば、何ぞ*非常の難を排せん。今、我が　弘仁、釈教を論じ、*偏円を定む。道《どう》の必ず興るべきの時、行《ぎょう》の必ず*択ぶべきの日なり。小乗の律儀は*蔵通《ぞうつう》に通じ、梵網の*三聚は*別円《べってん》に局《かぎ》る。而《しか》るに今、円宗の度者、小乗の律儀を受けて、*円の三聚を忘れ、争って名利《みょうり》を求めて、各《おのおの》*無漏を退《しりぞ》く。去る大同二年より弘仁十一年に至るまで、合して一十四箇年、*両業《りょうごう》の度者二十八口、各々《おのおの》*縁に随つて諸方に散在し、住山の衆、一十に満たず。円戒未だ制せず、*禅定由るなし。前車の傾くを見て、まさに後轍を改めんとす。

謹んで弘仁十一載歳庚子に次るを以て、円戒を伝へんがために、顕戒論三巻、*仏法血脈一巻を造り、謹んで　陛下に進む。重ねて願はくは、天台円宗両業の学生《がくしょう》、所伝の宗に順ひ、円教の戒を授け、菩薩僧と称して、菩薩の行を勧め、一十二年、叡山を出でず、*四種三昧、修練することを得しめん。然れば則ち、一乗の戒定《かいじょう》、永く本朝に伝はり、山林の精進、遠く塵劫に勧めん。この功力を奉じて、以て群凶を滅し、これを上《たてまつ》つて　聖寿疆《かぎ》りなく、これを承つて兆人清泰ならん。最澄、識《しき》は*一行《いちぎょう》に謝し、学《がく》は*毘壇《びだん》に恥づ。謹んで愚誠を献じ、倍《ますます》戦汗を増す。如《も》し進表を允許《いんきょ》したまはば、請ふ、墨勅を降せ。伝戒の深《しん》に任《た》ふることなきに依つて、謹んで表を奉つて陳請《ちんじょう》し、以て聞《ぶん》す。（*誠惶誠懼、謹んで言《もう》す。

三寺　→一〇頁注「三寺の文」

上座を文殊に…　六八頁以下参照。

鳴鐘　→二八頁注「鳴鐘」・「無遮」

算升　口には無遮を唱えながら、僧飯の数限を算定すること。顕戒論巻上の三(二八頁)参照。

法界を家となす　顕戒論巻上の四(二九頁)参照。

銑　→二九頁注「銑律師」

倒言の詰り　最澄の四条式の「利他の故に仮に小律儀を受く」を、僧綱が「これ倒言なり」といったことを指す。顕戒論巻上の第八(四六頁)参照。「倒」字、底本「例」を改む。

和上　鑒真を指す。

大天の五事　→五〇頁注「大天」

賓頭に向ふ　賓頭盧上座の制をとること。顕戒論巻中の十四―十六(六〇頁以下)参照。

辺州　→七二頁注「辺州…」

比蘇　→七二頁「比蘇は自然智」補

仮名　→八九頁「仮名の菩薩」補

年分の五宗　延暦二十五年に年分度者を賜わった五宗。天台宗のほか、華厳・律・三論・法相の四宗。

両海　生と死の海。生死の世界。

梯蹬　山に登る段々の道。

塩梅　塩と梅と味わいのよく合うことを諸宗の調和に喩える。

金口　底本「金石」を改む。仏陀の説法。

清虚の功　清浄にして己れを虚しく

弘仁十一年二月二十九日

沙門最澄上表す）

する山林修業の功。
非常の難… 顕戒論巻中の三十三(八九頁以下)参照。
偏円 偏は偏僻の教で法相宗を指し、円は円満の教で天台宗を指す。
択 底本「釈」を改む。
蔵通 →八頁「四教」補
三聚 →四九頁注「三聚戒」
別円 →八頁「四教」補
円の三聚 梵網の三聚浄戒と同じ。
無漏 煩悩を離れたもの。ここでは清浄な道を求める叡山の修行をいう。
両業 止観業と遮那業。
縁に随って… 天台法華宗年分得度学生名帳(伝全一、二五〇)によると、大同二年より弘仁九年までの年分学生二十四口のうち、山に住まうもの十、他は他宗の相奪、養母、随縁、死去となっている。
禅定由るなし 山林の禅行起るに由なし、の意。
四種三昧 →四二頁注「四種三昧院」
仏法血脈一巻 最澄撰の内証仏法血脈譜一巻(解説参照)をいう。
一行 唐の一行禅師。→補
毘壇 唐の荊渓大師湛然(→一〇三頁補)のこと。→補
誠惶誠懼… 以下、底本になし。天台霞標(初篇 一)によって補う。

顕戒論縁起

「顕戒論」の付録として造られた関係文書の集録。最澄の入唐求法より大戒論争に至るまでの関係文書を収め、「顕戒論」を理解する上に不可欠の資料となるばかりでなく、最澄の伝記に関する基本史料の一でもある。特に最澄の入唐中の行状に関する貴重な資料が数多く収められている。巻首の序によれば、「顕戒論」撰上の翌年に当る弘仁十二年(八二一)三月、史記官に進上されたものという。もと上下二巻あり、上巻には、「謝勅差求法使表」以下二十四種の文書を収め、下巻には、大戒問題に関係した南都六大寺の牒文など九種を収めていたが、今は上巻のみ現存し、下巻の伝わらないのが残念である。数種の版本が行われているが、ここでは大谷大学所蔵享保元年版本を底本とし、「請加新法華宗表一首」以下の四種については、延暦寺所蔵、最澄自筆の「天台法華宗年分縁起」所収のものを用いて校訂した。

顕《けん》戒《かい》論《ろん》縁《えん》起《ぎ》序

顕戒論は*影響のごとく対奏し、*円珠を顕はさんがために、*山家《さんげ》の造る所なり。今この縁起は、その*新文を拾ひて顕戒の由を示す者なり。もしこの文を墜さば、恐らくは偏執の者、まさに聖化を断ぜんとす。この故に縁起と名づく。両巻、謹んで*史記官に進む。最澄、誠恐誠懼、謹んで上《たてまつ》る。時に大日本国弘仁十二年季春三月なり。

影響のごとく　影の形に添うがごとく、響の音に応ずるがごとく。
円珠　大乗円頓戒を珠玉に喩える。
山家　最澄の自称。
新文　最近の文証。
史記官　外記局の唐名。外記局は太政官に属し、大・少外記各二員を置く。詔奏を勘し、公文を読申し、文案を勘署し、稽失を検出するをつかさどる(養老職員令)。

顕戒論縁起 巻上

合せて参拾漆《さんじゅうしち》首

求法の使*を　勅差することを謝するの表一首
求法の訳語を請ふの表一首
大唐明州より台州の天台山に向ふの牒一首
台州相ひ送るの詩一首
伝菩薩戒道邃和上の書一首
天台伝法道邃和上の行迹一首
第七祖道邃和上の道徳述一首
台州求法略目録并に陸淳の詞一首
大唐明州より越府に向ふの牒一首
大唐越州竜興寺寂照闍梨の書一首
大唐泰嶽霊巌寺順暁阿闍梨の付法の文一首
越州求法略目録并に鄭審則の詞一首
経疏等を進むるの表一首

使　底本「旨」を改む。底本上欄に「旨准下別目作使」。

大日本国初めて灌頂道場を建て、受法の弟子を定むるの内侍宣一首
唐に向ひて法を求むる最澄に賜ふ伝法の公験一首
大唐受具足戒の僧義真の戒牒一首
大唐台州、僧義真に給するの公験一首
大唐明州、僧義真の公験幷に遣唐大使の公験一首
唐に向ひて法を求むる訳語僧義真に賜ふ伝法の公験一首
三部三昧耶を伝ふるの公験一首
新法華宗を加へんことを請ふの表一首
年分度者を加へて十二人を定むる僧統の表一首
諸宗の年分度者、自宗の業を*定むるの官符一首
新宗天台法華(*宗)年分学生名帳(*一首)

巻　下

天台法華宗、円の大乗戒を伝ふることを請ふの*表一首
天台法華宗、円の大乗戒を伝ふることを請ふの*式一首
南都西大寺、僧統に進むる(*の牒)一首
南都東大寺、僧統に進むるの牒一首
南都大安寺、僧統に進むるの牒一首
南都薬師寺、僧統に進むるの牒一首

定むる　底本「定」字の下に「請」字あり、今削除。底本上欄に「准下別目無請字」。
宗　底本なし。本文の内題に準じて補う。
一首　底本なし。本文の内題に準じて補う。
表　弘仁十年三月十五日の「大乗戒を立つることを請ふの表」(二〇六頁)を指すか。
式　四条式(一九九頁)を指すものであろう。
の牒　底本「牒」字なし。前後に準じて補う。底本上欄に「統下疑有脱文」。

南都*山階寺、僧統に進むるの牒一首
南都元興寺、僧統に進むるの牒一首
南都東大寺*景深和上の進むるの論一首

求法の使を　勅差することを謝するの表一首

沙門最澄言《もう》す。伏して　勅旨を奉ずるに、求法の使に差せられ、興法の道に任ぜらる。最澄非分の　詔を荷ひて、措《お》く攸《ところ》を知ることなし。ただ身、山中に隠れて進退を知らず。才、*錐刀《すいとう》より拙くして未だ*菽麦《しゅくばく》を別《わきま》へず。然りと雖も、*尋香の誠を追ひ、*雪嶺の信を仰ぎ、微劣の心を励まして、　天朝の命に答へん。悚荷の至りに任《た》へず。謹んで*少納言近衛将監従五位下*大朝臣《おおの》入鹿《いるか》に附して、表を奉りて、陳謝して以て聞《ぶん》す。軽《かるがる》しく威厳を犯す。伏して深く戦慄す。謹んで言《もう》す。

延暦二十一年九月十三日　　　　沙門最澄表を上《たてまつ》る

求法の*訳語を請ふの表一首

沙門最澄聞《ぶん》す。秦国の*羅什は*流沙を度《わた》りて法を求め、唐朝の*玄奘《げんじょう》は*葱嶺を踰《こ》えて以て師を尋ぬ。並に皆な年数を限らず、業《ごう》を得るを期となす。ここを以て、方言を西域に習ひ、法蔵を東土に伝ふ。伏してこの度の求法を計るに、*往還限りあり。求むる所の法門、巻、

山階寺　奈良の興福寺のこと。同寺はもと山城国山階(京都市東山区山科)に建立されたので山階寺という。
景深和上　↓二七頁注「深律師」
錐刀　先の尖った小さい刀。余り役に立たないものの喩え。
菽麦を別へず　豆とむぎの区別さえつかない。
尋香の誠　尋香は尋香城。梵語ガンダルバ(乾闥婆)の訳。蜃気楼のこと。尋香城で自ら身を売って法を求めた常啼菩薩の故事をいう。大般若経初分常啼菩薩品(正蔵六、一〇五九a以下)。
雪嶺の信　雪嶺は雪山(ヒマラヤ山)。釈迦が過去世において婆羅門となり、雪山で修行中、身を捨てて半偈を聞いた施身聞偈の故事をいう。涅槃経聖行品(正蔵一二、四五〇以下)。
少　底本「小」を改む。
大朝臣入鹿　底本「大友朝臣入鹿」を伝によって改む。↓補
訳　底本「訳」字の下に「訳」字あり、今削除。底本上欄に「訳訳多一訳字」。
羅什　↓一五頁「羅什・真諦」補
流沙　西域諸地にある沙漠。
玄奘　↓一五頁補
葱嶺　インドの北境、パミール高原。
往還限りあり　最澄が教学の短期移入を目的とする「還学生」に任ぜられたことをいう。

数百に逾《こ》えたり。仍ってすべからく諸州に歴問してその人に遇ふことを得べきも、最澄未だ漢音を習はず、また訳語に闇《くら》し。忽《たちま》ち異俗に対して意緒を述べ難し。*四船の*通事は、使に随ひて経営せん。相ひ別れて道を訪ふに、遂に得べからず、竊《ひそ》かに慮《おもんばか》る、途を分ちて問ひ求めば、乃ち志す所の旨を得ることあるべしと。当年得度の沙弥*義真、*幼きより漢音を学び、ほぼ唐語を習ふ。少*壮にして聡悟、頗《すこぶ》る経論に渉《わた》れり。仰ぎ願はくは、殊に 天恩を蒙《こうむ》り、*傔従《けんじゅう》の外、件の義真を請ひて求法の訳語となし、兼ねて復た*義理を学ばしめん。然れば則ち、天台の義宗、諮問するに便あり。彼方の聖人、情を通ずること難からず。もし*なほ残る所あらば、すべからく*留学生に属して、年を経て訪求すべし。区区の至りに任《た》へず。謹んで表を奉りて以て聞す。伏して戦汗を増す。謹んで言す。

延暦二十一年十月二十日　　沙門最澄表を上《たてまつ》る

大唐*明州より*台州の天台山に向ふの牒一首

*明州牒す

日本国の求法僧最澄、天台山に往きて巡礼す。金字の妙法蓮華経等を将《たずさ》ふ。

金字の妙法蓮華経一部〈八巻。外に金字を標す。〉

金字の無量義経一巻　　普賢観経一巻

已上十巻、共に一函に*緘封す。最澄をして称せしむ、これ日本国の*春宮《とうぐう》永く封じて、未だ到らずんば開*析することを許さずと。

四船　遣唐使の船団は四艘の船で編成されたので、遣唐使のことを四船ともいった。

通事　通訳官。

義真　→一六頁補

幼きより…　下文の公験(一八五頁)によれば、義真は東大寺の慈賢について漢語を習ったという。

壮　底本「状」を改む。底本上欄に「状別伝作壮」。

傔従　ともびと、従者のこと。次の明州の牒に見えるように、最澄は丹福成を従者として伴った(一六九頁)。

義　底本「義」字の下に「真」字あり、今削除。底本上欄に「真理之真別伝無之」。

なほ(猶)　底本「独」を伝によって改む。

留学生　伝には、最澄が還学生に差任される以前に、天台宗の留学生として円基・妙澄等が任ぜられたことが見える。

明州　今の浙江省寧波(ニンポー)。最澄の乗った遣唐第二船は、延暦二十三年(唐の貞元二十年)九月一日に明州着。

台州　今の浙江省臨海県。

明州牒す　底本「明」字の上に「礼」字あり、今削除。

緘　底本「咸」を改む。底本上欄に「咸疑緘字」。

春宮　皇太子。ここでは安殿(あて)親王、後の平城天皇。

十大徳を屈するの疏十巻　本国大徳の諍論両巻

水精の念珠十*貫　*檀龕《だんがん》の水天菩薩《すいてんぼさつ》一軀〈高さ一尺〉

右、僧最澄の状を*得るに、偁《いわ》く、総《すべ》てまさに天台山に往きて供養せんとす。

*供奉僧最澄　沙弥僧義真　従者*丹福成

文書鈔疏及び随身の衣物等、総て弐佰余斤を計る。

*牒す。*勾当軍将劉承規の状を得るに、偁く、日本国僧最澄の状を得るに、（*偁く、）天台山に往きて巡礼せんと欲するに、疾《やま》ひ病《へい》なり。漸く今月十五日に発すべし。謹んで具すること前の如し。てへれば、*使君判付し、司、公験を給す。幷に路次の県に下して、船及び*担《たん》を給して送過せしむる者なり。判に准ぜよ。（*てへれば、）謹んで牒す。

*史孫階牒す

貞元二十年九月十二日

*司戸参軍*孫万宝

台州相ひ送るの詩一首

最澄上人日本国に還るを送るの叙

過去の諸仏、法を求めんがための故に、或は*身を砕くこと塵の如く、或は軀《み》を強虎に捐《す》つ。嘗《かつ》てその説を聞き、今その人を観《み》る。日本の沙門最澄、宿《つと》に善根を植ゑ、早く幻影を知り、世界に処して而も著せず、虚空に等しくして而も凝らず。有為において而も無為を証し、煩悩にありて而も解脱を得。中国の故大師*智顗《ちぎ》、*如来の心印を天台山に伝ふと聞き

析　底本「折」を改む。底本上欄に「折疑析字」。

貫　底本「巻」を改む。底本上欄に「巻疑貫字」。

檀龕の水天菩薩　檀木で作った厨子入りの水天菩薩像。水天は水を司る神。渡海の守護神か。

得　底本「徳」を改む。底本上欄に「徳疑得字」。

供奉僧　内供奉十禅師。最澄は延暦十六年内供奉に補された。

丹福成　伝不詳。丹は丹比(多治比)の唐風の略称か。

牒す　以下、牒の本文。

勾当軍将　担当の地方官。軍将は明州に置かれた折衝府の武官か。

偁く　底本「偁」字なし。底本上欄に「状下別伝有偁字」。

使君　州の長官に対する尊称。

担　担夫。荷物を運搬する人夫。

てへれば(者)　底本なし。底本上欄に「判下別伝有者字」。

史　この牒を書いた明州の書記官。

司戸参軍　司戸参軍事。↓補

孫万宝　底本「孫負」を下文の明州の牒(一七六頁)に従って改む。

身を砕くこと…　↓補

智顗　↓八頁「南嶽・天台」補

如来の心印　仏心印ともいう。仏が心中に証悟した真理は印形のように不変であるから、仏心印という。

て、遂に黄金を賫《もたら》して巨海を渉《わた》る。陥天の駭浪を憚《はばか》らず、*映日の鷩鼈《きょうべつ》を怖れず、その身を外にして身存し、その法を思ひて法得たり。大なるかな、*その法を求むる。貞元二十年九月二十六日を以て　*海郡に臻《いた》る。太守*陸公に謁して、金十五両、*筑紫の斐紙二百張、筑紫の筆二管、筑紫の墨四挺、刀子《とうす》一、加斑の組《くみひも》二、*火鉄二 *火石八を加へたり、*蘭木九、*水精珠一貫を献ず。陸公、孔門の奥旨に精《くわ》しく、経国の宏才を蘊《あつ》む。清きこと氷嚢に比し、明らかなること霜月に逾《こ》えたり。紙等の九物を以て　庶使に達し、金を師に返す。師、訳言して、金を貨《はか》り紙を貿《あがな》ひて、用《もっ》て*天台の止観を書せんことを請ふ。陸公これに従ふ。乃ち大師の門人の裔哲、*道邃《どうずい》と曰ふに命じて、工を集めてこれを写さしむ。月を逾えて畢《おわ》んぬ。邃公また宗を開きて指審す。最澄忻然《きんぜん》として瞻仰《せんごう》し、礼を作《な》して去る。三月の初*吉、遐方の景濃《こまや》かなり。新茗を酌みて以て行を餞し、春風に対して以て遠を送る。上人国に還りて謁奏せば、我が唐の聖君の宇《みよ》に　御するを知らしめよ。

貞元二十一年*巳日　台州*司馬呉顗《ごぎ》*叙す

詩

重訳して滄溟《そうめい》を越え、来りて求む*観行の経、郷を問へば朝は日を指し、路を尋ぬれば夜は星を看る、法を得て心*愈《いよいよ》喜び、*杯に乗じて体自ら寧《やす》し、*扶桑一念に到る、風水あに*形を労せんや。

台州*録事参軍孟光《もうこう》

往歳来りて求め請ひ、新年法を受けて帰る、衆香*貝葉《ばいよう》に随ひ、一雨禅衣《ぜんえ》を潤《うるお》す、*素舸翻

映日の鷩鼈　太陽の光に驚いたすっぽん。
その(其)　底本「之」を改む。底本上欄に「之疑其字」。
海郡　台州。
陸公　陸淳(→一六頁補)。
筑紫の斐紙…　→補
火鉄　出火鉄。火をおこす道具(延喜式、大蔵省、賜蕃客例条)。
火石　底本「大石」を天台霞標(初篇一)の注に従って改む。
蘭木　不詳。木蘭(香草の一種)か。
水精珠　明州牒(一六九頁)の「水精の念珠十貫」の中の一であろう。
天台の止観　→四二頁注「摩訶止観」
道邃　→一六頁補
吉　底本「告」を改む。底本上欄に「告疑吉字」。
巳日　上巳(三月三日)の略称。
司馬　州の官人。→補
叙す　呉顗が「最澄上人日本国に還るを送るの叙」を執筆したことを示す。第一首の詩も彼の作であろう。
観行の経　天台の観行門の聖教。摩訶止観など。
愈　底本「念」を改む。底本上欄に「心念之念字可疑」。
杯に乗じて　船に乗って。
扶桑　東海中にあるという大きな神木。転じて、日本のこと(山海経)。
形　身体のこと。
録事参軍　録事参軍事。→補
貝葉　経論の書写の用に供せられる

浪に軽く、征帆落暉《らくき》に背《そむ》く、遥かに知る本国に到らば、相ひ見る道流稀《まれ》ならんことを。

台州*臨県*令毛渙《もうかん》

万里文教を求め、*王春別離を愴《いた》む、*来りて*不住の相を伝へ、帰るに*祖行の詩を集む、筆を挙げて蕃意を論じ、香を焚きて漢儀を問ふ、言ふなかれ滄海闊《ひろ》しと、*杯度自らまさに知るべし。

*郷貢進士崔暮《さいぼ》

一葉東より来る、路は滄溟の中にあり、遠く思ふ日辺の国、却つて逐ふ波上の風、法を問ふに言語異なり、経を伝ふるに文字同じ、何《いず》れかまさに本処に至りて、定めて玄門の宗と作《な》るべし。

*広文館進士全済時

家は扶桑と近し、煙波望みて窮まらず、来りて求む貝葉の偈、遠く過ぐ海竜の宮、流水帰る処に随ひ、征帆遠く東に向ふ、相思渺《びょう》として畔《さかい》なく、まさに夢魂をして通ぜしむべし。

天台*沙門*行満

異域の郷音別にして、*観心の法性同じ、来る時*半偈を求め、去能して真空を悟る、貝葉翻経の疏、帰程大海の東、何れかまさに本国に到りて、踵《きびす》を*大師の風に継ぐべし。

天台帰真弟子許蘭

道高くして心転《うた》た実に、徳重くして意ただ堅し、洪波の遠きを懼れず、中華法縁を訪ふ、精勤*慧可《えか》に同じく、広学*弥天《みてん》に等し、扶桑国に帰り到らば、迎ふる人海*煙を擁せん。

樹葉。貝多羅葉のこと。往時インドには紙がなく、これが書写のために用いられた。転じて、経論のこと。

素舸　小さな船。

臨県　臨海県か。

令　県の長官。従六品上より従七品下の官。

王春　周王の春の義。太平の春の意。

来　底本「未」を天台霞標の注に従って改む。

不住の相　一所にとどまらぬ有様。

祖行の詩　祖師たちの行跡を語る詩。

杯度　船に乗って海を渡ること。

郷貢進士　州県の選抜を経て進士試験に登第した者。

広文館進士　唐代の七学の一、広文館の選抜を経て進士に登第した者。

沙門　梵語シュラマナの音写と推定されている。息悪、勤息等と訳され、出家者の総称である。

行満　→補

観心　自己の心の本性を明らかに観照すること。

半偈　→一六七頁注「雪嶺の信」

大師　智顗のこと。→八頁「南嶽・天台」補

慧可　底本「忍可」を改む。底本上欄に「忍疑慧字」。→補

弥天　→補

煙　底本「熛」を天台霞標の注に従って改む。

*却返す扶桑の路、還つて乗ず*旧葉の船、上潮日を浸すを看《み》、翻浪天を陥れんとす、求宿いづくんぞ日を逾えんや、雲行いづくんぞ年を隔てんや、遠く*乾竺の法を将《い》て、帰り去つて*生縁を化せん。

天台僧幻夢

*真乗の妙を求め獲て、言《ここ》に帰つて倍《ますます》情あり、*玄関*心地に得、郷思日辺に生ず、*梵を作して慈雲布《し》き、杯を浮べて漲海清し、看よ看よ彼岸に達せば、長老散華して迎へんことを。

*前国子監明経林量

*伝菩薩戒道邃《どうずい》和上の書一首

乍《たちま》ち別れて悵《うら》みを増す。春憶《おも》ふこと*数行。知らず、平善に船所に達するや否やを。過去の伝法の菩薩、備《つぶさ》に艱辛を受く。今日の弘揚、いづくんぞ労虚なからんや。邃、日に衰老に向ふ。諸皆未だ能くせず。*色心倶《とも》に頽《くず》れ、*刀風遠きに非ず。浮雲水月を観じて、以て余生を遣《や》るのみ。化、滄海を隔てて、相ひ見んこと杳然《ようぜん》たり。各《おのおの》伝持して共に仏慧を期せんことを願ふなり。旃《これ》を勉めよ。先に進みて使を奉じて向ひ来る。何《いず》れかまさに定めて信を発して遠く相ひ報ずべき。*然投施往に因りて、ほぼ数字を附す。伝菩薩戒師天台沙門道邃、日本国最澄三蔵の処に告ぐ。

義真行者、意、前に殊ならず。各各《おのおの》相ひ共に宗教を弘揚せよ。

三月二十一日　*後宮

却　底本「劫」を改む。底本上欄に「劫疑却字」。
旧葉の船　去年乗って来た船。
乾竺　天竺のこと。
生縁　有縁の衆生。
国子監明経　国子は公卿大夫の子弟。国子監はこれらの子弟を教育する大学。明経は明経道の登第者。
真乗　真実の教法。
玄関　玄妙なる関門。仏法の秘奥をいう。
心地　→一五六頁注
梵を作す　仏道の行をなすこと。
伝菩薩戒　最澄は道邃より天台の宗要を学ぶとともに菩薩の三聚大戒を伝授された。「戒」字の下「師」字脱か。
数行　いくたびも。
色心　肉体と精神。
刀風　死ぬ時に起るという風気。仏教医学では、死の時の苦痛を刀で斬られるのに喩え、筋骨がこの風気によって解体するという(正法念処経)。
然投施往…　文意不通。おそらく誤字脱字があろう。
後宮　天台霞標は「後空」に作り、「謹空」の草書体の誤写かと注す。
道邃和上の行迹　内証仏法血脈譜にも「道邃和上行業記」として引用している。
乾淑　→補
瑯琊　河北省の山名もしくは地名。

天台伝法道邃和上の行迹《ぎょうせき》一首

大唐天台沙門　＊乾淑述ぶ

＊道邃和上の行迹

和上、俗姓は王氏、＊瑯琊の苗裔、＊桑梓は＊西京の＊繡衣なり。＊継代具《つぶさ》にすべからず。身を委《ゆだ》ねて乃ち＊監察御史を授けらる。組《くみひも》を＊解き＊栄を辞し、師に従ひて道を学ぶ。年二十四にして、方《まさ》に乃ち進具す。秦の地において戒を学ぶ。既に持犯に達して、大乗を(＊学ばんと)思ひ、遂に＊慈恩の法華疏を写す。夜において夢に一僧を見る。而して語《つ》げて曰く、何ぞ天台円頓の宗旨を聴かざると。明旦に至りて、乃ち衆人に向ひて夢の事を陳説す。衆人の曰く、既に夢あり、あにその徴なからんや。承《き》くならく、＊常州妙楽寺の＊湛然、今盛んにこの教を伝弘すと。時にその語を聞くと雖も、未だ＊的実となさず。後《のち》＊信の至るあり。方《まさ》に虚ならざることを知り、乃ち＊写《しゃ》する所を捨てて、錫《しゃく》を振ひて南行し、＊揚州の法雲寺に到る。住すること、旬日ならんとするに、また夢に一僧を見る。語《つ》げて曰く、＊妙楽の講経、已に方便品に至らんとす、今速《すみや》かに往くべしと。因つて乃ち馳趣するに、果してその夢の如し。集業五年、更に他事なし。燭を以て昼に継ぎ、＊麟角の業成る。乃ち師を辞して独り行く。師曰く、方《ほう》に随ひて住し、分に随ひて宣伝せよ、縦《たと》ひ自《みずか》ら修行するも、また利益をなせと。遂に却《しりぞ》きて揚府に至り、人に＊法華止観・玄・文を講ぜんことを請はる。各《おのおの》数徧を得、後天台に入る。路より越州に至り、＊御史端公、＊後歙州《きゅうしゅう》の刺史に除せられし陸に見《まみ》ゆ。参拝して和上となす。後貞元十二年に至り、天台に入りて山に居ること九年、法華止観・玄・文等を

桑梓　故郷の義。ここでは生家の意。
西京　東都洛陽に対して長安をいう。
繡衣　繡衣直指。即ち侍御史の官にあるものをいう。
継代　底本「継氏」を改む。底本上欄に「継氏内証血脈譜継代」。
監察御史　→補
解　底本「鄭」を改む。底本上欄に「鄭(内証)血脈譜作解」。
栄　底本「策」を改む。底本上欄に「策(内証血脈)譜作栄」。
学ばんと　底本「学」字なし。底本上欄に「思下(内証血脈)譜有学字」。
慈恩の法華疏　慈恩大師窺基(→二五二頁「唐の基」補)の法華経玄賛。
常州妙楽寺　→補
湛然　→一〇三頁補
的実　たしかなこと。
信　たより、風聞。天台宗伝法偈には「後に信人の至る有り…」とあり。
写する所　「慈恩の法華疏」を指す。
揚州の法雲寺　→補
妙楽…　妙楽寺における湛然の講経。
麟角　→補
法華止観・玄・文　天台三大部(摩訶止観・法華玄義・法華文句)のこと。
御史端公　底本「御史端云」を改む。底本上欄に「云(内証血脈)譜作公」。→補
後歙州の刺史に除せられし　御史端公(陸淳)に対する注記が本文に攙入したものか。歙州は唐代の州名。安徽省歙県。

講ず。未だ曾て六時の行道を闕《か》くことあらず。法華一部、大小乗の戒、日に常に一徧す。未だ嘗て周《あまね》からずんばあらず。二十年、*台州の刺史、請じて*竜興に下して、法華止観を講ぜしめて、今年二月に至る。*本国の教門を勾当するに因つて、且暫《しばら》く停《とどま》るのみ。ただ乾淑、和上に随ひて、始めて十年を得たり。前にあるの事は、悉く具《つぶさ》に知らず。略して書するのみ。

第七祖道邃和上の*道徳述一首

東海際むべくとも、青天揩《な》づべくとも、邃《ずい》禅師の道徳*准《なぞら》ふべからず。*太易始まるべくとも、*万像(*終るべくとも)、師の慧用《えゆう》量るべからず。余、*貞元戊寅の歳、臨海に*尉と作《な》り、台岳は域中の霊鎮たるを以て、竊《ひそ》かに慕ひてこれに遊ぶ。前年*百城寛貸し、俯して私欲に徇《したが》ひ、斁《や》むるに*公事を以てして、賢に登ることを獲しむ。*国清寺において、禅師の慈状を覩《み》ることを獲て、三毒生ぜず。禅師の法語を按ずるに、*六塵入らず。我が師の情、野鶴に同じく、身、白雲に居す。俗物と群《たぐい》ならず、世間のために縛《ばく》せられず。来るに*利物に縁《よ》り、去るに本《も》と無心なり。曠然たる虚舟、*坎《かん》に遇ひてここに止る。ここに他部より*仏隴に宴坐す。伽藍霜また繁し。この寺は天台の東峰に拠る。即ち*金地の*羅才なり。智者大師、*銀地の嶺に住せり。山清く境異に、草木鮮潤なり。凡そ禽獣も曾て臻《いた》らざる所なり。その*互郷軽進の徒あり、不善を苞*蔵し、或は竊《ひそ》かに葷血を茹《くら》ひて来る者は、飄風震雷、猛獣毒蛇、時に応じて輙《たちま》ち至る。則ち知んぬ、*像外の境、霊聖共に持し、*丹丘福庭、*羽客恒に集ることを。

台州の刺史　陸淳のこと。台州は唐代の州名(浙江省臨海県)。刺史は州の長官。従三品より正四品下の官。
竜興　台州の竜興寺。→補
本国の教門を…　道邃が最澄のために日本に将来する聖教の書写を勾当したことは別伝・台州録等に見える。
道徳述　仏道によって得た徳の高いことを述べた文。
准　底本上欄に「准字準妙悟決作涯」。
太易　宇宙混成以前。天地の始元。
万像　さまざまの事物。万象と同じ。
終るべくとも(可終)　底本なし。底本上欄に「万像下(妙悟決)有可終二字」。
貞元戊寅の歳　貞元十四年(七九八)。
尉　底本「慰」を改む。
百城寛貸　どの城邑でも条件をゆるやかにして官の物を貸し付けること。
公事　租税。
国清寺　→補
六塵　真性を汚す色・声・香・味・触・法の六。
利物　物情を利益すること。
坎　水たまり。おとし穴。
仏隴に宴坐す　→補
金地　天台山にある嶺の名。銀地嶺の南にあり。
羅才　不明。底本上欄に「才准妙悟決作括」とあるが、暫く原字を存す。
銀地　天台山の仏隴峰の北にある嶺。ここに修禅寺がある。
互郷軽進　底本「互卿」を改む。→補至人碩徳に非ざるよりは、あにここに而も窟宅せんや。長老、*十二部教に通じ、百氏の群言を該《か》ぬ。知あれば則ち鳴る。境に対して恒に寂なり。人のために(*上)言すれば敬に依り、仁《ひと》の与《ため》に下言すれば仁に依る。仁者はこれを仁と謂ひ、智者はこれを智と謂ふ。これに注げども満たず。これを酌めども竭《つ》きず。巍巍として衆世の津梁なり。審則、志、空門に帰すること二十余歳、客塵に覆はれて、未だ心源を了せず。今日再び来りて牀座を求めず。*直《ただち》に甘露一たび*身田に灑《そそ》がんことを希《ねが》ふのみ。その道徳の薄厚、功用の遠近において、*籠累の者、髣髴として軽重せんや。空山を稽首して得る所を知らず。秋九月*上旬、*百渌郡の*盧審則、木に刻してこれを述ぶ。

台州求法略目録幷に*陸淳の詞一首

大唐台州天台山*仏隴寺に向ひて、天台法華宗の疏記等、合せて一百二部二百四十巻を求め得たり。その目録は別に一巻あり。即ちその台州(*刺)史陸淳の詞に曰く、最澄闍梨、形域に異なりと雖も、性、*実に源を同ず。特に*生知《しょうち》を稟《う》け、類に触《ふ》れて懸かに解す。遠く天台の妙旨を求め、また*竜象の邃公に遇ひ、*万行を一心に総《す》べ、殊途を*三観に了す。親しく秘密を承けて、理、名言を絶す。なほ他方の学徒、未だ信受することを能はざることを慮《おもんぱか》る。請ふ所の当州の印記、いづくんぞ憑《たの》みとなすに任せざるべけんや。

貞元二十一年二月二十日、*朝議大夫*使持節台州諸軍(事)*守台州(*刺)史*上柱国陸淳給す。

日本国入唐使

蔵 底本「咸」を改む。底本上欄に「咸(妙悟)決作蔵」。
像外 世間離れした。物外と同じ。
丹丘福庭 仏隴山の南十里。国清寺の置かれた所の地名。
羽客 羽の生じた人。仙人。
十二部教 十二部経(→六四頁補)。
上 底本なし。底本上欄に「人下(妙悟)決有上字」。
直 底本「真」を改む。底本上欄に「真(妙悟)決作直」。
身田 底本「多用」を改む。底本上欄に「多用二字(妙悟決)作身田」。
籠累の者 物にとらわれた者。作者の自遜の辞。
上旬 底本「旬有」を改む。底本上欄に「旬有(妙悟決)作上旬」。
百渌郡 不詳。
盧審則 鄭審則(→一六頁補)のことか。不明。
陸淳 →一六頁補
仏隴寺 →補
刺 底本なし。底本上欄に「州下疑脱刺字」。
実 底本「穿」を台州録によって改む。
生知 生れながらに知ること。論語季氏篇に「生而知之者上也、学而知之者次也」という。
竜象 高僧を竜や象に喩えていう。
万行を一心に総べ →補
三観 →一六頁「一心三観」補
朝議大夫 従五品の位にある文官の

*持節大使従四位上*行*大政官右大弁兼越前守*藤原朝臣葛野麻呂
*准判官兼訳語正六位上行備前掾笠臣田作
*録事正六位上行式部省少録兼伊勢大目勲六等山田造大庭
録事正六位上行大政官左少史兼常陸*少目上毛野公穎人

大唐明州より*越府に向ふの牒一首

明州牒す

日本国の求法僧最澄の状に准ずるに、偁《いわ》く、今巡礼して法を求めて*越州の竜興寺并に*法華寺等に往かんと欲すと。

*求法僧最澄　義真　行者丹福成　*経生真立人

牒す。日本国の求法僧最澄の状を得るに、偁く、台州に往きて求むる所の目録の外、欠くる所の一百七十余巻の経幷に疏等、その本、今見《げん》に具足して越州の竜興寺幷に法華寺にあり。最澄等、自ら諸寺に往きて写し取ることを得んと欲す。伏して公験の処分を乞ふ。使者判に准ぜよ。てへれば、*使君判付し、司、*住去の牒を*知す。仍つて状を具して牒上す。

てへれば、謹んで牒す。

貞元二十一年四月六日　史孫階牒す

司戸参軍孫万宝

名誉職、肩書。

使持節台州諸軍事　天子より賜わった節刀を持し、台州の軍事を統轄する使。底本「事」字なし。台州録によって補う。

守　官位卑くして職官高き場合。

刺　底本なし。台州録によって補う。

上柱国　→一三六頁注

持節大使　遣唐使の長官。天皇より節刀を賜わる。底本「持節大夫使」を改む。

行　官位高くして職官卑き場合。

大　底本「太」を越州録(最澄自筆本)の署に準じて改む。

藤原朝臣葛野麻呂　→補

准判官　遣唐使の第三等官の権官。

録事　遣唐使の第四等官。

少目　底本「省」を改む。

越府　越州。今の浙江省紹興。

越州の竜興寺　この寺で最澄が法門を写得したことは越州録(伝全五、三六〇)参照。→一七四頁「竜興」補

法華寺　不詳。

求法僧　底本「弘法僧」を改む。

経生真立人　→補

使君　→一六九頁注

住去の牒　過所。パスポート。

知す　認許する。

寂照　越州竜興寺の僧。伝不詳。

超素　寂照の弟子か。

馳結　遠く隔った友を思う情。底本

大唐越州竜興寺*寂照闍梨の書一首

*超素師至る。書に任せて深く*馳結を慰す。夜来の佳雨、惟《おも》ふに動履清適ならん。寂照が衰疾、殊に言ふに足らず。*論する所、日本国の*闍梨、*六事の宝器を贖《あがな》ふ。謂《い》ひつべし、唐国の珍琦、卒《にわか》に*得易からずと。昨日口を矢《ちか》ひて贖はんと道《い》ふ。却きて前言を収めて得ず。*行者金七両を将《も》つてす。乃ちこれ*青金なり。尋《つ》いで行者をして超素と共に金匠の処に至りてこれを沽《う》らしむ。価あり、まさに三十*要銭に至るべし。*卒に売りて集せず。進退をなし難し。*私地苦《ねんごろ》にこれを言ふを望む、もし日本の大徳の意に非ずんば、また他に贖ひ与へずと。今日まさに謂へり、交易して便ち*夏供に充てよ。もしただこの物を与へば、直《あたい》*二十一千可《ばか》りと。*交易成らざらんことを恐る。故に特に*鴻雁をして状を馳せて一《ひと》たび指南を取らしむ。*廻人に垂示せられよ。謹んで数字を奉じて、以て面言に代ふ。具せず。比丘寂照状通す。

十八日暁、師弟の*総持侍者

日東の二大徳を申仰せんとするに、迫るに講時を以てして果さず。別状ただ下情を悉《つく》すのみ。謹空。

大唐*泰嶽霊巌寺*順暁阿闍梨の付法の文一首

毘盧遮那如来*三十七尊*曼荼羅《まんだら》の所

阿鑁藍吽欠《あばらんうんけん》　　上品*悉地《しつじ》

「馳濁」を前後の文意によって改む。

論する所　中越しの趣旨。底本「論」を改む。底本上欄に「論当作論」。

闍梨　梵語アーチャーリヤ(阿闍梨)の音写。軌範師と訳す。弟子を教授し、軌範となるべき師のこと。

六事の宝器　閼伽・塗香・華鬘・焼香・飲食・燈明など、灌頂を行うに必要な法具。越州求法略目録(一七八頁)に見える灌頂の道具をいうか。

易　底本「曷」を改む。底本上欄に「曷当作易」。

行者　最澄の従者丹福成であろう。

青金　鉛のこと。

要銭　ひもで束ねた銭。一貫銭。

卒に売りて…　急に調達できぬ。

私地　ひそかに。

夏供　夏安居の用度。

二十一千　二十貫銭。一千は一貫銭。

交易成らざらん…　高価すぎて取引が成立しないかと心配する。

鴻雁　人名。寂照の従者か。

廻人に…　この手紙を持たせた鴻雁の帰る際に指示して下さい。

総持侍者　総持は陀羅尼のこと。ここは密教行者としての最澄・義真の二人を指す。

泰嶽霊巌寺　山東省泰安県の北、泰山にある寺。

順暁　↓一六頁補

三十七尊　金剛界の三十七尊。

曼荼羅　↓補

悉地　↓補

阿《あ》尾《び》羅《ら》吽欠《うんけん》　中品悉地
阿《あ》羅《ら》波《は》者那《じやな》　下品悉地

*灌頂伝授*三部三昧耶《さんまや》阿闍梨沙門順暁、*図様契印の法。大唐貞元二十一年四月十八日、泰嶽霊巌寺*鎮国道場の大徳、*内供奉沙門順暁、越府の*峰山頂の道場において、三部三昧耶を付して、弟子最澄に牒す。大唐国開元の朝、大三蔵婆羅門国の王子、法号*善無畏、仏国の大那蘭陀寺より大法輪を転じ、大唐国に至りて、転じて伝法の弟子僧*義林に付嘱す。またこの国師大阿闍梨一百三歳なり。今新羅国にありて大法輪を転ず。また唐の弟子僧順暁に付す。これ鎮国道場の大徳阿闍梨なり。また日本国の弟子僧最澄に付して、大法輪を転ぜしむ。僧最澄はこれ第四の付嘱伝授なり。唐の貞元二十一年四月十九日書記す。仏法をして永永に絶えざらしむ。阿闍梨沙門順暁、録して最澄に付す。

越州求法略目録幷に*鄭審則の詞一首

大唐越州の竜興寺に向ひて、真言等幷に雑教迹等一百二部一百一十五巻を求め得たり。

灌頂の道具白銅の五鈷の*抜折羅《ばざら》壱口
灌頂の道具白銅の五鈷の*金剛鈴壱口
灌頂の道具白銅の*金剛輪弐口
灌頂の道具白銅の*羯摩《かつま》抜折羅弐口
灌頂伝法の阿闍梨順暁和上の付法の印信、灌頂の道具白銅の*三昧耶抜折羅壱口

灌頂　→一六頁補
三部三昧耶　→補
図様契印の法　仏の本誓を象徴する器杖や刀剣類を図画したものや印契などを結ぶ作法。
鎮国道場　国家を鎮護する道場として、国家から指定をうけた寺院。
内供奉　→一六九頁注「供奉僧」
峰山頂の道場　→補
善無畏　→補
義林　→補
鄭審則　→一六頁補
抜折羅・金剛鈴・金剛輪・羯摩抜折羅　→補
三昧耶抜折羅　金剛杵の一種か。
孔夫子の云く…　→補
円　底本「国」を越州録の鄭審則の自筆(以下「審則自筆」と略)によって改む。
礼義の国　日本を指す。→補
夷　平らかに無事なること。
艱　底本「難」を審則自筆によって

明州の刺史鄭審則の詞

*孔夫子の云く、吾れ聞く、西方に聖人ありと。その教、清浄無為を以て本となし、不染不著を妙となす。その人を化するや、功徳を具足して、乃ち*円明たり。最澄闍梨、性、生《しょう》知《ち》の才を稟《う》け、来ること*礼義の国よりす。万里法を求め、険を視ること*夷の若《ごと》し。*艱労を憚らず、神力保護す。南のかた天台の嶺に登り、西のかた*鏡湖の水に泛《うか》び、*智者の法門を窮め、灌頂の神秘を探る。謂《い》ひつべし、法門の竜象たり、*青蓮の出池たりと。この大乗を*将《も》ちて、往きて本国に伝へ、この印信《いんじん》を求めて、*執《と》りて以て憑《たの》みとなせ。昨者《さきごろ》、*陸台州已に題記を与ふ。故に覩る所を具にしてここに申《かさ》ねて直筆す。

大唐貞元二十一年五月十五日、*朝議郎使持節明州諸軍*(事)守明州刺史上柱国*滎陽《けいよう》鄭審則書す。

日本国入唐使

持節大使従四位上行*大政*(官)右大弁兼越前*(守)藤原朝臣葛野*麻呂

准判官兼訳語正六位上行備前掾笠臣田作

録事正六位上行式部省少録兼伊勢大目勲六等*(山田造)大庭

録事正六位上行大政官左少史兼常陸*少目上毛野公穎人

経疏等を進むるの表一首

沙門最澄言す。最澄聞く、*六爻頤《りくこうい》を探れども、生滅の場に局《かぎ》り、*百物名を正せども、未

改む。

鏡湖の水に泛び　越州鏡湖の東、峰山頂道場で順暁より灌頂を受けたことをいう。

智者　智顗。→八頁「南嶽・天台」補

青蓮の出池　正法の世に出るさまを青い蓮華の池上に開くに喩える。

将　底本「持」を審則自筆によって改む。

執　底本「猶」を審則自筆によって改む。

陸台州　台州刺史陸淳(→一六頁補)。

朝議郎　正六品上の位にある文官の名誉職。なお以下の官職名については一七五頁の陸淳の詞の例を見よ。

事　底本なし。審則自筆によって補う。

滎陽　河南省鄭県。今の栄陽。

大　底本「太」を改む。以下七項、越州録(原本)によって改補す。

官　底本なし。

守　底本なし。

麻呂　底本「丸」を改む。

山田造　底本なし。

大　底本「太」を改む。

少目　底本「省」を改む。

六爻頤を探る…　易の卦を爻といい、一卦は六爻より成る。頤は六十四卦の一で、物を噛み、人を養うすがた。ここでは易学をいう。

百物名を正す　物の名と実を正しくすること。ここでは名家の学をいう。

だ*真如《しんにょ》の境に渉らず。あに*随他の権教、三乗を*機門に開き、*随自の実教、一乗を道場に示すに若《し》かんや。然れば則ち、円教説き難し、その義を演《の》ぶる者は天台なり。妙法伝へ難し、その道を暢《の》ぶる者は聖帝なり。伏して惟《おもんみ》れば　陛下、*霊を纂《あつ》めて辰より出で、*運を撫《ぶ》して極に登る。*北蕃来朝して賀正を毎年に請ひ、*東夷*北首して帰徳を*先年に知る。ここにおいて、想を*円宗に属して緬《はる》かに一乗を懐《おも》ふ。妙法を紹宣して以て大訓となす。これに由つて、妙円の極教、聖機に応じて*興顕し、灌頂の秘法、皇縁を感じて円かなり。最澄、使を奉じて法を求め、遠く霊蹤を尋ねて、往きて台嶺に登り、躬《みずか》ら教迹を写す。獲る所の経并に疏及び記等、総て二百三十部四百六十巻。且つ見《げん》に進むる経一十巻。名づけて金字の妙法蓮華経七巻、金字の金剛般若経一巻、金字の菩薩蔵経一巻、金字の観無量寿経一巻と曰ふ。及び天台智者大師の霊応(*図)一張、天台大師の*禅鎮一頭、天台山香炉(*峰)の神の送れる*樫及び柏の木の*文尺四枚、説法白角の*如意一なり。謹んで弟子の経蔵をして奉進せしむ。ただ、聖鑑、*二門の円満を照明したまへ。*誠懇の至りに任《た》へず。表を奉りて戦慄す。謹んで言す。

延暦二十四年七月十五日　　沙門最澄表を上る

大日本国初めて灌頂道場を建て、受法の弟子を定むるの*内侍宣一首

内侍宣すらく、もしそれ、大明は*石より出で、深緑は藍より生じ、涓《しずく》集りて海と成り、塵積りて岳となる。その道求むべく、(*その人を)択ばず。その才取るべく、その形を論ぜず。故に*帝釈、尊を屈して、法を坑狐に受け、*雪子、軀《み》を捐《す》てて、道を羅刹に訪ふ。皆な

真如　諸法の実体。法界・法性・実際ともいう。
随他　相手の能力や要求に対応した説法内容。
機門　説法の対象。
随自　仏が自ら証悟した直理を直爾に説くこと。
霊を纂めて…　天子の徳を称える慣用句。辰は、天の中軸。北極星のこと。「辰」字、底本「震」を改む。
運を撫して…　これも同前。極は地軸。「極に登る」は帝位に即くこと。
北蕃　北方の異国。渤海を指すか。
東夷　東北地方の蝦夷。
北首　王化に帰服すること。底本「此首」を改む。底本上欄に「此別伝作北」。
先年　延暦二十三年。坂上田村麻呂の蝦夷平定をいう。
円宗　仏教全体を天台では蔵・通・別・円の四教に分け、法華経を所依とする天台宗を円宗という。
興　底本「熈」を改む。底本上欄に「熈別伝作興」。
図　底本なし。底本上欄に「応下別伝有図字」。
禅鎮　坐禅の際、睡眠を防ぐ道具。御経蔵目録に「禅鎮獅子像」とあり。
峰　底本なし。底本上欄に「炉下(別伝)有峰字」。
樫　柳の一種、河柳。底本「程」を改む。底本上欄に「程(別伝)作樫」。
文尺　文机で用いる尺。底本「久

これ生を軽んじて道を重くし、広く自他を利する所以《ゆえん》なり。この間の風俗、我慢の執《しゅう》なほ深くして、師を尊ぶの志未だ厚からず。昔*天竺の上人、自ら降臨すと雖も、勤めて訪受せず、徒《いたずら》に壑舟を遷し、遂に真言の妙法をして、絶えて伝ふることなからしむ。深く歎息すべし、深く歎息すべし。方《まさ》に今、最澄闍梨、*(遠く)溟波を渉りて、*不空の貽訓《いくん》を受け、近く*(無)常を畏れて、この*(法の)伝あらんことを冀《ねが》ふ。然るに*石川《いしかわ》・檉生《むろお》の二禅師は、宿《つと》に芳縁を*(結び)、朕が躬《み》を守護す。この二賢を憑《たの》みて、仏法を昌《さか》んにせんと欲す。よろしく朕が躬に相ひ代りて、尊を屈し軀を捐《す》て、弟子等を率ゐて、経教を尋検し、この法を受伝して、以て国家を守護し、衆生を利楽《りぎょう》すべし。世間の誹謗を憚るべからず。自余の諸衆、ただその進を取りて、その退を遮することなかれ。てへれば、乞ふ、この趣を照察して、進退二衆の暦名を*簡び定めて、その署を加へしめ、使に附して進上せんことを。*謹んで勅す。造宮少進*阿保広成敬ひて和南す。

延暦二十四年八月二十七日

宣を奉ず式部少輔*和気広世

唐に向ひて法を求むる最澄に賜ふ伝法の公験一首

治部省*

*国昌寺の僧最澄

右、平安の東嶽比叡の峰に住して、精進練行すること十有五年、念誦の秘法を捜《さぐ》りて、

尺」を改む。底本上欄に「久尺(別伝)作文尺」。
如意　玉・鉄・竹などで作り、長さ一尺ほどの法具。
二門　天台と密教の二門か。
懇　底本「邈」を改む。底本上欄に「邈別伝作懇」。
内侍宣　勅宣旨の一種。内侍(女官)が勅命を受け、口頭で伝える形式。
石　底本「若」を改む。底本上欄に「若別伝作石」。
その人を(其人)　底本なし。底本上欄に「択下別伝有其人二字」。
帝釈…　→補
雪子…　→補
天竺の上人　→補
遠く　底本「遠」字なし。底本上欄に「梨下別伝有遠字」。
不空　底本上欄に「不空二字(別伝)作無畏(善無畏)」とするが、暫く底本に従う。→六九頁補
無　底本なし。底本上欄に「常上(別伝)有無字」。
法の　底本「法」字なし。底本上欄に「此下(別伝)有法字」。
石川・檉生の二禅師　石川は勤操(→一七頁補)、檉生は修円(→一八頁補)を指す。
結び　底本「結」字なし。底本上欄に「宿下(別伝)有結字」。
簡　底本「蘭」を改む。底本上欄に「蘭別伝作簡」。
謹んで…　以下の文は、この宣を伝

天台の高跡を慕ふ。延暦二十三年歳甲申にある四月*、詔を奉じて海を渡りて道を求め、台州の国清寺*に詣《いた》りて、智者大師第七の弟子道邃《どうずい》和尚の所にして、天台の法門二百余巻を求め得たり。還りて越州の竜興寺において、天竺の不空三蔵第三の弟子鎮国道場の内供奉順暁和尚に遇ひて、灌頂壇に入りて、三部悉地*の法を受け、幷に陀羅尼*の法門三十余巻、種種の曼荼羅の図様十有余基、念誦*の供具等を得たり。台州の刺史陸淳、明州の刺史鄭審則の印署を取り、二十四年歳乙酉にある六月を以て、還り来りて復命す。即ち有司に詔して、法華・維摩等の経疏七通を写さしめ、三論・法相の学生の聡悟なる者六人*を選びて、更《こもごも》相ひ講論せしむ。また同年九月一日を以て、　勅ありて清滝の峰の高雄山寺*において、*毘盧遮那《びるしゃな》都会《とえ》の大壇を造りて、三昧耶*の妙法を伝授*せしむ。灌頂に預*る者、総て八人*あり。苦行の力、志*を果して早く帰る。聖徳の感ずる所、遂にこの道を弘む。今右大臣の宣を被るに、*偁《いわ》く、　勅を奉ずるに、入唐受法の僧二人、よろしく所司をして、各《おのおの》公験を与へ、弥《いよいよ》勤めて精進して、仏法を興隆し、国家を擁護して、群生を利楽せしむべし。てへれば、省　宣旨に依つて奉行すること右の如し。

　延暦二十四年九月十六日

　　従四位下行大輔*和《やまと》朝臣入鹿麻呂

　　少輔従五位下行藤原朝臣友人

大唐受具足戒の僧義真の戒牒*

達した阿保広成の追記か。

阿保広成　日本後紀延暦十八年五月己巳条に尾張権掾として見える。

和気広世　→補

省　底本「者」を改む。底本上欄に「者疑省字」。

国昌寺　→補

四月　→補

国清寺　→一七四頁補

三部悉地　→一七七頁「悉地」補

陀羅尼　→一三三頁補

念誦　真言密教を念誦法門ともいう。

六人　→一七頁注「六学生」

高雄山寺　→補

毘盧遮那都会　諸尊すべてが集会せる曼荼羅を都会壇曼荼羅とも都壇ともいう。大日如来(摩訶毘盧遮那仏)を主とする大悲生胎蔵曼荼羅。

三昧耶　→一七八頁「三部三昧耶」補

伝授　底本「伝授」の下に「之」字あり、今削除。底本上欄に「之別伝無之」。

預　底本「所」を改む。底本上欄に「所別伝作預」。

八人　→一七頁注「八大徳」

志　底本「者」を改む。底本上欄に「者(別伝)作志」。

偁　底本「佐」を改む。底本上欄に「佐(別伝)作偁」。

和朝臣入鹿麻呂　底本「和気朝臣入鹿麻呂」を改む。→補

大唐国台州国清寺の戒牒所

当州国清寺の　大徳律師を奉請して*和上となす。　*翰赴く

当州竜興寺の　大徳律師を奉請して*羯磨兼*衣薬鉢となす。　光宝赴く

当州国清寺の　大徳律師を奉請して*尊証となす。　*文挙赴く

当州国清寺の　大徳律師を奉請して*教授となす。　道濬赴く

当州普荘厳寺の　大徳律師を奉請して尊証となす。　仲康赴く

当州長楽寺の　大徳律師を奉請して尊証となす。　*詧端赴く

当州国清寺の　大徳律師を奉請して尊証となす。　清瀾赴く

当州光明寺の　大徳律師を奉請して尊証となす。　慧昭赴く

*婺《ぶ》州興政寺の　大徳律師を奉請して尊証となす。　亘赴く

婺州大明寺の　大徳律師を奉請して尊証となす。　少言赴く

右、比丘義真、　大徳僧足下に稽首和南す。　ただ義真、宿因多幸にして、勝縁に遇ふことを得たり。妄を棄てて真を守り、精しく*戒品を祈《の》む。庶《ねが》はくは、無上の*仏種をして、これに藉《よ》つて敷栄せしめ、塵労の稠林《ちゅうりん》をして、これに因つて殄滅《てんめつ》せしめん。今悲済を蒙りて、*尸羅《しら》を秉授《へいじゅ》す。*法を納《い》れて心にあり。福河流注す。已に*清禁に登る。慶賀任《た》ふることなし。伏して乞ふ、名を示さんことを。永く戒験となさん。謹んで牒す。

貞元二十年十二月七日　　比丘義真牒す

扶桑に生長して、*大夏に帰宗す。霊山に法を求めて、戒香を伝付す。まさにすべからく

具足戒　→四七頁注

和上・羯磨・尊証・教授　小乗律を大乗の三聚浄戒の体系に包容して律儀一界・不異声聞を慣習とした中国の授戒には、現前の三師七証(→八八頁補)の臨席が不可欠の条件とされた。

翰　清翰和尚。→補

衣薬鉢　授戒が終ると、受者に三衣(→八四頁「九条・七条・五条」補)・鉢(→八五頁注)等を賜わる儀式がある(東大寺授戒方軌)。ここでは羯磨師がその役を兼ねたのであろう。

文挙　→補

詧　底本「功言」を改む。

婺州　唐代の州。浙江省金華県付近。

戒品　戒を守って身業と口業を清浄ならしめて得られる法身の徳。

仏種　仏の種子。→七三頁「仏性の種子」補

尸羅　梵語シーラの音写。戒のこと。

法を納れて心にあり　受戒の時、霊妙な戒体というものが受戒者の体内に入り、破戒からまもるとされる。

清禁　清らかな制止。授戒の壇をいう。

大夏　中国のこと。

志を堅くして*三宝を護持し紹隆すべし。まさに大海を度《わた》らんとするに、必ず*浮囊を惜しむ。羅刹来りて求むるに、微塵も許すことなかれ。彼岸に到ることを得て法身を成就せよ。和尚*翰、示す。

大唐台州、僧義真に給するの公験一首

日本国の求法僧最澄
求法訳語僧義真

右義真、深く*郎中の慈造を蒙り、大唐の台州唐興県天台山国清寺において、具足戒を受くること已に畢んぬ。謹んで公験の印信を請ふ。謹んで牒す。

大唐貞元二十一年三月一日　日本国の求法僧最澄牒す

公験とするに任せて、三月一日、台州の刺史陸淳給印す。

大唐明州、僧義真の公験幷に遣*唐大使の公験一首

日本国の求法僧最澄
天台受具足戒の僧義真

牒す。僧義真、去年十二月七日、大唐の台州唐興県天台山国清寺において、具足戒を受くること已に畢んぬ。謹んで台州の公験を連ね、当州の　公験の印信を請ふ。謹んで牒す。　牒、件の状、前の如し。謹んで牒す。

三宝　→九頁注

浮囊　涅槃経聖行品に、護戒の心を大海を渡る際の浮囊に喩えて、その重んずべきことを説く(正蔵一二、四三二b)。

翰　戒和上の清翰。

郎中の慈造　台州刺史陸淳のいつくしみぶかい取り計らい。郎中は長官の異称。

唐大　底本「大唐」を目次によって改む。

貞元二十一年四月五日　　求法僧最澄牒す

憑拠とするに任せて、四月八日、明州の刺史鄭審則給す。

日本国入唐使

持節大使従四位上行大政官右大弁兼越前守藤原朝臣葛野麻呂

准判官兼訳語正六位上行備前掾笠臣田作

録事正六位上行式部少録兼伊勢大目勲六等山田造大庭

録事正六位上行大政官左少*史常陸少目上毛野公穎人

唐に向ひて法を求むる訳語僧義真に賜ふの公験一首

治部省

僧義真〈年二十五、*臘二〉

右僧、東大寺*伝燈法師位*慈賢に就きて漢語を習ひ、また興福寺伝燈住位僧*慈蘊に就きて法相を学び、*年分の試を被りて、及第得度す。更に比叡の峰に登りて、天台の教を鑽仰す。詔ありて特に最澄闍梨に賜ひて、求法の訳語となし、台州の国清寺において、大徳を屈して*声聞の具足戒を受く。また道邃和尚の所において、*大乗の菩薩戒を受く。また越州の竜興寺において、澄闍梨と共に、順暁和尚に遇ひて、灌頂壇に入りて、*三部悉地《しつじ》の法を受く。今右大臣の宣を被るに、倘《いわ》く、　勅を奉ずるに、入唐受法の僧二人、よろしく所司をして、各《おのおの》公験を与へ、弥《いよいよ》勤めて精進して、仏法を興隆し、国家を擁護して、群生を利楽

史　底本「使」を改む。底本上欄に「使疑史」。

臘　法臘・夏臘ともいう。出家してより後の数え年のこと。

伝燈法師位　→八頁注

慈賢　伝未詳。

慈蘊　最澄帰朝後の延暦二十四年秋、勅により野寺(常住寺)天台院で天台法文を受学せしめた六人の中の一人(伝)。

年分の試　年分度者の試験。

声聞の具足戒　小乗の声聞のための具足戒(→四七頁注)。

大乗の菩薩戒　最澄・義真が道邃から菩薩戒を受けたことは、内証血脈譜・伝などに見える。

三部悉地　→一七七頁「悉地」補

せしむべし。てへれば、　宣旨奉行すること右の如し。
*卿四品*葛原親王
延暦二十四年九月十六日
従四位下行大輔*和朝臣入鹿麻呂
少輔従五位下(*行)藤原朝臣友人

*三部三昧耶を伝ふるの公験一首

治部省
*毘盧遮那如来三十七尊曼荼羅の所
上品悉地　阿鑁藍吽欠
中品悉地　阿尾羅吽欠
下品悉地　阿羅波遮那

灌頂伝授三部三昧耶阿闍梨、泰嶽霊巌寺鎮国道場の大徳、内供奉沙門順暁、図様契印の法。越府の峰山頂の道場において付す。大唐国開元の朝、大三蔵婆羅門国の王子、法号善無畏、仏国の大那蘭陀寺より、大法輪を伝へ、大唐国に至りて、転じて伝法の弟子僧義林に付属す。またこの国師大阿闍梨一百三歳なり。今新羅国にありて、法を伝へて大法輪を転ず。また大唐の弟子僧順暁に付す。これ鎮国道場の大徳阿闍梨なり。また日本の弟子僧最澄に付して、大法輪を転ぜしむ。最澄はこれ第四の付属伝授なり。仏法をして永永に絶

卿　治部卿。治部省の長官。

葛原親王　七八六―八五三。桓武天皇の第三子。延暦二十二年四品治部卿、その後、大蔵卿・弾正尹・式部卿を経て一品大宰帥に至る(日本後紀・文徳実録)。底本「葛厚」を改む。底本上欄に「厚疑原字」。

和　底本「和気」を改む。→一八二頁「和朝臣入鹿麻呂」補

行　底本なし。前掲の治部省公験(一八一―一八二頁)に準じて加える。

三部三昧耶　→一七八頁補

毘盧遮那…　以下、上掲の順暁阿闍梨の付法文(印信)(一七七頁以下)参照。

えざらしむ。阿闍梨順暁、録して最澄に付す。

大唐貞元二十一年四月*十六日

延暦二十四年歳乙酉に次《やど》る九月七日、　勅ありて清滝の峰高雄の道場において、*都会の大壇を起して、最澄阿闍梨に命じて、大安寺の僧*広円に伝授せしむ。灌頂に預る者、総て*八人あり。これ皆な第五の付属なり。今右大臣の宣を被るに、偁《いわ》く、　勅を奉ずるに、受法の僧等、よろしく所司をして、各《おのおの》公験を与へ、弥《いよいよ》勤めて精進して、仏法を興隆し、国家を擁護して、群生を利楽せしむべし。てへれば、省、宣旨に依つて天竺・大唐及び　聖朝伝授の次第を連ぬ。奉行すること右の如し。

延暦二十四年九月十六日

卿四品葛*原親王

従四位下行大輔*和朝臣入鹿麻呂

少輔従五位下*(行)藤原朝臣友人

新*法華宗を加へんことを請ふの表一首

沙門最澄言す。最澄聞く、一目の*羅は、鳥を得ること能はずと。一*両の宗、何ぞ普く汲むに足らん。徒《いたずら》に諸宗の名のみありて、*忽ち業を伝ふるの人を絶す。誠に願はくは、*十二律呂に准じて、*年分度者の数を定め、*六波羅蜜に法《のっと》りて、授業諸宗の員を分ち、両曜の明に則りて、宗別に二人を度せん。華厳宗に二人、天台法華宗に二人、律宗に二人、三論宗

十六日　一七七頁の順暁阿闍梨の付法文(印信)では「十九日」とあり、内証血脈譜も同じ。「十九日」が正しいとすべきである。「十六日」は治部省官人の誤写であろう。なおこの公験の原文書(青蓮院蔵)も「十六日」となっている。

都会の大壇　↓一八二頁注「毘盧遮那都会」

広円　伝未詳。伝教大師消息に「広円禅師御弟子」の「徳念仏子」と見える(伝全五、四五九)。

八人　↓一七頁注「八大徳」

原　底本「厚」を改む。

和　底本「和気」を改む。↓一八二頁「和朝臣入鹿麻呂」補

行　底本なし。一八二頁の署名に従って加える。

法華宗　法華経を所依とする宗。即ち天台宗のこと。

羅　鳥をとる網。

両　底本「雨」を天台法華宗年分縁起(最澄の自筆本あり。以下「最澄自筆本」と略)によって改む。

忽　底本「総」を最澄自筆本によって改む。

十二律呂　六律(陽)と六呂(陰)に分けられる音律のことで、黄帝の楽師伶倫の制定したものと伝えられている。底本「十二部律呂」を改む。底本上欄に「部別伝無之」。

年分度者　↓補

六波羅蜜　↓一五頁「六度」補

に三人、小乗成実宗を加へん、法相宗に三人、小乗倶舎宗を加へん。然れば則ち、*陛下法施の徳、独り古今に秀で、群生法財の用、永く*塵劫に足りなん。区区の至りに任《た》へず。謹んで表を奉りて、以て聞す。軽《かるがる》しく威厳を犯す。伏して深く戦越す。謹んで言す。

延暦二十五年正月三日　　沙門最澄表を上る

年分度者を加へて十二人を定むる*僧統の表一首

伝燈大法師*勝虞《しょうご》等言す。今月四日、中納言従三位藤原朝臣内麻呂、勅を奉ずるに、*国昌寺(*僧)最澄の上表を賜ひ示すに云く、誠に願はくは、十二律呂に准じて、年分度者の数を定め、六波羅蜜に法《のっと》りて、授業諸宗の員を分ち、両曜の明に則りて、宗別に二人を度せん。てへれば、仰ぎ惟《おもんみ》るに、無上世尊はこれ*大医王なり。類に随ひて教を設け、苦を抜き楽を与ふ。八万の法蔵、権あり実あり。始め殊なるに似たりと雖も、終り皆な揆を一にす。衆生の病ひ既に異なれば、与ふる所の薬同じからず。有情を済《すく》はんと欲するに、一だも廃するは不可なり。悉く皆な勧励して、乃ち群迷を拯《すく》ふ。今*疇咨《ちゅうし》を垂れて法鼓《ほうく》を鳴らさんと欲す。仏日まさに没せんとするに、聖戈《せいか》を揮《ふる》ひて、*更《ふたた》び中《あた》らしめたまひ、法*網殆んど絶えんとするに、睿索を添へて、以て復た続《つ》ぎたまふ。しかのみならず、当年より始めて未来際を尽すまで、歳歳度する所の無量無表の功徳の聚、総て聖躬に集らば、釈門の*老少誰れか抃躍《べんやく》せざらん。随喜歓荷の至りに任《た》ふることなし。謹んで表を奉りて、以て聞す。法師勝虞等、誠惶誠懼、謹んで言す。

陛　底本「陸」を最澄自筆本によって改む。
塵劫　塵点劫のこと。極めて長い時間。

僧統　→一九頁補
勝虞　勝悟とも書く。七三二—八一一。阿波の人、俗姓凡直。法相宗。大安寺の僧。延暦十六年律師、同二十四年少僧都、大同元年大僧都に進み、弘仁二年、八十二歳で寂(日本後紀)。
国昌寺　→一八一頁補
僧　底本なし。最澄自筆本によって改む。
大医王　諸経典で、仏陀はしばしば大医王と称せられている。

疇咨　諮問すること。

更　最澄自筆本には、「更」字の上に「而」字あり。
網　底本「綱」を改む。
老　底本「者」を最澄自筆本によって改む。

延暦二十五年正月五日

少僧都伝燈大法師位勝虞

少僧都伝燈大法師位常騰*

律師伝燈大法師位如宝*

律師伝燈大法師位修哲*

大唐留学伝燈大法師位永忠*

諸宗の年分度者、自宗の業を定むるの官符一首

太政官符す治部省

まさに分ち定むべき年料度者の数幷に学業の事

華厳業二人〈並に五教*・指帰*・綱目*を読ましむ。〉

天台業二人〈一人は大毘盧遮那経を読ましめ、一人は摩訶止観を読ましむ。〉

律業二人〈並に梵網経もしくは瑜伽声聞地*を読ましむ。〉

三論業三人〈二人は三論*を読ましめ、一人は成実論を読ましむ。〉

法相業三人〈二人は唯識論を読ましめ、一人は倶舎論を読ましむ。〉

右、右大臣の宣を被るに、偁《いわ》く、勅を奉ずるに、災を攘ひ福を殖《う》うること、仏教尤《もっと》も勝《すぐ》れ、善を誘ひ生を利すること、この道に如《し》くことなし。ただそれ諸仏の世に出現する所以は、一切衆生をして一如の理を悟らしめんと欲してなり。然るに衆生の機、或は利、或

常騰 七四〇—八一五。京の人。俗姓高橋朝臣。法相宗。西大寺の僧。延暦二十四年律師、ついで少僧都(日本後紀)。

如宝 ?—八一五。胡国の人。鑒真に従って来朝。律宗。唐招提寺の僧。延暦十六年律師、大同元年少僧都(日本後紀)。

修哲 ?—八三一。出自不明。東大寺寺主より別当を兼ね、弘仁元年律師(日本後紀・僧綱補任)。

永忠 →七一頁補

五教 賢首法蔵撰、華厳五教章(または華厳一乗教義分斉章)四巻。

指帰 賢首法蔵撰、華厳経旨帰一巻。

綱目 賢首法蔵撰、華厳経綱目一巻。

瑜伽声聞地 瑜伽師地論摂決択分の声聞地。とくにその二と三(巻六十八・六十九)に別解脱律儀を説くので、声聞戒の所依として尊重された。底本「瑜伽声聞戒」を三代格・最澄自筆本によって改む。

三論 竜樹の中論四巻、提婆の百論二巻、及び竜樹の十二門論一巻。

は鈍。故に如来の説、頓あり漸あり。*件等の経論、所趣同じからず。開門異なりと雖も遂に菩提を期《ご》す。(*譬へば)なほし大医の病に随ひて薬を与ふるに、方を設くること万殊なれども、共に*命を済《すく》ふにあるがごとし。今、仏法を興隆し、群生を利楽せんと欲す。凡そこの諸業、一だも廃するは不可なり。よろしく十二律呂に准じて度者の数を定め、業を分ちて*勧催し、共に競学せしむべし。仍つてすべからく各《おのおの》本業の疏に依つて、法華・金光明二部の漢音及び訓を読むべし。経論の中、大義十条を問ひ、五以上に通ずる者は、乃ち得度を聴《ゆる》す。縦《も》如し一一の業の中に及第する者なくんば、その分を闕《か》き置きて、当年に度することなかれ。*省寮・僧綱、相ひ対して案記し、その人あるを待ちて、後年に重ねて度せよ。遂に彼此をして相ひ奪ひてその業を廃絶せしむることを得ざれ。もし義を習ふこと殊に高きものあらば、漢音に限ることなかれ。受戒の後、皆な先づ必ず*二部の戒本を読誦せしめ、*一巻の羯磨四分律鈔を諳案せしめ、更に十二条を試せよ。本業の十条、戒律の二条なり。七以上に通ずる者は、次《ついで》に依つて*立義・*複講及び*諸国の講師に差*任せよ。本業に通ずと雖も、戒律を習はざる者は、任用を聴《ゆる》さざれ。てへれば、省*よろしく承知して、宣に依つてこれを行ふべし。今より以後、永く恒例となせ。符到らば奉行せよ。

参議正四位下行左大弁菅野朝臣真道　　左少史賀茂県主立長

延暦二十五年正月二十六日

新宗天台法華宗年分学生名帳一首

件等の経論　各宗業の下に注記した経や論。

譬へば　底本「譬」字なし。三代格・最澄自筆本によって補う。

命　底本「令」を三代格・最澄自筆本によって改む。

勧　底本「勤」を三代格・最澄自筆本によって改む。

省寮　治部省と玄蕃寮。底本「者省察」を三代格・最澄自筆本によって改む。

二部の戒本　→一一二頁補

一巻の羯磨四分律鈔　→一一二頁補

立義　→一一二頁注

複講　→一一二頁注

諸国の講師　→九四頁「講師」補

任　底本「位」を三代格・最澄自筆本によって改む。

よろしく(宜)　底本「直」を三代格・最澄自筆本によって改む。

天台法華宗年分得度学生名帳

*大同二年より*弘仁十一年に至るまで、合せて一十四箇年、合せて弐拾捌《にじゅうはち》口。

僧光戒　僧光仁　僧光智　僧光法

已上四人は、大同二年三年四年五年、合せて四箇年の天台法華宗遮那経業の得度者なり。

僧光忠　僧光定　僧光善　僧光秀

已上四人は、大同二年三年四年五年、合せて四箇年の天台法華宗摩訶止観業の得度者なり。

僧徳善〈遮那経業〉　僧仁風〈止観業〉

已上二人は、弘仁二年の年分の得度者なり。

僧徳真〈遮那業〉　僧徳円〈止観業〉

已上二人は、弘仁三年の年分の得度者なり。

僧*円貞〈無業〉　僧円正〈止観業〉

已上二人は、弘仁四年の年分の得度者なり。

僧円修〈遮那業〉　僧円仁〈止観業〉

已上二人は、弘仁五年の年分の得度者なり。

僧道慧〈遮那経業〉　*一乗沙弥玄慧〈止観業〉

已上二人は、弘仁六年の年分の得度者なり。

大同二年　天台宗年分度者は延暦二十五年に勅許されたが、大同五年正月の宮中金光明会において、はじめて実施され、その時、過去四年分八人がまとめて得度をうけた。

弘仁十一年　大同二年より弘仁十一年まで二十八口とあるが、本帳には弘仁七年までの二十人しか記載されていない。

円貞　底本「円真」を、最澄自筆の年分得度学生名帳(伝全一、五四)によって改む。

一乗沙弥　最澄は弘仁九年二月七日、天台宗の学生に「一乗」の号を授けようとした(伝述一心戒文上)。得度を受けたが、未だ戒を受けず、比丘(僧)となる以前の身分を沙弥という。

僧正見〈無業〉　僧正思〈止観業〉
　已上二人は、弘仁七年の年分の得度者なり。

顕戒論縁起 巻上 終

山家学生式　付　得業学生式　表文

(1)「天台法華宗年分学生式」(六条式、弘仁九年五月十三日付)、(2)「勧奨天台宗年分学生式」(八条式、弘仁九年八月二十七日付)、(3)「天台法華宗年分度者回小向大式」(四条式、弘仁十年三月十五日付)の三種の式を「山家学生式」という。この三種は古くから別行本として行われている。いずれも天台宗の年分学生(度者)の修業年限や課程を規定したものであるが、ここには以上三種のほかに、(4)「比叡山天台法華院得業学生式」(弘仁九年五月十五日付)、(5)「請菩薩出家表」(弘仁九年五月二十一日付)、(6)「請立大乗戒表」(弘仁十年三月十五日付)の三種の関連する式と表文を収めた。あわせて最澄の教育思想を簡明に窺うことができるとともに、延暦二十五年(八〇六)、桓武天皇によって勅許された天台宗年分度者の育成方針をめぐって、大乗戒建立の構想がしだいに具体化されていった経過を辿ることができる。底本として、(1)及び(5)は延暦寺所蔵、最澄自筆の「天台法華宗年分縁起」所収のもの、(2)(3)は叡山文庫浄土院所蔵寛延二年版本、(4)は「伝教大師全集」、(6)は「叡山大師伝」(石山寺本)所収のものを用いた。

〔山家学生式〕

*天台法華宗年分学生式《てんだいほっけしゅうねんぶんがくしょうしき》 一首（六条式）

*国宝《こくほう》とは何物ぞ。宝とは*道心なり。道心あるの人を名づけて国宝となす。故に*古人言《いわ》く、「*径寸十枚、これ国宝に非ず。*照千一隅、これ則ち国宝なり」と。*古哲また云く、「*能《よ》く言ひて行ふこと能《あた》はざるは国の師なり。能く行ひて言ふこと能はざるは国の用《ゆう》なり。能く行ひ能く言ふは国の宝なり。*三品《さんぼん》の内、ただ言ふこと能はず行ふこと能はざるを国の賊《ぞく》となす」と。乃《すなわ》ち道心あるの*仏子を、*西には菩薩と称し、*東には君子と号す。*悪事を己《おの》れに向《むか》へ、好事を他に与へ、己れを忘れて他を利するは、慈悲の極《きわ》みなり。*釈教の中、*出家に二類あり。一には*小乗の類、二には*大乗の類なり。道心あるの仏子、即ちこれこの類なり。今、我が*東州、ただ*小像のみありて、未だ*大類あらず。*大道未だ弘まらず、*大人《だいにん》興り難し。誠に願はくは、*先帝の御願、天台の年分《ねんぶん》、永く大類となし、*菩薩僧となさん。然るときは則ち、*枳王《きおう》の夢《む》猴《こう》、九位、列《つらな》り落ち、*覚母《かくも》の五駕《ごが》、後三、数を増さん。この心、この願、*海を汲むことを忘れず、今を利し後を利して、劫《こう》を歴《ふ》れども窮《きわま》りなけん。

*年分度者二人〈*柏原の先帝、新たに天台法華宗の伝法者を加ふ。〉

天台法華宗年分学生式　山家学生式（通称）の第一。六箇の条目よりなるので六条式といわれる。
国宝　国のたから。国家の宝として崇敬すべき人。↓補
道心　菩提心。真実の道を求める心。
古人　斉の威王を指す。
径寸十枚…　径寸は直径一寸（の珠）。↓補
照千一隅　「一隅を守り、千里を照す者」の意。↓補
古哲　牟融を指す。
能く言ひて…　↓補
三品　上中下の三類。
仏子　仏弟子。↓補
西　中国より西のインド・西域。
東　中国。
悪事を…　梵網経第七重戒の文による。↓補
釈教　釈迦の教。仏教。
出家　世俗の執着・束縛を離れ、家を出て道を求める修道者。
小乗・大乗　↓一九頁補
東州　日本。
小像　小乗のかたち。
大類　大乗のたぐい。
大道　大乗の道法。
大人　大乗の行人。
先帝の御願　桓武天皇が延暦二十五年（八〇六）正月二十六日、天台法華宗に年分度者の勅許を下したこと。
菩薩僧　顕戒論（七二頁以下）参照。
枳王の夢猴…　守護国界主陀羅尼経

○*凡《おほよ》そ法華宗天台の年分、弘仁九年より、永く*後《ご》際を期して、以て大乗の類となす。その*籍名《しやくみやう》を除かず、仏子の号を賜加《しか》し、*円の十善戒を授けて、*菩薩の沙弥《しやみ》となす。その*度縁には*官印を請《こ》はん。

○凡そ大乗の類は、即ち*得度の年、*仏子戒を授けて、菩薩僧となし、その*戒牒《かいちやう》には官印を請はん。大戒を受け已《おわ》らば、叡山に住せしめ、*一十二年、山門を出でず、両業《りやうごう》を修学せしめん。

○凡そ*止《し》観業《かんごう》の者は、年々毎日、*法花・*金光・*仁王・*守護の諸大乗等の護国の衆経を*長転長講せしめん。

○凡そ*遮那《しやな》業《ごう》の者は、歳歳毎日、*遮那・*孔雀・*不空・*仏頂の諸真言等の護国の真言を長念せしめん。

○凡そ両業の学生《がくしやう》、一十二年、所修所学、業に随ひて任用せん。能く行ひ能く言ふは、常に山中に住して*衆の首となし、国の宝となす。能く言ひて行はざるは国の師となし、能く行ひて言はざるは国の用となす。

○凡そ国師・国用、*官符の旨に依つて、*伝法及び国の*講師《こうし》に差任《しやにん》せよ。その国の講師は、一任の内、毎年*安居《あんご》の法服の施料は、即便《すなわ》ち当国の官舎に収納し、*国司・*郡司、相ひ対して検校《けんぎやう》し、まさに国裏の池を修し溝《みぞ》を修し、荒れたるを耕し崩れたるを埋め、橋を造り船を造り、樹を殖《う》ゑ*紵《ちよ》を殖ゑ、麻を蒔《ま》き草を蒔き、井を穿《うが》ち水を引きて、国を利し人を利するに用ひんとす。経を講じ心《しん》を修めて、農商を用ひざれ。然るときは則ち、道心の人、天

による。顕戒論(一二五頁以下)参照。

「九位、列り落ち」とは、九獼猴即ち九種の悪沙門が消滅することをいう。

覚母の五駕… 覚母は如来の母(→九頁注「上座如来母」)の意で文殊菩薩のこと。不必定入定入印経による。顕戒論(三二頁以下)参照。→補

海を汲む… 大施太子の説話。いかなる努力も惜しまぬことに喩える。→補

年分度者 →一八七頁補

柏原 桓武天皇御陵の所在地(京都市深草)。延暦二十五年(八〇六)四月七日、天皇を山城国紀伊郡柏原山陵に葬る(日本後紀)。

凡そ法華宗天台の年分… 六条式中の第一条。以下、六条まである。

後際 未来。

籍名を除かず… →補

円の十善戒 →補

菩薩の沙弥 菩薩僧となるべき沙弥。→七七頁「菩薩沙弥」補

度縁 度牒。出家得度の証として官より交附される公験(証明書)。

官印 太政官印。

得度の年… →補

仏子戒 梵網経に基づく大乗大僧戒。四条式(一九九頁以下)・顕戒論(七二頁以下)参照。

戒牒 僧侶受戒の証明書。

一十二年… 顕戒論(一一五頁)参照。

止観業 摩訶止観を中心とする行業。→補

下に相続し、君子の道、永代に断えざらん。

右六条の式は、*慈悲門に依つて*有情《うじよう》を*大に導く。仏法世に久しく、国家永く固くして、仏種断えざらん。*慺慺《るる》の至りに任《た》へず、円宗の式を奉り、謹んで　天裁を請ふ。謹んで言《もう》す。

弘仁九年五月十三日　　前《さき》の入唐《につとう》求法《ぐほう》沙門最澄

法花　法華経。↓補

金光　↓一一一頁「最勝王経」補

仁王　↓九〇頁「仁王経」補

守護　↓一二五頁注「守護国界主経」

長転長講　長時の転経(読誦)と講経。

遮那業　大日経を中心とする密教の行業。↓補

遮那　大毘盧遮那成仏神変加持経(大日経)。↓補

孔雀　仏母孔雀王経。↓補

不空　不空羂索神変真言経。↓補

仏頂　仏頂尊勝陀羅尼経。↓補

衆の首　一山大衆の頭首。

官符の旨　延暦二十五年正月の太政官符(一八九頁)に、得業者を立義・複講・諸国講師に任ぜよとある。

伝法　器を選び法門を伝授すること。

講師　↓九四頁補

安居の法服の施料　↓補

国司　諸国に置かれた地方官。守・介・掾・目・史生の総称。

郡司　諸国の郡に置かれた官人。大領・小領・主政・主帳の総称。

䒼　紵。いちび。麻の一種。

慈悲門　菩薩行の利他の面。

有情　↓九〇頁注

大　大乗。

慺慺　うやうやしく謹むさま。

*勧奨天台宗年分学生式《かんしょうてんだいしゅう》（八条式）

*凡《およ》そ天台宗の*得業《とくごう》の学生《がくしょう》の数一十二人と定むるは、六年を期《ご》となす。一年に二*人を闕《か》かば、即ち二人を補すべし。その得業生を試むるには、天台宗の学衆、倶《とも》に学堂に集会し、法華・金光明二部の経*訓を試み、もしその第*を得ば、具《つぶさ》に籍名《しゃくみょう》を注《しる》し、試業《しごう》の日、官に申し送らん。もし六年、業を成《じょう》ずるは、試*業の例に預る。もし業を成ぜざるは、試業の例に預らず。もし退闕《たいけつ》あらば、具に退者の名幷に補すべき者（の名*）を注して、官に申し替へよ。

凡そ得業の学生等の衣食《えじき》は、各《おのおの》私*物を須《もち》ひよ。もし心*才如法に、骨*法成就すれども、ただ衣食具はらずんば、この*院の状を施《せ》し、檀*を九*方に行じて、その人に充《あ》て行へ。

凡そ得業の学生、心性《しんしょう》、法に違《い》し、衆*制に順はずんば、官に申し送り、式に依つて取替へよ。

凡そこの宗、得業の者、得度の年、即ち大戒を受けしむ。大戒を受け竟《おわ》らば、一十二年、山門を出でず、勤*めて修学せしめん。初めの六年は*聞慧《もんえ》を正《しょう》となし、*思修《ししゅ》を傍《ぼう》となす。一日の中、二分は内*学、一分は*外学《げがく》。長講を*行《ぎょう》となし、法施を業*となす。後の六年は思修を正となし、聞慧を傍となす。止観業には具《つぶさ》に四*種三昧を修習せしめ、遮那業《しゃなごう》には具に三*部の念誦を修習せしめん。

凡そ比叡山一*乗止観院、天台宗学生等の年分、幷に*自《みずか》ら進む者は、本*寺の名帳《みょうちょう》を除かず。

勧奨天台宗年分学生式　天台宗年分度者をして国宝たる菩薩ならしむるよう奨励して作る学生式の意。八箇の条目より成るので八条式という。

凡そ天台宗の…　八条式中の第一条。以下、八条まである。

得業の学生　得業学生式（二〇二頁）に定める者で、菩薩僧になる目的で修業する学生。

二人を闕かば…　→補

経訓　経の訓読。

第を得　及第すること。第は等級。

試業の例　試験を受ける資格。

の名　底本「名」字なし。底本上欄に「者下一本有名字」。

私物を…　得業学生は未だ得度以前で僧物を用いる資格がないから、私物を用いる。

心才如法　心と才能が、すぐれていること。

骨法成就　行業の要点を心得ること。

この院の状　一乗止観院の証明書。

檀　梵語ダーナの音写。布施。

九方　四方・四維・中央。

衆制　もろもろの山内の規則。

勧　底本「勧」を改む。底本上欄に「勧疑勤字」。

聞慧　聞くことを中心にした学習。

思修　思索を中心にした学習と、実践を中心にした学習。以上合せて聞思修の三慧という。

内学　仏教の典籍を学習すること。

外学　仏教以外の学問。

便《すなわ》ち近江の*食《じき》ある諸寺に入れて、*供料《くりょう》を送らしむ。ただ冬夏の法服は、*大乗の法に依つて、檀を諸方に行じ、*有待の身を*蔽《おお》ひて、業をして退せざらしむ。今より後、固く常例となす。草菴を房となし、竹葉を座となし、生《しょう》を軽んじ法を重んじ、法をして久住《くじゅう》せしめ、国家を守護せん。

*凡そ他宗年分の外、*得度受具の者、自ら進みて、住山十二年、両業を修学せんと欲する者あらば、具《つぶさ》に本寺幷に師主の名を注《しる》し、明らかに*山院の状を取りて、すべからく官司に*安置すべし。固く一十二年を経竟《へおわ》らば、この宗年分の者に準じて、例として*法師位を賜へ。もし*式法を闕《か》かば、本寺に退却せしめよ。

凡そ住山の学生、固く一十二年を経て、式に依つて修学せば、*大法師位を慰賜《いし》したまへ。もしその業具せずと雖も、固く山室を出でずして一十二年を経ば、法師位を慰賜したまへ。もしこの宗の者にして宗の式に順《したが》はず、山院に住せず、或は山に住すと雖も、屢《しばしば》*衆法を煩はし、年数足らずんば、永く官司の天台宗の名を*貫除し、本寺に退却せしめよ。

凡そこの天台宗の院には、*俗別当《ぞくべっとう》両人を差《つかわ》し、番を結んで検校《けんぎょう》を加へしめ、兼ねて盗賊・酒・女等を禁ぜしめ、仏法を住持し、国家を守護せん。

以前の八条の式は、仏法を住持し、国家を利益し、群生を*接引《しょういん》し、*後生《ごしょう》を善に進めんがためなり。謹んで　天裁を請ふ。謹んで言す。

弘仁九年八月二十七日　　　前の入唐求法沙門最澄上る

行・業　行も業も実践行為。
四種三昧　→四二頁注「四種三昧院」
三部　密教で胎蔵界を仏部・蓮華部・金剛部の三部に分類する。ここは遮那・孔雀・守護の三経を指すか。
一乗止観院　→補
自ら進む者　天台年分学生以外に自ら希望して山で修学しようとする者。
本寺　籍を置く所属寺。

食ある諸寺　食封を有する諸寺。
供料　僧籍を置く寺から与えられる食料。
大乗の法　→補
有待の身　有為相待の身、即ち生身。
蔽　底本「弊」を改む。底本上欄に「弊当作蔽」。
凡そ他宗年分の外…　天台宗以外より希望して来る学生についての規定。
得度受具　(他宗年分度者以外の人で)得度し具足戒を受けた僧。
山院　一乗止観院。
安置すべし　書状を届け出ること。
法師位　→八頁注「伝燈法師位」
式法　学生式の規定。
大法師位　僧位の最上階。→八頁注「伝燈法師位」
衆法　もろもろの山内の規則。
貫除　僧籍から除く。
俗別当　俗人の別当。→補
接引　正法に教え導くこと。
後生　後より生れ来るもの。後輩。

*天台法華宗年分度者回小向大式《えしょうこうだいしき》（四条式）

合せて*肆《し》条《じょう》

*凡そ仏寺に三あり。

一には*一向大乗寺《いっこうだいじょうじ》　初修業の菩薩僧の住する所の寺

二には一向小乗寺　一向小乗の*律師の住する所の寺

三には大小兼行寺《けんぎょうじ》　久修業の菩薩僧の住する所の寺

今、天台法華宗年分の学生、幷に*回心向大《えしんこうだい》の初修業の者は、一十二年、深山の*四種三昧院に住せしめ、*得業以後、利他の故に、*小律儀を仮受《けじゅ》せば、仮に兼行寺に住することを許す。

*凡そ仏寺の上座に大小の二座を置く。

一には一向大乗寺　*文殊師利《もんじゅしり》菩薩を置きて、以て上座となす。

二には一向小乗寺　*賓頭盧《びんずる》和尚を置きて、以て上座となす。

三には大小兼行寺　文殊と賓頭盧と両《ふたつ》の上座を置き、小乗の*布薩《ふさつ》の日は、賓頭盧を上座となして、小乗の次第に坐し、大乗の布薩の日は、文殊を上座となして、*大乗の次第に坐す。この次第の坐、この間に未だ行はれず。

*凡そ仏戒に二あり。

天台法華宗年分度者回小向大式　天台年分学生及び他宗より来って叡山で修行しようとする者に対しては、小乗戒を受くるを禁じ、大乗戒を授けて大僧となさんとする制。四箇の条目より成るので四条式という。

肆　四の字の代用。

凡そ仏寺に三あり…　第一条。顕戒論(一八頁以下)参照。

一向大乗寺　専ら大乗のみを行う寺。

律師　律に通達しよく記憶せる僧。持律者。

回心向大　→一八頁注

四種三昧院　→四二頁注

得業　ここでいう意は、十二年の修行を了えたこと。

小律儀　→一九頁注

凡そ仏寺の上座に…　第二条。顕戒論(五九頁以下)参照。

文殊師利　→五九頁補

賓頭盧　→五九頁補

布薩　→五二頁注

大乗の次第　梵網経第三十八軽戒に、大乗の次第の坐を説く。顕戒論(七八頁)参照。

凡そ仏戒に二あり…　第三条。顕戒論(七二頁以下)参照。仏戒は、仏の制せられた戒。

一には大乗の大*僧戒　*十重四十八軽戒《きょうかい》を制して、以て大僧戒となす。

二には小乗の大僧戒　*二百五十等の戒を制して、以て大僧戒となす。

*凡そ仏の受戒に二あり。

一には大乗戒。

*普賢経に依つて*三師証《さんししょう》等を請ず。

釈迦牟尼仏を請じて、*菩薩戒の*和上《わじょう》となす。

文殊師利菩薩を請じて、菩薩戒の*羯磨《かつま》阿闍梨となす。

*弥勒《みろく》菩薩を請じて、菩薩戒の*教授阿闍梨となす。

十方一切の諸仏を請じて、菩薩戒の証師となす。

十方一切の(*諸)菩薩を請じて、同学等侶となす。

*現前の一《ひとり》の伝戒の師を請じて、以て現前の師となす。もし伝戒の師なくんば、千里の内に請ず。*もし千里の内に能く戒を授くる者なくんば、至心に懺悔して、必ず*好相《こうそう》を得、仏像の前《みまえ》において、自誓受戒せよ。

今、天台の年分学生、并に回心向大の初修業の者には、所説の大乗戒を授けて、まさに大僧となさん。

二には小乗戒。

小乗律に依つて、師に現前の十師を請じて、*白四羯磨《びゃくしかつま》す。清浄持律《しょうじょうじりつ》の大徳十人を請じて、三師七証となす。もし一人を闕《か》かば、戒を得《とく》せず。

大僧戒　大僧の受くべき戒。
十重四十八軽戒　→八頁補
二百五十等の戒　小乗律(四分律等)に説く具足戒。
凡そ仏の受戒に二あり…　第四条。顕戒論(八六頁以下)参照。
普賢経　→八六頁補
三師証　→八八頁「三師七証」補
菩薩戒　→四七頁補
和上　受戒の際に戒を授ける師。
羯磨阿闍梨　受戒の際に作法を実行する師。羯磨は受戒の際の行事作法。
弥勒菩薩　→六三頁注「弥勒」
教授阿闍梨　受戒の際に受者に作法を教える師。
諸　底本なし。底本上欄に「菩上一本有諸字」。
現前の一の伝戒の師　→補
もし千里の内に…　梵網経第二十三軽戒に「若千里内無二能授戒師一、得二仏菩薩形像前受戒而要見二好相一」(正蔵二四、一〇〇六c)。
好相　顕戒論(九九頁一〇行以下)参照。
白四羯磨　→八六頁補

今、天台の年分学生、并に回心向大の初修業の者には、この戒を受くることを許さず。

その久修業のものを除く。

窃《ひそ》かに以《おもんみ》るに、菩薩の国宝は*法華経に載せ、大乗の利他は*摩訶衍《まかえん》の説なり。*弥天《みてん》の七難は、大乗経に非ずんば、何を以てか除くことをなさん。*未然《みねん》の大災は、菩薩僧に非ずんば、あに冥滅《みょうめつ》することを得んや。利他の徳、大悲の力は、諸仏の称する所、人天歓喜《にんでんかんぎ》す。*仁王経の百僧、必ず般若の力を仮《か》り、*請雨経《しょううきょう》の八徳もまた大乗戒に屈す。国宝・国利、菩薩に非ずして誰れぞや。仏道には菩薩と称し、俗道には君子と号す。その戒、広大にして、真俗一貫す。故に法華経に、*二種の菩薩を列ぬ。文殊師利菩薩・弥勒菩薩等は皆な出家の菩薩、*跋陀婆羅《ばつだばら》等の五百の菩薩は皆なこれ在家の菩薩なり。法華経の中に具《つぶさ》に二種の人を列ねて、以て一類の衆となす。*比丘《びく》の類に入れず、以てその*大数となす。今この菩薩の類、この間に未だ顕伝せず。

伏して乞ふ、　陛下、この弘仁の年より、新たにこの大道を建て、大乗戒を伝流《でんる》して、利益したまへ。今より後、固く*大鐘の腹に鏤《ちりば》めて、遠く*塵劫《じんごう》の後に伝へん。仍《よ》つて宗の式を奉り、謹んで　天裁を請ふ。謹んで言す。

弘仁十年三月十五日

前の入唐天台法華宗沙門最澄上る

法華経に載せ　法華経譬喩品に「其劫名㆓大宝荘厳㆒、何故名曰㆓大宝荘厳㆒、其国中以㆓菩薩㆒為㆓大宝㆒故」(正蔵九、一二b)。
摩訶衍　梵語マハーヤーナの音写。大乗。ここでは大乗経典の意。
弥天の七難　空一面にみちみちた七難(日月難・星宿難・衆火難・時節難・大風数起難・天地亢陽難・四方賊来難)。仁王般若経に出る。顕戒論(九〇頁以下)参照。
未然の大災は…　顕戒論(八九頁)に引用。
仁王経の百僧…　↓九三頁注「百僧の菩薩」
請雨経の八徳　大雲輪請雨経巻下に「八人実行力故、令㆘諸竜王、於㆓閻浮提㆒、請㆓雨国内㆒、降㆗澍大雨㆖、莎呵」(正蔵一九、四九六b)とあるのによるか。
二種の菩薩　出家の菩薩と在家の菩薩。法華経序品の対告衆に、文殊・弥勒等の出家の菩薩と、跋陀婆羅等の在家の菩薩をあげる。
跋陀婆羅　↓六三頁注
比丘の類に入れず…　法華経序品で、聴聞衆の中、小乗の比丘衆と区別して大乗菩薩類を出す。
大数　大乗のたぐい。
大鐘の腹に鏤めて…　↓補
塵劫　↓一八八頁注

〔得業学生式〕

*比叡山天台法華院得業学生式《ひえいざんてんだいほっけいんとくごうがくしょうしき》

*生死《しょうじ》の悩みや、*有為《うい》にして居し難く、*無明《むみょう》の眠りや、*観ぜざれば何ぞ覚《かく》せん。*春雷の秘響、象牙　慮《おもんばか》りあり。*夏電の密光、芭蕉慎むべし。*大悲の根、今晨芽《きざ》すべく、菩提の心、なんぞ今日に発せざらん。この故に、吾堂の法式、*夢裏に永く定め、遠く後際を期《ご》し、この法泉を開きて、上は　万代の主上に資し奉らんがために、中は*四海の*神器を守護せんがために、下は諸《もろもろ》の*有心の類を済利せんがために、止観の得業学生《とくごうがくしょう》*九人を安定して、法華・金光・仁王等の経を長転長講すること一日も闕《か》かず、遮那の得業学生九人を安定して、遮那・孔雀・守護等の経を長転持念せしめん。十五歳以上の道心あるの童、二十五以下の信心あるの者、先づ*要契を取つて*身手の実を正し、名を列ね位を定めて得業生となし、*三部を読むを上となし、二部を読むを中となし、一部を読むを下等となす。*中道の心を上となす。*生の中に勇あり、才功倶に秀づるは、次《ついで》に依つて業を試むること九年。業を試むるに堪へざる者は、並に解退《げたい》して出づることを得。*身意常に叡山に住すること一十二年、式に随つて業を勤め、国宝《こくほう》・国師《こくし》及以《および》国用《こくゆう》、自他倶に利して、疾く*六即に遷り、永く*三徳に入らしむ。今より以後、吾堂の学生、永く*三毒の心を洗ひて、*法華の制を仰ぎ、*羊象の駕を

比叡山天台法華院得業学生式　叡山得業学生の修学心得を定めたるもの。↓補

生死　業因により六道の迷界を生れかわり死にかわり輪廻すること。涅槃の逆。

有為　↓一四九頁注

無明　愚癡のこと。事象や道理をありのままに理解できぬ精神状態。不如実知見。

観ぜざれば　智慧を以て照見しないなら。

春雷の秘響…　春雷のひそかな響おこれば象牙は花を開くべき時を知る。↓補

夏電の密光…　夏電のかすかな光に芭蕉は堅固ならざる無常の身をさとる。↓補

大悲の根…　広大なあわれみの心(菩薩の心)を今こそ起すべきである。

夢裏　ゆめのうち。実性なき世間に喩える。

四海　天下。

神器　神聖なもの。ここでは人民。

有心　有情。衆生。ここでは人間以外の動物。

九人　毎年一人ずつを取って九人とする。八条式ではこれを六人と改む。修行年限に更訂を加えたためであろう。

要契　証明書。勘籍。↓一一二頁注「勘会」

身手の実を正す　身実(身柄)と手実

期《ご》せずして、*後三《ごさん》の駕に遊ぶべし。

弘仁九年五月十五日

天台宗頭《てんだいしゅうとう》最澄記す

(自筆の身許申告書)とを照合する。

三部　法華・金光・仁王経の三部、または遮那・孔雀・守護経の三部。

中道　両極端を離れた中正なる道。中道は、仏教の根本的立場で仏教各宗により種々に説くが、天台宗では空仮中の三諦の説を立て、すべての存在は一面的に考えられる空・仮(け)をこえた絶対であり、それを中とする。また、この三は相互に別なく円融し、即空・即仮・即中としての中道であるとする。

生　得業生。

身意　身体とこころ。

六即　天台宗では、修業の階位として六即の説を立てる。㈠理即(すべての衆生は悉く三千三諦の理を具えて欠けることがない)、㈡名字即(仏法を聞いて三千三諦の理を名字即ち概念として理解する)、㈢観行即(理を観じつづける)、㈣相似即(真の悟りに相似する)、㈤分証即(真如の一部分が身に現われる)、㈥究竟即(完全な悟り)。

三徳　法身・般若・解脱(涅槃の徳)。

三毒　貪欲・瞋恚・愚癡の三煩悩。

法華の制　↓五六頁注

羊象の駕　羊乗と象乗(↓三三頁注)。

後三の駕　月日神通乗・声聞神通乗・如来神通乗(↓三三頁注)。

〔表　文〕

先*帝御願の天台年分度者を
法華経に随つて菩薩の出家となすを請ふの表一首

沙門最澄言す。*罽賓《けいひん》以西は大*小別修なり。*玄圃《げんぽ》以東は半*満兼学す。東西別なりと雖も、同じく仏慧《ぶつえ》を期す。究竟《くきょう》の了*義、純円の教は一乗の妙法蓮華経なり。小*乗の類を問訊することを制し、講堂の中に共住《ぐうじゅう》することを断ず。当今、経*の制に依順《えじゅん》してまさに後学を勧めんとす。伏して惟《おもんみ》るに、弘*仁元聖文武皇帝陛下、徳、乾坤に合《かな》ひ、明、日月に並び、忠孝、古へを空しくし、礼楽、今に新たなり。万国心を歓ばしめ、両*蓄化に帰す。天地相感し、治を定め礼を制す。乃ち　先帝の御願、天台の一宗あり、韻高くして和寡《すくな》く、法重くして人弱し。奨訓未だ弘まらず、鑽*仰至らず。誠にすべからく一家の式を造り、後学を勧誨し、大小居を別にして澄*心の道を争ひ、山*邑心を同じくして護国の忠を竭《つく》すべし。故に唐*の表に云く、「*情猴《じょうこう》の逸躁を制し、意象《いぞう》の奔馳を繋ぐ。もし迹を山中に*斂《おさ》めずんば成就すべからざるなり」と。伏して望むらくは、今より以後、天台の年分は、毎年季春三*月十七日に、　勅使一人を差《つかわ》して、　登*天の尊霊の奉為《おおんため》に、比叡山院において大乗に依つて得度せしめたまへ。宗の式は別の如し。然れば則ち、所伝の仏乗、年年新たに興り、能伝の学生、歳歳に清浄ならん。誠懇の至りに任《た》ふることなし。謹んで表を奉つて陳請す。以て

先帝　桓武天皇。

罽賓　カシュミール（→一九頁注「迦湿弥羅国」）。アショカ王の治下にスリナガルが創建され、仏教が伝えられた。つづいてカニシカ王の治下に仏教さかえ、第四結集はここで行われたという。南北朝から唐にかけてカシュミール僧の中国に来る者多く、玄奘その他の訪印僧もここを訪れた。

大小別修　大乗と小乗とを別々に行う。

玄圃　崑崙山上にあるという仙人の居所。

半満兼学　半字教（小乗声聞の法）と満字教（大乗菩薩の法）を兼ね学ぶ。出三蔵記集第一胡漢訳経音義同異記に、半字とは義いまだ具足せず、故に字体半偏、満字とは理すでに究竟す、故に字体円満といい、涅槃経巻五に、半字は声聞の教（九部経）、満字は方等大乗経典とあり。

了義　仏法の道理の意味が完全にのべつくされている教。

小乗の類を…　法華経安楽行品に、小乗を求める比丘らに親近し、問訊し、共住するを禁じている。「又不レ親下近求二声聞一比丘比丘尼優婆塞優婆夷上、亦不二問訊一、若於二房中一、若経行処、若在二講堂中一、不二共住止一」（正蔵九、三七a）。講堂は経論を講ずる堂。

経の制　法華経・梵網経・維摩経等に、小乗に近づくことを禁じている

聞す。伏して願はくは、天慈、矜允*を賜垂したまへ。軽《かるがる》しく聴覧を塵《けが》し、追つて戦汗*を増す。謹んで言す。

弘仁九年五月廿一日　前の入唐求法沙門天台宗頭最澄上表す

こと。顕戒論(九八頁・一〇二頁)参照。

弘仁元聖文武皇帝陛下　嵯峨天皇のこと。この尊号は他書に見えず。

両蕃　北蕃(北方の勃海国)と東夷(蝦夷)。→一八〇頁注「北蕃」・「東夷」

鑽仰　聖人の道を探究すること。論語子罕篇に「仰之弥高、鑽之弥堅」とあり。

澄心の道　禅行を修めること。

山邑　→一〇〇頁注

唐の表　玄奘の請入嵩岳表(正蔵五二、八二五c)。

情猴の逸躁を制し…　猿が走りさわぐような心の狂動をおさえ、象がかけめぐるような心の妄動をとどめる。→補

斂めずんば　かくさなければ。

三月十七日　桓武天皇の忌日。

登天の尊霊　桓武天皇のこと。登天は昇天。人の死をいう。

矜允　あわれみゆるすこと。

戦汗　おそれて汗をかくこと。

（*大乗戒《だいじょうかい》を立つることを請ふの表）

沙門最澄言す。最澄聞く、如来の制戒は機に随つて同じからず、衆生の発心は大小また別なり。文殊・*豆盧《ずる》、*上座位を別ち、*一師・*十師、*羯磨《かつま》*全く異なりと。乃ち*法華宗の年分両箇の得度者あり。登天の桓武聖皇帝、法華宗に帰し、新たに開建する所の者なり。伏して惟《おもんみ》るに、*弘仁元聖文武皇帝陛下、徳、乾坤に合《かな》ひ、明、日月に並び、*文藻、古へに絶し、*銀鉤、今に新たなり。万国心を歓ばしめ、両蕃化に帰す。治を定め礼を制す。今正《まさ》にこれ時なり。誠に願はくは、両業の出家、永く小乗の儀を廻《え》して固く大乗の儀となし、法華経の制に依つて小律儀を交《まじ》へず、毎年春三月、*先帝国忌《こき》の日、比叡山において、清浄の出家の与《ため》に菩薩の沙弥となし、菩薩の大戒を授けてまた菩薩僧となし、即便《すなわ》ち住山修学せしむること一十二年にして、国家の衛となし、群生を福利せん。国宝・国利、具に宗の式等の如し。天恩開許したまはば、先帝の高願、*載々に弥《いよいよ》興り、大乗の戒珠、*祀々に清浄にして、弘仁を源となしてこの大戒を伝へ、伝戒の福を廻《え》して主上を将護せん。誠懇の至りに任《た》ふることなし。謹んで表を奉つて陳請す。以て聞す。伏して願はくは、慈、矜允を賜垂したまへ。軽《かるがる》しく聴覧を塵し、追つて戦汗を増す。謹んで言す。

（*弘仁十年三月十五日　　沙門最澄上表す）

大乗戒を立つることを請ふの表　四条式に添えて上呈したもの。底本になし。天台霞標（初篇一）によって補う。

豆盧　賓頭盧（→五九頁補）。

上座位を別ち　四条式（一九九頁）第二条参照。

一師　四条式第四条に「現前の一の伝戒の師」（→二〇〇頁補）とあるのを指す。

十師　四条式第四条に「現前の十師」とあるのを指す。三師七証師（→八八頁補）。

羯磨　梵語カルマの音写。受戒の時の行事作法。

全　底本「金」を改む。

法華宗　→一八七頁注

弘仁元聖文武皇帝陛下　→二〇五頁注

文藻　文章の才。

銀鉤　たくみな筆跡。

先帝国忌の日　三月十七日（→二〇五頁注）。

載々　歳々。

祀々　年々。

弘仁十年…　以下、底本になし。天台霞標（初篇一）によって補う。

守護国界章（巻上の下）

最澄は弘仁八年（八一七）ごろより、奥州会津に住む法相宗の学匠、徳一との間で、三乗・一乗権実に関する大論争を展開した。本書は、この論争に際して最澄が撰述した論争書のうち、最も大部な、そして最も体系的な著述であって、「顕戒論」三巻とともに彼の主著とみなされるものである。本書は上中下三巻より成るが、各巻をそれぞれ三巻に分ち、上巻に十三章、中巻に二十六章、下巻に十二章を収めるから、都合九巻五十一章より成っている。内容は、天台教判・行位断惑・止観立行・仏性観など多岐にわたるが、すべて徳一の批判に対する対破の形で論述されている。このうち中巻は、最澄の「法華去惑」四巻とほぼ同じであり、本書の成立事情を復原する手がかりを与えてくれる。ここには上巻の第十・第十一・第十二・第十三の四章のみを収録したが、それは、これらの四章の中に、最澄の止観思想とともに、その所破とした徳一の止観論が極めて体系的かつ集約的に語られているからである。弘仁九年（八一八）、最澄五十二歳の撰述。底本には大谷大学所蔵享保十八年版本を用いた。

守護国界章《しゅごこっかいしょう》(巻上の下)

*如来の使、伝ふる所の*止観《しかん》を助照する章 第十

それ*所乗《しょじょう》の止観は*機《き》に随つて名を異にし、*能乗の行者は教に順じて理を詮《あらわ》す。ここにおいて、大小、名同にして、行人別ち難く、*権実《ごんじつ》、義別にして、発心易《ほっしんやす》からず。この故に、*三止三観《さんしさんがん》を一心に開き、*十界《じっかい》*十境《じっきょう》を十乗*に導く。*麤《そ》食者《じきしゃ》、未だ釈名を了せず、疑の中に失を指す。今、名に迷ふの失を止息せんがために、心境相即の義を示現すと、云爾《しかいう》。

如来の使、伝ふる所の止観の偽垢を洗除す

麤食者曰く、辺主*、止観の名を釈して云く、「法*性寂然なるを止と名づけ、寂にして常に照すを観と名づく。初後を言ふと雖も二なく別なし。これを*円頓止観《えんどんしかん》と名づく。漸と不定とは置きて論ぜず」と。また彼れ名義を釈して云く、「*復《ま》た何の義を以て(止観*の名を)立つる。止観 各《おのおの》二義あり。(止*に二義あり。)息の義、停の義なり。息の義とは、諸の悪覚観、妄念思想、寂然として休息す、これ止息の義なり。停の義とは、心を諦理に縁じて繫《け》念現前《ねんげんぜん》し、停住して動ぜず、これ停止の義なり。観にまた二義あり。貫穿《かんせん》の義、観達の義なり。貫穿の義とは、智慧の利用、煩悩を穿滅《せんめつ》す、これ貫穿の義なり。観達の義とは、観智通達して真如に契会《けいえ》す、これ観達の義なり」と。今謂《いわ》く、爾《しか》らず、釈名に二失あり。一

如来の使… ↓補

止観 止(奢摩他《しゃまた》)は散乱動揺する心理状態を止息すること。観(毘鉢舎那《びばしゃな》)は真理を洞見すること。

所乗・能乗 仏教では教法を乗物に喩え、この教法によって悟りを開こうとするものを能乗、教法を所乗とする。

機 縁があれば仏の教化にしたがって悟りを開くことができる可能性。法華玄義巻六上には、すべての衆生にこの可能性があるとし、その可能性が現実化する段階を三種に区別し、機微・機関・機宜と名付けている。

権実 仏教の純粋真理を実、この真理にまで誘導するために暫定的に説かれる教法を権という。天台宗では法華経を実、それ以外を権とする。

三止三観 摩訶止観巻三上に、止と観を相待と絶待に分け、相待止を息止・停止・対不止止、相待観を貫穿・観達・対不観観と定義し、相待止観をすべて未究竟とする。これに対して絶待止観を究竟至極のものとする。

十界 天台では宇宙を地獄・餓鬼・畜生・阿修羅・人間・天上・声聞・縁覚・菩薩・仏の十世界に分ける。

十境 摩訶止観巻五上では、観心修行の道程で生ずる障害となる心理状態を十種に分け、これを観心の対象とする。

十乗 摩訶止観では、十境に対して

には聖教に違するの失、二には正理に違するの失なり。聖教に違するの失とは、*瑜伽論《ゆがろん》に云く、「*止は静慮・等持・等至・心一境性と名づく」と。かくの如きの諸名、ただ心に約するの名にして、境に約して説くに非ず。「*観は思択・智慧・通達・観照と名づく」と。かくの如きの諸名、また心に約するの名にして、境に約するの名に非ず。違教の失なりと。

愍喩《みんゆ》して曰く、汝が釈名の失、これまた爾《しか》らず。所以《ゆえん》はいかん。未だ法の名の同異を了せざるが故なり。法門の名義、新旧同じからず。*後漢の孝明皇帝永平十年、歳丁卯に次《やど》るより、*大唐の神武皇帝開元十八年、庚午の歳に至るまで、凡《すべ》て六百六十四載、一十九代、中間伝訳の緇素《しそ》、総じて一百七十六人なり。見《げん》に伝訳せる経律論等、*一千七十六部、五千四十八巻、四百八十帙なり。仏の名、法の名、飜訳各《おのおの》異なり。汝ただ止観の八名を知ることを得て、未だ余名を了せず。*華厳の四諦、その名無量なり。山家略する所、彼の遠離する等なり。止観の異名、いづくんぞ聖教に違せんや。汝、違の失を造る、還つて汝が智を害すと。

麤食者曰く、正理に違するの失とは、凡そ止観を建立する意は、修行者の散乱の心を止息せんがための故なり。所観の理に約して止観を顕示する時、修行者において何の勝利かあらん。これを釈名の失と名づくと。

愍喩して曰く、これまた爾《しか》らず。麤食者云く、「所観の理に約して止観を顕示する時、修行者において何の勝利かあらん」とは、これ麤食者の囈語《たわごと》なり。もし所観の理なくして能観の行を立つとは、この処《ことわり》あることなし。諸仏の師とする所はいはゆる法なり。法常な

行う観心の方法を十種に分類して説き、これを十乗観法という。

麤食者　最澄が徳一に与えた貶称。徳一については解説(五)参照。

辺主　徳一が智顗に与えた貶称。

法性寂然なる…　摩訶止観巻一上の文(正蔵四六、一c)。

円頓止観　行法内容が完全無欠で短期間で悟りが開ける止観。さきの絶待止観を指す。

復た何の義を…　摩訶止観巻三上の抄文(正蔵四六、二一b)

止観の名を(止観名)　底本なし。底本上欄に「立下恐脱止観名三字」。

止に二義あり(止二義)　底本なし。底本上欄に「上息之上恐脱止二義三字」。

瑜伽論に云く…　瑜伽師地論巻十一(正蔵三〇、三二八c)及び同巻三十(正蔵三〇、四四八b以下)の取意引用。

止は静慮…　瑜伽師地論巻三十の説(正蔵三〇、四四八b以下)。

観は思択…　同右。

後漢の…永平十年　六七年。中国に仏教が伝来した年。

大唐の…開元十八年　七三〇年。開元釈教録(→六一一頁注「開元目録」)の撰述された年。

一千七十六部…　開元釈教録の入蔵録に収める書目数。

華厳の四諦　晋訳華厳経四諦品に、四諦それぞれに四百億十千名あることを説いている。

るを以ての故に諸仏また常なり。法、以て師となして無上の果を証す。これ勝利に非ずんば更に何の勝かあらんや。正理に違するの失、還って*会津に著く。*台嶽に及ばざるなりと。

麤食者曰く、名義を釈する中に、また二失あり。一には有無の心を簡《えら》ばざるの失、二には名義相違の失なり。有無の心を簡ばざるの失とは、もしただ*有《う》心定《しんじょう》を説かば、まさに所説の如くなるべし。*無心定の中には皆な*転識《てんじき》を滅す。誰れか諦理を縁じて繋念現前せん。故に不可なりとなす。名義相違の失とは、釈名の中には倶《とも》に境に約して説き、釈義の中には皆な心に拠って語す。故に相違を成ずと。

愍喩して曰く、これまた爾らず。有心・無心は*三界の夢事なり。大止妙観は一真の所乗なり。所対の境界、乗ならざることなく、*滅定《めつじょう》を起たずして威儀を現ず。性心、教に順じて三界を出で、ただ法性を信じて実相を観ず。あに*悶絶・無想天を論ぜんや。願力、心に熏じて務めて生を利し、円智、開発して夢怖を離る。何に縁《よ》ってか無想に入ることを怖畏せん。*相似以還の十境界、有心・無心十乗転ず。汝が有無の心を簡ばざるの失は、*界内《かいだい》の発心にこの煩あるのみ。また釈名は得名を明かすが故に、釈義は解行を詮するが故に、故に相違せずと。

麤食者謬って絶待止観を破するを弾ずる章　第十一

それ偏理中理、義は権実を混じ、待名絶名、名は大小に通ず。麤食者、未だ理事の別を了せず、甚深の理を疑ふことを致す。今縁起の理を開悟せしめんがためにこの章を著述す。

会津　徳一のこと。

台嶽　叡山、即ち最澄のこと。

有心定・無心定　心が散乱動揺を離れて安定不動の状態になった時、定とか三昧(三摩地)と呼ぶ。この定を意識作用の有無によって有心定と無心定に分ける。四禅・四無色定等を有心定、無想定と滅尽定を無心定と名付ける。

転識　法相宗などは、万法唯識という一種の唯心論を唱え、視覚・聴覚など日常の経験的な意識を眼識・耳識・鼻識・舌識・身識・意識の六識に分け、これら六識の根底に末那識(まなしき)が働いているが、これら七識は阿頼耶識(あらやしき)と呼ばれる根本識体を所依として色・声・香・味・触・法などの対境を縁じて転起したものであるとするところから、上の七識を転識と呼んでいる。

三界　仏教では悟りを開かぬ衆生の住む世界を苦界と名付け、それをとくに欲望の束縛の強い欲界、欲望の束縛を脱しても色(物質)の束縛から自由でない色界、及び欲望と物質には束縛されないが、しかもなお煩悩から完全に自由にならない無色界の三類に分けている。

滅定　滅尽定(めつじんじょう)ともいう。さきの六識及びそれに附随する意識のすべてを滅して無意識状態(無心位)にある心的段階をいう。無想定とともに二無心定と呼ばれている。無想定

如来の使、伝ふる所の絶待止観の偽垢を洗除す

麤食者曰く、辺主の曰く、「*言ふ所の絶待止観とは、横竪《おうじゅ》の諸の待を絶し、諸の思議を絶し、諸の煩悩、諸の業、諸の果を絶し、諸の教観証等を絶して、悉く皆な生ぜず。故に名づけて止となす。止また得べからず。観、*如の境に冥す。境既に寂滅、清浄なほ清浄なし。何ぞ観あることを得ん。止観なほなし。何ぞ不止観に待して止観を説き、止観に待して不止観を説き、止不止に待して非止非不止を説くことを得ん。故に知んぬ、止不止皆な得べからず、非止非不止また得べからず。待対既に絶す。即ち有為に非ず、*四句を以て思ふべからず。故に言説の道に非ず、心識の境に非ず。既に名相なくんば結惑生ぜず。則ち生死なく、則ち破壊《はえ》すべからず。絶を滅し滅を絶す、故に絶待の止と名づけ、顛倒の想断ず、故に絶待の観と名づく。またこれ絶有為止観、乃至、絶生死止観なり」と。今問ふ、絶待止観とは理となさんや事となさんや。もし理と言はば、前に破し已《おわ》るが如し。もしこれ事と言はば、現に*施設《せせつ》あり、また*安立《あんりゅう》あり。云何《いかん》ぞ言説の道に非ず、心識の境に非ざらん。またもし理と言はば、諸の経論に違す。即ち経論に止観を説くは、ただ能観の智に約し、所観の境に約するに非ず。もし事理に通ずと言はば、則ち自宗に違す。四句を以て思ふべからざるが故なり。もし非事非理と言はば、即ち戯論を成ず。理事を離れて外に都《すべ》て一法なきが故なりと。

愍喩して曰く、汝が難爾《しか》らず。未だ絶待の意を了せざるが故なり。汝、「もし理と言はば、前に破し已るが如し」と云ふは、これまた爾らず。先の破、成ぜず。何ぞ破し已るとい

は色界に属する無想天を真の解脱なりと執ずるものが、そこに生れるために修めるのであり、一切の意識作用を絶滅しようとする点は滅尽定と似ているが、滅尽定が仏や阿羅漢のみがあらゆる束縛を脱する智慧によってのみ得ることができるのに対して、なお煩悩の束縛を脱していない。

悶絶・無想天 ともに五位無心(無心の状態を五種に分ける)の中の一。悶絶は気絶した心の状態、無想天は外道の理想とする境界で、五百大劫の間、無心の果報を受けるという。

相似以還 十信以前の段階を指す。悟りを開いた聖者に接近し相似してはいるが、それに及ばぬ位。

界内 小乗はただ三界からの出離を教えるから界内教といい、大乗は三界を出離してもなお残存する根源的な煩悩の断滅を教えるので、これを界外(げかい)教という。

言ふ所の… 摩訶止観巻三上の文(正蔵四六、三a)。

如 真如・如如・如実ともいう。諸法の如実真常の道理を指す。

四句 有・無・亦有亦無・非有非無の四種の範疇を指す。竜樹の中論に拠って、天台宗ではこれら四句によって限定することが不当であることをしばしば強調する。

施設・安立 施設は、名言を立てて種々の事や理を措定したり設定すること。普通これは安立と同義のもの

ふことを得ん。「もしこれ事と言はば、現に施設あり、また安立あり。云何ぞ言説の道に非ず、心識の境に非ざらん」とは、これまた爾らず。事理に別あるが故なり。汝が立つる所の事理は都《すべ》て相即せず。山家所立の理事は円融相即す。何となれば、法性の事なり、故に言説の道に非ず、心識の境に非ず。法性の理なり、故に止観倶《とも》に理、能観を礙《さ》へず。法性の事、法性の理は理事円融す。故に四句をもつて思ふべからず。唯事唯理は常に事理に非ず。而事而理は縁起して壊《え》せず。理の外に事なく、事の外に理なし。何ぞ戯論あらんやと。

如来の使、伝ふる所の止観三徳相摂を助照する章　第十二

それ*円伊の三点は三徳を表して而も円寂、*摩《ま》醯《けい》の三目は*三智を示して而も清浄なり。不縦不横は*四徳を顕為に顕はし、不並不別は*三道を隠為に指す。この故に、止・観・*捨の三性は*六即にして心を磨し、身《しん》・口《く》・意《い》の三業は十乗にして運載す。如来の知見に非ずんば、了了に見ること能はず。*露地の大車に非ずんば、いづくんぞ轟轟の功を得んや。今、麤食者、この義を遮せんがために偽難を設けて云く、「三点縦横一異これ不可思議とは、仏智に約すとなさんや、凡夫二乗の智に約すとなさんや」とは、この問爾《しか》らず。今、利根中品の人のために三点四徳の鏡を瑑磨すと、云爾《しかいう》。

如来の使、伝ふる所の止観三徳相摂の文の垢を洗除す

麤食者曰く、辺主の云く、「もし*止観を用ひて共に三徳に通ずれば、止は即ちこれ断、*断は*解脱に通ず、観は即ちこれ智、智は*般若に通ず。止観等しきは名づけて捨相となす。捨

とされているが、厳密にいえば、施設が単なる措定や設定にとどまるに対して、施設された事理をさらに根拠付け基礎付けることを安立とする。

円伊の三点・摩醯の三目　梵語の伊字が三点より成り、これら三点が縦でも横でもないような関係にあるところから、涅槃の三徳たる法身・般若・解脱の関係を伊字の三点によって喩えたもの。摩醯というのは摩醯首羅のことで、その面上に三目があるところから、伊字の三点と同じような位置にあって、涅槃経等に涅槃の三徳の比喩として説かれ、天台智顗以来しばしば引用された。法身・般若・解脱が涅槃の三徳として重要な契機であり、それぞれ特有の意義をもちつつ、しかも他の二徳を自己のうちに内含しており、前後・上下の関係において理解すべきではないことを表示したものというのである。

三智　天台宗では、大品般若経巻一によって、智を一切智・道種智・一切種智の三種に分け、空の智を一切智、仮の智を道種智、中の智を一切種智とする。

四徳　涅槃の四徳、即ち常・楽・我・浄を指す。如来法身が不遷久遠なるを常、無苦安穏なるを楽、自在無礙なるを我、離苦無染なるを浄という(大般涅槃経巻二十三)。

三道　在迷の衆生の現実たる十二縁

相は即ちこれ法身に通ず」と。乃至云く、「*今明かす。三徳、皆な思議すべからず。那《なん》ぞ忽《たちまち》に縦ならん。皆な思議すべからず。那ぞ忽に横ならん。皆な思議すべからず。那《なん》ぞ忽に一ならん。皆な思議すべからず。那ぞ忽に異ならん。これは理蔵に約して釈するなり。身は常なり、智は円なり、断は*具なり。一切は皆な仏法なり。優劣あることなし。故に縦ならず。三徳は相ひ冥して同じくこれ一法界なり。法界を出でて外、何れの処にか更に別に法あらん。故に横ならず。能く種種に建立す。故に一ならず。同じく第一義に帰す。故に異ならず。これは行因に約して釈するなり。一に即して三、故に横ならず。三に即して一、故に縦ならず。三ならずして三、故に一ならず。一ならずして一、故に異ならず。これは字用に約して釈するなり。真の伊字の義かくの若《ごと》しとなす」と。今問ふ、「三点縦横一異これ不可思議」とは、仏智に約すとなさんや、*凡夫*二乗の智に約すとなさんや。もし仏智に約して不可思議と言はば、まさに仏を一切智の人と称すべからず。知らざる所あるを以ての故なり。もし凡夫二乗の智に約して不可思議と言はば、即ち歎ずるに足らずと。

　愍喩して曰く、これまた爾らず。未だ*共不思議・不共不思議を了せざるが故なり。共不思議の故に、一切思議すべく、不共不思議の故に、一切不思議なり。一切不思議の故に、三徳不思議なり。一切思議すべし、故に三身は*正遍知なりと。

　麤食者曰く、また彼れ云く、「止はこれ断、断はこれ解脱」と。これまた爾らず。解脱は、これ*仮、これ*択滅《ちゃくめつ》、これ*無為、これ常法なり。止は、これ*心数《しんじゅ》、即ちこれ*有為、これ無常なり。既に有為・無為、常・無常各《おのおの》別体あり。何ぞ相摂することを得んと。

起を惑(煩悩)道・業道・苦道の三道に分けたもの。天台宗ではこの三道を涅槃の三徳(→注「円伊の三点・摩醯の三目」)と対応せしめて、生死即涅槃を論証しようとする。

捨　梵語ウペークシャの訳。平静・無関心の意。止観平等ともいう。止と観のいずれにも偏しない三昧の境地を指す。

六即　天台宗では、凡夫と仏との同一と相違の二面を示すために、仏教の道理のみあってまだそれを聞知しない理即、仏教の名字を通達解了した名字即、さらに修行を進めて煩悩を圧伏する観行即、さらに修行を進めて六根清浄となる相似即、一分ずつ煩悩を断じて真智を開発する分真即、完全に煩悩を断じて涅槃正実証する究竟即の六段階を区分している。

露地の大車　法華経譬喩品の火宅喩に出ている羊鹿牛の三車(→九頁補)の中の牛車のこと。天台宗では、三車の中の牛車とは別の白牛車であり、これが即ち一仏乗である法華経であるとする。

もし止観を…　摩訶止観巻三上の文(正蔵四五、三c)。

断　断惑、即ち三道の業や苦の根本原因たる煩悩(惑)を断除すること。

解脱　煩悩などの束縛から離脱して自由となること。

般若　慧・智慧・極智・勝慧と訳す。

今明かす…　摩訶止観巻三上の文

愍喩して曰く、これまた爾らず。*法性の五陰は性縁起の有為にして理外の有為に非ず。一即是多の故に無為は即ち有為なり。多即是一の故に有為は即ち無為なり。有為・無為都《すべ》て障礙なし。止・断・解脱もまた恒に相即す。三点四徳、あに相摂せざらんやと。

麤食者曰く、また彼れ云く、「止観等しきは即ちこれ捨相なり。捨相即ちこれ法身に通ず」と。今問ふ、言ふ所の捨とは、行蘊の捨となさんや、これ受蘊の捨となさんや。もし倶に是なりと言はば、難じて云く、法身はこれ真如の理、これ即ち無為、これ常法なり。五蘊はこれ*積聚《しゃくじゅ》の義、即ちこれ有為、これ無常なり。既に有為・無為、常・無常各《おのおの》別体あり。云何《いかん》ぞ相摂せんと。

愍喩して曰く、これまた爾らず。止・観・捨の三とは涅槃経に説く所なり。これ*三受の中の捨受に非ず、また*四無量の中の*捨量に非ず。これ則ち*奢摩他《しゃまた》・*毘婆舎那《びばしゃな》・*憂畢叉《うひっしゃ》の捨のみ。今汝が問ふ所の五蘊に多種あるが故に、有漏の五蘊、無漏の五蘊、法性の五蘊、この三蘊の中には何れの五蘊となさんや。倶《とも》に多失あり、*大経を見るべきのみと。

麤食者曰く、また彼れ云く、「一に即して三、故に縦ならず。三に即して一、故に横ならず」と。今難じて云く、一は即ちこれ総、三はこれ即ち別なり。総別、一の故に、まさに一三ならざるべしと。また難じて云く、もし三を泯じて一を存せば、方《まさ》に一、一と成る。既に一を存すればまた三を存す。一三各《おのおの》別体あり。何ぞ涅槃を成ぜんと。

愍喩して曰く、これまた爾らず。汝未だ即一即三を了せざるが故なり。合一に非ざるが故に、三を壊せずして常に一なり。散三に非ざるが故に、一を動ぜずして常に三なり。汝

(正蔵四五、三b)。

具　具足・完全の義。天台宗では具の一字を以て教義の特色を表示する。

凡夫　平凡なひとのこと。悟りの智慧を開いた聖者以外のものを指す。

二乗　声聞乗と縁覚乗のこと。

共不思議・不共不思議　凡夫・二乗にも通途の不思議と、仏・菩薩独自の不思議。

正遍知　如来の十号(→一二五頁「応供…世尊」補)の一。三藐三仏陀の訳。等正覚・正偏覚ともいう。一切諸法悉く通達了知して偏せざるなきものの意。

仮　仮有であって実有でないこと。

択滅　悟りの智慧の選択批判の力によって不浄有漏の法を遠離滅尽して解脱を得ること。涅槃を指す。

無為・有為　↓一四九頁注

心数　視覚・聴覚等の六種意識に附随して生起する心理作用。心所有法。

法性の五陰　諸法の真実なる本性を法性という。五陰(五蘊)は色・受・想・行・識の五種で、色陰が物質、他の四陰はいずれも精神作用を類別したものである。五陰は生滅有為であるとするのが普通であるが、法性にも五陰があるという大般涅槃経の教説に基づいて、天台宗では性具の立場から法性五陰説を強調した。

積聚　五陰は五衆または五聚ともいい、五種の積聚という意である。

は総別においてす。難全く難ならず。また一に別体なく、三を以て体となす。三に別体なく、一を以て体となす。なほ*梵伊の三点の如し。字に約して常に一なり。三点を以て体となす。点に約して常に三なり。一字を以て体となす。汝が存泯《ぞんみん》の難、以て難となすに足らずと。

麤食者曰く、また彼れ云く、「三ならずして三、故に一ならず。一ならずして一、故に異ならず」と。今問ふ、言ふ所の「三ならずして三」とは、三を遮して即ち一を表すとなさんや、ただ三を遮して一を表せずとなさんや。もし三を遮して即ち一を表すと言はば、不一便《すなわ》ち成ぜず。もしただ三を遮して一を表するに非ずと言はば、不異成ぜず。涅槃は遮して表することなきが故なり。「一ならずして一、故に異ならず」とは、準例して知んぬべしと。

憨喩して曰く、これまた爾らず。三ならずして三とは、これ法性の三なり。何ぞ一を*遮することあらん。一ならずして一とは、また法性の一なり。何ぞまた三を遮せん。汝、有為の遮表を謂ひて、偽つて自在の三一を難ず。なほ井蛙《せいあ》の海鯨《かいげい》を咲《わら》ふが如し。*一闡提とは公に非ずして誰れぞやと。

謗法者の大小交雑の止観を弾ずる章 第十三

*示す所の止観、帰修に堪へず。大小紛絞《ふんきょう》し、次第雑乱す。初分二十紙は多分小乗の行、後分五紙余は多分菩薩の行なり。交雑の失、段段無数なり。*禅に非ず、定に非ず。都《すべ》て次

三受 受(感覚)には苦(不快)・楽(快)・捨(苦でも楽でもない感覚)の三種類があることを指す。
四無量 慈・悲・喜・捨の四無量心のこと。四禅に入って貪瞋などの煩悩を断ずるためにこれを修める。
捨量 捨無量心。四無量心の一。一切衆生の間に怨親の差別なく平等無限に献身的に奉仕することをいう。
奢摩他 止。→二〇八頁注「止観」
毘婆舎那 観。→二〇八頁注「止観」
憂畢叉 捨。止観平等ともいう。→二一三頁注「捨」
大経 涅槃経のこと。
梵伊 梵語の伊字のこと。→二一二頁注「円伊の三点・摩醯の三目」
遮 底本「表」を改む。底本上欄に「表一本作遮」。
一闡提 →一四頁注「闡提」
公 徳一を指す。
示す所の止観 徳一が説示したところの止観論。下記「先に本文を写す」以下に引用したもの。
禅 禅那(梵語ドヒャーナの音写)。静慮・思惟修などと漢訳している。三摩地(三昧・定)(→二一〇頁注「有心定・無心定」)と熟して禅定という言葉が多く用いられているが、精神が一境に集中して安定不動となった状態を定と呼ぶのに対して、定慧平等となって正しい思惟が活動するところを禅という。

第なし。*天親の*止観論を披《ひら》かず、*護法の*六門論を閲《けみ》せず、自らの胸臆に任せて聖教を分別す。まさに具《つぶさ》に写して示さんとすれば、多紙空しく損す。まさに具に写さざらんとすれば、後学疑を懐《いだ》く。邪分別を示さんがために、二十余紙を捨てて具に止観の文を写し、略破して悪を停《とど》む。披覧の学生《がくしょう》、巻の大なるを嫌ふことなかれ。

先に本文を写す。

*止観、略して三門を以て分別す。第一に止を説き、第二に観を弁じ、第三に止観合説す。

第一に止を弁ずる中、略して六門を以て分別す。一には名を列ぬ。二には行相を弁ず。三には成弁の力を弁ず。四には作意の相摂。五には七作意の相摂。六には異名を明かす。

*一に名を列ぬとは、止に九種の心住あり。一には内住、二には等住、三には安住、四には近住、五には調順、六には寂静、七には最極寂静、八には専注一趣、九には等持なり。この九種の心住を総じて止と名づく。

*二に行相を弁ずとは、云何《いか》なるか*内住。謂く、外の一切所縁の境界に従ひてその心を摂録して、内に繫在して散乱せざらしむと。これ則ち最初にその心を繫縛して、内に住して外に散乱せざらしむ。故に内住と名づく。云何なるか*等住。謂く、即ち最初に繫縛する所の心、その性、*麤動にして、未だそれをして等住・遍住〈*審《つまびら》かに遍く観ずるなり〉せしむること能はずと。故に次に即ちこの所縁の境界において、相続の方便、澄浄の方便〈始終に間《ひま》なきを相続方便と名づけ、乱を離れて寂静なるを澄浄方便と名づく〉を以て挫して微細ならしめ、遍摂して住せしむ。故に等住〈汚を離れ染を離れて等持するを等住と名づく〉と名づく。云何な

天親　世親。↓一五頁「馬鳴…世親」補

止観論　止観門論頌一巻(唐義浄訳)が大正蔵経三十二巻にある。

護法　↓一五八頁補

六門論　六門教授習定論。義浄訳。一巻。無著の作った三十七頌に世親が釈を施したもの。六門に分って禅定の意義を論じた書。最澄はこれを護法作と誤ったものか。

止観…　以下の文は、専ら玄奘訳の瑜伽師地論の文を抜粋したもの。

一に…　以下の文は、瑜伽師地論巻三十の文に拠る(正蔵三〇、四五〇c)。

二に…　以下の九種心住の文は、瑜伽師地論巻三十の文に拠る(正蔵三〇、四五〇c)。

内住・等住　内住と等住は、法相宗の開祖慈恩大師窺基によれば、聴聞や思惟の力によるものという。等住は、こころが沈浮の二辺を離れるのを指す。

麤動　心が激しく動揺すること。

審かに…　以下の本文の注は、唐の遁倫著瑜伽論記に拠っている(正蔵四二、四六三a)。

るか安住。謂く、もしこの心復《ま》たかくの如く内住・等住すと雖も、然れども念を失して外において散乱するに由つて、復た還つて摂録して内境に安置すと。故に安住と名づく。云何なるか近住。謂く、彼れ先にまさにかくの如くかくの如くかくの如く親近念住すべしと。この念に由るが故に数数《さくさく》作意し、その心を内住し、この心をして遠く外に住せしめず。故に近住と名づく。云何なるか調順。謂く、種種の相、心をして散乱せしむ。いはゆる色声香味触の相、及び貪瞋癡男女等の相なりと。故に彼れ先にまさに彼の諸の相を取りて過患《かげん》の想をなすべし。かくの如きの想の増上力に由るが故に、彼の諸の相において、その心を折挫して流散せしめず。故に調順と名づく。云何なるか寂静。謂く、種種の欲恚害《よくいがい》等の諸の悪尋思《じんし》、貪欲蓋等の諸の*随煩悩ありて、心をして擾動せしむと。故に彼れ先にまさに彼の諸法を取りて過患の想をなすべし。かくの如きの想の増上力に由るが故に、諸の*尋思及び随煩悩において、その心を止息して流散せしめず。故に寂静と名づく。云何なるか名づけて最極寂静となす。謂く、念を失するが故にと。即ち彼の二種、暫く*現行《げんぎょう》する時に、生起する所の諸の悪尋思、及び随煩悩に随ひて能く忍受せず、尋《つ》いで即ち断滅し除遣し変吐す。この故に名づけて最極寂静となす。云何なるか名づけて専注一趣となす。謂く、*加行《けぎょう》あり功用ありて、欠なく間なく、三摩地《さんまじ》相続して住すと。この故に名づけて専注一趣となす。云何なるか等持。謂く、数《しばしば》修し、数《しばしば》習ひ、数《しばしば》多く修習し、因縁となすが故に、加行なく功用なく任運に転ずるの道を得と。この因縁に由つて、加行に由らず功用に由らず、心三摩地、任運に相続して散乱なく転ず。故に等持と名づく。

随煩悩　根本煩悩に附随して生起する枝末的な不浄の心理作用。倶舎論巻二十一には十九種を数え、放逸・懈怠・不信・惛沈・掉挙(大煩悩地)・無慚・無愧(大不善地)・忿・覆・慳・嫉・悩・害・恨・諂・誑・憍(小煩悩地)・睡眠・悪作(不定地)とする。

尋思　尋はことがらの意味を追求推理する心理作用。思は対境に対して心を発動させようとする意志。

現行　因縁が成熟して果として現実化すること。潜在的な傾向性が現実化し具体化すること。

加行　梵語プラヨーガの訳。功用を加えて行ずる意。本格的な正規の行である正行を補充するための予備的な修行のこと。

三*に成*弁の力を明かすとは、六種の力に由つて、方《まさ》に能く九種の心住を成弁す。一には聴聞力、二には思惟力、三には憶念力、四には正知力、五には精進力、六には*串習力《かんじゆうりき》なり。初めに聴聞・思惟の二力に由つて、数《しばしば》聞き数《しばしば》思ふ。増上力の故に、最初に心を内境において住し、及び即ちここにおいて相続の方便、澄浄の方便をもつて等遍安住せしむ。かくの如く内において心を繋縛し已りて、憶念力に由つて数数《さくさく》*作意して、その心を摂録して、散乱せず、安住・近住せしむ。これより已後、正知力に由つてその心を調息し、その諸の相、諸の悪尋思、諸の随煩悩において流散せしめず、調順・寂静ならしむ。精進力に由つて、設《たと》ひ彼の二種、暫く現行する時も、能く忍受せず、尋《つ》いで即ち断滅し除遣し変吐して、最極寂静・専注一趣す。串習力に由つて任運に等持成満す。

四*に作意の相摂と言ふは四種あり。一には力励運転作意、二には有間欠運転作意、三には無間欠運転作意、四には無功用運転作意なり。この四の作意は止観品に通ず。初めの作意はこれ聞慧・思慧なり。謂く、初修業の者、心をして内において安住・等住せしめ、或は諸の法において無倒に簡択《けんちゃく》せしめ、乃至、未だ所行の作意を得ずと。その時、作意し、力励して運転す。倍の励力に由つてその心を折挫して一境に住せしむ。故に力励運転作意と名づく。即ち未だ色界定を得ず、欲界の聞慧・思(慧*)の中において励力して転ず。云何なるか有間運転作意。謂く、所修の作意を得已りて後、世出世の道、漸次に升進すと。了相作意は三摩地思に間雑《けんぞう》せらるるに由つて、未だ一向に純《もは》ら修し行転すること能はず。故に有間と名づく。これ即ち聞慧・思慧間雑して、純《もは》ら定心に転ずる未至定の作意なること

三に…　以下の明成弁力の文は、瑜伽師地論巻三十の文に拠る(正蔵三〇、四五一a)。
成弁　成立させ準備すること。
串習力　慣習力。慣れ習う力。
作意　梵語マナス・カーラの訳。心を驚覚させる精神作用をいう。
四に…　以下の作意相摂の文は、瑜伽師地論巻二十八の文に拠る(正蔵三〇、四三六b)。
慧　底本なし。底本上欄に「思下疑脱慧字」。

能はず。云何なるか無間運転作意。謂く、了相作意より已後、乃至、加行究竟作意、これを無間と名づくと。これ即ち了相作意より進みて後の五の作意に入り、即ち相続して思慧雑せず。云何なるか無功用運転作意*。謂く、加行究竟果作意、これを無功用と名づくと。即ちこれ欲界の惑を離れ已りて、更に功用なし。

*止の九種の心住の相摂とは、内住・等住はこれ力励運転作意の摂、次の五の住心を名づけて有間運転作意となす。第八の住心を名づけて無間運転作意となす。第九の住心を無功用運転作意と名づく。故に瑜伽に云く、「*内住・等住の中において力励運転作意あり。安住・近住・調順・寂静・最極寂静の中において有間欠運転作意あり。専注一趣の中において無間欠運転作意あり。等持の中において無功用運転作意あり」と。

*五に*七作意の相摂とは、内住・等住はこれ七作意の前の方便智にして、七作意の所摂に非ず。次の五の住心はこれ了相作意の所摂なり。第八の住心に五の作意あり。勝解作意・遠離作意・摂楽作意・観察作意・加行究竟作意を謂ふ。第九の住心に加行究竟果作意あり。

*六に異名を弁ずとは、止に七の名あり。一には三摩呬多《さんまきた》と云ふ。ここには等引と云ふ。旧に三摩提《さんまだい》と云ふは訛略なり。釈論に解して云く、「謂く、勝定地、*沈掉《じんじよう》等を離れて平等に能く引くと。即ち三義を以て等引を解す。一には等能引、二には平等引、三には平等方便の所引なり。引発する所なるが故に、能引・所引、*三倶《とも》に平等なるが故なり」と。二には三摩地《さんまじ》と云ふ。ここには等持と云ふ。旧に三昧と云ふは訛なり。三には三摩鉢底《さんまばってい》と云ふ。ここには等至と云ふ。旧に三摩跋提《さんまばつだい》と云ふは訛なり。四には駄衍那《だえんな》と云ふ。ここには静慮

意 底本「意」字の下に「進」字あり、今削除。底本上欄に「進字(瑜伽)論無之」。

止 底本「正」を改む。底本上欄に「正準上文当作止字」。

内住・等住の中に… 瑜伽師地論巻三十の文(正蔵三〇、四五一b)。

五に… 以下の七作意相摂の文は、瑜伽師地論巻三十三の文に拠る(正蔵三〇、四六五b)。

七作意 これについては本文二三三頁以下に詳説される。

六に… 以下の止の七名の文は、瑜伽論記巻四上の文(正蔵四二、三七八a)。止の七名→補

沈掉 昏沈(こんじん)と掉挙(じようこ)のこと。前者は心が沈鬱の状態、後者は反対に浮き浮きして落着けない状態を指す。

三 底本上欄に「引三之三釈論無之」。

と云ふ。旧に禅と云ふは義正しからざるなり。或は持阿那と云ふは訛なり。五には質《しっ》多《た》翳《あい》加《か》阿《あ》羯《か》羅《ら》多《た》と云ふ。ここには心一境性と云ふ。旧に一心と云ふは略なり。六には奢摩他、ここには止と云ふ。七には現法楽住と云ふ。

第二に観を明かすとは、梵には毘《び》鉢《ば》舎《しゃ》那《な》と云ふ。ここには観と云ふ。*これに四種あり。一には能正*思択、二には最*極思択、三には周遍*尋思、四には周遍*伺察なり。

云何なるか名づけて能正思択となす。謂く、*五停心観等の*所縁の境界において、能く正しく思択して所有の性を尽す。或は*蘊善巧等の*十善巧所縁の境界において、能く正しく思択して所有の性を尽す。或は世出世道の伏断所縁の境界において、能く正しく思択して所有の性を尽すと。この思択は*依他起なり。

云何なるか最極思択と名づくる。謂く、即ち彼の所縁の境界において、最極思択して所有の性の如くすと。*この二種の観はこれ*四尋思智なり。

云何なるか名づけて周遍尋思となす。謂く、即ち彼の所縁の境界において、*慧俱行有分別の作意に由つて、*その相状を取りて周遍尋思すと。これ即ち尽所有性において実の如く*勝解す。

如何なるか名づけて周遍伺察となす。謂く、即ち彼の所縁の境界において、審諦推求し周遍伺察すと。これ即ち如所有性において実の如く勝解す。この二種の観はこれ*如実智なり。

この四種の観は定心に依止す。散心の行に非ず。

これに四種…　以下の四種毘鉢舎那の文は、瑜伽師地論巻三十の文に拠る(正蔵三〇、四五一b)。

思択　ものごとを観察考慮し決断すること。

極　底本「極」字の下に「住」字あり、今削除。底本上欄に「住(瑜伽論無之」」。

尋思　ものごとについて大まかに思惟し推計すること。→二一七頁注

伺察　尋思よりも細深に考察すること。

五停心観　貪・瞋・癡・我見・散乱を抑止するための初歩的な修行方法(課目)。不浄観・慈悲観・因縁観・界分別観・数息観を指す。これらのうち、肉体の不浄を観察する不浄観と呼吸を一から十まで数えて心の安定平静をはかる数息観が重視された。

所縁　攀縁、即ち意識や執著の対象となるもの。認識の主観を能縁、客観を所縁という。

蘊善巧　十善巧の一。善巧とは単に方法ともいい、とくに善巧妙勝の方便を指す。

十善巧　大宝積経第五十一菩薩蔵会に、蘊法善巧・界法善巧・処法善巧・諦法善巧・無礙解善巧・依趣善巧・資糧善巧・道法善巧・縁起善巧・一切法善巧の十種善巧を説く。

依他起　依他起性。→一二四頁「三性」補

この二種の観(此二種観)　底本「是

第三に止観合説とは、略して十四門あり。一には止観の*加行《けぎょう》を明かす。二には止観の*方便を明かす。三には止観の障を弁ず。四には止観の作意を弁ず。五には止観の進退の因を説く。六には止観の同異を弁ず。七には止観の純雑の相を明かす。八には止観の差別を弁ず。九には止観を修する根の利鈍を明かす。十には総別の法を縁ずる止観を弁ず。十一には止観を証得する位地を明かす。十二には止観に尋等の差別あることを弁ず。十三には止観円満の相を明かす。十四には定に因つて通を発することを弁ず。

*一に止観の加行を明かすとは九種あり。一には相応加行、二には串習加行、三には不緩加行、四には無倒加行、五には応時加行、六には解了加行、七には無厭足加行、八には不《ふ》捨軛《しゃやく》加行、九には正加行なり。

云何《いか》なるか*相応加行と名づくる。もし貪行の者は*不浄観を修し、もし瞋行の者は*慈悲観を修する等なり。

云何なるか*慣習加行と名づくる。謂く、止観において已に曾て数《しばしば》習ひて乃ち少分に至る。一切において皆な初修業なるに非ず。所以《ゆえん》はいかん。初修業の者、相応の所縁の境界において勤修加行すと雖も、而も*諸蓋ありて数数《しばしば》*現行し、身心麤重なり。この因縁に由つて心をして速疾に定を得しむること能はず。かくの如くなるを慣習加行と名づくと。

云何なるか*不緩加行と名づくる。謂く、無間に方便し、慇重《おんじゅう》に方便して観行を勤修し、もしは定《じょう》より出でて、或は乞食をなし、或は師長に恭敬承事することをなし、或は看病をなし、或は随順して和敬の業を修することをなし、或は所余のかくの如き等の類、諸の所

観此真如二種観」を改む。底本上欄に「是観真如四字疑剰」。

四尋思智・四如実智　↓補

慧倶行　単なる行にとどまるのでなく、無漏清浄の悟りの智慧の活動を伴う行のこと。

その相状を取りて(取其相状)　底本「取取其相然」を改む。底本上欄に「取取其相然(瑜伽)論作取彼相状」。

勝解　→二二五頁注

加行　→二一七頁注

方便　梵語ウパーヤの訳。近づくとか到達するの意。加行とともに、悟りに近づく準備的な行法をいう。

一に…　以下の九種加行の文は、瑜伽師地論巻三十一の文に拠る(正蔵三〇、四五五b)。

相応加行　病に適合する薬が必要であるように、行者の機根に応じた修行をさせること。

不浄観　人間の肉体が自他ともに不浄であると観想して、貪欲の心を滅する観法。→二二〇頁注「五停心観」

慈悲観　慈悲の精神を怨親の差別なく拡大して瞋恚の心を滅するという修行法。

慣習加行　過去にしばしば修行して慣れているものを再び修行すること。

諸蓋　蓋は梵語アーヴラナの訳。貪欲・瞋恚・惛眠など、心を覆蓋して善心を生ぜしめない煩悩を指す。

現行　→二一七頁注

不緩加行　緊張厳粛の心を緩めない

作の事をなして、而して心、彼の所作の事業において全く随順せず、全く趣向せず、全く臨入せず、ただ速疾に事をして究竟せしむることあり。還つて復《ま》た精勤し、*宴坐寂静にして諸の観行を修す。もしは*苾芻《ひつしゅ》・*苾芻尼・*鄔波索迦《うばさか》・*剎帝利《せつていり》・*婆羅門等、種種の異衆ありて、共に相ひ会遇し、久しく雑処し、現に相ひ語議すと雖も、而も相ひ続きて言論を安立せず、ただ遠離を楽《ねが》ひて観行を勤修す。また能くかくの如く勇猛精進して、謂《おも》へらく、我れ今において定んでまさに証得すべき所を趣証すべし、まさに慢緩すべからず。何を以ての故に。我れに多種の横死の因縁あり。いはゆる身中に、或は風、或は熱、或は*淡、発動し、或は飲食する所、正しく消化せずして身中に住在す。或は宿食の病あり、或は外の*蛇《だ》蠍《かつ》・*蚰蜒《ゆえん》・百足等の類の諸の悪毒虫のために蛆螫《だつせき》せられ、或は復た人非人*等の類のために驚恐せられ、これに因つて夭没す。かくの如き等の諸の横死の処において、恒常に思惟して*無常の想を修し、不放逸に住す。かくの如きの不放逸に住するに由るが故に、恒《つね》に自ら思惟す、我が寿命、儻《も》し更に七日、六日、五日、四日、三日、二日、一日、一時、半時、*須臾《しゅゆ》、或は半須臾を経《へ》、或は*食頃《じききょう》を経、或は入息より出息に至り、或は出息より入息に至り、乃至*存活して爾所《そこばく》の時を経ることを得ば、仏の聖教において精勤作意し、*瑜伽を修習し、爾所《そこばく》の時に斉《かぎ》りて、仏の聖教においてまさに決定して多く所作あるべし。かくの如きを名づけて不緩加行となすと。

云何なるか名づけて*無倒加行となす。謂く、善く達して瑜伽の行を修する諸の瑜伽師の開悟する所の如く、即ちかくの如く学し、法において義において顛倒して取らず、我慢あ

で不断に修行すること。

宴坐　安らかに正しく坐ること。坐禅の別称。
苾芻　梵語ビクシュの音写。比丘。二百五十戒を持つ男性の出家者。
苾芻尼　梵語ビクシュニの音写。比丘尼。三百四十八戒を持つ女性出家者。
鄔波索迦　梵語ウパーサカの音写。優婆塞。清信士・信士等と訳す。在家生活をする信者。
剎帝利　梵語クシャトリアの音写。インドの四姓の一で、王族・士族・貴族の階級。
婆羅門　梵語ブラーフマナの音写。インド四姓の最高の僧侶や学者の属する階級。
淡　痰がつかえ、吐気を催すこと。
蛇蠍　毒蛇やさそり。
蚰蜒　げじげじのこと。
等の類(等類)　底本「類等」を改む。底本上欄に「類等(瑜伽)論作等類」。
無常の想　すべてのものが生滅遷流して停住しないと観想すること。
須臾　梵語クシャナの訳語に当てられているが、本来は漢語で、しばらくの短時間を意味する。
食頃　食事するだけの短時間のこと。
存活　暮らす、生存する。
瑜伽　梵語ヨガの音写。相応と訳す。悟りを得るにふさわしい安定した精神状態、つまり定に入る修行一般を

ることなく、また自らの*見取する所に安住せず、邪僻の執なく、尊の教誨において終に軽毀せずと。かくの如きを名づけて無倒加行となす。

云何なるか名づけて*応時加行となす。謂く、時時の間において止の相を修習し、時時の間において観の相を修習し、時時の間において挙の相を修習し、時時の間において捨の相を修習す。また能く実の如く、その止と止の相と止の時とを了知し、その観と観の相と観の時とを了知し、その挙と挙の相と挙の時とを了知し、その捨と捨の相と捨の時とを了知すと。

云何なるか止となす。謂く、*九相の心住、能くその心をして相なく分別なく、寂静・極寂(*静)・等住・寂止して純一無雑ならしむと。故に名づけて止となす。云何なるか止の相。謂く、二種あり。一には*所縁の相、二には*因縁の相なりと。所縁の相とは、謂く、奢摩他品所知の事同分《じどうぶん》の影像、これを所縁の相と名づくと。この所縁に由つて、心をして寂静ならしむ。因縁の相とは、謂く、奢摩他の*熏習《くんじゅう》する所の心に依つて、後時の奢摩他定をして皆な清浄ならしめんがための故に、瑜伽の毘鉢舎那所有の加行を修習すと。これを因縁の相と名づく。如何なるか止の時。謂く、心*掉挙《じょうこ》の時、或は掉挙を恐るるの時、これ止を修するの時なり。また毘鉢舎那の熏習する所の心に依つて、諸の尋思のために擾悩せられ、及び諸の事業に擾悩せらるる時、これ止を修するの時なりと。

云何なるか観となす。謂く、*四行・*三門・*六事差別所縁の観行なりと。云何なるか観の相。謂く、二種あり。一には所縁の相、二には因縁の相なりと。所縁の相とは、謂く、毘

指す。

まさに(当)　底本上欄に「当上(瑜伽)論有我字」。

無倒加行　無倒とは無顛倒(むてんどう)のこと。倒錯した迷見をはなれ、正理に随順して修行すること。

見取　四つの執著(四取)の一。誤った見解を真実であると固執する煩悩。

応時加行　それぞれの時に応じて適切な修行をすること。

九相の心住　前述の九種心住のこと。この文は九種心住を概説している。

静　底本なし。底本上欄に「極寂之下(瑜伽)論有静字」。

所縁の相・因縁の相　瑜伽師地論巻二十八では、初心の修行者が先ず観察思惟すべきこととして、所縁相・因縁相・応遠離相・応修習相の四相を挙げている。所縁相は、止及び観の本質に関する影像(観念)のこと、因縁相は、三昧修行に当って止を完成するために観の修行が必要であるという両者の密接な関係のこと(正蔵三〇、四三七b・四三八c)。

熏習　梵語ヴーサナーの訳。迷悟の諸法が香気を衣服に熏じつけるように、心の中に影響を及ぼして精神的傾向性を生み出すこと。

掉挙　梵語アーウッダトヤの訳。心を浮き浮きさせて落着かせない作用。

四行　→補

三門　→補

六事差別所縁　→補

鉢舎那品所知の事同分の影像なりと。この所縁に由つて慧をして観察せしむ。因縁の相とは、謂く、毘鉢舎那の熏習する所の心に依つて、後時の毘鉢舎那をして皆な清浄ならしめんがための故に、内心、奢摩他定の所有の加行を修習すと。云何なるか観の時。謂く、*心沈没の時、或は沈没を恐るるの時、これ観を修するの時なり。また奢摩他の熏習する所の心に依つて、先にまさに彼の所知の事境において実の如く覚了すべし。故にその時において、これ観を修するの時なりと。

云何なるか*挙となす。謂く、随つて一種の浄妙所縁の境界を取りて顕示勧導するに由つて、その心を慶慰すと。云何なるか挙の相。謂く、浄妙所縁の境界に由つてその心を*策励し、及び彼れ随順して精進を勤めんと発すと。云何なるか挙の時。謂く、心沈下の時、或は沈下を恐るるの時、これ挙を修するの時なりと。

云何なるか*捨となす。謂く、所縁において、心に染浄なく心平等性なり。止観品において、調柔正直にして任運に転ずる性、及び調柔の心に堪能の性ありて、心をして随ひ與らしめて任運に作用すと。云何なるか捨の相。謂く、所縁に由つて、心をして止捨し、及び所縁において所有の太過精進を発せざらしむと。云何なるか捨の時。謂く、奢摩他・毘鉢舎那品所有の掉挙において、心已《すで》に解脱す。これ捨を修するの時なりと。

かくの如くなるを名づけて応時加行となす。

云何なるか名づけて*解了加行となす。謂く、かくの如く説く所の諸相において善く取り善く了す。善く取了し已りて定《じょう》に入らんと欲する時、即便《すなわ》ち能く入り、定に住せんと欲す

心沈没　心の惛昧・沈鬱な状態で、さきの掉挙とともに、健全な止観修行を妨げる。

挙　奢摩他(止)を修めて心が昏沈した時に、修行の功徳や目的に注意を向けて心を高揚させること。

策励　鞭打って励ます意。

捨　ここでは、止と観のいずれにも偏らず、昏沈と掉挙のいずれにも偏らない平等な心の落着きの意。→二一三頁注

解了加行　前述の応時加行より、進んで心内の影像(後出)を仮有の存在であると悟る修行。

る時、即便ち能く住し、定を起たんと欲する時、即便ち能く起つ。或る時は諸の*三摩地の所行の*影像《ようぞう》をもつて、作意し思惟し、諸の定地ならざる所有の本性、所縁の境界を棄捨すと。かくの如くなるを名づけて解了加行となす。

云何なるか名づけて*無厭足加行となす。謂く、善法において厭足あることなく、修断、廃することなく、展転上展転勝処において多く希求に住し、ただ少小の静定を獲得して、便ち中路において而も退屈を生ぜず、余の所作において常に進求ありと。かくの如くなるを名づけて無厭足加行となす。

云何なるか名づけて*不捨軛加行となす。謂く、一切の所受の学処において穿《せん》なく欠なく、少年の顔容端正、可愛の女色を見ると雖も、而も相を取らず、随好を取らず、食において平等に、勤修し覚悟し、事少く業少く、諸の*散乱少く、久しく作す所、久しく説く所等において、能く自ら随ひて憶し、他をして随ひて憶せしむと。かくの如き等の法を説きて不捨軛加行と名づく。この諸法に由つて能く正しく心一境性に随順して、その軛を捨てず、心をして散ぜざらしむ。その心をして外境に馳流せしめず、その心をして内に調柔せざらしめず。かくの如くなるを名づけて不捨軛加行となす。

云何なるか*正加行と名づくる。謂く、所縁において数《しばしば》*勝解を起すと。これを正加行と名づく。不浄観を勤修することある者の如きは、数《しばしば》正しく諸の不浄を除遣し、諸の不浄の相を作意し思惟し、相に随ひて毘鉢舎那を行ずるに由つて、而も作意を起し、所縁の境において数数《しばしば》除遣し、数数《しばしば》現前す。*上は正加行に拠り、下は広く正加行を弁ず。それ正し

三摩地　梵語サマーディの音写。三昧も同じ。等持・定と訳す。心を一境(対象)に集中して動揺しない状態を意味し、悟りの智慧(般若)の活動するための要件とされている。

影像　法相唯識学では、心が対象を認識する時、対象を心内に変現してこれを直接の対象とする。この心内の対象を影像と呼び、心外の対象自体を本質(はんぜつ)という。前述の所縁の相(二一三頁)はこの影像である。

無厭足加行　少分の禅定の境地に安住せず、常に精進して修行すること。

不捨軛加行　労せずして心を散乱させることのないようにする修行。

散乱　注意が集中しないで動揺すること。

正加行　加行の究極した位分で、これによって所作成弁するから、正加行という。以下二二八頁六行目まで、これを詳説する。

勝解　不浄観を修行するに当って先ず自身及び他身の膿爛・青瘀・骨鎖・黒白等の現実を明確に認識し、無常・不浄の理を尋思観察して明確に不浄の真理を了解すること。瑜伽師地論巻三十に詳細な説明がある(正蔵三〇、四五一a)。

上は…弁ず　正蔵本には「上拠正加行下広弁正加行」の十一字なし。

く*除遣するに復た五種あり。一には*内摂其心の故に。二には不念作意の故に。三には於余作意の故に。四には*対治作意の故に。五には無相界作意の故に。まさに知るべし、この中、九相の心住毘鉢舎那を上首となすに由るが故に、内摂其心と名づく。最初において一切の相に背き、無乱安住するに由るが故に、不念作意と名づく。余の定地の境を縁じ、余の定を思惟するに由るが故に、於余作意と名づく。初めにありて上地の法を縁じ、上地、下地を縁ずる等の如し。不浄を思惟して浄を対治し、乃至、*阿那波(那)念を思惟して尋思を対治し、虚空界を思惟して*諸色を対治するに由るが故に、対治作意と名づく。一切の相において作意し思惟せず、無相界において作意し思惟するに由るが故に、無相界作意と名づくと。遍く一切所縁の正除遣の相を安立するに、総じて五種ありと雖も、然れどもこの義の中、正意はただ内摂其心と不念作意とを取る。初修業の者、始めて業を修する時、最初全く所縁の境においてその心を繫縛《けばく》せず、或は不浄において、或は復た余処にして、ただこの念を作す、我が心、云何《いかん》が散乱なく相なく分別なく、寂静・極寂静にして、転なく動なく希望する所なく、諸の作用を離れて、内において適悦することを得んと。かくの如く精勤して、生起する所の一切の外相において、思惟する所なきは不念作意なり。即ちかくの如きの不念作意に由つて所縁を除遣す。彼れ、その中において瑜伽を修習し、摂受適悦す。

復た行に相あり、分別あり、不浄等の境、云何にして而も行ずるや。謂く、*随相行・随尋思行・随伺察行に由ると。毘鉢舎那、彼の境界に行ずれども、而も一向に精勤し、毘鉢舎那を修習するに非ず。還つて観の相を捨て、復た所縁において止の行を思惟す。この因

除遣…　以下の五種が、正加行の五段階の修行内容である。遁倫の瑜伽論記巻七下では、この五段を第一内摂其心、第二皆一切相不念作意、第三仍縁他地境、第四仍観不浄境、第五仍縁無相界作意思惟と規定し、第三以下の三段は除遣を内容としないとする(正蔵四二、四四五c)。

内摂其心　外界の対象から心を内に帰還せしめて心の散乱を防ぐこと。さきの九種心住の第一内住のこと。

対治　梵語プラティパクシャの訳。禅定をもって煩悩などを断ずること。

阿那波那　梵語アーナパーナの音写。安般ともいう。出入息の意。出入息を数えて心を安定させる。底本「阿那波」を改む。底本上欄に「波下(瑜伽)論有那字」。

諸色　色は梵語ルーパの訳で、物質的存在の総称。三界のうち欲界と色界はこの色の束縛を受ける。

随相行…随伺察行　三門毘鉢舎那のこと。→二二三頁「三門」補

縁に由つて、彼れ、その時において、所縁の境において、捨てず、取らず。所縁において止の行転ずるに由るが故に、名づけて捨となさず。即ち所縁において相を作《な》さざるが故に、分別なきが故に、名づけて取となさず。即ちかくの如く、内にその心を摂するに由つて、所縁を除遣す。またその中において観の相を取らず。故に縁において乱なし。止の行を取るが故に、而も復た所知の事相を縁ず。もし所縁において、ただ数《しばしば》勝解して、数《しばしば》除遣せずんば、即ち彼の所有の勝解をして、後後、明浄に、究竟して転ぜしめず、往趣し、乃至、現に所知の境事を観ずること能はざらん。数《しばしば》勝解し、数《しばしば》除遣するに由るが故に、後後の勝解は展転して明浄に究竟して転じ、また能く往趣し、乃至、現に所知の境事を観ず。

*譬へば、世間の画師の弟子の、初め画業を習ふに、先に師の所に従ひて学ぶ所の様を受け、諦《あきら》かに観じて彼の形相を作り、作り已りて尋《つ》いで即ち除毀す、既に除毀し已りて尋いで復た更に作る、*かくの如く除毀し、数数《しばしば》更に作る、かくの如くかくの如くかくの如くして、後後の形相転《うた》た明らかに、転《うた》た浄く、究竟して顕現す。かくの如く正しく学ぶこと多時を経歴すれば、世《よよ》共に推許して大画師となさん。或は師の数に堕し、もし数《しばしば》所作の形相を除かず、即ちその上において数数《しばしば》重画すれば、便《すなわ》ち形相において永く明浄究竟して顕はるる期なきが如し。この中の道理、まさに知るべし、また爾《しか》なりと。もしこの境において勝解を起し已りて、定んでこの境において復た正しく除遣す。この境において正しく除遣し已りて、定んでこの境において復た勝解を起すに非ず。陋小の境において勝解を起し已りて、即ち狭小において正しく除遣す。広大無量も、まさに知るべし、また爾《しか》なりと。狭小の境にお

譬へば…　以下の譬喩は、止観行における除遣の意義を説いている。

かくの如く（如是）　底本「如如」を改む。底本上欄に「如如一本如是」。

いて正しく除遣し已りて、或は陋小において復た勝解を起し、或は広大において復た勝解を起し、或は無量において復た勝解を起す。その広大においてし、及び無量においてするも、まさに知るべし、また爾なりと。もし諸の色法所有の相貌《そうみょう》、影像顕現するは、まさに知るべし、これ麤変化相似なりと。諸の無色の法は*仮名を先となす。領受する所の如く、増上力の故に影像顕現す。

かくの如き一切を正加行と名づく。

かくの如き九種の*白品《びゃくぼん》の加行は、奢摩他《しゃまた》・毘鉢舎那《びばしゃな》において、まさに知るべし、随順することを。これと相違する九種の加行は、奢摩他・毘鉢舎那において、まさに知るべし、違逆することを。かくの如き*黒品・白品の差別をもつて建立せる加行に*十八種あり。かくの如きを名づけて*心一境性となす。

復た正加行あり。もし諸の菩薩、心を縁じて境となし、内に心を思惟して、未だ身心*軽安なることを得ざれば、所有の作意はこれ止の作意に非ず。これ止に随順する勝解相応の作意なり。これ即ち*聞思慧の摂にして*修慧の収に非ず。止所縁の境において作意し思惟して、未だ身心軽安なることを得ざれば、これ観に非ず。これはこれ観に順ずる勝解相応の作意なり。これ聞思慧の摂にして修慧の収に非ず。

また正加行あり。*睡眠《ずいめん》を減省して、無間《むげん》と慇重《おんじゅう》との二の加行の故に、精進円満す。慇重加行とは、謂く、行坐の時、而も成弁するが故なりと。*第一・第二・第四蓋の中は坐の時によろしく、第三蓋の中は行の時によろしく、第五蓋の中は倶の時によろし。無間加行と

仮名　→一二四頁補

白品・黒品　仏教では、善悪を白黒と名づける。品は品類のこと。

十八種　黒白二類の九種加行をいう。

心一境性　三摩地(→二二五頁注)の訳。三昧・等持と同じ。

軽安　梵語プラスラブディの訳。心が平安で軽快であること。

聞思慧・修慧　仏教では、解脱の真理を認識する能力を般若(梵語プラジュニャ)と呼ぶ。これには三慧あって、説法を聴聞することによって得られるのを聞慧、自分の思惟考察によって得られるのを思慧、実践修によって得られるのを修慧と呼ぶ。

睡眠を…　以下の文は、瑜伽論巻七十から抽出してここに補充したもの(正蔵三〇、六八五c)。

第一・第二・第四蓋　底本「第一第二第三第四蓋」を改む。底本上欄に「第三(瑜伽)論無之」。続文との関係から見て「第三」を除くのが妥当である。遁倫の瑜伽論記も除去している(正蔵三〇、六八五c・四二、七二三c)。

昼日・夜　底本「昼夜日」を改む。底本上欄に「夜日(瑜伽)論作日夜」。

師子　→補

ため(為)　底本「如」を改む。底本上欄に「如(瑜伽)論作為」。

足を重累す　瑜伽師地論巻二十四の説明によれば、これは師子の臥法であって、寝臥する時は右脇に体を横たえ、両足を重畳する。この臥法に

は、謂く、*昼日・夜の初後分において、まさに常に覚悟すべしと。夜の中分においては正しく睡眠を習ふ。*師子に相似して、長時極重に失念し、無間に睡ることを離れんが*ための故に、その*足を重累し、乃至、*起想を思惟して、正しく睡眠を習ふ。

第二に、止観の方便を明かすとは、復た二種あり。一には*近方便、二には*遠方便なり。

*近方便とは、まさに五処において量を知り、正しく知りて住すべし。一には行の処に、二には観行の処に、三には摂受・利養・恭敬の処に、四には受用資具の処に、五には善品加行の処になり。初めの処に由るが故に、終に非所行の処に遊行せず。また晩に薄《せま》りて出でて遊行せず。第二に由るが故に、先に作意せずして観視する者は、速かにその*眼等の六根を摂す。もし先に作意して観視する者は、善くその*正念に住す。第三に由るが故に、もし受くる所、及び他の礼することある時、手、巻縮せず、足、躁動せず。第四に由るが故に、衣鉢及《およ》び与飲食を受用するに、皆なその量を知る。第五に由るが故に、もし寂静に居しては、昼日分において*経行宴坐し、もしは行、もしは*住、もしは坐、*(もしは)覚、善くその量を知る。その夜分において、習ふ所の睡眠、また善くその量を知る。もし論議*決択を修習することあらば、もしは語、もしは黙、また善く量を知る。二種の所依をして*調適《じょうじゃく》せしめんがために、睡眠及び諸の労倦を除遣す。また善く量を知る。

*またもし止観を修せんと欲せば、先に*十二部経の文義において、言は善く通利し、意は善く尋思し、見は善く通達して、即ち思惟する所の如きの法においては、独り*空閑に処して作意し思惟し、復た即ちこの能思惟の心においては、内心相続して作意し思惟す。かく

従えば、身に掉乱なく、念に忘失なく、睡に極重なく、悪夢も見ないという(正蔵三〇、四一三a)。

起想　前夜就寝する時、翌朝所定の時間に遅退なく起床する決意を固くすること。瑜伽師地論巻二十四に詳細な説明がある(正蔵三〇、四一三b)。

近方便・遠方便　聖者の位に入って修める正規の行を正行と呼ぶのに対して、加行とか方便行は凡夫の位において修める予備的な修行法で、その初歩的なものをここでは近方便といい、より高度の修行を遠方便という。

近方便とは…　以下の近方便の文は、瑜伽師地論巻七十からの引用(正蔵三〇、六八六a)。

眼等の六根　眼根・耳根・鼻根・舌根・身根・意根を指す。視覚・聴覚・嗅覚・味覚・触覚・認識などの能力の根拠となる器官のこと。

正念　八聖道の一。邪念を離れて正理を心中に念持記憶すること。

経行　「キンヒン」とも読む。所定の地点を往復運動して睡蓋等を除き、疲労等を去る衛生運動。

住　一定の処に停止すること。

もしは(若)　底本なし。底本上欄に「覚上(瑜伽)論有若字」。

決択　明確な認識に基づいて疑惑を決断し真理を選択すること。

調適　調整適合させること。

またもし…　以下の文は、瑜伽師地

の如く止行、安住するが故に、身の軽安及び心の軽安を起す。これを奢摩他と名づく。即ちかくの如きの三摩地の影像の所知の義の中において、*能正思択し、最極思択し、周遍尋思し、周遍伺察す。これを毘鉢舎那と名づく。

*二に遠方便とは、止観を勤修する者は、七の漸次に能く諸法を証し、能く諸法に達することあり。一には説法者において恭敬承事す。二には既に事《つか》へ已りて審諦《つまびら》かに法を聴く。三には審《つまびら》かに法を聞き已りて、法随法行す。四には法随(*法)行の故に、その心を住せんがために*正方便を摂す。五には正方便を摂するが故に、精進を発勤す。(*六には精進を発勤するが)故に、内外の不平等の心を遠離し、処方便を起す。*法財二種の障、清浄なることを得。七には障清浄の故に、三摩地において*愛味を生ぜず、*増上慢を離る。

*また四種の法ありて、所得の定において*増上縁となる。一には審諦に聴聞し、二には正教授を得、三には宿世串習《かんじゅう》し、四には多聞を具足す。審諦聴聞とは、謂く、楽欲《ぎょうよく》を発し、浄信の心を生じ、正法を聴聞すと。この因、(*この)縁に由つて*心一境性を得。得正教授とは、謂く、次第教授・無倒教授に因るが故に、勇猛精進を発起して無間に住し、常に要《かなら》ず菩提分において精進方便し、修習して住すと。この因、この縁に由つて心一境性を得。*宿世慣習とは、謂く、宿世隣近の生の中において、諸の*静慮及び諸の*等至において、数《しばしば》已に証入すと。この因、この縁に由つて心一境性を得。具足多聞とは、謂く、多聞聞持し、その聞積集して、即ち彼の法において独り空閑に処して、思惟*籌量し、審諦観察すと。この因、この縁に由つて心一境性を得。

論巻七十七から抽出してここに補充したもの(正蔵三〇、七二三c)。
十二部経 →六四頁補
空閑 喧噪から遠く離れ、閑寂で禅定修行に適した場所。

能正思択…周遍伺察 四種毘鉢舎那のこと。→二二三頁「四行」補
二に遠方便とは… 以下の文は、瑜伽師地論巻七十の七漸次を説く文からの引用(正蔵三〇、六八七c)。
法 底本なし。底本上欄に「下随下(瑜伽)論有法字」。
正方便 正道に向う方便。
六には精進を発勤するが(六発勤精進) 底本なし。伝全上欄に「故之上疑脱六発勤精進五字」。
法財二種の障 法施と財施に不平等心を起し、内施より外施を重んずる心が生ずると、三昧修行の体のための処方便としての清浄な心境を起すことができなくなる(遁倫の瑜伽論記巻十九上。正蔵四二、七三四a)。「財」字、底本「則」を改む。底本上欄に「則(瑜伽)論作財」。
愛味 貪愛味著すること。
増上慢 不当に自分を高く評価する憍慢の心。不当に自分を低く評価する卑下慢とともに、不善心とされる。
また四種の法… 以下の文は、瑜伽師地論巻七十からの引用(正蔵三〇、六八六b)。
増上縁 直接原因ではなく間接的に

第三に、*止観の障を弁ずとは、最初に二十種の得三摩地所対治の法ありて、能く勝三摩地を得ざらしむ。何等か二十とす。

一には*不楽断の同*梵行者を伴となすの過失あり。二には*伴、徳ありと雖も、然も能く*修定の方便を宣説する師に過失あり。謂く、顛倒して修定の方便を説くと。三には師、徳ありと雖も、然も所説の修定の方便において、その能聴の者は、*欲楽羸劣《よくぎょうようれつ》にして、心散乱するが故に、領受すること能はざるの過失あり。四にはその能聴の者は、楽欲ありて耳に属して聴くと雖も、然も闇鈍の故に、*覚慧劣る故に、領受すること能はざるの過失あり。五には智徳ありと雖も、然もこれ愛行にして、多く利養・恭敬を求むるの過失あり。六には多分に憂愁し、養ひ難く満ち難く、喜足を知らざるの過失あり。七には即ちかくの如きの増上力に由るが故に、諸の事務多きの過失あり。八にはこの失なしと雖も、然も懈《け》怠懶堕《たいらんだ》の故に、加行を棄捨するの過失あり。九にはこの失なしと雖も、然も他のために種種の障礙生起するの過失あり。十にはこの失なしと雖も、然も寒熱等の苦において堪忍すること能はざるの過失あり。十一にはこの失なしと雖も、然も*慢恚の過の故に、教誨を領受すること能はざるの過失あり。十二にはこの失なしと雖も、然も教において顛倒思惟するの過失あり。十三にはこの失なしと雖も、然も所受の教において忘念の過失あり。十四にはこの失なしと雖も、然も在家・出家雑住するの過失あり。十五にはこの失なしと雖も、然も五失相応の臥具を受用するの過失あり。*五失相応の臥具とは、まさに知るべし、声聞地にまさに説かんとするが如しと。十六にはこの失なしと雖も、然も遠離処において諸根を守

増大発展させる縁。

この(此) 底本なし。底本上欄に「縁上(瑜伽)論有此字」。

心一境性 ↓二二八頁注

宿世慣習 前生からの慣れた修行。

静慮 梵語ドヒャーナの訳で、音写して禅と呼ばれる。思惟修習とも訳される如く、三昧(定)において思惟が働く段階を指す。

等至 梵語サマーパッティの訳で、散心から定心に進展した段階を指す。

籌量 かぞえはかること。

止観の障… 以下の止観障の文は、瑜伽師地論巻二十の二十種得三摩地所対治法の文からの引用(正蔵三〇、三一a)。

不楽断 煩悩の断滅を楽(ねが)わないこと。

梵行 梵語ブラフマ・チャリヤの訳で、浄行と訳すこともある。清浄の行のこと。

伴 仏道を一緒に修行する同伴者。

修定 定(三昧)を修行すること。

欲楽羸劣 志願欲求が弱くて劣等であること。

覚慧 悟りの智慧。

慢恚 慢心と瞋恚(怒り)。

五失相応の臥具 声聞地(瑜伽師地論巻二十一—三十四)の部門で説くことを予告しているが、実際に捜検しても発見できない。

護せざるが故に、不正尋思の過失あり。十七にはこの失なしと雖も、然も食平等ならざるに由るが故に、身沈重にして、堪能する所なきの過失あり。十八にはこの失なしと雖も、然も性、睡眠多く、多くの*睡眠随煩悩、*現行《げんぎょう》するの過失あり。十九にはこの失なしと雖も、然も先に奢摩他品を修行せざるが故に、内心寂止遠離の中において、欣楽せざるの過失あり。二十にはこの失なしと雖も、然も先に毘鉢舎那品を修行せざるが故に、増上慧法の毘鉢舎那の如実の観の中において、欣楽せざるの過失あり。かくの如きの二十種の法は、これ奢摩他・毘鉢舎那品の、心一境性を証得するの所対治なり。

　またこの二十種の所治対の法、略して四相に由つて、生起する所の三摩地の中において、能く障となるに堪へたり。何等をか四となす。一には三摩地の方便において善巧ならざるが故なり。二には一切修定の方便において全く加行なきが故なり。三には顛倒加行の故なり。四には加行緩緩の故なり。

　この三摩地の所対治の法に*二十種の白法対治あり。これと相違す。まさにその相を知るべし。これ能く所対治の法を断ずる多くの所作に由るが故に、疾疾に能く正しくその心に住して三摩地を証することを得。またこの三摩地を得るは、まさに知るべし、即ちこれ*初静慮近分定《ごんぶんじょう》を得ることを。*未至位の所摂なり。

　*また五種の繋ありて止観の障となる。一には身を顧恋す。二には財を顧恋す。三には諸の聖教において随欲を得ず。四には相ひ雑住することを楽《ねが》ふ。五には少において喜足して多修を楽はず。この五繋の中、初めの二はこれ止の障、第三はこれ観の障、後の二はこれ

睡眠随煩悩　睡眠に附随して生ずる煩悩。

現行　→二一七頁注

二十種の白法対治　白法は善法のこと。上記の二十種の所対治は三摩地を得るための障害をなすものであったが、これを翻転した二十種の善縁があるということ。

初静慮近分定　初静慮に入る直前に入る低次の定。四静慮(四禅)にそれぞれ近分定がある。→二三五頁注「近分定」

未至位　未至定。初静慮の近分定のみを未至定と呼ぶ。

また五種の繋ありて…　以下の文は、瑜伽師地論巻七十七からの引用(正蔵三〇、七二七b)。

倶の障なり。相ひ雑住することを楽ふに由るが故に、造修すること能はず。少欲喜足に由るが故に、修する所の加行、究竟に到らず。また五種の*蓋ありて止観の障となる。一には貪欲蓋、二には瞋恚蓋、三には惛沈睡眠蓋、四には掉挙《じょうこ》悪作蓋、五には疑蓋なり。掉挙悪作はこれ止の障、惛沈睡眠・疑はこれ観の障、貪欲・瞋恚はこれ倶の障なり。

第四に、*止観の作意を明かすとは、これに二種あり。一には往趣世間道七作意、二には往趣出世間道七作意なり。

*世間道に往くことを楽《ねが》ひて加行を発起するは、欲界の惑を断ぜんがために止観を勤修し、七作意に由つて欲界の惑を断ずるなり。七作意とは、謂く、了相作意・勝解作意・遠離作意・摂楽作意・観察作意・加行究竟作意・加行究竟果作意なりと。

云何《いか》なるか名づけて了相作意となす。謂く、もし作意せば能く正しく欲界の麤《そ》相《そう》と初静慮の静相とを覚了すと。云何《いかん》が欲界の麤相を覚了する。謂く、正しく*欲界の六事を尋思すと。一には欲麤の義、二には欲麤の事《じ》、三には欲麤の相、四には欲麤の品、五には欲麤の時《じ》、六には欲麤の理なり。欲麤の義を尋思すとは、正しくかくの如きの諸欲、多くの過患あり、多くの損悩あり、多くの災害あることを尋思するを謂《い》ふ。これを麤の義と名づく。欲麤の事を尋思すとは、正しく諸欲の中において内外の貪欲あることを尋思するを謂ふ。欲麤の相を尋思すとは、正しくこの一切の欲は、*生苦・*老苦、乃至*求不得苦の等しく随逐する所、等しく随縛する所にして、彼の諸欲勝妙円満すと雖も、而も暫時ありと尋思するを謂ふ。欲麤の*品を尋思すとは、正しくかくの如きの諸欲皆な黒品に堕す、なほ骨鏁《こっさ》の如

蓋　→二二一頁注「諸蓋」

止観の作意　二門のうち趣世間作意は五通などの有漏功徳を得るにとどまるが、趣出世間作意は阿羅漢に至る。作意→二一八頁注

世間道…　以下の文は、瑜伽師地論巻三十三からの抄出(正蔵三〇、四六五b)。

欲界の六事　欲麤の義・事・相・品・時・理というのは、現実世界である欲界の義・事等を意味する。麤は細に対する言葉で、麤悪の意。なお瑜伽師地論は、六事について詳細に説いているが、ここでは六事の定義の文のみを抄出。

生苦・老苦・求不得苦　生苦・老苦・病苦・死苦を四苦といい、これに愛するものと別離する苦(愛別離苦)、怨み憎むものに会う苦(怨憎会苦)、求めても得ることができぬ苦(求不得苦)、身心への執著から生ずる苦(五陰盛苦)を合して八苦という。

品　善悪・有漏無漏の類別。

し、乃至かくの如きの諸欲愚夫を狂惑《おうわく》す、もしは現法の欲、もしは後法の欲、もしは天上の欲、もしは人中の欲、一切皆なこれ魔の所行、魔の所住なりと尋思するを謂ふ。これを欲麤の品を尋思すと名づく。*欲麤の時を尋思すとは、正しくかくの如きの諸欲、去来今世、常恒の時において、諸の過患多く、諸の損悩多きことを尋思するを謂ふ。*欲麤の理を尋思すとは、正しくかくの如きの諸欲、大資糧に由り、大追求に由り、及び種種無量の差別の工巧業処に由つて、方《まさ》に能く招集し、生起し増長す、善く生起すと雖も、而も一切の多くは、父母・妻子・奴婢等のために、或は自らの種種の苦悩を対治せんがためなりと尋思するを謂ふ。これを諸の欲麤の理を尋思すと名づく。かくの如きを名づけて欲界諸の麤相を覚了すとなす。

云何《いかん》が*初静慮の中の所有の静相を覚了する。謂く、欲界の中、一切の麤性は初静慮の中において皆な所有なし。欲界諸の麤性を離るるに由るが故に、初静慮の中に静性ありと説くと。これを初静慮の中の所有の静相を覚了すと名づく。即ちかくの如きの定地の作意に由つて、欲界の中において了して麤相となし、初静慮において了して静相となす。これを了相作意と名づく。即ちこの了相作意はなほ聞慧・思慧間雑《けんぞう》すとなす。

彼れ既にかくの如く諸の欲は麤相なりと了知し、初静慮は静相なりと知りて、これより已後、聞慧・思慧を超過して、ただ修慧を用《もつ》て所縁の相において勝解を発起して止観を修し、尋思する所の如く、麤相と静相とに数《しばしば》勝解を起す。かくの如きを名づけて勝解作意となす。即ちこの勝解は善く多く修習するを因縁となすが故に。*欲界の上三品の惑道を*伏

欲麤の時を尋思す　いろいろの過患や損悩・災害等が、遠い過去から恒常として欲界に住むものに随逐して、決して現時のみのことでないことを深く審らかに認識することが、欲麤の時を尋思することである。

欲麤の理を尋思す　欲界の欲望の対象が、大資糧・大追求・大劬労等の多数の技術によって得られたもので、すべて家族や奴婢が使用するか、自分が利用するにしても、寒暑を対治するための物質であって、真の自己である法身を長養するものに非ざることを深く尋思する。瑜伽師地論の本文を整理して、欲麤の理を観待・作用・証成の三理に分類する学説がある(遁倫の瑜伽論記巻八上。正蔵四二、四七〇c)。

初静慮　四静慮(旧訳の四禅)の第一段階で、宴坐して心を一境に集中し、定(心一境性)に入る時、雑念が止滅して尋・伺・喜・楽・定の心理作用のみが働く。

欲界の上三品の惑道　欲界・色界・無色界を総称して苦界というが、この三界を九地に細分し、九地それぞれに煩悩の軽重によって九品を区別する。九品とは上品・中品・下品にそれぞれ上・中・下の三品があるとするからである。最高の重い煩悩を上上品という。ここに上の三品というのは、上上品・上中品・上下品の惑のこと。惑は煩悩の別名。道は三

する*倶行作意を遠離作意と名づく。これより已後、中三品の惑道を伏する倶行作意を摂楽作意と名づく。これより已後、断末断道を観察する倶行作意を観察作意と名づく。これより已後、止観を修習して欲界の下三品の惑道を伏す、これを加行究竟作意と名づく。已上の六作意を*近分定《ごんぶんじょう》と名づく。これより無間に根本初静慮定に証入す。即ちこの根本初静慮定の倶行作意を加行究竟果作意と名づく。即ちこの加行究竟果作意転ずる時、*離生喜楽、諸の*身分に遍して充満せざることなく間隙あることなし。彼れその時において諸欲を遠離し、一切の悪不善の法を遠離し、有尋有伺、離生喜楽、初静慮において初めて円満して、*五支具足するを、欲界に住する対治の修果と名づく。

初静慮定に七種の作意あり。かくの如く、*二静慮、乃至、非非想にも各別に七種の作意あり。もし有伺の初静慮地において麤相を覚了せば、無伺の第二静慮地において静相を覚了す。第二の静慮に証入せんと欲するがためなり。これを了相作意と名づく。*謂く、已に初静慮定に証入する者は、諸の尋伺において観じて麤性となし、能く正しく了知すと。もし定地にあらば、縁において最初に率爾にして起り、忩《にわ》かに行境に務《むか》ふ麤意言の性、これを尋と名づけ、即ち彼の縁において彼れに随ひて起り、徐に行境に歴《へめぐ》る細意言の性、これを伺と名づく。乃至、かくの如く種種の行相、諸の尋伺において麤相を覚了す。また正しく第二静慮の無尋無伺を了知し、かくの如く一切所説の麤相、皆な所有なし。これを勝解作意と名づく。*その余の作意、前の如し。まさに知るべし、かくの如く、乃至、非想非非想定を証せんと欲するがために、地地の中において皆な七作意あるを。また彼の麤相は下

界の有情の生存の道を惑・業・苦の三面から捉えて三道と呼ぶから、惑道・業道・苦道を指す。

伏　↓補

倶行作意　了相作意では欲界の六事の麤相と初静慮の静相を対照尋思するのみで、そこでは聞慧と思慧のみが活動するが、これからは専ら修慧の開発活動に努め、欲界の麤相と初静慮の静相を、止と観の修行を通して尋伺する時、しばしばすぐれた真理の認識了解が生れてくる。これは止観の行を伴う作意であるので、倶行作意という。

近分定　四静慮(四禅)四無色定の八定には、それぞれの定に入る直前に予備的なやや低次の定があって、八定そのものを根本定(こんぽんじょう)と呼ぶに対して、近分定と称している。

離生喜楽　離生は欲界の生存への執著心から離脱すること。喜と楽は離生の喜楽であるが、具体的には楽断と楽修、つまり断惑と修行を喜楽することで、遠離作意・摂楽作意の段階から微薄ながら生じ、とくに観察作意・加行究竟作意の段階で増広し、加行究竟果作意では離生の意識と喜と楽の心が身分全体に遍満する。

身　底本「方」を改む。底本上欄に「方(瑜伽)論作身」。

五支　初静慮の具足すべき尋・伺・喜・楽・定の五支のこと。→二三四頁注「初静慮」

地に皆なあり。欲界より上、無所有処に至る。麤相に二種あり。一には諸の下地の苦住増上して、上の所住に望むるに寂静ならざるが故に。二には諸の寿量の時分短促にして、上の寿量に望むるに転《うた》た減少するが故に。この二麤相、前の六事に由つて、まさに正しく尋思すべし。

二に*往趣出世間道作意とは、もし出世間道に往趣することを楽《ねが》はば、まさに*四諦の境に依止して漸次に七種の作意を生起すべし。謂く、最初は了相作意、最後は加行究竟果作意なり。乃至*阿羅漢果を証得すと。*五停心観及び*総縁念処・*別縁念処、四諦*十六行に由つて了相作意を生起す。かくの如きの了相作意、なほ聞思間雑すと*なす。*四善根の位、四諦十六行に由つて勝解作意を生起す。これ即ち聞思間雑の作意を超過して、一向に*勝解を発起し*修行す。次に*見道の位、前の所観の四諦の理において遠離作意を生起す。即ち前の次第に観ずる所の四諦に随ひて、もしは欲界の四諦、もしは上二界の四諦の中に無分別智生じて、三界分別の煩悩を断ず。これを遠離作意と名づく。次に預流果《よるか》より起りて後、進みて修惑を断ぜんと欲するがために、所得の道の如く更に数《しばしば》修習し、永く欲界上品・中品の煩悩を断じ已りて一来果を得ん。即ち一来果、不還果《ふげんか》を得ん。一切修道において数数《しばしば》已断・未断を観察し、所得の(*道の)如く而も正しく修習するを観察作意と名づく。かくの如く修習する者は、時時の間において厭ふべき法において深心に厭離し、時時の間において欣《よろこ》ぶべき法において深心に欣慕す。これを摂楽作意と名づく。彼れは即ちこの摂楽作意において数数修習するが故に、永く煩悩を断ず。最後の学位の*金剛喩定を加行究竟作意と名づく。

二静慮、乃至、非非想　四静慮の第二静慮、第三静慮、第四静慮、及び四無色定を指す。→補

謂　「謂」字の前に、底本「勝解作意」の四字あり。今、瑜伽師地論により、且つ四字を加えては文意が混乱するので、削除。

その余の作意…　瑜伽師地論では、第三静慮以下、四無色定に関する詳細な説明があるが、本書では第三静慮以後の説明を省略している。

往趣出世間道作意…　以下の文は、瑜伽師地論巻三十四の文の趣意を要約して行相を説明したもの(正蔵三〇、四七〇c)。

四諦　苦・集・滅・道の四諦。→補

阿羅漢果　→三〇頁注「羅漢」

五停心観　→二二〇頁注

総縁念処・別縁念処　四念処ともいう。身の不浄、受の苦、心の無常、法の無我を個々に観ずるを別縁念処、総体的に観ずるを総縁念処という。

十六行　苦諦について無常・苦・空・無我の四行相を観察するように、四諦についてもそれぞれ四行相を観察するので十六行という。声聞が四善根の位で行う観法。

なす(為)　底本「若」を改む。底本上欄に「若(瑜伽)論作為」。

四善根　既述の五停心観と四念処を修行する初歩の三行位を三賢といい、煖(なん)・頂・忍・世第一法の四行位を

阿羅漢果の所摂の作意を加行究竟果作意と名づく。

初めの了相作意に拠つて十六行を説く。*四種の行に由つて苦諦の相を了す。無常行・苦行・空行・無我行を謂《い》ふ。四種の行に由つて集諦の相を了す。因行・集行・起行・縁行を謂ふ。四種の行に因つて滅諦の相を了す。滅行・静行・妙行・離行を謂ふ。四種の行に由つて道諦(の*相)を*了す。道行・如行・行行・出行を謂ふ。かくの如きを了相作意と名づく。*十種の行に由つて苦諦を観察し、苦諦の四行に悟入す。瑜伽の三十四に説くが如し。

*苦諦の相において正しく覚了し已りて、次に復たかくの如きの苦諦、何の因、何の集、何の起、何の縁かを観察す。彼れを断ずるに由るが故に、苦もまた随つて断ず。集諦の四行を以て集諦の相を了す。謂く、愛能く苦を引くが故に因と名づく。苦を引き已りて復た苦を招集して生ぜしむるが故に集と名づく。既に苦を生じ已りて彼れをして起らしむるが故に起と名づく。復た当来の諸苦の種子において能く摂受するが故に縁と名づくと了知すと。復た*十二支に拠つて四の差別を説く。愛支を因と名づく。これ取の因なるが故に、取支を集と名づく。これ有の因なるが故に、有支を生と名づく。これ能く当来の生を生ずるが故に、生支を縁と名づく。これ能く老病死等の諸の苦の法を引発するが故に、説きて*因集生縁と名づく。復た差別あり。謂く、愛の種子を因と名づく。能く当来の自体を生ず。愛の因の故に、愛の現行の中、後有の愛を集と名づく。能く当来の自体を招集するが故に、即ちこの後有の愛を生と名づく。これ復た能く喜貪倶行《きとんぐぎよう》の愛を生起するが故に、この喜貪倶行の愛を復《ま》た縁と名づく。これ復た多種の彼彼喜楽の愛の与《ため》に縁となるが故なりと了知

四善根という。ここでは専ら四諦十六行を修める。→七九頁「凡聖」補

勝解 →二二五頁注

行 底本「相」を改む。底本上欄に「相(瑜伽)論作行」。

見道 無漏の慧で無漏の聖諦を現観する位。聖者の位を預流・一来・不還・阿羅漢に四分し、それぞれ向と果の二位を分ける。預流向の位を見道とし、預流果から阿羅漢向までを修道、阿羅漢果を無学道とする。見道で見惑を、修道で修惑を断ずる。

道の 底本「道」字なし。底本上欄に「得下(瑜伽)論有道字」。

金剛喩定 修行を完成して阿羅漢果に達する直前に最後の煩悩を断ずる金剛石のような堅固な定。

四種の行 以下の文は、瑜伽師地論巻三十四からの抄出(正蔵三〇、四七〇c)。

の相 底本「相」字なし。底本上欄に「道諦下(瑜伽)論有相字」。

了 底本「事」を改む。底本上欄に「事(瑜伽)論作了」。

十種の行 瑜伽師地論巻三十四に詳説(正蔵三〇、四七〇c)。

苦諦の相… 以下の文は、瑜伽師地論巻三十四からの引用(正蔵三〇、四七四b)。

十二支 十二縁起のこと。無明・行・識・名色・六処・触・受・愛・取・有・生・老死の十二支。ここでは、そのうち、愛・取・有・生の四

すと。かくの如きの法は愛の*種子《しゅうじ》及び*三現行に依止して、能く後有を生じ、及び能く諸愛の差別を発起す。故に説きて因集生縁と名づく。集諦において正しく了すれば、集諦余なく息滅するが故に*滅と名づく。一切の苦諦、余なく寂静なるが故に*静と名づく。即ちこの滅静、これ最勝の故に*妙と名づく。これ常住の故に、永く出離するが故に、*離と名づく。滅諦において正しく了し已りて復た正しく了知す。能治の道、所知の境において、能通尋求の義の故に*道と名づく。如実尋求の義の故に*如と名づく。滅諦の*四門随転の義に由るが故に*行と名づく。一向に能く涅槃に趣く義の故に*出と名づく。かくの如きを名づけて四諦の了相作意となす。彼れ既にかくの如くなれば、欲界の四諦の現見において観察するを法智と名づく。上二界の*不現見の四諦において比度し観察するを類智と名づく。この了相作意はなほ聞思間雑す。

　これより以後、*諸の四諦において所有の性を尽し、所有の性の如く聞思間雑の作意を超過して、一向に勝解を発起し修行す。これを勝解作意と名づく。この作意は一向に定にあり。この作意において数《しばしば》修習するが故に、苦集二諦の境の中において無辺際の智を得。この智に由るが故に、無常を了知して、無常の無辺際の勝解を起し、苦等を了知して、苦・空・無我の無辺際の勝解を起す。無辺際とは、生死流転して、かくの如きの諸法、辺なく際なきを謂ふ。かくの如く行ずる者は、苦集二諦において数《しばしば》深心に厭離し、及び涅槃において数《しばしば》深心に欲楽すと雖も、然れどもなほ未だ深心に趣入すること能はず。何を以ての故に。彼れなほ能く*現観を障ふる麤品の我慢あればなり。*随入作意、間無間に転じ

支を用いる。

因集生縁　瑜伽師地論では、因集起縁という。前の本文で何因何集何起何縁と問うところでは、瑜伽師地論に順じて何起としているが、ここでは生と呼ぶ。因集生縁は熟語ではなく、因・集・生・縁の四支をいう。

種子　梵語ビージャの訳。習気(じっけ)とも訳す。瑜伽派の重要概念であるが、ここでは原因、または可能性。

三現行　上文の愛の集・生・縁の三行を指す。愛種子(因)の現実化したもの。

滅・静・妙・離　滅諦の四行。

道・如・行・出　道諦の四行。

四門随転　滅諦の四門(行)に随転して道諦の四門(行)がひらけることをいう。

不現見　上二界(色界・無色界)は、現実に見ることのできない世界であるから、不現見という。

諸の四諦に…　以下の文も、瑜伽師地論巻三十四からの抄出(正蔵三〇、四七五a)。

現観　見道(→二三七頁注)のこと。

随入作意　右の勝解作意における四諦十六行を随縁とし、遠離作意の段階に趣入するをいう。

てこの思惟を作す、我れ生死において曾て久しく流転す、我れ生死においてまさに復た流転すべし、我れ涅槃においてまさに趣入すべし、我れ涅槃のために諸の善(*法)を修す、我れ能く苦を観ずるに、真にこれ苦法なり、集・滅・道、空・無願・無相を観ずるもまた爾《しか》なり、かくの如きの諸法これ我が所有なりと。この我慢に由つて涅槃において深心に願楽すと雖も、然れども心、彼れにおいて趣入すること能はず。彼の行者、かくの如きの我慢はこれ障礙なることを了知し已りて、慧を以て通達し棄捨し、任運に我慢を転ずる作意に随ひて、一切の外の所知の境を制伏し、作意に趣入して、専精無間に四諦を観察す。彼れ既にかくの如く心を以て心を縁ず。作意に随入して、現観を障礙する麤品の我慢、生ずることを得べきことなし。これに斉《かぎ》りて名づけて尽所有性の作意となす。

　これより後の修観は*如所有性の作意なり。*かくの如く行ずる者、観心相続して、展転別異、前後変易す、これ無常の性なり。観心相続して*取蘊《しゅうん》の摂に入る、これを苦の性となす。観心相続して*遍計所執の実法を離る、これを空の性となす。観心相続して衆縁より生じて自在を得ず、これ無我の性なり。かくの如きを苦諦に悟入すと名づく。次に復たこの心相続するは、愛を以て因となし、愛を以て集となし、愛を以て起となし、愛を以て縁となすと観察す。かくの如きを名づけて集諦に悟入すとなす。次に復たこの心相続するは、所有択滅にして、これ永滅の性なり、これ永静の性なり、これ永妙の性なり、これ永離の性なりと観察す。かくの如きを名づけて滅諦に悟入すとなす。次に復たこの心相続するは、趣滅の道にして、これ真の道性なり、これ真の如性なり、これ真の行性なり、これ真の出性

法　底本なし。瑜伽師地論によって補う。

如所有性　如として所有するところの本性。前の所有性に対す。

かくの如く…　以下の如所有性の作意の文も、瑜伽師地論巻三十四からの引用(正蔵三〇、四七五b)。

取蘊　五取蘊、五蘊のこと。蘊は梵語スカンダの訳。あつまりの意。色・受・想・行・識の五種の離合によって万法が成立している。取は取受して執著する意。

遍計所執　遍計所執性。もと解深密経で説かれ、唯識仏教で重視される三性の一。→一二四頁「三性」補

なりと観察す。これを名づけて道諦に悟入すとなす。

かくの如く*作意し方便し観察して、四聖諦において能く正しく悟入す。即ちこの慧において数《しばしば》修習するが故に、能縁の*平等正智生ずることを得。この生に由るが故に、能く涅槃を愛楽することを障礙する所有の麤品現行の我慢を断ず。これに由つて涅槃において深心に願楽し、速かに能く趣入して心に退転なし。かくの如きの行者は、四聖諦において、*下忍智生ずるをこれを煗《なん》と名づけ、*中忍智生ずるをこれを頂《ちょう》と名づけ、*上忍智生ずるをこれを忍《にん》と名づく。これより以後、後後の観心の所有の加行を*捨離して、無加行無分別心に住す。この最後の一念の無分別心、前に観ずる所の四諦の理において、内の作意を起す。これ即ち世《せ》第一法《だいいっぽう》と名づく。

*これより已後、(*非)出世の心生じ、前に観ずる所の四聖諦の理において、内の作意を起し、前の次第に観ずる所の四諦、もしはこれ欲界の四諦、もしはこれ上二界の四諦に随ひて、その次第の如く、無分別の現見智生ずることあらん。これ即ち名づけて見道となす。この生に由るが故に、三界所繫の分別の煩悩、皆な悉く永く断ず。この永断の故に、もし先に已に欲界の煩悩を離るる者は、見道に入り已りて不還果を得ん。もし先に倍して欲界の煩悩を離るる者は、見道に入り已りて一来果を得ん。もし先に未だ欲界の煩悩を離れざる者は、見道に入り已りて預流果を得ん。能知の智と所知の境と和合して乖《そむ》くことなく、現前に観察す。故に現観と名づく。世第一法已前は勝解作意、見道已後を遠離作意と名づく。〈已上多分小乗止観、已上多分菩薩止観。〉

作意し方便し…　以下の文は、瑜伽師地論巻三十四からの引用(正蔵三〇、四七五c)。

平等正智　瑜伽師地論によれば、四善根の初位である煗位においてこの智を生ずる。能縁と所縁とが平等であること。四諦十六行相を観察して修行者の心情が所縁の四諦十六行相と一体化すること。

下忍・中忍・上忍　四善根位(→二三六頁注「四善根」)は煗位・頂位・忍位・世第一法位の四段階に区分されるが、その中の忍位は下忍・中忍・上忍に三分され、下忍から中忍を経過して上忍に進み、世第一法位へ入るべきものとされている。

捨離　中忍位から四諦十六行相の観察を簡略にする減縁減行を指すと思われる。

これより已後…　以下の文は、瑜伽師地論巻三十四からの引用(正蔵三〇、四七五c)。

非　底本なし。瑜伽師地論の文によって補う。

第五に、*止観の進退の因を明かすとは、これに七種あり。一には*内定退因、二には*外定退因、三には内定退、四には外定退、五には内定退の対治及び内定退因の対治、六には外定退の対治及び外定退因の対治、七には彼の二対治の*依持なり。内定退因とは懈怠を謂《い》ふ。内心の懈怠に由るが故に、惛沈睡眠を起す。故に懈怠を因となす。外定退因とは掉挙《じょうこ》を謂ふなり。外境において掉挙するを因となすに由つて、*五欲を取りて散乱す。故に名づけて外となす。内定退とは惛沈睡眠を謂ふ。内、懈怠より生ず。惛沈睡眠、正しくこれその退なり。外定退とは五妙欲において散乱するを謂ふ。外の掉挙に由つて五欲を取る。この外縁を障となす。故に外と名づく。内定退の対治及び内定退因の対治とは、善く相を取りて正しく観察するを謂ふ。これ善く境界の相を取るに由つて、能く懈怠惛沈睡眠を離る。外定退の対治及び外定退因の対治とは、即ち身において不浄を観察するを謂ふ。これ自他の身を観じて以て不浄となすに由つて、能く掉挙五欲散乱を除く。彼の二対治の依持とは、*光明の想を謂ふ。この意、初観の境相及び不浄観、光明の想に依ることを顕はす。

第六に、*止観の同異を明かすとは、止道と観道と異あるに非ず、異なきに非ず。何が故に異あるに非ざるや。観所縁の境心、止の所縁となるを以ての故なり。この意、*本質《ほんぜつ》の境を縁ずること同じきに拠るが故に、非異と言ふことを顕はす。止観の智、倶に同じく聞慧の*相分、本質を縁じて所縁となすを以ての故なり。何が故に異なきに非ざるや。有分別の影像、止の所縁に非ざるが故なり。この言意、心に随ふ影像を縁ずるに拠つて、止観則ち異なることを顕はす。止はただ無分別の影像を縁じ、観は有分別の影像を縁ずるを以ての

止観の進退の因… 以下の止観の進修と退歩の文は、瑜伽師地論巻七十からの引用(正蔵三〇、六六六b)。

内定退因・外定退因 内定退因は定の修行の退失の内面的原因。外定退因は定の退失の外部的原因。

依持 古来この語は、阿梨耶識や如来蔵心が種子の拠りどころとなり、種子を維持する義に用いられているが、ここは単に根拠の意であろう。

五欲 眼・耳・鼻・舌・身の五根の対境である色・声・香・味・触の五境に対する欲求愛著。

光明の想 瑜伽師地論巻十一では、光明に治闇光明・法光明・依身光明の三を分け、惛沈と睡眠はこの光明を作意して対治すべしという(正蔵三〇、三三〇a)。

止観の同異… 以下の文は、瑜伽師地論巻七十七からの引用(正蔵三〇、七二三c)。

本質 唯識仏教では、心が対象を認識する時、対象を心内に変現してこれを直接の対象として認識が成立する。この直接の対象を影像《ようぞう》といい、この影像の根拠となる対象自体を本質という。

相分 唯識仏教で、識の内容を見分と相分に二分(あるいは三分、四分)する説が行われているが、相分は認識の対象的側面、見分は主観的側面をいう。

故に、止観の体、異あることなきに非ず。

第七に、*止観の純雑の相を弁ずとは、もし一向に観を修する者は、彼の*相続作意、ただ無間心の相分を思惟す。これ即ち止の所行、有分別の影像は観の所縁の相分なり。もし一向に止を修する*者は、彼の相続作意、ただ無間心の見分を思惟す。これ即ち彼の影像を縁ずる心、止の所縁の見分なり。もし止観和合して倶に転ずる者は、彼の相続作意、正しく*心一境性を思惟す。これ即ち止観時を倶にし、等持の影像、ただこれその識なりと通達す。或はこれに通達し已りて復た真如性を思惟す。

第八に、*止観の差別を明かす。先に観の差別を弁じ、後に止の差別を明かす。観の差別を弁ずとは、観に三種あり。一には有相観、二には尋求観、三には伺察観なり。有相観とは、謂く、純《もは》ら有分別の影像を思惟すと。これ聞受する所の法において、この地の作意に由り、暫爾《しばら》く未だ思はず未だ量らず未だ推せず未だ察せざるを思惟す。これを随相行と名づく。尋求観とは、謂く、遍く彼彼の未だ善く解了せざる一切の法の中において、善く了せんがための故に、作意して一切の諸法を思惟すと。これは彼の一切の諸法において思量し推察す。これを尋求行と名づく。伺察観とは、謂く、善く解了せる諸法*(において)、解脱を証得せんと欲するがための故に、作意し思惟すと。これ彼の既に推察し已る諸法において、復た審《つまび》らかに観察す。これを伺察観と名づく。後に止の差別を弁ずとは、止に三種あり。即ち彼の観の無間心に随ふに由るが故なり。復た八種あり。謂く、*初静慮、乃至、非想非非想処に各《おのおの》一止ありと。復た四種あり。謂く、*慈悲喜捨に各《おのおの》一止あるが故なりと。

止観の純雑の相… 以下の文は、瑜伽師地論巻七十七からの引用(正蔵三〇、七二四a)。

相続作意 作意(→二一八頁注)の相続する状態。

者は 底本「者」字の下に「修」字あり、今削除。底本上欄に「者下修字疑剰」。

心一境性 →二二八頁注

止観の差別… 以下の文は、瑜伽師地論巻七十七からの引用(正蔵三〇、七二四a)。

において(於) 底本なし。底本上欄に「善之上恐脱於字」。

初静慮、乃至、非想非非想処 →二三五頁「二静慮、乃至、非非想」補。

慈悲喜捨 菩薩の利他行。四無量心。

止観を修する根の利鈍… 以下の文は、瑜伽師地論巻七十七の文に拠る(正蔵三〇、七二四b)。

随法行・随信行 他人から教法を聞

第九に、*止観を修する根の利鈍を明かすとは、もし利根の者は、自ら教法に依つて思量して止観を修す。これを*随法行の菩薩と名づく。もし鈍根の者は、経教に依らず、直に禅師等の教授を信じて止観を修す。これを*随信行の菩薩と名づく。

第十に、*総別の法を縁ずる止観を弁ずとは、止観に二あり。一には*別法を縁ずる止観、二には*総法を縁ずる止観なり。別法を縁ずる止観とは、十二部経において各別に一一の部経を縁じ、真如に随順して止観を修するを謂ふ。総法を縁ずる止観とは、総じて十二部経を縁じ、作意し思惟し随順して止観を修するを謂ふ。

第十一に、*止観を証得する位地を明かすとは、真如総法を縁ずる止観は、初め*極喜地《ごくきじ》より名づけて通達となす。総法を縁じて修する所の止観を以て、理を証するに由るが故なり。第三の*発光地《ほっこうじ》より已去、乃ち名づけて得となす。三地に定を得るを以ての故なり。*地前の菩薩もまた真如を観ずることを学し、*唯識を観ずることを学し、三性・*三無性等を観ずることを学す。未だ歎ずべからずと雖も、まさに懈廃すべからず。

第十二に、*止観に*尋伺等の差別あることを弁ずとは、止観に三種あり。一には有尋有伺の止観、二には無尋唯伺の止観、三には無尋無伺の止観なり。有尋有伺の止観とは、取る*(所の)尋伺の法相の如きにおいて、麤顕に領受し思惟し観察す。これを有尋有伺の止観と名づく。もし即ちここにおいて、細深に思惟し観察す、これを無尋唯伺の止観と名づく。もし即ち彼の一切の法相において、都《すべ》て作意し領受し観察することなし、これを無尋無伺の止観と名づく。これ即ち真如無分別観と観ずることを学するを無尋伺の止観と名づく。

いて信順することによって修行を進める人を随信行、他人の指導に頼らずに自主的に教法に従って修行する人を随法行という。

総別の法… 以下の文は、瑜伽師地論巻七十七の文に拠る(正蔵三〇、七三四c)。

別法を縁ずる止観 十二部経(→六四頁補)の一々の教説を歴(へめぐ)って真如理法を体得する止観。

総法を縁ずる止観 十二部経の全体を大観し、共通する理法を捉えようとする止観。

止観を証得する位地… 以下の文は、瑜伽師地論巻七十七の文に拠る(正蔵三〇、七三五a)。

極喜地 十地の第一。歓喜地ともいう。

発光地 十地の第三。明地ともいう。

地前 菩薩の行位として仏の位に最も近い十地の位に入ったものを地上と呼ぶに対して、十地の第一歓喜地に入る以前の下位の行位を地前という。

唯識 万法唯識の道理。

三無性 →補

止観に尋伺等の差別ある… 以下の文は、瑜伽師地論巻七十七の文に拠る(正蔵三〇、七三五a)。

尋伺 尋思と伺察(→二一〇頁注「尋思」・「伺察」)。

所の 底本「所」字なし。底本上欄に「取上(瑜伽)論有所字」。

この三止観、並に地前にあり。行に就きて三を分つ。*界地に約せず。また*四尋伺を以て初の句となし、*四如実智を第二の句となし、*無分別智を第三の句となす。これまた行に就きて三を分つ。界地に約せず。

第十三に、*止観円満を弁ずとは、惛沈睡眠、正しく善く除遣す。これに斉《かぎ》りて止道円満を得と名づく。掉挙*悪作正しく善く除遣す。これに斉《かぎ》りて観道円満を得と名づく。問ふ、前には惛沈睡眠、観を障ふと言ひ、今は昏沈睡眠を除くを止道円満と言ふ。云何《いかん》ぞ相違するやと。答ふ、止に因つて観を発す。止はこれ因、観はこれ果なり。果の障を離るるを挙げて因の円満を顕はす。掉挙悪作、正しく善く除遣するを観道円満と名づく。これに類して知んぬべし。またこれ因の障を離るるを挙げて果道満ずることを顕はすと。

第十四に、*定に因つて通を発することを弁ずとは、色界の*四根本静慮に依止して*五神通を発す。云何が能く発する。謂く、静慮とは已に根本清浄静慮を得。即ちかくの如きの清浄静慮を以て所依止となすと。五神通、増上の正法において、聴聞し受持し、善く究竟せしむ。謂く、神境通・宿住通・天耳通・死生智通・心差別通等において作意し思惟すと。復た定地所起の作意に由つて義を了知し法を了知す。義を了知し法を了知するに由るが故に、かくの如くかくの如くその心を修治す。この修習多修習に由るが故に、時あり、分ありて修果の五神通等を発生す。また即ちかくの如く義を了知し法を了知するは、修果の神通等を引発せんと欲するがためなり。また即ち諸の神通等を発するが如き九想を修す。一には軽挙想《きょうこそう》、二には柔軟想《にゅうなんそう》、三には空界想、四には身心符順想、五には勝解想、六には先

界地　界は欲界・色界・無色界の三界や、分段世界や変易世界のこと。地は地前・地上のこと。

四尋伺　→二二〇頁「四尋思智・四如実智」補

四如実智　→二二〇頁「四尋思智・四如実智」補

無分別智　思惟・計度の心をはなれ、知るものと知られるものとの対立を越えた平等な智慧。前の四尋思智・四如実智を見道以前の四善根位の所修とするのに対して、無分別智は、初地入見道の時に得られるとする。この無分別智をさらに加行・根本・後得の三段階に分け、加行智・根本智・後得智ということもある。

止観円満…　以下の文は、瑜伽師地論巻七十七の文に拠る(正蔵三〇、七三七b)。

悪作　梵語カーウクリトヤの訳。悔とも訳す。過去の行為を後悔すること。

定に因つて通を発する…　以下の文は、瑜伽師地論巻三十三からの抄出(正蔵三〇、四六九a)。

四根本静慮　→二三五頁注「近分定」

五神通　五つの不可思議な通力。定や慧を修めるとこれらの通力が獲得できるという。ここに挙げている五神通の名称は、普通と少しく異なっているが、神境通は神足通のことで、自由に境界を変現したり、また飛行自在の通力のこと、宿住通は宿命通

所受行次第随念想、七には種種品類集会音声想、八には光明色相想、九には煩悩所作色変異想なり。

*軽挙想とは、謂く、この想に由つて身において*軽挙の勝解を発起す。*妒《と》羅《ら》綿《めん》の如く、或は*畳絮《じょうじょ》の如く、或は*風輪に似たりと。かくの如く軽勝解を発起し已りて、勝解作意に由つて彼彼の処においてその身を*飄転す。謂く、*牀上より*几上に飄置し、復た几上より牀上に飄置すと。かくの如く牀より草座に飄置し、復た草座より牀に飄置す。

柔輭想とは、謂く、この想に由つて身において柔輭の*(勝)解を発起す。或は綿嚢の如く、或は*毛毳《もうせい》の如く、或は*熟練の如しと。この柔輭想、前の軽挙想を長養《じょうよう》し摂受す。摂受の時において軽挙想をして増長広大ならしむ。

空界想とは、謂く、この想に由つて先に自身において軽挙・柔輭の二勝解を発起し已りて、往かんと欲する所に随ひて、もしくは中間において諸の*色聚ありて能く障碍をなすと。その時、便《すなわ》ち勝解作意を起し、彼の色中において空の勝解を起して能く碍《さわ》りなく往く。

身心符順想とは、謂く、この想に由つて、或はその心を以て身に符順し、或はその身を以て心に符順すと。これに由つて身をして転転軽挙し、転転柔輭し、転転*堪任《かんにん》し、転転光潔ならしむ。心に随順し心に繋属して、心に依つて転ず。

勝解想とは、謂く、この想に由つて遠に近の解を作し、近に遠の解を作し、麤に細の解を作し、細に麤の解を作し、地に水の解を作し、水に地の解を作すと。かくの如く一一の差別、大種展転して相ひ作す。広くは*変化所作の勝解の如し。或は色変化、或は声変化、

であって一世はおろか百万世も遠い過去のことを知る通力、天耳通は人・天・三悪道の音声を聴く通力、死生智通は天眼通のことで、遠近・麤細のものを悉く見得できる視力の通、心差別通は他人の心の垢・無垢を直感的に感知する能力のこと。

想　底本「相」を改む。底本上欄に「挙相之相(瑜伽)論作想」。

軽挙　軽く空中に挙《あ》がること。

妒羅綿　妒羅は梵語トウラの音写。綿と訳す。楊柳などの花の中の柔かな綿。

畳絮　たたんだふるわた。

風輪　風の力で廻転する輪。

飄転　身体をひるがえし転がすこと。

牀　寝台や腰掛のこと。

几　机。

勝　底本なし。底本上欄に「解上(瑜伽)論有勝字」。

毛毳　獣の細毛。にこげ。

熟練　ねりぎぬの衣服。

色聚　物のあつまり。

堪任　あらゆる状況に自由自在に対応しうること。

変化　瑜伽師地論巻三十七に神境智通によって得られる二種九類あわせて十八変を説く(正蔵三〇、四九一a)。以下の叙述はこれによる。

修習成満して種種の妙の神境通を領受す。或は一身より多身を示現す。謂く、現化勝解想に由るが故にと。或は多身より一身を示現す。謂く、隠化勝解想に由るが故にと。或はその身を以て諸の牆壁《ぞうひやく》・垣城《おんじょう》等の類の厚き障隔の事において直に過ぎて礙りなく、或はその地において出没すること水の如く、或はその水において流を断ちて往返して、上を履むこと地の如く、或は飛鳥の如く*結跏趺坐して虚空に騰颺《どうよう》し、或は広大威徳勢力の日月光輪において手を以て*捫摸《もんばく》し、或はその身を以て、乃至*梵世自在に回転すと。まさに知るべし、かくの如きの種種の*神変《じんぺん》、皆な軽挙・柔輭・空界・身心符順想の摂受する所の勝解想に由るが故に、その所応に随ひて一切能く作すを。この中、身を以てその梵世に至るに、略して二種の自在回転あり。一には往来自在回転、二には梵世の諸の*四大種一分の造色において、その所楽の如く、勝解の力に随ひて自在に回転す。〈初めの五想に依りて神境通を修す。〉

先所受行次第随念想とは、謂く、この想に由つて童子より今に迄至《いた》りて憶念に随ひて転じ、自在にして礙りなく、彼彼の位に随ひて、もしは行、もしは住、もしは坐、もしは臥、広く説く。一切、先に受行する所、その麤細に随ひて次第を越ゆることなく、憶念了知すと。ここにおいて修習多修習するが故に、*修果を証得す。無量種の*宿世の所住において、広く説く。乃至、所有の行相、所有の宣説、皆な能く念に随ふ。〈第六想に依りて宿住通を修す。〉

種種品類集会音声想とは、謂く、この想に由つて遍く彼彼の村邑聚落において、或は長者衆、或は*邑義衆《おうぎしゅ》、かくの如き種種の品類、諸の衆、集会して出だす所の種種雑類の音声

結跏趺坐　右足を左の股の上に置き、左足を右の股に置くように坐る。この坐法が誘惑や強迫に屈しない正しい坐法であると尊ばれている。

捫摸　つかむ、さぐる。

梵世　初禅によつて生れる天に梵衆天・梵輔天・大梵天の三天がある。これらの世界を梵世という。厳密には大梵天の世界のこと。

神変　他人を教化するために不思議な動作や自然変化を引き起すこと。

四大種一分の造色　四大は物質(色)を構成する地大・水大・火大・風大。この要素(種)が全分ではないが、初禅の諸天で物体を構成している。ここは、四大種の一分によって造られた物体のこと。

修果　因としての業を修成することによって得られた果徳。

宿世　過去の生涯で住んだ世界。

邑義衆　村の長老衆。

善趣　趣は梵語ガティの訳で、道ともいう。自分の業(行為)で自ら生れる世界を善趣と悪趣に分け、地獄・餓鬼・畜生の世界を悪趣、天・人・阿修羅の生れる世界を善趣とする。

を諠噪声と名づく。或は大河衆流の激湍波浪の音声において善くその相を取り、修所成の定地作意を以て、諸の天人、もしは遠、もしは近、聖・非聖の声において、力励して聴採すと。ここにおいて修習多修習するが故に、修果清浄の天耳を証得す。これに由つて能く人間・天上、もしは遠、もしは近、一切の音声を聞く。〈第七想に依りて天耳通を修す。〉

光明色相想とは、謂く、諸の光明の相において、極めて善く取り已りて、即ち彼の相において作意し思惟す。また種種諸の有情類の善不善等の業因の差別において、善くその相を取りて、即ち彼の相において作意し思惟すと。これを光明色相想と名づく。ここにおいて修習多修習するが故に、修果の死生智通を証得す。この清浄天眼通に由るが故に、諸の有情を見る。広く説く。乃至、身壊《え》し已りて後、*善趣の天世間の中に往生す。〈第八想に依りて天眼通を修す。〉

煩悩所作色変異想とは、謂く、この想に由つて*貪恚癡《とんにち》、*忿恨覆悩《ふんこんぷくのう》、*誑諂慳嫉《こうてんけんしち》、及以《および》*憍害、*無慚無愧、諸余の煩悩、及び*随煩悩、その心を纏繞する諸の有情類、種種の色位、色相の変異において、解了し分別すと。かくの如きの色類は、貪欲ある者は、色の分位、色相の変異あり。謂く、諸根躁擾し、諸根掉挙し、言ふときは常に笑《えみ》を含むと。かくの如きの色類は、瞋恚ある者は、色の分位、色相の変異あり。謂く、面恒《つね》に憔悴《しょうすい》し嚬蹙《ひんしゅく》し、語音謇澀《けんじゅう》し、言ふときは常に色を変ずと。かくの如きの色類は、愚癡ある者は、色の分位、色相の変異あり。謂く、多分に瘖瘂、事義暗昧に、言は弁了ならず、語は*下俚《げり》多しと。〈語随って柔なる所なし。〉かくの如き等の行相流類に由つて、広く説く。乃至、無慚無愧等、纏繞する所

貪恚癡 貪欲・瞋恚・愚癡(ぐち)の三で、悪の根本である。

忿恨覆悩 忿はいかり。恨はうらみ。覆は自分の罪過を隠蔽し、悔いて心安穏ならざること。悩はさきにいかりやうらみを起したことで心が悩むこと。

誑諂慳嫉 誑はたぶらかすこと。諂は心を偽っておもねること。慳はもの惜しみすること。嫉は嫉妬のこと。

憍害 憍はおごり高ぶること。害は他人をきずつけること。

無慚無愧 無慚は梵語アーフリークヤの訳で、犯した罪を怖れない心。無愧はアナパトラープヤの訳で、罪を犯して他に対して恥じることのない心。

随煩悩 →二一七頁注

下俚 いなかの方言。

心意識 こころの三面を分けて心・意・識という。心は梵語チッタの訳で、集起を意味し、意はマナスの訳で、思量を意味し、識はビジュニャーナの訳で、了別を意味する。

弁ず 底本「弁」字なし。底本上欄に「十二下疑脱弁字」。

駮す 問いただす、なじる。

一身十支の論 弥勒説の瑜伽師地論を一身とし、これを解説した大乗百法明門論・大乗五蘊論・顕揚聖教論・摂大乗論・大乗阿毘達磨雑集論・弁中辺論・唯識二十論・唯識三

の者は、色の分位、色相の変異ありて、善くその相を取り、復た彼の相において作意し思惟す。ここにおいて修習多修習するが故に、修果の他心智通を発生す。この智に由るが故に、他の有情において、尋思する所に随ひ、伺察する所に随ひて、*心意識等、皆な実の如く知ると。〈第九想に依りて他心通を修す。〉

弾じて曰く、麤食者示す所の止観二十余紙、略して三門を以てす。一には止門を説くにまた六門あり。一には名を列ぬ。二には行相を弁ず。三には成弁の力を弁ず。四には作意の相摂。五には七作意の相摂。六には異名を明かす。次に第二門の観を弁ずるに四種あり。一には能正思択、二には最極思択、三には周遍尋思、四には周遍伺察なり。後に第三門の止観合説に、略して十四門あり。一には止観の加行を明かす。二には止観の方便を明かす。三には止観の障を弁ず。四には止観の作意を弁ず。五には止観の進退の因を説く。六には止観の同異を弁ず。七には止観の純雑の相を明かす。八には止観の差別を弁ず。九には止観を修する根の利鈍を明かす。十には総別を縁ずる止観を弁ず。十一には止観を証得する位地を明かす。十二には止観に尋等の差別あることを(*弁ず)。十三には止観円満の相を明かす。十四には定に因つて通を発することを弁ず。中において後の第三止観合説に十四門あり。その第四の止観作意門の末に注して云ふ、「已上多分小乗止観、已上多分菩薩止観」と。凡そ多分・少分は互に相ひ傾くことをなす。もし小乗多分ならば菩薩少分なるべく、もし菩薩多分ならば小乗少分なるべし。汝倶に多分とす。都《すべ》て道理なし。

今総じて大小に約して麤食の止観を*駁《はく》す。麤食者、*一身十支の論を猟渉して三門十門等

十論・大乗荘厳経論・分別瑜伽論の十論を十肢とする。
方　てだて。
斤両　重さ、めかたの単位。
黄湯　黄竜湯(こうりゅうとう)。薬名。糞清。ここでは徳一所説の止観論を指す。
権小・権大・実一乗　小乗を権と実に分けて、小乗へ入るための方便教を権小乗、実の小乗を実小乗、大乗のための方便教を権大乗(ごんだいじょう)、実の大乗を実大乗という。一般には小乗を権実二教に分けない。
迂回・歴劫・直道　迂回して遠まわりの道を進修すべきことを教えるのが迂回道、無数の劫(こう)に亘る修行を要求するのが歴劫道、初めて発心する時、直ちに成仏できることを約束するのが直道(無礙道)である。
四安楽の行　法華経安楽行品に説く四種の安楽行のこと。身と口と意の過を犯さないことと、衆生済度の誓をたてること。
三の入と著と坐　法華経法師品に拠って、如来の室である大慈悲心に「入」り、如来の衣である柔和・忍辱(にんにく)の衣を「著」け、如来の座である空の真理の上に「坐」すという三軌を修行すること。
六牙白象の観　法華経普賢菩薩勧発品による法華三昧(天台の半行半坐三昧)。
六根懺悔の法　法華経法師功徳品の五種法行。

を建つと雖も、然れども熊に非ず羆《ひぐま》に非ず。経論に違す。弓箭《きゅうせん》を与ふと雖も*方を知らしめず。薬種を集むと雖も斤両*専ら定《さだま》らず。未だ根機を知らずしてこの*黄湯を与ふ。それ*権小と*権大と*実一乗と、その道懸《はる》かに別にして思議し難し。最初の依住、麤食闕く。その修行の道に、また*迂回《うえ》・歴劫《りゃくこう》・直道あり。その修行者に、歩行の迂回道、歩行の歴劫道、飛行の無礙道あり。麤食者示す所の多分小乗の止観とは、歩行の迂回道に相ひ似たり。また多分菩薩の止観とは、歩行の歴劫道に相ひ似たり。この二の歩行道は教のみありて修人なし。

当今の人機皆な転変して、都《すべ》て小乗の機なし。正像稍《やや》に過ぎ已りて、末法太《はなは》だ近きにあり。法華一乗の機、今正しくこれその時なり。何を以てか知ることを得ん。安楽行品の末世法滅の時なり。今、*四安楽の行、*三の入と著と坐との行、*六牙白象の観、*六根懺悔の法、*般若の一行の観、*般舟三昧の行、*方等真言の行、*観音の六字の句、*遮那胎蔵等、かくの如きの直道の経、その数無量あり。今現に修行する者は、得道、数ふべからず。小権等の禅定堅固、時已に過ぐ。四静慮・八定等は、三界の内の所行なり。この故に、外道小乗各《おのおの》争ひて修し、乃至権教に各各《おのおの》釈す。かくの如きの四禅・四無色、小乗・三乗、*相・無相、迂回・歴劫の一切の行は、一仏乗において分別して説く。一乗の家には都て用ひず。ただ開し已りて助道に用ふるを除く。当機は当分に如来方便して修学せしむ。

まさに知るべし、*一乗の機の人は、問訊し礼することを許さず。小乗の機、已に講堂を同じくすることを許さず。麤食者、一乗の家の所遮の境を、汝、最勝の修行道と謂へり。汝未だ*開制を知らず、一向に乳を服せしむ。麤食者、汝聞かずや、*穢食を以て宝器に置く

般若の一行の観　文殊問・文殊説般若経による一行三昧(天台の常坐三昧)。

般舟三昧の行　般舟三昧経による仏立三昧(般舟三昧)(天台の常行三昧)。

方等真言の行　大方等陀羅尼経による方等陀羅尼の受持(天台の半行半坐三昧)。

観音の六字の句　観音の六字大明呪と称せられるもの。梵語オーン・マニ・パドメ・フーンのことか。

遮那胎蔵　毘盧遮那胎蔵の業。即ち真言密教のこと。

相・無相　古来の多くの教典批判では、小乗阿含部の経を有相教、大乗般若系の経を無相教に区分した。

一乗の機…　小乗の法や大乗の迂回、歴劫の教を学んだり、それら諸経の本尊仏を礼することを禁ずるの意。

開制　法華経が三乗教を合して一乗教を開説したこと。

穢食を以て…　以下は維摩経弟子品の文(→一〇六頁注)。

示　底本「行」を改む。底本上欄に「行(維摩)経作示」。

大羅漢　上文維摩経の対告衆である富楼那を指す。

浄名　維摩居士のこと。

補処の弥勒　仏弟子の弥勒。いま兜率天にあり、その一生が尽きれば娑婆世界に降っていま空席である仏の地位を補う菩薩であるから、補処と

ことなかれ。まさにこの比丘の念ずる所を知るべし。瑠璃を以て彼の水精に同ずることなかれ。汝、衆生の根源を知ること能はず。発起するに小乗の法を以てするを得ることなかれ。彼れ自らに創《きず》なし。これを傷つくることなかれ。大道を行ぜんと欲するに、小径を*示すことなかれ。大海を以て、牛跡に内《い》るることなかれ。日光を以て彼の螢火に等しくすることなかれと。仏世の*大羅漢、已にこの訶嘖を被《こうむ》る。滅後の小蚊虻、何ぞこの止観を示さんや。*浄名遷化すと雖も、厳律現在に伝ふ。何ぞ訶嘖せざらんや。何ぞ訶嘖せざらんや。*補処の弥勒、釈尊の付を受け、*忉利の帝釈、*在経の処を護る。麤食者、汝聞かずや、*梅怛、使を辞し、*持世、魔を観ず。歴劫の患、取捨の失、亀鏡となすに足れり。彼の舎利弗の*宴坐の恥、この須菩提の*置鉢の懼、繁を恐れて且《しばら》く止む。時に非ず機に非ざる濫雑偽門の小の止観等、有智は洮汰して、意に任せて取捨せよ。*婆沙・倶舎・成実等の小乗論を遠離するが故に、これ小乗の止観にあらず。*深密大乗・*十八門止観・*瑜伽・顕揚・対法・起信等に依らざるが故に、大乗の止観にあらず。法華一乗・*大涅槃等、*仏性・宝性等を信ぜざるが故に、一乗の止観にあらず。これ則ち麤食者の私の止観のみ。努力《つと》めよ努力めよ。諸の有智の者、謬りてもこれを許すことなかれ。

守護国界章　巻上の下

いう。

忉利の帝釈　欲界に属する下層の忉利天の王を帝釈天(たいしゃくてん)という。

在経の処　仏の経を持する処。

梅怛　弥勒(マイトレーヤ)を旧訳では梅怛梨と音写した。ここは維摩居士の見舞を仏に命じられたのを固辞したことを指す(維摩経菩薩品)。

持世　持世経並びに持世陀羅尼経によるも、観魔のことは未審。

宴坐の恥　維摩経不思議品の、舎利弗が天女の散した華が身体に著したことで天女から詰難された話を指す。

置鉢の懼　須菩提は解空第一といわれた仏弟子だが、維摩詰の宅に食を乞い、文字言説を離れた真如の性を質問され、返答に窮し、鉢を置き去りにして帰った、という話(維摩経弟子品)。

婆沙…成実　阿毘達磨大毘婆沙論(五百大阿羅漢等造)、阿毘達磨倶舎論(世親造)、成実論(訶梨跋摩造)。

深密大乗　解深密経を根本とする大乗の思想。

十八門止観　十八空論(竜樹造、真諦訳。一巻)を指すものか。

瑜伽…起信　瑜伽師地論(弥勒説)、顕揚聖教論(無著造)、大乗阿毘達磨雑集論(世親造)、大乗起信論(馬鳴造)。

大涅槃　大般涅槃経(四十巻)。

仏性・宝性　仏性論(世親造)、究竟一乗宝性論(堅恵造)。

決権実論

会津の徳一との論争は、弘仁八年(八一七)ごろより最澄晩年の同十二年(八二一)ごろまで続けられたが、本書は、今日残された論争書のうち、「守護国界章」につづくものである。本書の内容から推測されるように、「守護国界章」の執筆後、両者の間で「二十問難」と「二十会釈」の応酬があったらしく、本書は徳一の「二十会釈」に答える再対破の書として論述されている。先行する「守護国界章」や後続する「法華秀句」に比べて、小部ながらも両者間の白熱した論争の要点がよく整理されており、三一権実論争の輪郭と性格を把握するのにはなはだ便利である。「守護国界章」上巻の一部とともにここに収録した理由である。全巻二十章に分れるうち、前半十章では、法華経方便品・譬喩品等をめぐって、定性二乗の成仏の能不の問題を論争し、後半十章では、同譬喩品の三車譬をめぐって、大乗と一乗の同異を論争している。弘仁九年以後同十二年以前(八一八〜八二一)の撰述。底本には「伝教大師全集」を用いた。

決権実論《けつごんじつろん》序

前入唐求法沙門釈最澄撰す

それ*一権四実《いちごんしじつ》は、*唐の基《き》独り伝へ、*一実三権《いちじつさんごん》は、*五仏同じく宣《の》べたまふ。乃ち東隅に*北《ほく》轅《えん》ありて、*昇堂の山聴を謗《そし》り、*伝外《でんげ》の所説を執す。ああ、釈迦大師、昔北轅において何ぞ怨敵かある。無漏《むろ》の業《ごう》に繋《つな》がれ、*有為の区《さかい》に絆《ほだ》さる。ああ、妙法華経、現に*夏虫において何ぞ怨嫌かある。*権蜜の虚に貶し、*不了の階に置く。悲しいかな、*無性《むしょう》の仏子、永く*決宅に閉づ。哀しいかな、*定姓《じょうしょう》の小子、終《つい》に*灰《け》断《だん》に死す。*増減の巻は*東土より興り、*更生《きょうしょう》の詞は諸人の口に満つ。悲しまざるべけんや。僕、一乗の未だ顕然ならざるを慨《なげ》き、*三密の未だ開敷《かいふ》せざるを恨む。ここにおいて、*権宗、夏久しくして、眷属、稍《やや》に多し。*越に向ふの念、未だ路頭を改めず。*疑氷の心、習常にして弥《いよいよ》執す。ただ一乗の沈隠するのみに非ず、亦復《またまた》三乗も滅没すべし。権を指して理となして、倶に迷ふこと、何ぞ疑はん。原《たず》ぬるにそれ、一乗の境界はただ仏のみの知りたまふ所、*十地・三賢《さんげん》、思量すること能はず。然りと雖も、釈尊は、*父子の天性を*開権に定め、*一乗の家業を顕実に付す。ここを以て、一分の慈悲を劣心に纏《まと》ひ、*中人を導かんがために謹んでこの論を造る。誓願す、無量の時中、*闡提《せんだい》の苦を洛《つづ》けんと、云爾《しかいう》。

一権四実・一実三権　↓補

唐の基　唐の慈恩大師窺基。↓補

五仏　諸仏・過去仏・未来仏・現在仏・釈迦仏。法華経方便品に出。

北轅　中国の故事「北轅適楚」から来た語。車のながえを北に向けて、南の楚に行こうとすること。志と行との相反すること。ここでは徳一を指す。徳一については解説(五)参照。

昇堂の山聴　霊鷲山にて法華経を聴聞したこと。

伝外の所説　経典によらず、主として論書によって宗義を立てている法相宗を指す。

有為　↓一四九頁注

夏虫　夏の虫は氷を信じない。見聞の浅い者が妄りに事を疑うことを夏虫に喩えたもの。晋の孫綽の天台山賦に「夏虫疑氷」と見える。ここでは徳一を指す。

権蜜の虚に貶す　法華一乗は方便の教えで、蜜の如く口には甘いけれども虚仮であるとする。

不了の階に置く　法華経を、方便として説かれた不完全な(不了義の)経典であるとする。

無性の仏子　仏性のない衆生。↓補

決宅に閉づ　決定的に成仏できないものとして閉じ込めること。

定姓の小子　五姓各別説のうち声聞定性の有情のことで、声聞即ち阿羅漢の小果を理想とする人々。

灰断　灰身滅智(けしんめっち)。小乗の悟り。

決権実論

*山家《さんげ》問難《もんなん》　北轅会釈《ほくえんえしやく》　山家《さんげ》救難《きゅうなん》

山家問難　一には問　二には答　三には難　四には不通義

法華経は一仏乗の教なるやを問ふ 第一

問うて曰く、法華経所説の唯*一仏乗教は、*法華の会《え》以前に皆な已《すで》に説くとせんや、未だ説かずとせんやと。　答へて曰く、法華経所説の唯一仏乗教は、*中道の理に同じ。故に法華の会以前に皆な已に説くとなすなりと。　難じて曰く、「法華経所説の唯一仏乗教は、中道の理に同じ。故に法華の会以前に皆な已に説くとなす」とは、法華の第一巻の方便品《ほうべんぼん》の偈《げ》に「未だ曾て説かざりし所以は、説く時の未だ至らざりしが故なり。今正しくこれぞの時なり。決定して大乗を説かん」と云ふに違《い》すと。

北轅会釈　奥州の北轅者通じて曰く、法華の末学者、法華経に依つて十の問難を発す。第一の問に曰く、「法華経所説の唯一仏乗教は、法華の会以前に皆な已に説くとせんや、未だ説かずとせんやと。　答へて曰く、法華経所説の唯一*(仏)乗教は、中道の理に同じ。故

増減の巻　経論の説に勝手に増減を加える偏見に満ちた書物。
東土　徳一は当時奥州会津に住した。
更生の詞　断善根の闡提(無性の有情)は今生に成仏できぬので、仏道を行じて来世の成仏を期さねばならないという説。本論第三(二五七頁)参照。
三密　身口意の三密。→七〇頁補
権宗　方便の宗旨。ここでは法相宗のこと。
越に向ふ…　→二五二頁注「北轅」
疑氷の心…　→二五二頁注「夏虫」
十地・三賢　いずれも菩薩修行の階位。十地は真無漏智を得た聖者の位。三賢は十地の初地に入る以前の十住・十行・十廻向の三十心の段階。
父子の天性　父子は法華経の窮子喩(→九頁補)にある長者の父と貧窮の子。父子の情愛は自然本来のものであることを天性という。
開権　三乗の権仮方便を開いて一乗の真実を顕わすこと。
一乗の家業　法華経の窮子喩に、長者の父が子に授けた家業を法華一乗に喩えたもの。
中人　中道を求める人。
闡提の苦を…　闡提は一闡提のこと(→一四頁注)。ここでは最澄自らが、真実教が開顕されるまでは闡提の苦しみを受けつづける決意を述べる。
山家問難…　山家は最澄の自称。以下は本論の体裁をはじめに標挙した

に法華の会已前に皆な已に説くとなすなりと。　難じて曰く、「法華経所説の唯一仏乗教は、中道の理に同じ。故に法華の会以前に皆な已に説く」とは、法華の第一巻の方便品《ほうべんぼん》の偈《げ》に「未だ曾て説かざりし所以は、説く時の未だ至らざりしが故なり。今正しくこれその時なり。決定して大乗を説かん」と云ふに違《い》す」と。　今、愍《あわれ》み教授して曰く、汝が答、汝が難、二倶《とも》に*愚癡なり。言ふ所の汝が答の愚癡とは、汝答へて、「唯一仏乗教は、中道の理に同じ、故に法華*(の会)以前に皆な已に説くとなす」と曰ふは、この答愚癡なり。何を以ての故に。法華の意を知らず、謬《あやま》り答ふるを以ての故に。今、これを徴して曰く、汝が答ふる所の「法華一仏乗教は法華の会前に已に説く」とは、これはこれ誰れが語ぞ。*憑文《ひょうもん》ありとせんや、汝が自語とせんや。もし文証あらば、請ふ、その文を示せ。何の経論の文ぞや。もし自義の答ならば、これ愚癡の答となす。何を以ての故に。法華の会前に未だ*会《え》二《に》・破二《はに》の一仏乗を説かざるが故に。言ふ所の汝が難の愚癡とは、愚癡の答を尋ねて詰難を致すが故に、これを愚癡の難と名づく。今まさに教授すべし。まさに敬《うやま》ひて信受すべし。方便品の偈に曰く、「未だ曾て汝等はまさに仏道を成ずることを得べしと説かず。未だ曾て説かざりし所以は、説く時の未だ至らざりしが故なり。今正しくこれその時なり。決定して大乗を説かん」と。釈して曰く、仏の成道より来《このかた》*四十年以前、未だ曾て*不定性の二乗は仏道を成ずと説かず。故に「未だ曾て汝等はまさに仏道を成ずることを得べしと説かず」と云ふ。四十年前は未だ曾て不定性の二乗は仏道を成ずと説かざる所以は、その不定性の舎利弗等の二乗、根機未熟の故に、汝等は仏道を得《う》と説かず。故に「未だ曾て説かざ

もの。
唯一仏乗教　法華経以前に説かれた諸経は三乗方便の権教であるのに対し、法華経のみは、菩薩・声聞・縁覚の三乗を帰入せしめる真実の一仏乗の教であるとする。一は三に対し、唯一真実の意を示す。
法華の会　法華経の説かれた会座。法華経は釈尊の成道以後、四十余年の頃に説かれたとせられる。
中道の理　有に執する迷見と空に執する迷見を破した絶対の真理。
仏　底本なし。上文に準じて補う。

愚癡　充分諒解できず、間違っていること。
の会　底本「会」字なし。上文に準じて補う。
憑文　拠り所となる経論の文。
会二・破二の一仏乗　二は声聞・縁覚の二乗。法華経は方便の二乗を破析する(破二)と同時に、一仏乗に融合・帰入せしめる(会二)の意。
四十年以前　法華経の説かれた時(釈迦成道後四十年の頃)より以前。
不定性の二乗　五姓各別説によれば、第四の種姓は不定種姓といい、声聞・独覚・菩薩の何れとも決定しない種姓であるが、このうち声聞・独覚の二乗に止まってしまう類のこと。
時　底本なし。上文に準じて補う。
自害　自己矛盾をおこすこと。

りし所以」等と云ふ。今、法華の会に至りて、彼の舎利弗等の根機淳熟して、会二・破二の大乗を授説するを聞くに堪へたり。故に「今正しくこれその(*時)」等と云ふなりと。

山家救難　山家救うて云く、北轅者の徴釈、*自害最も深し。*三時教に違《い》するが故に。もし法華経の破二中道の理、四十年以前、釈迦未だ説かずと言はば、法華中道の理、*深密の理に同じからず。今この法華経はまさに三時に摂《しょう》すべからず。もし中道の理、深密の理に異ならず、この故に法華経はまさに三時に接《しょう》すべしと言はば、愚癡等の過失、北轅免るべからず。もし理同じと雖も*破二等は別なるが故に会の前に未だ説かずと言はば、示す所の理同じと雖も破二等は別なるが故に三時に摂せられず。文に法華の文を会して云く、「仏の成道より来《このかた》四十年以前、未だ曾て不定性の二乗は仏道を成ずと説かず。故に「未だ曾て汝等はまさに(*仏)道を成ずることを得べしと説かず」と云ふ」とは、この釈爾《しか》らず。妄分別の故に。不定性の二乗はまさに仏道を成ずることを得べしとは、仏の成道已来、四十年以前の諸《もろもろ》の大乗経等に皆な已に説くを以ての故に。ただ定性の二乗のみは、四十年以前、まさに仏道を成ずることを*得べから(ず)。未だ曾て説かざるを以ての故に。この故に、法華の会に、*麟角の舎利弗《しゃりほつ》、*敗種の大迦葉《だいかしょう》、*内証の仏智を聞き、倶に*成仏の記を受く。舎利弗及び迦葉を、角と名づけまた種と名づくるは、聖教の明らかに説く所、*正位に入るの二乗を名づけて不定性となすは、経論に所説なし。その*摂論《しょうろん》の不定は、*大小意別の故に、舎利子を名《い》はず。この故に名づけて*不通と曰ふと。

三時教　法相宗所依の解深密経によれば、釈迦一代の説法を、㈠四聖諦法輪、㈡無相法輪、㈢終末法輪(または勝義決択法輪)の三時に分類する。↓補

深密の理　解深密経(法相宗の所依の経典)の説。

破二等は別なり　破二・会二を破二等という。別は事別の意。上文の理同に対していう。法華経の説は理論上は深密の説と共通するが、説法の事実としては別だとする考え。

仏　底本なし。上文に準じて補う。

得べからず(不当得…)　底本「不」字なし。意によって補う。

麟角の舎利弗　麒麟の角は一なれば定性独覚に喩え、釈迦の直弟の舎利弗を決定性独覚とする。「麒麟独一」の語は涅槃経現病品に出。法華秀句巻上末参照。↓一七三頁「麟角」補

敗種の大迦葉　敗種は腐敗した種子。成仏の可能性のない定性二乗・無性有情に喩える。釈迦の高弟の迦葉は決定声聞であるが、法華経によって敗種の再生するが如く頓悟したとする。敗種の語は維摩経不思議品に出。

内証の仏智　釈迦が菩提樹下で、自らの内心で悟った最高真実の智慧。ここでは法華経所説の一仏乗を指す。

成仏の記　記は記莂。仏が修行者の未来の証果を一々区別して予言すること。舎利弗は法華経方便品で、迦葉は同授記品で、成仏の記を受けた。

山家問難　一切衆生、皆な仏子となすやを問ふ 第二

問うて曰く、我が釈迦如来、この三界の中の一切衆生の類を以て悉くこれ吾が子となすや否やと。　答へて曰く、我が釈迦如来は、この三界の中の一切衆生の類を以て悉くこれ吾が子となす。然りと雖も、*畢竟無涅槃性《ひっきょうむねはんしょう》の衆生等の若《ごと》きは、彼の養子の如し。故に必ず仏位を嗣がず。　難じて曰く、法華経の第二巻の譬喩品の偈に「今、この三界は皆なこれ我が有なり、その中の衆生は悉くこれ吾が子なり」と云ひ、また「この諸《もろもろ》の衆生は皆なこれ我が子なれば、等しく大乗を与へて、人の*独り滅度を得ることあらしめず、皆な*如来の滅度を以て、而もこれを滅度せしめん」と云ふに違すと。

奥州の北轅者通じて曰く、末学者第二の問難に云く、「吾が一子とせば、*無性有情、終に成仏せざるあり。云何《いかん》ぞ、仏、一子とせんや」と。　今、愍み教授して云く、無性有情のために*人天《にんでん》の教を説きて、人天の楽を得しむ。故になほ一子と名づくと。

山家救うて云く、この釈は*河漁なり。法華経の文に云く、「この諸の衆生は皆なこれ我が子なれば、等しく大乗を与ふ」と。〈已上経の文〉仏、諸子に勅して、等しく大乗を与へ、如来の滅度をもつて、而もこれを滅度せしむ。誰れの子か永く三界の宅に住せん。何れの子か*灰断余死《けだんよし》せん。もし法を聞くことありて心あらん者は、分明に自らまさに*作仏すべきを知る。もし*大、*無性に与へずんば、「*等与」の言、都《すべ》て用なし。仏、何ぞ貪畏ありて、「等与」の言を諂吐せん。まさに知るべし、仏を実語者となし、また*如語者となすと。真実に皆な成仏せば、汝に「等与」の言を勅す。もし北轅の義の如くんば、或る子は仏果を

正位　不定でなく決定した境位。

摂論の不定　摂大乗論釈巻十の頌の「由不定種性」の文を指す。

大小意別の故に…　摂大乗論の「不定」は、小乗に約して定・不定を別説したものだから、舎利弗などの定性二乗の類を含まない。守護国界章巻下之上第二参照。

不通　徳一の議論は首尾一貫していない、という意。

畢竟無涅槃性　梵語アティンティカの訳。無性有情のうち畢竟じて涅槃性なきものをいう(→二五二頁「無性の仏子」補)。

独り滅度を得る　孤独解脱と同じ。衆生済度を目的としないで自分だけの涅槃を求める二乗の悟りを指す。

如来の滅度　如来と同じ大乗の悟り。

無性有情　五姓の一。仏性を有しない機根の衆生。→二五二頁「無性の仏子」補

人天の教　人間・天人の果報を受ける教え。無漏の仏果を得ることがない。

河漁　河漢の誤写か(伝全二、一九五参照)。河漢とは天の河で、取りとめないことをいう(荘子、第一)。

灰断余死　不完全な悟り。灰断は、二五二頁注参照。余死は、死して有余涅槃に至ること。

作仏　仏と成って仏道を行ずること。

大　大乗のこと。

得、或る子は*小果を得、或る子は人天を得て、*抜苦已に等しからず、*与楽もまた各別なり。汝が今の一子の名、ただ名のみありて実なし。北轅者、*入仏三昧耶《さんまや》三平等の深義を未だ見ず、また未だ聞かず、不平等の見を発す。まさに*越三昧耶を犯ずべし。自ら堕し、及《ま》た他を堕せしむ。寧ろ悪獣に近づくと雖も、悪知識に近づかざれ。誰れの明智ある者か、まさに北轅に近づかんとするや。まさに知るべし、*四に不通の難、至極越え難きことをと。

山家問難　皆な仏子と名づけば一切衆生作仏するやを問ふ　第三

問うて曰く、もし仏子と名づけば、一切衆生、来世に作仏するや否やと。　答へて曰く、縦《たと》使ひ名づけて仏子となすと雖も、然れども彼の畢竟無涅槃性の者、決定して来世に仏道を作《な》さずと。　難じて曰く、法華経の第一巻の方便品の偈に「諸法は本より来《このかた》、常に自《おのずか》ら寂滅の相なり。仏子は道を行じ已《おわ》れば、来世に作仏することを得ん」と云ふに違すと。

奥州の北轅者通じて曰く、*末学者第三の問。今、愍み教授して云く、不定性の二乗、不定性の増上慢、及び*断善《だんぜん》の闡提《せんだい》の仏子、道を行じ已れば、来世に作仏することを得と。

山家救うて云く、北轅のこの釈、妙理未だ尽《つ》くさず。所以はいかん。北轅者未だ三世の*定性を解《げ》せざるが故に。過去の定性は*不退位に住して法華経を聞き、現在の定性は法華経を聞きて仏道を成ずることを得《え》、未来の定性は、入滅の後、妙浄の土に住し、彼の土において法華経を聞きて仏の滅度を得《う》。それ三世の定性、もし法華を聞かずんば、廻心して大乗に向ふことを得ざるが故に。北轅者、未だ*灌頂を受けず、未だ*真言を学ばず。偏《ひと》へに権宗

無性　無性有情のこと。
等与　前引の法華経譬喩品の「等しく大乗を与ふ」を指す。
如語者　真如に随ってありのままに語る人。
小果　小乗の悟り。
抜苦・与楽　衆生の苦を抜く(抜苦)を慈といい、衆生に楽を与える(与楽)を悲という。
入仏三昧耶三平等　大日経によると、三昧耶に平等の意味があって、如来がこの三昧を現証すると、一切衆生の身語意はことごとく如来と平等であり、心・仏・衆生の差別なきことを見るという。これを三平等という。
越三昧耶を犯ず　三昧耶即ち平等の深義にそむく、の意。
四に不通　巻頭(二五三頁)の「四には不通義」の例示に当ることを示す。
末学者第三の問　ここは末学者(最澄)の問難の引用が省略された形。
断善の闡提　→一四頁注「闡提」
定性　五姓のうち、定性三乗の類。→二五二頁「無性の仏子」補
不退位　再び迷いの境界に退かない位。
灌頂　→一六頁補
真言　密教でいう三密のうち語密のことで、この秘密の真言によって真理を得、即身成仏できると説く。

を執して、*歴劫の顕教に永く迷ふ。*善星畢《つい》に死して再び北轅に生ず。若《し》かず、*我慢の幢を伏して*受職の事を習ひ、現に仏家に生ぜんには。この故に名づけて四に不通となす。

山家問難　*畢竟無涅槃性の成仏を問ふ 第四

問ふ、畢竟無涅槃性の者、仏を見、経を聞くが故に、終《つい》に善根を積み、必ずまさに作仏すべきや否やと。答ふ、畢竟無涅槃性の者、都《すべ》て*三乗無漏の種子なし。故に仏を見、法を聞くと雖も、而もただ人天の善根を殖《う》ゑて、涅槃を楽欲《ぎょうよく》せず。この故に作仏することを得ずと。難じて曰く、法華経の第一の方便品の偈に「一切の諸《もろもろ》の如来は、無量の方便を以て、諸の衆生を度脱して、仏の無漏智に入らしめたまふ。もし法を聞くことあらん者は、一《ひとり》として成仏せざるはなからん」と云ふに違すと。

奥州の北轅者通じて曰く、末学者第四の問難。今、愍み教授して云く、もし不定種性の有情ありて、法華経の一句を聞かば、一《ひとり》として成仏せざるはなからんと。

山家救うて曰く、この釈爾《しか》らず。未だ一乗を解せざるが故に。一乗の正意は、*定性の三乗の人、*不定性の四人、*無種性の五人、一切の有心の者、もし法を聞くことあらば、一として成仏せざるはなからん。それ*十方仏土の中には、ただ一乗の法のみあり、何ぞ三乗・*五乗あらんや。*開示悟入、唯仏知見、何ぞ*定無性あらんや。北轅者、未だ一法界を知らず、未だ一法界を見ず。この故に*増減の見に*堕して大邪見を起す。この故に四に不通と名づくと。

歴劫の顕教　歴劫迂回(→二四八頁注「迂回・歴劫・直道」)の道を説く顕露の教。ここでは法相宗を指す。

善星　→一四頁注

我慢　自分の考えを固守すること。

受職　受職灌頂のこと。灌頂によって阿闍梨の職を受けること。

畢竟無涅槃性　→二五六頁注

三乗無漏の種子　無漏種子は悟りの種子。即ち仏性。これに声聞・独覚・菩薩の三種がある。

定性の三乗　声聞定性、独覚定性、菩薩定性。決定して無漏の種子を有するとされる。

不定性の四人　五姓のうちの不定種姓には、声聞・独覚・菩薩の三種の無漏種子を兼ね備えたものがあり、その組合せ次第で四類を生ずるという。

無種性の五人　五姓のうちの無性有情にも六種の相があるが、このうちの第六相を除いた五相を無性の五人という(瑜伽師地論巻二十一・守護国界章巻下之中第十)。

十方仏土の中…　法華経方便品の偈。

五乗　声聞・縁(独)覚・菩薩の三乗に、仏乗・人天乗を加えたもの。

開示悟入…　法華経方便品に、衆生をして仏知見に開示悟入せしめるのが、如来のこの世に現われた究極目的であると説かれている。

定無性　定性・不定性・無性の区別。

増減の見　→二五三頁注「増減の巻」

山家問難　　有性・無性倶《とも》に成仏するやを問ふ 第五

問ふ、有性と無性と皆な仏道を成ずとせんや、はた成・不成ありとせんやと。　答ふ、有性の者は仏道を成ずることを得、無性の者は仏(*道)を成ずることを得ざるなりと。　難じて曰く、*大円覚修多羅了義経に「有性・無性、皆な仏道を成ず」と(*云ふに)違すと。

奥州の北轅者通じて曰く、末学者第五の問難。　今、慇み教授して云く、彼の経は*真如仏性に約して、「有性・無性、皆な仏道を成ず」と説く。*行仏性に拠って説かず。これ復た云何《いかん》。一切の有情、真如の理性、同じく覚知の性あり。故に有性・無性、皆な仏道を成ず。有性有情の真如、即ち無性有情の真如にして、同じく覚智の性を成就し、皆な仏道を成ず。何を以てか然ることを知る。*修多羅了義経に曰く、「一切の如来は、知妙円覚心なり。本《も》と菩提及与《および》涅槃なく、また成仏及び不成仏なく、妄輪廻《もうりんね》及び非輪廻《ひりんね》なし。善男子よ、一切の障礙は、即ち究竟覚あり。得念・失念、解脱に非ざることなし。成法・破法、皆な涅槃と名づく。智慧・愚癡、通じて般若となす。菩薩・*外道の成就する所の法、同じくこれ菩提なり。無明・真如、異なる境界なし。衆生・国土、同一の法性なり。地獄・天宮《てんぐ》、皆な浄土たり。有性・無性、皆な仏(道)を成ず」と。この経の意を案ずるに、智慧真如、即ち愚癡真如なり。故に「智慧・愚癡、通じて般若となす」と云ふ。乃ち有性有情の真如、即ち無性有情の真如なり。故に「有性・無性、皆な仏道を成ず」と云ふ。これ等の諸文、一味平等の理仏性に約して、無差別の義を顕はし、*行仏性有差別の義を顕はさず。汝、経の義を知らず、*偏へに文句を執して以て証となす。「皆な仏(道)を成ず」を立するは迷謬甚

堕　底本「随」を改む。底本上欄に「随疑堕」。

道　底本なし。上文に準じて補う。以下同じ。

大円覚修多羅了義経　仏陀多羅訳。四巻。以下の引用文は、正蔵一七、九一七b。

云ふに　底本「云」字なし。文意によって補う。

真如仏性・行仏性　窺基は仏性に理仏性と行仏性の二種ありとする。真如仏性は、理仏性のこと。理仏性とは、涅槃経などに説かれる、道理としてすべての衆生に備わる仏性。行仏性とは、楞伽経などに説かれる菩薩種性と不定性の衆生のみにある仏性。

修多羅了義経　大円覚修多羅了義経の略。以下の引用文は、正蔵一七、九一五c。

外道　仏教以外の諸宗教・諸思想、またはそれに属する人師。

行仏性有差別の義　行仏性は衆生の修行に即して説かれた所談であるから、差別の相を有する。義は義理。

偏　底本「偏」字の上に「察」字あり。今削除。底本上欄に「察疑剰」。

しきのみ。汝、もし*文を取り義を執して、皆な仏道を成ずと(*云はば)、即ち経に云く、「地獄・天宮、皆な浄土たり」と。地獄已に浄土たり。何が故に、菩薩、無量劫を経て仏土を厳浄せん。また経に「智慧・愚癡、通じて般若となす」と云ふ。既に愚癡即ち智慧なれば、凡夫即ち仏なり。何が故に、菩薩、無量劫を経て、微塵数の障を断じて、方《まさ》に大覚円満せんや。また経に「無明・真如、異なる境界なし」と云ふ。既に無明即ち真如の故に、凡夫・*異生、まさに真如を見るべし。無明あるが故に即ち真如あり。真如即ち無明の故に。諸仏まさに真如を見ざるべし。真如即ち無明の故に。この故にまさに知るべし、彼の*経は真如の理仏性に約して、「有性・無性、皆な仏道を成ず」と説くと。もしこの義に依らば、我れもまた共許《ぐうご》し、乖諍する所なし。ただ行仏性に拠つて成・不成を簡《えら》ぶなりと。

山家救うて云く、今、この円覚経の有性・無性の言は、*理(性)の有無とせんや、*行性の有無とせんや。もし理性と言はば、自語相違あり。汝、真如の性に*覚知共有を許すが故に、有性有情も無性(*有情)もなからん。もし行性と言はば、また自語相違す。汝、「彼の経は真如の(*理)仏性に約して、「有性・無性、皆な仏道を成ず」と説き、行仏性に拠つて説かず」と云ふが故に。もし有性・無性は行性に拠ると雖も、然れども「皆な仏道を成ず」の言は真如仏性に約すと言はば、*能成有無の人、真如仏性の故に、まさにまさに成仏すべきことを得べし。天親の*仏性論に「真如仏性を応得因と名づく、故に三仏性を具す」と説く。この故に四に不通と名づくと。

文を取り義を執して(取文執義) 底本「文取義執」を改む。底本上欄に「文取義執疑取文執義」。

云はば 底本「云」字なし。意によって補う。

異生 凡夫と同じ。六道輪廻して別別の果報を受けるから異生という。

経 底本「性」を改む。

理性 理仏性のこと。底本「性」字なし。意によって補う。

行性 行仏性のこと。

覚知共有を許す 上の北轅の説では有性にも無性にも、ともに覚知の性(真如を覚知する心)を認めている。

有情 底本なし。底本上欄に「無性下疑脱有情二字」。

理 底本なし。上文に準じて補う。

能成有無の人 成仏できる人もできない人も。有性も無性も。

仏性論 世親造、真諦訳。四巻。以下の引用文は、巻二による。これに三因三性説を説く。三因とは、応得因・加行因・円満因であるが、そのうち、応得因とは二空に顕わされる真如そのものと説かれ、この応得因の中に住自性性・引出性・至得性の三仏性ありとし、これを仏性の体とする(正蔵三一、七九四a)。

山家問難　有性・無性の*了・不了を問ふ　第六

問ふ、不可治の一闡提の者に、或は成仏の性ありと説き、或は成仏の性なしと説く。この二種の説、何《いず》れを了義となし、何れを不了となさんと。　答ふ、不可治の一闡提の者に、成仏の性ありと説くは、不了の説となす。もし成仏の性なしと説かば、了義の説となすと。

難じて曰く、天親の仏性論の第二巻の末に「*有性と言ふはこれを了説と名づけ、無性と言ふはこれを不了と名づく」と云ふに違すと。

奥州の北轅者通じて曰く、末学者第六の問難に曰く、「もし無性*有情、成仏せずとせば、彼天親の仏性論に違す」と。　今、愍み教授して云く、会《え》するに二義あり。一には云く、彼の論は*断善の闡提《せんだい》に拠って了・不了を判じ、*畢竟の闡提に拠って了・不了を判ぜず。何を以ての故に。*ある教に、断善の闡提、仏性ありと説くが若《ごと》し。これを了説と名づく。ある教に、断善の闡提、仏性なしと説くが若し。これを不了と名づく。有性はこれを了説と名づく。*この故に四に不通と名づくと。

山家問難　*入滅の二乗の*廻心向大するやを問ふ　第七

問ふ、入滅の二乗は廻心向大すとせんや否やと。　答ふ、入滅の二乗は*灰《け》身滅智《しんめっち》す。この故に廻心向大せず。ただ*清浄真如ある不定性の二乗のみ、定んで入滅せざるが故なり。

難じて曰く、法華経の第三の化城喩品に「この人、滅度の想を生じ、涅槃に入ると雖も、而も彼の土において仏の智慧を求め、この経を聞くことを得」と云ふに違すと。

了・不了　了とは了義。完全円満なる教説。不了とは不了義。方便として説かれた不完全な教説。

有性と言ふは…　正蔵三一、八〇〇c。

有情　底本「有性」を改む。底本上欄に「有性疑有情」。

断善の闡提　→一四頁注「闡提」

畢竟の闡提　畢竟無涅槃性(→二五六頁注)のこと。

ある教に…　仏性ありと説くのは涅槃経など、仏性なしと説くのは入楞伽経など。

この故に　この上に数行の脱文があろう。

入滅の二乗　滅度(涅槃)に入った声聞・縁(独)覚。ここでは、声聞・縁覚が息を引き取ってから廻心向大するかどうかの問題を問う。

廻心向大　二乗即ち小乗の有情が心を転換させて大乗に向うこと。

灰身滅智　→二五二頁注「灰断」

清浄真如　菩薩の無漏種子のこと。

北轅者通じて曰く、末学者第七の問難。今、愍み教授して云く、汝、*已今当の三字の差別を知らざるに由つて、かくの如く迷執す。経にただ「*当入涅槃」と言ひて、「已入」と言はず。また「*今入無余涅槃」と言はず。まさに知るべし、彼の法華経は、不定性の声聞、*有余涅槃に住して無余(*涅槃)に入らんことを求むるに約して、「当入涅槃」と説き、「已入無余涅槃」と説かず、後に*彼より起りて廻心向大すと。何を以てか然ることを知る。*正法華の第四に云く、「声聞・縁覚、生死已に断じ、*三界を度す。滅度せんと欲するに臨み、仏、前にありて住し、誨《おし》ふるに要法を以てし、菩薩の意を発さしむ」と。既に滅度に臨むと云ふ。明らかに知んぬ、未だ無余の滅に入らざることを。もし無余の滅に入らば、灰身滅智して、なほし虚空の如し。仏、誰れが前に住し、何等の法をか誨《おし》へんと。

山家救うて云く、汝が已今当の失、北轅自《みずか》ら犯す所にして、これ山家の犯す(*所)にあらず。汝、今諦《あきら》かに聴き、善くこれを思念せよ。山家引く所の文、ただ「この人、滅度の想を生じ、涅槃に入ると雖も、而も彼の土において仏の智慧を求め、この経を聞くことを得」の句ありて、以て「当入涅槃」の句なし。今、北轅者、何の当の字を以て、偽つて已・今を嘖《せ》むる。もし「*滅度の想を生じて、当《まさ》に涅槃に入るべし」の経文を引くと言はば、その句の当の一字は、過去の事を説くとせんや、未来の事を説くとせんや、現在の事を説くとせんや。もし過去と言はば、全く経文に違す。その句の首《はじめ》に「我が滅度の後に復た弟子あり」と云ふ。この故に明らかに知んぬ、汝が已入の嘖《せ》め、還つて汝が愚を示すことを。もし現在と言はば、また経文に違す。汝が今入の嘖め、重ねて汝が愚を顕はす。もし*当来と

已今当　已は過去、今は現在、当は未来。

当入涅槃　前掲の法華経化城喩品の引文「是人雖生滅度之想…」の二句前に「生滅度想当入涅槃」の句がある(正蔵九、二五c)。

無余涅槃・有余涅槃　二乗の滅度に二種ある。一つは、煩悩は断じ尽されたが、余命あって三界になお生を保っている有余涅槃と、一つは、煩悩のみならず生命もなくなって、完全に三界の生死がなくなる無余涅槃と。

涅槃　底本なし。上文に準じて補う。

彼　有余涅槃を指す。

正法華　西晋の竺法護訳の正法華経。十巻。現存法華経のうち最古の漢訳本である。以下の引用文については二六三頁「余処の所説」補参照。

三界　欲界・色界・無色界。

所　底本なし。上文に準じて補う。

滅度の想を…　法華経化城喩品の「生滅度想当入涅槃」の文。

当来　未来のこと。

と雖も　底本「雖」字なし。上文に準じて補う。

授記当成　記莂(→二五五頁注「成仏の記」)をうけ、将来の成仏疑いないこと。

余処の所説　→補

おいて(於)　底本なし。上文に準じて補う。

仏の智(仏智)　底本なし。上文に準

言はば、汝が当入の言、定んで当入の当ならん。その経文に「涅槃に入る*(と雖も)、而も彼の土において」と云ふが故に。もし臨当の当と言はば、「彼の土」の言、相違あり。それ*授記当成の当の字、あに臨当の字に同じからんや。正法華の文は*余処の所説なり。「彼の土に*(おいて)*(仏の智)慧を求め、この経を聞くことを得」とは、あに已入無余の彼*(の土)に非ざらんや。北轅者、未だ*竜樹の論を解せず、*瑠璃の空を執し、未だ*密厳《みつごん》の教を聞かず、*熱鉄の空と謂《い》ふは異なれり。この故に四に不通と名づくと。

山家問難　　小乗を以て済度するやを問ふ　第八

問ふ、我が釈迦如来、終《つい》に小乗を以て*趣寂《しゆじやく》を済度すとせんや否やと。　答ふ、趣寂の二乗は終に小乗を以て済度す。彼の類、廻心向大せざるが故に、終に無余涅槃に趣くが故にと。　難じて曰く、法華経の第一巻の方便品に「終に小乗を以て衆生を済度せず」と云ふに違すと。

北轅者通じて曰く、末学者第八の問難。　今、愍み教授して云く、*四十年以前、定・不定性を簡別せず、小乗を以て済度すと雖も、而も*法華の会に至りて、不定性を度するに大乗の法を以てし、小乗を以て度せず。故に「終に」と云ふと。

山家救うて云く、北轅の会釈、都《すべ》て道理なし。所以《ゆえん》はいかん。四十年以前、不定性を簡別し、大乗を以て済度するが故に。汝、*宝積《ほうじやく》・深密《じんみつ》の諸の大乗経を*天竺に送却して、而して後、「四十年以前、定・不定性を簡別せず、小乗を以て済度すと雖も」と云ふべし。その

じて補う。

の土　底本「土」字なし。上文に準じて補う。

竜樹の論　竜樹の大智度論(↓四三頁注「大論」)。ここは同書第九十三(正蔵二五、七一四a)を指す。守護国界章巻下之上第二参照。

瑠璃の空　↓補

密厳の教　大乗密厳経の教説。

熱鉄の空　↓補

趣寂　決定性の二乗。直ちに涅槃に趣くので趣寂という。

四十年以前　↓二五四頁注

法華の会　↓二五四頁注

宝積・深密…　大宝積経と解深密経。これらの諸経には定性・不定性を簡別しており、しかも法華経以前に説かれたので、その矛盾を指摘したもの。

天竺　経典の成立したインド。

現に海内の経蔵にあり　日本に現存すること。

性・会　底本なし。上文に準じて補う。

この会にあらざるは…　↓補

第五の驚怖　世親の法華経論巻下に㈠損驚怖、㈡多事驚怖、㈢顚倒驚怖、㈣心悔驚怖、㈤誑驚怖の五種の驚怖を説く(正蔵二六、六c)。誑驚怖は増上慢声聞の人の起す驚怖とする。

自余の四の驚怖　右の五種驚怖のうち、第五の誑驚怖を除く他の四。

経、*現に海内の経蔵にあり。何ぞ簡別なからんや。未だ正位に入らざる不定(*性)の二乗は、法華の(*会)前に大を以て済度す。已に正位に入る定性の二乗は、法華の会に至りて大を以て済度す。*この会にあらざるは迦葉伝説す。ただ*第五の驚怖を除き、*自余の四の驚怖は皆な*真実衆に入りて、倶に成仏の記を得。故に経に「終に小乗を以て衆生を済度せず」と云ふ。汝、*五仏の平等慧に違し、恒に五姓差別の義を執す。謗人・謗法、都《すべ》て息《や》まず。不可治の人とは汝に非ずして誰れぞや。この故に四に不通と名づくと。

山家問難　釈迦*未《み》極《ごく》の化《け》なるやを問ふ　第九

問ふ、我が釈迦大師、この*趣寂のために、授くるに小乗の化を以てす。極《ごく》とせんや、はた未極とせんやと。　答ふ、我が大師釈迦、この趣寂の機のために小乗の化を以てするを極となす。この人、廻心せず、また向大せざるが故にと。　難じて曰く、法華経の第一巻の方便品に「もし小乗を以て、乃至一人だも化せば、我れ則ち慳貪《けんどん》に堕せん。この事不可となす」と云ふに違すと。

北轅者通じて曰く、末学者第九の問難。今、愍み教授して云く、これ*前問に異ならず。故に*前答に同じと。曰く、不定性の舎利弗等の二乗の人、法華の会に至りて根機已に熟す。而して我が釈迦、四十年前、なほ小乗を以て、乃至一人だも化せば、我れ則ち慳貪に堕せんに同じ。何を以ての故に。仏自ら大乗を証し、小乗を以て余の二乗を化するが故に、この事不可となすと。

真実衆　法華経方便品によれば、増上慢(前注「第五の驚怖」参照)の人が退座したほか、みな法華経を聴聞し、授記に預かった。
五仏　→二五二頁注
未極の化　未だ極まらざる教化。不完全な教化。
趣寂　→二六三頁注
前問　前の第八の問。
前答　前の第八の問に対する北轅(徳一)の回答。
小　小乗の機。
人　底本なし。上文に準じて補う。
以小化　前引の法華経方便品の「もし小乗を以て乃至一人だも化せば(若以小乗化乃至於一人)」の文。
しむ(令)　底本「今」を改む。底本上欄に「今疑令」。
変易の身　→九頁「二種の生死」補
有報の身　果報としての身で、分段身(→九頁「二種の生死」補)として連続して残る身。
増寿変易　変易身は分段身と違って寿命の長短の分限なく、寿を増す。
我　法華経の教主、釈迦の自称。
分段の身　→九頁「二種の生死」補
金剛位　小乗では究極的な阿羅漢に至る直前の位をいい、大乗では成仏直前の最後窮終の一念をいう。
化身　変《へん》化《げ》身のこと。神通力によって種々な姿をとることができる身をいう。
同法者　同じく仏法を学ぶ者。

山家救うて云く、この会釈《えしやくしか》爾らず。法華の意に違するが故に。それ法華の正意は、大小の相を以て、前には*小を称して一人となし、定・不定を以て不定を称して一(*人)となさず。北轅者、何に由つて「*以小化」を隠して無量の定性を存し、釈迦尊を慳貪《けんどん》及び不可に堕せし*む。明らかに知んぬ、北轅者は釈迦の仏子に非ざることを。この故に四に不通と名づくと。

山家問難　不定性の者捨身するやを問ふ 第十

問ふ、不定性の二乗の者、この身を捨て已《おわ》りて*変易《へんやく》の身を得るや、もしは身を捨てずして*有報の身を留めて*増寿変易するやと。　答ふ、不定性の二乗、この身を捨てずして有報の身を留めて増寿変易すと。　難じて曰く、法華経の第三巻の授記品に「*我がこの弟子、大目揵連《だいもくけんれん》、この身を捨て已りて八千二百万億の諸仏世尊を見ることを得」と云ふに違すと。

北轅者通じて曰く、末学者第十の問難。今、愍み教授して云く、不定性の二乗、*分段の身を延《ひ》きて*金剛位に至ること、愚智共に許す。然るに、言ふ所の「大目揵連、この身を捨て已る」とは、実の変易身《へんやくじん》を隠して別に*化身を作《な》す。*同法者の前において、*火を化し身を焼き、現に無余涅槃に入る。この化身に依つて、而も同法者、皆なこの念を作して言く、「大目揵連等、已に無余涅槃に入る」と。

以前の十問答、広く説くこと、*中辺義鏡・*慧日羽足及び*遮異見の如し。恐らくは繁文を厭はん。煩はしく重述せず。

山家救難　山家救うて曰く、「不定性の二乗、分段の身を延きて金剛位に至ること、愚智

火を化し…　大目揵連は仏弟子中でも神通第一といわれ、神通力による示現については、いろいろな伝説がある。
中辺義鏡・慧日羽足・遮異見　徳一の著。解説(五)参照。

道生　三五五―四三四。東晋の竺道生。三論・涅槃の学者。大般涅槃経の闡提成仏を予言したことで有名である。
吉蔵　五四九―六二三。中国三論宗の大成者、嘉祥大師。法華玄論・法華義疏などで一乗主義を主張した。
霊潤　初唐の僧。摂論宗の人。弁相や道奘より摂大乗論を受学した。
法宝　→一五八頁「宝台の上座」補
法蔵　六四三―七一二。中国華厳宗の大成者、賢首大師。華厳一乗を強調した。
慧苑　法蔵の弟子。のち究竟一乗宝性論に基づき、師説を反駁した。
定賓　初唐の僧。相部律宗の法礪の法孫。著書に四分律疏飾宗義記等。
澄観　七三七―八三八。中国華厳宗の中興といわれ、法蔵の教学を受け継ぐ。
義寂　→五九頁注「寂徳」
義一　伝不詳。義寂と共に「法華論述記」(二巻、現存一巻)を作る。
良賁　七一七―七七七。唐代の仁王経・密厳経の学僧。→九一頁注「賁」
元暁　七世紀初頭、新羅の僧。義湘に受学した華厳・唯識の学者。著述すこぶる多い。
上宮聖徳王　聖徳太子のこと。

共に許す」とは、この言爾《しか》らず。ただ愚者のみ許すとなす。智者は許さざるが故に。まさに知るべし、*道生・*吉蔵・*霊潤《りようにん》・*法宝・*法蔵・*慧苑《えおん》・*定賓・*澄観、法相宗の*義寂・*義一・*良賁《りようひ》等、新羅《しらぎ》国の*元暁法師、我が大日本国の*上宮聖徳王、一乗実教に約して、都《すべ》て*延身を許さずと。北轅者、学に薬師なく東隅に独居す。何ぞ輙《たやす》く「愚智共に許す」を智《さと》ることを得ん。その愚とは誰れ人ぞ。その智とは何人ぞ。いはんや復た天竺より唐に来れる*曇牟《どんむ》讖《しん》三蔵・*流支《るし》三蔵・*真諦三蔵・*実叉難陀《じつしやなんだ》三蔵・*日照三蔵・*流志三蔵・*金剛智三蔵・*無畏三蔵・*不空三蔵・*般若三蔵等、悉有仏性を立てて盛んに一乗教を伝ふ。定性の二乗、*三種の余を具し、必死の闡提《せんだい》、皆な悉く成仏す。いはんや復た*馬鳴《めみよう》菩薩・*竜樹菩薩、倶に経記を得、*天親菩薩・*堅慧菩薩・*青弁論師《しようべんろんじ》・*智光論師、内証の一乗を説き、*三平等の義を伝ふ。いはんや復た我が*南岳・天台、昔仏在世の時、霊鷲山中《りようじゆせんちゆう》において親しく法華経を聴き、*願力、隋国に生じて一乗の義を伝へ説く。大唐の聖僧の中、*両聖を堯舜となす。伝録、あに伝ふること空しからんや。北轅者、未だ*目連殺されて滅することを勘へず。化身灰滅とは、妄語甚しいかな。上来の*十救、随つて通じ略して救ふ。広くは*別章に説くが如し。この故に四に不通と名づくと。

*山家問難　*法性宗山家問難

*門外《もんげ》の三車の中の牛車《ごしや》と*露地《ろじ》の白牛車《びやくごしや》との同異を問ふ　第一

問ふ、門外の三車の中の牛車と露地の白牛車と同じとせんや、異なりとせんやと。　答

延身　死後も捨身せず、分段身のまま化身をなすこと。
曇牟讖三蔵　三八五―四三三。大般涅槃経の訳経者。この涅槃経に悉有仏性が説かれ、闡提成仏が主張されている。
流支三蔵　菩提流支。北インドの人で、六世紀初、北魏に来る。十地経論や入楞伽経・深密解脱経の訳経者。地論宗北道派の祖とされる。
真諦三蔵　→一五頁「羅什・真諦」補
実叉難陀三蔵　六五二―七一〇。于闐国の人。則天武后の請により華厳経を訳出。その他楞伽経等を訳出している。
日照三蔵　六八七没。中インドの人。清弁・智光の弟子。唐に来り新三論を吉蔵・元暁に伝えた。
流志三蔵　菩提流志。五七二―七二七。南インドの人。玄奘の遺業をついで大宝積経等を訳出。
金剛智三蔵　→七〇頁「大弘教金剛三蔵」補
無畏三蔵　善無畏(→一七八頁補)。
不空三蔵　→六九頁「不空」補
般若三蔵　八世紀、北インドの人。唐に来り華厳経・心地観経等を訳出。
三種の余　五姓各別のうち、定性二乗を除く他の三種の姓のもの。
馬鳴菩薩・竜樹菩薩・天親菩薩・堅慧菩薩　→一五頁「馬鳴…世親」補
青弁論師　→一五八頁「青弁」補
智光論師　七世紀前半、中インドの人。般若燈論釈の著者という。
三平等　法華経の授記品以下に説く

ふ、門外の三車の中の牛車と露地の白牛車とは因果不異なり。故に同じとなすと。　難じて曰く、法華経の第二の譬喩品に「この時、諸子各《おのおの》大車に乗りて、未曾有なることを得、本の望みし所に非ず」と云ふに違すと。

　北轅者通じて曰く、法華の末学者、三車の譬に依つて十の問難を発す。第一の問難に曰く、もし「門外の三車の中の牛車と露地の大白牛車とは因果不異なり、故に同じとなす」と言はば、法華経に違すと。　今、愍み教授して云く、*中小の二子に望みて、「非本所望」と名づく。*大子にして「非本所望」と名づくるに非ず。何を以ての故に。*法華の三周の*領解の文の中に、ただ中小の二子のみ牛車を領解し、大子は牛車を領解せざるが故にと。

　山家救うて曰く、これ則ち自義を救はんがために、*分別の文を棄てて領解の文を尋ぬ。北轅妄りに会すること所所一に非ず。汝、初周の中、*大子の領解に迷ひ、大子の領解なしと*(云ふ)。北轅者常に迷ひて、分明の文を指さしめ、*南、越の方に向はしむ。その宅内にして許す所の門外の三車、門外に都《すべ》てなし。この故に三子各各《おのおの》願ひて云く、「*父よ、先に許す所の玩好の具たる羊車・鹿車・牛車を、願はくは時に賜与せよ」と。もし三の中の牛車、門外に現にあらば、何が故に大子、賜与を願はんや。また諸子の言、車を願ふの時、何に由つて三を冠らしめ、「*非本」の時、何に由つて二を冠らしむる。もし「非本所望」、大子に*関せずんば、賜車の時、車に乗るべからず。もし爾《しか》らば、各乗の義、已に失壊《しつえ》せん。まさに知るべし、「非本所望」の言はまさに三子に同じかるべき語なることを。この故に*文殊答問の偈に云く、「諸の三乗を求むるの人、もし疑悔《ぎけ》あらば、仏、まさに為めに除断して

ところの、㈠乗平等、㈡世間涅槃平等、㈢身平等。世親の法華論に初めて見える(正蔵二六、八c)。

南岳・天台…　南嶽慧思と天台智顗(→八頁補)。ともに中国天台宗の祖。隋天台智者大師別伝によると、この二人は霊鷲山で法華経が説かれた時、同聴していたという伝説がある。

願力　願力によって、の意。

両聖　南嶽慧思と天台智顗を指す。

目連殺されて…　法華経授記品に「大目揵連、この身を捨て已りて…」とあるのを指す。

随　底本「堕」を改む。底本上欄に「堕疑随」。

別章　守護国界章。同書の中・下巻に以上の十問難とほぼ同様の問題が詳論されている。

山家問難…　以下の問答の体を標挙したもの。「法性宗山家問難」の上に「北轅者通曰」とあったものが、脱落したのではないか。

法性宗　法相宗に対し、最澄は自家の立場をしばしば法性宗と呼んだ(伝全二、四八・同四、一参照)。

門外の三車　→九頁「三車」補

露地の白牛車　法華経譬喩品の、門前の露地にあったという大白牛車。

中小の二子　次子と三子。三車のうち、羊車と鹿車を求める子供。これは声聞と縁覚の二乗を喩えたもの。

大子　長子。三車のうち、牛車を求める子供。これは菩薩を喩えたもの。

尽《ことごと》く余あることなからしむべし」と。この故に未だその難を免れずと。

山家問難　三子、三車を願ふやを問ふ 第二

問ふ、諸子露地に出でて坐することを得、父の先に許す所の玩好の具を願ふ時、ただ二乗の子のみ、車を願ふとせんや、はた菩薩の子も車を願ふとせんやと。答ふ、ただ二乗の子のみ、車を願ふ。その菩薩の子は車を願はざるなりと。難じて曰く、法華経の第二の譬喩品に「時に諸子等各《おのおの》父に白《もう》して言く、「父よ、先に許す所の玩好の具たる羊車・鹿車・牛車を、願はくは時に賜与せよ」と」と云ふに違すと。

北轅者通じて曰く、末学者第二の問難に曰く。今、愍み教授して云く、菩薩の大子、*索と不索と倶に妨げあることなし。何となれば、菩薩の大子は先に(*已に)乗ず。何ぞ索を用ふることをせん。これを不索玩好と名づく。また菩薩の大子、牛車を索む。またこれを妨ぐることなし。何となれば、*地前の菩薩は、*有漏の三慧を修して*初地の二空・*無漏の種智を証せんことを求む。これを索牛車と名づく。*地上の菩薩は、*無漏の三慧を修して*仏果の種智を証せんことを求む。これを*索車と名づく。故に索・不索妨げなしと名づくと。

山家救うて曰く、「菩薩の大子は先に已に乗ず、何ぞ索を用ふることをせん、これを不索と名づくるも妨ぐることなし」とは、これ何の位の菩薩ぞ。またその「先に已に乗ず」とは、これ何の車ぞ、何の所乗ぞ。門外《もんげ》の牛車《ごしゃ》とせんや、露地《ろじ》の牛車とせんや。もし二乗ならば、多く過失あり。北轅者、偏へに自《みずか》らの妄義を救ひて一乗の経を会乱す。法を非《そし》り、

法華の三周　→一〇一頁「三周の説」補

領解の文…　三周それぞれの領解段には、菩薩が領解する文がないことをいう。

分別の文　三周それぞれの正説段をいう。

大子　底本「天子」を改む。

云ふ　底本「云」字なし。意によって補う。

南…　→二五二頁注「北轅」

父よ…　法華経譬喩品の文(正蔵九、一三c)。

非本　前引の法華経譬喩品の「非本所望…」の文を指す。

関　底本「開」を改む。底本上欄に「開疑関」。

文殊答問の偈　法華経序品の最後の句(正蔵九、五b)。

索　牛車などを求めること。

已に　底本「巳」字なし。後文に準じて補う。

地前の菩薩　初地以前の方便加行位にある菩薩。

有漏の三慧　初地以前の菩薩は煩悩をはなれることができず(有漏)、多分に世俗的な智慧をもって修行せねばならぬとする。

無漏の三慧　初地以上の菩薩は煩悩を断って(無漏)、三慧を用いて修行するとされる。三慧→二二八頁注「聞思慧・修慧」

非法を説くは、あに北轅者に非ざらんや。汝、今諦《あきら》かに聴き、善くこれを思念せよ。今、内証の仏を示さん。北轅、今、廻心せよ。その父の先に許す所の車、*宅内に与ふる所なし。何ぞ大子の先に乗ぜん。明らかに知んぬ、「先乗」の言、大妄語なることを。また地前の索むる所の初地の二空・無漏の種智、この義爾《しか》るべし。地上の索むる所の仏果の種智、*教ありて人なく、また所証なし。汝が索むる所の種智とは、これ*理外の依他、*夢仏の種智なり。この故に大子、彼の羊・鹿に同じく車を願つて云く、「羊車・鹿車・牛車を、願はくは時に賜与せよ」と。その種智とは、宅内に許す所の牛車なるが故に。その牛車は*権智《ごんち》の所作にして、ただ名字のみありて実義あることなし。この故に、長者、門外に三種の宝車を与ふることなし。今、釈迦尊賜ふ所の宝車は実智の示す所にして、内証甚深、真如覚仏の一切種智なり。この故に大子、彼の二乗に同じく本の望みし所に非ず。これ宅内に許す所の牛車にあらざるを以ての故に。明らかに知んぬ、大子の索車は深く道理に契《かな》ひ、大子先乗の法は北轅の妄語なることを。この故に未だその難を免れずと。

山家問難　二車を以て諸子を引くか、*もしは牛車を(*以てするかを)問ふ　第三

問ふ、ただ羊・鹿の二車のみを以て*引車とせんや、もしは牛車を以てまた引車とせんやと。　答ふ、正義の意は羊・鹿の二車を以て引車となすと。　難じて曰く、法華経の第二の譬喩品に「舎利弗よ、彼の長者の如くんば、初め三車を以て諸子を誘引す」と云ふに違すと。

初地の二空　法相宗では、地前の四善根位(煖・頂・忍・世第一法)において、認識の対象もそれを観ずる識もまた空無なりと観じ(二空)、初地に至るとする。

無漏の種智　種智は一切種智の略で、仏智のこと。煩悩をはなれたけがれのない(無漏)仏智。

地上の菩薩　菩薩の修道階位で、初地以上の境位に達した菩薩。

仏果の種智　仏のさとり。仏智。上文の「無漏の種智」と同じ。

索車　諸子が車を願い求めること。ここでは仏果を求めるに喩える。

宅内　長者の邸宅内。

教ありて人なし　方便の教えでは、行者に因行を修せしめるため、仮りにその果として仏果を説くが、実際にその仏果を証する者はいないこと。果頭無人に同じ。ここでは、初地以上の菩薩が方便の教えに随って実修しても、仏果を成ずることはない、という意味。

理外の依他　↓補

夢仏の種智　実在せざる仏果の智。

権智　方便たる小乗の智恵。

もしは(若)　底本「子」を改む。底本上欄に「下子疑若」。

以てするかを　底本「以」字なし。前後の文に準じて補う。

引車　諸子を誘引するための車。方便として権に説かれたもので、実在しない車の意。

北轅者通じて曰く、末学者第三の問難に曰く。 今、愍み教授して云く、羊・鹿の二車を誘引車となす。牛車に非ざるなり。然るに経に「初め三車を以て諸子を誘引す」と云ふは、*言は総にして意は別なり。言は総じて三車と言ふと雖も、而も意は別して羊・鹿の二車を以て中小の子を誘引することを顕はす。何を以ての故に。三乗の中の大乗は即ちこれ一乗なりと。故に経に云く、「*初め三乗を説きて衆生を引導し、然して後にただ大乗のみを以てこれを度脱す」と。

山家救うて云く、「羊・鹿の二車を誘引車となす、牛車に非ず」とは、北轅の臆度の言にして、これ経の正義にあらず。所以はいかん。経に云く、「*仏、方便力を以て、示すに三乗教を以てす」と。また論に云く、「*彼の三乗は、ただ名字・章句・言説のみありて、実義あるに非ず」と。〈已上経・論の文〉もし北轅の語の如くんば、まさに「彼の二乗は」と云ふべし。所釈の釈迦の経、能釈の天親の論、倶に三乗教を遮す。東隅の北轅者、何ぞ*牛は引に非ずと執するや。いはんや*開元皇帝、一行師の碑を製して云く、「千門の法華、三車を撥去《はっこ》す」と。〈已上碑の文〉その開元皇帝は*天竺の三蔵に問ひ、その一行大徳は*中天の三蔵に稟《う》く。もしこの説を信ぜずんば、更に信ずべきの師なし。北轅者の習常として、分明に会し難き文には、*千番、総の言を用ひ、定性二乗の文には、万番、不定を引く。今復た*実一・*実大に迷ひ、*権一また*権大を邪執す。それ一・大、名は別なりと雖も、実大・実一、同じく一・大なり。一・大、その名、同じと雖も、権一・実一、その義、別異なり。権大・実大、義旨同じからず。まさに知るべし、*引一・引大、これ権にして実ならざること

言は総にして…　言葉は総じて「三車」といっているが、心意の上では別して「二車」を指すの意。「言総意別」は、仏典の解釈でよく用いられる句。

初め三乗を説きて…　法華経譬喩品の文(正蔵九、一三c)。

仏…　法華経方便品の文(正蔵九、六a)。

彼の三乗は…　世親の法華論巻下の文(正蔵二六、七a)。

牛は引に非ずと…　徳一が、門外の牛車を引車(方便説)でなく実際にあったもの(真実説)だと固執すること。

開元皇帝…　唐の玄宗皇帝は、一行(→一六〇頁補)を宮廷に招いて大衍暦や黄道儀を製らせ、一行が華厳寺にて寂するや、これを哀惜して碑銘を作っている。

天竺の三蔵　善無畏(→一七八頁補)と不空(→六九頁補)。玄宗はこの二人を国師として遇した。

中天の三蔵　金剛智(→七〇頁「大弘教金剛三蔵」補)や善無畏。なお、六九頁「不空」補参照のこと。

千番　何もかも、の意。下文の「万番」の対句。

実一・実大・権一・権大　一は一乗、大は大乗。実は真実、権は方便。

引一・引大…　一乗・大乗はともに仏陀の実説だが、これをもって諸子を誘引したのは権仮の方便説である、という意。

を。一と大とはこれ実にして権ならず。もし*牛車《ごしゃ》引かずんば、大子、別の火宅なし。三子、車を聞きて宅を出づ。*開譬・*合譬、皆な倶に成ぜず。明らかに知んぬ、北轅の臆度、ただ恥ぢて遇ふを避くと。*大陽の智者、謬ってこれを許すことなかれ。まさに知るべし、未だその難を免れざることをと。

山家問難　門外《もんげ》の牛車《ごしゃ》は何の智の所用なるやを問ふ　第四

問ふ、門外の牛車は方便智の所用とせんや、はた真実智の所用とせんやと。　答へて曰く、門外の牛車は真実智の所用なりと。　難じて曰く、法華経の第二の譬喩品に「その時、長者、即ちこの念を作《な》さく、「この舎《いえ》已に大火のために焼かる。我れ及び諸子、もし時に出でずんば必ず*為めに焚《や》かれん。我れ今まさに方便を設けて、諸子等をしてこの害を免ることを得しむべし」と。乃至云く、「かくの如き種種の羊車・鹿車・牛車、今門外にあり。以て遊戯《ゆげ》すべし」と」と云ふに違すと。

北轅者通じて曰く、末学者第四の問難に曰く、「法華の譬喩品に「その時、長者、即ちこの念を作さく、『この舎《いえ》已に大火のために焼かる。我れ及び諸子、もし時に出でずんば必ず為めに焚かれん。我れ今まさに方便を設くべし』と」と云ふに違す」と。　今、愍み教授して云く、これ前疑に異ならず。故に前答に準じて知んぬべしと。

山家救うて云く、北轅者、難会《なんえ》・難答《なんとう》には常に云く、「前答に準じて知んぬべし」と。今計るに、先答已に妄なり、後知何ぞ実ならんや。この故に未だその難を免れずと。

牛車引かずんば…　牛車が誘引車(方便説)でないとすれば、火宅喩は成り立たない、という意。

開譬・合譬　開譬とは、抽象的な道理を示すために具体的な譬喩を立て用いること。合譬とは、立て用いた譬喩を一つ一つ道理に引き当てて説明すること。

大陽の智者　大うそつき、いつわりの智者。徳一を指す。

為　底本「以」を改む。

山家問難　門外の牛車と*衣裓《えこく》・*机案《きあん》との同異を問ふ 第五

問ふ、門外の牛車と衣裓・机案と同じとせんや、異なりとせんやと。　答へて曰く、衣裓・机案は*二乗の因乗の故に牛車に同じからず。或は云く、*果化喩の故に牛車と同じと。

難じて曰く、もし「二乗の因乗の故に牛(*車)に同じからず」と言はば、法華経の第二巻の譬喩品に「舎利弗よ、この長者この思惟を作《な》さく、「我れ身・手に力あり、まさに衣裓を以て、もしくは机案を以て、舎よりこれを出だすべし」と」と(*云ふに)違す。もし「果化喩の故に牛車と同じ」と言はば、*同品の合譬の文に「如来も亦復《またまた》かくの如し、力・*無《む》所《しょ》畏《い》ありと雖も、而もこれを用ひず」と云ふに違すと。

北轅者通じて曰く、末学者第五の問難。今、愍み教授して云く、汝、経の*法譬に迷ひて疑網を張り、正解すること能はず。我れ先に経文を釈し、後に大意を釈せん。*言ふ所の「身に力あり」とは仏の智慧を謂ふ。即ち机案に喩ふ。言ふ所の「手に力あり」とは仏の神通を謂ふ。即ち衣裓に喩ふ。仏、この思惟を作《な》さく、「我れ悉くこの二の勝徳を具足す。二乗の衆生、*大行を修し出家を求むるの意なしと雖も、まさに智慧の用の机案を以て頓に中根の衆生に授けて円かに覚らしめ、神通の*用の衣裓を以て頓に下根の衆生を抜きて三界の舎より出だすべし」と。上根の菩薩は能く一乗の因を行じて三界を出で、彼の大子の、能く自《みずか》ら門より出づるが如くなるを以て、この中に説かず。今これは不定性の二乗の者を説くが故に。中根の独覚、一乗の因を行ぜず、仏の神力を仮らず、*ただまさに仏の智慧の用を藉《か》るべし。彼の中子の、門よりすること能はず、人の手を仮らず、*ただ机案を授けて、

衣裓　真諦三蔵は花を盛る器で貴人に貢ぐ際に用いるといい、吉蔵は衣の衿、窺基は衣の襟であるという。

机案　つくえ。

二乗の因乗　声聞・独(縁)覚乗が仏となるための乗物。

果化喩　果位の立場(結果論的な説き方)での教化の喩。

車　底本なし。上文に準じて補う。

云ふに　底本「云」字なし。底本上欄に「品下疑脱云」。

同品　底本「品」字の下に「云」字あり、今削除。底本上欄に「品下云疑剰」。

無所畏　仏菩薩が説法のとき畏怖なく勇猛なことをいう。増一阿含経巻十九等には、正等覚・漏永尽・説障法・説出苦道の四無所畏を説く。

法譬　教法の性質を物に譬えて示すこと。

言ふ所の…　以下、次頁四行目「而も出だすが如し」までは、窺基の法華玄賛巻五末の文(正蔵三四、七四七c)。

大行　底本、この上に「座」字あり。法華玄賛に従って除く。

の(之)　底本「云」を改む。底本上欄に「云疑之」。

ただ(但)　底本「俱」を法華玄賛に従って改む。次も同じ。

小子　底本「少」を法華玄賛に従って改む。

案　机案のこと。

仏、始めて…　以下「…三乗を説くことを顕はす」までは法華経方便品

それをして因つて昇らしめ、舎より而も出だすが如し。即ち下根の声聞、大乗の因を行ずること能はず、また仏の智慧力に因ること能はず、まさにこれに神通を与ふべし。彼の*小子の、門よりすること能はず、*案に昇ること能はず、ただ衣裓を以てこれを裹《つつ》みて、而も出だすが如し。この言意は、*仏、始めて道場に坐し、樹を観じ、また経行《きようぎよう》し、三七日において、かくの如き事を思惟す、「一乗を説くとせんや、三乗を説くとせんや」と、尋《つ》いで過去仏所行の方便力を念ふに、仏所得の知慧力及び神通力を用ひず、即ち*波羅奈《はらな》に趣き、*五の比丘のために三乗を説くことを顕はす。これ即ち、もし一乗を説かば衆生の損たり、もし三乗を説かば衆生の益たり。然るに所説の三乗の中の大乗は即ちこれ一乗なり。汝が引く所の経文の中に、菩薩、門より宅を出づることを喩へざるが故に。何ぞ同異を尋ねんと。

山家救うて云く、北轅者、先に経を釈し、後に経意を釈するは、也《ま》た已に自宗に背く。何《いか》にいはんや他宗をや。具《つぶさ》に過ちある*古師の義を述べ、返つて*疏主の科文の意に違す。先に疏主の科文の意を示し、後に*彼の宗の新判の文を顕はさん。

初めに疏主の科文の意を示すとは、*第二に*大を示すに悕《ねが》はざる喩に四あり。第一には大乗の*果化を思ふの喩、第二には大乗の*因化を念ふの喩、第三には随つて大乗の行化を示すを念ふ、第四には大化を悕取せず。第一に大乗の果化を思ふとは、*経に云く、「舎利弗よ、この長者この思惟を作さく、「我れ身・手に力あり、まさに衣裓を以て、もしくは机案を以て舎よりこれを出だすべし」と」と。第二に大乗の因化を念ふとは、経に云く、「復た更に思惟すらく、「この舎にはただ一門のみありて、而も復た陿少なり」と」と。〈已上経の

の偈からの抄文(正蔵九、九c)。

波羅奈　バーラーナシー。ベナレスの近郊。釈迦初転法輪の地。

五の比丘　阿若憍陳如(あにやきようじんによ)など五人の比丘に対して、釈尊は初めて説法をした。いわゆる初転法輪の座にいた人達のこと。

古師の義　守護国界章(巻中之中第六)によれば、成唯識論述記・大乗法苑義林章・無垢称経疏(何れも窺基の撰)に衣裓・机案を二乗の因とする説があり、新翼賛(撰者不詳)・法華弘賛(行賀撰)にもこの問題を取り上げているという(伝全二、四〇八)。

疏主の科文　法華玄賛の科文。著者は慈恩大師窺基(→二五二頁「唐の基」補)。法華玄賛は、法相宗の五姓各別説の立場から、法華経の一乗義を取り上げている。科文は経論の綱要を箇条書にまとめたもの。

彼の宗の新判の文　法華摂釈に見える智周の説。

第二に…　法華玄賛巻五末の文(正蔵三四、七四七b)。これは火宅喩を四段に分って解釈するうち、その第三段をさらに四つに分析して述べた部分の第二。

大　大乗。

果化　→二七二頁注「果化喩」

因化　因位の立場(原因論的な説き方)での教化。

経に云く…　以下一連の経文の引用は法華経譬喩品の文(正蔵九、一三b)。

文〉これまた三あり。即ち初めには、初めは*大教に依つて行ずること能はざることを念ふ。二には、もし誹謗を起さば悪道に*沈縈《じんよう》せんことを念ふ。経に云く、「諸子幼稚にして未だ識る所あらざれば、戯処《けしょ》に恋著す。或はまさに堕落して火のために焼かるべし」と。三には、衆*苦を示して密《ひそ》かに大乗を説かんことを念ふ。経に云く、「我れまさに為めに怖畏の事を説くべし。この舎已に焼く。よろしく時に疾く出でて、火の焼害する所とならしむることなかるべし」と。第三に随つて大乗の行化を示すとは、経に云く、「この念を作《な》し已りて思惟する所の如く具に諸子に告ぐ、「汝等、速かに出でよ」と」と。第四に大化を悕取せずとは、二あり。初めには悕信せず。経に云く、「父、憐愍して善言をもつて誘喩すと雖も、而も諸子等は嬉《き》戯《げ》に楽著《ぎょうじゃく》して肯《あ》へて信受せず、驚かず、畏れず」と。（*二には驚厭せず。）経に云く、「驚かず、畏れずして、了《つい》に出づる心なし。亦復《またまた》知らず、何者かこれ火なるや、何者か舎となすや、云何《いかん》が失となすやを。ただ東西に走り戯れて、父を視るのみ」と。上来の四段、ただ大を示すに悕《ねが》はざるの喩を明かす。あに小乗の化あらんや。もしこの文の中に、この北轅の語の如く、衣裓・机案はこれ二乗を出だすならば、何ぞ羊・鹿を用ひん。また菩薩の子、自ら正門より出づれば、何ぞ*牛門を用ひん。まさに知るべし、この四段の中に、別の三乗教なく、ただ実の一乗のみありと。この故に更に方便を設けて門外に車を許す。その衣裓・*机案の文、*第一果化の科、何ぞ小由を喩へん。先に疏主の科を示し竟《おわ》んぬ。

*後に彼の宗の*新判の文を顕はすとは、*慈恩の法華玄賛の第一の行妙法の文に云く、「*二乗の因、悲智に誘はるるを衣裓・机案と名づく」と。大唐*開元八年の暮秋、*大乗基の孫弟

大教　大乗の教え。
沈縈　底本「沈栄」を法華玄賛により改む。沈みまつわりつくこと。
苦　底本「生」を法華玄賛により改む。
二には驚厭せず（二不驚厭）　底本なし。法華玄賛に従って補う。
牛門　門外の牛車。
第一果化の科…　法華玄賛によると、大乗果化を喩えると言って、小乗（二乗）の果化喩とは言っていないことを指摘する。
新　底本「断」を改む。底本上欄に「断疑新」。
慈恩　窺基のこと。
二乗の因…　法華玄賛巻一本の文（正蔵三四、六九八a）。
開元八年　七二〇年。
大乗基　窺基のこと。
智周　→八三頁注「智周師」
法華摂釈　智周の法華玄賛摂釈。四巻。以下の引用は巻一の文（続蔵一、五三、一、二九左）。
後　底本「復」を摂釈（続蔵本）の文に従って改む。
机　底本「裓」を摂釈の文に従って改む。次も同じ。
問ふ　底本及び摂釈本文に「問」字なし。摂釈上欄に「豈上一本有問字」とあり、今補う。
また然らず（亦不然）　底本「立不爾」を摂釈の文に従って改む。

子*智周、*法華摂釈を造りて云く、「疏に「悲智に誘はるるを衣裓と名づく」等とは、問ふ、譬喩品に云く、「まさに衣裓を以て舎よりこれを出だし、*後更に思惟すべし、『乃至まさに方便を設くべし』と」等と。彼の経文に準ずるに、衣*机を以てせず。衣*机もしこれ二乗の因行ならば、何ぞ用ひざるやと。答ふ、これ古釈を叙す。疏主の意に非ずと。(*問ふ、)これまた然らず。あに過ちある者、便《すなわ》ち古人を指さんやと。答ふ、疏主、彼の衣裓等の文を解して果化の喩と云ふ。故に知んぬ、この処《ことわり》、疏主の意に非ず。又復《またまた》*本師親しく疏主に承けて相伝謬らずと」と。〈已上宗判〉

明らかに知んぬ、独覚は机案、声聞は衣裓とは、定んでこれ古義なることを。また我が日本国*元興寺にて、摂釈未だ来らざる時、*或る師、偏見して、疏に衣裓・机案を以て二乗の因乗となす。後に*摂釈来る時、諸寺の古徳等、先の*未了の央《なかば》を改めて、皆な摂釈の義に順ず。今、東土の北轅、未だ邪師の伝を改めず、疏主の意に違背して、近く摂釈の判に違す。定んでこれ山家引きて汝の宗義を動ずるを以て、汝が執城を*摧壊せん。汝、権実の義に迷ふ。何ぞ同異を尋ねざる。この故に未だその難を免れずと。

山家問難　門外の牛車は何の教喩とせんやを問ふ　第六

問うて曰く、門外の牛車は*於一仏乗《おいちぶつじょう》の教喩とせんや、はた*分別説三《ふんべつせつさん》の*中の大乗の教喩とせんやと。　答へて曰く、門外の牛車は同じく仏乗なるを以ての故に*於一仏乗の教喩となし、また分別説三の中の大乗の教喩となすと。　難じて曰く、二の相違あり。もし於一仏

本師　智周の師である慧沼のこと。
元興寺　南部六大寺の一。平城京の東にあり、法相宗南寺伝の本寺。
或る師…　守護国界章（巻中之中第六）に、元興寺の法相宗の内部で、衣裓・机案について諍論のあったことを述べている（伝全二、四〇八）。
摂釈来る時　法華摂釈を日本にもたらしたのは、おそらく玄昉（天平七年帰朝）であろう。彼は入唐して智周に学び、その死にあって帰朝した。
未了の央　未了は未了義で義理を正しく理解できないこと。央は未了義の人々が半数近くあったことを示す。
摧　底本「推」を改む。底本上欄に「推疑摧」。
於一仏乗・分別説三　法華経方便品に「一仏乗に於て、分別して三と説く」とある文に基づく。
中　底本「車」を改む。底本上欄に「車大疑中大」。
於　底本「出」を改む。底本上欄に「出疑於」。

教　底本なし。上文に準じて補う。
前説法異、後説法異　法華論巻下の文（正蔵二六、七c）。前説は法華会前の説、後説は法華経の説。世親は両説（一乗と三乗）の相違を機に約してでなく法に約して説明する。
前の未廻心　前は法華会前。未廻心は不定性の二乗で未だ大乗に向っていないもの。

乗の教喩となすと言はば、その於一仏乗の教、法華の前に已に演説せらる。何が故に。法華経の方便品の偈に云く、「未だ曾て説かざりし所以は、説く時の未だ至らざりしが故なり。今正しくこれその時なり。決定して大乗を説かん」と。もし分別説三の中の大乗の*(教)喩となすと言はば、天親菩薩の法華論の「*前説法異、後説法異」に違すと。

北轅者通じて曰く、末学者第六の問難に曰く。今、愍み教授して云く、門外の牛車は於一仏乗の喩、また分別説三の中の大乗の喩となす。何を以ての故に。不定性の二乗は、*四十年より前、一乗の根機未だ淳熟せざるが故に、且《しばら》く一仏乗において分別して三と説く。法華の会に至りて不定性の二乗の根機淳熟せるが故に、唯一仏乗を説く。余乗あることなし。不定性の二乗に約すれば、一乗・三乗その名別なりと雖も、而も体別ならず。何となれば、*前の未廻心《みえしん》を二乗の者と名づけ、一乗と名づけず。廻心以後、ただ一乗のみありて、二乗あることなし。これに由つてまさに知るべし、前説の三乗、後説の一乗、無二無別なりと。然るに「於一仏乗、分別説三」とは、ただ不定性の二乗に約して説く。*頓悟の菩薩に拠つて説くに非ず。何ぞ四十年以前、頓悟のために一乗教を説くと雖も、而も未だ*会二の一乗を説かざる。今、法華の会に至りて*破二の一乗を説く。故に「今正しくこれその時なり。決定して大乗を説かん」と云ふと。

山家救うて云く、この釈爾らず。問答相違するが故に。山家は、門外の羊車を問はず、亦復《またまた》門外の鹿車を問はず、ただ門外の牛車の、喩一・喩大、得・不得の意を問ふ。今、北轅者、何ぞ標句の中に両得の喩を挙げて、釈文の中に羊・鹿の人を説くや。汝、門外・露

頓悟の菩薩　二乗から大乗に廻心する菩薩に対して、当初より大乗を悟る菩薩。

会二の一乗・破二の一乗　→二五四頁注「会二・破二の一仏乗」

引車　→二六九頁注

与車　法華経譬喩品の所説のうち、実際に与えられた大白牛車のこと。

歴劫と直道　天台では、菩薩のうち歴劫の間修行を重ねて次第に菩薩の階位を昇るという方便権教(別教)の菩薩と、直ちに諸法実相を開悟してしまう真実教(円教)の菩薩とを区別する。

顕教と秘教　直接的に真理を説く顕教と、言外に真理をひそかに説く秘教と。

無量義経　法華三部経のうちの開経といい、法華経のための先駆をなすといわれる。南斉の曇摩伽陀耶舎訳。一巻。以下の引用は、説法品の文(正蔵九、三八六b)。

方等十二部経　方等経は華厳・法華等の大乗経の総称。十二部経(→六四頁補)も大乗経の異称。

摩訶般若　摩訶は大、般若は智慧と訳す。般若経所説の般若皆空の理法をいう。すなわち智慧の眼をもって見れば、この世の実相は空であるということ。

華厳海空　釈迦は海印定に入って華厳経を説いたということより、華厳経所説の理法を海空という。海は大

地、引*車・与*車、喩大・喩一、仮実の同異、因果の所由を会釈せず、ただ不定性の声聞・独覚の根の熟・不熟を説く。あに問答の小大相違するにあらざらんや。もし大乗の中に権実を立てずんば、歴*劫と直道と何を以てか別異することを得ん。顕*教と秘教とまさに雑乱の失あらんとす。故に無*量義経に云く、「次に方*等十二部経、摩*訶般若・華*厳海空を説き、菩薩歴劫の修行を宣説す」と。〈已上経の文〉まさに知るべし、歴劫の菩薩乗、諸の大乗教は門外の牛車の喩ふる所の諸の大乗なりと。また云く、「善*男子よ、これ則ち諸仏不可思議甚深の境界にして、二乗の知る所に非ず、また十住の菩薩の及ぶ所に非ず。ただ仏と仏とのみ乃ち能く究了す」と。また云く、「そ*の衆生ありて聞くことを得ざれば、まさに知るべし、これ等を、大利を失ふとなすと。乃至云く、所以はいかん、菩提の大*直道なることを知らざるが故に」と。〈已上経の文〉まさに知るべし、「大直道故」とは露地の牛車の喩ふる所の於一仏乗なり。大*勝鬘経の中に、四*乗のための故に*帯権破《たいごんは》二《に》の一乗を演説す。その不定性の二乗の人は成仏を知ることを得、その定性の二乗入*位の人は未だ成仏を知らず。*深密経《じんみつきょう》の中に、普く一*切乗に発趣《ほっしゅ》する者のために*帯権会《たいごんえ》二《に》の一乗を演説す。その不定性の二乗の人は一道より生死を出づ。その定性の二乗入位の人は廻心向大す。法華経の中に「正*直に方便を捨てて、ただ無上道を説く」と。その時、門外の三車、*分段《ぶんだん》の運極まり、歴劫の菩薩、所趣を知らず。故に経に云く、「不*退の諸の菩薩、その数恒沙の如し、一心に共に思求すとも、亦復《またまた》知ること能はず」と。〈已上経の文〉まさに知るべし、門外の牛車は火宅《かたく》を出でんがための故の方便智*の所作なり。已に火宅を出づるが故に、運用ここにおい

海の風波静かなるに喩えたもの。

善男子よ… 無量義経説法品の文(正蔵九、三八六b)。

その衆生… 無量義経十功徳品の文(正蔵九、三八七b)。

大直道 真直ぐな大道。

大勝鬘経の中に… 勝鬘経一乗章(正蔵一二、二二〇c以下)。

四乗 仏乗・菩薩乗・声聞乗・縁覚乗(二八二頁参照)。

帯権破二の一乗 二乗を破析しながら、しかも権仮を帯びた一乗。勝鬘経の所説をいう。

深密経の中に… 解深密経巻二(正蔵一六、六九七b以下)。

入位 正しく定性二乗の位に定まったもの。

一切乗 守護国界章(巻上之上第一)に「衆多の究竟道」と釈す(伝全二、一六三)。

帯権会二の一乗 二乗を融会しながら、しかも権化を帯びた一乗。解深密経の所説をいう。

正直に… 法華経方便品の文(正蔵九、一〇a)。

分段 →九頁「二種の生死」補

不退の… 法華経方便品の文(正蔵九、六a)。不退は、不退転地(阿惟越致)のこと。十住位の第七住位に達すれば、再び二乗地に退くことがないので、これを不退転地という。

智 底本「知」を改む。底本上欄に「知疑智」。

て尽く。ただ名字のみありて、また実義なし。北轅者、何ぞ一に喩ふるを得んや。明らかに知んぬ、北轅の所釈、都て道理なく、帰信するに足らざることを。この故に未だその難を免れずと。

山家問難　門外の牛車の*運を問ふ 第七

問ふ、門外の牛車はただこの世間のみを運出すとせんや、はたまた彼の出世間を運出すとせんやと。　答へて曰く、門外の牛車は已に二乗の外に出づ。故に彼の出世間を運出すと。　難じて曰く、法華経の第二の譬喩品に「ここを以て方便して、為めに三乗を説き、諸の衆生をして三界の苦を知ら*しめ、出世間の道を開示し演説す」と云ふに違すと。

北轅者通じて曰く、末学者第七の問難に曰く。　今、愍み教授して云く、汝、出世間と出出世(*間)の差別を知らず、大乗・一乗別に差別ありと迷執す。今まさにこれを釈すべし、*初二三地は*施戒を修す。修相、世間の人に同じ。故に世間と名づく。*四五六地は出世菩提分の法を作《な》す。二乗の人に同ずることを現ず。故に出世と名づく。*七地以上は能く*無相を作す。前の出世を超ゆることを現ず。故に出出世間と名づく。これ一乗・大乗差別の証となさずと。

山家救うて云く、この釈爾らず。*草樹の位、次第せざるが故に。倶舎に説く所の*三祇百《さんぎひやく》劫《こう》修練の菩薩はこれ上草の乗、あに*羊乗行の菩薩にあらざらんや。般若に説く所の*三乗《さんじょう》共地《ぐうじ》、無言の道を修する*体法の菩薩はこれ小樹の乗、あに*象乗行の菩薩にあらざらんや。

運　はたらき、運出、運用の義。
しめ(令)　底本「今」を改む。
間　底本なし。意によって補う。
初二三地・四五六地・七地以上　↓
補
施戒　布施と持戒。普通、三地までにはこれに忍辱を加える。
無相　具体的な修行の方法を決めない、純粋に精神的な修行をいう。
草樹の位　法華経薬草喩品の三草二木の喩による。天台では、小草を人天乗、中草を二乗、上草を三蔵教の菩薩、小樹を通教の菩薩、大樹を別教の菩薩に配する。
三祇百劫　倶舎論によると、菩薩は三阿僧祇劫の間、六波羅蜜を修し、更に百劫の間、百福を修して仏の相好(三十二相)を身につける修行をすると説かれる。
羊乗行・象乗行・日月神通乗行・声聞神通乗行・如来神通乗行　不必定入定入印経の所説(正蔵一五、究究c)。顕戒論巻上(三二頁以下)参照。
三乗共地　三乗に共通な十地。大品般若経発趣品・深奥品によると、乾慧(けんえ)等の十地において、菩薩は方便力によって六波羅蜜、四念処などを修し、仏の如く十八不共法を行ずることなどを教える。天台では、この十地を通教の十地とする。
体法　体法観のこと。体色入空観の略。諸法そのものを分析を加えず全体として空なりと観ずること。通教瓔珞《ようらく》に説く所の*七階の次第に歴劫修行する*独菩薩等はこれ大樹の乗、あに*日月神通乗行の菩薩にあらざらんや。華厳に説く所の*行布門の中にこの*融即を説くは、あに*声聞神通乗行の菩薩にあらざらんや。法華に説く所の、*竜女、珠を献じて即身に男に転じ、南方に成仏するは、これ則ち円教の最実事における*六即の位、あに*如来神通乗行の菩薩にあらざらんや。北轅者、*共行《ぐうぎょう》の十地、引きて三乗に配す。これ不正義なり。今、汝釈する所の地は、出世の意にあらず。今の正義は、*分段の*火宅を出づるを出世間と名づけ、*変易《へんやく》の*細宅を出づるを出出世間と名づく。*施権《せごん》の三車、空しく門外に許し、ただ分段の宅を出づ。故に経に云く、「出世間の道を開示し演説す」と。露地の牛車は諸子等に給して、直に道場に至らしむ。あに変易を出づるにあらざらんや。北轅尊ぶ所の有為無常・*夢裏の仏果は空しく門外を指す。故に遠く変易世間を出づること能はず。この故に未だその難を免れず。至心に発願す、願はくは一切有心の者をして皆な露地の白牛車《びゃくごしゃ》に昇らしめんことをと。

山家問難　三子宅を出でて何の車を願ふやを問ふ　第八

問うて曰く、三子宅を出でて、即ち各《おのおの》自《みずか》ら車に乗ぜんと願ふとせんや、はた同じく牛車を願ふとせんやと。　答へて曰く、羊車・鹿車の者は牛車を求めんがための故に火宅を出づ。故に同じく牛車を願ふと。　難じて曰く、法華経の第二の譬喩品の偈に「前に許す所の如くんば、「諸子よ出で来れ、まさに三車を以て汝が欲する所に随ふべし」と。今正にこれ時なり、ただ給与を垂れよ」と云ふに違すと。

の所修とする。

七階の次第　十信・十住・十行・十廻向・十地・等覚・妙覚の七階五十二位を指す。菩薩瓔珞本業経によると、菩薩は歴劫の修行をする間に、この五十二位を次第に体得していくべきことを教えている。天台では、これを別教に配している。

独菩薩　漸悟の菩薩をいう。漸悟の菩薩は別教の摂であり、二乗の人と共行しないから独菩薩という。

行布門　次第行列分布門のこと。華厳経十地品に、菩薩の階位として、十住・十行・十廻向・十地・妙覚の四十一位を説くをいう。

融即　十地の区別が、同時に平等であって区別しないこと。

竜女…　法華経提婆達多品にある娑迦羅竜王の女(むすめ)の物語(正蔵九、三五c)。

六即　天台円教の階位。→二〇三頁注

共行の十地　→二七八頁注「三乗共地」

分段　→九頁「二種の生死」補

火宅　火宅無常のこの世。

変易　→九頁「二種の生死」補

細宅　変易生死は細妙不思議なるにより細といい、上文の火宅に準じて細宅という。

施権の三車　権仮方便としての三車。

夢裏の仏果　夢の中の、実体のない仏果。

北轅者通じて曰く、末学者第八の問難に曰く。今、愍み教授して云く、汝偏へに文を執して義に迷ふ。汝まさに知るべし、不定性の二乗の舎利弗等、法華経の会の時、*廻心向大して変易生を得て火宅を出づと雖も、なほ羊・鹿車に乗じて、未だ牛車に乗ぜず。*二万劫を経て方《まさ》に*十信の初に到り、この十信より復た一*阿僧祇劫《あそうぎこう》を逕《す》ぎて*初歓喜地《しょかんぎじ》に至り、方《まさ》にまさに牛車に乗ずべし。火宅を出づと雖も、なほ索牛車と名づく。故に経に違せずと。

山家救うて云く、北轅者恒《つね》に権義を執して深く実文に迷ふ。邪推定んで義ならず、偽つて真の*了経を会す。汝釈する所、問の意に相違す。所以はいかん。山家問ふ所は「諸子宅を出でて何の車を願ふや」となり。ある人*旧に拠り替へて云く、「羊車・鹿車(*の者)は牛車を求めんがための故に火宅を出づ」と。この故に難を作《な》して経を引く。今、北轅者、無智にして、自《みずか》らの眼転じて、「妄《みだ》りに*大日転ず」と謂ふ。汝、「羊・鹿車(*の者)、牛車を索む」とは、文義倶に偽る。文の偽りと言ふは、その法華経の中に都てこの文なきが故に。義の偽りと言ふは、小乗の二子、牛車を求むることとなし、各《おのおの》自乗を願ふが故に。この故に経に云く、「その時、諸子、父の安坐するを知り、皆な父の所に詣でて父に白《もう》して言く、「願はくは我れ等に三種の宝車を賜へ」と」と。〈已上経の文〉明らかに知んぬ、北轅者の*枕中の*不定の*歴劫索車はこれ大(*妄)語なり。故に経に相違す。この故に未だその難を免れずと。

山家問難　三車の中の牛車は方便とせんや、真実とせんやを問ふ　第九

問うて曰く、三車の中の牛車は方便とせんや、真実とせんやと。答へて曰く、三車の

廻心向大　↓二六一頁注

二万劫を経て…　法華玄賛によると、舎利弗は十信に入るまでに二万劫を要するといい、阿羅漢が阿耨多羅三藐三菩提心を起すのに二万劫を要するとは、涅槃経の所説によるという(正蔵三四、七四〇c・七四一c)。

十信　菩薩の修行階位(↓二七九頁注「七階の次第」)のうち、第一の段階。

阿僧祇劫　阿僧祇は梵音アサンキヤ。無数と訳す。数えきれないほどの長い時間。

初歓喜地　十地のうち初地に到れば大いなる歓喜を得るにより、初歓喜地という。

了経　了義の経。ここでは法華経。

旧に拠り替へて…　↓補

の者　底本「者」字なし。意によって補う。次も同じ。

大日転ず　太陽が動転したと錯覚すること。

枕中　夢枕の中。前節末尾の「夢裏」に応じる。

不定　不定性の二乗。ここでは前文の舎利弗を指す。

歴劫索車　歴劫は無数の劫を歴(へぐ)ること。索車は火宅喩の中で諸子が三車を索求すること。ここでは、不定の二乗(羊・鹿車の者)が迂回歴劫(↓二四九頁注)して仏果(牛車)を求めることをいう。具体的には舎利弗が歴劫して初地に至ったことを指す

中の牛車は真実となすと。　難じて曰く、法華経の第二の譬喩品の偈に「即便《すなわ》ち思惟して諸の方便を設け、諸子等に告ぐ、「我れに種種の珍玩の具の妙宝の好き車あり。羊車、鹿車、大なる牛の車にして、今門外にあり。汝等、出で来れ。吾れ、汝等のためにこの車を造作す。意の楽《ねが》ふ所に随ひて、以て遊戯《ゆげ》すべし」と」と云ふに違すと。

北轅者通じて曰く、第九の問難。　今、愍み教授して云く、この問、前問に異ならず。故に前答に準じてこれを知るべしと。

山家救うて云く、北轅者、越え難き嘖《せ》めを見ては上の*答に準じて都《すべ》て述べず。同じく暫く弟子が情を慰むるに由る。今、越え難き文を示して、*中人をして信心せしむべし。山家引く所の経文に云く、「諸の方便を設け、諸子等に告ぐ、「我れに種種の珍玩の具の妙宝の好き車あり。羊車、鹿車、大なる牛の車にして、今門外にあり」と」と。〈已上経の文〉まさに知るべし、「諸の方便を設く」の言、*至極越ゆることを得難しと。「羊・鹿・牛車、今門外にあり」と、已に*牛の色を指さず、また露地の三車を云はず。*倶に方便なること、この文極めて分明《ふんみょう》なり。*二を加ふと言ふことなかれ。故に三車を方便となす。経文に順ぜざるが故に、前答已に*北走す。今何に準じてか南に向はん。この故に未だ*(その難を)免れずと。

山家問難　門外の牛車は菩薩乗を喩ふ、故に河となすや海となすやを問ふ　第十

問うて曰く、門外の牛車は菩薩乗を喩ふ。故に*河喩に相摂すとせんや、*海喩に相摂すとせんやと。　答へて曰く、門外の牛車は大乗を喩ふ。その大乗は即ち一乗なり。故に海喩

が、最澄は舎利弗を不定の二乗とは見ない(二五五頁参照)。よってこれを枕中の大妄語といったのである。

妄　底本なし。底本上欄に「大下疑脱妄」。

答　底本「答」字の上に「天」字あり、今削除。底本上欄に「天疑剰」。

中人　→二五三頁注

至極　至極の道理。

牛の色…　露地の牛車については白牛車と色を述べるが、門外の牛車についてては色を述べていない。

倶　底本「具」を改む。

二を加ふ　羊車と鹿車の二車を加えて言い紛らかす。

北走す…　「北轅南楚」(→二五二頁注「北轅」)のことわざによる。

その難を(其難也)　底本なし。上文に準じて補う。

河喩・海喩　三乗を河に喩え、一仏乗を広大な海に喩えること(尼乾子経に出)。

大薩遮尼乾子経　北魏の菩提流支訳。十巻。以下の引用は、巻二の文(正蔵九、三六a)

云ふに　底本「云」字なし。意によって補う。

因果相望　原因と結果とを対応させて考察すること。

摂論　無性造、玄奘訳の摂大乗論釈。

に相摂すと。　難じて曰く、*大薩遮尼乾子経の第二の一乗品に「衆流は声聞・縁覚・菩薩を喩へ、海は一乗を喩ふ」と(*云ふに)違すと。

北轅者通じて曰く、末学者第十の問難に曰く。今、愍み教授して云く、もし四乗を説かば、その名を引きて仏乗・菩薩乗・独覚乗・声聞乗と云はん。四乗の中、仏乗を果となす。三乗はこれ因なり。尼乾子経は因果相望《そうもう》して勝劣を校量《きょうりょう》す。三乗を流に喩へ、仏を海に喩ふ。もし倶に三乗を立つる時は、即ち仏乗は菩薩乗に摂入す。菩薩乗即ち仏乗、仏乗即ち一乗、一乗即ち大乗なり。故に*摂論の第八に曰く、「声聞(*乗)の上に独覚あり。独覚乗の上に菩薩乗あり。(*その菩薩乗、)即ち仏乗なり。上あることなし」と。彼れ二十の問難を発すと雖も、而も一通一執す。謂く、大乗は権、一乗は実と執すと。これ*中辺義鏡・慧日羽足及び遮異見章に広く述ぶるが如し。彼の三部の章を善くして、まさに邪執を除くべしと。

山家救難　山家救うて曰く、北轅者の会釈、都て道理に応ぜず。権実雑乱し、*仏因を没するが故に。それ三乗の権因は、上中下根のために分別して三を説くが故に。一乗の仏因は、上上根のための故に、三を開き一を顕はすが故に。*涅槃経に云く、「*下智観の故に声聞の菩提を得《え》、中智観の故に縁覚の菩提を得、上智観の故に菩薩(*の菩提)を得、上上智観の故に仏の菩提を得《う》」と。〈已上経の文〉*当智の因、已に四人の別あり。所得の果、何ぞ同一なることを得ん。ただ違因の権果を除くのみ。もしただ三因を立てて仏因を立てずんば、上上智の観、汝において分《ぶん》なけん。*三乗の淡流、これ北轅の分のみ。*法華経の序分の無量義経の時、*已に菩薩及び池江河及び渓渠大海等の水喩を説く。歴劫の大乗を遮して直道の

十巻。以下の引用は、巻八の文(正蔵三一、四三四a)。

乗　底本なし。摂論によって補う。

その(其)菩薩乗　底本なし。摂論によって補う。

中辺義鏡・慧日羽足・遮異見章　徳一の著述。解説(五)参照。

仏因　仏となる因由。

涅槃経　底本、この上に「是」字あり。今削除。底本上欄に「是疑剰」。

下智観の故に…　涅槃経憍陳如品に「下智観の故に声聞の菩提を得、中智観の故に縁覚の菩提を得、上智観の故に無上の菩提を得」とあり、上上智観については説かれていない(正蔵一二、八五三a)。

の菩提　底本「菩提」二字なし。底本上欄に「菩薩下疑脱菩提二字」。

当智　まさに獲得すべき智慧。

三乗の淡流　三乗は権仮の施設だから淡といい、上文の河喩により流に喩える。

法華経の序分　天台では、法華三部経のうち、無量義経を序分とし、法華経を正宗分、観普賢経を流通分とする科文を承認している。

已に…　無量義経説法品の文(正蔵九、三八六b)。

正直に…　法華経方便品(正蔵九、一〇a)。

髻中の明珠を解き…　法華経安楽行品(正蔵九、三九b)。

四驚　→二六三頁注「第五の驚怖」

仏乗を存す。いはんや正説の中に、*正直に方便を捨てて、ただ無上道を説くをや。また*髻中の明珠を解き、*四鷲の実衆に給す。いはんや復た滅度の後、*一句の聞経を募りて与《とも》に成仏の記を授くるをや。もし北轅の義の如くならば、ただ三乗の衆流ありて、権乗の果、仏海に入る。一乗の円機具縛の者は都て一乗海に入ることなし。もし爾《しか》らば、法華の一仏乗、衆生入るの分なけん。もし爾らば、*六根清浄、配するの人なけん。あに一乗大海、始入・已入、到彼岸の人なからんや。明らかに知んぬ、北轅所立の相望の因果は、因権にして果権なり、*相即の一大は、権一にして権大なりと。汝、上上一仏乗の観智を発せず、何ぞ真の内証、本来の三淡あることを得ん。汝尊ぶ所の仏果は、無漏有為、念念生滅を許すが故に、権因所対の故に、ただ権の仏果と名づく。この故に未だその難を免れず。もし内証を求むる者は、固《つね》にまさに文を信ずべからず。ただ方便の機を除く。

今、北轅者の二十の会釈、また一執に過ぎず。四乗真実、一乗方便と謂ふ。この義、*守護国界章・照権実鏡・一乗義集等に広く説くが如し。それ三乗方便は諸仏の所説、三乗唯名は*天親の所釈なり。*貞観以後、唐に来れる三蔵、究竟の一乗を至実の教となす。貞観以前、*三蔵の人師、三乗を権となし、一乗を実となす。今、一説を挙げて以て亀鏡となす。*有心の北轅、轍を改めて越に向へと、云爾《しかいう》。*鴻臚少卿対希顔の*大乗権実対弁盤節義の序に云く、「それ*摩尼は色なくして*衆色を衆となす。*真如は離言、群言を仮りて以て教を設く。ここを以て、*大雲遍《あまね》く灑《そそ》げば則ち分に随ひてその栄を受け、一音伝暢すれば乃ち権実その益《やく》を蒙る。而して、権なりとは二乗あり、菩薩あり。実なりとは菩薩あり、如来あり。乍《たちま》

一句の聞経…　法華経法師品に、如来の滅度の後も、この経の一偈一句を聞き、随喜するものに記莂を授けるという(正蔵九、三〇b)。
六根清浄　天台円教の行位の中に、六根清浄位があり、十信位・相似即位に相当する。
相即の一大　同一視された一乗と大乗。
守護国界章・照権実鏡・一乗義集　いずれも最澄の著作。一乗義集は依憑天台宗のこと。解説(五)参照。
天親の所釈　世親の法華論巻下に「彼の三乗は、ただ名字・章句・言説のみ有つて、実義有るに非ず」とある(正蔵二六、七a)。
貞観　唐の年号(六二七—六四九)。↓二八四頁注「貞観十九年」
三蔵の人師　三蔵は、三蔵に精通した人。人師は、仏菩薩でなく、普通の凡夫で人を導く師をいう。
有心の北轅　徳一がもし心あらば、の意。
鴻臚少卿対希顔　伝不詳。
大乗権実対弁盤節義　不詳。他に所見なし。
摩尼　↓六五頁注「摩尼珠」
衆色を衆となす　底本上欄に「衆色而為衆疑有脱文」とある。
真如は離言　真如は言説で表わし難いこと。
大雲遍く…　法華経薬草喩品の三草二木の譬喩による。

頤師の説　かがやかしい名師の説。
解深密…の経等　↓補
瑜伽…の論等　↓補
有為　底本「為有」を改む。底本上欄に「為有疑写例」。
華厳…の経等　↓補
智度…の論等　↓補
宝　底本「実」を改む。底本上欄に「実疑宝」。
為　底本「有」を改む。底本上欄に「無有疑無為」。
理教　仏法の道理と言教。
貞観十九年　六四五年。この年、玄奘はインドより長安に帰り、法相唯識を招介し始めている。
夏虫…　↓二五二頁注
是縁舎まれば…　正法興隆の良き縁が停頓すること。
なく(無)　底本「井」を改む。底本上欄に「井疑無」。
断常　断見と常見との二つの迷見。
離言の性　言語に表現し難い法性。
依主　依主釈。梵語文法の用語。二つの名辞が合して出来た語の場合、二語の間に主伴の関係を認めて解釈する法。
如し　この上に脱文があろう。
聞　底本「円」を改む。底本上欄に「円疑聞」。

ち四河皆な濬《ふか》く、倶に大池より出でて、十山峰を分け、巨海に珠形するが若《ごと》し。孛《くら》き者は罕《まれ》にその室を詳《つまびら》かにし、*頤《い》師《し》の説、各《おのおの》己が宗に住す。これを一言に失すれば乖《そむ》くに千里を以てす。即ち*解深密・仏地・阿毘達摩の経等、*瑜伽・雑集・唯識の論等の如き、皆な権宗となす。その*有為・無為は、唯即唯別にして未だその至極を果尽せざるを以てなり。*華厳・涅槃・勝鬘・楞伽・密厳の経等、*智度・中観・宝性・起信の論等の若《ごと》き、皆な実教となす。その有為・無*為、鎔融即離にして便ちその究竟を示すべきを以てなり」と。道を語れば則ち*理教恒に設け、人に因れば乃ち興衰時あり。*貞観十九年より権宗大に振ひ、実義まさに隠れんとす。時変に趣く者、当代を挙げて一に期し、智性を重んずる者、正途を失して以て万計す。求法の者、既に轅《ながえ》を北にして越に適《ゆ》き、執迷の者、則ち*夏虫以て氷を疑ふ。ああ、*是縁舎《とど》まれば魔力も能く遮する*なく、邪因集れば仏徳も止むるに由なし。もし乃ち菩提の果極ならば、而も生滅なほ存すと言ひ、有無の見亡ぜずして則ち以て*断常永く離るとなし、平等の境において差別ありと執す。謂く、*離言の性、*依主して名を得たりと。この徒、寔《まこと》に繁《おお》し。その類あにただ仏の至教を違害するのみならんや。また乃ち無数の衆生を淪没す。長歎息をなすべきなり。北轅と山家、各《おのおの》仏法を護ること、夢裏の*如し。権実を洮汰し、了因・智種已にこの巻にあり。見*聞・信謗倶に仏因となり、定んで弥勒に見《まみ》えて同じく仏記を受けんと。

決権実論

願文

延暦四年（七八五）春、南都東大寺の戒壇に登って具足戒をうけ、大僧の資格を得た最澄は、なぜかその年の七月、突然世の無常を観じ、比叡山に登って樹下石上の生活に入った。彼の入山に当って、その決意を述べたものが、すなわちこの「願文」一篇である。全文わずか六百字に満たない小篇ながら、純粋な理想に燃える若き日の最澄の精神的状況を赤裸々に物語るただ一つの文献である。前文と五条の誓願より成るが、前文では、深刻な無常観と痛切な自己批判の想いを披瀝し、後半五条の誓願では、(1)六根相似位、(2)照理心、(3)具足浄戒、(4)般若心、(5)功徳回施の五つの目標を掲げ、それらが達成されるまでは山を出ないことを誓っている。最澄入山の動機を知る手がかりとなるばかりでなく、思想家としての最澄の出発点を示す貴重な思想史的文献ともいえる。延暦四年入山後まもないころのものと考えられるから、最澄二十歳ごろの作であろう。底本には「叡山大師伝」（石山寺本）所収のものを用いた。

願《がん》　文《もん》

悠々《ゆうゆう》たる*三界《さんがい》は純《もは》ら苦にして安きことなく、擾々《じょうじょう》たる*四生《ししょう》はただ患にして楽しからず。*牟尼《むに》の日久しく隠れて、*慈尊の月未だ照さず。*三災の危きに近づきて、*五濁の深きに没《しず》む。しかのみならず、風命《ふうみょう》保ち難く、露体消え易し。*草堂楽しみなしと雖も、然も老少、白骨を散じ曝《さら》す、*土室闇《くら》く迮《せま》しと雖も、而も貴賤、魂魄《こんぱく》を争ひ宿す。彼れを瞻《み》己れを省《かえりみ》るに、この理必定《ひつじょう》せり。*仙丸未だ服せず、遊魂留め難し。*命通《みょうつう》未だ得ず、死辰《ししんいつ》何とか定めん。生ける時善を作《な》さずんば、死する日*獄の薪と*(成らん)。得難くして移り易きはそれ人身《にんしん》なり。発《おこ》し難くして忘れ易きはこれ善心なり。ここを以て、法皇牟尼は*大海の針、*妙高の線《いと》を仮《か》りて、人身の得難きを喩況《ゆきょう》し、古賢*禹王《うおう》は一寸の陰《とき》、半寸の暇《いとま》を惜しみて、一生の空しく過ぐることを歎ぜり。因なくして果を得るはこの処《ことわり》あることなく、善なくして苦を免るるはこの処あることなし。

伏して己が行迹《ぎょうせき》を尋ね思ふに、無戒にして竊《ひそ》かに*四事の労《いたわ》りを受け、愚癡にしてまた四生の怨《あだ》と成る。この故に、未曾有因縁経《みぞううんねんきょう》に云く、施す者は天に生れ、受くる者は獄に入る

三界　↓二一〇頁注

四生　生物の生れかたを胎生・卵生・湿生・化生の四類に分けたもの。

牟尼　梵語ムニの音写。釈迦牟尼の略。牟尼は尊い聖者。釈迦族の聖者の意でゴータマ・シッダルタを釈迦牟尼と尊称する。ここは仏滅後年すでに久しきことを日に喩えていう。

慈尊　慈氏(梵語マイトレーヤ)。弥勒菩薩のこと。当来この地上世界たる閻浮提に下生して、釈尊に次いで成仏するために現に兜率天で待機している菩薩。一生補処の菩薩とも当来仏ともいう。ここでは当来仏としての弥勒の成仏のはるかに遠いことを月に喩えていう。

三災　世界の終末に起きる厄災で大小二種がある。小の三災は戦闘・疾病・饑饉であり、大の三災は火災・水災・風災である。これら大小の三災によって一切の有情と世界とが終末には崩壊死滅するという。

五濁　↓九〇頁補

草堂　草葺きの葬送の堂。

土室　地下の墓室。

仙丸　不老長寿の仙人となるための丸薬。

命通　宿命通のこと。自分や他人の過去世の行状を知る通力のこと。

獄の薪…　死後、八熱地獄に堕ちて火に責められること。正法念処経地獄品(正蔵一七、三七a)等に説く。

成らん　底本「成」字なし。一本に

と。＊提韋女人《だいいにょにん》の四事の供は末利夫人《まりぶにん》の福と表はれ、＊貪著利養《とんじゃくりよう》の五衆の果は石女担轝《しゃくにょたんよ》と顕はる。明らかなるかな善悪の因果。誰《いずく》の有慚《うざん》の人《にん》か、この典《のり》を信ぜざらんや。然れば則ち、善因を知りて而も苦果を畏《おそ》れざるを、釈尊は＊闡提《せんだい》と遮《しゃ》したまひ、人身を得て徒《いたずら》に善業を作《な》さざるを、聖教《しょうぎょう》に＊空手《くうしゅ》と嘖《せ》めたまへり。

ここにおいて、愚が中の極愚、狂《おう》が中の極狂《ごくおう》、塵禿《じんとく》の有情《うじょう》、底下《ていげ》の最澄、上《かみ》は諸仏に違《い》し、中《なか》は皇法に背き、下《しも》は孝礼を闕《か》けり。謹んで迷狂の心に随ひて＊三二の願を発《ほっ》す。＊無所得を以て方便となし、＊無上第一義のために金剛不壊《ふえ》不退《ふたい》の心願を発す。

我れ未だ＊六根相似の位を得ざるより以還《このかた》、＊出仮せじ。〈その一〉

未だ＊理を照す心を得ざるより以還、才芸あらじ。〈その二〉

未だ浄戒を具足することを得ざるより以還、＊檀主の法会に預らじ。〈その三〉

未だ＊般若の心を得ざるより以還、世間人事《にんじ》の＊縁務に著《じゃく》せじ。＊相似の位を除く。〈その四〉

＊三際の中間《ちゅうげん》にて、所修の功徳、独り己が身に受けず、普く有識《うしき》に廻施《えせ》して、悉く皆な無上菩提を得しめん。〈その五〉

伏して願はくは、解脱の味ひ独り飲まず、安楽の果独り証せず、法界の衆生、同じく＊妙覚に登り、法界の衆生、同じく如味を服せん。もしこの願力に依つて六根相似の位に至り、もし＊五神通を得ん時は、必ず＊自度を取らず、＊正位《しょうい》を証せず、一切に著せざらん。願はくは、

よって補う。

大海の針　人間に生れることのむつかしさを、大海中に落した一本の針を探るのに喩える。菩薩処胎経巻六定意品に出(正蔵一二、一〇四七b)。

妙高の線　人身の受けがたいことを、須弥山の上から下ろした糸を山麓にある針の孔に入れるのに喩える。妙高は須弥の訳。法苑珠林巻二十三慚愧篇所引の提渭経(今佚)に出(正蔵五三、四五五b)。

禹王　中国古代の聖王。禹王が寸陰を惜しんだことは、晋書・世説新語などに見える。

四事　衣服・飲食・臥具・湯薬。

提韋女人・貪著利養の五衆　↓補

闡提　一闡提の略。↓一四頁注

空手　宝の山に入って空手にして帰ること。心地観経巻六(正蔵三、三二八b)に見える。

三二の願　下文に見える五つの誓願。

無所得　すべてのことに執われることなく実相真理を体得すること。

無上第一義　この上なくすぐれたもの。仏法をいう。

六根相似の位　↓補

出仮　二義がある。↓補

理を照す心　迷妄の闇を破し、真如の理を明らかに照す心。

檀主の法会　梵語ダーナパティを施主(施しをする人)と訳すが、檀はダーナの音写で、布施と訳す。施主の施しによる法会。

必ず今生の*無作*無縁の*四弘誓願《しぐぜいがん》に引導せられて、周《あまね》く法界に旋《めぐ》らし、遍《あまね》く六道に入り、仏国土を浄《きよ》め、衆生を成就し、未来際を尽すまで恒《つね》に仏事を作さんことを。

般若の心　般若は梵語プラジュニャーの音写。慧・智慧と訳す。悟りの智慧のこと。一切の執着を離れた心境。

縁務　自己を拘束する世間的な業務。

相似の位を除く　相似の位は六根相似の位。この境地に達して化他のために出仮する場合は例外とするの意。

三際の中間　過去世・現在世・未来世を三世という。過去と未来の中間、現在のこと。

妙覚　瓔珞経及びこの経の菩薩の行位を依用する天台宗において、最高の寂滅心の仏果とされるもの。

五神通　→一〇五頁注「五通」・二四四頁注

自度　自分のみが涅槃を証して他の衆生を配慮しないこと。度は迷の此岸から悟りの彼岸に度(わた)ること。自度のみを求めるのは声聞や縁覚であって、大乗菩薩は自度よりも度他を先とするのが原則とされている。

正位　→二五六頁注

無作　有作の対。天鼓が風に応じて自然(じねん)に妙音を出すが如く、故意に作意することなく、衆生に応同して自度即度他の菩薩行を修すること。

無縁　縁は対境に対して執著することで、攀縁ともいう。衆生の善悪利鈍に執われることなく、無差別平等の立場に徹するのが無縁である。

四弘誓願　→二九頁注「四弘の願」

原文

顕戒論　巻上

前入唐受法沙門伝燈法師位最澄撰

稽首十方常寂光　常住内証三身仏
実報方便同居土　大悲示現大日尊
稽首十方真如性　妙法一乗真実教
四教五味権実等　八万法蔵一切経
稽首十方内眷属　大智大悲大三昧
第一義諦和合僧　地前地上諸菩薩
帰命台蔵盧舎那　千華百億釈迦尊
帰命仏性一実戒　十重四十八軽戒
帰命上座如来母　文殊師利大菩薩
帰命妙海王子等　二十有余諸菩薩
帰命南嶽天台等　伝戒師師諸聖衆
我今顕発一乗戒　利楽一切諸有情
為開円戒造此論　仰願常住深三宝
冥護顕護無妨難　伝戒護国尽後際
二種生死諸有情　防非止悪護仏種
開悟一心法性本　自受法楽遊寂光

恭聞。在俗君子。靡恃己長。況此沙門。何談彼短。噫乎。守玄欲黙。円戒将泯。順世発言。是非難絶。是以。造顕戒論。進　弘仁君。伏惟

皇帝陛下。明等日月。徳同天地。政行五常。教信一味。弘仁無外。賢臣無隠。仏日重光。内証道興。円教大戒。必可興顕之時。蘭若禅窟。必可建立之日。所以。挙三寺文。請大乗院。定文殊位。望菩薩僧。原夫。賜白牛朝。不用三車。得家業夕。何須除糞。故経云。正直捨方便。但説無上道。又云。今所応作。唯仏智慧。当今六統振勢。抑没仏戒。群釈憑口。強慕対論。三百刺心。何得緘口。且直筆代口。以陳万一。伏願

明君。幸照殿最。此論三巻。有上中下。録其篇目。先発大綱。云爾

顕戒論巻上　　両篇　　十三明拠

開雲顕月篇第一

開顕三寺所有国篇第二

　開示大日本国先大乗寺後兼行寺明拠一
　開示建寺本願有差別明拠二
　開示鳴鐘無遮違現事明拠三
　開示初修業菩薩不同小乗寺明拠四
　開示同小律儀菩薩不同小律儀菩薩明拠五
　開示四種三昧院明拠六

開示大乗得定者明拠七
開示利他之故受小律儀明拠八
開示上品殊勝不大乗意明拠九
開示菩薩利他故外現声聞相明拠十
開示叡山不類大天明拠十一
開示分部無是無非明拠十二
開示滅後分部住持明拠十三

顕戒論巻中　三篇　二十九明拠

開顕文殊上座篇第三
開示小乗上座明拠十四
開示大乗上座像明拠十五
開示大唐文殊為上座新制明拠十六
開示前入唐留学僧不言上座明拠十七
開示見唐一隅知天下上座明拠十八

開顕大乗大僧戒篇第四
開示千仏大戒明拠十九
開示仏戒別解脱戒明拠二十
開示声聞比丘外別有大乗出家菩薩・明拠二十一
開示梵網経破小乗明拠二十二
開示大僧名大小通称明拠二十三
開示通受別持戒明拠二十四
開示菩薩僧所持威儀戒明拠二十五
開示大乗別解脱戒明拠二十六
開示大小二僧名明拠二十七
開示菩薩剃除鬚髪出家修道明拠二十八
開示菩薩僧著袈裟明拠二十九
開示菩薩受三衣等明拠三十

開顕授大乗戒為大僧篇第五
開示能授三師七証大小不同明拠三十一
開示大機凡聖随分修学千仏大戒明拠三十二
開示仮名菩薩除災護国明拠三十三
開示大唐台山金閣等五寺常転大乗明拠三十四
開示大唐護国念誦護国転経明拠三十五
開示列出家在家二類菩薩意明拠三十六
開示菩薩戒請師問遮不同小乗明拠三十七
開示指求小果人都不正義明拠三十八
開示終利小機謬明拠三十九
開示其安楽行是上地行謬明拠四十
開示但発大乗心超勝阿羅漢明拠四十一
開示未得仏智慧平人得罪過明拠四十二

顕戒論巻下　十六明拠

開雲顕月篇第一

大日本国六統表　　前入唐沙門最澄重箴重弾

沙門護命等謹言

僧最澄奉献天台式幷表奏不合教理事

沙門護命等聞。立式制民。必資国主。設教利生。良在法王。〈箴曰。君独不治。必須良臣。臣得一善。必献其君。況得万善。豈不献君也。梵網之教。利生厳制。華台舎那。寧不法王也〉非国主制。無以遵行。非法王教。無以信受。〈箴曰。一乗円宗。先帝之制。海内緇素。誰不遵行。心地円戒。千仏大戒。除闡提外。誰不信受也〉故仏自制戒。非菩薩等。〈箴曰。五十八戒。舎那自制也。尚非小仏制。況属菩薩等也〉

仏在世時。弟子無諍。及至正像。異見競起。遂令弱植之徒。随偽弁以長迷。倒置之倫。遂邪説而永溺。〈弾曰。調達異見。豈非仏世。善星不信。已在仏時。仏性之諍。雖正像興。而能洗過。何称偽弁。空有之見。雖像末起。而能断迷。何為邪説。其長迷永溺者。是猶学者之失也〉所以四依菩薩。造論会宗。三乗賢聖。順教述旨。〈箴曰。四依菩薩。則馬鳴。竜樹。弥勒。無著。堅恵。世親。所造論等。忌起信。中。門。瑜伽。顕揚。宝性。仏性也。四依造論。有権有実。三乗述旨。有三有一。所以天台智者。順三乗旨。定四教階。依一実教。建一仏乗。六度有別。戒度何同。受法不同。威儀豈同哉。是故天台伝法。深依四依。亦順仏経。豈胸臆也〉

自有漢明帝永平三年。夢見金人以来。像教東流。霊瑞非一。〈弾曰。従自有漢明。至霊瑞非一者。是則破邪論文也。其論此文意者。為救仏法故。対奕造此文。今斯上式意者。為顕仏戒故。対権造此式。已所望不同。明知。案文謬。又漢帝夢見。永平三年。其論謬文。謹案開元貞元二録。漢帝夢見。永平七年。不簡謬文。輙戴上表。不足為忠也〉摩騰。法蘭。導聖旨於前。羅什。真諦。闡微言於後。〈弾曰。摩騰。法蘭。但伝小乗。羅什。真諦。大小兼伝。大乗布薩。雖敬文殊。而未別座。亦無国制也〉玄奘。義浄。久経西域。所聞所見。具伝漢地。〈弾曰。玄奘。義浄。各造記伝。大小別学。具載両伝。但披伝文。不案伝義。噫埋玉之歎。豈可得免也〉我日本国。志貴嶋宮御宇天皇。歳次戊午。百済王。奉渡仏法。聖君敬崇。至今不絶。〈弾曰。天皇即位元年庚申。御宇正経三十二歳。謹案歳次暦。都無戊午歳。元興縁起。取戊午歳。已乖実録。敬崇之言。未尽其理。沈焼之事理。須注載也〉

入唐学生。道昭。道慈等。往逢明師。学業抜萃。天竺菩提。唐朝鑒真等。感徳帰化。伝通遺教。如是人等。徳高於時。都無異議。〈弾曰。道照入唐。麟徳以前。道慈向唐。開元年中。此両学僧。何知後制。又印土菩提。支那鑒真。天宝之載。辞於大唐。勝宝之年。到於日本。上座之制。未興唐国。二方両徳。何有異議也〉而僧最澄。未見唐都。只在辺州。即便還来。今私造式。輙以奉献。〈弾曰。最澄。義真等。延暦末年。奉使大唐。尋道天台。謹蒙国徳。台州得到。即当州刺史陸淳。感求法誠。遂付天台道邃和上。和上慈悲。一心三観。伝於一言。菩薩円戒。授於至信。天台一家法門已具。又明州刺史鄭審則。更遂越州。令受灌頂。幸遇泰嶽霊巌寺順暁和上。和上鏡湖東嶽。峰山道場。授両部灌頂。与種種道具。受法已畢。還帰船所。大使処分。乗第一船。遂解藤纜於望海。上布帆於西風。鵜旗東流。竜船著岸。頂戴法宝。復命金闕。主上随喜。頂礼新法。差六学生。奨円教学。屈八大徳。飲灌頂水。更建仏頂壇。灌頂十律師。為伝新両業。毎年度二人。又命有司。給公験於最澄等。謹因順公験。請円三学。当今所造之式。述先帝制。何有私造。不知元由。輙言私造。豈有忠言也〉

其文浅漏。事理不詳。〈弾曰。上式之文。不同奕文。何有浅漏。仏戒事理。亦異奕理。豈有不詳。未練両文。直写論文。誰博覧人。信此文章也〉非紊乱法門。兼復違令条。〈弾曰。備三学。非是紊乱。屈滞直表。何違令条也〉誠須召対僧身。依教論定。〈弾曰。已有式文。邪正易定。更召僧身。問何難定也〉然則。玉石異貫。清濁分流。〈弾曰。大小別寺。玉石異貫。受戒異師。清濁分流。夫浮詞隠理。強口開道。誠須各開名拠。依真吐真。寧任弁口。任欺任誑也〉敢以愚見。軽触威厳。伏増惶恐。謹言。〈弾曰。事君之道。有忠有信。奏対乖理。罪有所帰。抑人隠道。豈有恐惶也〉

弘仁十年五月十九日

大僧都伝燈大法師位　護命

少僧都伝燈大法師位　長慧

少僧都伝燈大法師位　在狭山池所

律師伝燈大法師位　施平
律師伝燈大法師位　豊安
律師伝燈大法師位　修円
律師伝燈大法師位　泰演

宗意難忍。且説不軽伽陀曰

西国流伝戒　文殊上座多　六綱求寂滅
寧奚愛娑婆　敬奉不軽記　当来作仏陀
莫障円妙道　為済彼珠鶏

開示三寺所有国篇第二

山家式曰
一　凡仏寺有三
一者一向大乗寺　初修業菩薩所住寺
二者一向小乗寺　一向小乗律師所住寺
三者大小兼行寺　久修業菩薩所住寺

天台法華宗。年分学生。并回心向大初修業者。一十二年。令住深山四三昧院。得業以後。利他之故。仮受小律儀。許住兼行寺

僧統奏曰。件三種寺。今有何処。〈已上奏文〉

論曰。彼三種寺者。遠在五印度。中在大唐国。近可在此間。小乗学者。大乗学者。兼学大小。所住伽藍。是名為寺。其文不堕。由何致疑也

謹案玄奘三蔵西域伝。有三学国。具列如左

第一習学大乗国。略一十五国

一迦畢試国
周四千余里。国大都城。周十余里。伽藍百余所。僧徒六千余人。並多習学大乗法教

二濫波国
周千余里。国大都城。周十余里。伽藍十余所。僧徒寡少。並多習学大乗法教

三僧訶補羅国
周三千五六百里。国大都城。周十四五里。伽藍三所〈二所虚無僧。一所僧徒百余人〉。並学大乗教
孤山中有伽藍。僧徒二百余人。並学大乗法教

四迦湿弥羅国
周七千余里。国大都城。南北十二三里。東西四五里。伽藍百余所。僧都五千余人
大山有故伽藍。僧徒三十余人。並学大乗法教

五毘羅那拏国
周二千余里。国大都城。周十余里。伽藍二所。僧都三百人。並皆習学大乗法教

六摩掲陀国

周五千余里。城少居人。邑多編戸。伽藍五十余所。僧徒万有余人。並多宗習大乗法教

有跋始婆僧伽藍。僧徒七百余人。並学大乗法教

七烏荼国

周七千余里。国大都城。周二十余里。伽藍百余所。僧徒万余人。並皆習学大乗法教

八羯餕伽国

周五千余里。国大都城。周二十余里。伽藍十余所。僧徒五百余人。習学大乗上座部法

九憍薩羅国

周六千余里。国大都城。周四十余里。伽藍百余所。僧徒減万人。並皆習学大乗法教

十僧伽羅国

周七千余里。国大都城。周四十余里。伽藍数百所。僧徒二万余人。遵行大乗上座部法

十一蘇剌佗国

周四千余里。国大都城。周三十余里。伽藍五十余所。僧徒三千余人。多学大乗上座部法

十二伐剌拏国

周四千余里。国大都城。周二十余里。伽藍数十。荒圮已多。僧徒三百余人。並学大乗法教

十三遭矩吒国

周七千余里。国大都城。周三十余里。敬崇三宝。伽藍数百所。僧徒万余人。並皆習学大乗法教

十四斫句迦国

周千余里。国大都城。周十余里。伽藍数十。毀壊已多。僧徒百余人。習学大乗

十五瞿薩旦那国

周四千余里。伽藍百有余所。僧徒五千余人。並多習学大乗法教

第二兼学大小国。一十五国

一闍爛達羅国

東西千余里。南北八百余里。国大都城。周十二三里。伽藍五十余所。僧徒二千余人。大小二乗。専門習学

二屈露多国

周三千余里。国大都城。周十四五里。伽藍二十余所。僧徒千余人。多学大乗。少習諸部

三秣菟羅国

周五千余里。国大都城。周二十余里。伽藍二十余所。僧徒二千余人。大小二乗。兼功習学

四羯若鞠闍国
周四千余里。国大都城。長二十余里。広四五里。伽藍百余所。僧徒万余人。大小二乗。兼功習学
五阿踰陀国
周五千余里。国大都城。周二十余里。伽藍百有余所。僧徒三千余人。大乗小乗。兼功習学
六弗栗恃国
周四千余里。伽藍十余所。僧徒減千人。大小二乗。兼功通学
七尼波羅国
周四千余里。国大都城。周二十余里。邪正兼信。伽藍天祠。接堵連隅。僧徒二千余人。大小二乗。兼功綜習
八奔那伐弾那国
周四千余里。国大都城。周三十余里。伽藍二十余所。僧徒三千余人。大小二乗。兼功綜習
九恭建那補羅国
周五千余里。国大都城。周三十余里。伽藍百余所。僧徒万余人。大小二乗。兼功綜習
十摩訶剌侘国
周六千余里。国大都城。周三十余里。伽藍百余所。僧徒五千余人。大小二乗。兼功綜習

十一契吒国
周三千余里。国大都城。周二十余里。伽藍十余所。僧徒千余人。大小二乗。兼功習学
十二鄔闍衍那国
周六千余里。国大都城。周三十余里。伽藍数十所。僧徒三百余人。大小二乗。兼功習学
十三鉢伐多国
周五千余里。国大都城。周二十余里。伽藍十余所。僧徒千余人。大小二乗。兼功習学
十四狼掲羅国
東西南北。各数千里。国大都城。周三十余里。伽藍百余所。僧徒六千余人。大小二乗。兼功習学
十五活国
周三千余里。国大都城。周二十余里。伽藍十余所。僧徒数百人。大小二乗。兼功綜習
第三但学小乗国。四十一国
一阿耆尼国
東西六百余里。南北四百余里。国大都城。周六七里。伽藍十余所。僧徒二千余人。習学小乗教
二屈支国

東西千余里。南北六百余里。国大都城。周十七八里。伽藍百余所。僧徒五千余人。習学小乗教
三跋禄迦国
東西六百余里。南北三百余里。国大都城。周五六里。伽藍数十所。僧徒千余人。習学小乗教
四縛喝国
東西八百余里。南北四百余里。国大都城。周二十余里。伽藍百有余所。僧徒三千余人。並皆習学小乗法教
五梵衍那国
東西二千余里。南北三百余里。国大都城。長六七里。伽藍数十所。僧徒数千人。宗学小乗
六磔迦国
周万余里。国大都城。周二十余里。伽藍十所。僧徒百余人。並学小乗法
七至那僕底国
周二千余里。国大都城。周十四五里。伽藍十所。僧徒三百余人。学説一切有部
八波理夜呾羅国
周三千余里。国大都城。周十四五里。伽藍八所。僧徒寡少。習学小乗
九薩他泥湿伐羅国
周七千余里。国大都城。周二十余里。伽藍三所。僧徒七百余人。並皆習学小乗法教
十窣禄勤那国
周六千余里。国大都城。周二十余里。伽藍五所。僧徒千余人。多学小乗。少習余部
十一秣底補羅国
周六千余里。国大都城。周二十余里。伽藍十余所。僧徒八百余人。多学小乗教
十二瞿毘霜那国
周二千余里。国大都城。周十四五里。伽藍二所。僧徒百余人。並皆習学小乗法教
十三堊醯掣呾羅国
周三千余里。国大都城。周十七八里。伽藍十余所。僧徒千余人。並皆習学小乗正量部法
十四劫比他国
周二千余里。国大都城。周二十余里。伽藍四所。僧徒千余人。学小乗正量部法
十五阿耶穆佉国
周二千四五百里。国大都城。周二十余里。伽藍五所。僧徒千

余人。習学小乗正量部法
十六鉢邏那伽国
周五千余里。国大都城。周二十余里。伽藍両所。僧徒寡少。
並皆学小乗法教
十七憍賞弥国
周六千余里。国大都城。周三十余里。伽藍十余所。僧徒三百
余人。学小乗教
十八鞞索迦国
周四千余里。国大都城。周十六里。伽藍二十余所。僧徒三千
余人。並学小乗正量部法
十九室羅伐悉底国
周六千余里。都城荒傾。周二十余里。伽藍数百所。僧徒寡少。
学正量部
二十婆羅痆斯国
周四千余里。国大都城。長十八九里。広五六里。伽藍三十余
所。僧徒三千余人。並学小乗正量部法
二十一戦主国
周二千余里。都城周十余里。伽藍十余所。僧徒減千人。並皆
遵習小乗教法
二十二吠舎釐国
周五千余里。伽藍数百所。僧徒寡少。習学小乗正量部法
二十三伊爛拏鉢伐多国
周三千余里。国大都城。周二十余里。伽藍十余所。僧徒四千
余人。多学小乗正量部法
二十四瞻波国
周四千余里。国大都城。周四十余里。伽藍数十所。僧徒二百
余人。習小乗教
二十五三摩呾吒国
周三千余里。国大都城。周二十余里。伽藍三十余所。僧徒二
千余人。並皆遵習上座部学
二十六羯羅拏蘇伐剌那国
周四千四五百里。国大都城。周二十余里。伽藍十余所。僧徒
二千余人。習学小乗正量部法
二十七駄那羯磔迦国
周六千余里。国大都城。周四十余里。伽藍二十余所。僧徒千
余人。並多習学大衆部法
二十八達羅毘茶国
周六千余里。国大都城。周三十余里。伽藍百余所。僧徒万余
人。並皆遵学上座部法
二十九摩臘婆国

周六千余里。国大都城。周三十余里。伽藍数百所。僧徒二万余人。習学小乗正量部法
三十伐臘毘国
周六千余里。国大都城。周三十余里。伽藍百余所。僧徒六千余人。多学小乗正量部法
三十一阿難陀補羅国
周二千余里。国大都城。周二十余里。伽藍十余所。僧徒減千人。習学小乗正量部法
三十二瞿折羅国
周五千余里。国大都城。周三十余里。伽藍一所。・百余人。習学小乗教説一切有部
三十三信度国
周七千余里。国大都城。周三十余里。伽藍数百所。僧徒万余人。並学小乗正量部法
三十四阿点婆翅羅国
周五千余里。国大都城。周三十余里。伽藍八十余所。僧徒五千余人。並学小乗正量部法
三十五波剌斯国
周数万里。国大都城。周四十余里。伽藍二三所。僧徒数百人。並学小乗教
三十六臂多勢羅国
周三千余里。国大都城。周二十余里。伽藍五十余所。僧徒三千余人。並学小乗正量部法
三十七阿軬荼国
周二千四五百里。国大都城。周二十余里。伽藍二十余所。僧徒二千余人。多学小乗正量部法
三十八安咀羅縛国
周三千余里。国大都城。周十四五里。伽藍三所。僧徒数十。然皆遵習大衆部法
三十九朅盤陀国
周二千余里。国大都城。周二十余里。伽藍十余所。僧徒五百余人。習学小乗教
四十烏鎩国
周千余里。国大都城。周十余里。伽藍十余所。僧徒減千人。習学小乗教
四十一佉沙国
周五千余里。伽藍数百所。僧徒万余人。習学小乗教
又謹案義浄三蔵南海寄帰内法伝第一。云。大乗小乗。区分不定。北天南海之郡。純是小乗。神州赤県之郷。意存大乗。自余諸処。大小雑行。〈已上伝文〉

明知。小大及兼学。具載西域・。大小別修事。亦出南海伝。而今僧統奏云件三種寺今有何処者。未案両伝也

開示大日本国先大乗寺後兼行寺明拠一

僧統奏曰。我日本国。曾無此寺。〈已上奏文〉

論曰。上宮建寺。二百余年。伽藍太多。豈無三之中一寺哉。又東大寺深律師論云。一向大乗寺。此間亦有。謂如行基僧正四十九院。又伝戒師僧来儀。已依大師遺訓。皆受声聞別解脱戒。為比丘菩薩。従爾已後。非是一向大乗之寺。〈已上論文〉当知。初時称者一向大乗寺。後時名為大小兼学寺。夫随機定寺。不得不別。蔵通両機之菩薩。応受小乗律儀戒。別円二機之菩薩。応受大乗律儀戒。今僧統奏云曾無此寺者。亦違深律師論

開示建寺本願有差別明拠二

僧統奏曰。建寺本願。無三差別。〈已上奏文〉

論曰。建寺本意。為置出家。亦為住持三宝寿命。若不爾者。不是小乗寺。不是大乗寺。不是兼行寺也。三色寺之外。更名何等寺也。当知。深律師論。有二種寺。何無三別也

開示鳴鐘無遮違現事明拠三

僧統奏曰。毘尼蔵中。不許別衆。闡門鳴鐘。意在無遮。〈已上奏文〉

論曰。如僧統言者。教理可爾。而僧籍定数。升飯有限。但言唱無遮。飯存有遮。招提常住。其意亦別。若存無遮。可順曇謨也

開示初修業菩薩不同小乗寺明拠四

僧統奏曰。況菩薩四弘願。豈有三執哉。法界為家。何処非寺。由是之故。可無三寺。〈已上奏文〉

論曰。四弘誓願者。立於差別境。上求及下化。可成亦可度也。夫法界為家者。此即観心之境界也。建立伽藍者。為有待之身命也。若引有待身。強同観心境。何制難処。亦制安居也。故銑律師云。言安居者。要期此住。故曰安居。比見濫用法界安居。既乖聖教。人法倶非。愚人遵稟。曾未思択。必是天魔。壊乱仏法。甚可悲哉。既遍法界。何用安居。何故此文。令立安居坐禅処。〈已上疏文〉明知。僧統所奏。法界為家言。何処非寺義。定堕彼所破也

謹案説妙法決定業障経。云。爾時夫人。白仏言。若有初修行菩薩。何等之人非善知識。不応共住。仏告夫人。若三界中。梵釈四王。沙門婆羅門。皆与修行菩薩。為善知識。唯除声聞。非善知識。恐声聞。退修行菩薩。大乗道行。何以故。声聞縁覚。為己利故。勧引初修行菩薩。回入小乗。是以。声聞乗人。非善知識。夫人当知。初修行菩薩。不応与声聞比丘。同居房舎。不同坐牀。不同行路。又云。復次修行菩薩。不応数覧小乗経論。何以故。為障仏道故。夫人当知。修行菩薩。寧捨身命。不棄菩提。而入声聞。求羅漢道。〈已上経文〉

明知。初修行菩薩。不与其小儀比丘。同不居房舎。不同坐牀。不同行路也

又案称讃大乗功徳経。云。爾時衆中。有一菩薩。示為女相。名徳厳華。承仏威神。従座而起。稽首作礼。而白仏言。何等名為菩薩悪友。新学菩薩。知已遠離

爾時仏告徳厳華言。我観世間。無有天魔。梵釈沙門。婆羅門等。与新学菩薩。於無上菩提。為悪知識。如楽声聞独覚乗者。所以者何。夫為菩薩。必為利楽諸有情故。勤求無上正等菩提。楽二乗人。志意下劣。唯求自証涅槃楽。以是因縁。新学菩薩。不応与彼同住一寺。同止一房。同処経行。同路遊適。若諸菩薩。已於大乗。具足多聞。得不壊信。我別開許与彼同居。為引発心。趣菩提故。若彼種類。善根未熟。不応為説大乗法教。令生誹謗。獲罪無辺。新学菩薩。但応親近久学大乗。多聞菩薩。為於無上正等菩提。所種善根。速成就故。不応親近楽二乗人。所以者何。彼障菩薩菩提心故。彼令棄捨菩提心故。彼令虧損菩提心故。彼令毀犯菩薩行故。菩薩寧当棄捨身命。不応棄捨大菩提心。発起趣求二乗作意。若諸菩薩。勧諸有情。捨菩提心。趣二乗地。若諸菩薩。勧諸有情。捨菩提心。造諸悪業。倶堕地獄。受諸劇苦。菩薩寧守大菩提心。造五無間。受地獄苦。終不棄捨大菩提心。而欲趣求預流果証。菩薩寧守大菩提心。百千大劫。受地獄苦。終不棄捨大菩提心。而欲趣求一来果証。菩薩寧守大菩提心。受傍生身。或作餓鬼。終不棄捨大菩提心。而欲趣求不還果証。菩薩寧守大菩提心。造十悪業。堕諸悪趣。終不棄捨大菩提心。而欲趣求無生果証。菩薩寧守大菩提心。入大火坑。救諸含識。終不棄捨大菩提心。而同法賊。趣涅槃界。菩薩哀愍。一切有情。於生死中。輪転無救。初発無上菩提心時。一切天人阿素洛等。皆応供養。已能映奪。一切声聞独覚乗果。已能摧伏。一切魔軍。諸悪魔王。皆大驚怖

時徳厳華。聞仏語已。重請仏言。何謂魔軍。唯願世尊。哀愍為説

仏告徳厳華。若有聞説大乗法教。不生随喜。不楽聴聞。不求悟入。不能信受。反加軽笑。毀呰凌懱。離間謗讟。捶打駆擯。応知。此等皆是魔軍。是則名為楽非法者。性鄙劣者。求外道者。行邪行者。壊正見者。応知。此等謗毀大乗。当堕地獄。受諸劇苦。従彼出已。生餓鬼中。経百千劫。常食糞穢。後生人中。盲聾瘖瘂。支体不具。其鼻匾㖒。愚鈍無知。形貌矬陋。如是漸次。罪障消除。流転十方。或遇諸仏。親近供養。復聞大乗。聞已或能随喜信受。因此便発大菩提心。勇猛精勤。修菩薩行。漸次増進。乃至菩提。〈已上経文〉

明知。初業菩薩。不共小儀也

開示同小律儀菩薩不同小律儀菩薩明拠五

謹案不必定入定入印経。云。爾時文殊師利童子。白仏言。世尊。唯願世尊。為諸菩薩。説必定不必定入智印法門。以彼印故。令我

得知。此菩薩必定。此菩薩不必定。此不必定阿耨多羅三藐三菩提。退無上智道

仏言。文殊師利。此中則有五種菩薩。何等為五。一者羊乗行。二者象乗行。三者月日神通乗行。四者声聞神通乗行。五者如来神通乗行。文殊師利。如是名為五種菩薩。文殊師利。初二菩薩。不必定阿耨多羅三藐三菩提。退無上智道。後三菩薩。必定阿耨多羅三藐三菩提。不退無上智道

文殊師利言。世尊。何者二菩薩。不必定阿耨多羅三藐三菩提。退無上智道。世尊。何者三菩薩。必定阿耨多羅三藐三菩提。不退無上智道

仏言。文殊師利。羊乗行菩薩。象乗行菩薩。此二菩薩。不必定阿耨多羅三藐三菩提。退無上智道。文殊師利。月日神通乗行菩薩。声聞神通乗行菩薩。如来神通乗行菩薩。此三菩薩。必定阿耨多羅三藐三菩提。不退無上智道。文殊師利。応云何知羊乗行菩薩。文殊師利。譬如有人。他方五百仏之世界。微塵等数世界之外。彼有因縁。有大因縁。彼有所作。有大所作。彼有所重。有大所重。為彼事故。欲過如是微塵世界。到於彼処。如是思惟。我乗何乗。而能得過如是世界。得到彼処。如是之人。即便思惟。若我今者。乗於羊乗。則応得過如是世界。到於彼処。文殊師利。如是之人。既思惟已。即乗羊乗。発行彼道。経長久時。到百由旬。大風輪起吹。令回還八千由旬。文殊師利。於意云何。如是之人。乗彼羊乗。於彼世界。能過到不。若経一劫。若一百劫。若一千劫。億百千劫。若不可説不可説劫。彼人能過一世界不

文殊師利答言。世尊。彼若能過一世界者。無有是処。如是之人。乗彼羊乗。若経一劫。若一百劫。若一千劫。億百千劫。若不可説不可説劫。若能得過一世界者。無有是処

仏言。如是。文殊師利。若善男子。若善女人。発阿耨多羅三藐三菩提心已。声聞乗人。相随止住。近声聞人。習声聞人。恭敬供養。声聞乗人。共為知識。財物交通。与共同住。若在林中。若在寺舎。若経行処。同一処行。読声聞乗。誦声聞乗。思声聞乗。信声聞乗。復教他人読誦思信。如是之人。住声聞乗。摂声聞乗。種善根行。声聞所牽故。得鈍智退無上智道。如是菩薩。修菩提心。慧根慧眼。而復後時。住声聞智。種善根行。則還愚鈍。破壊不成。文殊師利。譬如有人。若患眼病。若有目瞑。如是之人。為開眼故。一月療治。勤不休息。過一月已。眼得少開。彼有怨悪。常伺其便。把砕畢鉢。著其眼中。令彼人眼。転闇更閉。不得開眼。如是如是。文殊師利。若彼菩薩。修菩提心。慧根慧眼。而復後時。住声聞智。種善根行。則還愚鈍。破壊不成。文殊師利。此羊乗行菩薩。応知。文殊師利。応云何知象乗行菩薩。文殊師利。譬如有人。如是微塵世界之外。彼有因縁。有大因縁。彼有所作。有大所作。彼有所重。有大所重。

為彼事故。欲過如是微塵世界。到於彼処。如是思惟。我乗何乗。而能得過如是世界。到於彼処。如是之人。即便思惟。若我今者。有八分相応象乗者。則応得過如是世界。到於彼処。文殊師利。如是之人。既思惟已。即乗八分相応象乗。発行彼道。百年常行。三千由旬。大風輪起吹。令回還。一千由旬。文殊師利。於意云何。如是之人。乗彼象乗。於一世界。為能過不。若経一劫。若一百劫。若一千劫。億百千劫。若不可説不可説劫。彼人能過一世界不

文殊師利答言。世尊。彼若能過一世界者。無有是処。如是之人。乗彼象乗。若経一劫。若一百劫。若一千劫。億百千劫。若不可説不可説劫。若能得過一世界者。無有是処

仏言。如是。文殊師利。若善男子。若善女人。発阿耨多羅三藐三菩提已。声聞乗人。相随止住。近声聞人。習声聞人。共為知識。与共同住。若在林中。若在寺舎。若経行処。同一処行。読声聞乗。誦声聞乗。思声聞乗。信声聞乗。復教他人読誦思信。如是之人。住声聞智。摂声聞乗。種善根行。声聞所牽故。得鈍智退無上智道。如是菩薩。修善提心。種善根行。安住大乗。而復後時。住声聞智。種善根行。則還愚鈍。破壊不成。文殊師利。譬如大木広千由旬。大海所漂。於大海中。済度衆生。空行夜叉。出置陸地。繋縛在於五百由旬大鉄坑上。文殊師利。於意云何。如是大木。彼大海水。復能漂不。復能海中済衆生不

文殊師利答言。不能

仏言。如是。文殊師利。若彼菩薩。修菩提心。種善根行。修行一切智智海道。牽回令退。則不能向一切智智大海之道。不能救抜生死大海一切衆生。文殊師利。此象乗行菩薩。応知。文殊師利。応云何知月日神通乗行菩薩。文殊師利。譬如有人。如是微塵世界之外。彼有因縁。有大因縁。彼有所作。有大所作。彼有所重。有大所重。為彼事故。欲過如是微塵世界。到於彼処。如是思惟。我乗何乗。而能得過如是世界。到於彼処。如是之人。即便思惟。若我今者。乗於月日神通乗者。則応得過如是世界。到於彼処。文殊師利。如是之人。既思惟已。即乗月日神通之乗。発行彼道。文殊師利。於意云何。如是之人。乗於月日神通之乗。於彼世界。能過到不

文殊師利答言。世尊久時則能

仏言。如是。文殊師利。若善男子。若善女人。発阿耨多羅三藐三菩提心已。不与一切声聞乗人。相随止住。不近一切声聞乗人。不習一切声聞乗人。不作知識。財物不交。不共同住。若在林中。若在寺舎。若経行処。不同処行。亦不読誦声聞乗法。不思不信声聞乗法。不教他人読誦信学。乃至一偈。亦不学習。不読不誦。彼人若読。則読大乗。彼人若誦。則誦大乗。若有所説。則説大乗乃至一偈。文殊師利。此是月日神通乗行菩薩。応知。文殊師利。譬如

有大伽楼羅王。大力少壮。随意所念。須弥山頂。能到異処。如是如是。文殊師利。月日神通乗行菩薩。戒聞深心。大力少壮勇健。能得随心所念。仏仏世界。皆能過到。於諸如来衆会輪中。皆能示身。文殊師利。応云何知声聞神通乗行菩薩。文殊師利。譬如有人。如是微塵世界之外。彼有因縁。有大因縁。彼有所作。有大所作。彼有所重。有大所重。為彼事故。欲過如是微塵世界。到於彼処。如是思惟。乗何神通。而能得過如是世界。到於彼処。如是之人。即便思惟。我今若乗声聞神通。則応得過如是世界。到於彼処。文殊師利。如是之人。既思惟已。即爾便乗声聞神通。発行彼道。文殊師利。於意云何。如是之人。乗声聞神通。於彼世界。能過到不

文殊師利答言。能過

仏言。如是。文殊師利。若善男子。若善女人。発阿耨多羅三藐三菩提心已。不与一切声聞乗人。相随止住。不近一切声聞乗人。不習一切声聞乗人。不作知識。財物不交。不同修行。不共語説。不共同住。若在林中。若在寺舎。若経行処。不同処行。不読不誦声聞乗法。不思不信声聞乗法。不教他読。不教他誦。乃至一偈。於声聞乗。不相応誦。亦不教他。彼人若読。則読大乗。彼人若誦。則誦大乗。亦教他人読誦大乗。若有所説。則説大乗。彼於解信大乗菩薩摩訶薩等。読大乗人。誦大乗人。摂大乗人。敬重正信。随順修学。与共相応。随逐不捨。依附親近。如法供養。共為知識。

与共同住。若在林中。若在寺舎。若経行処。与共同行。於大乗人。摂大乗人。受大乗人。持大乗人。第一敬重。最勝供養。所謂燈明。種種華香。抹香塗香。妙鬘塗身。如是供養。如是之人。読誦大乗。第一喜心。為他人説。心不軽慢未学菩薩。正面言説。先意問迅。不作悪語。不麤鉱語。常説愛語。説美妙語。如是之人。乃至失命身死因縁。不捨大乗。常摂一切行大乗人。学大乗人。読大乗人。誦大乗人。摂大乗人。如力摂取。如法摂取。如心所堪。彼人如是。無人憎悪。無与諍対。常求一切未曾聞経。心常敬重所従聞者。心不軽慢未学菩薩。於他人過。若実不実。不説不枉。不求他便。常勤修学慈悲喜捨。文殊師利。此是声聞神通乗行菩薩。応知。文殊師利。応云何知如来神通乗行菩薩。文殊師利。譬如有人。如是微塵世界之外。彼有因縁。有大因縁。彼有所作。有大所作。彼有所重。有大所重。為彼事故。欲過如是微塵世界。到於彼処。如是思惟。乗何神通。而能得過如是世界。到於彼処。如是之人。即便思惟。我今若乗如来神通。則応得過如是世界。到於彼処。文殊師利。如是之人。既思惟已。即爾便乗如来神通。発行彼道。文殊師利。於意云何。如是之人。如来神通。於彼世界。能速過不

文殊師利答言。能過

仏言。如是。文殊師利。若善男子。若善女人。発阿耨多羅三藐三菩提心已。不与一切声聞乗人。相随止住。不近一切声聞乗人。不

習一切声聞乗人。不作知識。財物不交。不同修行。不共語説。不共同住。若在林中。若在寺舎。若経行処。不同処行。不読不誦声聞乗法。不思不信声聞乗法。不教他読。不教他誦。乃至一偈。於声聞乗。不相応読。不相応誦。亦不教他。彼人若読。則読大乗。彼人若誦。則誦大乗。亦教他人読誦大乗。若有所説。則説大乗。如是之人。身口意浄。善持戒法。亦令他人身口意浄。令住善法。彼於修行大乗。菩薩摩訶薩等。読大乗人。誦大乗人。摂大乗人。敬重正意。随順修学。与共相応。随逐不捨。依附親近。如法供養。共為知識。与共同住。若在林中。若在寺舎。若経行処。与共同行。於行大乗人。摂大乗人。受大乗人。持大乗人。第一敬重。最勝供養。所謂燈明。種種華香。抹香塗香。妙鬘塗身。如是供養。如是之人。読誦大乗。第一喜心。教他人読。教他人誦。心不軽懱未学菩薩。於余菩薩。安住令学。常説愛語。説美妙語。如是之人。乃至失命身死因縁。不捨大乗。常摂一切行大乗人。学大乗人。読大乗人。誦大乗人。摂大乗人。第一敬重。心生大喜。設大供養。亦令他人如是修学。有大深心。彼人如是。無人憎悪。不与諍対。常求一切未曾聞経。第一深心。慇重心求。心常敬重所従聞者。於彼人所。生於師想。亦令他人如是修学。心不軽懱未学菩薩。於他人過。若実不実。不説不枉。不求他便。亦教他人如是修学。〈已上経文〉

明知。五種菩薩。或有必定。或不必定。其不必定者。由共小儀故。羊乗象乗者。仏果不必定。是即蔵通戒。無翼劣菩薩。三種神通乗。仏果已必定。是当別円戒。直道菩薩等。此間大乗学。云何執小儀。永遮大別儀。不共寺房制。分明載仏経。何以不順法華制。更学声聞小律儀也

開示四種三昧院明拠六

僧統奏曰。又言四三昧院者。誰人所修。何三昧哉。唯聞其名。未見其実。〈已上奏文〉

論曰。四三昧院者。学円観者。所住之院也。依文殊般若。建立常坐一行三昧院。依般舟三昧経。建立常行仏立三昧院。依法華経等。建立半行半坐三昧院。依大品経等。建立非行非坐三昧院。具如止観説。何不案他宗。謟咲未見実也

謹案摩訶止観第二。云。行法衆多。略言其四。一常坐。二常行。三半行半坐。四非行非坐。通称三昧者。調直定也。大論云。善心一処住不動。是名三昧。法界是一処。止観能住不動。四行為縁観心。藉縁調直。故通称三昧也。一常坐。出文殊説。文殊問両般若。名為一行三昧。方法者。身論開遮。口論説黙。意論止観。具如経説。二常行三昧。出般舟三昧経。翻為仏立。身開遮。口説黙。意止観。具如経説。三半行半坐。出方等陀羅尼経。妙法蓮華経。身開遮。口説黙。意止観。具如経説。四非行非坐三昧者。南嶽師呼

為随自意。意起即修三昧。大品称覚意三昧。意之趣向。皆覚識明了。雖復三名。実是一法。今依経釈名。覚者照了也。意者心数也。三昧如前釈。且約請観音経示其相。具如経説。〈已上本文〉

明知。四三昧院者。行者所居也。春秋常行。冬夏常坐。随行者楽欲。応修半行半坐。亦修非行非坐。天台智者。已心中行。発陀羅尼。南嶽一行。依常坐行。得一行名。末葉後生。誰不勤修也

開示大乗得定者明拠七

僧統奏曰。此土本来。無得定人。何以将知得業虚実。〈已上奏文〉

論曰。六統同志。隠得定人也。深律師云。有両聖人。若許聖人。寧無定徳哉。両言相違。不足取信。普門示現。無所不偏。凡造寺供僧。納封納田。住持三宝。如是等類。国王王子。大臣宰相。不聖何人哉。非首楞厳定力。誰敢如是者哉。夫智等如来。可平他徳。偏以有漏智。不可平他定。損国隠聖。莫過斯矣也

謹案維摩経上巻。云。不起滅定。而現諸威儀。是為宴坐。不捨道法。而現凡夫事。是為宴坐。〈已上経文〉羅什曰。謂。雖入滅定。而能現無量変化。以応衆生也。僧肇曰。小乗入滅尽定。則形猶枯木。無運用之能。大士入実相定。心智永滅。而形充八極。順機而作。応会無方。挙動進止。不捨威儀。又云。小乗障隔生死。故不能和光。大士善悪斉旨。道俗一貫。故終日凡夫。終日道法也

天台智者維摩経疏云。不起滅定。而現諸威儀。是為宴坐。此次示

不思議勝用。不起滅定而現諸威儀者。是譏其入滅定無用也。声聞入定。皆因心念要期入出。正在定時。不得現四威儀。如迦葉入定。不能自所施用。弥勒起出。方乃現十八変。故知。二乗入定。於自無用。於他無益也。如世人言是物無用。棄而不録。二乗之定。若無用者。即亦無体。是思議滅定。故呵言不必也。今大乗不思議定有用。故有体也。是以菩薩。以趣仏慧。入不思議定。能不起滅定。現十法界威儀。如阿修羅琴。随前人吐韻。菩薩滅定。逐物機来。即能現諸威儀。此方入定。十方現形。余処宴坐。此間行住。汝声聞入定。既作要期。何不誓願動定。使衆生機感不起此定。現諸威儀。良由不見不思議真性。由無願波羅蜜。故不能於滅定。現十法界四威儀也。無用之定。物所不重。故前呵言不必也。復次。法身入定。則不如此。雖無三界生死之身。而法性身。以趣仏慧。入諸禅定不思議滅定。能於三界。現十法界四種威儀。一切諸法。無不示現。是為不思議究竟真宴坐也

不捨道法。而現凡夫事。是為宴坐。此是第二約法心一双。呵其法心之拙。非真宴坐。故前呵言不必也。文即有二。初約法呵。若身子出真入俗。方能同凡夫進止。若不捨諸禅及滅定。何得要期出定。当知。即是捨道法。同凡夫法。是則凡法聖法有二。不得不捨也。菩薩不爾。以趣仏慧。知凡即仏法。無二無別。豈捨道法更入道法也。即是行於非道。通達仏道。若於非道不能通達者。何謂為道。

是故菩薩。以趣仏慧力。能不捨道法。現凡夫事。道法者。四教所明。慧行道法。行行道法也。凡夫事者。三業不善事。三業善事。三不善根事。三善根事也。又如前歎浄名。云雖為白衣。而奉持沙門清浄律行等。二十九事。無量方便事也。法身常在三昧。不捨一切道法。現行三界。徧同凡事。而於凡身。通達仏道。入王三昧。一切三昧。悉入其中。不捨如是等道法。現凡夫事。引物入不思議解脱。仏之浄土也。此即是究竟真宴坐也。以此識其道法之拙。故前呵云不必也。〈已上疏文〉

明知。未練深定。泯実相定。南嶽大師。大唐得定。哀愍我国。託生王家。建立仏法。利益有情。若不許南嶽。深背僧伝。夫風色雖難見。見葉得方。心色雖不見。而見情易知。闇射不若大地的。昧礼不如常不軽也

開示利他之故受小律儀明拠八

僧統奏曰。又言利他故仮受小律儀者。此倒言也。〈已上奏文〉

論曰。鑒真和上。十六出家。十有八歳。受菩薩戒。後利小根。仮受小律儀。今山家亦。先受菩薩戒。後利他之故。請仮受小儀。已契和上志。何及倒言失也

謹案大唐伝戒師名記大和上鑒真伝。云。釈鑒真。揚州江陽県人也。俗姓淳于氏。即斉朝淳于髡大夫之後也。十六出家。十有八歳。受菩薩戒。又云。若単依菩薩住持。小根誰度。故菩薩発心。超於十地。若論成仏究竟。還作声聞。故我大師。三祇行満。百劫修成。方便剃頭。断惑求仏。於十六心満。木叉定生。将知。諸出家者。要学声聞律儀。乃能住持。厳浄戒律。弘揚三蔵。随機利物。又云。遂以景竜二年三月二十八日晡時。於西京実際寺壇。方受具足戒。〈已上伝文〉

明知。我大日本国伝戒大和上。先受大乗戒。後受小乗戒。利小根故。更受小戒。豈不利他哉。若随教自利。可不会大。若随心成大。可不自利。何自称大儀之仮受。為倒言也

開示上品殊勝不大乗意明拠九

僧統奏曰。凡受戒法。発起上品殊勝悕求。方即得戒。既知仮受。誰与其戒。〈已上奏文〉

論曰。為利他故。発起上品殊勝悕求。誰大乗律師。不授仮受耶。若有能受者。未解仮受。応教導云。為無上道遠方便故。仮受小儀。而仮受者不許者。豈不一向小乗律師哉

謹案宣律師鈔第二。云。問。此教宗。是何乗。而発大乗志耶。答。此四分宗義当大乗。戒本文云。若有為自身。欲求仏道。当尊重正戒。及回施衆生。共成仏道。律中多有誠例。光師亦判。入大乗律限。〈已上鈔文〉

慈和記云。四分宗義当大乗者。光師所以判是大乗律限者。不約教明。但拠師承所学。今鈔亦云義当大乗故。又云。当発上品心。得

上品戒。若下品心者。乃至羅漢。戒是下品。毘跋律云。発心我今求道。当救一切衆生。衆生皆惜寿命。以此事受。是下品軟心。雖得仏戒。猶非上勝。余二就義明之。云何中品。若言我今正心向道。解衆生疑。我為一切作律梁。亦能自利。復利他人。受持正戒。云何上品。若言我今発心受戒。為成三聚戒故。趣三脱門。正求泥洹果。又以此法。引導衆生。令至涅槃。令法久住。如此発心。尚是邪想。況不発者。定無尊尚。毘跋律者。発正云。此云品類。・律師飾宗云。是大乗律。折中云。有一巻。疑偽目中出。南斉永明年。沙門法度。於揚州得。彼律具三品。故文云。三種慈者。有上中下。下者如鈔所引也。〈已上記文〉

明知。其律未分明。未足為正義。何執小儀。以為円義也

開示菩薩利他故外現声聞相明拠十

僧統奏曰。如声聞戒。多分自利。菩薩律儀。亦兼利他。而云利他故仮受小律儀者。既違教旨。不足言論。〈已上奏文〉

論曰。声聞戒者。於声聞自利。於菩薩利他。夫菩薩律儀。都無自利。以利他即為自利故。当知。不求小果故。名為仮受也。約小乗教。雖似違教。約菩薩受。都不相違。若強令相違。破和上義耳

謹案妙法蓮華経第四巻。云。知衆楽小法而畏於大智。是故諸菩薩。作声聞縁覚。以無数方便。化諸衆生類。自説是声聞去仏道甚遠。度脱無量衆。皆悉得成就。雖小欲懈怠。漸当令作仏。内秘菩薩行。外現是声聞。小欲厭生死。実自浄仏土。示衆有三毒。又現邪見相。我弟子如是方便度衆生。〈已上経文〉

明知。諸菩薩等。還作声聞。以方便力。為化衆生。庶将来有智。用心思択也

開示叡山不類大天明拠十一

僧統奏曰。昔依大天。部分二十。仏法因斯。遂令衰滅。今比叡山。部判人法。則知。是滅法之先兆也。〈已上奏文〉

論曰。滅後大天者。有犯過人罪。像末叡山者。無犯過人罪。昔五事者。欺誑弟子。故令仏法衰滅。今四条者。依経引導。故令仏法中興。僧統卜兆。不足可信也

謹案慈和四分鈔記第一巻。云。比丘名為大天。犯三逆罪。未出家前。与母私通。遂殺其父。恥人所知。将母逃走。隠之波吒梨城。遇逢本国供養羅漢。恐復彰露。因遂殺之。後見其母与余人私通。復殺其母。造三逆罪。深生憂悔。欲求滅罪。因即出家。未久便能読誦三蔵。王聞遂請。入宮供養。又与王妃私通。然彼復称我是羅漢

後於寺中。夢失不浄。而令弟子洗所汚衣。弟子白言。師煩悩已尽。何容斯事。師曰。漏失二種。一者煩悩。羅漢已無。二者不浄。羅漢未免。煩悩雖尽。豈無便利涕唾等耶。然我漏失。為魔所嬈。不応怪也。此是魔女。欲毀我故。而以不浄。汚我衣也。自作経云。

仏語比丘。魔以天女。毀無学人。故以不浄。染汚其衣。准部執疏。五事皆自作経証成。此第一事也。又欲令諸弟子親附。次第記得四沙門果

弟子問言。阿羅漢等。応有証知。如何我等。都不自知。彼言。羅漢亦有無知。無知有両。一者染汚。羅漢已無。二者不染汚。羅漢猶有。又自作経云。仏語比丘。羅漢猶有無明覆心。不自知得。此第二事也

弟子復言。曾聞。聖者已度疑惑。四諦三宝。我猶懐疑。彼言。羅漢亦有疑惑。疑惑有両。一者随眠疑。羅漢已無。二者処非処疑。羅漢猶有。解云。称理名処。不称理者。名為非処。於法称理。不称理事。猶予不決。名処非処疑。又自作経云。仏語比丘。須陀洹人。於四諦法。猶有疑心。此第三事也

弟子又言。若是羅漢。応自証知。如何但由師之済度。都無現智能自証知。彼言。羅漢有由他度。如舎利弗目連。慧通第一。仏若未記。彼不自知。況汝鈍根。要由他度。不能自了。又自作経云。仏語比丘。聖人亦有依他断疑。此第四事也

然彼大天。雖造重悪。未断善根。後於中夜。自惟罪重。当於何処受諸劇苦。憂惶所逼。高声唱言。苦哉苦哉。弟子尋白師言。大師所作已弁。何故唱苦。彼遂告言。我呼聖道。謂。諸聖道。若不志誠苦召命者。終不現前。又自作経云。仏語比丘。聖道亦有為言所顕者。此第五事也

後布薩時。大天昇座。集前五事。而作頌言

　無学漏失因魔引　無知疑惑由他度
　聖道欲起仮声呼　是謂如来真浄教

爾時衆中。有学無学。多聞持戒。修静慮者。聞彼所説。翻彼頌言。前三句同。改第四句云。是汝狂言非仏教。竟夜闘諍。乃至終朝。城中士庶。乃至国王。自来和諍。僻用律文。行籌滅諍。用多人語。賢聖衆中。耆年雖多。而僧数少。大天朋内。耆年雖少。而衆数多。遂分二部。一上座部。二大衆部。〈已上記文〉

明知。大天五事。為隠己過。叡山四条。為伝円戒。五事之偽。出於胸臆。四条之式。拠於聖典。回小向大。一乗正義。執三謗一。諸仏不印。耆年上座。順理小衆。少年大天。違理多衆。遂使少年乗船。百妄頓絶。耆年移国。一真来今也

開示分部無是無非明拠十二

謹案文殊問経下巻。云。爾時文殊師利。白仏言。世尊。仏入涅槃後。未来弟子。云何諸部分別。云何根本部

仏告文殊師利。未来我弟子。有二十部。能令諸法住。二十部者。并得四果。三蔵平等。無下中上。譬如海水味無有異。如人有二十子。真実如来所説。文殊師利。根本二部。従大乗出。従般若波羅蜜出。声聞縁覚諸仏。悉従般若波羅蜜出。文殊師利。如地水火風

虚空。是一切衆生所住処。如是般若波羅蜜及大乗。是一切声聞縁覚諸仏出処

文殊師利白仏言。世尊。云何名部

仏告文殊師利。初二部者。一摩訶僧祇〈此云大衆。老少同会。共集律部也〉。二体毘履〈此言老宿。淳老宿人同会。共出律部也〉。我入涅槃後一百歳。此二部当起。

従摩訶僧祇出七部。於此百歳内出一部。名執一語言〈所執与僧祇同。故云一也〉。於百歳内。従執一語言部復出一部。名出世間語言〈称讃辞也〉。於百歳内。従出世間語言出一部。名高拘梨柯〈是出律主姓也〉。於百歳内。従高拘梨柯出一部。名多聞〈出律主有多聞智也〉。於百歳内。従多聞出一部。名只底舸〈此山名。出律主居之也〉。於百歳内。従只底舸出一部。名東山〈亦律主居也〉。於百歳内。従東山出一部。名北山〈亦律主居也〉。此謂従摩訶僧祇部出於七部。及本僧祇。是為八部

於百歳内。従体毘履部出十一部。於百歳内出一部。名一切語言〈律主執三世有故。一切可暦語言也〉。於百歳内。従一切語言出一部。名雪山〈亦律主居也〉。於百歳内。従雪山出一部。名犢子〈律主姓也〉。於百歳内。従犢子出一部。名法勝〈律主名也〉。於百歳内。従法勝出一部。名賢〈律主名也〉。於百歳内。従賢部出一部。名一切所貴〈律主為通人所重也〉。於百歳内。従一切所貴出一部。名芿山〈律主居也〉。於百歳内。従芿山出一部。名大不可棄〈律主初生。母棄之於井。父追尋之。雖墜不死。故云大不可棄也。又名能射〉。於百歳内。従大不可棄出一部。名法護〈律主名也〉。於百歳内。従法護出一部。名迦葉比〈律主姓也〉。於百歳内。従迦葉比出一部。名修妒路句〈律主執修妒路義也〉。此謂体毘履部出十一部。及体毘履。成二十部

仏説此祇夜

摩訶僧祇部　分別出有七　体毘履十一
是謂二十部　十八及本二　悉従大乗出
無是亦無非　我説未来起　〈已上経文〉

明知。小乗二十部。悉従大乗出。無是亦無非。小雖有同異。大体無差別。当今三乗及一乗。所見有別異。法体雖一味。随機有浅深。一乗雖無対。未開教有余。今依法華制。暫隔求小因也

開示滅後分部住持明拠十三

謹案部執異論幷宗輪論等。云。仏滅度後。百有余年。分為両部。一大衆部〈亦名摩訶僧祇部〉。二上座部〈亦名上座弟子部〉。後即於此第二百年。大衆部中流出三部。一一説部。二説出世部〈亦名出世説部〉。三鶏胤部〈亦名灰山住部〉。次後於此第二百年。大衆部中復出一部。名多聞部〈亦名得多聞部〉。又大衆部中更出一部。名説仮部〈異論云又出一部。名分別説部〉。第二百年満。有一出家外道。捨邪帰正。亦名大天。大衆部中。出家受具。多聞精進。居制多山。与彼部僧。

重詳五事。因玆乖諍。分為三部〈異論云。分為両部。一支提山部。二北山部〉。一制多山部。二西山住部。三北山住部。如是大衆部。四破或五破。本末別説。合為九部。一大衆部。二一説部。三・出世部。四鶏胤部。五多聞部。六説仮部。七制多山部。八西山住部。九北山住部

其上座部。経爾所時。一味和合。三百年初。有少乖諍。分為両部。一説一切有部。亦名説因部〈異論同名〉。二即本上座部。転名雪山部〈異論云雪山住部。亦名上座弟子部〉。後即於此第三百年。従説一切有部。流出一部。名犢子部〈異論云。名可住子弟子部〉。次後於此第三百年。従犢子部。流出四部。一法上部。二賢冑部〈異論云賢乗部〉。三正量部〈異論云正量弟子部〉。四密林山部〈異論云密林住部〉。次後於此第三百年。従説一切有部。復出一部。名化地部〈異論云正地部〉。次後於此第三百年。従化地部。流出一部。名法蔵部。自称。我襲採菽氏師〈異論云法護部〉。至三百年末。従説一切有部復出一部。名飲光部。亦名善歳部。至第四百年初。従説一切有部復出一部。名経量部。亦名説転部。自称。我以慶喜為師〈異論云説度部。亦名説経部〉。如是上座部。七破或八破。本末別説。成十一部。一説一切有部。二雪山部。三犢子部。四法上部。五賢冑部。六正量部。七密林山部。八化地部。九法蔵部。十飲光部。十一経量部。〈已上論文〉明知。二十部。無是亦無非。倶受如来記。住持小乗法。彼大天比丘。大衆部得度。犯過人之罪。作五事之妄当知。所別大天類。是即滅法先兆。能別上座部。都無滅法相也

顕戒論巻上

顕戒論　巻中

前入唐受法沙門伝燈法師位最澄撰

開顕文殊上座篇第三

山家式曰

一　凡仏寺上座置二座

一者一向大乗寺　置文殊師利。以為上座

二者一向小乗寺　置賓頭盧和上。以為上座

三者大小兼行寺　置文殊与賓頭盧両上座

僧統奏曰。賓頭盧。以為上座。明有仏記。文殊師利。以為上座。未有経文。〈已上奏文〉

論曰。古徳相伝云。夫賓頭盧像。無文造像。但敷設浄座。見華取験。今此間諸寺。所置上僧形。恐皆是文殊像矣。先代伝人。謬指文殊像。名為賓頭盧。〈已上人語〉例如此間伝吉祥天像。謬伝摩利支

又寂徳梵網疏云。若大小見異。尚不得共住一処。同飲一河。何況同利。別小差大。応成僧次。又云。五部異見。不共法利。〈已上疏文〉

青丘太賢梵網古迹云。又聞。西域諸小乗寺。以賓頭盧盧上座。諸

大乗寺。以文殊為上座。合衆共持菩薩戒。羯磨説戒。皆作菩薩法事。菩薩律蔵。常誦不絶。〈已上迹文〉

明知。有文殊上座也

開示小乗上座明拠十四

請賓頭盧法〈或名経。開元目録。入賢聖集録〉

天竺優婆塞。国王長者。若設一切会。常請賓頭盧頗羅堕誓阿羅漢。賓頭盧者字也。頗羅堕誓姓也。其人為樹提長者現神足。故仏遏之。不聴涅槃。勅令為末法四部衆作福田。請時於静処。焼香礼拝。向天竺摩梨山。至心称名言。大徳賓頭盧頗羅堕誓。受仏教勅。為末法人作福田。願受我請。於此処食。若新作屋舎。亦応請之言。願受我請。於此舎牀敷上宿。若普請衆僧澡浴時。亦応請之言。願受我請。於此洗浴。及未明前。具香湯。灰水。澡豆。楊枝。香油。調和冷煖。如人浴法。開戸請入。然後閉戸。如人浴訖頃。衆僧乃入。凡会食澡浴。要須一切請僧。至心求解脱。不疑不昧。信心清浄。然後可屈

近世有一長者。聞説賓頭盧阿羅漢。受仏教勅。為末法人作福田。即如法施設大会。至心請賓頭盧。氍毹下偏敷華。欲以験之。大衆食訖。発氍毹華皆萎。懊悩自嘖。不知過所従来。更復精竭。審問経師。重設大会如前。華亦皆萎。復更傾竭。尽家財産。復作大会。猶亦如前。懊悩自嘖。更請百余法師。求請所失。懺謝罪過

始向上座一人年老。・四布。悔其僁咎。上座告之。汝三会請我。
我皆受請。汝自使奴門中見遮。以我年老。衣服弊壊。謂是被擯頼
提沙門。不肯見前。我以汝請欲強入。汝奴以杖打我頭破。額右角
創是。第二会亦来。復不見前。我又欲強入。復打我頭。額中創是。
第三会亦来。如前被打頭。額左角創是。汝自為之。何所懊悩。言
已不現
長者乃知。是賓頭盧。自爾已来。諸人設福。皆不敢復遮門。若得
賓頭盧。其坐処華即不萎。若新立房舎牀榻。欲請賓頭盧時。皆当
香湯灑地。燃香油燈。新牀新蓐蓐上。奮綿敷之。以白練覆綿上。
初夜如法請之。還閉房戸。慎勿軽慢窺看。皆各至心信其必来。精
誠感徹。無不至也。来則蓐上現有臥処。浴室亦現用湯水処。受大
会請時。或在上座。或在中座。或在下座。現作随処僧形。人求其
異。終不可得。去後見坐処華不萎。乃知之矣。〈已上法文〉
明知。賓頭盧上座。定可不造像也
開示大乗上座像明拠十五
文殊師利般涅槃経〈開元目録。入大乗単訳経録〉
如是我聞。一時仏。在舎衛国祇樹給孤独園。与大比丘僧八千人倶。
長老舎利弗。大目犍連。摩訶迦葉。摩訶迦旃延。如是等衆。上首
者也。復有菩薩摩訶薩十六人等。賢劫千菩薩。弥勒為上首。復有
他方菩薩千二百人。観世音而為上首
爾時世尊。於後夜分。入于三昧。其三昧名一切光。入三昧已。挙
身皆放金色光明。其光大盛。照祇陀林。猶若金色。回旋宛転。照
文殊房。化為七重金台。一一台上。有五百化仏。台中経行。時文
殊師利房前。自然化生五百七宝蓮華。円若車輪。白銀為茎。黄金
為葉。阿茂吒馬碯。以為其台。雑色真珠。以為華鬚。其華有光。
照仏精舎。従精舎出。還入文殊師利房
爾時会中。有菩薩摩訶薩。名跋陀婆羅。此瑞現時。跋陀婆羅。即
従房出。礼仏精舎。到阿難房。告阿難言。汝応知時。今夜世尊。
現神通相。為饒益衆生故説妙法。汝鳴揵槌
爾時阿難。白大士。世尊。今者入深禅定。未被勅旨。云何集衆
作是語時。舎利弗。至阿難所告言。法弟宜時集衆
爾時阿難。入仏精舎。為仏作礼。未挙頭頃。空中有声。告阿難言。
速集衆僧。阿難聞已。即大歓喜。鳴揵槌集衆。如此音声。徧舎衛
国。上聞有頂。釈梵護世四天王。与無数天子。将天華香。詣祇陀
林
爾時世尊。従三昧起。即便微笑。有五色光。従仏口出。此光出時。
祇洹精舎。変成瑠璃
爾時文殊師利法王子。入仏精舎。為仏作礼。二膝上生五蓮華。文
殊。仏前合十指掌時。手十指端。及手掌文。皆出十千金色蓮華。
以散仏上。化成七宝大蓋。懸諸幢幡。十方無量諸仏菩薩。映現蓋

中。遶仏七迊。卻坐一面

爾時跋陀婆羅。即従座起。整理衣服。為仏作礼。長跪合掌。白仏言。世尊。是文殊師利法王子。已曾親近百千諸仏。在此娑婆世界。施作仏事。於十方面。変現自在。卻後久遠。当般涅槃

仏告跋陀婆羅。此文殊師利。有大慈悲。生於此国多羅聚落梵徳婆羅門家。其生之時。家内屋宅。化如蓮華。従母右脇出。身紫金色。堕地能語。如天童子。有七宝蓋。随覆其上。詣諸仙人。求出家法。諸婆羅門。九十五種諸論議師。無能酬対。唯於我所。出家学道。住首楞厳三昧。以此三昧力故。於十方面。或現初生。出家。滅度。入般涅槃。現分舎利。饒益衆生。如是大士。久住首楞厳。仏涅槃後。四百五十歳。当至雪山。為五百仙人。宣暢敷演十二部経。教化成就五百仙人。令得不退転。与諸神仙。作比丘像。飛騰空中。至本生地。於空野沢尼拘楼陀樹下。結跏趺坐。入首楞厳三昧。三昧力故。身諸毛孔。出金色光。其光遍照十方世界。度有縁者。五百仙人。各皆見大光従身毛孔出

是時文殊師利。身如紫金山。正長丈六。円光厳顕。面各一尋。於円光内。有五百化仏。一一化仏。有五化菩薩。以為侍者。其文殊冠。毘楞伽宝之所厳飾。有五百種色。一一色中。日月星辰。諸天竜宮。世間衆生。所希見事。皆於中現。眉間白毫。右旋宛転。流出化仏。入光網中。挙身光明。焰焰相次。一一焰中。有五摩尼珠。一一摩尼珠。各有異光。異色分明。其衆色中化仏菩薩。不可具説。左手執鉢。右手擎持大乗経典。現此相已。光炎皆滅。化成瑠璃像。於左臂上。有十仏印。一一印中。有十仏形像。諸仏名字。了了分明。於右臂上。有七仏印。一一印中。有七仏像。七仏名字。了了分明。身内心処。有真金像。結跏趺坐。正長六尺。在蓮華上。四方皆現

仏告跋陀婆羅。是文殊師利。有無量神通。無量変現。不可具説。我今略説。為未来世盲冥衆生。若有衆生。但聞文殊師利名者。除卻十二億劫生死之罪。若礼拝供養者。生生之処。恒生諸仏家。為文殊師利威神所護。是故衆生。当勤繫念文殊像。念文殊像法。先念瑠璃像。念瑠璃像者。如上所説。一一観之。皆令了了。若未得見。応当誦持首楞厳経。称文殊師利名字。一日至七日。文殊必来。至其人所。若復有人。宿業障者。夢中得見。夢中見者。於現在身。若求声聞。以見文殊師利故。得須陀洹。乃至阿那含。若出家人。見文殊師利者。已得見故。一日一夜。成阿羅漢。若有深信方等経典。是法王子。於禅定中。為説実義。令得深法。若使乱心多者。於其夢中。為説実義。令其堅固於無上道。得不退転

仏告跋陀婆羅。此文殊師利法王子。若有人念。若欲供養修福業者。即自化身。作貧窮孤独。苦悩衆生。至行者前。若有人念文殊師利者。当行慈心。行慈心者。即是得見文殊師利。是故智者。応当諦

観文殊師利。三十二相八十種好。作是観者。首楞厳力故。当得疾見文殊師利。作是観者。名為正観。若他観者。名為邪観。仏滅度後。一切衆生。其有得聞文殊師利名者。見形像者。百千劫中。不堕悪道。若有受持読誦文殊師利名者。設有重障。不堕阿鼻極悪猛火。常生他方清浄国土。値仏聞法。得無生忍。説是語時。五百比丘。遠塵離苦。成阿羅漢。無量諸天。発菩提心。願常随従文殊師利

爾時跋陀婆羅。白仏言。世尊。是文殊師利舎利。誰当於上起七宝塔

仏告跋陀婆羅。香山中有八大鬼神。自当擎去。置香山中。金剛山頂上。無量諸天。竜神夜叉。常来供養。大衆集時。像恒放光。其光演説苦空無常無我等法。跋陀婆羅。此法王子。得不壊身。我今語汝。汝好受持。広為一切諸衆生説。説是語時。跋陀婆羅等。諸大菩薩。舎利弗等。諸大声聞。天竜八部。聞仏所説。皆大歓喜。礼仏而退。〈已上経文〉

明知。文殊上座。可造其像也。当知。是文殊師利法王子。已曾親近百千諸仏。在此娑婆世界。施作仏事。於十方面。変現自在。因何不為出家菩薩之上座也。〈一徳〉

又経云。若有衆生。但聞文殊師利名。除卻十二億劫生死之罪。〈已上経文〉順天竺法。文殊上座。安置食堂。晨朝日中。二時礼敬。除卻二十四億劫生死之罪。豈不懺悔哉。浄住之義。深契説戒。天竺大乗寺。文殊為上座。良由此衆縁也。

又経云。礼拝供養者。生生之処。恒生諸仏家。為文殊師利威神所護。是故衆生。当勤繫念文殊像。〈已上経文〉文殊上座。安置食堂。日日礼拝。日日供養。施者受者。生生之処。生諸仏家。文殊師利威神所護。誰出家人。不仰信者也。夫夢中得見文殊聖。一日一夜。成阿羅漢。又於其夢中。為説実義。令其堅固於無上道

又経云。仏滅度後。一切衆生。其有得聞文殊師利名者。見形像者。百千劫中。不堕悪道。若有受持読誦文殊師利名者。設有重障。不堕阿鼻極悪猛火。常生他方清浄国土。値仏聞法。得無生忍。〈已上経文〉夫像末四衆。犯大小戒。多不如法。小乗上座。都無此力。若文殊上座。不置食堂。遠背天竺法。近違大唐制。犯戒重障。帰誰滅除。阿鼻猛火。由何得脱。何況値仏聞法。得無生忍。有智賢哲。検勘一一証文。諳悉優劣意也

開示大唐文殊為上座新制明拠十六

謹案代宗朝贈司空大弁正広智三蔵和上表制集第二。云。天下寺食堂中。置文殊上座制一首

大聖文殊師利菩薩

右京城大徳。特進試鴻臚卿。大興善寺三蔵沙門大広智不空等奏。忝跡緇門。久修梵行。習訳聖典。頗悟玄門。大聖文殊師利菩薩。

大乗密教。皆周流演。今鎮在台山。福滋兆庶。伏惟宝応元聖文武皇帝陛下。徳合乾坤。明並日月。無疆之福。康我生人。伏望。自今已後。令天下食堂中。於賓頭盧上。特置文殊師利形像。以為上座。詢諸聖典。具有明文。僧祇如来。尚承訓旨。凡出家者。固合摳衣。普賢観音。猶執払而為侍。声聞縁覚。擁篲而居後。斯乃天竺国皆然。非僧等鄙見。仍請永為恒式

中書門下　牒祠部

牒。奉　勅。大聖文殊師利菩薩。法王之子。威徳特尊。為諸仏之導師。洗群生之心目。康我兆庶。足拯無辺。不有尊崇。人何瞻仰。今京城大徳。懇茲申奏。雅合聖典。所請宜依。牒至准　勅。故牒

大暦四年十二月十九日牒

中書侍郎平章事元載

門下侍郎平章事杜鴻漸

門下侍郎平章事王縉

兵部尚書平章事李　使

已上制文。其意分明。大乗出家。誰不帰向。涇渭分流。玉石別連。有心真人。不可更論。凡大唐国裏。天下諸寺。文殊上座。安置食堂。大暦四年。歳次己酉〈即当大日本国神護景雲三年己酉也〉。至于大日本弘仁十年。歳次己亥。正経五十一歳。大唐大興善寺三蔵者。諱智蔵。号不空金剛。梵曰阿目佉跋折羅。本西域人也。昔事大弘教金剛三蔵。稟受真言。二十四年。摳衣請益。大師歿後。還詣五天。梵本瑜伽。備皆披閲。周遊徧覧。旋赴帝京。或化河西。或帰関内。属天宝末歳。胡馬入関。至徳二年。剋復京洛。和上親承聖旨。精建壇場。為灌頂師。所翻経。総七十七部。凡一百一巻。請入貞元釈教録。其所翻経名。具列如表制第三巻

是故。新仁王経御製序云。三蔵。学究二諦。教伝三密。義了宗極。伊成字円。褰裳西指。汎盃南海。影与形対。勤将歳深。妙印度之声明。洞中華之韻曲。甘露沃朕。香風襲予

今其上表云。凡出家者。固合摳衣。又云。斯乃天竺国皆然。又云。永為恒式。其勅制文云。雅合聖典。所請宜依。牒至準勅。天竺三蔵。文殊為上座。大唐聖皇。勅答以為永式。此間高徳。末学膚受。豈勝於天竺不空三蔵哉

開示前入唐留学僧不言上座明拠十七

僧統奏曰。承前入唐留学僧等。久経彼国。都無此言。而今奏言。大唐大暦四年。始乃大乗上座。文殊師利菩薩。安置天下諸寺食堂。自爾以来。至于貞元二十二年。正経三十八年。当于大日本国延暦二十五年者。所謂見外不識其内也。〈已上奏文〉

論曰。前入唐留学僧。各有所宗。先度少統。行賀法師。法相為宗。後度大統。永忠法師。三論為宗。以務自業故。文殊上座。已闕諮決

謹案大唐大暦四年表制。云。自今已後。令天下食堂中。於賓頭盧上。特置文殊師利形像。以為上座。又云。永為恒式。〈已上制文〉

明知。久経彼国都無此言者。還恥及留学。又見外不識其内。寧不統等哉

開示見唐一隅知天下上座明拠十八

僧統奏曰。最澄只在辺州。即便還来。寧知天下諸寺食堂。仏之所説。猶難尽行。詿誤之事。何為信用。〈已上奏文〉

論曰。最澄向唐。雖不巡天下諸寺食堂。已見一隅。亦得新制。其文云。令天下食堂。置文殊上座。当今所奏詿誤之事。未見辺州。不忠之詞。若嫌辺州闕学失。何況北蘇自然智也

開顕大乗大僧戒篇第四

山家式曰

一　凡仏戒有二

　一者大乗大僧戒　制十重四十八軽戒。以為大僧戒

　二者小乗大僧戒　制二百五十戒。以為大僧戒

僧統奏曰。今云十重四十八軽戒。以為大乗大僧戒者。何経所説。〈已上奏文〉

論曰。十重四十八軽戒。以為大乗大僧戒者。梵網経所説。故天宮師云。拠梵網大本。合有凡発大心。稟菩薩戒。並名出家菩薩。〈已上疏文〉

当知。十重四十八軽戒。以為出家大僧戒也

開示千仏大戒明拠十九

謹案梵網経。云。若仏子。不得為利養故。於未受菩薩戒者前。若外道悪人前。説此千仏大戒。〈已上経文〉

明知。此千仏大戒。為大乗大・戒。僧統奏云何経所説者。未誦戒経耳也

開示仏戒別解脱戒明拠二十

謹案梵網経下巻。云。為此地上一切衆生。凡夫癡闇之人。説我本盧舎那仏心地中。初発心中。常所誦一戒。光明金剛宝戒。是一切仏本源。一切菩薩本源。仏性種子。一切衆生。皆有仏性。一切意識色心。是情是心。皆入仏性戒中。当当常有因。故有当当常住法身。如是十波羅提木叉。出於世界。是法戒。是三世一切衆生。頂戴受持。吾今当為此大衆。重説十無尽蔵戒品。是一切衆生戒。本源自性清浄。〈已上経文〉明知。大乗別解脱戒。此戒最尊也

又云

　一切有心者　皆応摂仏戒　衆生受仏戒

　即入諸仏位　位同大覚已　真是諸仏子〈已上経文〉

明知。不同蔵通菩薩。共小律儀也

又云。仏告諸菩薩言。我今半月半月。自誦諸仏法戒。〈已上経文〉

明知。此戒一切発心菩薩亦誦。乃至十住。十行。十回向。十地菩

薩亦誦也
又云。是故戒光従口出。有縁非無因故光。光非青黄赤白黒。非色非心。非有非無。非因果法。諸仏之本源。行菩薩道之根本。是故大衆諸仏子之根本。〈已上経文〉当知。梵網所説戒光。不同蔵通戒光也
又云。仏告諸仏子言。有十重波羅提木叉。若受菩薩戒。不誦此戒者。非是菩薩。非仏種子。我亦如是誦。一切菩薩已学。一切菩薩当学。一切菩薩今学。〈已上経文〉夫此十重戒。雖先伝授。然但有其名。未伝其義。何以得知未伝其義乎。然未解円義故。猶共小儀故
開示声聞比丘外別有大乗出家菩薩僧明拠二十一
謹案梵網経。云。若仏子。口自説出家在家菩薩。比丘比丘尼罪過。〈已上経文〉
明知。比丘比丘尼之外。別有出家菩薩僧也
開示梵網経破小乗明拠二十二
謹案梵網経。云。而菩薩。聞外道悪人。二乗悪人。説仏法中非法非律。常生悲心。教化是悪人輩。令生大乗善信。〈已上経文〉明知。不共二乗律儀戒
又云。若仏子。心背大乗常住経律。言非仏説。而受持二乗外道悪見。一切禁戒。邪見経律者。犯軽垢罪。〈已上経文〉明知。二乗禁戒。経律等者。於小乗当分。雖名正見。而望此仏戒時。名邪見経律也
又云。而菩薩。以悪心慎心。横教二乗声聞戒。経律論。〈已上経文〉
明知。梵網経仏戒。不同声聞也
又云。若仏子。有仏経律大乗法。正見正性正法身。而不能勤学修習。而捨七宝。反学邪見二乗。外道俗典。阿毘曇雑論。一切書記。是断仏性。障道因縁。非行菩薩道。若故作者。犯軽垢罪。〈已上経文〉当知。梵網仏戒。不許学習小乗経律阿毘曇論也
又云。若起一念二乗外道心者。犯軽垢罪。〈已上経文〉当知。不許一念二乗心。何況受小律儀戒。日夜誦念哉
明知。梵網所説菩薩僧。不共声聞小律儀也
開示大僧名大小通称明拠二十三
謹案慈和鈔記。云。以俗人証果。亦得名為第一義僧。入僧宝数。
又云。今緇服書。題言僧某甲。義浄三蔵。不許此義。如何一已。廼目四人。故説。僧言四人已上也。〈已上記文〉
又云法銑律師云。僧伽此翻。為衆和合。即是僧家義用。涅槃経云。僧名和合。和合有二。一者世和合。名声聞僧。二者第一義和合。名菩薩僧。〈已上疏文〉
明知。菩薩亦名為僧。何奪僧名。不許菩薩哉
又案竜樹大智度論第二十二巻。云。如仏所讃僧。若声聞僧。若辟

支仏僧。若菩薩僧。〈已上論文〉

明知。声聞僧。及辟支仏僧。此等之外。別有菩薩僧

又偈言

多聞及持戒　智慧禅定者　皆入僧数中
如万川帰海　譬如衆薬草　依止於雪山
百穀諸草木　皆依止於地　一切諸善人
皆在僧数中　〈已上論文〉

当知。大僧名不但声聞僧。已有菩薩沙弥名。何無菩薩大僧号也

開示通受別持・明拠二十四

僧統奏曰。梵網経説。十重四十八軽戒。此通出家在家。乃至奴婢畜生所受。若受此戒。以為大僧者。其奴婢等。亦可為僧。〈已上奏文〉

論曰。奴婢已上。緇素定階。畜生已下。亦不論著衣。若受此戒。定為通受者。其畜生等。亦可著衣。彼已不然。此何有然。是故当知。出家在家。雖通受戒。而僧不僧有別。亦具分不同。奴婢出家。先受先坐。郎君在家。後受先坐。奴郎類別。不得一例。具如下説

謹案梵網経下巻。云。若仏子。応如法次第坐。先受戒者在前坐。後受戒者在後坐。不問老少。比丘。比丘尼。貴人。国王。王子。乃至黄門。奴婢。皆応先受戒者在前坐。後受戒者次第而坐。〈已上経文〉

明知。奴婢已上。能受戒者。若依菩薩戒。出家修道。皆名為僧。若請僧次時。可差僧次。若未出家時。依在家次第。各各不可雑。其当類之中。定先受後受

是故。天台義記云。道俗九衆。一比丘。二比丘尼。三六法尼。四沙弥。五沙弥尼。六出家。七出家尼。八優婆塞。九優婆夷。如是九衆。有次第不得乱。如律部説

天台明曠師疏云。初言次第等者。若先小後大。一切倶開。若先大後小。在大則大。在小則小。又此方。大小出家則無分。亦宜順於時処。比丘等者。此等不同。若其出家。則内二衆。自分先後。故云王子出家。与庶人同類。若其在家。於外二衆。而為次第。王家男女。在家亦然。不分而分。即真而俗。非謂男女依戒雑坐。〈已上疏文〉

明知。出家五衆等。皆名為僧。但除畜生等。不入経文次第坐故

開示菩薩僧所持威儀戒明拠二十五

僧統奏曰。文声聞僧。尚有二百五十戒。三千威儀。今菩薩僧。何以但持十重四十八軽戒。〈已上奏文〉

論曰。地上菩薩。八万威儀。地前菩薩。随分威儀。何況一分菩薩。具分菩薩

謹案梵網経。云。我今半月半月。自誦諸仏法戒。汝等一切発心菩薩亦誦。乃至十発趣。十長養。十金剛。十地。諸菩薩亦誦。〈已

上経文〉明知。八万威儀。通凡聖儀

是故経云。汝等一切諸菩薩。今学当学已学。如是十戒。応当学敬心奉持。八万威儀品。当広明。〈已上経文〉明知。今菩薩僧。有八万・儀。何引三千・儀。泯八万威儀也

開示大乗別解脱戒明拠二十六

僧統奏曰。凡大僧名者。依別解脱。方得其名。〈已上奏文〉

論曰。小乗別解脱。大乗別解脱。雖其大小名同。而其義天地懸別也。僧統奏曰。凡大僧名者。依別解脱。方得其名。〈已上奏文〉当知。亦有大乗別解脱戒。因何不名菩薩大僧也

謹案梵網経下巻。云。諦聴。我正誦仏法中戒蔵。波羅提木叉。又云。仏告諸仏子言。有十重波羅提木叉。又云。已略説波羅提木叉。又云。善学諸人者。是菩薩十波羅提木叉。又云。仏告諸菩薩言。已説十波羅提木叉竟。又云。汝等当一心学波羅提木叉。歓喜奉行。〈已上経文〉

明知。菩薩十重戒。名為別解脱戒。既言別解脱戒。由何不名僧。若言不名僧者。定有自語相違失。其波羅提木叉者。梵語也。唐語翻訳。言別解脱也。出家菩薩。可名為僧也

開示大小二僧名明拠二十七

僧統奏曰。釈迦文仏。無菩薩僧。故文殊等諸大菩薩。入声聞次第而坐。是故。可無大小二僧。〈已上奏文〉

論曰。釈迦文仏無菩薩僧者。但約小乗能化仏説。又云文殊等諸大菩薩。入声聞次等而坐者。和光之故。入声聞坐。不謂文殊学小乗戒

是故。大智度論云。菩薩願言。我一説法時。便於座上。尽得阿羅漢。我当以無量阿僧祇菩薩摩訶薩為僧。我一説法時。無量阿僧祇菩薩。皆得阿鞞跋致。菩薩所以此願者。諸仏多以声聞為僧。無別菩薩僧。如弥勒菩薩。文殊師利菩薩等。以釈迦文仏。無別菩薩僧故。入声聞僧中。次第而坐。〈已上論文〉当知。約小釈迦無別菩薩。即蔵通意也

故太賢師古迹下巻云。如智度論云。釈迦法中。無別菩薩僧。是故。文殊弥勒等。入声聞衆。次第而坐。此明現身出家為初。爾時相現。余衆許故。若依文殊実戒次第。已経三大劫。不応雑坐故。亦非偏学楽入声聞衆。若受声聞。如富楼那。是声聞衆。非菩薩故。〈已上古迹文也〉明知。久修業菩薩。示現自在故。入声聞僧中。次第坐。今約一乗菩薩等。由何無別菩薩僧。是故。可有大小之二僧也

智度論又云。有仏。為一乗説法。純以菩薩為僧。〈已上論文〉明知。彼声聞之外。別有菩薩僧也

謹案梵網経下巻。云。若仏子。先在僧坊中住。後見客菩薩比丘。来入僧坊舎宅。城邑。国王舎宅中。乃至夏坐安居処。及大会中。先住僧。応迎来送去。又云。若有檀越。来請衆僧。客僧有利養分。

僧坊主。応次第差客僧受請。而先住僧。独受請。而不差客僧。僧坊主。得無量罪。又云。若仏子。一切不得受別請。利養入己。而此利養。属十方僧。而別受請。即取十方僧物入已。又云。若仏子。有出家菩薩。在家菩薩。及一切檀越。請僧福田。求願之時。応入僧坊中。問知事人。今欲請僧求願。知事報言。次第請者。即得十方賢聖僧。而世人。別請五百羅漢。菩薩僧。不如僧次一凡夫僧。若別請僧者。是外道法。七仏無別請法。不順孝道。若故別請僧者。犯軽垢罪。又云。若仏子。常応教化一切衆生。建立僧坊山林園田。立作仏塔。冬夏安居。坐禅処所。一切行道処。皆応立之。〈已上経文〉

当知。已上僧名。等皆称菩薩僧。何無菩薩僧也

開示菩薩剃除鬚髪出家修道明拠二十八

曇摩蜜多訳。諸法勇王経云。世尊。若有人。発大乗之心。求一切智。剃除鬚髪。出家修道。〈已上経文〉当知。大乗出家。剃除鬚髪也

又法華経第一云。文殊師利。我見諸王。往詣仏所。問無上道。便捨楽土。宮殿。臣妾。剃除鬚髪。而被法服。〈已上経文〉当知。為無上道。剃除鬚髪。而被法服。寧為小乗出家也

又云。是諸王子。聞父出家。得阿耨多羅三藐三菩提。悉捨王位。亦随出家。発大乗意。又云。爾時十六王子。皆以童子。出家而為沙弥。又云。説是経時。十六菩薩沙弥。皆悉信受。又云。是時。十六菩薩沙弥云云。又云。普告大衆。是十六菩薩沙弥。〈已上経文〉当知。已有菩薩沙弥。寧無菩薩僧也

智周師梵網経疏云。若大乗出家義者。如浄名告諸長者子。汝但発阿耨菩提心。是則出家。是則具足。如華厳経。善財童子。発菩提心。偏歴一百一十善知識所。求行菩薩行法門。文殊師利菩薩。弥勒菩薩。同讃嘆曰。汝能紹隆三宝。成就一切仏不共法。是真出家。是真具足。此大乗出家。具足性相義。剃髪染衣。義亦同此也。即以菩提心為相。一切行法為性。故能破五住地煩悩家法。名為出家。〈已上疏文〉明知。有大乗出家也

開示菩薩僧著袈裟明拠二十九

謹案梵網経。云。若布薩日。新学菩薩。半月半月。常布薩誦十重四十八軽戒。若誦戒時。当於諸仏菩薩形像前誦。一人布薩。即一人誦。若二人三人。乃至百千人。亦一人誦。誦者高座。聴者下座。各各被九条七条五条袈裟。〈已上経文〉

当知。其菩薩僧。必著袈裟衣也

謹案梵網経下巻。云。仏言。仏子与人授戒時。不得簡択。一切国王王子。大臣百官。比丘比丘尼。信男信女。婬男婬女。十八梵。六欲天。無根二根。黄門奴婢。一切鬼神等。尽得受戒。応教身所著袈裟。皆使壊色与道相応。皆染使青黄赤黒紫色。一切染衣。乃至臥具。尽以壊色。身所著衣。一切染色。若一切国土中。国人所

著衣服。比丘皆応与其国土衣服色異。与俗服有異。〈已上経文〉

明知。受十重四十八軽・。出家比丘。必著袈裟。豈仮声聞僧剃鬚著袈裟哉

開示菩薩受三衣等明拠三十

銑律師梵網疏云。受大衣云。菩薩大士一心念。我仮名菩薩某甲。此僧伽梨九条衣。受両長一短〈受七条云両長一短。受五条云一長一短〉。割截衣持。〈三説〉前人皆報云可爾。此約出家。不通在家。大衣名僧伽梨。此云雑砕衣。以条数多故。亦云重衣。重数多故。亦名伏衆衣。以著此伏外道故。従用名入王宮聚落衣。七条名欝多羅僧。此云上著衣。以著在五条上故。従用名入衆衣。五条名安陀会。此云下著衣。以著最近身故。従用即是道行作務衣。通名袈裟者。此云不正色。真諦云。袈裟赤血色。若須捨更受時。応対人口云。此割截僧伽梨九条衣。両長一短。先受持今捨。〈三説。余二衣準之〉鉢者。梵云鉢呾羅。此云応器。受法云。此鉢多羅応量受常用故。〈三説〉坐具者。梵云尼師壇。加法云。此尼師壇応量作今受持。〈三説〉皆須報言可爾。捨準可知。〈已上疏文〉

天台明曠師梵網疏云。設不曾受声聞律儀。若受菩薩戒。亦異弁三衣。加法受持。非制重著。三衣条品受法同声聞。但云菩薩一心念。我仮名菩薩比丘某甲為異。〈已上疏文〉

明知。不曾受声聞律儀。更有菩薩著三衣等法也

開顕授大乗戒為大僧篇第五

山家式曰

一　凡仏受戒有二

一者大乗戒　依普賢経。請釈迦牟尼。為菩薩戒和尚云云。

二者小乗戒　依小乗律。請現前十師。白四羯磨

今天台年分学生。并回心向大初修業者。授所説大乗戒。将為大僧

僧統奏曰。授戒法者。前仏後仏。所説是一。西国東国。儀式無二。〈已上奏文〉

論曰。菩薩授戒。権実不同。小乗授戒。随機亦別。言儀式無二者。若約大小二戒無二者。有違教失。若約小乗教無二者。四部之別。何以可別。若約大乗無二者。地持梵網。作法不同。何有無二。具如疏料簡也

謹案梵網経下巻。云。若仏子。仏滅度後。欲以好心受菩薩戒時。於仏菩薩形像前。自誓受戒。当七日仏前懺悔。得見好相。便得受戒。若不得好相。二七。三七。乃至一年。要得好相。得好相已。便得仏菩薩形像前。自誓受戒。若不得好相。雖仏菩薩像前受戒。不名得戒。若先受菩薩戒法師前受戒時。不須要見好相。何以故。是法師。師師相授故。不須好相。是以。法師前受戒即得戒。以生重心故便得戒。若千里内。無能授戒師。得仏菩薩形像前受得戒。

而要見好相。若法師自倚解経律大乗学戒。与国王太子百官。以為善友。而新学菩薩。来問若経義律義。軽心。悪心。慢心。一一不好答問者。犯軽垢罪。〈已上経文〉

当知。授戒法者。前仏後仏。大小各異。西国東国。儀式不同。不但大乗権実各異。四部小乗。持犯亦別。夫随機授戒。儀式何一哉。其授戒文。恐繁且止也

開示能授三師七証大小不同明拠三十一

僧統奏曰。但能授人。不如法時。所受二戒。並不得也。〈已上奏文〉

論曰。小乗能授。凡聖十師也。大乗能授。但十方諸仏也。斯能授三師等。何有不如法。但伝戒凡師。是能伝而不能授。不預三師及以七証故

謹案観普賢経等。云。今釈迦牟尼仏為我和上。文殊師利為我阿闍梨。当来弥勒。願授戒法。十方諸仏。願証知我。大徳諸菩薩。願為我伴。〈已上経文〉

明知。諸仏能授。非不如法也

開示大機凡聖随分修学千仏大戒明拠三十二

僧統奏曰。然菩薩戒。微細難持。聖者猶存誤犯。凡夫所修。皆是似行。誰同上位。可持其戒。〈已上奏文〉

論曰。大海之水。不遮蚊飲。菩薩之戒。何遮黄門。所以十地以還。猶有誤犯。畜生已上。分有持戒。今引聖人。強抑凡夫。今此円戒。但除七逆。自余衆生。皆悉得戒也

謹案梵網経。云。仏子諦聴。若受仏戒者。国王王子。百官宰相。比丘比丘尼。十八梵。六欲天。庶民黄門。婬男婬女。奴婢八部。鬼神金剛神。畜生乃至変化人。但解法師語。尽受得戒。皆名第一清浄者。〈已上経文〉

当知。梵網仏戒。凡聖通受。何推上位。不許下凡。若不許凡夫。深違教旨。誰有智者。不悲痛哉

又経云。若仏子。欲受国王位時。受転輪王位時。百官受位時。応先受菩薩戒。一切鬼神。救護王身百官之身。諸仏歓喜。〈已上経文〉

我僧統諸賢。因何執小儀。泯此万善戒。自損又損他。寧不畏後報也。信因果賢。如救頭火。改易先奏。過則勿憚改。豈不大懺悔哉

開示仮名菩薩除災護国明拠三十三

僧統奏曰。而式末云。未然大災。非菩薩僧。豈得冥滅。国宝国利。非菩薩誰。仏道称菩薩者。若真菩薩。可如所言。其仮名類。不合此言。所以然者。当於今時。不滅未然之水旱。不救已興之飢苦。所住国邑。災禍繁多。所住聚落。死亡不少。是以得知。非真菩薩。既言与事相違。豈信偽誑之詞。〈已上奏文〉

論曰。十住十地。分真菩薩。相似以還。皆仮名。五濁之正災。諸

仏不能滅。五濁邪災。仮名亦能除。天下之水旱。送我独無験。四海之死亡。寄言我行住。不意預一猴。明知。我道大也

謹案仁王経下巻。云。仏告波斯匿王。我滅度後。法欲滅時。一切有情。造悪業故。令諸国土。種種災起。諸国王等。為護自身。太子王子。后妃眷属。百官百姓。一切国土。即当受持此般若波羅蜜多。皆得安楽。乃至云。是故汝等。常当受持読誦解説。又云。此瞻部州十六大国。五百中国。十千小国。是諸国中。若七難起。一切国王。為除難故。受持解説此般若波羅蜜多。七難即滅。国土安楽

七難

第一日月難五。一失度難〈経云日月失度故〉。二顔色改変難〈経云日色改変。白赤黄黒色。月色改変。白赤黄色故〉。三日体増多難〈経云或二三四五日並照故〉。四日月薄蝕難〈経云日月薄蝕故〉。五重輪難〈経云或有重輪。一二三四五重輪現故〉

第二星宿難四。一失度難〈経云星辰失度故〉。二彗星難〈経云彗星為変故〉。三五星難〈経云木星。火星。金星。水星。土・等諸星。各各為変故〉。四昼出難〈経云或星昼出故〉

第三衆火難五。一竜火難〈経云竜火故。賛云。言竜火者。霹靂起火故〉。二鬼火難〈経云鬼火故。賛云。言鬼火者。能為疾疫。私謂。火精。宋無忌。名為鬼・〉。三人火難〈経云人火故。賛云。言人火者。世五通者。

遇現違縁。意願起火也。私謂。人過失火也〉。四樹火難〈経云樹火故。賛云。言樹火者。亢陽過時。樹木起火也〉。五大火四起難〈経云大火四起。焚焼万物故。賛云。大火四起者。不善業熟。随処火起。皆為難也〉

第四時節難六。一時候改変難〈経云時節改変故〉。二冬夏雨雪難〈経云冬雨電雷。夏霜氷雪故〉。三雨土石山難〈経云雨土石山及以沙礫故。又正法念経云。阿修羅王与諸天戦時。或擎大石方八百里。或取大山名波利佉。広五百由旬。擲打諸天。以天威力。即於空中。箭射石砕。或火焼滅。接彼大山。御打修羅中華鬘。阿修羅匈軍衆破。散走入海下。還住本宮。海中大魚。皆大怖散。雨土石山。此之類也〉。四非時降雹難〈経云非時降雹故〉。五雨水色変難〈経云雨赤黒水故〉。六江河汎漲難〈経云江河汎漲。流石浮山故。賛云。大雨過度。江河汎漲。流石浮山〉

第五大風数起難三。一昏蔽日月難〈経云暴風数起。昏蔽日月故〉。二発屋抜樹難〈経云暴風発屋抜樹故〉。三飛沙走石難〈経云暴風起。飛沙走石故。暴風数起句。経初文有。後二所無。賛云。初句総標。今取意加別。云爾。惟莫悦加句也〉

第六天地亢陽難三。一陂池竭涸難〈経云天地亢陽陂池竭涸故〉。二草木枯死難〈経云草木枯死故〉。三百穀不成難〈経云百穀不成故〉。賛云。玆永泰二年景午歳夏六月。自夏乏雨。祈諸山川。有将逾時。竟未嘉応。修述至此。蹔不能前。対巻長想。輒申誠告。時乃偶然際会。験不足徴。天聴俯臨。猥見捜問。其月二十日。詔曰。仁

王真経。義宗護国。師演述妙旨。弘誓逾深。遂得慈雲結陰。法雨流潤。時稼増茂。年豊有期。至誠之功。載深喜歓也。此実明主至道。大臣深信。五方菩薩慈力所祐也

第七四方賊来難三。一侵国内外難〈経云四方賊来侵国内外故〉。二兵戈競起難〈経云兵戈競起故〉。三百姓喪亡難〈経云百姓喪亡故〉

上来総即七文。別乃二十有九。其中縷細。数亦多矣。例明諸難

経又云。大王。我今略説如是諸難

一日月不現難〈経云其有日昼不現。月夜不現故〉。二天災難〈経云天種種災。無雲雨雪故〉。三地災難〈経云地種種災。崩裂震動故〉。四鬼神出現難〈経云或復血流。鬼神出現故〉。五鳥獣怪異難〈経云鳥獣怪異故〉

経又云。如是災難。無量無辺。〈已上経文〉例指於余難

黒虹難。白虹難。諸不祥相難。狼虎肆毒難。草木虫傷難。若国若家。為難衆矣

夫住劫初際。依正倶安。濁世已来。災難競起。所以牟尼法主。遺般若於百王。往昔普明。屈法将於百講。誠知。除難護国。般若特尊。積福滅災。不如精進。誠須百部般若。安置山院。百僧菩薩。令住叡嶺。以之為国之城墎。以之為国之良将。竊以。我宗白土之講師。不足護国亦守家。山家我相之転経。何以除滅現起難。但除遠因之功徳耳

是以。興善寺両院。安置各一業。持念真言者。常為国念誦。・経有智者。常為国転読。夫自非忘飢楽山。忍寒住谷。一十二年。精進之力。数年九旬。観行之功。何排七難於悪世。亦除三災於国家。已定之禍。雖難免脱。未定之災。有縁必脱。何可不奨勧也

開示大唐台山金閣等五寺常転大乗明拠三十四

謹案大唐大暦二年三月二十六日牒制。云。令金閣等五寺。常転仁王護国。及密厳経。又呉摩子寺。名且非使。望改為大暦法華之寺。常為国転法華経。〈已上牒文〉

明知。清霊法師之祈雪。慧暁禅師之祈雨。皆由精進。倶是積功。何笑山林功。偏執不形論也

開示大唐護国念誦護国転経明拠三十五

謹案大唐大暦九年六月六日牒制。云。請於興善当院両道場。各置持誦僧

弟子僧　慧朗　慧超　慧璨　慧見　慧海　慧覚
慧暉

右件僧等。請於当院灌頂道場。常為国念誦

僧慧幹　慧果　慧厳　慧雲　慧信　慧珍　慧勝
慧深　慧応　慧行　慧積　慧儁　慧賢　慧英

右件僧等。請於大聖文殊閣下。常為国転読勅賜一切経。〈已上牒文〉

明知。念誦及転読。衛国之良将也。誠願。大日本国天台両業授菩

薩戒。以為国宝。大悲胎蔵業。置灌頂道場。修練真言契。常為国念誦。亦為国・護・。摩訶止観業。置四三昧院。修練止観行。常為国転経。亦為国講般若。然則。一乗仏戒。歳歳不絶。円宗学生。年年相続。菩薩百僧。不闕山林。持戒八徳。祈雨易得也

開示列出家在家二類菩薩意明拠三十六

山家式曰。法華経列二種菩薩。以為一類。不入比丘。以為大数。今此菩薩類。此間未顕伝。自弘仁年。新建大道。伝流大乗戒。利益而今而後。固鏤大鐘腹。遠伝塵劫後

僧統奏曰。依此経文。今云此菩薩類。此間未顕伝。新建大道。伝流大乗戒者。事理乖及。難可建伝。凡諸経中同聞衆者。唯大菩薩。以為一類。不入小位以為其数。是以。文殊等。形雖出家。不称比丘。舎利弗等。既雖回心。不名菩薩。如具縛人。未伏一惑。何以頓預殊勝十地也。〈已上奏文〉

論曰。列二種菩薩。為顕出家形。不謂我等頓預十地也。今僧統云。形雖出家。不称比丘。既雖回心。不名菩薩。〈已上奏文〉善哉善哉。此文此句。俗語云。一句値千金。円教出家。形雖出家。不預小類。不仮小儀。円教菩薩。別有威儀。不共声聞障道威儀。具縛之円人。雖未伏一惑。迷権菩薩心。不求別十地。経曰。為斯所軽言。汝等皆是仏。〈已上経文〉是可忍也。孰不可忍也

僧統奏曰。只以巧言。難建大道。犯戒比丘。名為汚道。誰堪可伝菩薩大戒。〈已上奏文〉

論曰。無縁巧弁。如来不制。愛見巧言。猶鮮於仁也。犯戒之名。十地難洗。伝戒之道。夫婦可伝。制開有宜。何必一例。避火堕水。豈不統等哉

僧統奏曰。又大乗戒。伝来久矣。大唐高徳。此土名僧。相尋伝授。至今不絶。〈已上奏文〉

論曰。梵網之戒。雖先代伝。此間受人。未解円意。所以用声聞律儀。同梵網威儀。若同声聞儀。何故制一念。此国名徳。雖受大乗戒。不用大安居。亦雖大乗布薩。不択未受戒。未置文殊之上座。未伝別円之威儀。大唐銑律師云。近代華厳法師。好菩薩行。与菩薩戒相応文。集為菩薩毘尼蔵。二十巻。兼造此戒本疏。盛行于時。云云。今振六綱威勢。遮千仏大戒。不是舎那子。亦不是釈子

僧統奏曰。而今云新伝流者。是何等戒。而可伝流。高徳所伝。何以非戒。下流所授。何以是戒。〈已上奏文〉

論曰。新宗所伝。梵網円戒。分備円五徳。汲引一円根。当知。円戒。円臘。円蔵。円禅。円慧。非天台釈。難可伝説也。今高徳所伝。非円律儀。下流所授。非獼猴儀。豈同日可論哉

僧統奏曰。仏言。不許為名利故許与仏戒。聖教之中。如是等事。皆曰魔軍。〈已上奏文〉

論曰。牛驢之乳。其色難別。両迦之果。其形何別。然為名利故。

以詐而授。其事易知。以必求利故。為興法故。以真而伝。其理亘知。不肉眼境故。聖教所説。魔事甚多。自他共有。誰得悉脱也

南唐註経云。問。大乗戒。菩薩所学。声聞戒律儀。亦得是菩薩所学不。答。今以四義料簡。初大小相隔者。如此経起一念二乗心。学二乗経律。即犯軽垢罪。法華貪著小乗三蔵学者。不与共住。二以大斥小者。維摩経云。心浄故衆生浄。心垢故衆生垢。不出於如。又迦葉被呵云。我従是来。不復勧人以声聞辟支仏行。三調伏摂受小乗者。一切登地以上菩薩。現作二乗。同二乗法。而調伏之。縦是三十賢菩薩。若出家者。一一皆受行二乗戒法。及欲摂受。不与二乗而相違背。四開小入大者。如法華云。汝等所行。是菩薩道。漸漸修学。悉当成仏。又大経云。菩薩摩訶薩。持四重禁。及突吉羅。敬重堅固。等無差別。〈已上註文〉

撲陽智周。亦同此説。天台法華宗。依二経意。暫一十二年。相隔令修。何乖聖教也

開示菩薩戒請師問遮不同小乗明拠三十七

又梵網経云。若仏子。教化人起信心時。菩薩与他人作教誡法師者。見欲受戒人。応教請二師。和上阿闍梨二師。応問言。汝有七遮罪不。若現身有七遮。師不応与授。無七遮者得受。若有犯十戒者。応教懺悔。在仏菩薩形像前。日夜六時。誦十重四十八軽戒。苦到礼三世千仏。得見好相。若一七日。二七日。三七日。乃至一年。要見好相。好相者。仏来摩頂。見光華種種異相。便得滅罪。若無好相。雖懺無益。是人現身亦不得戒。而得増受戒。若犯四十八軽戒者。対首懺罪滅。不同七遮。而教誡師。於是法中。一一好解。若不解大乗経律。若軽若重。是非之相。不解第一義諦。習種性。長養性。不可壊性。道種性。正法性。其中多少。観行出入。十禅支。一切行法。一一不得此法中意。而菩薩。為利養故。為名聞故。悪求貪利弟子。而詐現解一切経律。是自欺詐。亦欺詐他人。故与人受戒者。犯軽垢罪。〈已上経文〉

明知。若未解大乗経律之円義。為利養故。為名聞故。悪求貪利弟子。而詐現解一切経律。如是欺詐類。不許与人受戒。而未解円義。自称智者。未解円戒。自誉持戒。卑下慢心。昼夜相続。未来罪報。幾劫得脱。若存小分之如法。山邑倶得伝大戒。若論円満之如法。十地以還。何伝戒。階級難測。不若不軽也

開示指求小果人都不正義明拠三十八

山家表曰。両業出家。永回小乗儀。固為大乗儀。依法華経。不交小律儀。毎年三月

先帝国忌日。於比叡山。与清浄出家。授菩薩大戒。亦為菩薩大僧。

弘仁為源。伝此大戒

僧統奏曰。法華経者。指求小果人。而云不親近。此国比丘。無求小果。〈已上奏文〉

論曰。羊乗与象乗。雖不求小果。遂堕二乗地。病行八万劫。此国之比丘。之雖無求小果。求声聞威儀。是則求小因。寧不回小果。経文不簡別小因及小果。已制求余経。明知求因。制不親近。義通制因果也

開示終利小機謬明拠三十九

僧統奏曰。然法華一乗。初為声聞。故三周説。終利小機。〈已上奏文〉

論曰。小機時熟。為説小乗。若大機熟。為説大教。未聞為小機三周説一乗。恐章疏謬也。法華三周。説円一乗。終利大機。皆与仏記。所以四十余年不得顕説者。皆由大機未純熟故。経云。所以未曾説。説時未至故。豈不待大機哉。今僧統云。初為声聞。故三周説。終利小機。深足可怪也

開示其安楽行是上地行謬明拠四十

僧統奏曰。其安楽行。是上地行。非謂地前凡夫菩薩。故経云菩薩摩訶薩也。〈已上奏文〉

論曰。持品上位。不用四行。安楽下位。必修四行。摩訶薩之言。定通上下。故賛師云。菩薩者。三乗通称。若求於此。加名摩訶薩。法華経云。菩薩求此乗故。名為摩訶薩。今何一向置上階也

謹案妙法蓮華経第五。云。又不親近。求声聞。比丘比丘尼。優婆塞優婆夷。亦不問訊。若於房中。若経行処。若在講堂中。不共住止。或時来者。随宜説法。無所悕求

三論宗吉蔵師疏云。又不親近求声聞者。第五離小乗縁。始行菩薩。大照未円。恐容染小法。故令意形宜隔。行止勿共。或時来者。随宜説法。無所希求者。若有機感。即為説法。不為名利。無所希求也

法相宗大乗基師法華玄賛云。又不親近。至無所悕求。賛曰。此第二段。初離後不離。第五劣友縁。涅槃経言。菩薩怖畏二乗。如惜命人。寂調音天子所問経云。仏告文殊師利。譬如有人。飢渇羸痩。寧忍飢渇。終不食於雑毒之食。菩薩亦爾。寧悩嫉破戒。悪口懶堕。忘念無智。終不悕求二乗果地。仏告天子。如貧人食是輪王毒。故二乗者持戒精進。即菩薩破戒懶堕。故不応親近。来為説法。不悕親使利養恭敬

道榮師疏云。又不親近求声聞比丘比丘尼者。此離狭劣縁。亦不問訊者。口不親近。不共住止者。身不親近。此由浅行菩薩。大解未円。恐沈小法。故令意形両離也。引寂調音天子経文。不応親近也。全同賛師。故更不抄出

天台法華宗湛然師文句記云。近二乗人。令人遠菩提故。西方不雑。故云或来。既未受大。無妨小志。故云随宜

天台法華宗章安大師云。大経云。定苦行者。謂諸凡夫。苦楽行者。声聞縁覚。定楽行者。謂諸菩薩也。絓七方便麤因麤果。皆非安楽

行。独此妙因妙果。称安楽行也。又云。若二万八十億那由他。受命弘経。深識権実。広知漸頓。又達機縁。神力自在。濁世悩乱。不障通経。不俟更示方法。若初依始心。欲修円行。入濁弘経。為濁所悩。自行不立。亦無化功。為是人故。須示方法明安楽行也

天台法華宗湛然師文句記云。次此品下。釈来意又二。先明深行不須。次若初依下。正明始行須者故来。初文明不須之人。云若二万八十億等者。持品初。二万菩薩眷属倶。皆於仏前。発誓弘経。有経本云八千億。応云八十億。即持品中。諸尼索記。仏与記已。諸尼説偈。讃仏已。爾時世尊。視八十億諸菩薩等。仏称讃已。是諸菩薩。念仏告勅。当如仏教等。深識下。正明不須之行。具対四行。以論不須。初深識権実。故不須初行。以初行中。令不与二乗共住等。恐濫受権法故。広知者。明不須第二行。以第二行中。令不説漸法之過。令不倚円蔑偏。偏只是漸。又達下。明不須第三行。以第三行中。令将護二乗。及令不以円呵別。神力下。明不須第四行。以第四行中。令後得神通。方令入実。若初依下。始行之人。無此四故。以四行防護。兼堪自進。故云欲修円行。欲利他故。云入濁弘経。為濁下。明無此四故自他倶失。為是下。正結来意。言若初依始心者。五品六根。並属初依。始心即在五品初心。故初品中。雖非説法之位。随力弘経。須此四行。至第三品。正当説法以資自行。説即是弘。理須此品以為方法。〈已上記文〉

明知。一向大乗寺。応修一乗行也

開示但発大乗心超勝阿羅漢明拠四十一

謹案大智度論。云。問曰。諸阿羅漢。辟支仏。及五通。是離欲人発心者。或有未離欲但発心。云何勝

答曰。是事先品中。已種種答。阿羅漢等。雖漏尽。不如初発心菩薩。譬如転輪聖王太子。雖在胎中。已勝余子。又如国王太子。雖未即位。勝諸大臣有位富貴者。発心菩薩有二種。一者行諸波羅蜜等菩薩道。二者但空発心。此中説行菩薩道者。是人雖事未成就。能勝一切衆生。何況成就。如歌羅頻伽鳥。㲉中未発声。已能勝諸鳥。何況成就。菩薩亦如是。雖未成仏。行菩薩道。説諸法実相。音声破諸外道及魔民戯論。何況成仏。有人若有能一発心言。我当作仏滅一切衆生苦。雖未断煩悩。未行難事。以心口業重故。勝於一切衆生。皆自求楽。自為身故。愛其所親。阿羅漢。辟支仏。雖不貪世楽。自為滅苦故。求涅槃楽。不能為衆生。菩薩心生口言。為度一切。是故勝。譬如一六通阿羅漢。将一沙弥。令負衣鉢。循路而行。沙弥思惟。我当以何乗入涅槃。即発心。仏為世尊。最上最妙。我当以仏乗入涅槃。師知其念。即取衣鉢自担。推沙弥在前行。沙弥覆復思惟。仏道甚難。久住生死。受無量苦。且以小乗。早入涅槃。師復以衣鉢嚢。還与沙弥令担。語在後行。如是至三。沙弥白師。師年耄。状如小児戯。方始令我在前已。復令我在後。

何其太速。師答。汝初念発心作仏。是心貴重。則住我師道中。如是人。諸辟支仏尚供養。何況阿羅漢。以是故。推汝在前。汝心還悔。欲取小乗。而未便得。汝去我懸遠。是故。令汝在後。沙弥聞已驚悟。我師能知我心。我一発意。已勝阿羅漢。何況成就。即自堅固。住大乗法。〈已上論文〉

又案維摩経。云。無以穢食置於宝器。当知是比丘心之所念。無以瑠璃同彼水精。汝不能知衆生根源。無得発起以小乗法。彼自無創。勿傷之也。欲行大道。莫示小径。無以大海内於牛跡。無以日光等彼螢火。〈已上経文〉

明知。小大優劣。如天与地。誰有智者。執小律儀也

開示未得仏智慧平人得罪過明拠四十二

僧統奏曰。若我亦堪能修行者。於其行中。正修幾行。〈已上奏文〉

論曰。僧統問行。為悔為信。若言為悔。自害尤深。故維摩結云。

莫軽未学也

謹案諸法無行経上巻。云。善男子。是高須弥山王仏。以法嘱累浄威儀菩薩。令守護法。嘱累已後。便入無余涅槃

時有比丘。名有威儀。持戒不浄。得四禅四無色定。及五神通。善誦毘尼蔵。楽於苦行。而不能善知他心。其弟子衆。亦皆苦行。貴頭陀法

是浄威儀法師。持戒清浄。於無所有法中。得巧方便。後於一時。浄威儀法師。将諸弟子。到有威儀比丘住処。与共同止。浄威儀法師。憐愍衆生故。従所住処。常入聚落。乞食訖而還。教化百万家。皆作弟子。令発阿耨多羅三藐三菩提心。其弟子衆。亦善教化。到諸人民。而為説法。令若干百千衆生。皆発阿耨多羅三藐三菩提心

有威儀比丘。常楽住塔寺。其弟子衆。不持浄戒。而楽行頭陀。有威儀比丘。勤行精進。其心決定。自以所行。化諸弟子。貪著善法。有所見得。所謂説一切有為法皆無常皆苦。一切法無我。不能善行諸禅定法。亦不能善行於菩薩所行之道。本心不純故

浄威儀法師。善知衆生諸根利鈍。知有威儀比丘心故。不復常入聚落。其諸弟子。如本不異

有威儀比丘。見浄威儀法師諸弟子衆常入聚落。生不浄心。即鳴揵椎。集衆立制。汝等。自今已去。不応入聚落。不能一心修行静黙。数入聚落。得何等利。仏所称讃。阿練若住処。汝等一心。当行禅楽。莫好入他家

浄威儀法師諸弟子衆。不受其語。猶入聚落

後於一時。有威儀比丘。見彼弟子従聚落中出。更鳴揵椎。集衆説如是言。若復更入聚落者。不復得住於此

爾時浄威儀法師。将護有威儀比丘故。告諸弟子。汝等。従今已去。勿入聚落。即如師教。不入聚落。爾時諸人民衆。不見其師及諸弟子。故皆懐憂悩。善根退失

浄威儀法師。過三月。自恣竟。従是中去。至余僧坊。於其所止。師徒還入城邑聚落。為人説法

後時。有威儀比丘。見浄威儀法師還入他家。見其弟子毀失常儀。復生不浄悪心。作是念言。是比丘。破戒毀戒。何有菩提。便語衆人。是比丘雑行。去仏道甚遠

有威儀比丘。起是業已。後時命終。是業果報故。堕阿鼻大地獄。九十百千億劫。受諸苦悩。従地獄出。六十三万世。常被誹謗。其罪漸薄。後作比丘。三十二万世。出家之後。是業因縁。反道入俗。又余善業因縁故。於浄明仏所。出家入道。慇懃精進。如救頭燃。千万億歳中。乃至不得柔順法忍。無量千万世。諸根闇鈍

師子遊歩。於汝意云何。爾時有威儀比丘。豈異人乎。勿造斯観。則我身是。我時起是微細不浄心故。受此罪苦。堕於地獄。師子遊歩。若人不欲起是微細罪業者。於彼菩薩。不応起於悪心。菩薩諸所行道。皆当信解。不応起於瞋恨之心。応作是念。我不能善知他人心。衆生所行。是亦難知。善男子。如来見是利故。常説是法。是故。行者不応平量於人。唯有如来及似如来者。乃能知是。是故。行者若欲自護其身。慎莫平量於人而相違逆。菩薩若欲修集仏法。常当昼夜懃心専念。深発菩提心者。不当好求人之長短。菩薩若能教三千大千世界中衆生。令行十善。不如菩薩如一食頃。一心静処。入一相法門。乃至聞受。読誦解説。是人福徳。勝彼甚多。何以故。諸菩薩。用是法門。能滅一切業障重罪。亦於一切衆生之中。離憎愛心。便能疾得一切種智。〈已上経文〉

明知。智等如来。可平量人。嫉人隠法。未聞聖説也

顕戒論巻中

顕戒論　巻下

前入唐受法沙門伝燈法師位最澄撰

開示頓悟漸悟両種菩薩回直之行明拠四十三

僧統奏曰。而但云不交小律儀。法華経云。汝等所行。是菩薩道。最勝王経云。欲求阿耨菩提。当行声聞独覚之道。即知。小律儀外。更無大律儀。但所護持。有麤有細。〈已上奏文〉

論曰。汝等所行是菩薩道者。当知。不是直往菩薩之行。是則回小入大菩薩之行也。夫学神通乗者。何用羊象乗。明知。今所引経文。開漸悟行。又最勝王経。当学二乗道者。是亦漸悟菩薩之行。不宜頓悟菩薩之行。即知。小律儀外。更有大律儀。強関大道。示其小径。十魔之中。豈不其一哉。博覧賢哲。幸照回直歟

開示山中大乗出家為国常転大乗明拠四十四

僧統奏曰。又太政官。去延暦二十五年正月二十六日符偁。被右大臣宣偁。奏勅。準十二律。定度者数。受戒之後。皆令先読誦二部戒本。諳案一巻羯磨四分律鈔。更試十二条。本業十条。戒律二条。通七以上者。依次差任。立義。複講。諸国講師。雖通本業。不習戒律。不聴任用。者謹依勅旨。施行久矣。加以。年分度者。本為鎮国。故於宮中。歳初令度。三司共会。簡取才長。乃受戒日。省寮同集。勘会本籍。而今言在山独令出家。亦与大戒者。既毀先帝之綸旨。亦侮如来之制戒。〈已上奏文〉

論曰。古来度者。毎年十人
先帝新加。年年両口也。其新加旨者。其専為伝持円頓戒定慧也。不但悕求出家功徳。而頃年之間。此宗学生。小儀被拘。馳散城邑。山室空蕪。将絶円道。誠願。両箇度者。勘山修於多年。試文義於中使。然則。円宗三学。不絶本朝
先帝御願。永伝後際。夫台山五寺。山中度人。中使簡択。更無偸濫。況我
千年之君。移出家於叡山。授仏戒於叡嶺。竊以。退山住邑者。深破
先帝之綸旨。山学山度者。何亦侮如来之制戒也

開示大唐台山安百僧等度人抽僧明拠四十五

謹案代宗朝贈司空大弁正広智三蔵和上表制集第二。云。請台山五寺度人抽僧制一首

代州五台山金閣寺。玉華。清涼。華厳。呉摩子等寺

右特進試鴻臚卿大興善寺三蔵沙門大広智不空奏

文殊聖跡。自古攸仰。今遇
陛下特更増修。精建伽藍　恩命稠畳。是可百神潜祐。万里来帰。霊蹤建興。於斯為盛。処既厳潔。人亦宜然。艱難已来。僧徒漸少。或経行化物。便住人間。或蘭若随縁。因栖他処。遂使寺中

礼懺。鐘梵逓虧。樹下禅龕。蛛網交闇。福田未広。有愧　聖心。
伏乞　天恩。先在山中。行人童子。久精苦者。寺別度二七人。
兼諸州抽道行僧一七人。毎寺相共満三七人。為国行道。有闕続
塡。令金閣等五寺。常転仁王護国及密厳経。又呉摩子寺。名且
非便。望改為大暦法華之寺。常為国転法華経。同五寺例免差遣。
其所度人。望委雲景将軍宗鳳朝。与中使魏明秀。及修功徳沙門
含光簡択。冀無倫濫。又清涼山。為　大聖文殊。造閣已畢。伏
望　天恩。賜書一額。永光来葉

中書門下　牒大広智不空
牒。奉　勅宜依。牒至準　勅。故牒

大暦二年三月二十六日牒
中書侍郎平章事元載
黄門侍郎平章事杜鴻漸
黄門侍郎平章事王縉
兵部尚書平章事李　使
検校侍中李　使
検校右僕射平章事　使
中書令　使

已上唐制。度山中人。為国常転仁王等経。我日本国。何無此事也

開示住山修学期十二年明拠四十六

謹案蘇悉地羯羅経中巻。云。若作時念誦者。経十二年。縦有重罪。
亦皆成就。仮使法不具足。皆得成就。〈已上経文〉
明知。最下鈍者。経十二年。必得一験。常転常講。期二六歳。念
誦護摩。限十二年。然則。仏法有霊験。国家得安寧也

開示知時住山明拠四十七

謹案法滅尽経。云。仏告賢者阿難。吾般泥洹後。五逆濁世。魔道
興盛。魔作沙門。壊乱吾道。著俗衣裳。楽好袈裟五色之服。飲酒
噉肉。殺生貪味。無有慈心。更相嫉妒。時有菩薩。辟支。羅漢。
精進修徳。一切敬待。人所宗向。教化平等。憐貧念老。救育窮厄。
恒以経像。令人奉持。作諸功徳。志性思善。不傷害人。損身済物。
不自惜已。設有是人。衆魔比丘。咸共憎嫉。誹謗揚悪。擯出駆遣。
不令得住。自共於後。不修道徳。寺廟空荒。無人修理。転就毀壊。
但貪財物。積聚不散。不作功徳。販売奴婢。耕田種殖。焚焼山林。
傷害衆生。無有慈愍。奴作比丘。婢作比丘尼。無有道徳。婬泆濁
乱。男女不別。令道薄賤。皆由斯輩。或避県官。依倚吾道。求作
沙門。修習戒律。月半月尽。雖名講戒。厭倦懈怠。不欲聴聞。抄
略前後。不肯尽説。経不読誦。設有読者。不識字句。為強言是。
為不諮明者。貢高求名。嘘天雅歩。以為栄貴。冀望人供養。衆魔
比丘。命終之後。精神当堕無択地獄五逆罪中。餓鬼畜生。無不更
歴。恒沙辺劫。罪畢乃出生。在辺国無三宝処。法欲滅時。女人精

勤。恒作福徳。男子懈慢。不用法語。眼見沙門。如視糞土。無有信心。法欲殄没。当爾之時。諸天泣涙。水旱不調。五穀不熟。疫気流行。死亡者多。人民勤苦。県官契剋。不順道理。皆思紊乱。悪人転多。如海中沙。劫欲尽時。日月転短。善者甚少。若一若二。人命短促。四十頭白。男子婬泆。精尽夭命。年寿六十。女人受命。七八九十。或至百歳。大水急起。卒至無期。世人不信。故謂有常。不問豪賤。没溺浮漂。魚鼈食噉。時有菩薩。辟支。羅漢。精進比丘。衆魔駆逐発遣。不預衆会。三乗入山。福徳之地。淡泊自守。以為欣快。〈已上経文〉

今已知時。誰不登山也

開示蘭若修学第一義諦六波羅蜜明拠四十八

謹案大集月蔵経第一。云。善男子。若有衆生。唯依読誦。欲求阿耨多羅三藐三菩薩者。是人多喜。著於世俗。以世俗故。尚不能調己心煩悩。何能調伏他人煩悩。善男子。善女人。楽著読誦。求菩提者。便有嫉妬。求名利富貴。高心自是。軽慢毀他。以自高故。尚不能得欲界善根。何以能得色無色界一切善根。又不能得声聞菩提。何況能得辟支仏道。乃至無上菩提。何以故。第一義諦。阿耨多羅三藐三菩提。不与声聞辟支仏共。是故。非以世俗能得阿耨多羅三藐三菩提。最勝善根。大福徳聚。善男子。譬如星火不能枯竭甚深大海。如是如是。善男子。不以世俗能竭自身煩悩大海。何能竭他衆生煩悩。善男子。譬如一人口所吹風不能損壊世界大地。如是善男子。不以世俗能得成就大慈大悲。善男子。譬如藕糸不能称動須弥山王。如是善男子。不以世俗能自満於阿耨多羅三藐三菩提智。何能令他得第一義。〈已上経文〉

明知。必応修習第一義禅也

謹案大集月蔵経。云。於一切行。捨攀縁想。是檀波羅蜜。捨攀縁想。常不休息。是尸羅波羅蜜。於諸境界。不生瘡疣。是羼提波羅蜜。不捨於離。是毘梨耶波羅蜜。於諸事中。心不放縦。是禅波羅蜜。諸法体性。無生楽忍。是般若波羅蜜

復次。若於境界。不起擾濁。是檀波羅蜜。若於境界。無有瘡疣。是尸羅波羅蜜。若於境界。不能染汚。是羼提波羅蜜。若於境界。無有動転。是毘梨耶波羅蜜。若於境界。無有計念。是禅波羅蜜。若於境界。一向清浄行。是般若波羅蜜

復次。於諸陰捨。是檀波羅蜜。於諸陰不計念。是尸羅波羅蜜。於諸陰求無我想。是羼提波羅蜜。於諸陰不起怨家想。是毘梨耶波羅蜜。於諸陰不令熾然。是禅波羅蜜。於諸陰畢竟棄捨。是般若波羅蜜

復次。於諸界捨。是檀波羅蜜。於諸界不擾濁。是尸羅波羅蜜。於諸界捨因縁。是羼提波羅蜜。於諸界数数棄捨。是毘梨耶波羅蜜。於諸界不起発。是禅波羅蜜。於諸界如幻想。是般若波羅蜜

復次。菩薩。於衆生。起於慈心。是檀波羅蜜。於諸衆生。心無憎愛。是尸羅波羅蜜。於諸衆生。起於悲想。是羼提波羅蜜。於諸衆生。起救済想。是毘棃耶波羅蜜。於諸衆生。以喜摂想。是禅波羅蜜。於諸衆生不作彼此吾我等想。是般若波羅蜜

復次。菩薩。於諸衆生。以法施之。不生二想。是檀波羅蜜。於諸衆生。柔和愛語。是尸羅波羅蜜。於諸衆生。不起諸悪。是羼提波羅蜜。於諸衆生。愛語不退。是毘棃耶波羅蜜。於諸衆生。利益憐愍。是禅波羅蜜。於諸衆生。同行其法。是般若波羅蜜

復次。菩薩。安置衆生於諸善処。是檀波羅蜜。於一切法。而不依倚。是尸羅波羅蜜。於一切法。以一道入。是羼提波羅蜜。於一切法及一切難。無擾濁想。是毘棃耶波羅蜜。於一切法。而不分別。是禅波羅蜜。能以一字。入一切法。為衆生説。是般若波羅蜜

善男子。如是菩薩摩訶薩。以此第一義甚深法要。能満六波羅蜜。非世俗也。〈已上経文〉

明知。第一義六度。坐臥山林中。一切起念時。悉令円満也

若人百億諸仏所　於多歳数常供養
若能七日在蘭若　摂根得定福多彼
若人読誦千億法　及解妙義如仏説
若於七日住蘭若　三昧福聚転多彼
若人多歳営僧事　更不造作余種業
若能七日住蘭若　其人福聚多於彼
為衆説法解深義　於多年歳無余業
若能七日心住寂　其福徳聚不可数
若人営造多仏塔　伽藍田業給施僧
若能七日在蘭若　其福転多勝於彼

釈迦真経。重讃蘭若。玄奘入山。良有所以也。求真釈子。誰不慕山哉。是故経云。若人破塔多百千。及以焚焼百千寺。若有毀謗住禅者。其罪甚多過於彼。〈已上経文〉其信罪福者。寧笑四三昧也

開示六虫九猴不浄出家明拠四十九

僧統奏曰。又云与清浄出家亦授大戒者。此間誰与不浄出家。〈已上奏文〉

論曰。六虫学者。食滅仏法。九猴出家。未必清浄。誠須責名之事。法於大唐。除籍之政。順於天竺。豈不清浄出家哉

謹案梵網経下巻。云。若仏子。以好心出家。而為名聞利養。於国王百官前説仏戒。横為比丘比丘尼。菩薩弟子繫縛。如師子身中虫。自食師子肉。非外道天魔能破壊。若受仏戒者。応護仏戒。如念一子。如事父母。而聞外道悪人。以一悪言。謗仏戒時。如三百鉾刺心。千刀万杖拍其身。等無有異。寧自入地獄百劫。而不聞一悪言。破仏戒声。況自破仏戒。教人破法因縁。亦無孝順之心。若故作者。犯軽垢罪。〈已上経文〉

謹案梵網経持犯要記。云。如有一類閑居静慮。離諸散乱。摂心禅門。由心澄静。髣髴有見。或由邪神加力令識。于時由自少聞不別邪正。又欲引致名利恭敬。随所見識。令他聞知。耀諸世人。咸疑是聖。此由独揚似聖之迹。普抑諸僧。為無可帰。以破仏法。故得重罪。是謂諸僧大賊也。〈已上記文〉第一虫竟

如有一類長住深山。有所得心。修寂静業。魔知彼心可以動壊。発空中声。讃其所行。其人由是起自高心。普抑諸僧住人間者。誰当称美爾等所行。此人罪過。重於前者。是謂菩薩旃陀羅也。〈已上記文〉第二虫竟

如有一類性非質直。或承邪戒。或自邪念。不衣糸麻。不食五穀。反欲貪求利養恭敬。自揚無比。誑諸癡類。悕望群愚咸仰己徳。普抑一切無異迹者。由是。内以傷真。外以乱人。傷乱之罪。莫是為先也。〈已上記文〉第三虫竟

如有一類性是浅近。於世大運多慢緩時。独正其身。威儀無欠。便起自高陵他之心。漫毀乗急戒緩之衆。此人全其不善。以毀大禁。転福為禍。莫斯為甚也。問。邪戒之罪。応如所説。持正戒者。何必是罪。所以然者。如有一類。内無諸纏。不観余人作与不作。唯察自心。独持正戒。如是菩薩。何由成犯。答。若無染心。不在前説。而於此人。亦当分別。若由独浄。令諸世人。普於諸僧。謂非福田。利養尊重。偏帰於己者。雖順声聞自度心戒。而逆菩薩広大心戒。如似声聞無常等観。雖於浅事是無顛倒。而於法身即是顛倒。当知。此中順逆亦爾。若由独浄。令諸世間未信者信。信者増長。普於諸僧。平等供養者。非直無犯。乃生多福。然由独浄居雑染間。以此望得不抑染衆。又欲令他生等敬心者。猶如頭戴日月而行。而欲不卻其暗者矣。自非知機大聖。何能得其然也。以是之故。古之大賢。誡其子云。慎莫為善。其子対曰。当為悪乎。責言。善尚莫為。況為悪乎。〈已上記文〉第四虫竟

如有一類性是邪聡。為勝他故。広習諸論。不解諸法皆離言説。執有如言。自性差別。為得名利。作如是言。我得三世諸仏意説。若異此者。皆是漫説。此人於一讃毀。具四顛倒。以乱仏法。故成重罪。謂。其妄執有所得見。去仏意遠。如天与地。而謂我近仏意。是一顛倒也。仏意甚深。絶諸戯論。於一切法。都無所得。而引同己妄見。是二倒也。揚此二倒之見。加於四部之上。是三倒也。抑諸離辺説者。置其偏執之下。是四倒也。〈已上記文〉第五虫竟

如有一類。稟性狭劣。不近善友。不広学問。偏習一分甚深経論。不解密意。如言取義。誹撥諸法依他道理。起如是見。作如是言。三性二諦。但是教門。無所有中。施設仮名。如是解者。乃為真実。異此説者。皆是戯論。由是独恃自見。不受他言。設遇鈍根少聞之人。堕其所破。従其所言者。即云。此人神明正直。若値聡明解文義者。巧能立義。不堕其破者。便言脱失。謂是心惑。未識自解昧

鈍。不能遂破。意謂。彼心不正。未及我意。此猶家狗逐兎。望不能及。便謂已超。止而顧見。此損減人。略由二愚。失壊仏法。故成重罪也。〈已上記文〉第六虫竟

又案新訳仁王般若経下巻。云。大王。我滅度後。四部弟子。一切国王。王子。百官。乃是住持護三宝者。而自破滅。如師子身中虫。自食師子肉。非外道也。壊我法者。得大過咎。正法衰薄。民無正行。諸悪漸増。其寿日減。無復孝子。六親不和。天竜不祐。悪鬼悪竜。日来侵害。災怪相継。為禍縦横

良賁師疏云。如師子身中虫者。如蓮華面経。仏告阿難。譬如師子若命終者。若水若陸。所有衆生。不敢噉食。唯師子身自生諸虫。還自噉食師子之肉。阿難。我之仏法。非余能壊。是我法中。諸悪比丘比丘尼。自毀壊故。如彼経中。但喩出家。今此経中。具明四衆。不能行護。喩同彼故。〈已上疏文〉

今告此制。以為亀鏡。一乗学者。好可思択也

謹案守護国界主経第十。云。大王。当説古昔因縁。王当諦思。解了其義。大王。乃往古世有仏出現。名迦葉波如来応供正偏知明行足善逝世間解無上士調御丈夫天人師仏世尊。彼仏説法。初善中善後善。開示梵行。彼時有王。名訖哩枳。於彼如来。深生浄信。王於中夜。得二種夢。一者夢見有十獼猴。其九獼猴。擾乱城中一切人民。妻妾男女。侵奪飲食。破壊什物。仍以不浄。而穢汚之。唯一獼猴。心懐知足。安坐樹上。不擾居人。時九獼猴。同心悩乱此知足者。作諸留難。駆逐出於獼猴衆会。第二夢者。見有一白象。猶如大山当帝王門。首尾有口。皆食水草。雖恒飲噉。身常羸痩

時王寤已。生大恐怖。召占相者。以原其夢。占者白王。九獼猴者。即是九王。其知足者。即是大王。是則九王。同心簒奪大王宝位。象二口者。即是九王。食自国邑。兼食王国

王聞此語。驚怖毛竪。而心未決。思欲見仏以断所疑。即勅左右。厳備種種供養之具。一心往詣迦葉仏所。到以作礼。持諸供具。上献如来。曲躬合掌。而白仏言。世尊。我於昨夜。得不善夢。唯願世尊。為我解説。使断疑網。時王具陳所夢白仏

仏言。大王。王之所夢。不在於王。勿生憂懼。王善諦聴。当為汝説。此是未来五濁悪世。有仏出現。号釈迦牟尼。滅度之後。遺法之相。大王。十獼猴者。即是彼仏十種弟子

王白仏言。世尊。何名彼仏十種弟子

迦葉仏言。一貧畏不活而作沙門。二奴有怖畏而作沙門。三怖債負而作沙門。四求仏法過失而作沙門。五為勝他而作沙門。六為名称而作沙門。七為生天而作沙門。八為利養而作沙門。九為欲求未来王位而作沙門。十真実心而作沙門

時彼大王。白彼仏言。世尊。此十沙門。其相云何

彼仏答言。大王。貧畏不活作沙門者。多有衆生。不信因果。貪求

財宝。互相侵奪。遂感天地雨沢不時。五穀不登。不充官税。飢貧所逼。鬻売男女。無所投寄。披挂遺棄樹上袈裟。自剃鬢髪作沙門像。無阿闍梨。亦無和上。無戒無法。相似沙門。長時受行一切悪法。入僧伽藍。自称我是律師禅師法師大徳。坐居衆首。謂余僧言。汝等皆是我之弟子。於清信士族姓長者婆羅門家。出入遊従。多造過失。是名第一貧畏不活而作沙門

大王。云何名為奴有怖畏而作沙門。為下賤奴婢。作是思惟。云何一生。受他駆策。逃竄出家。是為第二

大王。云何名為怖畏債負而作沙門。謂。有衆生。公私債負。息利既多。酬還不遂。既被逼迫。逃逝出家。是為第三

大王。云何名為求仏法過失而作沙門。謂。諸外道。心生嫉妒。遂共集議。誰有聡明利根弁慧。入仏法中。学彼所有世出世法。窺其是非。還帰我衆。対於国王大臣長者。樹論議幢。出其過失。摧壊破滅彼仏正法。是名第四

大王。云何名為求勝他故而作沙門。謂。或有衆生。聞有某甲。披衣落髪。多有伎能。通達三蔵。心生熱悩。便即出家。学経律論。所修善法。皆欲勝彼。是名第五

大王。云何名為名称故作沙門。謂。或有人。竊自思惟。我若在家。無有名称。我応剃落披衣出家。勤学多聞。受持禁戒。於大衆中。坐禅入定。使物知名。是為第六

大王。云何名為求生天故而作沙門。謂。或有人。聞諸天中長寿快楽。我無方便而得上生。遂即剃髪。染衣出家。修持善法。皆願生天。是為第七

大王。云何名為為利養故而作沙門。謂。或有人。先有財宝。更求勝処。得好精舎。房院華飾。可以棲遅。受用自他所有財産。是名第八

大王。云何名為欲求未来帝王位故而作沙門。謂。有衆生。見於国王自在尊崇。富貴安楽。便生愛楽。遂求出家。所修善根。唯願当生得居王位。是名第九

大王。云何名為真実心故而作沙門。謂。有衆生。雖生刹利大臣族姓婆羅門家。或生長者居士商主富貴之家。盛年美貌。観諸財色富貴栄顕。猶若浮雲泡幻電光。生滅不住。遂起厭離。発菩提心。親友珍財。一切皆捨。出家慕道。秉持律儀。学法修禅。精勤匪懈。凡有所作。皆為衆生。惟求無上菩提之果。是名第十真実心故而作沙門

大王。当知。如王所夢。見一獼猴。少欲知足。独処樹上。不擾人者。即是釈迦如来遺法之中真実沙門。其九獼猴。擾乱衆人。同心駆擯一獼猴者。即是釈迦如来遺法之中前九沙門。無沙門法故。総名為相似沙門。同行悪行。共駆於一真実沙門。出於衆外。大王。此悪沙門。破戒悪行。汚穢一切族姓之家。向於国王大臣官長。

論説毀謗真実沙門。横言是非。云是悪人。破戒悪行。不合与我持戒比丘。同共止住。布薩説戒。亦不合同居一寺舎。同一国邑。一切悪事。皆推与彼真実沙門。蒙蔽国王大臣官長。遂令駆逐真実沙門。尽出国界。其破戒者。自在遊行。而与国王大臣官長。共為親厚。大王。彼釈迦如来所有教法。一切天魔。外道悪人。五通神仙。皆不破壊乃至少分。而此名相諸悪沙門。皆悉毀滅。令無有余。如須弥山。仮使尽於三千界中草木為薪。長時焚焼。一毫無損。若劫火起。火従内生。須臾焼滅。無余灰燼。〈已上経文〉

当知。九猴出家。毀滅仏法。令有無余。夫出此文意。不自是非他。但自宗二人。不堕九猴。令法久住利益有情也

開示自称菩薩而行狗法明拠五十

謹案大宝積経摩訶迦葉会上巻。云。爾時弥勒菩薩。白仏言。世尊。唯願世尊。説当来世。愚癡人輩。自称菩薩。自称沙門。為名利故。悩乱施主。知識。親属。唯願世尊。説其過悪。何以故。若世尊説其過悪。我得聞已。自摂心行。彼愚癡人。聞如来説。或得信解。如来知我。如来覚我

爾時世尊。告弥勒言。善哉諦聞。善思念之。当為汝説彼癡人過。弥勒。当来末世。後五百歳。有諸衆生。自称説言。我是菩薩。彼諸悪欲。我今説之。弥勒。具四法者。自称菩薩。何等為四。一者求利養。二者求名聞。三者諂曲。四者邪命。弥勒。具此四法。是故。自称我是菩薩

仏告弥勒。当来末世。後五百歳。自称菩薩。而行狗法。弥勒。譬如有狗。前至他家。見後狗来。心生瞋嫉。啀喍吠之。内心起想。謂是我家

仏告弥勒。当来末世。後五百歳。亦復如是。自称菩薩。行於狗法。至施主家中。生已家想。既起此想。便生貪著。前至他家。見後比丘。瞋目視之。心生嫉恚。而起闘諍。互誹謗言。某甲比丘。有如是過。汝莫親近某甲比丘。汝若親近某甲比丘。則為衆人之所軽賤。増長罪垢。如是之人。心生嫉妒。行餓鬼因。貧賤之因。為自活故。妄称己身。以為菩薩。為衣食故。讃歎如来智慧功徳。令余衆生生於信仰。内自犯戒。悪欲悪行

仏告弥勒。汝観来世。有如是等大怖畏事。師子之獣。応師子吼作師子業。非野干鳴作野干業。讃歎能捨一切財物。而自慳悋。不能離貪。讃歎慈愍。自行瞋恚。讃歎忍辱。自行不忍。讃歎四摂。自不能行布施愛語利益同事。但有言語。而不能学楽精進菩薩之行。

〈已上経文〉

今引此文。為調已情。披覧道俗。莫指他非也

開示大唐貢名出家不欺府官明拠五十一

謹案代宗朝贈司空大弁正広智三蔵和上表制集第一巻。云。降誕日。請度七僧。祠部　勅牒一首

無名僧慧通。年五十五〈絳州曲沃県。俗姓王。無籍。請住千福寺〉
僧慧雲。年二十二〈京兆府長安県。俗姓段。無籍。請住大興善寺〉
僧慧琳。年三十〈虢州閿郷県方祥郷閿郷里。俗姓何。名光王。兄朏為戸。
請住大興善寺〉
僧慧珍。年三十三〈京兆府万年県洪洞郷福潤里。俗姓王。名庭現。伯高
為戸。請住大興善寺〉
僧法雄。年二十八〈京兆府富平県赤陽郷毘山里。無籍。請住静法寺〉
僧法満。年十八〈京兆府万年県崇徳郷文円里。俗姓胡。祖賓為戸〉
僧慧随。年四十
右大興善寺三蔵沙門不空奏。上件僧等。自出家来。常尋法教。
不闕師資。戒行精修。実堪為器。比雖離俗。跡冒私名。今因
陛下開降誕之辰朝賀歓欣之日。伏請官名。以為正度。用資　皇
祚。以福無疆。如　天恩允許。請　宣付所司
中書門下　牒祠部
牒。奉　勅宜依。牒至準　勅。故牒
広徳二年十月十九日・
中書侍郎平章事杜鴻漸
中書侍郎平章事元載
黄門侍郎平章事王　使
検校侍中李　使
検校右僕射平章事　使
大尉兼中書令　使
又集第二巻云。請降誕日度僧五人　制一首
行者畢数延。年五十五〈無州貫。誦梵本賢護三昧経一部。幷誦諸陀羅尼。
請法名慧達。住荘厳寺〉
行者康守忠。年四十三〈無州貫。誦経一百二十紙。幷誦諸陀羅尼。請法
名慧観。住東京広福寺大弘教三蔵毘盧遮那院〉
行者畢越延。年四十三〈無州貫。誦梵本楞伽経一部。誦金剛般若経幷諸
陀羅尼。請法名慧日。住荘厳寺〉
童子石恵璨。年二十〈無州貫。誦梵本大孔雀王経一部。誦随求陀羅尼幷
経。請法名慧広。住西明寺〉
童子羅詮。年十五〈無州貫。誦梵本出生無辺門経。誦随求陀羅尼呪幷経。
請法名慧僊。住西明寺〉
右特進試鴻臚卿大興善寺三蔵沙門大広智不空奏。前件行者童子
等。並素稟調柔。器性淳確。服勤経戒。諷誦真言。志期出家精
修報国。今因降誕之日。請度為僧各配住前件寺。冀福資　聖寿。
地久天長
中書門下　牒大広智不空
牒。奉　勅宜依。牒至準　勅。故牒
大暦二年十月十三日牒

中書侍郎平章事元載
黄門侍郎平章事杜鴻漸
黄門侍郎平章事王縉
兵部尚書平章事李　使
検校侍中李　使
検校右僕射平章事　使
中書令　使

請度掃灑先師竜門塔所僧　制一首

東京竜門故開府儀同三司大弘教三蔵塔所掃灑無名僧慧恒。年四十六〈俗姓張。名景芝。貫鄭州栄陽県檀山郷安信里。父懐道為戸。身無籍。誦菩薩戒経一巻。誦声聞戒一巻。誦法華経一部。念誦為業。住河南府広福寺毘盧遮那塔院。幷向竜門塔所往来掃灑〉
当院行者趙元及。年三十五〈貫京兆府雲陽県竜雲郷修徳里。父貞観為戸。身無籍。誦法華経一部。誦維摩経一部。誦菩薩戒経一巻。誦金剛経一巻。誦薬師経一巻。誦阿弥陀経一巻。誦金光明経四巻。誦無常経一巻。誦盂蘭盆経一巻。住保寿寺。法名慧覹〉
行者田栄国。年三十三〈貫京兆府万年県積福郷積徳里。父懐常為戸。身無籍。誦大随求真言。誦尊勝陀羅尼。誦阿弥陀経。誦法華経一部。住総持寺。法名慧濬〉
童子李宝達。年十三〈貫京兆府照応県故畳郷修文里。父守信為戸。誦法華経両巻。誦大随求真言。誦理趣般若経。住大興善寺。法名慧正〉
右特進試鴻臚卿大興善寺三蔵沙門大広智不空奏。前件無名僧等。先嘗奉事故大和上。服勤香火。積有歳年。志性柔和。堅固無懈。請与正名。便送塔額。住彼掃灑。冀終罔極。獲展師資。行者。童子等。並久習真言。兼誦経典。不離本院。業已成就。伏乞。与度俾励修持

中書門下　牒大広智不空
牒。奉　勅宜依。牒至準　勅。故牒
大暦三年六月十三日牒
中書令元　仮
門下杜王　同上

請降誕日度三僧　制一首

中書門下　牒大広智不空
羅文成。年三十八〈貫土火羅国。誦金剛般若経。誦起信論。誦菩薩戒経。法名慧弘。住西明寺〉
羅伏磨。年四十五〈宝応功臣武校尉守右羽林軍大将員試太常卿上柱国賜紫金魚袋。貫涼州天宝県高亭郷。法名慧成。請住化度寺〉
童子曹摩訶〈貫京兆府万年県安寧郷永安里。父為戸。誦法華経一部。法名慧順。請住千福寺〉
牒。奉　勅宜並与度配住前件寺。牒至準　勅。故牒

大暦三年十月十三日牒
中書侍郎平章事元載
門下侍郎平章事杜鴻漸
門下侍郎平章事王縉
兵部尚書平章事李　使
司徒兼中書令　使

謹案唐制。但勘其実。不許欺政。唯仰其修。不勘其籍。未度之前。許受大戒。僧家之交。平等令修。外順王家。内修仏法。開修学道。制犯戒類。清浄出家。是尤可行。誠願。天台一家年分二人。一順唐法。依実卻妄。然則。清浄度者。山林無乏。済苦用僧。華夏有余也

開示天竺不立記籍亦無僧統明拠五十二

謹案新旧両本仁王護国般若経下巻。云。大王。未来世中。一切国王。太子王子。四部弟子。横与仏弟子書記制戒。如白衣法。如兵奴法。若我弟子。比丘比丘尼。立籍為官所使。都非我弟子。是兵奴法。立統官摂僧籍。大小僧統。共相摂縛。如獄囚法兵奴之法。当爾之時。仏法不久。〈已上羅什三蔵所訳旧本也〉

大王。未来世中。一切国王王子大臣。与我弟子。横立記籍。設官典主。大小僧統。非理役使。当知。爾時仏法不久。〈已上不空三蔵所訳新本也〉

謹案即翻仁王経沙門良賁師奉詔所造仁王経疏下巻。云。西国出家者。不立記籍。亦無主司。僧中統摂。悉皆無矣。〈已上疏文〉

誠願。法華一宗。天台両人。依仏国法。不立僧籍。不預統摂。安置叡山。令得修学。夫大唐新任。有左功徳使。有右功徳使。今須差右功徳使四時令検校。其出身之法。一同大学不除本籍加階勧学。制袈裟於妻子。断濃業於俗家。一十二年。令修山林。随其得業。将定進退。若有違制。脱袈裟衣。為在家士也

開示宮中出家非清浄明拠五十三

僧統奏曰。何以宮中出家非清浄。〈已上奏文〉

論曰。宮中功徳。雖是清浄。而出家度者。未尽清浄。乃有山家度者。不愛山林。競発追求。已背本宗。跉跰貧里。又不顧真如。不畏後報。為身覓財。為名求交。如来遺教。因茲沈隠。正法神力。亦復難顕。若不改其風。正道将絶。若不求清浄。排災無由。是故。五台山五寺。永置山出家。興善寺両院。常立為国転経。未度之前。住山諳練。已度之後。住十二年。是豈非清浄也

開示入音声慧法門明拠五十四

僧統奏曰。凡犯戒比丘。世尊不聴為授戒師。今誰在山可授大戒。〈已上奏文〉

論曰。挙足下足。聖人難知。此犯此持。小聖何判。万里求師受仏戒。住山伝授何不可。僧統密懐。已達天上。誰真仏子。不著忍鎧。

入音声慧。今正是時。誠願。知音君子。同入此門也

謹案諸法無行経下巻。云。爾時華戯慧菩薩。白仏言。世尊。願説入音声慧法門。令当来菩薩。聞如是法。不驚不怖。亦知一切音声究竟之性。不疑不悔。於諸音声。無所障礙

仏言。止止用問是事為。是入音声慧法門。不応於新発意菩薩前説。所以者何。新発意者。不能解。不能知。不能思。若菩薩摩訶薩。入是音声慧法門者。仮使有人。於恒河沙劫。悪口罵詈。誹謗毀呰。是人不生恚恨。若人於恒河沙劫。以一切楽具供養。不生愛心。譬如漏尽阿羅漢。一切愛処不生愛心。一切瞋処不生瞋心。善男子。入是音声慧法門菩薩。於利衰毀誉称譏苦楽等八法。已過心不傾動。譬如須弥山王

爾時華戯慧菩薩。復白仏言。願必為説ㇾ音声慧法門。当来菩薩。得聞是法門。当自知過咎。亦教余人

爾時仏告華戯慧菩薩。善男子。汝今諦聴。善思念之。当為汝説。唯然。世尊。願楽欲聞

仏告華戯慧菩薩。若菩薩。聞貪欲音声生過罪想。聞離貪欲音声生利益想。即是不学仏法。若聞瞋恚音声生過罪想。聞離瞋恚音声生利益想。即是不学仏法。若聞愚癡音声生過罪想。於離愚癡音声生利益想。即是不学仏法。若於少欲音声生喜想。於多欲音声生閡想。即是不行音声法門。於知足音声生喜想。於不知足音声生閡想。即是不行音声法門。若於細行音声生喜想。於麤行音声生閡想。即是不行音声法門。若於楽静音声則喜。於憒閙音声則閡。即是不学仏法。若於忍辱音声生利益想。於瞋恚音声生閡想。即是不学仏法。若於精進音声生利益想。於懈怠音声生閡想。即是不学仏法。於禅定音声生利益想。於散乱音声生閡想。則不学仏法。於智慧音声生利益想。於愚癡音声生閡想。則不学仏法。若於近道音声則喜。於遠道音声則閡。不学音声法門。於生死見過咎。於涅槃見利益。則不入音声法門。於彼岸則喜。於此岸則閡。則不学音声法門。於聚落音声生閡想。於空閑音声生喜想。則不学音声法門。若於独行音声生喜想。於衆行音声生閡想。則不学音声法門。於比丘所行音声生喜想。於白衣所行音声生礙想。則不学音声法門。於有威儀則喜。於無威儀則礙。則不学仏法。於清浄行則喜。於不清浄行則礙。則不学仏法。於不雑行則喜。於雑行則礙。則不学仏法。於離欲行則喜。於婬欲行則礙。則不学仏法。於離瞋相則喜。於瞋相則礙。則不学仏法。於離癡相則喜。於癡相則礙。則不学仏法。於空則喜。於有則礙。則不学仏法。於無相則喜。於有相則礙。則不学仏法。於無作則喜。於有作則礙。則不学仏法。於菩薩行則喜。於声聞辟支仏行則礙。則不学仏法。若説菩薩過咎。則遠阿耨多羅三藐三菩提。亦受業障罪。若説菩薩威儀過罪。則遠阿耨多羅三藐三菩提。若菩薩。於他菩薩生下想。於已生勝想。則為自傷。亦受業障罪。

若菩薩欲教余菩薩。当生仏想然後教之。菩薩若欲不捨阿耨多羅三藐三菩提。不応生心軽恚余菩薩。善男子。無有滅失功徳如軽恚余菩薩者。是故菩薩。若欲守護功徳善根。亦於一切法中。得無障礙慧。当昼夜各三時礼一切求仏道菩薩

爾時文殊師利法王子。白仏言。世尊。如我知仏所説義。貪欲音声仏音声。等無有異。瞋恚音声仏音声等。愚癡音声仏音声等。外道音声仏音声等。少欲音声多欲音声等。知足音声不知足音声等。細音声麤音声等。楽独音声楽衆音声等。此岸音声彼岸音声等。遠音声近音声等。生死音声涅槃音声等。聚落音声空閑音声等。布施音声慳貪音声等。持戒音声毀戒音声等。忍辱音声瞋恚音声等。精進音声懈怠音声等。禅定音声乱意音声等。智慧音声愚癡音声等

爾時華戯慧菩薩。問文殊師利法王子。以何因縁故皆等

文殊師利言。天子。於意云何。貪欲音声。何者為是

天子言。是貪欲音声。空如響法

文殊師利言。汝知仏音声。亦復云何

天子言。不出於空。亦如響法

文殊師利言。以是因縁故。我説二音声皆是平等。〈已上経文〉

明知。平等大慧音声法門。八風之中大須弥山。五濁之世大明法炬也

開示未入音声・法門犯障礙罪明拠五十五

謹案諸法無行経下巻。云。爾時仏告文殊師利。汝先世住初発意地。未入如是諸法相時。為起何障礙罪。汝今説之。当来世中。仮名菩薩。聞汝所説障礙之罪。当自守護

文殊師利白仏言。唯然。世尊。我当自説障礙之罪。雖聞是者当有憂怖。然其能滅障礙之罪。亦於一切法中。得無閡慧。世尊。乃往過去。無量無辺不可思議阿僧祇劫。爾時有仏。号師子吼鼓音王如来応供正徧知明行足善逝世間解無上士調御丈夫天人師仏世尊。其仏寿命。十万億那由他歳。以三乗法。而度衆生。国名千光明。其国樹木。皆七宝成。其樹皆出如是法音。所謂空音。無相音。無作音。無生音。無所有音。無取相音。以是諸法之音。令衆生得道

其師子吼鼓音王仏初会説法。九十九億声聞弟子。皆得阿羅漢。諸漏已尽。捨諸重担。逮得己利。尽諸有結。以正智得解脱。菩薩衆亦九十九億。皆得無生法忍。能善入種種法門。親近供養若干百千万億諸仏。亦為若干百千万億諸仏之所称歎。能度若干百千万億無量衆生。能生無量陀羅尼門。能起無量百千万億三昧門。及余新発菩薩意者。不可称数。其仏国土無量荘厳。説不可尽。彼仏住世。教化已訖。入無余涅槃。滅度之後。法住六万歳。諸樹法音。皆不復出

爾時有菩薩比丘。名曰喜根。時為法師。質直端正。不壊威儀。不捨世法。爾時衆生。普皆利根。楽聞深論。其喜根法師。於衆人前。

不称讃少欲知足。細行独処。但教衆人諸法実相。所謂一切法性即是貪欲之性。貪欲性即是諸法性。瞋恚性即是諸法性。愚癡性即是諸法性。其喜根法師。以是方便。教化衆生。衆生所行。皆是一相。各不互相是非。所行之道心無瞋礙。以無瞋礙因縁故。疾得法忍。於仏法中。決定不壊

世尊。爾時復有比丘法師。行菩薩道。名曰勝意。其勝意比丘。護持禁戒。得四禅四無色定。行十二頭陀。世尊。是勝意比丘。有諸弟子。其心軽動。楽見他過

世尊。後於一時。勝意菩薩。入聚落乞食。誤至喜根弟子家。見舎主居士子。即到其所。敷座而坐。為居士子。称讃少欲知足細行。説無利語過。讃歎遠衆楽独行者。又於居士前。説喜根法師過失。是比丘不実。以邪見道。教化衆生。是雑行者。説婬欲無障礙。瞋恚無障礙。愚癡無障礙。一切諸法皆無障礙

是居士子利根。得無生法忍。即語勝意比丘。大徳。汝知貪欲為是何法

勝意言。居士。我知貪欲是煩悩

居士子言。大徳。是煩悩。為在内為在外耶

勝意言。不在内不在外。大徳。若貪欲不在内不在外。不在東西南北四維上下十方者。即是無生。若無生者。云何若垢若浄

爾時勝意比丘。瞋恚不喜。従座起去。作如是言。是喜根比丘。以妄語法。多惑衆人

是人以不学入音声法門故。聞仏音声則喜。聞外道音声則瞋。於梵行音声則喜。於非梵行音声則瞋。以不学入音声法門故。於浄音声則喜。於垢音声則瞋。以不学入音声法門故。於道果音声則喜。於凡夫音声則礙。以不学入音声法門故。於楽音声則喜。於苦音声則礙。以不学入音声法門故。於出家音声則喜。於在家音声則礙。以不学入音声法門故。於出世間音声則喜。於世間音声則礙。以不学入音声法門故。於布施則生利想。於慳則生礙想。以不学仏法故。於持戒則生利想。於毀戒則生礙想

是勝意比丘。於出其舎已還到所止。衆僧中見喜根菩薩。語衆人言。是比丘。多以虚妄邪見。教化衆生。所謂婬欲非障礙。瞋恚非障礙。愚癡非障礙。一切法非障礙

爾時喜根菩薩。作是念。是比丘。今者必当起於障礙罪業。我今当為説如是深法。乃至令作修助菩提道法因縁

爾時喜根菩薩。於衆僧所。説是諸偈

貪欲是涅槃　恚癡亦如是　如是三事中
有無量仏道　若有人分別　貪欲瞋恚癡
是人去仏道　譬如天与地　菩提与貪欲
是一而非二　皆入一法門　平等無有異
凡夫聞怖畏　去仏道甚遠　貪欲不生滅

不能令心悩　若人有我心　及有得見者
是人為貪欲　将入於地獄　貪欲之実性
即是仏法性　仏法之実性　亦是貪欲性
是二法一相　所謂是無相　若能如是知
則為世間導　若有人分別　是持戒毀戒
以持戒狂故　軽懱於他人　是人無菩提
亦無有仏法　但自安住立　有所得見中
若住空閑処　自貴而賤人　尚不得生天
何況於菩提　皆由著空閑　住於邪見故
邪見与菩提　皆等無有異　但以名字数
語言故別異　若人通達此　則為近菩提
分別煩悩垢　即是著浄見　無菩提仏法
住有得見中　若貪著仏法　是則遠仏法
貪無礙法故　則還受苦悩　若人無分別
貪欲瞋恚癡　入三毒性故　則為見菩提
是人近仏道　疾得無生忍　若見有為法
与無為法異　是人終不得　脱於有為法
若知二性同　必為人中尊　仏不見菩提
亦不見仏法　不著諸法故　降魔成仏道
若欲度衆生　勿分別其性　一切諸衆生
皆同於涅槃　若能如是見　是則得成仏
其心不閑寂　而現閑静相　是於天人中
則為是大賊　是人無菩提　亦無有仏法
若作如是願　我当得作仏　如是之凡夫
無明力所牽　仏法甚清浄　其喩如虚空
此中無可取　亦無有可捨　仏不得仏道
亦不度衆生　凡夫強分別　作仏度衆生
是人於仏法　則為甚大遠　若見衆生苦
則是受苦者　衆生無衆生　而説有衆生
住衆生相中　則無有菩提　若人見衆生
是畢竟解脱　無有婬恚癡　如是為世将
若人見衆生　不見非衆生　不得仏法実
仏同衆生性　若能如是知　則為世間将
若人欲成仏　莫壊貪欲性　貪欲性即是
諸仏之功徳　若人欲発心　随順菩提道
莫自有分別　心異於菩提　発心即菩提
知是為世将　若説外道悪　称仏世中尊
是二説非異　知是為世将　若人求菩提
是人無菩提　若見菩提相　是則遠菩提
菩提非菩提　仏陀非仏陀　若知是一相

是為世間導　若人作是念　我当度衆生
即著衆生相　是人無菩提　亦無有仏法
住於身見中　貪欲無内外　亦不在諸方
分別是空法　凡夫為所焼　如幻如炎響
如夢石女児　諸煩悩如是　決定不可得
不知是空故　凡夫為狂惑　若求煩悩性
煩悩即是道　若有人分別　是道是非道
是人終不得　無分別菩提　凡夫畏仏法
去仏道甚遠　若不疑空法　是人得菩提
一切有為法　即是無為法　是数不可得
無数故無為　若以菩提心　自高無所畏
自念当作仏　是人無菩提　亦無有仏法
離菩提宝印　若有但誦経　憶想作分別
不深思義趣　但為貪名利　自念当作仏
必成無有疑　唯貪於名利　読経住閑静
分別少欲行　還為貪心牽　若欲捨遠貪
不得遠於貪　若達貪実法　是人能離貪
不得法実際　雖長夜持戒　得諸無礙禅
不入仏法味　知法無有性　不没一切法
不言戒非戒　得脱有見中　以無持戒性
知於持戒法　如是知戒相　終不毀於戒
諸仏之法王　法蔵叵思議　無量方便力
引導諸衆生　以一相法門　令入寂滅道
凡夫聞仏説　無我無有法　一相自性空
不信堕深坑　雖白衣受欲　聞是法不畏
勝於頭陀者　住在有見中　現在十方仏
利益諸世間　知法如虚空　皆以得菩提
若有無智者　楽於分別法　聞是実法者
則生疑怖畏　是人無量劫　備受諸苦分

説是諸偈法時。三万諸天子。得無生法忍。万八千人。漏尽解脱。即時地裂。勝意比丘。堕大地獄。以是業障罪因縁故。百千億那由佗劫。於大地獄。受諸苦毒。從地獄出。七十四万世。常被誹謗。若干百千劫。乃至不聞仏之名字。自是已後。還得値仏。出家学道。而無志楽。於六十二万世。常反道入俗。亦以業障余罪故。於若干百千世。諸根闇鈍。〈已上経文〉

明知。叡山被誹謗。過去業所招。何不顧己業。更恨他縁来。願得今身償。不入悪道受也

開示一乗正教多怨嫉明拠五十六

僧統奏曰。西夏有鬼弁婆羅門。東土出巧言禿頭沙門。此乃物類冥召。誑惑世間。〈已上奏文〉

論曰。摩竭鬼弁。学不師稟。馬鳴所以先試後屈。叡山禿頭。訪師西隣。六綱所以未練深旨。昔聞斉朝之光統。今見本朝之六統。実哉法華何況也

開示不違僧尼令明拠五十七

僧統奏曰。僧尼令云。僧尼有事須論。不経所司。輙上表啓。并擾乱官司。妄相嘱請者。五十日苦使。再犯百日苦使。而輙上表。既違法令。〈已上奏文〉

論曰。所司省寮。雖無屈滞。而所司有綱。年年寮屈。今依令条。直上表奏。豈違法令哉。釈尊遠讖。今正是時。仁王明文。実深可信也

開示自他平等同入法性明拠五十八

六統群釈護法故　内住慈悲現麤語
余亦護法造此論　応槌其声有巨細
客主莫怪夢裡語　凡聖本来不離斯
随機法同・一三異　随法実教無差別
大唐貞観興三乗　大周以還盛一乗
開元之載真言起　文殊上座定大暦
天台円教貞元興　敷揚臨海伝円戒
大日本国未円教　一乗根性盍済度
桓武皇帝哀愍彼　一円法雨降延暦
円教法泉開心地　円機衆生得見水
一乗出家年年双　円教三学未具足
二学雖芽未戒学　是以触鱗請円戒
発願六統及群釈　自他六和息諍論
随機説法利群生　同入一味真如海

顕戒論巻下　終

上顕戒論表

沙門最澄言。去年十月廿七日。附僧光定。僧綱所上表対等文。給示最澄。天雨流洽。枯木更栄。捧戴慚愧。悚踴無地。最澄。誠惶誠恐。以懼以忻。最澄聞。南天竜樹。織八不而破邪。東印馬鳴。立一心而開道。護法釈頌。断悪取空。青弁造論。遮有所得。天親製論。洗五過失。堅慧作論。顕一究竟。大乗論則無着顕揚。小乗論則衆賢顕宗。破邪顕正。不勝載車。是以。唐朝法琳。制傳奕於破邪。秦代僧肇。示般若於無知。宝台上座。作仏性論。緇州恵沼。造慧日論。如是等類。歴代繁興

伏惟　陛下。承天践祚。聖政惟新。正法理国。与霊合契。今斯法華宗者。登駕桓武皇帝。為国所建也。其両箇度者。依法華宗。定大出家。夫円頓学人。不求三車於門外。何用羊車之威儀。無楽化城於中路。豈過迂廻之径哉。付財之晨。知父知家。何客作為。何除糞為。賞功之夕。解髻授珠。由何望宅。因何求城。明知。先帝伝法。古今無比。護国利生。塵劫豈朽哉

今依山家宗。定円三学。望菩薩僧。謹請　天制。則四条式。給僧綱等。聞異宗和。是時。僧統存護法志。高振智劍。群釈執破石心。請・論鼓。表進　内裏。密待　天制。於是。帝心広博。都無愛・。表奏給山。更煖死灰。謹案表対。但陳小家詞。無述聖教。不受博覧。泯三寺於日本。無諮新制。遮上座於文殊。鳴鐘無遮。還恥算升。法界為家。深堕銑破。例言之詰。反罵和上。違教之妨。亦乖師伝。昔大天五事。無依仏説。今叡山四条。有拠聖教。又問律儀則称我大乗。定上座則還向賓頭。已嫌辺州。豈信比蘇。若不許仮名。誰為真実者哉

竊以。年分五宗也。国家之良将。人倫之資粮。両海之舟航。彼岸之梯蹬。倶行倶用。則味同塩梅。同説同伝。則声等金石。何償自宗。忽遏諸宗。但貴耳入口出。不得治内心。若無清虚之功。何排非常之難。今我　弘仁。論於釈教。定於偏円。道之必可興之時。行之必可釈之日。小乗律儀。通於蔵通。梵網三聚。局於別円。而今円宗度者。受小乗律儀。忘円三聚。争求名利。各退無漏。自去大同二年至于弘仁十一年。合一十四箇年。両業度者二十八口。各々随縁。散在諸方。住山之衆。一十不満。円戒未制。禅定無由。見前車傾。将改後轍

謹以弘仁十一載歳次庚子。為伝円戒。造顕戒論三巻。仏法血脈一巻。謹進　陛下。重願。天台円宗両業学生。順所伝宗。授円教戒。称菩薩僧。勧菩薩行。一十二年。不出叡山。四種三昧。令得修練。然則。一乗戒定。永伝本朝。山林精進。遠勧塵劫。奉此功力。以

滅群凶。上兹　聖寿無疆。承此兆人請泰。最澄。識謝一行。学恥毘壇。謹献愚誠。倍増戦汗。如允許進表。請降墨勅。依無任伝戒之深。謹奉表陳請。以聞。

顕戒論縁起　序

顕戒論者。影響対奏。為顕円珠。山家所造也。今斯縁起者。拾其新文。示顕戒由者也。若墜此文。恐偏執者。将断聖化。是故名縁起。両巻謹進

史記官。最澄誠恐誠懼謹上。時大日本国弘仁十二年季春三月也

顕戒論縁起　巻上

合参拾漆首

謝　勅差求法旨表一首
請求法訳語表一首
大唐明州向台州天台山牒一首
台州相送詩一首
伝菩薩戒道邃和上書一首
天台伝法道邃和上行迹一首
第七祖道邃和上道徳述一首
台州求法略目録幷陸淳詞一首
大唐明州向越府牒一首

謝　勅差求法使表一首

沙門最澄言。伏奉　勅旨。差求法使。任興法道。最澄荷非分　詔。罔知攸措也。但身隠山中。不知進退。才拙錐刀。未別菽麦。雖然。追尋香之誠。仰雪嶺之信。励微劣之心。答　天朝之命。不任悚荷之至。謹附小納言近衛将監従五位下大友朝臣入鹿。奉表陳謝以聞。軽犯威厳。伏深戦慄。謹言

延暦二十一年九月十三日　沙門最澄上表

請求法訳語表一首

沙門最澄聞。秦国羅什。度流沙而求法。唐朝玄奘。踰葱嶺以尋師。並皆不限年数。得業為期。是以。習方言於西域。伝法蔵於東土。伏計此度求法。往還有限。所求法門。巻逾数百。仍須歴問諸州。得遇其人。最澄未習漢音。亦闇訳語。忽対異俗。難述意緒。四船通事。随使経営。相別訪道。遂不可得。竊慮。分途問求。乃可有得所志之旨。当年得度沙弥義真。幼学漢音。略習唐語。少壮聡悟。

頗渉経論。仰願。殊蒙　天恩。兼従之外。請件義真。為求法訳語。兼復令学義真理。然則。天台義宗。諮問有便。彼方聖人。通情不難。若独有所残者。須属留学生。経年訪求矣。不任区区之至。謹奉表以聞。伏増戦汗。謹言

延暦二十一年十月二十日　　沙門最澄上表

大唐明州向台州天台山牒一首

礼　明州牒

日本国求法僧最澄。往天台山巡礼。将金字妙法蓮華経等

金字妙法蓮華経一部〈八巻。外標金字。〉

金字無量義経一巻　普賢観経一巻

已上十巻。共一函咸封。令最澄称。是日本国春宮永封。未到不許開折。

屈十大徳疏十巻　本国大徳諍論両巻

水精念珠十巻　檀龕水天菩薩一軀〈高一尺〉

右徳僧最澄状。偁。総将往天台山供養

供奉僧最澄。沙弥僧義真。従者丹福成

文書鈔疏。及随身衣物等。総計弐佰余斤

牒。得勾当軍将劉承規状。偁。得日本国僧最澄状。欲往天台山巡礼疾病。漸可今月十五日発。謹具如前。者使君判付。司給公験。并下路次県。給船及担送過者。准判。謹牒

貞元二十年九月十二日　　史孫階牒

司戸参軍孫負

台州相送詩一首

送最澄上人還日本国叙

過去諸仏。為求法故。或砕身如塵。或捐軀強虎。嘗聞其説。今覩其人。日本沙門最澄。宿植善根。早知幻影。処世界而不著。等虚空而不凝。於有為而証無為。在煩悩而得解脱。聞中国故大師智顗。伝如来心印於天台山。遂賚黄金渉巨海。不憚陥天之駭浪。不怖映日之鷲鼈。外其身而身存。思其法而法得。大哉之求法也。以貞元二十年九月二十六日臻　海郡。謁太守陸公。献金十五両。筑紫斐紙二百張。筑紫筆二管。筑紫墨四挺。刀子一。加斑組二。火鉄二加大石八。蘭木九。水精珠一貫。陸公精孔門之奥旨。蘊経国之宏才。清比氷嚢。明逾霜月。以紙等九物。達於　庶使。返金於師。師訳言。請貨金貿紙。用書天台止観。陸公従之。乃命大師門人之裔哲曰道邃。集工写之。逾月而畢。邃公亦開宗指審焉。最澄忻然瞻仰。作礼而去。三月初告。遐方景濃。酌新茗以餞行。対春風以送遠。上人還国謁奏。知我唐聖君之　御宇也

貞元二十一年巳日　　台州司馬呉顗叙

詩

重訳越滄溟。来求観行経。問郷朝指日。尋路夜看星。得法心念喜。

乗杯体自寧。扶桑一念到。風水豈労形

台州録事参軍孟光

往歳来求請。新年受法帰。衆香随貝葉。一雨潤禅衣。素舸軽翻浪。
征帆背落暉。遙知到本国。相見道流稀

台州臨県令毛渙

万里求文教。王春愴別離。未伝不住相。帰集祖行詩。挙筆論蕃意。
焚香問漢儀。莫言滄海闊。杯度自応知

郷貢進士崔謩

一葉来自東。路在滄溟中。遠思日辺国。却逐波上風。問法言語異。
伝経文字同。何当至本処。定作玄門宗

広文館進士全済時

家与扶桑近。煙波望不窮。来求貝葉偈。遠過海竜宮。流水随帰処。
征帆遠向東。相思渺無畔。応使夢魂通

天台沙門行満

異域郷音別。観心法性同。来時求半偈。去罷悟真空。貝葉翻経疏。
帰程大海東。何当到本国。継踵大師風

天台帰真弟子許蘭

道高心転実。徳重意唯堅。不懼洪波遠。中華訪法縁。精勤同忍可。
広学等弥天。帰到扶桑国。迎人擁海壖

天台僧幻夢

刧返扶桑路。還乗旧葉船。上潮看浸日。翻浪欲陥天。求宿寧逾日。
雲行詎隔年。遠将乾竺法。帰去化生縁

前国子監明経林暈

求獲真乗妙。言帰倍有情。玄関心地得。郷思日辺生。作梵慈雲布。
浮杯漲海清。看看達彼岸。長老散華迎

伝菩薩戒道邃和上書一首

乍別増悵。春憶数行。不知。平善達船所否。過去伝法菩薩。備受艱辛。今日弘揚。寧無労虚也。邃日向衰老。諸皆未能。色心倶頽。刀風非遠。観浮雲水月。以遣余生耳。化隔滄海。相見杳然。各願伝持共期仏慧也。勉旃。先進奉使向来。何当定発信遠相報。因然投施往。略附数字。伝菩薩戒師天台沙門道邃。告日本国最澄三蔵処義真行者。意不殊前。各各相共。弘揚宗教也

三月二十一日　後宮

天台伝法道邃和上行迹一首

道邃和上行迹　　大唐天台沙門　乾淑述

和上俗姓王氏。瑯琊苗裔。桑梓西京繡衣。継氏不可具。委身乃授監察御史。鄭組辞策。従師学道。年二十四。方乃進具。於秦地学戒。既達持犯。思・大乗。遂写慈恩法華疏。於夜夢見一僧。而語曰。何不聴於天台円頓宗旨。至明旦。乃向衆人。陳説夢事。衆人曰。既有夢。豈無其徴。承常州妙楽寺湛然。今盛伝弘此教。時雖

聞其語。未為的実。後有信至。方知不虚。乃捨所写。振錫南行。到揚州法雲寺。欲住旬日。又夢見一僧。語曰。妙楽講経。已欲至方便品。今可速往。因乃馳趣。果如其夢。集業五年。更無他事。以燭継昼。麟角業成。乃辞師独行。師曰。随方而住。随分宣伝。縦自修行。亦為利益。遂却至揚府。被人請講法華止観玄文。各得数徧。後入天台。於路至越州。見御史端云。後除歙州刺史陸。参拝為和上。後至貞元十二年。入天台居山九年。講法華止観玄文等。未曽有闕六時行道。法華一部。大小乗戒。日常一徧。未嘗不周。二十年。台州刺史。請下竜興。講法華止観。至今年二月。因勾当本国教門。且暫停耳。但乾淑随和上。始得十年。在前之事。悉不具知。略書而已

第七祖道邃和上道徳述一首

東海可際。青天可捫。邃禅師道徳。不可准矣。太易可始。万像・。師慧用。不可量矣。余貞元戊寅歳。作慰臨海。以台岳為域中霊鎮。竊慕遊之。前年百城寛貸。俯徇私欲。輟以公事。俾獲登賢焉。於国清寺。獲覩禅師慈状。三毒不生。按禅師法語。六塵不入。我師情同野鶴。身居白雲。不与俗物群。不為世間縛。来縁利物。去本無心。曠然虚舟。遇坎斯止。爰自他部宴坐於仏隴。伽藍霜亦緐矣。玆寺拠天台東峰。即金地羅才。智者大師。住銀地之嶺。山清境異。草木鮮潤。凡禽獣會所不臻。其有互卿軽進之徒。苞咸不善。或竊茹葷血而来者。飄風震雷。猛獣毒蛇。応時輙至。則知。像外之境。霊聖共持。丹丘福庭。羽客恒集。自非至人碩徳。豈是而窟宅焉。長老通十二部教。該百氏群言。有知則鳴。対境恒寂。為人・言依於敬。与仁下言依於仁。仁者謂之仁。智者謂之智。注之不満。酌之不竭。巍巍乎衆世之津梁也。審則。志帰空門。二十余歳。客塵所覆。未了心源。今日再来。不求牀座。真希甘露一灑多用而已。其於道徳之薄厚。功用之遠近。籠累者。髣髴而軽重哉。稽首空山。不知所得。秋九月旬有。百涤郡盧審則。刻木而述之

台州求法略目録并陸淳詞一首

向大唐台州天台山仏隴寺。求得天台法華宗疏記等合一百二部二百四十巻。其目録者。別有一巻也。即其台州・史陸淳之詞曰。最澄闍梨。形雖異域。性穿同源。特稟生知。触類懸解。遠求天台妙旨。又遇竜象邃公。総万行於一心。了殊途於三観。親承秘密。理絶名言。猶慮他方学徒。未能信受。所請当州印記。安可不任為憑
貞元二十一年二月二十日。朝議大夫使持節台州諸軍・守台州・史
上柱国陸淳給
日本国入唐使
持節大夫使従四位上行太政官右大弁兼越前守藤原朝臣葛野麻呂
准判官兼訳語正六位上行備前掾笠臣田作
録事正六位上行式部省少録兼伊勢大目勲六等山田造

大庭

録事正六位上行大政官左少史兼常陸省上毛野公穎人

大唐明州向越府牒一首

明州牒

准日本国求法僧最澄状。偁。今欲巡礼求法往越州竜興寺幷法華寺等

弘法僧最澄。義真。行者丹福成。経生真立人

牒。得日本国求法僧最澄状。偁。往台州所求目録之外。所欠一百七十余巻経幷疏等。其本今見具足。在越州竜興寺幷法華寺。最澄等。自往諸寺。欲得写取。伏乞公験処分。者使君判付。司住去牒知。仍具状牒上。使者准判。者謹牒

貞元二十一年四月六日　史孫階牒

司戸参軍孫万宝

大唐越州竜興寺寂照闍梨書一首

超素師至。任書深慰馳濁。夜来佳雨。惟動履清適。寂照衰疾。殊不足言。所論日本国闍梨。贖六事宝器。可謂。唐国珍琦。卒不曷得。昨日矢口道贖。却収前言不得。行者将金七両。乃是青金。尋令行者共超素至金匠処沽之。有価応至三十要銭。卒売不集。難為進退。望私地苦言之。若非日本大徳意。亦不贖与他。今日将謂。交易便充夏供。若只与此物。可直二十一千。恐交易不成。故特令鴻雁馳状取一指南。廻人垂示。謹奉数字。以代面言。不具。比丘寂照状通

十八日暁師弟総持侍者

為中仰日東二大徳。迫以講時不果。別状惟悉下情。謹空

大唐泰嶽霊巌寺順暁阿闍梨付法文一首

毘盧遮那如来三十七尊曼荼羅所

阿鑁藍吽欠　上品悉地

阿尾羅吽欠　中品悉地

阿羅波者那　下品悉地

灌頂伝授三部三昧耶阿闍梨沙門順暁。図様契印法。大唐貞元二十一年四月十八日。泰嶽霊巌寺鎮国道場大徳。内供奉沙門順暁。於越府峰山頂道場。付三部三昧耶。牒弟子最澄。大唐国開元朝。大三蔵婆羅門国王子。法号善無畏。従仏国大那蘭陀寺。転大法輪。至大唐国。転付嘱伝法弟子僧義林。亦是国師大阿闍梨一百三歳。今在新羅国。転大法輪。又付唐弟子僧順暁。是鎮国道場大徳阿闍梨。又付日本国弟子僧最澄。転大法輪。僧最澄是第四付嘱伝授。唐貞元二十一年四月十九日書記。令仏法永永不絶。阿闍梨沙門順暁。録付最澄

越州求法略目録幷鄭審則詞一首

向大唐越州竜興寺。求得真言等幷雑教迹等一百二部一百一十五巻

灌頂道具白銅五鈷抜折羅壱口
灌頂道具白銅五鈷金剛鈴壱口
灌頂道具白銅金剛輪弐口
灌頂道具白銅羯摩抜折羅弐口
灌頂伝法阿闍梨順暁和上付法印信。灌頂道具白銅三昧耶抜折羅壱口

明州刺史鄭審則之詞

孔夫子云。吾聞。西方有聖人焉。其教。以清浄無為本。不染不著為妙。其化人也。具足功徳。乃為国明。最澄闍梨。性稟生知之才。来自礼義之国。万里求法。視険若夷。不憚難労。神力保護。南登天台之嶺。西泛鏡湖之水。窮智者之法門。探灌頂之神秘。可謂。法門竜象。青蓮出池。持此大乗。往伝本国。求玆印信。猶以為憑。咋者。陸台州已与題記。故具所覩。爰申直筆
大唐貞元二十一年五月十五日。朝議郎使持節明州諸軍・守明州刺史上柱国滎陽鄭審則書

日本国入唐使
持節大使従四位上行太政・右大弁兼越前・藤原朝臣葛野丸・
准判官兼訳語正六位上行備前掾笠臣田作
録事正六位上行式部省少録兼伊勢大目勲六等・大庭
録事正六位上行太政官左少史兼常陸省上毛野公穎人

進経疏等表一首

沙門最澄言。最澄聞。六爻探頤。局於生滅之場。百物正名。未渉真如之境。豈若随他権教。開三乗於機門。随自実教。示一乗於道場哉。然則。円教難説。演其義者天台。妙法難伝。暢其道者聖帝。伏惟　陛下。纂霊出震。撫運登極。北蕃来朝。請賀正於毎年。東夷此首。知帰徳於先年。於是。属想円宗。緬懐一乗。紹宣妙法。以為大訓。由是。妙円極教。応聖機而煕顕。灌頂秘法。感皇縁而円。最澄奉使求法。遠尋霊蹤。往登台嶺。躬写教迹。所獲経幷疏及記等。総二百三十部四百六十巻。且見進経一十巻。名曰金字妙法蓮華経七巻。金字金剛般若経一巻。金字菩薩蔵経一巻。金字観無量寿経一巻。及天台智者大師霊応・一張。天台大師禅鎮一頭。天台山香炉・神送。程及柏木久尺四枚。説法白角如意一。謹遣弟子経蔵奉進。但聖鑑照明二門円満。不任誠懇之至。奉表戦慄。謹言
延暦二十四年七月十五日　　沙門最澄上表

大日本国初建灌頂道場定受法弟子内侍宣一首

内侍宣。若夫大明出若。深緑生藍。涓集成海。塵積為岳。其道可求。不択・。其才可取。不論其形。故帝釈屈尊。受法坑狐。雪子捐軀。訪道羅刹。皆是所以軽生重道。広利自他。此間風俗。我慢之執猶深。尊師之志未厚。昔天竺上人。自雖降臨。不勤訪受。徒遷鑿舟。遂令真言妙法。絶而無伝。深可歎息。深可歎息。方今最

澄闍梨。・渉溟波。受不空之貽訓。近畏・常。冀此・之有伝。然石川檉生二禅師者。宿・芳縁。守護　朕躬。憑此二賢。欲昌仏法。宜相代　朕躬。屈尊捐軀。率弟子等。尋検経教。受伝此法。以守護国家。利楽衆生。不可憚世間之誹謗也。自余諸衆。唯取其進。勿遮其退。者乞。照察此趣。蘭定進退二衆暦名。令加其署。附使進上。謹勒。造宮少進阿保広成敬和南

延暦二十四年八月二十七日

奉宣式部少輔和気広世

賜向唐求法最澄伝法公験一首

治部者・

国昌寺僧最澄

右住於平安東嶽比叡峰。精進練行十有五年。捜念誦之秘法。慕天台之高跡。延暦二十三年歳在甲申四月。奉　詔渡海求道。詣於台州国清寺。智者大師第七弟子道邃和尚所。求得天台法門二百余巻。還於越州竜興寺。遇天竺不空三蔵第三弟子鎮国道場内供奉順暁和尚。入灌頂壇。受三部悉地法。幷得陀羅尼法門三十余巻。種種曼荼羅図様十有余基。念誦供具等。取台州刺史陸淳。明州刺史鄭審則印署。以二十四年歳在乙酉六月。還来復命。即詔有司。令写法華維摩等経疏七通。選三論法相学生聡悟者六人。更相講論。又以同年九月一日。有　勅於清滝峰高雄山寺。造毘盧遮那都会大壇。令伝授之三昧耶妙法。所灌頂者。総有八人。苦行之力。果者早帰。聖徳所感。遂弘此道。今被右大臣宣。佐。奉　勅。入唐受法僧二人。宜令所司。各与公験。弥勤精進。興隆仏法。擁護国家。利楽群生。者省依　宣旨。奉行如右

延暦二十四年九月十六日

従四位下行大輔和気朝臣入鹿麻呂

少輔従五位下行藤原朝臣友人

大唐受具足戒僧義真戒牒

大唐国台州国清寺戒牒所

奉請当州国清寺　大徳律師為和上　翰赴

奉請当州竜興寺　大徳律師為羯磨兼衣薬鉢　光宝赴

奉請当州国清寺　大徳律師為尊証　文挙赴

奉請当州国清寺　大徳律師為教授　道濬赴

奉請当州普荘厳寺　大徳律師為尊証　仲康赴

奉請当州長楽寺　大徳律師為尊証　功言端赴

奉請当州国清寺　大徳律師為尊証　清瀾赴

奉請当州光明寺　大徳律師為尊証　慧昭赴

奉請婺州興政寺　大徳律師為尊証　亘赴

奉請婺州大明寺　大徳律師為尊証　少言赴

右比丘義真。稽首和南　大徳僧足下。但義真。宿因多幸。得遇

勝縁。棄妄守真。精祈戒品。庶使無上仏種。藉此敷栄。塵労稠林。
因玆殄滅。今蒙悲済。秉授尸羅。納法在心。福河流注。已登清禁。
慶賀無任。伏乞示名。永為戒験。謹牒

貞元二十年十二月七日　　比丘義真牒

生長扶桑。帰宗大夏。霊山求法。伝付戒香。当須堅志。護持紹隆
三宝。将度大海。必惜浮嚢。羅刹来求。微塵莫許。得到彼岸。成
就法身。和尚翰示

大唐台州給僧義真公験一首

日本国求法僧最澄
求法訳語僧義真

右義真。深蒙　郎中慈造。於大唐台州唐興県天台山国清寺。受具
足戒已畢。謹請公験印信。謹牒

大唐貞元二十一年三月一日　　日本国求法僧最澄牒

任為公験。三月一日。台州刺史陸淳給印

大唐明州僧義真公験幷遣大唐使公験一首

日本国求法僧最澄
天台受具足戒僧義真

牒。僧義真。去年十二月七日。於大唐台州唐興県天台山国清寺。
受具足戒已畢。謹連台州公験。請
当州　公験印信。謹牒。　牒件状如前。謹牒

貞元二十一年四月五日　　求法僧最澄牒

任為憑拠。四月八日。明州刺史鄭審則給

日本国入唐使
持節大使従四位上行大政官右大弁兼越前守藤原朝臣葛野麻呂
准判官兼訳語正六位上行備前掾笠臣田作
録事正六位上行式部少録兼伊勢大目勲六等山田造大庭
録事正六位上行大政官左少使常陸少目上毛野公穎人

賜向唐求法訳語僧義真公験一首

治部省
僧義真〈年二十五。臘一〉

右僧。就東大寺伝燈法師位慈賢習漢語。又就興福寺伝燈住位僧慈
蘊学法相。被年分試。及第得度。更登比叡之峰。鑚仰天台之教。
有　詔特賜最澄闍梨。為求法訳語。於台州国清寺。屈大徳受声聞
具足戒。又於道邃和尚所。受大乗菩薩戒。又於越州竜興寺。共澄
闍梨。遇順暁和尚。入灌頂壇。受三部悉地法。今被右大臣宣。偁。
奉　勅。入唐受法僧二人。宜令所司。各与公験。弥勤精進。興隆
仏法。擁護国家。利楽群生。者　宣旨奉行如右

延暦二十四年九月十六日

卿四品葛厚親王
従四位下行大輔和気朝臣入鹿麻呂

少輔従五位下・藤原朝臣友人

伝三部三昧耶公験一首

治部省

毘盧遮那如来三十七尊曼荼羅所

上品悉地　阿鑁藍吽欠

中品悉地　阿尾羅吽欠

下品悉地　阿羅波遮那

灌頂伝授三部三昧耶阿闍梨。泰嶽霊巌寺鎮国道場大徳。内供奉沙門順暁。図様契印法。於越府峰山頂道場付。大唐国開元朝。大三蔵婆羅門国王子。法号善無畏。従仏国大那蘭陀寺。伝大法輪。至大唐国。転付属伝法弟子僧義林。亦是国師大阿闍梨一百三歳。今在新羅国。伝法転大法輪。又付大唐弟子僧順暁。是鎮国道場大徳阿闍梨。又付日本弟子僧最澄。転大法輪。最澄是第四付属伝授。令仏法永永不絶。阿闍梨順暁。録付最澄

大唐貞元二十一年四月十六日

延暦二十四年歳次乙酉九月七日。有　勅於清滝峰高雄道場。起都会大壇。命最澄阿闍梨。伝授大安寺僧広円。預灌頂者。総有八人。是皆第五付属也。今被右大臣宣。偁。奉　勅。受法僧等。宜令所司。各与公験。弥勤精進。興隆仏法。擁護国家。利楽群生。者省依宣旨。連天竺大唐及　聖朝伝授次第。奉行如右

延暦二十四年九月十六日

卿四品葛厚親王

従四位下行大輔和気朝臣入鹿麻呂

少輔従五位下・藤原朝臣友人

請加新法華宗表一首

沙門最澄言。最澄聞。一目之羅。不能得鳥。一両之宗。何足普汲。徒有諸宗名。総絶伝業人。誠願。准十二部律呂。定年分度者之数。法六波羅蜜。分授業諸宗之員。則両曜之明。宗別度二人。華厳宗二人。天台法華宗二人。律宗二人。三論宗三人。加小乗成実宗。法相宗三人。加小乗倶舎宗。然則。陛下法施之徳。独秀於古今。群生法財之用。永足於塵劫。不任区区之至。謹奉表以聞。軽犯威厳。伏深戦越。謹言

延暦二十五年正月三日　沙門最澄上表

加年分度者定十二人僧統表一首

伝燈大法師勝虞等言。今月四日。中納言従三位藤原朝臣内麻呂。奉　勅。賜示国昌寺・最澄上表云。誠願。准十二律呂。定年分度者之数。法六波羅蜜。分授業諸宗之員。則両曜之明。宗別度二人。者仰惟。無上世尊。是大医王。随類設教。抜苦与楽。八万法蔵。有権有実。始雖似殊。終皆一揆。衆生之病既異。所与之薬不同。欲済有情。廃一不可。悉皆勧励。乃拯群迷。今垂疇咨。欲鳴法鼓。

原　文（顕戒論縁起）

仏日将没。揮聖戈更中。法網殆絶。添睿索以復続。加以。始自当年。尽未来際。歳歳所度。無量無表功徳之聚。総集聖躬。釈門者少。誰不抃躍。無任随喜歓荷之至。謹奉表以聞。法師勝虞等。誠惶誠懼。謹言

延暦二十五年正月五日

少僧都伝燈大法師位勝虞
少僧都伝燈大法師位常騰
律師伝燈大法師位如宝
律師伝燈大法師位修哲
大唐留学伝燈大法師位永忠

定諸宗年分度者自宗業官符一首

太政官　符治部省
応分定年料度者数并学業事
華厳業二人〈並令読五教指帰綱目〉
天台業二人〈一人令読大毘盧遮那経。一人令読摩訶止観〉
律業二人〈並令読梵網経若瑜伽声聞戒〉
三論業三人〈二人令読三論。一人令読成実論〉
法相業三人〈二人令読唯識論。一人令読倶舎論〉
右被右大臣宣。偁。奉　勅。攘災殖福。仏教尤勝。誘善利生。無如斯道。但夫諸仏。所以出現於世。欲令一切衆生。悟一如之理。然衆生之機。或利或鈍。故如来之説。有頓有漸。件等経論。所趣不同。開門雖異。遂期菩提。猶大医随病与薬。設方万殊。共在済令。今欲興隆仏法。利楽群生。凡此諸業。廃一不可。宜准十二律呂。定度者之数。分業勧催。共令競学。仍須各依本業疏。読法華金光明二部漢音及訓。経論之中。問大義十条。通五以上者。乃聴得度。縦如一一業中無及第者。闕置其分。当年勿度。者省察僧綱。相対案記。待有其人。後年重度。遂不得令彼此。相奪廃絶其業。若有習義殊高。勿限漢音。受戒之後。皆令先必読誦二部戒本。諳案一巻羯磨四分律鈔。更試十二条。本業十条。戒律二条。通七以上者。依次差位立義複講及諸国講師。雖通本業。不習戒律者。不聴任用。者省直承知。依　宣行之。自今以後。永為恒例。符到奉行

参議正四位下行左大弁菅野朝臣真道　左少史賀茂県主立長
延暦二十五年正月二十六日

新宗天台法華宗年分学生名帳一首

天台法華宗年分得度学生名帳
自大同二年至于弘仁十一年。合一十四箇年。合弐拾捌口
僧光戒　僧光仁　僧光智　僧光法
已上四人。大同二年三年四年五年。合四箇年。天台法華宗遮那経業得度者

僧光忠　僧光定　僧光善　僧光秀

已上四人。大同二年三年四年五年。合四箇年。天台法華宗摩訶止観業得度者

僧徳善〈遮那経業〉　僧仁風〈止観業〉

已上二人。弘仁二年。年分得度者

僧徳真〈遮那業〉　僧徳円〈止観業〉

已上二人。弘仁三年。年分得度者

僧円真〈無業〉　僧円正〈止観業〉

已上二人。弘仁四年。年分得度者

僧円修〈遮那業〉　僧円仁〈止観業〉

已上二人。弘仁五年。年分得度者

僧道慧〈遮那経業〉　一乗沙弥玄慧〈止観業〉

已上二人。弘仁六年。年分得度者

僧正見〈無業〉　僧正思〈止観業〉

已上二人。弘仁七年。年分得度者

顕戒論縁起巻上　終

天台法華宗年分学生式一首

国宝何物。宝道心也。有道心人。名為国宝。故古人言。径寸十枚。非是国宝。照千一隅。此則国宝。古哲又云。能言不能行。国之師也。能行不能言。国之用也。能言行能言。国之宝也。三品之内。唯不能言不能行。為国之賊。乃有道心仏子。西称菩薩。東号君子。悪事向己。好事与他。忘己利他。慈悲之極。釈教之中。出家二類。一小乗類。二大乗類。道心仏子。即此類斯。今我東州。但有小像。未大類。大道未弘。大人難興。誠願　先帝御願。天台年分。永為大類。為菩薩僧。然則。枳王夢猴。九位列落。覚母五駕。後三増数。斯心斯願。不忘汲海。利今利後。歴劫無窮

年分度者二人〈柏原先帝新加天台法華宗伝法者〉

○凡法華宗天台年分。自弘仁九年。永期于後際。以為大乗類。不除其籍名。賜加仏子号。授円十善戒。為菩薩沙弥。其度縁請官印

○凡大乗類者。即得度年。授仏子戒。為菩薩僧。其戒牒請官印。受大戒已。令住叡山。一十二年。不出山門。修学両業

○凡止観業者。年々毎日。長転長講法花金光仁王守護諸大乗等護国衆経

○凡遮那業者。歳歳毎日。長念遮那孔雀不空仏頂諸真言等護国真言

○凡両業学生。一十二年。所修所学。随業任用。能行能言。常住山中。為衆之首。為国之宝。能言不行。為国之師。能行不言。為国之用

○凡国師国用。依官符旨。差任伝法及国講師。其国講師。一任之内。毎年安居法服施料。即便収納当国官舎。国司郡司。相対検校。将用国裏。修池修溝。耕荒埋崩。造橋造船。殖樹殖蘚。蒔麻蒔草。穿井引水。利国利人。講経修心。不用農商。然則。道心之人。天下相続。君子之道。永代不断

右六条式。依慈悲門。有情導大。仏法世久。国家永固。仏種不断。不任慺慺之至。奉円宗式。謹請　天裁。謹言

弘仁九年五月十三日　　前入唐求法沙門最澄

勧奨天台宗年分学生式

凡天台宗得業学生数定一十二人者。六年為期。一年闕二人。即可補二人。其試得業生者。天台宗学衆。倶集会学堂。試法華金光明二部経訓。若得其第。具注籍名。試業之日。申送官。若六年成業。預試業例。若不成業。不預試業例。若有退闕。具注退者名幷応補者・。申替官

凡得業学生等衣食。各須私物。若心才如法。骨法成就。但衣食不具。施此院状。行檀九方。充行其人

凡得業学生。心性違法。衆制不順。申送官。依式取替

凡此宗得業者。得度年。即令受大戒。受大戒竟。一十二年。不出山門。令勧修学。初六年。聞慧為正。思修為傍。一日之中。二分内学。一分外学。長講為行。法施為業。後六年。思修為正。聞慧為傍。止観業。具令修習四種三昧。遮那業。具令修習三部念誦

凡比叡山一乗止観院。天台宗学生等年分。幷自進者。不除本寺名帳。便入近江有食諸寺。令送供料。但多夏法服。依大乗法。行檀諸方。弊有待身。令業不退。而今而後。固為常例。草菴為房。竹葉為座。軽生重法。令法久住。守護国家

凡有他宗年分之外。得度受具者。自進欲住山十二年修学両業者。具注本寺并師主名。明取山院状。須安置官司。固経一十二年竟。準此宗年分者。例賜法師位。若闕式法。退却本寺

凡住山学生。固経一十二年。依式修学。慰賜大法師位。若雖其業不具。固不出山室。経一十二年。慰賜法師位。若此宗者。不順宗式。不住山院。或雖住山。屢煩衆法。年数不足。永貫除官司天台宗名。本寺退却

凡此天台宗院。差俗別当両人。結番令加検校。兼令禁盗賊酒女等。住持仏法。守護国家

以前八条式。為住持仏法。利益国家。接引群生。後生進善。謹請　天裁。謹言

弘仁九年八月二十七日　　前入唐求法沙門最澄上

天台法華宗年分度者回小向大式

合肆条

凡仏寺有三

一者一向大乗寺　初修業菩薩僧所住寺

二者一向小乗寺　一向小乗律師所住寺

三者大小兼行寺　久修業菩薩僧所住寺

今天台法華宗年分学生。并回心向大初修業者。一十二年。令住深山四種三昧院。得業以後。利他之故。仮受小律儀。許仮住兼行寺

凡仏寺上座置大小二座

一者一向大乗寺　置文殊師利菩薩。以為上座

二者一向小乗寺　置賓頭盧和尚。以為上座

三者大小兼行寺　置文殊与賓頭盧両上座。小乗布薩日。賓頭盧為上座。坐小乗次第。大乗布薩日。文殊為上座。坐大乗次第。此次第坐。此間未行也

凡仏戒有二

一者大乗大僧戒　制十重四十八軽戒。以為大僧戒

原　文（天台法華宗年分度者回小向大式）

二者小乗大僧戒　制二百五十等戒。以為大僧戒

凡仏受戒有二

一者大乗戒

依普賢経。請三師証等

請釈迦牟尼仏。為菩薩戒和上

請文殊師利菩薩。為菩薩戒羯磨阿闍梨

請弥勒菩薩。為菩薩戒教授阿闍梨

請十方一切諸仏。為菩薩戒証師

請十方一切・菩薩。為同学等侶

請現前一伝戒師。以為現前師。若無伝戒師。千里内請。若千里内。無能授戒者。至心懺悔。必得好相。於仏像前。自誓受戒

今天台年分学生。并回心向大初修業者。授所説大乗戒。将為大僧

二者小乗戒

依小乗律。師請現前十師。白四羯磨。請清浄持律大徳十人。為三師七証。若闕一人。不得戒

今天台年分学生。并回心向大初修業者。不許受此戒。除其久修業

竊以。菩薩国宝。載法華経。大乗利他。摩訶衍説。弥天七難。非大乗経。何以為除。未然大災。非菩薩僧。豈得冥滅。利他之徳。大悲之力。諸仏所称。人天歓喜。仁王経百僧。必仮般若力。請雨経八徳。亦屈大乗戒。国宝国利。非菩薩誰。仏道称菩薩。俗道号君子。其戒広大。真俗一貫。故法華経。列二種菩薩。文殊師利菩薩。弥勒菩薩等。皆出家菩薩。跋陀婆羅等五百菩薩。皆是在家菩薩。法華経中。具列二種人。以為一類衆。不入比丘類。以為其大数。今此菩薩類。此間未顕伝

伏乞　陛下。自維弘仁年。新建此大道。伝流大乗戒利益。而今而後。固鏤大鐘腹。遠伝塵劫後。仍奉宗式。謹請　天裁。謹言

弘仁十年三月十五日　前入唐天台法華宗沙門最澄上

比叡山天台法華院得業学生式

生死悩也。有為難居。無明眠也。不観何覚。春雷秘響。象牙有慮。夏雹密光。芭蕉可慎。大悲之根。今晨可芽。菩提之心。盍発今日。是故。吾堂法式。夢裏永定。遠期後際。開斯法泉。上為奉資　万代主上。中為守護四海神器。下為済利諸有心類。安定止観得業学生九人。長転長講法華金光仁王等経。一日不闕。安定遮那得業学生九人。長転持念遮那孔雀守護等経。十五歳以上。有道心童。二十五以下。有信心者。先取要契。正身手実。列名定位。為得業生。読三部為上。読二部為中。読一部為下等。中道心為上。生中有勇。才功倶秀。依次試業九年。不堪試業者。並解退得出。身意常住叡山。一十二年。随式勤業。国宝国師。及以国用。自他倶利。疾遷六即。永入三徳。自今以後。吾堂学生。永洗三毒心。仰法華制。不期羊象駕。可遊後三駕

弘仁九年五月十五日　　天台宗頭最澄記

請　先帝御願天台年分度者随法華経為菩薩出家表一首

沙門最澄言。罽賓以西。大小別修。玄圃以東。半満兼学。東西雖別。同期仏慧。究竟了義。純円教。一乗妙法蓮華経。制問訊於小乗類。断共住於講堂中。当今。依順経制。将勧後学。伏惟　弘仁元聖文武皇帝陛下。徳合乾坤。明並日月。忠孝空古。礼楽新今。万国歓心。両蕃帰化。天地相感。定治制礼。乃有　先帝御願天台一宗。韻高和寡。法重人弱。奨訓未弘。鑽仰不至。誠須造一家式。勧誨後学。大小別居。争澄心道。山邑同心。竭護国忠。故唐表云。制情猴之逸躁。繫意象之奔馳。若不斂迹山中。不可成就也。伏望。自今以後。天台年分。毎年季春三月十七日。差　勅使一人。奉為　登天尊霊。於比叡山院。依大乗得度。宗式如別。然則。所伝仏乗。年年新興。能伝学生。歳歳清浄。無任誠懇之至。謹奉表陳請。以聞。伏願　天慈。賜垂矜允。軽塵聴覧。追増戦汗。謹言

弘仁九年五月廿一日　前入唐求法沙門天台宗頭最澄上表

（請立大乗戒表）

沙門最澄言。最澄聞。如来制戒。随機不同。衆生発心。大小亦別。文殊豆盧。上座別位。一師十師。羯磨金異。乃有法華宗年分両箇得度者。　登天桓武聖皇帝。帰法華宗。新所開建者也。伏惟　弘仁元聖文武皇帝陛下。徳合乾坤。明並日月。文藻絶古。銀鉤新今。万国歓心。両蕃帰化。定治制礼。今正是時。誠願。両業出家。永廻小乗儀。固為大乗儀。依法華経制。不交小律儀。毎年春三月先帝国忌日。於比叡山。与清浄出家。為菩薩沙弥。授菩薩大戒。亦為菩薩僧。即便令住山修学。一十二年。為国家衛。福利群生。国宝国利。具如宗式等。　天恩開許。　先帝高願。載々弥興。大乗戒珠。祀々清浄。弘仁為源。伝此大戒。廻伝戒福。将護　主上。無任誠懇之至。謹奉表陳請。以聞。伏願。慈。賜垂矜允。軽塵聴覧。追増戦汗。謹言。

守護国界章 巻上之下

助照如来使所伝止観章第十

夫所乗止観。随機而異名。能乗行者。順教而詮理。於是。大小名同。行人難別。権実義別。発心不易。是故。開三止三観於一心。導十界十境於十乗。麤食者。未了釈名。疑中指失。今為止息迷名失。示現心境相即義。云爾

洗除如来使所伝止観偽垢

麤食者曰。辺主釈止観名云。法性寂然名止。寂而常照名観。雖言初後。無二無別。是名円頓止観。漸与不定置而不論。又彼釈名義云。復以何義立・。止観各二義。・息義停義。息義者。諸悪覚観。妄念思想。寂然休息。是止息義。停義者。縁心諦理。繫念現前。停住不動。是停止義也。観亦二義。貫穿義。観達義。貫穿義者。智慧利用。穿滅煩悩。是貫穿義也。観達義者。観智通達。契会真如。是観達義。今謂不爾。釈名有二失。一違聖教失。二違正理失。違聖教失者。瑜伽論云。止名静慮等持等至心一境性。如此諸名。唯約心名。非約境説。観名思択智慧通達観照。如此諸名。亦約心名。非約境名。違教失

愍喩曰。汝釈名失。此亦不爾。所以者何。未了法名同異故。法門名義。新旧不同。自後漢孝明皇帝永平十年歳次丁卯。至大唐神武皇帝開元十八年庚午之歳。凡六百六十四載。一十九代。中間伝訳緇素。総一百七十六人。見伝訳経律論等。一千七十六部。五千四十八巻。四百八十帙。仏名法名。飜訳各異。汝但得知止観八名。未了余名。華厳四諦。其名無量。山家所略。彼遠離等。止観異名。寧違聖教乎。汝造違失。還害汝智也

麤食者曰。違正理失者。凡建立止観意。為止息修行者之散乱心故。約所観理。顕示止観時。於修行者。有何勝利。是名釈名失

愍喩曰。此亦不爾。麤食者云。約所観理。顕示止観時。於修行者。有何勝利者。此麤食者囈語矣。若無所観理。立能観行。無有是処。諸仏所師。所謂法也。以法常故。諸仏亦常。法以為師。証無上果。非是勝利。更有何勝哉。違正理失。還著会津。不及台嶽也

麤食者曰。釈名義中。亦有二失。一不簡有無心失。二名義相違失。不簡有無心失者。若唯説有心定者。応如所説。無心定中。皆滅転識。誰縁諦理。繋念現前。故為不可。名義相違失者。釈名之中。倶約境説。釈義之中。皆拠心語。故成相違

愍喩曰。此亦不爾。有心無心。三界夢事。大止妙観。一真所乗。所対境界無不乗。不起滅定現威儀。性心順教出三界。但信法性観実相。豈論悶絶無想天哉。願力熏心務利生。円智開発離夢怖。縁何怖畏入無想。相似以還十境界。有心無心十乗転。汝不簡有無心失。界内発心有此煩耳。又釈名者明得名故。釈義者詮解行故。故不相違

弾麤食者謬破絶待止観章第十一

夫偏理中理。義混権実。待名絶名。名通大小。麤食者。未了理事別。致疑甚深理。今為開悟縁起理。著述此章

洗除如来使所伝絶待止観偽垢

麤食者曰。辺主曰。所言絶待止観者。絶横竪諸待。絶諸思議。絶諸煩悩諸業諸果。絶諸教観証等。悉皆不生。故名為止。止亦不可得。観冥如境。境既寂滅。清浄尚無清浄。何得有観。止観尚無。何得待不止観。説於止観。待於止観。説不止観。待止不止。説非止非不止。故知。止不止。皆不可得。非止非不止。亦不可得。待対既絶。即非有為。不可以四句思。故非言説道。非心識境。既無名相。結惑不生。則無生死。則不可破壊。滅絶絶滅。故名絶待止。顛倒想断。故名絶待観。亦是絶有為止観。乃至絶生死止観。今問。絶待止観者。為理為事。若言理者。如前破已。若言是事者。現有施設。亦有安立。云何非言説道。非心識境。又若言理者。違諸経論。即経論説止観。唯約能観智。非約所観境。若言通事理者。則違自宗。不可以四句思故。若言非事非理者。即成戯論。離理事外。都無一法故

愍喩曰。汝難不爾。未了絶待意故。汝云若言理者如前破已者。此亦不爾。先破不成。何得破已。若言是事者。現有施設。亦有安立。云何非言説道。非心識境者。此亦不爾。事理有別故。汝所立事理。都不相即。山家所立理事。円融相即。何者。法性之事。故非言説道。非心識境。法性之理。故止観倶理。不礙能観。法性之事。法性之理。理事円融。故四句不可思。唯事唯理。常非事理。而事而理。縁起不壊。理外無事。事外無理。何有戯論也

助照如来使所伝止観三徳相摂章第十二

夫円伊三点。表三徳而円寂。摩醯三目。示三智而清浄。不縦不横。顕四徳於顕為。不並不別。指三道於隠為。是故。止観捨三性。六即而磨心。身口意三業。十乗而運載。非如来知見。不能了了見。非露地大車。寧得轟轟功哉。今麤食者。為遮此義。設偽難云。三点縦横一異。此不可思議者。為約仏智。為約凡夫二乗智者。此問不爾。今為利根中品人。琢磨三点四徳鏡。云爾

洗除如来使所伝止観三徳相摂文垢

麤食者曰。辺主云。若用止観共通三徳者。止即是断。断通解脱。観即是智。智通般若。止観等者。名為捨相。捨相即是通於法身。乃至云。今明。三徳皆不可思議。那忽縦。皆不可思議。那忽横。皆不可思議。那忽一。皆不可思議。那忽異。此約理蔵釈。身常智円断具。一切皆仏法。無有優劣。故不縦。三徳相冥。同是一法界。出法界外。何処更別有法。故不横。能種種建立。故不一。同帰第一義。故不異。此約行因釈也。即一而三。故不横。即三而一。故不縦。不三而三。故不一。不一而一。故不異。此約字用釈也。真伊字義。為若此。今問。三点縦横一異此不可思議者。為約仏智。為約凡夫二乗智。若言約仏智而不可思議者。不応称仏一切智人。以有所不知故。若言約凡夫二乗智而不可思議者。即不足歎

愍喩曰。此亦不爾。未了共不思議不共不思議故。共不思議故。一切可思議。不共不思議故。一切不思議。一切不思議故。三徳不思議。一切可思議。故三身正遍知也

麤食者曰。又彼云。止是断。断是解脱。此亦不爾。解脱是仮。是択滅。是無為。是常法。止是心数。即是有為。是無常。既有為無為。常無常。各有別体。何得相摂

愍喩曰。此亦不爾。法性五陰者。性縁起有為。非理外有為。一即是多故。無為即有為。多即是一故。有為即無為。有為無為。都無障礙。止断解脱亦恒相即。三点四徳。豈不相摂哉

麤食者曰。又彼云。止観等者。即是捨相。捨相即是通於法身。今問。所言捨者。為行蘊捨。為是受蘊捨耶。若言倶是者。難云。法身是真如理。是即無為。是常法。五蘊是積聚義。即是有為。是無常。既有為無為。常無常。各有別体。云何相摂

愍喩曰。此亦不爾。止観捨三者。涅槃経所説。非是三受之中捨受。

亦非四無量之中捨量。此則奢摩他。毘婆舍那。憂畢叉之捨耳。今汝所問五蘊有多種故。有漏五蘊。無漏五蘊。法性五蘊。此三蘊中。為何五蘊耶。倶有多失。可見大経耳

麤食者曰。又彼云。即一而三。故不縦。即三而一。故不横。今難云。一即是総。三是即別。総別一故。応不一三。又難云。若泯三存一。方一成一。既存一亦存三。一三各有別体。何成涅槃

愍喩曰。此亦不爾。汝未了即一即三故。非合一故。不壊三而常一。非散三故。不動一而常三。汝於総別。難全不難。又一無別体。以三為体。三無別体。以一為体。猶如梵伊三点。約字而常一。以三点為体。約点而常三。以一字為体。汝存泯之難。不足以為難

麤食者曰。又彼云。不三而三。故不一。不一而一。故不異。今問。所言不三而三者。為遮三即表一。為唯遮三不表一耶。若言遮三即表一者。不一便不成。若言唯遮三非表一者。不異不成。涅槃遮無表故。不一而一。故不異。準例可知

愍喩曰。此亦不爾。不三而三者。是法性之三。何有表一。不一而一者。亦法性之一。何亦遮三。汝謂有為之遮表。偽難自在之三一。猶如井蛙咲海鯨。一闡提者。非公誰哉

弾謗法者大小交雑止観章第十三

所示止観。不堪帰修。大小紛紋。次第雑乱。初分二十紙。多分小乗行。後分五紙余。多分菩薩行。交雑之失。段段無数。非禅非定。都無次第。不披天親止観論。不閲護法六門論。任自胸臆。分別聖教。為将具写示。多紙空損。為当不具写。後学懐疑。為示邪分別。捨二十余紙。具写止観文。略破停悪。披覧学生。勿嫌巻大也

先写本文

止観。略以三門分別。第一説止。第二弁観。第三止観合説

第一弁止中。略以六門分別。一列名。二弁行相。三弁成弁力。四作意相摂。五七作意相摂。六明異名

一列名者。止有九種心住。一内住。二等住。三安住。四近住。五調順。六寂静。七最極寂静。八専注一趣。九等持。是九種心住。総名止

二弁行相者。云何内住。謂。従外一切所縁境界。摂録其心。繫在於内。令不散乱。此則最初繫縛其心。令住於内不外散乱。故名内住。云何等住。謂。即最初所繫縛心。其性麤動。未能令其等住遍住〈審遍観也〉。故次即於此所縁境界。以相続方便澄浄方便〈始終無間。名相続方便。離乱寂静。名澄浄方便〉。挫令微細。遍摂令住。故名等住〈離汚離染等持名等住〉。云何安住。謂。若此心。雖復如是内住等住。然由失念於外散乱。復還摂録安置内境。故名安住。云何近住。謂。彼先応如是如是親近念住。由此念故。数数作意。内住其心。不令此心遠住於外。故名近住。云何調順。謂。種種相。令心散乱。所謂色声香味触相。及貪瞋癡男女等相。故彼先応取彼諸相

為過患想。由如是想増上力故。於彼諸相。折挫其心。不令流散。故名調順。云何寂静。謂。有種種欲恚害等諸悪尋思。貪欲蓋等諸随煩悩。令心擾動。故彼先応取彼諸法為過患想。由如是想増上力故。於諸尋思及随煩悩。止息其心。不令流散。故名寂静。云何名為最極寂静。謂。失念故。即彼二種暫現行時。随所生起諸悪尋思及随煩悩。能不忍受。尋即断滅除遣変吐。是故。名為最極寂静。云何名為専注一趣。謂。有加行有功用。無欠無間。三摩地相続而住。是故。名為専注一趣。云何等持。謂。数修数習。数多修習。為因縁故。得無加行無功用。任運転道。由是因縁。不由加行。不由功用。心三摩地。任運相続。無散乱転。故名等持

三明成弁力者。由六種力。方能成弁九種心住。一聴聞力。二思惟力。三憶念力。四正知力。五精進力。六串習力。初由聴聞思惟二力。数聞数思。増上力故。最初令心於内境住。及即於此。相続方便。澄浄方便。等遍安住。如是於内繋縛心已。由憶念力。数数作意。摂録其心。令不散乱。安住近住。従此已後。由正知力。調息其心。於其諸相。諸悪尋思。諸随煩悩。不令流散。調順寂静。由精進力。設彼二種。暫現行時。能不忍受。尋即断滅除遣変吐。最極寂静。専注一趣。由串習力。任運等持成満

四言作意相摂者。有四種。一力励運転作意。二有間欠運転作意。三無間欠運転作意。四無功用運転作意。此四作意。通止観品。初作意是聞慧思慧。謂。初修業者。令心於内安住等住。或於諸法無倒簡択。乃至未得所行作意。爾時作意。力励運転。由倍励力。折挫其心。令住一境。故名力励運転作意。即未得色界定。於欲界聞慧思・中励力転。云何有間運転作意。謂。得所修作意已後。世出世道。漸次升進。了相作意。由三摩地思所間雑。未能一向純修行転。故名有間。是即聞慧思慧間雑。不能純定心転未至定作意。云何無間運転作意。謂。従了相作意已後。乃至加行究竟作意。是名無間。此即従了相作意。進入後五作意。即相続不思慧雑。云何無功用運転作意進。謂。加行究竟果作意。是名無功用。即是離欲界惑已。更無功用

正九種心住相摂者。内住等住。是力励運転作意摂。次五住心。名為有間運転作意。第八住心。名為無間運転作意。第九住心。名無功用運転作意。故瑜伽云。於内住等住中。有力励運転作意。於安住近住調順寂静最極寂静中。有有間欠運転作意。於専注一趣中。有無間欠運転作意。於等持中。有無功用運転作意

五七作意相摂者。内住等住。是七作意前方便智。非七作意所摂。次五住心。是了相作意所摂。第八住心。有五作意。謂勝解作意。遠離作意。摂楽作意。観察作意。加行究竟作意。第九住心。有加行究竟果作意

六弁異名者。止有七名。一云三摩呬多。此云等引。旧云三摩提訛

略也。釈論解云。謂。勝定地。離沈掉等。平等能引。即以三義解等引。一等能引。二平等引。三平等方便所引。所引発故。能引所引。三倶平等故。二云三摩地。此云等持。旧云三昧訛也。三云三摩鉢底。此云等至。旧云三摩跋提訛也。四云駄衍那。此云静慮。旧云禅義不正也。或云持阿那訛也。五云質多翳加阿羯羅多。此云心一境性也。旧云一心略也。六奢摩他。此云止也。七云現法楽住

第二明観者。梵云毘鉢舎那。此云観。此有四種。一能正思択。二最極住思択。三周遍尋思。四周遍伺察

云何名為能正思択。謂。於五停心観等所縁境界。能正思択。尽所有性。或於蘊善巧等十善巧所縁境界。能正思択。尽所有性。或於世出世道伏断所縁境界。能正思択。尽所有性。是思択依他起

云何名最極思択。謂。即於彼所縁境界。最極思択。如所有性。是観此真如二種観。是四尋思智

云何名為周遍尋思。謂。即於彼所縁境界。由慧倶行有分別作意。取取其相然。周遍尋思。此即於尽所有性。如実勝解

如何名為周遍伺察。謂。即於彼所縁境界。審諦推求。周遍伺察。此即於如所有性。如実勝解。此二種観。是四如実智

此四種観。依止定心。非散心行

第三止観合説者。略有十四門。一明止観加行。二明止観方便。三弁止観障。四弁止観作意。五説止観進退因。六弁止観同異。七明止観純雑相。八弁止観差別。九明修止観根利鈍。十弁縁総別法止観。十一明証得止観位地。十二弁止観有尋等差別。十三明止観円満相。十四弁因定発通

一明止観加行者。有九種。一相応加行。二串習加行。三不緩加行。四無倒加行。五応時加行。六解了加行。七無厭足加行。八不捨軛加行。九正加行

云何名相応加行。若貪行者。修不浄観。若瞋行者。修慈悲観等

云何名慣習加行。謂。於止観。已曾数習。乃至少分。非於一切皆初修業。所以者何。初修業者。雖於相応所縁境界勤修加行。而有諸蓋。数数現行。身心麤重。由是因縁。不能令心速疾得定。如是名慣習加行

云何名不緩加行。謂。無間方便。殷重方便。勤修観行。若従定出。或為乞食。或為恭敬承事師長。或為看病。或為随順修和敬業。或為所余如是等類諸所作事。而心於彼所作事業。不全随順。不全趣向。不全臨入。唯有速疾令事究竟。還復精勤。宴坐寂静。修諸観行。若有苾芻。苾芻尼。鄔波索迦。刹帝利。婆羅門等。種種異衆。共相会遇。雖久雑処現相語議。而不相続安立言論。唯楽遠離。勤修観行。又能如是勇猛精進。謂。我於今定当趣証所応証得。不応慢緩。何以故。我有多種横死因縁。所謂身中。或風或熱或淡発動。或所飲食。不正消化。住在身中。或宿食病。或為於外蛇蠍蚰蜒百

足等類諸悪毒虫之所蛆螫。或復為人非人類等之所驚恐。因斯夭没。於如是等諸横死処。恒常思惟。修無常想。住不放逸。由住如是不放逸故。恒自思惟。我之寿命。儻得更経七日。六日。五日。四日。三日。二日。一日。一時。半時。須臾。或半須臾。或経食頃。或従入息至於出息。或従出息至於入息。乃至存活。経爾所時。於仏聖教。精勤作意。修習瑜伽。斉爾所時。於仏聖教。当決定多有所作。如是名為不緩加行

云何名為無倒加行。謂。如善達修瑜伽行諸瑜伽師之所開悟。即如是学。於法於義。不顛倒取。無有我慢。亦不安住自所見取。無邪僻執。於尊教誨。終不軽毀。如是名為無倒加行

云何名為応時加行。謂。於時時間。修習止相。於時時間。修習観相。於時時間。修習挙相。於時時間。修習捨相。又能如実。了知其止止相止時。了知其観観相観時。了知其挙挙相挙時。了知其捨捨相捨時

云何為止。謂。九相心住。能令其心。無相無分別。寂静極寂・。等住寂止。純一無雑。故名為止。云何止相。謂。有二種。一所縁相。二因縁相。所縁相者。謂。奢摩他品所知事同分影像。是名所縁相。由此所縁。令心寂静。因縁相者。謂。依奢摩他所熏習心。為令後時奢摩他定皆清浄故。修習瑜伽毘鉢舎那所有加行。是名因縁相。如何止時。謂。心掉挙時。或恐掉挙時。是修止時。又依毘鉢舎那所熏習心。為諸尋思之所擾悩。及諸事業所擾悩時。是修止時

云何為観。謂。四行。三門。六事差別所縁観行。云何観相。謂。有二種。一所縁相。二因縁相。所縁相者。謂。毘鉢舎那品所知事同分影像。由此所縁。令慧観察。因縁相者。謂。依毘鉢舎那所熏習心。為令後時毘鉢舎那皆清浄故。修習内心奢摩他定所有加行。云何観時。謂。心沈没時。或恐沈没時。是修観時。又依奢摩他所熏習心。先応於彼所知事境如実覚了。故於爾時。是修観時

云何為挙。謂。由随取一種浄妙所縁境界顕示勧導。慶慰其心。云何挙相。謂。由浄妙所縁境界。策励其心。及彼随順。発勤精進。云何挙時。謂。心沈下時。或恐沈下時。是修挙時

云何為捨。謂。於所縁。心無染浄。心平等性。於止観品。調柔正直。任運転性。及調柔心。有堪能性。令心随与。任運作用。云何捨相。謂。由所縁。令心止捨。及於所縁不発所有太過精進。云何捨時。謂。於奢摩他毘鉢舎那品所有掉挙。心已解脱。是修捨時

如是名為応時加行

云何名為解了加行。謂。於如是所説諸相。善取善了。善取了已。欲入定時。即便能入。欲住定時。即便能住。欲起定時。即便能起。或時棄捨。諸三摩地所行影像。作意思惟。諸不定地。所有本性。所縁境界。如是名為解了加行

云何名為無厭足加行。謂。於善法。無有厭足。修断無廃。於展転

上展転勝処。多住希求。不唯獲得少小静定。便於中路而生退屈。於余所作。常有進求。如是名為無厭足加行

云何名為不捨軛加行。謂。於一切所受学処。無穿無欠。雖見少年顔容端正可愛女色。而不取相。不取随好。於食平等。勤修覚悟。少事少業。少諸散乱。於久所作久所説等。能自随憶。令他随憶。如是等法説。名不捨軛加行。由此諸法。能正随順心一境性。不捨其軛。令心不散。不令其心馳流外境。不令其心内不調柔。如是名為不捨軛加行

云何名正加行。謂。於所縁。数起勝解。是名正加行。如有勤修不浄観者。数正除遣於諸不浄。作意思惟諸不浄相。由随相行毘鉢舎那。而起作意。於所縁境。数数除遣。数数現前。上抛正加行。下広弁正加行。其正除遣。復有五種。一内摂其心故。二不念作意故。三於余作意故。四対治作意故。五無相界作意故。当知。此中。由九相心住毘鉢舎那而為上首故。名内摂其心。由於最初背一切相。無乱安住故。名不念作意。由縁余定地境。思惟余定故。名於余作意。如在初縁上地法上地縁下地等。由思惟不浄対治於浄。乃至思惟阿那波・念対治尋思。思惟虚空界対治諸色故。名対治作意。由於一切相不作意思惟。於無相界作意思惟故。名無相界作意

雖遍安立一切所縁正除遣相総有五種。然此義中。正意唯取内摂其心不念作意。初修業者。始修業時。最初全不於所縁境繫縛其心。或於不浄。或復余処。唯作是念。我心云何得。無散乱。無相無分別。寂静極寂静。無転無動。無所希望。離諸作用。於内適悦。如是精勤。於所生起一切外相。無所思惟。不念作意。即由如是不念作意。除遣所縁。彼於其中。修習瑜伽。摂受適悦

復行有相有分別。不浄等境。云何而行。謂。由随相行。随尋思行。随伺察行。毘鉢舎那。行彼境界。而非一向精勤修習毘鉢舎那。還捨観相。復於所縁。思惟止行。由是因縁。彼於爾時。於所縁境。不捨不取。由於所縁止行転故。不名為捨。即於所縁。不作相故。無分別故。不名為取。即由如是内摂其心。除遣所縁。又於其中。不取観相。故於縁無乱。取止行故。而復縁於所知事相。若於所縁。唯数勝解。不数除遣。即不令彼所有勝解後後明浄究竟而転。不能往趣乃至現観所知境事。由数勝解数除遣故。後後勝解。展転明浄。究竟而転。亦能往趣。乃至現観所知境事

譬如世間画師弟子。初習画業。先従師所受所学様。諦観作彼形相。作已尋即除毀。既除毀已。尋復更作。如如除毀。数数更作。如是如是。後後形相。転明転浄。究竟顕現。如是正学。経歴多時。世共推許。為大画師。或堕師数。若不数除所作形相。即於其上数数重画。便於形相。永無明浄究竟顕期。此中道理。当知亦爾。若於此境。起勝解已。定於此境。復正除遣。非於此境。正除遣已。定於此境。復起勝解。於陋小境。起勝解已。即於狭小。而正除遣。

広大無量。当知亦爾。於狭小境。正除遣已。或於陋小。復起勝解。或於広大。復起勝解。或於無量。復起勝解。於其広大。及於無量。当知亦爾。若諸色法所有相貌影像顕現。当知。是麤変化相似。諸無色法。仮名為先。如所領受。増上力故。影像顕現

如是一切。名正加行

如是九種白品加行。於奢摩他毘鉢舎那。当知随順。与是相違九種加行。於奢摩他毘鉢舎那。当知違逆。如是黒品白品差別。建立加行。有十八種。如是名為心一境性

復有正加行。若諸菩薩。縁心為境。内思惟心。未得身心軽安。所有作意。是非止作意。是随順止勝解相応作意。是即聞思慧摂。非修慧収。於止所縁境。作意思惟。未得身心軽安。是非観。此是順観勝解相応作意。是聞思慧摂。非修慧収

又有正加行。減省睡眠。無間慇重二加行故。精進円満。慇重加行者。謂。行坐時。而成弁故。第一第二第三第四蓋中宜坐時。第三蓋中宜行時。第五蓋中宜倶時。無間加行者。謂。於昼夜日初後分。応常覚悟。於夜中分。正習睡眠。如離師子相似長時極重失念無間睡故。重累其足。乃至思惟起想。正習睡眠

第二明止観方便者。復有二種。一近方便。二遠方便

近方便者。応於五処知量正知而住。一於行処。二於観行処。三於摂受利養恭敬処。四於受用資具処。五於善品加行処。由初処故。終不遊行非所行処。亦不薄晩而出遊行。由第二故。先不作意観視者。速摂其眼等六根。若先作意而観視者。善住其正念。由第三故。若有所受及他礼時。手不巻縮。足不躁動。由第四故。受用衣鉢及与飲食。皆知其量。由第五故。若居寂静。於昼日分。経行宴坐。若行若住。若坐・覚。善知其量。於其夜分。所習睡眠。亦善知其量。若有修習論議決択。若語若默。亦善知量。為令二種所依調適。除遣睡眠及諸労倦。亦善知量

又若欲修止観者。先於十二部経文義。言善通利。意善尋思。見善通達。即於如所思惟法。独処空閑。作意思惟。復即於此能思惟心。内心相続。作意思惟。如是止行安住故。起身軽安及心軽安。是名奢摩他。即於如是三摩地影像所知義中。能正思択。最極思択。周遍尋思。周遍伺察。是名毘鉢舎那

二遠方便者。勤修止観者。有七漸次能証諸法能達諸法。一於説法者。恭敬承事。二既事已。審諦聴法。三審聞法已。法随法行。四法随・行故。為住其心。摂正方便。五摂正方便故。発勤精進。・故。遠離内外不平等心。起処方便。法則二種障得清浄。七障清浄故。於三摩地。不生愛味。離増上慢

又有四種法。於所得定。為増上縁。一審諦聴聞。二得正教授。三宿世串習。四具足多聞。審諦聴聞者。謂。発楽欲。生浄信心。聴聞正法。由此因・縁。得心一境性。得正教授者。謂。因次第教授

無倒教授故。発起勇猛精進。而住無間。常要於菩提分。精進方便。修習而住。由此因此縁。得心一境性。宿世慣習者。謂。於宿世隣近生中。於諸静慮及諸等至。数已証入。由此因此縁。得心一境性。具足多聞者。謂。多聞聞持。其聞積集。即於彼法。独処空閑。思惟籌量。審諦観察。由此因此縁。得心一境性

第三弁止観障者。最初有二十種得三摩地所対治法。能令不得勝三摩地。何等二十

一有不楽断同梵行者為伴過失。二伴雖有徳。然能宣説修定方便師有過失。謂。顛倒説修定方便。三師雖有徳。然於所説修定方便。其能聴者。欲楽羸劣。心散乱故。不能領受過失。四其能聴者。雖有楽欲属耳而聴。然闇鈍故。覚慧劣故。不能領受過失。五雖有智徳。然是愛行多求利養恭敬過失。六多分憂愁。難養難満。不知喜足過失。七即由如是増上力故。多諸事務過失。八雖無此失。然有懈怠懶堕故棄捨加行過失。九雖無此失。然有為他種種障礙生起過失。十雖無此失。然有於寒熱等苦不能堪忍過失。十一雖無此失。然有慢恚過故不能領受教誨過失。十二雖無此失。然有於教顛倒思惟過失。十三雖無此失。然於所受教。有忘念過失。十四雖無此失。然有在家出家雑住過失。十五雖無此失。然有受用五失相応臥具過失。五失相応臥具。応知。如声聞地当説。十六雖無此失。然於遠離処不守護諸根故。有不正尋思過失。十七雖無此失。然由食不平等故。有身沈重無所堪能過失。十八雖無此失。然性多睡眠。有多睡眠随煩悩現行過失。十九雖無此失。然不先修行奢摩他品故。於内心寂止遠離中。有不欣楽過失。二十雖無此失。然先不修行毘鉢舎那品故。於増上慧法毘鉢舎那如実観中。有不欣楽過失。如是二十種法。是奢摩他毘鉢舎那品。証得心一境性之所対治

又此二十種所対治法。略由四相。於所生起三摩地中。堪能為障。何等為四。一於三摩地方便。不善巧故。二於一切修定方便。全無加行故。三顛倒加行故。四加行縵緩故

此三摩地所対治法。有二十種白法対治。与此相違。応知其相。由此能断所対治法多所作故。疾疾能得正住其心証三摩地。又得此三摩地。当知。即是得初静慮近分定。未至位所摂

又有五種繫。為止観障。一顧恋身。二顧恋財。三於諸聖教不得随欲。四楽相雑住。五於少喜足不楽多修。此五繫中。初二是止障。第三是観障。後二是倶障。由楽相雑住故。不能造修。由於少欲喜足故。所修加行。不到究竟。又有五種蓋。為止観障。一貪欲蓋。二瞋恚蓋。三惛沈睡眠蓋。四掉挙悪作蓋。五疑蓋。掉挙悪作是止障。惛沈睡眠疑是観障。貪欲瞋恚是倶障

第四明止観作意者。此有二種。一往趣世間道七作意。二往趣出世間道七作意

楽往世間道。発起加行者。為断欲界惑。勤修止観。由七作意。断

欲界惑。七作意者。謂。了相作意。勝解作意。遠離作意。摂楽作意。観察作意。加行究竟作意。加行究竟果作意

云何名為了相作意。謂。若作意。能正覚了欲界麤相初静慮静相。云何覚了欲界麤相。謂。正尋思欲界六事。一欲麤義。二欲麤事。三欲麤相。四欲麤品。五欲麤時。六欲麤理。尋思欲麤義者。謂正尋思。如是諸欲。有多過患。有多損悩。有多災害。是名麤義。尋思欲麤事者。謂正尋思。於諸欲中。有内外貪欲。尋思欲麤相者。謂正尋思。此一切欲。生苦老苦。乃至求不得苦。等所随逐。等所随縛。雖彼諸欲勝妙円満。而暫時有。尋思欲麤品者。謂正尋思。如是諸欲。皆堕黒品。猶如骨鎖。乃至如是諸欲。狂惑愚夫。若現法欲。若後法欲。若天上欲。若人中欲。一切皆是魔之所行。魔之所住。是名尋思欲麤品。尋思欲麤時者。謂正尋思。如是諸欲。去来今世。於常恒時。多諸過患。多諸損悩。尋思欲麤理者。謂正尋思。如是諸欲。由大資糧。由大追求。及由種種無量差別工巧業処。方能招集。生起増長。雖善生起。而一切多。為父母妻子奴婢等。或為対治自種種苦悩。是名尋思諸欲麤理。如是名為覚了欲界諸麤相

云何覚了初静慮中所有静相。謂。欲界中。一切麤性。於初静慮中。皆無所有。由離欲界諸麤性故。初静慮中。説有静性。是名覚了初静慮中所有静相。即由如是定地作意。於欲界中。了為麤相。於初静慮。了為静相。是名了相作意。即此了相作意。猶為聞慧思慧間

彼既如是了知諸欲麤相。知初静慮静相。従此已後。超過聞慧思慧。唯用修慧。於所縁相。発起勝解。而修止観。如所尋思。麤相静相。数起勝解。如是名為勝解作意。即此勝解。善多修習為因縁故。伏欲界上三品惑道倶行作意。名遠離作意。従此已後。伏中三品惑道倶行作意。名摂楽作意。従此已後。観察断未断道倶行作意。名観察作意。従此已後。修習止観。伏欲界下三品惑道。是名加行究竟作意。已上六作意。名近分定。従此無間。証入根本初静慮定。即此根本初静慮定倶行作意。名加行究竟果作意。即是加行究竟果作意転時。離生喜楽。遍諸方分・無不充満。無有間隙。彼於爾時。遠離諸欲。遠離一切悪不善法。有尋有伺。離生喜楽。於初静慮。初円満五支具足。名住欲界対治修果

初静慮定。有七種作意。如是二静慮乃至非非想。各別有七種作意。若於有伺初静慮地覚了麤相。於無伺第二静慮地。覚了静相。為欲証入第二静慮。是名了相作意。勝解作意。謂。已証入初静慮定者。於諸尋伺。観為麤性。能正了知。若在定地。於縁最初率爾而起。怱務行境麤意言性。是名尋。即於彼縁随彼而起。徐歴行境細意言性。是名伺。乃至如是種種行相。於諸尋伺覚了麤相。又正了知第二静慮無尋無伺。如是一切所説麤相。皆無所有。是名勝解作意。其余作意如前。応知。如是乃至為欲証非想非非想定。於地地中。

皆有七作意。又彼麤相。下地皆有。従欲界上。至無所有処。麤相有二種。一諸下地。苦住増上。望上所住。不寂静故。二諸寿量。時分短促。望上寿量。転減少故。此二麤相。由前六事。当正尋思

二往趣出世間道作意者。若楽往趣出世間道。応依止四諦境漸次生起七種作意。謂。最初了相作意。最後加行究竟果作意。乃至証得阿羅漢果。五停心観。及総縁念処。別縁念処。由四諦十六行。生起了相作意。如是了相作意。猶若聞思間雑。四善根位。由四諦十六行。生起勝解作意。此即超過聞思間雑作意。発起一向修相勝解。次見道位。於前所観四諦理。生起遠離作意。即随前次第所観四諦。若欲界四諦。若上二界四諦中。無分別智生。断三界分別煩悩。是名遠離作意。次従預流果起後。為欲進断修惑。如所得道。更数修習。永断欲界上品中品煩悩已。得一来果。即一来果。得不還果。於一切修道。数数観察已断未断。如所得・。而正修習。名観察作意。如是修習者。於時時間。於可厭法。深心厭離。於時時間。於可欣法。深心欣慕。是名摂楽作意。彼即於此摂楽作意。数数修習故。永断煩悩。最後学位金剛喩定。名加行究竟作意。阿羅漢果所摂作意。名加行究竟果作意

抛初了相作意。而説十六行。由四種行。了苦諦相。謂無常行。苦行。空行。無我行。由四種行。了集諦相。謂因行。集行。起行。縁行。由四種行。了滅諦相。謂滅行。静行。妙行。離行。由四種行。事道諦・。謂道行。如行。行行。出行。如是名了相作意。由十種行。観察苦諦。悟入苦諦四行。如瑜伽三十四説

於苦諦相。正覚了已。次復観察。如是苦諦。何因何集。何起何縁。由断彼故。苦亦随断。以集諦四行。了集諦相。謂。了知。愛能引苦故名因。引苦已復招集苦令生故名集。既生苦已令彼起故名起。復於当来諸苦種子能摂受故名縁。復抛十一支。説四差別。愛支名因。是取因故。取支名集。是有因故。有支名生。是能生当来生故。生支名縁。是能引発老病死等諸苦法故。説名因集生縁。復有差別。謂。了知。愛種子名因。能生当来自体。愛之因故。愛現行中。後有愛名集。能招集当来自体故。即此後有愛名生。此復能生起喜貪倶行愛故。此喜貪倶行愛復名縁。此復与多種彼彼喜楽愛為縁故。如是法。依止愛種子及三現行。能生後有。及能発起諸愛差別。故説名因集生縁。於集諦正了。集諦無余息滅故名滅。一切苦諦。無余寂静故名静。即此滅静。是最勝故名妙。是常住故。永出離故名離。於滅諦正了已。復正了知。能治道於所知境。能通尋求義故名道。如実尋求義故名如。由於滅諦四門随転義故名行。一向能趣涅槃義故名出。如是名為於四諦了相作意。彼既如是。於欲界四諦現見観察。名法智。於上二界不現見四諦比度観察。名類智。是了相作意。猶聞思間雑

従此以後。於諸四諦。尽所有性。如所有性。超過聞思間雑作意。

一向発起修行勝解。此名勝解作意。此作意。一向在定。於此作意。数修習故。於苦集二諦境中。得無辺際智。由此智故。了知無常。起無常無辺際勝解。了知苦等。起苦空無我無辺際勝解。無辺際者。謂生死流転。如是諸法。無辺無際。如是行者。雖於苦集二諦数深心厭離。及於涅槃数深心欲楽。然猶未能深心趣入。何以故。彼猶有能障現観麤品我慢。随入作意。間無間転。作是思惟。我於生死。曾久流転。我於生死。当復流転。我於涅槃当趣入。我為涅槃修諸善・。我能観苦。真是苦法。観集滅道空無願無相亦爾。如是諸法。是我所有。由是我慢。雖於涅槃深心願楽。然心於彼不能趣入。彼行者。了知如是我慢是障礙已。以慧通達棄捨。任運随転我慢作意。制伏一切外所知境。趣入作意。専精無間観察四諦。彼既如是以心縁心。随入作意。障礙現観麤品我慢。無容得生。斉此名為尽所有性作意

従此後修観。如所有性作意。如是行者。観心相続。展転別異。前後変易。是無常性。観心相続。入取蘊摂。是為苦性。観心相続。離遍計所執実法。是為空性。観心相続。従衆縁生。不得自在。是無我性。如是名悟入苦諦。次復観察。此心相続。以愛為因。以愛為集。以愛為起。以愛為縁。如是名為悟入集諦。次復観察。此心相続。所有択滅。是永滅性。是永静性。是永妙性。是永離性。如是名為悟入滅諦。次復観察。此心相続。趣滅之道。是真道性。是真如性。是真行性。是真出性。是名為悟入道諦

如是作意方便観察。於四聖諦。能正悟入。即於此慧数修習故。能縁平等正智得生。由此生故。能断障礙愛楽涅槃所有麤品現行我慢。由此。於涅槃深心願楽。速能趣入。心無退転。如是行者。於四聖諦。下忍智生。是名煖。中忍智生。是名頂。上忍智生。是名忍。従此以後。捨離後後観心所有加行。住無加行無分別心。此最後一念無分別心。於前所観四諦理。起内作意。此即名世第一法

従此已後。・出世心生。於前所観四聖諦理。起内作意。随前次第所観四諦。若是欲界四諦。若是上二界四諦。如其次第。有無分別現見智生。此即名為見道。由此生故。三界所繋分別煩悩。皆悉永断。此永断故。若先已離欲界煩悩者。入見道已。得不還果。若先倍離欲界煩悩者。入見道已。得一来果。若先未離欲界煩悩者。入見道已。得預流果。能知智与所知境。和合無乖。現前観察。故名現観。世第一法已前。勝解作意。見道已後。名遠離作意。〈已上多分小乗止観。已上多分菩薩止観〉

第五明止観進退因者。此有七種。一内定退因。二外定退因。三内定退。四外定退。五内定退対治及内定退因対治。六外定退対治及外定退因対治。七彼二対治依持。内定退因者。謂懈怠。由内心懈怠故。起惛沈睡眠。故懈怠為因。外定退因者。謂掉挙也。由於外境掉挙為因。取於五欲散乱。故名為外。内定退者。謂惛沈睡眠。

内従懈怠生。惛沈睡眠。正是其退。外定退者。謂於五妙欲散乱。由外掉挙取於五欲。是外縁為障。故名外。内定退対治及内定退因対治者。謂善取相而正観察。此由善取境界相。能離懈怠惛沈睡眠。外定退対治及外定退因対治者。謂即於身観察不浄也。此由観自他身以為不浄。能除掉挙五欲散乱。彼二対治依持者。謂光明想。此意。顕初観境相及不浄観。依光明想

第六明止観同異者。止道与観道。非有異非無異。何故非有異。以観所縁境心。為止所縁故。此意。顕拠縁本質境同故言非異。以止観智倶同縁聞慧相分本質為所縁故。何故非無異。有分別影像。非止所縁故。此言意。顕拠縁随心影像止観則異。以止但縁無分別影像。観縁有分別影像故。止観体非無有異

第七弁止観純雑相者。若一向修観者。彼相続作意。唯思惟無間心之相分。是即止所行。有分別影像。観所縁相分。若一向修止者修・彼相続作意。唯思惟無間心之見分。是即縁彼影像心。止所縁見分。若止観和合倶転者。彼相続作意。正思惟心一境性。是即止観倶時。通達等持影像唯是其識。或通達此已。復思惟真如性

第八明止観差別。先弁観差別。後明止差別。弁観差別者。観有三種。一有相観。二尋求観。三伺察観。有相観者。謂。純思惟有分別影像。此於所聞受法。由之地作意。暫爾思惟未思未量未推未察。是名随相行。尋求観者。謂。遍於彼彼未善解了一切法中。為善了故。作意思惟一切諸法。此於彼一切諸法思量推察。是名尋求行。伺察観者。謂。・善解了諸法。為欲証得解脱故。作意思惟。此於彼既推察已諸法。復審観察。是名伺察観。後弁止差別者。止有三種。即由随彼観無間心故。復有八種。謂。初静慮。乃至非想非非想処。各有一止。復有四種。謂。慈悲喜捨。各有一止故

第九明修止観根利鈍者。若利根者。自依教法思量。修於止観。是名随法行菩薩。若鈍根者。不依経教。直信禅師等教授。修於止観。是名随信行菩薩

第十弁縁総別法止観者。止観有二。一縁別法止観。二縁総法止観。縁別法止観者。謂於十二部経。各別縁一一部経。随順真如。修於止観。縁総法止観者。謂総縁十二部経。作意思惟随順。修於止観

第十一明証得止観位地者。縁真如総法止観。従初極喜地。名為通達。以縁総法所修止観。由証理故。従第三発光地已去。乃名為得。以三地得定故。地前菩薩。亦学観真如。学観唯識。学観三性三無性等。雖未可歎。不応懈廃

第十二弁止観有尋伺等差別者。止観有三種。一有尋有伺止観。二無尋唯伺止観。三無尋無伺止観。有尋有伺止観者。於如・取尋伺法相。麤顕領受思惟観察。是名有尋有伺止観。若即於此。細深思惟観察。是名無尋唯伺止観。若即於彼一切法相。都無作意領受観察。是名無尋無伺止観。此即学観真如無分別観。名無尋伺止観。

此三止観。並在地前。就行分三。不約界地。又以四尋伺為初句。四如実智為第二句。無分別智為第三句。此亦就行而分三。不約界地

第十三弁止観円満者。惛沈睡眠。正善除遣。斉此名得止道円満。掉挙悪作。正善除遣。斉此名得観道円満。問。前言惛沈睡眠障観。今言除惛沈睡眠止道円満。云何相違。答。因止発観。止是因。観是果。挙離果障。顕因円満。掉挙悪作。正善除遣。名観道円満。類此可知。亦此挙離因障。顕果道満

第十四弁因定発通者。依止色界四根本静慮。発五神通。云何能発。謂。静慮者。已得根本清浄静慮。即以如是清浄静慮。為所依止。於五神通増上正法。聴聞受持。令善究竟。謂。於神境通。宿住通。天耳通。死生智通。心差別通等。作意思惟。復由定地所起作意。了知於義。了知於法。由了知義了知法故。如是如是修治其心。由此修習多修習故。有時有分。発生修果五神通等。又即如是了知於義了知於法。為欲引発修果神通等。又即如発諸神通等。修九想。一軽挙想。二柔輭想。三空界想。四身心符順想。五勝解想。六先所受行次第随念想。七種種品類集会音声想。八光明色相想。九煩悩所作色変異想

軽挙相者。謂。由此想。於身発起軽挙勝解。如妒羅綿。或如畳絮。或似風輪。発起如是軽勝解已。由勝解作意。於彼彼処。飄転其身。謂。従牀上飄置几上。復従几上飄置牀上。如是従牀飄置草座。復従草座飄置於牀

柔輭想者。謂。由此想。於身発起柔輭・解。或如綿嚢。或如毛毳。或如熟練。此柔輭想。長養摂受前軽挙想。於摂受時。令軽挙想増長広大

空界想者。謂。由此想。先於自身発起軽挙柔輭二勝解已。随所欲往。若於中間。有諸色聚。能為障礙。爾時便起勝解作意。於彼色中。起空勝解。能無礙往

身心符順想者。謂。由此想。或以其心符順於身。或以其身符順於心。由此令身転転軽挙。転転柔輭。転転堪任。転転光潔。随順於心。繋属於心。依心而転

勝解想者。謂。由此想。遠作近解。近作遠解。麤作細解。細作麤解。地作水解。水作地解。如是一一差別。大種展転相作。広如変化所作勝解。或色変化。或声変化。修習成満。領受種種妙神境通。或従一身示現多身。謂。由現化勝解想故。或従多身示現一身。謂。由隠化勝解想故。或以其身於諸牆壁垣城等類厚障隔事直過無礙。或於其地出没如水。或於其水断流往返履上如地。或如飛鳥結跏趺坐騰颺虚空。或於広大威徳勢力日月光輪以手捫摸。或以其身。乃至梵世自在回転。当知。如是種種神変。皆由軽挙柔輭空界身心符順想。所摂受勝解想故。随其所応一切能作。此中以身至其梵世。

略有二種自在回転。一者往来自在回転。二於梵世諸四大種一分造色。如其所楽。随勝解力。自在回転。〈依初五想修神境通〉

先所受行次第随念想者。謂。由此想。従童子迄至于今。随憶念転。自在無礙。随彼彼位。若行若住。若坐若臥。広説。一切先所受行。随其麤細。次第無越。憶念了知。於此修習多修習故。証得修果。於無量種宿世所住。広説。乃至。所有行相。所有宣説。皆能随念。
〈依第六想修宿住通〉

種種品類集会音声想者。謂。由此想。遍於彼彼村邑聚落。或長者衆。或邑義衆。如是種種品類。諸衆集会所出。種種雑類音声。名諠譟声。或於大河衆流激湍波浪音声。善取其相。以修所成定地作意。於諸天人若遠若近聖非聖声。力励聴採。於此修習多修習故。証得修果清浄天耳。由是能聞人間天上若遠若近一切音声。〈依第七想修天耳通〉

光明色相想者。謂。於諸光明相。極善取已。即於彼相。作意思惟。又於種種諸有情類善不善等業因差別。善取其相。即於彼相。作意思惟。是名光明色相想。於此修習多修習故。証得修果死生智通。由是清浄天眼通故。見諸有情。広説。乃至。身壊已後。往生善趣天世間中。〈依第八想修天眼通〉

煩悩所作色変異想者。謂。由此想。於貪恚癡。忿恨覆悩。誑諂慳嫉。及以憍害。無慚無愧。諸余煩悩。及随煩悩。纏繞其心。諸有情類。種種色位。色相変異。解了分別。如是色類。有貪欲者。有色分位色相変異。謂。諸根躁擾。諸根掉挙。言常含笑。如是色類。有瞋恚者。有色分位色相変異。謂。面恒憔悴顰蹙。語音謇澁。言常変色。如是色類。有愚癡者。有色分位色相変異。謂。多分瘖瘂。事義暗昧。言不弁了。語多下俚。〈語随無所柔〉由如是等行相流類。広説。乃至。無慚無愧等所纏繞者。有色分位色相変異。善取其相。復於彼相作意思惟。於此修習多修習故。発生修果他心智通。由此智故。於他有情。随所尋思。随所伺察。心意識等。皆如実知。
〈依第九想修他心通〉

弾曰。麤食者所示止観二十余紙。略以三門。一説止門亦有六門。一列名。二弁行相。三弁成弁力。四作意相摂。五七作意相摂。六明異名。次第二門弁観四種。一能正思択。二最極思択。三周遍尋思。四周遍伺察。後第三門止観合説。略有十四門。一明止観加行。二明止観方便。三弁止観障。四弁止観作意。五説止観進退因。六弁止観同異。七明止観純雑相。八弁止観差別。九明修止観根利鈍。十弁縁総別止観。十一明証得止観位地。十二・止観有尋等差別。十三明止観円満相。十四弁因定発通。於中。後第三止観合説有十四門。其第四止観作意門末注云。〈已上多分小乗止観。已上多分菩薩止観〉凡多分少分互為相傾。若小乗多分。菩薩可少分。若菩薩多分。小乗可少分。汝倶多分。都無道理今総約大小。駁麤食止観也。麤食者。猟渉一身十支論。雖建三門十門等。然非熊非羆。違経論。雖与弓箭。不令知方。雖集薬種。斤両専不定。未知根機。与此黄湯。夫権小権大実一乗。其道懸別難思議。最初依住。麤食闕。其修行道。亦有迂回歴劫直道。其修行者。歩行迂回道。歩行歴劫道。飛行無礙道。麤食者所示多分小乗止観者。相似歩行迂回道。又多分菩薩止観者。相似歩行歴劫道。此二歩行道。有教無修人

当今人機皆転変。都無小乗機。正像稍過已。末法太有近。法華一乗機。今正是其時。何以得知。安楽行品末世法滅時也。今四安楽行。三入著坐行。六牙白象観。六根懺悔法。般若一行観。般舟三昧行。方等真言行。観音六字句。遮那胎蔵等。如是直道経。其数有無量。今現修行者。得道不可数。小権等禅定堅固。時已過。四静慮八定等。三界内所行。是故。外道小乗各争修。乃至権教各各釈。如是四禅四無色。小乗三乗。相無相。迂回歴劫。一切行。於一仏乗分別説。一乗之家都不用。但除開已用助道。当機当分如来方便令修学

当知。一乗機人。不許問訊礼。小乗機。已不許同講堂。麤食者。一乗之家所遮境。汝謂最勝修行道。汝未知開制。一向令乳服。麤食者。汝不聞也。無以穢食置於宝器。当知是比丘之所念。無以瑠璃同彼水精。汝不能知衆生根源。無得発起以小乗法。彼自無創。勿傷之也。欲行大道。莫行小径。無以大海内於牛跡。無以日光等彼螢火。仏世大羅漢。已被此訶嘖。滅後小蚊虻。何示此止観哉。浄名雖遷化。厳律現在伝。何不訶嘖。何不訶嘖哉

補処弥勒。受釈尊付。忉利帝釈。護在経処。麤食者。汝不聞也。梅怛辞使。持世観魔。歴劫之患。取捨之失。足為亀鏡。彼舎利弗宴坐之恥。此須菩提置鉢之懼。恐繁且止。非時非機濫雑偽門小止観等。有智洮汰。任意取捨。遠離婆沙倶舎成実等小乗論故。不是小乗止観。不依深密大乗十八門止観瑜伽顕揚対法起信等故。不大乗止観。不信法華一乗大涅槃等仏性宝性等故。不一乗止観。此則麤食者私止観耳。努力努力。諸有智者。謬莫許此

守護国界章巻上之下

決権実論序

前入唐求法沙門釈最澄撰

夫一権四実。唐基独伝。一実三権。五仏同宣。乃有東隅北轅。謗昇堂之山聴。執伝外之所説。嗚呼。釈迦大師。昔於北轅。何有怨敵。繋無漏業。絆有為区。噫乎。妙法華経。現於夏虫。何有怨嫌。貶権蜜虚。置不了階。悲哉。無性仏子。永閉決宅。哀哉。定姓小子。終死灰断。増減之巻。自東土興。更生之詞。満諸人口。可不悲哉。僕慨一乗之未顕然。恨三密之未開敷。於是。権宗夏久。眷属稍多。向越之念。未改路頭。疑氷之心。習常弥執。非但一乗之沈隠。亦復三乗可滅没。指権為理。倶迷何疑。原夫。一乗境界。唯仏所知。十地三賢。不能思量。雖然釈尊。父子天性。定於開権。一乗家業。付於顕実。是以。一分慈悲。纏於劣心。為導中人。謹造斯論。誓願。無量時中。洛闍提苦。云爾

決権実論

山家問難　北轅会釈　山家救難

山家問難　一問　二答　三難　四不通義

問法華経一仏乗教第一

問曰。法華経所説唯一仏乗教者。法華会以前。為皆已説。為未説也。　答曰。法華経所説唯一仏乗教者。中道之理同。故法華会以前。為皆已説也。　難曰。法華経所説唯一仏乗教者。中道之理同。故法華会以前。皆已為説者。違法華第一巻方便品偈。云所以未曾説。説時未至故。今正是其時。決定説大乗也

北轅会釈　奥州北轅者通曰。法華末学者。依法華経。発十問難。第一問曰。法華経所説唯一仏乗教者。法華会以前。為皆已説。為未説也。　答曰。〈法華経所説唯一・乗教者。中道之理同。故法華会已前。為皆已説也〉　難曰。法華経所説唯一仏乗教者。中道理同。故法華会以前。皆已説者。違法華第一巻方便品偈。云所以未曾説。説時未至故。今正是其時。決定説大乗。　今愍教授曰。汝答汝難。二倶愚癡。所言汝答愚癡者。汝答曰。唯一仏乗教者。中道之理同。故法華・以前。為皆已説者。此答愚癡。何以故。不知法華意。以謬答故。今徴之曰。汝所答法華一仏乗教者法華会前已説者。此是誰語。為有憑文。為汝自語。若有文証者。請示其文。何経論文。若自義答者。是為愚癡答。何以故。法華会前。未説会二破二之一仏乗故。所言汝難愚癡。尋愚癡答而致詰難故。是名愚癡難。今当教授。応敬信受。方便品偈曰。未曾説汝等当得成仏道。所以未曾説。説時未至故。今正是其時。決定説大乗。釈曰。仏成道来。四

十年以前。未曾説不定性二乗成仏道。故云未曾説汝等当得成仏道。所以四十年前未曾説不定性二乗成仏道者。其不定性舎利弗等二乗。根機未熟故。不説汝等得仏道。故云所以未曾説等也。今至法華会。彼舎利弗等。根機淳熟。堪聞授説会二破二之大乗。故云今正是其・等也

山家救難　山家救云。北轅者徴釈。自害最深。違三時教故。若言法華経破二中道理。四十年以前。釈迦未説者。法華中道理。不同深密理。今此法華経。不応摂三時。若言中道理。不異深密理。是故。法華経応接三時者。愚癡等過失。北轅不可免。若言理雖同。破二等別故。会前未説者。所示理雖同。破二等別故。不被摂三時。文会法華文云。仏成道来。四十年以前。未曾説不定性二乗成仏道。故云未曾説汝等当得成・道者。此釈不爾。妄分別故。不定性二乗当得成仏道者。仏成道已来。四十年以前。諸大乗経等。以皆已説故。但定性二乗。四十年以前。・当得成仏道。以未曾説故。是故。法華会。麟角舎利弗。敗種大迦葉。聞内証仏智。倶受成仏記。舎利弗及迦葉。名角亦名種。聖教明所説。入正位二乗。名為不定性。経論無所説。其摂論不定。大小意別故。不名舎利子。是故。名曰不通也

山家問難　問一切衆生皆為仏子第二

問曰。我釈迦如来。以此三界中一切衆生類。悉是為吾子已否。

答曰。我釈迦如来者。以此三界中一切衆生類。悉是為吾子。雖然。若畢竟無涅槃性衆生等。如彼養子。故必不嗣仏位也。　難曰。違法華経第二巻譬喩品偈。云今此三界。皆是我有。其中衆生。悉是吾子。又云是諸衆生。皆是我子。等与大乗。不令有人独得滅度。皆以如来滅度。而滅度之也

奥州北轅者通曰。末学者第二問難云。為吾一子者。有無性有情終不成仏。云何仏為一子耶。　今愍教授云。為無性有情。説人天教。令得人天楽。故猶名一子也

山家救云。此釈河漁。法華経文云。是諸衆生。皆是我子。等与大乗。〈已上経文〉仏勅諸子。等与大乗。如来滅度。而滅度之。誰子永住三界宅。何子灰断余死。若有聞法有心者。分明自知当作仏。若大不与無性者。等与之言都無用。仏何有貪畏。諂吐等与言。当知。仏為実語者。亦為如語者。真実皆成仏。勅汝等与言。若如北轅義者。或子得仏果。或子得小果。或子得人天。抜苦已不等。与楽亦各別。汝今一子名。唯有名無実。北轅者。未見亦未聞入仏三昧耶三平等深義。発不平等見。当犯越三昧耶。自堕及堕他。寧雖近悪猷。不近悪知識。誰有明智者。将近北轅哉。当知。四不通難。至極難越也

山家問難　問皆名仏子一切衆生作仏第三

問曰。若名仏子。一切衆生。来世作仏已否。　答曰。縦使雖名為

仏子。然彼畢竟無涅槃性者。決定来世不作仏道。　難曰。違法華経第一巻方便品偈。云諸法従本来。常自寂滅相。仏子行道已。来世得作仏

奥州北轅者通曰。末学者第三問。　今愍教授云。不定性二乗。不定性増上慢。及断善闡提之仏子。行道已。来世得作仏也

山家救云。北轅此釈。妙理未尽。所以者何。北轅者。未解三世定性故。過去定性。住不退位。聞法華経。現在定性。聞法華経。得成仏道。未来定性。入滅之後。住妙浄土。於彼土聞法華経。得仏滅度。夫三世定性。若不聞法華。不得廻心向大乗故。北轅者。未受灌頂。末学真言。偏執権宗。歴劫顕教永迷。善星畢死。再生北轅。不若。伏我慢幢。習受職事。現生仏家。是故。名為四不通也

山家問難　問畢竟無涅槃性成仏第四

問。畢竟無涅槃性者。見仏聞経故。終積善根。必当作仏已否。

答。畢竟無涅槃性者。都無三乗無漏種子。故雖見仏聞法。而但殖人天善根。不楽欲涅槃。是故。不得作仏。　難曰。違法華経第一方便品偈。云一切諸如来。以無量方便。度脱諸衆生。入仏無漏智。若有聞法者。無一不成仏也

奥州北轅者通曰。末学者第四問難。　今愍教授云。若有不定種性有情。聞法華経一句者。無一不成仏也

山家救曰。此釈不爾。未解一乗故。一乗正意者。定性三乗人。不定性四人。無種性五人。一切有心者。若有聞法者。無一不成仏。夫十方仏土中。唯有一乗法。何有三乗五乗也。開示悟入。唯仏知見。何有定無性也。北轅者。未知一法界。未見一法界。是故。随増減見。起大邪見也。是故。名四不通也

山家問難　問有性無性倶成仏第五

問。有性与無性。為皆成仏道。為当有成不成耶。　答。有性者得成仏道。無性者不得成仏・也。　難曰。違大円覚修多羅了義経。・有性無性皆成仏道也

奥州北轅者通曰。末学者第五問難。　今愍教授云。彼経約真如仏性。而説有性無性皆成仏道。不拠行仏性説。此復云何。一切有情。真如理性。同有覚知性。故有性無性皆成仏道。有性有情真如。即無性有情真如。同成就覚智性。皆成仏道。何以知然。修多羅了義経曰。一切如来。知妙円覚心也。本無菩提及与涅槃。亦無成仏及不成仏。無妄輪廻及非輪廻。善男子。一切障礙。即有究竟覚。得念失念。無非解脱。成法破法。皆名涅槃。智慧愚癡。通為般若。菩薩外道。所成就法。同是菩提。無明真如。無異境界。衆生国土。同一法性。地獄天宮。皆為浄土。有性無性。皆成仏・。案此経意。智慧真如。即愚癡真如。故云智慧愚癡通為般若。乃有性有情真如。即無性有情真如。故云有性無性皆成仏道。此等諸文。約一味平等理仏性。顕無差別義。不顕行仏性有差別義。汝不知経義。察偏執

文句以為証。立皆成仏・。迷謬甚耳。汝若文取義執・皆成仏道者。即経云。地獄天宮。皆為浄土。地獄已浄土。何故菩薩。経無量劫。厳浄仏土。又経云智慧愚癡通為般若。既愚癡即智慧。凡夫即仏。何故菩薩。経無量劫。断微塵数障。方大覚円満。又経云無明真如無異境界。既無明即真如故。凡夫異生。応見真如。有無明故。即真如。真如即無明故。諸仏応不見真如。真如即無明故。是故当知。彼性約真如理仏性。説有性無性皆成仏道。若依此義。我亦共許。無所乖諍。唯拠行仏性。簡成不成也

山家救云。今此円覚経有性無性言。為理・有無。為行性有無。若言理性者。有自語相違。汝許真如性覚知共有故。無有性有情無性・哉。若言行性者。亦自語相違。汝云彼経約真如・仏性。而説有性無性皆成仏道。不拠行仏性説故。若言有性無性。雖拠行性。然皆成仏道言。約真如仏性者。能成有無人。真如仏性故。応得当成仏。天親仏性論。説真如仏性名応得因故具三仏性。是故。名四不通也

山家問難　問有性無性了不了第六

問。不可治一闡提者。或説有成仏性。或説無成仏性。此二種説。何為了義。何為不了。　答。不可治一闡提者。説有成仏性者。為不了説。若説無成仏性者。為了義説。　難曰。違天親仏性論第二巻末。云言有性者。是名了説。言無性者。是名不了也

奥州北轅者通曰。末学者第六問難曰。若無性有性不成仏者。違天親仏性論。　今愍教授云。会有二義。一云。彼論。拠断善闡提判了不了。不拠畢竟闡提判了不了。何以故。若有教説断善闡提有仏性。是名了説。若有教説断善闡提無仏性。是名不了。有性者是名了説。是故。名四不通也

山家問難　問入滅二乗廻心向大第七

問。入滅二乗者。為廻心向大已否。　答。入滅二乗者。灰身滅智。是故。不廻心向大。唯有清浄真如。不定性二乗。定不入滅故。

難曰。違法華経第三化城喩品。云是人雖生滅度之想入於涅槃。而於彼土。求仏智慧。得聞是経

北轅者通曰。末学者第七問難。　今愍教授云。汝由不知已今当之三字差別。而如是迷執。経唯言当入涅槃。不言已入。亦不言今入無余涅槃。当知。彼法華経。約不定性声聞。住有余涅槃。求入無余・。而説当入涅槃。不説已入無余涅槃。後従彼起。廻心向大。何以知然。正法華第四云。声聞縁覚。生死已断。度於三界。臨欲滅度。仏在前住。誨以要法。発菩薩意。既云臨滅度。明知。未入無余滅。若入無余滅。灰身滅智。猶如虚空。仏住誰前。誨何等法也

山家救云。汝已今当失。北轅自所犯。不是山家・犯。汝今諦聴。善思念之。山家所引文。但有是人雖生滅度之想入於涅槃。而於彼土。求仏智慧。得聞是経句。以無当入涅槃之句。今北轅者。以何

当字。偽嘖已今。若言引生滅度想当入涅槃之経文者。其句当一字。為説過去事。為説未来事。為説現在事。若言過去者。全違経文。其句首云我滅度後復有弟子。是故明知。汝已入嘖。還示汝愚。若言現在者。亦違経文。汝今入嘖。重顕汝愚。若言当来者。汝当入之言。定当入之当。其経文云・入於涅槃而於彼土故。若言臨当之当者。彼土之言。有相違也。夫授記当成之当字。豈同臨当之字哉。正法華文。余処所説。・彼土求・慧。得聞是経。豈非已入無余之彼・哉。北轅者。未解竜樹論。執瑠璃空。未聞密厳教。謂熱鉄空者異。是故。名四不通也

山家問難　問以小乗済度第八

問。我釈迦如来。為終以小乗済度趣寂已否。　答。趣寂二乗者。終以小乗済度。彼類不廻心向大故。終趣無余涅槃故。　難曰。違法華経第一巻方便品。云終不以小乗済度於衆生

北轅者通曰。末学者第八問難。　今愍教授云。四十年以前。雖不簡別定不定性。以小乗済度。而至法華会。度不定性。以大乗法。不以小乗度。故云終也

山家救云。北轅会釈。都無道理。所以者何。四十年以前。簡別不定性。以大乗済度故。汝宝積深密諸大乗経。送却天竺。而後。可云四十年以前雖不簡別定不定性以小乗済度也。其経現有海内経蔵。何無簡別哉。未入正位。不定・二乗。法華・之前。以大済度。已入正位。定性二乗。至法華会。以大済度。此会不在。迦葉伝説。唯除第五驚怖。自余四驚怖。皆入真実衆。倶得成仏記。故経云終不以小乗済度於衆生。汝違五仏平等慧。恒執五姓差別義。謗人謗法都不息。不可治人非汝誰。是故。名四不通也

山家問難　問釈迦未極化第九

問。我釈迦大師。為此趣寂。授以小乗化。為極也。為当未極耶。　答。我大師釈迦。為此趣寂機。以小乗化為極。此人不廻心。亦不向大故。　難曰。違法華経第一巻方便品。云若以小乗化乃至於一人。我則堕慳貪。此事為不可也

北轅者通曰。末学者第九問難。　今愍教授云。此不異前問。故同前答。曰。不定性舎利弗等二乗人。至法華会。根機已熟。而我釈迦。同四十年前。猶以小乗化乃至一人。我則堕慳貪。何以故。仏自証大乗。以小乗化余二乗故。此事為不可也

山家救云。此会釈不爾。違法華意故。其法華正意。以大小相。前称小為一人。不以定不定称不定為一・。北轅者。由何隠以小化存無量定性。今堕釈迦尊慳貪及不可。明知。北轅者非釈迦仏子。是故。名四不通也

山家問難　問不定性者捨身第十

問。不定性二乗者。捨此身已。得変易身。若不捨身。留有報身。増寿変易也。　答。不定性二乗。不捨此身。留有報身。増寿変易

也。　難曰。違法華経第三巻授記品。云我此弟子大目揵連捨是身已。得見八千二百万億諸仏世尊也

北轅者通曰。末学者第十問難。　今愍教授云。不定性二乗。延分段身。至金剛位。愚智共許。然所言大目揵連捨是身已者。隠実変易身。別作化身。於同法者前。化火焼身。現入無余涅槃。依此化身。而同法者。皆作此念言。大目揵連等。已入無余涅槃

以前十問答。広説如中辺義鏡。慧日羽足。及遮異見。恐厭繁文。不煩重述也

山家救難　山家救曰。不定性二乗。延分段身。至金剛位。愚智共許者。此言不爾。但愚者為許。智者不許故。当知。道生。吉蔵。霊潤。法宝。法蔵。慧苑。定賓。澄観。法相宗義寂。義一。良賁等。新羅国元暁法師。我大日本国上宮聖徳王。約一乗実教。都不許延身。北轅者。学無薬師。独居東隅。何輙得智愚智共許。其愚誰人。其智何人。況復天竺来唐。曇牟讖三蔵。流支三蔵。真諦三蔵。実叉難陀三蔵。日照三蔵。流志三蔵。金剛智三蔵。無畏三蔵。不空三蔵。般若三蔵等。立悉有仏性。盛伝一乗教。定性二乗。具三種余。必死闡提。皆悉成仏。況復馬鳴菩薩。竜樹菩薩。倶得経記。天親菩薩。堅慧菩薩。青弁論師。智光論師。説内証一乗。伝三平等義。況復我南岳天台。昔仏在世時。於霊鷲山中。親聴法華経。願力生隋国。伝説一乗義。大唐聖僧中。両聖為尭舜。伝録豈伝空哉。北轅者。未勘目連所殺之滅。化身灰滅。妄語甚哉。上来十救。堕通略救。広如別章説。是故。名四不通也

山家問難　法性宗山家問難

問門外三車之中牛車与露地白牛車同異第一

問。門外三車之中牛車。与露地白牛車。為同為異耶。　答。門外三車之中牛車。与露地白牛車者。因果不異。故為同也。　難曰。違法華経第二譬喩品。云是時諸子。各乗大車。得未曾有。非本所望也

北轅者通曰。法華末学者。依三車譬。発十問難。第一問難曰。若言門外三車之中牛車。露地大白牛車者。因果不異。故為同者。違法華経。　今愍教授云。望中小二子。名非本所望。非大子名非本所望。何以故。法華三周領解文中。唯中小二子領解牛車。大子不領解牛車故也

山家救云。是則為救自義。棄分別文。尋領解文。北轅妄会。所所指分明文。令向南越方。其宅内所許門外三車。門外都無。是故。非一。汝・初周之中。迷天子領解。無大子領解。北轅者常迷。令三子各各願云。父先所許玩好之具。羊車。鹿車。牛車。願時賜与也。若三中牛車。門外現有。何故大子。願賜与也。又諸子之言。願車之時。由何冠三。非本之時。由何冠二。若非本所望不開大子者。賜車之時。不可乗車。若爾。各乗之義已失壊。当知。非本所

望言。当同三子語。是故。文殊答問偈云。諸求三乗人。若有疑悔者。仏当為除断。令尽無有余。是故。未免其難也

山家問難　問三子願三車第二

問。諸子得出露地而坐。願父先所許玩好之具時。為唯二乗子願車。為当菩薩子願車耶。　答。唯二乗子願車。其菩薩子不願車也。

難曰。違法華経第二譬喩品。云時諸子等各白父言。父先所許玩好之具。羊車。鹿車。牛車。願時賜与也

北轅者通曰。末学者第二問難曰。　今愍教授云。菩薩大子。索与不索。倶無有妨。何者。菩薩大子先・乗。何用索為。是名不索玩好。亦菩薩大子索牛車。亦無妨之。何者。地前菩薩。修有漏三慧。求証初地二空無漏種智。是名索牛車。地上菩薩。修無漏三慧。求証仏果種智。是名索車。故名索不索無妨也

山家救云。菩薩大子先已乗。何用索為。是名不索無妨者。是何位菩薩。亦其先已乗者。是何車何所乗。為門外牛車。為露地牛車。若二乗者。多有過失。北轅者。偏救自妄義。会乱一乗経。非法説非法。豈非北轅者哉。汝今諦聴。善思念之。今示内証仏。北轅今廻心。其父先所許車。宅内無所与。何大子先乗。明知。先乗之言。大妄語也。又地前所索。初地二空。無漏種智。此義可爾。地上所索。仏果種智。有教無人。亦無所証。汝所索種智者。是理外依他。夢仏種智。是故大子。同彼羊鹿。願車云。羊車。鹿車。牛車。願時賜与。其種智者。宅内所許牛車故。其牛車者。権智所作。唯有名字。無有実義。是故長者。門外無与三種宝車也。今釈迦尊所賜宝車者。実智所示。内証甚深。真如覚仏。一切種智。是故大子。同彼二乗。非本所望。以不是宅内所許牛車故。明知。大子索車。深契道理。大子先乗法。北轅妄語也。是故。未免其難也

山家問難　問以二車引諸子子・牛車第三

問。唯以羊鹿二車為引車。若以牛車亦為引車耶。　答。正義意。以羊鹿二車為引車也。　難曰。違法華経第二譬喩品。云舎利弗。如彼長者。初以三車。誘引諸子也

北轅者通曰。末学者第三問難曰。　今愍教授云。羊鹿二車。為誘引車。非牛車也。然経云初以三車誘引諸子者。言総意別。言総雖言三車。而意別顕以羊鹿二車誘引中小子。何以故。三乗之中大乗。即是一乗。故経云。初説三乗。引導衆生。然後。但以大乗。而度脱之

山家救云。羊鹿二車。為誘引車。非牛車也者。北轅臆度言。不是経正義。所以者何。経云。仏以方便力。示以三乗教。又論云。彼三乗者。唯有名字章句言説。非有実義。〈已上経論文〉若如北轅語。応云彼二乗者。所釈釈迦経。能釈天親論。倶遮三乗教。東隅北轅者。何執牛非引也。況乎開元皇帝。製一行師碑云。千門法華。撥去三車。〈已上碑文〉其開元皇帝。問天竺三藏。其一行大德。稟中

天三蔵。若不信此説。更無可信師也。北轅者習常。分明難会文。千番用総言。定性二乗文。万番引不定。今復迷実一実大。邪執権一亦権大。夫一大雖名別。実大実一同一大。一大其名雖同。権一実一。其義別異。権大実大。義旨不同。当知。引一引大。是権不実。与一与大。是実不権。若牛車不引。大子無別火宅。三子聞車出宅。開譬合譬。皆倶不成。明知。北轅臆度。但恥避遇。大陽智者。謬勿許之。当知。未免其難也

山家問難　問門外牛車何智所用第四

問。門外牛車者。為方便智所用。為当真実智所用耶。　答曰。門外牛車者。直実智所用也。　難曰。違法華経第二譬喩品。云爾時長者。即作是念。此舎已為大火所焼。我及諸子。若不時出。必以所焚。我今当設方便。令諸子等得免斯害。乃至云。如此種種羊車鹿車牛車。今在門外。可以遊戯也

北轅者通曰。末学者第四問難曰。違法華譬喩品。云爾時長者。即作是念。此舎已為大火所焼。我及諸子。若不時出。必為所焚。我今当設方便。　今愍教授云。此不異前疑。故準前答可知也

山家救云。北轅者。難会難答。常云。準前答可知。今計。先答已妄。後知何実。是故。未免其難也

山家問難　問門外牛車与衣裓机案同異第五

問。門外牛車与衣裓机案。為同為異也。　答曰。衣裓机案者。二乗因乗故。不同牛車。或云。果化喩故。与牛車同也。　難曰。若言二乗因乗故不同牛・者。違法華経第二巻譬喩品。・舎利弗。是長者。作是思惟。我身手有力。当以衣裓。若以机案。従舎出之。若言果化喩故与牛車同者。違同品云合譬文。云如来亦復如是。雖有力無所畏。而不用之

北轅者通曰。末学者第五問難。　今愍教授云。汝迷経法譬。而張疑網。不能正解。我先釈経文。後釈大意。所言身有力者。謂仏智慧。即喩机案。所言手有力者。謂仏神通。即喩衣裓。仏作是思惟。我悉具足此二勝徳。二乗衆生。座雖無修大行求出家意。当以智慧之用机案。頓授中根衆生円覚。以神通云用衣裓。頓抜下根衆生。従三界舎出耶。以上根菩薩者。能行一乗因。出於三界。如彼大子能自従門出。此中不説。今此説不定性二乗者故。中根独覚。不行一乗因。不仮仏神力。倶応藉仏智慧之用。如彼中子。不能従門。不仮人手。倶授机案。令其因昇。従舎而出。即下根声聞。不能行大乗之因。亦不能因仏智慧力。応与之神通。如彼少子。不能従門。不能昇案。但以衣裓裹之而出。此言意。顕仏始坐道場。観樹亦経行。於三七日。思惟如是事。為説一乗。為説三乗。尋念過去仏所行方便力。不用仏所得知慧力及神通力。即趣波羅奈。為五比丘説三乗。此即。若説一乗。為衆生損。若説三乗。為衆生益。然所説三乗中大乗。即是一乗。汝所引経文中。不喩菩薩従門出宅故。何

尋同異也
山家救云。北轅者。先釈経後釈経意者。也已背自宗。何況他宗。具述有過古師義。返違疏主科文意。先示疏主科文意。後顕彼宗新判文

初示疏主科文意者。第二示大不悕喩有四。第一思大乗果化喩。第二念大乗因化喩。第三念随示大乗行化。第四無悕取大化。第一思大乗果化。経云。舎利弗。是長者作是思惟。我身手有力。当以衣裓。若以机案。従舎出之。第二念大乗因化。経云。復更思惟。是舎唯有一門。而復陜少。〈已上経文〉此亦有三。即初念初不能依大教行也。二念若起誹謗沈栄悪道。経云。諸子幼稚。未有所識。恋著戯処。或当堕落。為火所焼。三念示衆生密説大乗。経云。我当為説怖畏之事。此舎已焼。宜時疾出。無令為火之所焼害。第三随示大乗行化。経云。作是念已。如所思惟。具告諸子。汝等速出。第四無悕取大化有二。初不悕信。経云。父雖憐愍善言誘喩。而諸子等。楽著嬉戯。不肯信受。不驚不畏。・経云。不驚不畏。了無出心。亦復不知。何者是火。何者為舎。云何為失。但東西走戯。視父而已。上来四段。但明示大不悕喩。豈有小乗化哉。若此文中。如此北轅語。衣裓机案。是出二乗。何用羊鹿。又菩薩子。自出正門。何用牛門。当知。此四段中。無別三乗教。但有実一乗。是故。更設方便。門外許車。其衣裓机案文。第一果化科。何喩小由。先示疏主科竟

後顕彼宗断判文者。慈恩法華玄賛第一行妙法文云。二乗之因。悲智所誘。名衣裓机案。大唐開元八年暮秋。大乗基孫弟子智周。造法華摂釈云。疏悲智所誘名衣裓等者。問。譬喩品云。当以衣裓。従舎出之。復更思惟。乃至。当設方便等。準彼経文。不以衣裓。衣裓若是二乗因行。何不用耶。答。此叙古釈。非疏主意。・此立不爾。豈有過者便指古人。答。疏主解彼衣裓等文。云果化喩。故知。此処非疏主意。又復本師親承疏主。相伝不謬。〈已上宗判〉明知。独覚机案。声聞衣裓。定是古義也。又我日本国元興寺。摂釈未来時。或師偏見。疏以衣裓机案為二乗因乗。後摂釈来時。諸寺古徳等。改先未了央。皆順摂釈義。今東土北轅。未改邪師伝。違背疏主意。近違摂釈判。定是以山家引動汝宗義。推壊汝執城。汝迷権実義。何不尋同異。是故。未免其難也

山家問難　問門外牛車為何教喩第六

問曰。門外牛車者。為於一仏乗教喩。為当分別説三車大乗教喩也。
答曰。門外牛車。以同仏乗故。為出仏乗教喩。亦為分別説三中大乗教喩也。　難曰。有二相違。若言為於一仏乗教喩者。其於一仏乗教。法華之前。已被演説。何故。法華経方便品偈云。所以未曾説。説時未至故。今正是其時。決定説大乗。若言為分別説三中大乗・喩者。違天親菩薩法華論。前説法異後説法異也

北轅者通曰。末学者第六問難曰。　今愍教授云。門外牛車。為於一仏乗喩。亦分別説三中大乗喩。何以故。不定性二乗。従四十年前。一乗根機。未淳熟故。且於一仏乗。分別説三。至法華会。不定性二乗根機淳熟故。説唯一仏乗。無有余乗。約不定性二乗者。一乗三乗。其名雖別。而体不別。何者。前未廻心。名二乗者。不名一乗。廻心以後。唯有一乗。無有二乗。由此応知。前説三乗。後説一乗。無二無別。然於一仏乗分別説三者。但約不定性二乗而説。非拠頓悟菩薩説。何四十年以前。雖為頓悟説一乗教。而未説会二一乗。今至法華会。説破二一乗。故云今正是其時決定説大乗也

山家救云。此釈不爾。問答相違故。山家不問門外羊車。亦復不問門外鹿車。但問門外牛車。喩一喩大。得不得意。今北轅者。何標句中。挙両得喩。釈文之中。説羊鹿人。汝不会釈。門外露地。引車与車。喩大喩一。仮実同異。因果所由。但説不定性声聞独覚。根熟不熟。豈不問答小大相違耶。若大乗之中不立権実者。歴劫与直道。何以得別異。顕教与秘教。将有雑乱失。故無量義経云。次説方等十二部経。摩訶般若。華厳海空。宣説菩薩歴劫修行。〈已上経文〉当知。歴劫菩薩乗。諸大乗教者。門外之牛車所喩諸大乗也。又云。善男子。是則諸仏不可思議甚深境界。非二乗所知。亦非十住菩薩所及。唯仏与仏。乃能究了。又云。其有衆生。不得聞者。当知。是等為失大利。乃至云。所以者何。不知菩提大直道故。〈已上経文〉当知。大直道故者。露地之牛車所喩於一仏乗也。大勝鬘経中。為四乗故。演説帯権破二一乗。其不定性二乗之人。得知成仏。其定性二乗入位之人。未知成仏。深密経中。普為発趣一切乗者。演説帯権会二一乗。其不定性二乗之人。一道出生死。其定性二乗入位之人。廻心向大。法華経中。正直捨方便。但説無上道。爾時。門外三車。分段運極。歴劫菩薩。不知所趣。故経云。不退諸菩薩。其数如恒沙。一心共思求。亦復不能知。〈已上経文〉当知。門外牛車者。為出火宅故。方便知所作。已出火宅故。運用於此尽。唯有名字。亦無実義。北轅者。何得喩於一。明知。北轅所釈。都無道理。不足帰信也。是故。未免其難也

山家問難　問門外牛車運第七

問。門外牛車者。為但運出此世間。為当亦運出彼出世間耶。　答曰。門外牛車者。已出二乗外。故運出彼出世間也。　難曰。違法華経第二譬喩品。云以是方便為説三乗。今諸衆生知三界苦。開示演説出世間道也

北轅者通曰。末学者第七問難曰。　今愍教授云。汝不知出世間出出世・差別。迷執大乗一乗別有差別。今当釈之。初二三地。修施戒。修相同世間人。故名世間。四五六地。作出世菩提分法。現同二乗人。故名出世。七地以上。能作無相。現超前出世。故名出世間。是不為一乗大乗差別証也

山家救云。此釈不爾。草樹之位。不次第故。倶舎所説。三祇百劫修練菩薩。是上草乗。豈不羊乗行菩薩哉。般若所説。三乗共地修無言道体法菩薩。是小樹乗。豈不象乗行菩薩哉。瓔珞所説。七階次第歴劫修行独菩薩等。是大樹乗。豈不日月神通乗行菩薩哉。華厳所説。行布門中説斯融即。豈不声聞神通乗行菩薩乎。法華所説。竜女献珠即身転男南方成仏。是則円教於最実事六即之位。豈不如来神通乗行菩薩。北轅者。共行十地。引配三乗。此不正義。今汝所釈地。不出世意。今正義者。出分段火宅。名出世間。出変易細宅。名出出世間。施権三車。空許門外。但出分段宅。故経云。開示演説出世間道。露地牛車。給諸子等。直至道場。豈不出変易哉。北轅所尊。有為無常。夢裏仏果。空指門外。故不能遠出変易世間。是故。未免其難。至心発願。願令一切有心者皆昇露地白牛車也

山家問難　問三子出宅願何車第八

問曰。三子出宅。即為願各自乗車。為当同願牛車也。　答曰。羊車鹿車者。為求牛車故。出於火宅。故同願牛車也。　難曰。違法華経第二譬喩品偈。云如前所許。諸子出来。当以三車。随汝所欲。今正是時。唯垂給与也

北轅者通曰。末学者第八問難曰。　今慇教授云。汝偏執文迷義。汝当知。不定性二乗舎利弗等。法華経会時。廻心向大。得変易生。雖出於火宅。猶乗羊鹿車。未乗牛車。経二万劫。方到十信初。従此十信。復逕一阿僧祇劫。至初歓喜地。方当乗牛車。雖出火宅。猶名索牛車。故不違経

山家救云。北轅者。恒執権義。深迷実文。邪推定不義。偽会真了経。汝所釈。相違問意。所以者何。山家所問。諸子出宅願何車耶。有人抛旧替云。羊車鹿車・。為求牛車故。出於火宅。是故。作難引経。今北轅者。無智自眼転。妄謂大日転。汝羊鹿車・索牛車者。文義倶偽。言文偽者。其法華経中。都無此文故。言義偽者。小乗二子。無求牛車。各願自乗故。是故経云。爾時諸子。知父安坐。皆詣父所。而白父言。願賜我等三種宝車。〈已上経文〉明知。北轅者枕中。不定歴劫索車。是大・語。故相違経。是故。未免其難也

山家問難　問三車之中牛車為方便為真実第九

問曰。三車之中牛車。為方便為真実耶。　答曰。三車之中牛車者。為真実也。　難曰。違法華経第二譬喩品偈。云即便思惟。設諸方便。告諸子等。我有種種珍玩之具。妙宝好車。羊車鹿車。大牛之車。今在門外。汝等出来。吾為汝等。造作此車。随意所楽。可以遊戯也

北轅者通曰。第九問難。　今慇教授云。此問不異前問。故準前答可知之也

山家救云。北轅者。見難越嘖。準上天答都不述。同由暫慰弟子情。今示難越文。合中人信心。山家所引経文云。設諸方便。告諸子等。

我有種種珍玩之具。妙宝好車。羊車鹿車。大牛之車。今在門外。〈已上経文〉当知。設諸方便言。至極難得越。羊鹿牛車。今在門外。已不指牛色。亦不云露地三車。具方便。此文極分明。莫言加二。故三車為方便。不順経文故。前答已北走。今準何向南也。是故。未免・

山家問難　問門外牛車喩菩薩乗故為河為海第十

問曰。門外牛車。喩菩薩乗。故為相摂河喩。為相摂海喩耶。　答曰。門外牛車喩大乗。其大乗即一乗。故相摂海喩也。　難曰。違大薩遮尼乾子経第二一乗品。・衆流者。喩声聞縁覚菩薩。海者。喩一乗也

北轅者通曰。末学者第十問難曰。　今愍教授云。若説四乗。引其名云仏乗菩薩乗独覚乗声聞乗。四乗中。仏乗為果。三乗是因。尼乾子経。因果相望。校量勝劣。三乗喩流。仏喩海。若倶立三乗時。即仏乗摂入菩薩乗。菩薩乗即仏乗。仏乗即一乗。一乗即大乗。故摂論第八曰。声聞・上有独覚。独覚乗上有菩薩乗。・即仏乗。無有上。彼雖発二十問難。而一通一執。謂。執大乗権一乗実。此如中辺義鏡。慧日羽足。及遮異見章広述。善彼三部章。当除邪執也

山家救難　山家救曰。北轅者会釈。都不応道理。権実雑乱。没仏因故。夫三乗之権因。為上中下根。分別説三故。一乗之仏因。為上上根故。開三顕一故。是涅槃経云。下智観故。得声聞菩提。中智観故。得縁覚菩提。上智観故。得菩薩・。上上智観故。得仏菩提。〈已上経文〉当智之因。已四人別。所得之果。何得同一。但除違因権果耳。若但立三因不立仏因者。上上智観。於汝無分。三乗淡流。是北轅分耳。法華経序分無量義経時。已説菩薩及池江河及渓渠大海等水喩。遮歴劫大乗。存直道仏乗。況正説之中。正直捨方便。但説無上道。又解髻中明珠。給四驚実衆。況復滅度後。募一句聞経。与授成仏記。若如北轅義。唯有三乗之衆流。入於権乗果仏海。一乗円機具縛者。都無入於一乗海。若爾者。法華一仏乗。衆生無入分。若爾者。六根清浄無配人。豈一乗大海。無始入已入到彼岸人哉。明知。北轅所立相望因果。因権果権。相即一大。権一権大。汝不発上上一仏乗観智。何得真内証本来有三淡。汝所尊仏果。許無漏有為念念生滅故。権因所対故。但名権仏果。是故。未免其難也。若求内証者。固不応信文。但除方便機

今北轅者二十会釈。亦不過一執。謂四乗真実一乗方便。此義。如守護国界章。照権実鏡。一乗義集等広説。夫三乗方便。諸仏所説。三乗唯名。天親所釈。貞観以後。來唐三蔵。究竟一乗。為至実教。貞観以前。三蔵人師。三乗為権。一乗為実。今挙一説。以為亀鏡。有心北轅。改轍向越。云爾。鴻臚少卿対希顔大乗権実対弁盤節義序云。夫摩尼無色。衆色而為衆。真如離言。仮群言以設教。是以。大雲遍灑。則随分受其栄。一音伝暢。乃権実蒙其益。而権也者。

有二乗焉。有菩薩焉。実也者。有菩薩焉。有如来焉。乍若四河皆濬。倶出於大池。而十山分峰。珠形於巨海。孛者窄詳其室。頤師説。各住於己宗。失之一言。乖以千里。即如解深密仏地阿毘達摩経等。瑜伽雑集唯識論等。皆為権宗。以其為有無為。唯即唯別。未果尽其至極也。若華厳涅槃勝鬘楞伽密厳経等。智度中観実性起信論等。皆為実教。以其有為無有。鎔融即離。便可示其究竟也。語道則理教恒設。因人乃興衰有時。自貞観十九年。権宗大振。実義将隠。趣時変者。挙当代而一期。重智性者。失正途以万計。求法者。既北轅而適越。執迷者。則夏虫以疑氷。嗟乎。是縁舎也。魔力井能遮。邪因集也。仏徳無由止。若乃菩提果極。而言生滅尚存。有無之見不亡。則以為断常永離。於平等境。執有差別。謂離言性。依主得名。斯之徒寔繁。其類豈唯違害仏之至教。亦乃淪没無数衆生。可為長歎息者也。北轅山家。各護仏法。夢裏如。洮汰権実。了因智種。已有此巻。見円信謗。倶為仏因。定見弥勒。同受仏記也

決権実論

願　文

悠々三界。純苦無安也。擾々四生。唯患不楽也。牟尼之日久隠。慈尊月未照。近於三災之危。没於五濁之深。加以。風命難保。露体易消。草堂雖無楽。然老少散曝於白骨。土室雖闇迮。而貴賤争宿於魂魄。瞻彼省己。此理必定。仙丸未服。遊魂難留。命通未得。死辰何定。生時不作善。死日・獄薪。難得易移。其人身矣。難発易忘。斯善心焉。是以。法皇牟尼。仮大海之針妙高之線。喩況人身難得。古賢禹王。惜一寸之陰半寸之暇。歎一生空過。無因得果。無有是処。無善免苦。無有是処

伏尋思己行迹。無戒竊受四事之労。愚癡亦成四生之怨。是故。未曾有因縁経云。施者生天。受者入獄。提韋女人四事之供。表末利夫人福。貪著利養五衆之果。顕石女担轝。明哉善悪因果。誰有慚人。不信此典。然則。知善因而不畏苦果。釈尊遮闡提。得人身徒不作善業。聖教嘖空手

於是。愚中極愚。狂中極狂。塵禿有情。底下最澄。上違於諸仏。中背於皇法。下闕於孝礼。謹随迷狂之心。発三二之願。以無所得而為方便。為無上第一義。発金剛不壊不退心願

我自未得六根相似位以還。不出仮。〈其一〉

自未得照理心以還。不才芸。〈其二〉

自未得具足浄戒以還。不預檀主法会。〈其三〉

自未得般若心以還。不著世間人事縁務。除相似位。〈其四〉

三際中間。所修功徳。独不受己身。普廻施有識。悉皆令得無上菩提。〈其五〉

伏願。解脱之味独不飲。安楽之果独不証。法界衆生。同登妙覚。法界衆生。同服如味。若依此願力。至六根相似位。若得五神通時。必不取自度。不証正位。不著一切。願必所引導今生無作無縁四弘誓願。周旋於法界。遍入於六道。浄仏国土。成就衆生。尽未来際。恒作仏事

補注

見出し項目の下の(　)内の数字は、本文の頁と行数を示す。
たとえば、(八3)は、八頁3行目であることをあらわす。

顕戒論

常寂光・実報・方便・同居(八3・4)　天台は、仏陀所住の土を四種に分類している(四土)。常寂光は四土の第四、常寂光土。実報は同じく第三、実報無障礙土。方便は同じく第二、方便有余土。同居は同じく第一、凡聖同居土。第一、凡聖同居土とは、凡夫と聖者とが雑居する界内の世界を意味する。これに浄穢二土があって、穢土は現実の娑婆世界の如く不浄な国土をいい、浄土は西方極楽世界の如く清浄ではあるが、依然凡聖が同居する国土である。応身仏に勝劣の二種を区別し、劣応身すなわち三十二相の卑劣身相を現ずる釈迦如来が同居穢土に応現し、阿弥陀如来の如き勝応身が同居浄土に応現するという。第二、方便有余土とは、方便道を修し、分段身は捨てても未だ変易生死を免がれることのできない、阿羅漢や辟支仏の住む国土である。第三、実報無障礙土とは、初地以上の菩薩が住し、ここでは報身の如来を現見することができる。菩薩が修めた因行に酬報するところの果報土であるから、巍々堂々たる大身相を現見することができる。第四、常寂光土とは、法身の如来が住する仏土であって、四土のうちで最高である。円教妙智の感見する法性土である。

四教(八6)　天台教判にいう三蔵教・通教・別教・円教のこと。三蔵教とは、小乗教のことで、阿含経や倶舎論などによって声聞・縁覚・菩薩の三乗のために説かれた教えである。色心諸法を分析して空を観ずることを教え、六道生死の世界に沈没している凡愚に対して、現実が苦の世界であることを自覚せしめ、見惑・思惑が苦の原因であるとしてこれを断ずべき道を明らかにし、苦を滅して涅槃に至る道を説く。つぎに通教とは、大乗の初門といわれ、般若経や智度論に基づく三乗共通の教えであって、現実的な世界はそのまま空であり、実体なきものであることを、主体的に自覚せしめる教えである。しかし三蔵教と同じく六道を超えるだけの教えである。つぎに別教とは、菩薩だけの教えで、主として華厳経や十地経論などに基づく教えである。ただ空の真理に至るだけでなく、空有の二辺を越えた中道の原理に基づき、三界の分段生死のみならず、変易生死の因果を詳細に説く。菩薩の目的である衆生済度は無限であるから、その無量の相を善分別するので、歴別不融の中道原理といわれる。つぎに円教とは、法華経などに説かれる最高の教えであって、迷と悟、生死と涅槃は本質的には区別なく、絶対相即すべきものであるという。別教が隔別不融であるのを克服して、具体的な色心諸法がその当相当処において絶対であるという円融・円頓の教である。前の三教に見られるような煩悩と菩提などの二元論的な思想を大きく転換せしめた教えといえる。

五味(八6)　涅槃経聖行品の中にある譬喩に基づくもので、乳味・酪味・生蘇味・熟蘇味・醍醐味をいう。中国では古くからこれを教判の原則と考えて、釈尊によって説かれた諸経の順序・時期を示すものとされた。天台では、従来の五味による教判を批判吟味して、新たにつぎの如き五味・五時の教判を立てた。㈠華厳時。仏成道後、直ちに仏の自内証を説かれた華厳経などの説法で、これを乳味という。㈡鹿苑時。華厳の説法では鈍根の衆生にその教えが理解できなかったので、つぎに鹿野苑を中心として阿含経などの三乗教(小乗)を説かれた。これを酪味という。㈢方等時。先の小乗教を説いた後、この教えに執着する者を弾呵して、維摩経などの大乗諸経典が説かれた。これを生蘇味という。㈣般若時。先の大小乗対説によって、衆生が小乗から大乗へ向うようになったので、つぎに大小乗が融即淘汰せられるべく般若諸経が説かれた。これを熟蘇味という。㈤法華涅槃時。最後に一切の衆生が仏陀と同じ大乗のさとりに至ることを明かすべく法華経や涅槃経が説かれた。これを醍醐味という。この五味の学説は、従来、華厳・涅槃両経が説法順序の上で、最高の教えと考えられていたのに対し、仏陀の説法は法華経によって完成し、ここに仏の真意を明かしたとする立場から主張された五時判である。

十重四十八軽戒(八10)　梵網経所説の、菩薩の受持すべき戒。十重禁戒と四十八軽戒。十重戒は菩薩の波羅夷罪として説かれた十種の重罪で、㈠不殺生戒、㈡不偸盗戒、㈢不邪婬戒、㈣不妄語戒、㈤不酤酒戒、㈥不説四衆過戒、㈦不自讃毀他戒、㈧不慳法財戒、㈨不瞋恚戒、㈩不謗三宝戒をいう。四十八軽戒は軽垢罪として説かれた四十八種の戒(省略)で、十重戒を補う意味があり、両者合わせて受持すべきものとされる。小乗四分律の比丘二百五十戒・比丘尼三百四十八戒が、消極的な非行の制止を重視するのに比べて、積極性、社会性を有し、僧俗一貫、大乗独自の戒法とされる。

南嶽・天台(八13)　南嶽は、慧思(五一五―五七七)のこと。天台智顗の師。中国南予州武津の人。姓は李氏。十五歳で出家し、もっぱら法華経を持誦し、山野に経行して修禅につとめた。北斉の慧文より観心の法を受け、ついに法華三昧を発得したという。光州の大蘇山で大乗を講じたが、五六八年、南嶽衡山(湖南省)に入り行道につとめた。大乗止観法門四巻・諸法無諍三昧法門二巻・随自意三昧一巻等の著述がある。

天台は、智顗(五三八―五九七)のこと。天台宗の祖、智者大師。中国荊州華容県の人。姓は陳氏。十八歳で出家し、太賢山に入り法華三経を読誦、五六〇年、大蘇山に入り、慧思に就いて四安楽行を聞く。法華経薬王品を読み豁然として開悟したという。慧思の代講として金陵の瓦官寺において法華経題を開説。五七五年、天台山に入り、仏隴の北に寺を建てて住し、陳の宣帝より修禅寺の額を賜う。五八五年、陳後主の命をうけ、金陵霊曜寺・光宅寺等に講経。五九一年、隋の煬帝より智者大師の号を賜う。当陽県玉泉寺に法華玄義・摩訶止観を講じたが、五九七年、山東の石城山に寂す。法華玄義・法華文句・摩訶止観各二十巻の三大部をはじめ著述すこぶる多いが、おおむね門弟灌頂章安の筆授にかかる。

二種の生死(九2)　勝鬘経(一乗章)・成唯識論巻八等に、生死を分段と変易の二種に分かつ。分段生死とは、三界内の凡夫が、身命に長短があって分々段々の生死をうけるをいい、変易生死とは不思議変易生死ともいい、三界外の聖者がうける転変改易する不思議な意生身をいう。天台では、分段生死を離れる界内の教を蔵通二教とし、変易生死を離れる界外の教を別円二教とする。

白牛を賜ふ…〔**火宅喩**〕(九10)　法華経譬喩品に説かれる譬喩説。法華七喩の一。火事を知らずに屋内で遊ぶ子供たちを遁れさせるために、父の長者が方便を設けて、門外に羊車・鹿車・牛車あり、速かに行って遊べといい、子等が露地に出てみると三車はなく、唯一つ大白牛車があったという話。火は衆生の苦に喩え、宅は三界に喩える。なお左記「三車」の項を見よ。

三車(九10)　法華経の火宅喩に出てくる羊車・鹿車・牛車。それぞれ声聞乗・縁覚乗・菩薩乗に喩え、仏が三乗を説くのは方便説であり、その真意は一仏乗真実の大白牛車を与えんがためであったとする。天台宗などの一乗家では、三乗(三車)は方便権仮で実体なしとして、一乗(大白牛車)と区別するが、法相宗などの三乗家では、三乗を実体ありとし、露地の大白牛車を三車中の牛車と同一のものとし、法華の説は声聞・縁覚の二乗を大乗菩薩乗に会入せしめる趣旨と見る。前者を四車家、後者を三車家ともいう。

家業を得る…(**窮子喩**)(九11)　法華経信解品に説かれる譬喩説。法華七喩の一。家出をして乞食をする子を、父の長者が家に迎えようとする。長者は策をめぐらし、まず下男として除糞をなさしめ、漸次に上げ用いてついに実子であることを明かし、一切の家業・財宝を与えるという話。除糞等を二乗方便に喩え、家業・財宝等を一乗真実に喩える。

重ねて箴し重ねて弾ず(一四2)　天台宗年分学生をして、小乗戒を捨てて大乗戒により大乗菩薩僧たらしめようという念願から、最澄は、弘仁九年五月十三日、「天台法華宗年分学生式(六条式)」を上表し、五月二十一日には「先帝御願の天台年分度者を法華経に随って菩薩の出家となすを請ふの表一首」を、同年八月二十七日には「勧奨天台宗年分学生式(八条式)」を、さらに翌弘仁十年三月十五日には「天台法華宗年分度者回小向大式(四条式)」を上表した。嵯峨天皇はこれを僧綱に問い、僧綱は南都の諸大寺に意見を徴した。弘仁十年五月十九日、僧綱は六大寺の牒をまとめて表対を作り、僧都護命・同長慧・律師施平・同豊安・同修円・同泰演の連署をもって上奏した。別に東大寺の景深も迷方示正論を著わして二十八失を摘出した(元亨釈書)。最澄は僧綱の上表に対して顕戒論を撰述して反駁した。

正像・像末(一四13・16)　(正像末三時の説)釈尊入滅後、正法・像法・末法の三時を経て、次第に仏法が衰滅してゆくという終末論的な予言説。仏滅後五百年(一説千年)は正法の世で教行証の三法そなわり、その後千年は像法の世で正法時に像似して教行あれども証なく、正像二時の過ぎた末法時には教のみあって行証なしという。この説は、像末(像法時の末期)・末法の到来すると信ぜられた時期に盛んに行われ、中国では早く南嶽慧思の立誓願文に見え、隋の信行は三階教を唱えてこれを鼓吹し、道綽・善導等の浄土教家もまた高唱した。日本でもすでに天平宝字四年(七六〇)七月僧綱奏に「像教まさに季ならんとす」と見え(続日本紀)、平安中末期には広く流布された。

仏性の諍(一四15)　仏性とは仏果を開くべき種子・因子(可能性)をいう。一切の衆生は、本来、仏性を具す(悉有仏性・本具仏性説)という一乗家と、理としての仏性(理仏性)は本具だが、行としての仏性(行仏性)には具・不具がある(五姓各別説)とする三乗家との間にしばしば論争が行われた。インドでは護法対青弁、戒賢対智光、中国では神泰対霊潤、法宝対慧沼の対論あり、日本における最澄対徳一の論争の先駆をなした。最澄の法華秀句巻中には天竺仏性諍・大唐仏性諍・日本仏性諍を出している。このうち日本仏性諍は未成稿に終っている。

馬鳴…世親(一五1)

馬鳴　二世紀頃、東インド、シャーケタの人。仏所行讃・大乗起信論の著者とされるが、最近の研究では、起信論は五世紀後半の成立とされる。最澄は彼を起信論の著者、瑜伽派の祖として、ここに名を挙げたのである。

竜樹　三世紀、南インドの人。中論・十二門論・十住毘婆沙論・大智度論などの著述多く、中観学派の祖と仰がれる。

弥勒　当来仏としての弥勒菩薩と長らく混同されてきたが、最近の研究では実在したインドの論師とされる。唯識学派の根本論書たる瑜伽師地論を弟子の無著に講授した。

無著　五世紀、北インド、ガンダーラの人。世親の兄。摂大乗論・大乗阿毘達磨集論・顕揚聖教論等の著あり、世親とともに瑜伽唯識学派の祖とされる。

堅恵　堅慧。六世紀、中インドの人。究竟一乗宝性論を著わし、後の一乗仏性思想に大きな影響を及ぼした。

世親　旧訳では天親。五世紀の人。無著の弟。倶舎論・唯識二十論・唯識三十論・摂大乗論釈・仏性論・法華経論等著述多く、瑜伽唯識学派の大成者。

起信…仏性（一五2）　起信は大乗起信論。中は中論。門は十二門論。瑜伽は瑜伽師地論。顕揚は顕揚聖教論。宝性は究竟一乗宝性論。仏性は仏性論。

大乗起信論は馬鳴の作とされるが、実は五世紀後半の成立。中国撰述説もある。真諦訳（一巻）と実叉難陀訳（二巻）あり。中観・瑜伽両派を統一する如来蔵思想を説くものとして注目されてきた。

中論・十二門論はともに竜樹の著。中論（羅什訳四巻）では、不生・不滅・不断・不常・不一・不異・不去・不来のいわゆる八不を掲げ、分別智を越えたところに中道実相があるとし、十二門論（羅什訳一巻）は、中道観を十二門に分けて説く。

瑜伽師地論は弥勒の述。玄奘訳百巻。瑜伽行の境・行・果を明らかにし、阿頼耶識説・三性三無性説等、唯識学派の根本思想を説く。

顕揚聖教論は無著の著。玄奘訳二十巻。瑜伽師地論を再組織してまとめたもの。

究竟一乗宝性論は堅恵の著。勒那摩提訳四巻。如来蔵思想を体系的に説いた代表的論書。真如縁起の立場から、一闡提の如き無性有情も成仏できるとした。

仏性論は世親の作。真諦訳四巻。仏性（如来蔵）の本質を三因・三種性によって規定し、唯識学に立脚しながら悉有仏性を立論する特異な論として注目されてきた。最近では世親作を疑う説が有力。

六度（一五4）　六波羅蜜。波羅蜜は梵語パーラミターの音写。到彼岸・能度と訳す。迷いの此岸から悟りの彼岸に到度することを意味するが、普通には菩薩の修行を指し、布施・持戒・忍辱・精進・禅定・智慧の六波羅蜜をいう。

夢に金人を…（一五7）　四十二章経序に「昔、漢の孝明皇帝、夢に神人を見る。身体に金色あり、頂に日光あり。…傅毅曰く、臣聞く、天竺に得道せる者あり、号(なづ)けて仏と曰ふ」（出三蔵記集巻六。正蔵五五、四二c）とある。中国における仏教初伝に関する説話。

羅什・真諦（一五13）　羅什は、鳩摩羅什（三四四―四一三）。父はインド人であるが、西域の亀茲国に迎えられて国師となり、王妹を娶って羅什を生む。九歳のとき母に従ってパミールに至り、雑蔵・阿含を学び、亀茲に帰る。三八一年、前秦王苻堅に迎えられて長安に至り、大般若経・大智度論等多数の経論を訳出、すべて七四部三八四巻を数える（開元録）。旧訳時代を現出した。

真諦は、四九九―五六九。西インドの人。五三五年、梁の武帝の招きにより中国に来る。戦乱にあい、諸方流離の生活の中で、摂大乗論・金剛般若経等を訳出。また多数の著作あり。ともに四大翻訳家の一に数えられる。

大乗の布薩（一五14）　布薩は梵語ポーシャダの音写。半月ごとに比丘達が集会して戒本（戒律の条項）を読誦し、自分の行為を反省し、罪があれば告白懺悔する儀式。原始教団以来の重要な行事。大乗戒の独立とともに布薩にも大乗にふさわしい風儀が必要とされた。山門の大乗布薩の制は、明曠の梵網経疏に基づく。梵網三十七軽戒に対する明曠疏に「言二布薩一者、此云二浄住一、不レ限二多少一故下至二一人一、不レ同二声聞衆法局一レ四、若対首心念亦同二此文一、聞鐘入堂等説偈並同二声聞一無レ乞二歓喜一、維那浴レ籌時改二羅漢一為二菩薩一〈浴籌竟打一下云云〉」（正蔵四〇、五九七a）とあるのを、山門大乗布薩の制となすという。

玄奘（一五15）　六〇〇—六六四。中国洛州の人。姓は陳氏。若くして摂論を学び、六二九年、西域を経てインドに留学。とどまること十六年。特にナランダ寺の戒賢に唯識論等を学んで、貞観十九年（六四五）、多数の梵夾をもたらして長安に還る。唐太宗これを厚く遇し、長安弘福寺、ついで大慈恩寺に置いて翻経に従わしめ、訳するところ大般若経・解深密経・瑜伽師地論等七五部一三三五巻。別に大唐西域記十二巻を撰し、旅行中の記録をとどめる。

義浄（一五15）　六三五—七一三。中国斉州の人。姓は張氏。六七一年、死を決して渡天の旅に上り、南海を経てインドに至る。在印二十余年、証聖元年（六九五）、洛陽に帰る。武后勅して仏授記寺に置き翻訳に従わしめ、訳出するところ五六部二三〇巻。律部の訳出が多い。南海寄帰内法伝四巻あり、旅行中の見聞をしるす。玄奘とともに新訳時代の代表的訳経家とされる。

鑑真（一六4）　六八八—七六三。戒律の伝来者。中国揚州江陽県の人。十四歳出家。道岸・恒景・融済・義威・智全等に戒律を学ぶ。揚州大明寺に住し、江淮の化主と称された。天宝元年（七四二）、日本僧栄叡・普照らが伝戒師として東渡せんことを請う。東渡を企てて失敗すること五回、十一年を費やし、ついに遣唐使船に乗じ、法進・思託・如宝等十四人の弟子を率いて、天平勝宝六年（七五四）二月、平城京に達す。この年四月、はじめて東大寺に戒壇を起し、上皇・皇太后・天皇以下菩薩戒を受け、また霊祐・賢璟等旧戒を捨て新受し、これをわが国登壇授戒のはじめとする。東大寺唐禅院に住し、大僧正に任じたが、のち唐招提寺に移る。鑑真の渡来により、日本戒律の威儀ようやく備わり、戒律宗の祖とされる。

義真（一六9）　七八一—八三三。相模の人。俗姓は丸子連氏（天台座主記）。はじめ東大寺の慈賢に漢語を習い、また興福寺の慈蘊に法相を学び、年分の試に及第して延暦二十一年得度。最澄の訳語僧として入唐、貞元二十年（八〇四）、天台山国清寺で進具、また最澄とともに道邃・行満・順暁の付法をうけた（顕戒論縁起）。帰朝後一時相模に帰ったが、弘仁四年、叡山に寄住（伝述一心戒文下）。最澄の入滅に当って一宗の事を付属され、弘仁十四年四月には、初の大戒伝授の戒師をつとめ、天長元年六月、初代の天台座主となる。天長十年七月四日滅。その著、天台宗義集一巻は天長勅撰宗書の一。

陸淳（一六11）　？—八〇五。中国呉の人。本名は質、字は元沖。趙匡に春秋を学び、三伝（左氏・公羊・穀梁）の要を帰一せしむといわれた。はじめ左拾遺となり、ついで左司郎中、さらに拾事中にすすみ、皇太子の侍読を命ぜられたが、左降されて信州・台州の刺史に任ず。顕戒論縁起所収の道邃和上行迹によれば、「御史端公、後除歙州刺史陸」と見えるから、歙州の刺史にもなったのであろう。台州刺史たりし時、最澄台州に至り、彼の保護を得て宗書の書写の功をおえることができた。最澄帰朝の貞元二十一年（永貞元年　八〇五）八月、皇太子即位して憲宗となり、召されて本職に復したが、疾を得て同年九月卒。柳宗元が墓表を作り、その文集に収む。新唐書列伝九十三に伝あり。春秋集註二十巻・弁疑七巻・微旨三巻等の著あり。

道邃（一六11）　生没年不詳。中国瑯琊の人、長安に生る。俗姓は王氏。はじめ仕官して監察御史となったが官を辞して出家。慈恩（窺基）の法華疏を写得したが夢告によって常州妙楽寺に赴き、天台第六祖荊渓湛然の講経を聞き、習学すること五年。のちさらに天台山に入り、とどまること九年、三大部を講じ、修禅寺座主となり、天台第七祖に擬せらる。貞元二十年（八〇四）、台州刺史陸淳の請によって台州竜興寺に止観を講じ、たまたま最澄の請益に会い、これに天台の教要と菩薩戒を授く。顕戒論縁起・内証仏法血脈譜所収、弟子乾淑述の道邃和上行迹(または行業記)は、道邃の伝としては最もくわしい。涅槃経疏私記十巻・維摩経疏私記三巻・摩訶止観記中異義一巻(乾淑集、現存)等の著述がある。

一心三観(一六11)　天台の円頓止観の観法。天台では一切の煩悩を分かって見思(けん)・塵沙(じんじゃ)・無明の三惑とするが、諸法の実有を執ずる見思の惑を断ずるには空観を用い、化導を妨げる塵沙の惑を治めるには仮観を用い、中道の理に迷う無明の惑を断ずるには中道観を用いる。この空・仮(け)・中の三観を一心に同時に成就するのが天台止観の至極であり、これを一心三観という。三観の語は瓔珞経の従仮入空観(空観)・従空入仮観(仮観)・中道第一義観(中観)に基づく。

鄭審則(一六12)　伝不詳。最澄入唐当時の明州の刺史。最澄の越州将来録に題記を加え、その原本、今、青蓮院に蔵す。署名に見える榮陽は、審則の出身地を示すものであろう。大唐東都大聖善寺故中天竺国善無畏三蔵和尚碑銘幷序に、善無畏の弟子宝思について「戸部尚書榮陽鄭公善果曾孫也」とし、そのあと「並高族上才云々」とするす(正蔵五〇、二九一c)。榮陽の鄭氏は唐代の名族であったことが知られる。

灌頂(一六13)　密教の儀式。もとインドの帝王即位や立太子の時の儀式であったが、転じて仏位受職の名となった。宝瓶に香湯を入れ、これを頭に灌ぐ。密教では如来の五智を象徴する五瓶の水を弟子の頂に灌ぎ、これによって仏の位を継承させることを示す。これに結縁・学法・伝法の三種あり、結縁灌頂は、ひろく仏縁を結ぶために在俗の信者に対して行い、学法灌頂は、弟子に有縁の一尊の儀軌明法を与えるものとして行い、伝法灌頂は、伝法阿闍梨たらんとする者に大日の儀軌明法を与える秘法。最後の一は最も重視され、所定の加行(けぎょう)を修したのち入壇が許される。

順暁(一六13)　伝不詳。貞元二十一年四月十九日、越府の鏡湖の東、峰山頂道場において最澄・義真に三部三昧耶灌頂を伝授した阿闍梨。その印信に泰岳霊巌寺鎮国道場大徳内供奉沙門とあり、善無畏(六三七―七三五)の資、新羅僧義林(時に百三歳)の弟子というだけである。このころ彼は越州竜興寺に滞在中であった。

勤操(一七16)　七五八―八二七。勤操の伝について最も正しく最もくわしいものは、空海作の「故贈僧正勤操大徳影讃幷序」(性霊集巻十)である。それによると、彼は大和国高市郡の人。俗姓秦氏。母は島史氏。駕竜寺(軽寺)に祈って彼を生んだという。おそらく同郡石川(橿原市石川町)の人だったと思われる。十二歳、大安寺の信霊について出家、神護景雲四年得度、十六歳、閑寂を慕って南岳(不詳)に入る。進具ののち大安寺の善議に三論を学び、英名高く、弘仁四年律師となり、ついで同十年の最勝会に三論の宗義を宣揚し、擢んでられて少僧都兼造東寺別当に任じ、さらに大僧都兼造西寺別当に転ず。天長四年五月、西寺北院で入寂。七十歳。仏名会を修すること二十一年。法華八講を講ずること三百余会という。南都の旧教団に属しつつ新仏教に理解を示し、最澄とも深い関係があった。延暦二十一年の高雄天台会の講師の一人であり、同二十四年、最澄帰朝して将来の法文を野寺天台院に置いて諸宗学生に見せしめた時、その一人でもあった。大同四年三月、最澄の弟子光定は、大安寺に勤操を訪ね、摩訶止観を届けている(伝述一心戒文上)。桓武天皇の信任厚く、顕戒論縁起所収の延暦二十四年八月二十七日内侍宣に見える「石川禅師」は、勤操を指したものと思われる。顕戒論所引の僧綱表に、狭山池所へ赴き署名しなかったのも、最澄のために態度を濁したのであろう。なお「狭山池所」とは、行基四十九院の一、狭山池院とする説がある(井上薫「狭山池所と勤操」)。

修円（一八1）　?—八三五。大和国の人。姓は小谷氏。興福寺の賢璟・宣教について唯識法相を学ぶ。弘仁元年に律師、天長四年に少僧都に任じ、この間、弘仁三年頃、興福寺(三代)別当となり、同寺伝法院を創立、また深密会を起し、承和二年六月、室生寺で示寂した(興福寺別当次第)。彼もまた勤操とともに新仏教に理解をもち、最澄・空海と深交があった。延暦二十一年の高雄天台会、延暦二十四年の六学生・八大徳にそれぞれ顔を見せ、また桓武天皇の信任を得たことは、延暦二十四年八月内侍宣に「檉生禅師」と見える通りである。檉生は大和の室生寺。東域伝燈録に「因明纂要集抄二巻　檉生修円」とあり、空海の風信帖に「与我金蘭及室山、集会一処、商量仏法大事因縁云々」の「室山」は、すべて修円を指すであろう。

珠鵝を…（一八7）　珠鵝は珠を飲んだがちょうの意。大荘厳論経巻十一に出る説話(正蔵四、三九a—三二a)。一比丘が乞食して穿珠師の家に至って門外に立ったが、珠師はその時、国王の摩尼珠を穿っていた。比丘の衣色がその珠に映ってその色が紅赤であった。穿珠師は比丘のために屋内に食を取りに入ったが、その間に一羽のがちょうが、摩尼珠を飲んでしまった。紅赤に映っているのを肉とまちがえたのである。比丘はがちょうを救うために、珠師にそのことを告げず、怒った珠師の打棒を自ら受けて多くの血を出したという(がちょうはまたその血を飲んだので珠師は怒り、がちょうを殺し、その腹中より摩尼珠を取り出した)。この説話の示すように、珠を飲んだがちょうを比丘が救って自ら打棒を受けたように、広大な慈悲心をもて、という意。

僧統（一九1）　僧尼を統轄し、諸大寺を管理する僧官。僧録ともいう。わが国では僧綱という。インドの教団では僧中に上座・維那があったが、自治的な職で、僧尼の非行等は律によって自主的に処分されていた。中国・日本仏教では、僧尼に対する課役免除や寺院への賜田賜封等の保護が加えられたために、僧尼寺院に対する国家的な統制機関として早くから僧官が置かれた。北朝ではすでに姚秦に僧主・悦衆の僧官があり、北魏は道人統・沙門統を置き、のち昭玄統と改む。南朝では宋に僧主・僧正の制があり、梁は僧正・僧都・都維那の制をととのえた。隋は北朝の制を襲って大統・国統を置き、唐は功徳使・僧録の制をとった。日本では推古三十二年、僧正・僧都・法頭を置き、天武朝に至って、ほぼ南朝梁の制をとって僧正・僧都・律師を置き、以後この制度が定着した。僧尼令によれば、僧綱には徳行そなわり法務を綱維する者を選び、治部省玄蕃寮とともに京内の僧尼・寺院を取り締らせた。諸国には国師を置き、国司とともに部内の僧尼・寺院を取り締らせた。

小乗・大乗（一九3）　大乗は梵語マハーヤーナの訳。大きな乗りものの意。ひろく一切衆生を仏果に至らしめようとする菩薩道(具体的には六波羅蜜〔↓一五頁「六度」補〕を内容とする)をいう。小乗はヒーナヤーナの訳。小さな乗りものの意。自己の解脱だけを目的とする声聞・縁覚の道をいう。大乗は部派仏教の末期(紀元前後頃)、大衆部系の諸部を中心に在家信者の信仰運動として勃興し、小乗にくらべて、思想上、自由主義的、理想主義的であり、教団の風儀上、積極的な社会性に富む。小乗は大乗よりする貶称であり、主として上座部系の説一切有部、経量部を指していったもの。

別解脱戒（一八1）　受戒の儀式作法によって、戒体を発得し、身口意の悪業を解脱することができる。比丘・比丘尼は具足戒を、沙弥・沙弥尼は十戒を、式叉摩那は六法を、優婆塞・優婆夷は五戒を、近住は八斎戒をと別々に定められているので別解脱戒という。最澄は梵網戒を大乗の別解脱戒として立てている。

安居（一九8）　梵語ヴァルシャの訳で、雨期を意味する。雨期には外出が不便なのと、虫類を踏み殺すことを避け、一定の場所に居住して修養することを安居という。ふつう四月十六日から七月十五日に至る一夏九旬(いちげくじゅん)とし、僧団の重要な年中行事となった。最後の日には結衆が集まって反省・懺悔を行い、これを自恣(じし)という。

声聞(三〇1)　声を聞く者の意で、仏の言葉(教)を聞いて悟る者をいう。もとは仏在世の頃の弟子を指したが、縁覚・菩薩に対していう時は、仏の教に従って修行するが、自己の解脱のみを目的とする聖者の意で、灰身滅智の無余涅槃に入ることを目的とする人々を指していう。

縁覚(三〇2)　師によらず飛花落葉などの因縁を観じて悟る者の意。無師独悟するから独覚(辟支仏。→七七頁注)ともいう。これに部行独覚(はじめは部衆雑住の声聞で、のち独覚に転じたもの)と、麟角喩独覚(決定性独覚。→二五五頁注「麟角の舎利弗」)の二がある。大乗の菩薩に対しては、小乗自利を求めるという点で、声聞と同じ扱いをする。麟角喩独覚については→一七三頁「麟角」補

僧肇(四四10)　三八四—四一四。中国長安の人。はじめ老荘に傾倒したが仏教に転じ、羅什に師事、若くして名声高く、般若無知論等を著わして、解空第一と評された。宗本義・物不還論・不真空論・涅槃無名論等の論あり、般若無知論と合わせて肇論と題し、世に行われた。

菩薩戒(四七2)　大乗菩薩の受持すべき戒をいう。以下これを、㈠成立と、㈡授受の二項に分かって説明する。

㈠菩薩戒の成立　もともと戒律は仏滅後の教団で部派ごとに形成されたもので、現存の律蔵には、四分律(法蔵部)・五分律(化地部)・十誦律(有部)・摩訶僧祇律(大衆部)・有部鼻奈耶(根本有部)・ビナヤピタカ(分別上座部)等あり、このうち中国・日本で盛んに用いられたものは四分律で、これが小乗律の代表とされた。これらの律蔵には、いずれも七衆別にいわゆる五・八・十・具の戒を説いている。大乗仏教の興起とともに戒律と大乗精神との調和がはかられた。中観派では、戒に大小はなく、これを受持するものの態度(心期)によって定まるとし(大智度論)、瑜伽派では従来の律儀を摂律儀戒にまとめ、別に大乗的な摂善法戒、摂衆生戒を立て、合わせて止悪・行善・利他の三聚浄戒と称した(瑜伽師地論)。中国では南山の道宣(五九六—六六七)が四分律宗を組織し、戒相は小乗なれど義は大乗に当るという分通大乗説をとなえたが、これは中観派の「戒無大小、全由受者心期」の指示をうけたものといえる。しかし大乗独自の戒法を求める要求がつよく、中国南北朝時代には一群の大乗戒経が出現した。早く菩薩地持経が瑜伽の三聚浄戒をうけて四重・四十二犯事の戒相を説き、ついで菩薩善戒経が出家菩薩の八重・四十八戒を説き、また優婆塞戒経(善生経)は在家の菩薩戒として六重・二十八失を立てた。これらを統摂して、出家・在家に通ずる真俗一貫、大乗独自の菩薩戒として形成されたのが、梵網経の十重・四十八軽戒である。

㈡菩薩戒の授受　原始仏教以来、信者が仏教に帰依する時には五戒の受持を誓い、出家して沙弥たらんとする時には十戒の受持を誓い、比丘たらんとする時には二百五十の具足戒の遵守を誓い、それぞれ一定の儀式を行なった。これを受戒という。とくに具足戒の伝授は、進具(ウパサンパダー)といい、教団の入門式として三師七証(→八八頁補)の立会いのもと、白四羯磨(→八六頁補)の作法をもって荘重にとり行われた。前述のように菩薩戒の成立とともに、大乗独特の僧伽入門式が行われて然るべきであるが、中国仏教では、菩薩戒を説くに当っても、必ずその根底に比丘戒(二百五十戒)等を受持すべきであるという観念がつよく、菩薩戒の伝授は、現実には進具の補助的な役割しか果さなかった。即ち、在俗信者に対する結縁戒か、僧侶にあっては大乗志向の意志表示としてしか用いられず、僧団への入門式として用いられたことはなかった。菩薩戒に僧戒としての意

味を与え、僧団への入門式に用いたのは最澄にはじまる。最澄の大戒独立運動は、仏教戒律史上、三国を通じて注目すべき一大改革であったといわねばならない。

淳于髡大夫（四七6） 春秋時代の人。斉の国人のいりむこ。博聞強記と滑稽多弁とをもって知られた。史記巻七十四（列伝第十四）・同巻百二十六（滑稽列伝第六十六）に見える。有名な「三年飛ばず鳴かず…」の句は、彼の言である。

実際寺（四七12） 中国長安にあった古寺。隋の太保上柱国薛国公の長孫覧の造るところという。のち温国寺と改め、さらに崇聖寺と改めた。吉蔵・善導らが住したことがある。

二十部（五三16） 仏教教団が二十部に分裂した歴史的な事情については、定まった所伝がない。まず大衆部と上座部に分裂した、いわゆる根本分裂について、南伝（大史・島史など）によると、十事非法事件が原因であると述べ、北伝（大毘婆沙論巻九十九・異部宗輪論など）では、本文にある如く、大天の五事に起因すると伝えている。またこの根本二部からさらに分裂して合計二十部になった、いわゆる枝末分裂については、各部の名称や数も一致していないところがあって、真相は明らかでない。しかしここに引用された文殊問経の所説は、部執異論・異部宗輪論とほぼ一致しており、少なくとも最澄の時代においては、ここに見られる説が一般に正しいとされていたことは間違いない。

文殊師利（五九6） 菩薩の名。梵語マンジュシュリーの音写。妙吉祥・妙徳と訳す。仏滅後のインドに出世し、般若の空思想を鼓吹した実在の人物で、舎衛国のバラモンの子であったという。般若経・涅槃経をはじめ、多くの大乗経典に菩薩の上首として現われる。

賓頭盧（五九7） 賓頭盧頗羅堕誓（梵語ピンドーラ・ブハアラドヴァアーヤの音写）の略。十六羅漢の一。コーサンビー国の大臣の子であったが、釈迦の弟子となる。あるとき樹提居士という道士の栴檀鉢を神通力をもって取ったことから、釈尊の叱責をうけ擯出されたという（十誦律巻三十七）。彼の影像を食堂に安置し、上座の聖僧となすのは、この事縁によるのであろう。

五部の異見…（六〇2） 小乗仏教同志の中でさえも五部の異見がある。まして大乗仏教と望みあわせれば異なるところ多く、仏法上の利益を共有することはない、の意。五部とは、小乗二十数部の分派の中で、法蔵部・説一切有部・化地部・飲光部・大衆部（または犢子部ともいう）の五部で、それぞれ法蔵部は四分律、説一切有部は十誦律、化地部は五分律、飲光部は解脱律（未伝。戒本は解脱戒経）、大衆部は摩訶僧祇律を伝えた。これを五部の異執ともいうが、アソカ王の時代、ウパグプタの弟子に五人あり、おのおの律の上に異見を抱き、一大律蔵はじめて五部に分かれたと伝える。

福田（六〇11） 福田には、三福田とか二種福田とかの数え方があるが、梵網経には八福田を説く（第二十七軽戒の文）。その数え方には諸説あり、智顗の疏には、仏・聖人・和尚・阿闍梨・僧・父・母・病人の八をあげる。

頼提沙門（六一13） 顕戒論賛宗鈔・顕戒論闡幽記・顕戒論講弁ともに、頼提は蔑戾車《べつれいしゃ》（梵語ムレッチャの音写。野蛮人の意）の訛かといい、蔑戾車とは、識別する所なく頑嚚の義とし、また、楽垢穢の義または懶惰の事かといっているが、未詳。楞伽経にも頼提の語があるが、梵語のラクシカに相当し、社会の下位にあって強欲な生活をする僧の意となる。

十二部経（六四17） 諸経典をその記録する内容・形体によって区別した分類法。十二分経ともいう。即ち経・重頌・授記・孤起頌・無問自説・因縁・譬喩・本事・本生・方広・未曽有・論議の十二。後世これを大乗経典の別称とすることもあった。十二部から三部（授記・無問自説・方広）を欠略したものを九部（分）経といい、これを小乗経典の別称とすることもある。

代宗朝…表制集（六八15）　不空三蔵表制集、大弁正三蔵表制集、表制集、表勘集等ともよばれる。唐の円照（七一九―八〇〇）編。唐の玄宗・粛宗・代宗三代にわたって活躍した不空が上表した諸文、ならびに皇帝の答紙を集めたもの。その他、不空の遺書、碑文、及び弟子の上表と不空に関する諸文を集めている。正蔵五二所収。

京城の大徳…（六九1）　以下、いずれも不空のこと。「京城の大徳」は、長安の訳経僧の意。大徳は徳行すぐれた僧衆中の長老に対する敬称だが、隋唐時代には訳経僧を指すことがあった。「特進試鴻臚卿」の特進は、正二品の散官。三公に次ぐ位。試は権任。鴻臚卿は鴻臚寺（外交・祠廟をつかさどる）の長官。永泰元年（七六五）、不空はこの肩書を名誉職として賜わった。「大興善寺」は、長安の永寧門外にあった名刹。単に興善寺ともいう。隋開皇二年（五八二）、文帝の建立。堂宇宏荘なること隋唐時代を通じて天下第一といわれた。唐の十大寺の一。訳経道場とされ、不空ここに住す。青竜寺と並んで密教弘布の中心道場となった。「三蔵沙門」は、翻訳僧の意。沙門は梵語シュラマナーの音写で、出家者（比丘・比丘尼・沙弥・沙弥尼）の総称。「大広智」は、不空の号。次の「不空」の項参照。

不空（六九1）　七〇五―七七四。南インド、セイロンの人。中国に来り、金剛智に師事、金剛頂経・一字仏頂輪王経・仁王護国般若波羅蜜多経・大乗密厳経等を訳出。永泰元年（七六五）百座を設け、仁王経・大乗密厳経を講じ、特進試鴻臚卿に補せられ、大広智の号を賜わった。大暦四年（七六九）冬、奏して天下寺院の食堂中に文殊菩薩像を置いて上座となさしめんことを請い、また、天下の寺院に大聖文殊師利菩薩院を建て、文殊の塑像を安置せしめんことを請い、大聖文殊師利菩薩仏刹功徳荘厳経を訳出（七七一）、大暦九年入寂した。追贈諡号して贈司空大弁正広智不空三蔵という。中国密教の宣布は不空の功による。真言付法第六祖とされる。また経典の翻訳多く、羅什・真諦・玄奘とともに、四大翻訳家と称せられる。

西域（七〇6）　中国で古くから中国西方諸国の総称として用いた名称。必ずしも一定の用い方はされず、広義ではペルシャ・小アジア・エジプト方面からネパール・インドまで、時には青海・チベット方面をふくむ。狭義ではタリム盆地、即ち東トルキスタンのオアシス都市国家群をいう。

大弘教金剛三蔵（七〇6）　六七一―七四一。インド人。南インドにて竜智より密教を学んだといわれる。中国に仏法盛んなることを聞き、唐の玄宗開元七年（七一九）、海路、広州に到り、翌年洛陽に入り、長安との間を往復した。翻訳につとめ、七倶胝仏母准泥大明陀羅尼経・金剛頂経瑜伽修習毘盧遮那三摩地法等を訳出した。開元二十九年（七四一。一説に開元十九年、一説に開元二十年）、洛陽に没したが、永泰元年（七六五）、弟子不空の奏請により大弘教三蔵の諡号を賜わった。中国密教の祖。真言付法第五祖。

梵本の瑜伽（七〇8）　梵本はサンスクリット本。瑜伽は梵語ヨーガの音写で相応と訳す。調息（呼吸を調える）などの方法によって心を一点に集中し、止と観とを主とする観行を修して正理と相応し冥合一致することをいう。とくに密教では三密瑜伽を強調する。仏の三業（身口意の三業）と衆生の三業とが冥合相応することを目的とする。密教の修法は瑜伽の行であり、あるいはこれに達せんがための修練である。密教を瑜伽教ともいう。故に梵本の瑜伽とは、サンスクリット本の密教経典の意。

天宝の末歳…（七〇9）　胡は前四世紀頃より中国史上に現われた異民族。戦国時代に、オルドス・山西河北の北部にいたのは胡族の一部であり、前三世紀末、匈奴が勃興してからは、匈奴と胡とは全く同義語として用いられた。しかし漢代は別にパミール以東の諸国を西胡といい、後漢にはパミール東西の諸国を西胡または胡と称した。魏晋以後はこの西胡を胡といい、アラブ・イラン系の西域人を胡とよんだ。安禄山は胡人と突厥人（トルコ種族)との混血児という。安禄山が潼関に入り長安を陥れたことを指す。

壇場(七〇10)　壇はマンダラの訳。修法に用いる壇を修法壇といい、仏像を安置し、供物などを置く。一定の地を区切って七日作壇法に基づき土を築いて作る土壇、木で作る木壇、簡単に水をそそぎ場所を清めて作る水壇、護摩をたくのに用いる護摩壇等がある。灌頂に用いるのを灌頂壇という。密教で用いる。ここでは灌頂壇。

三密(七〇13)　秘密の三業(身口意による行為)、即ち身密・口(語)密・意(心)密。主に密教でいう。仏の三業は真如のはたらきであって、凡慮の及ばぬものであるから三密といい、衆生の三業は仏の三密にかなって修められ、また、その本性は本来としては仏と同じものであるから三密という。仏の三密と衆生の三業とが相応する時、三密のはたらきが完成する。

伊成りて字円なり(七〇14)　悉曇文字の伊∴は、三点の配置が三角形をなして、どこから見ても三点が同じ位置にあって縦とか横がない。また摩醯首羅《まけいしゅら》(自在天のこと)にも三目があって、これら三目が上の伊の字と同様な位置にあると信ぜられていた。小乗仏教や大乗仏教において法身・般若・解脱は修行によって三者の一つずつを実現するか、それとも三者が不離の関係にあるとして、潜在して隠れている状態から顕在化への過程を経て完成されると教える。かかる時間的空間的に三者を理解するのは縦・横の見解であって、天台宗では涅槃経哀歎品によって、法身・般若・解脱の三者が不即でありつつ不離であるという不思議な関係を、伊字三点や摩醯首羅三目の比喩を挙げて説明している。ここでは三法が円かに不空の教学に具わることをいう。伊字の三点と三法は、涅槃経哀歎品に出ている(正蔵一二、六一六b)。摩訶止観巻三上参照。

声明(七〇15)　もとはインドにおける五種の学術(五明)の一で、言語・文字・音韻・文法に関する学問。転じて、微妙なる音声で節をつけて偈頌などを諷誦吟詠すること。

行賀(七一9)　大和国広瀬郡の人。俗姓池上氏。興福寺の僧。天平勝宝五年(七五三)入唐。法相・天台両宗の学を究め、在唐三十一年、延暦二年(七八三)帰朝。経文五百余巻をもたらした。長い間在唐したため母国語を忘れてしまったという。延暦元年(七八二)興福寺別当、延暦三年少僧都、延暦十五年大僧都となる。唯識法相について著わすところが多い。

法相(七一9)　法相宗。または、唯識宗、応理円実宗。南都六宗の一。インドの瑜伽唯識学派の流れをくみ、唐の玄奘訳の成唯識論をもとにして中国で組織された宗派。五位百法をたてて有為無為の諸法を判じ、一切を唯識の所産であると説く。

永忠(七一10)　京の人。姓は秋篠氏。南都にて経論を学び、宝亀八年(七七七)入唐、延暦二十四年(八〇五)、最澄と同時に帰朝。江州梵釈寺に住した。大僧都に任ぜられ、ひろく経論に通じ、音律を解し、威儀あり、梵行に秀でたという。

三論(七一10)　三論宗。または、空宗、無相宗、中観宗。南都六宗の一。中論・百論・十二門論の三論を所依とし、空・無相・中道の理を宣揚する宗派。インドの般若中観学派の流れをくみ、中国で羅什・僧肇の影響のもとに、吉蔵(五四九—六二三)によって大成された宗派。

比蘇は自然智(七二7)　「比蘇」は、大和国吉野郡の比蘇寺。今の吉野郡大淀町大字比曽の世尊寺。日本書紀欽明十四年条には、放光の樟像を安置し、放光寺(今昔物語では現光寺)と称したという。奈良時代以来、多くの僧がこの寺で虚空蔵菩薩を別尊とする求聞持法を修練し、この一派を比蘇の自然智宗とよんだ。奈良初期の神叡僧都、最澄の師の行表の師に当る唐僧道璿、大戒論争当時の僧綱の上首大僧都護命など、いずれも比蘇寺で山林修行を行なった人たちである(解説(三)参照)。「自然智」の語は、法華経譬喩品に「一切智、仏智、自然智、無師智」、同法師品に「成就自然智」、同嘱累品に「仏之智慧、如来智慧、自然智慧」などと見え、大乗菩薩の求むべき仏智の同義語とされるが、比蘇の自然智は、求聞持法によって獲得される天賦の智慧(聞持＝記憶力)を意味した。最澄は依憑天台義宗の序に、「生れながらに知る者は上なり、学んで知る者は次なり」という論語季氏篇の一句(ちなみに、この語は摩訶止観の序にも引かれ、将来録の陸台州・鄭明州の題記にも「生知」の語が見える)を引いたあとで、「この間比蘇にあり、大唐天台に聞く」と述べ、最澄が祖師道璿から天台義を受けたことを記している。即ち比蘇の自然智を論語の「生知」になぞらえたのである。ところで顕戒論では、最澄の辺州欠学を衝いた僧綱の攻撃に対して、「何にいはんや比蘇は自然智なるをや」という。これは、僧綱の上首、護命の学系を諷したもので、自分は唐の一隅しか見ていないが、お前は唐の一隅すらも見ていないではないか、比蘇寺の学習は師承のない(法華秀句巻上末。伝全三、七六参照)自然智宗ではないか、と切り返したわけである。

梵網経(七二15)　二巻。五世紀頃の中国成立と推定される。菩薩心地戒品第十巻上下のみが現存のものであり、もと大本があったと経序に伝えるが、おそらくは架空のことで、もともと菩薩心地戒品上下のみのものであろう。巻上は菩薩の心地四十心について、巻下は十重禁四十八軽戒を述べる。この経は大乗経論の諸処に散説する大乗戒を、集成しまとめたものと見ることができる。梁の慧皎がこの経の疏を作ったと伝えるのが最古で(現存せず)、智顗が梵網菩薩義疏を制作して以来、この経の疏は非常に多く、大乗戒経中の白眉とされた。また、巻下は大乗布薩の戒本としてそのまま用いられた。中国で流行して以来、日本の最澄もまた、梵網戒によって彼の大乗戒壇を作ろうとした。正蔵二四所収。

我が本盧舎那仏(七三10)　盧舎那仏は梵語ヴァイローチャナ。遍照・光明遍照・浄満と訳す。華厳経・観普賢経・大日経等にも出る仏であるが、経典により所説に不同がある。梵網経の盧舎那仏は、蓮華台蔵世界の主で、蓮華台の周辺の千葉に千釈迦を化作し、その一葉におのおのまた百億の世界と釈迦を化作すという。よって、「我が本盧舎那仏」という。

仏性の種子(七三11)　仏性は仏陀の本性の意であるが、仏になる可能性、因性、種子、あるいは仏の悟りそのものの性質等の意味に理解され、如来蔵の異名ともする。種子は因種で、物心すべての現象を生じさせるもの。唯識ではアラヤ識中に蔵せられるとする。「仏性の種子」とは、仏性としての種子と解するのと、仏性を開発する因としての種子と解するのと二種ある。梵網経合註(智旭)に「この戒もと正因仏性を以て種子となす」、梵網経古迹記(善珠)に「種子とはこの戒を受くるによりて識に薫ずるを種子となす。定んでまさに成仏すべし」とある。

意識色心(七三12)　種々に解せられるが、意はマナスの訳で思量の義。思いめぐらす心のはたらき。六識説では心と意と識とは同体異名とし、八識説では、心をアラヤ識、意をマナ識、識を意識及び眼等の五識にあてる。あるいは意識を第六識とし、心を眼識などの五識と考えることもある。色は心に対するもので、ルーパの訳で、物質的存在の総称。

光あり。光は(七四9)　ここは訓み方が注釈によって分れていて、与咸は菩薩戒経疏註巻三に「光光を以て連読すべからず」と、「光あり。光は…」と訓ませる。勝荘も同じ。法蔵・智周・太賢・義寂の疏には、光光と訓む。

正見正性正法身(七五15)　「正見」は正しい知見(八正道の一)。「正性」は涅槃の悟り、あるいはそれに至るための聖道。菩薩の初地たる見道をいう。「正法身」は、正しい仏果。三句合して、正しい法の因・縁・果をいう。

菩薩沙弥(七七9)　大乗菩薩僧となるべき沙弥の意で、小乗比丘となる沙弥に対していう。沙弥は、梵語シュラーマネーラカまたはシュラーマネーラの音写。十戒を受けた二十歳未満の出家の男子で比丘たらんするものの称が本来の意。菩薩沙弥は法華経化城喩品に出る。

凡聖(七九12)　二凡四聖のことで、仏道を志すもののすべての階位の総称。大乗と小乗で説明は違うが、両者を対照すれば次の通りである。小乗では三賢・四善根位を凡、四聖を聖とし、大乗では十住・十行・十廻向の位を凡、十地・仏位を聖とする。

大乗菩薩の階位(成唯識論)	因	因	因	因	果
	方便道	方便道	聖道	聖道	究竟位
	資糧位	加行位	通達位	修習位	
	十住 十行 十廻向	(十廻向出心)	(初地入心)	十地	仏果
凡聖の別	凡	凡	聖	聖	聖
小乗声聞の階位(倶舎論)	五停心位 別相念住位 総相念住位	煗(なん) 頂 忍 世第一法	預流向	預流果 一来(向・果) 不還(向・果) 阿羅漢向	阿羅漢果
	三賢(外凡)	四善根(内凡)	四聖(四向四果)		
	順解脱分	順決択分	見道	修道	無学道
	七方便位	七方便位	有学聖位	有学聖位	無学聖位
	因	因	因	因	果

大会(八二4)　仏生大会(仏の誕生を祝う)、菩提大会(仏の成道を祝う)、転法輪大会(仏の初説法を祝う)、阿難大会(仏弟子の塔を供養する)、羅睺羅大会(同上)、無遮大会(広く大衆に施し僧俗貴賤を問わぬ)、五年大会(五年に一度行う無遮大会)等の法要。

十方僧の物(八二9)　僧の物(僧物《そうもつ》)は、僧団に属する物資の意。これに十方僧物(四方僧物)と現前僧物とがある。十方僧物は、一切の僧の共有すべき財産で、寺舎、田園等。現前僧物は、施主より現に眼の前にいる僧におくられた衣類や食物等。

願を求むるの時…(八二11)　明曠の菩薩戒経刪補巻中に「凡求二勝福一須下託二僧次良田一情無二曲私一施有中平等上」(正蔵四〇、五九四b)とあり、法蔵の菩薩戒本疏巻六に「一切檀越者兼教二世人一令レ得二無限之福一、謂将請二僧田一欲下設二施会一求中所欲上時故云也」(正蔵四〇、六四七c)とあり、義寂の菩薩戒本疏巻下本に「謂道俗檀越欲下請二福田一求中心所願上」(正蔵四〇、六八〇a)とあり、寂光(明)の梵網経直解に「請二僧福田一求願之時、或有発願度生、或有祈禱常情、或為聴聞道法、或願生天生人乃至願生西方、如来所求所願、必当於三宝中求、三宝即一切衆生植福良田也、三宝住世全頼衆僧、是故請福田求願之時」(続蔵一、六一、一、八七右)とある。

賢聖僧(八二12)　仏道修行で見道(無漏智を生じ四諦を明らかに見る位)以上を聖といい、見道には至らぬが悪を離れた人を賢という。倶舎論では七賢七聖、大乗では三賢十聖を説く。また、十八有学と九無学とをあわせて、二十七賢聖ともいう。↓七九頁「凡聖」補

冬夏の安居(八二16)　夏安居に対して、西域地方では、土地の気候により、十二月十六日より三月十五日までを冬安居として行う制がある(大唐西域記巻一参照)。その期間に関しては他にも説がある。

華厳経(八三17)　大方広仏華厳経。六十巻本(東晋の仏駄跋陀羅訳)、八十巻

本(唐の実叉難陀訳)、四十巻本(唐の般若訳)がある。仏陀の悟りの内容をそのまま表明した経典といわれる壮麗な大乗経典。教主は毘盧舎那仏、説所は地上天上に及ぶ七処八会(六十巻本による)。菩薩の十地、善財童子の求法物語等をふくむ。

善財童子(八四1)　華厳経入法界品に有名な善財童子の求法物語が見える。華厳経巻五十八入法界品(六十巻本)に「爾時弥勒観二察大衆一指二善財一言、…此童子者昔於二頻陀伽羅城一受二文殊師利教一求二善知識一、展転経二由一百一十諸善知識一問二菩薩行一心無二疲倦一、次来二我所一、如二是童子一学二大乗一者甚為二希有一」(正蔵九、七七三b)とあり、善財童子が菩提心をおこして菩薩行を求め歩いたことを指すが、入法界品の叙述によれば、善財童子は次第に五十三人の善知識を尋ねたことになっている。ここに一百一十人とあることについて、法蔵の華厳経探玄記巻二十に「百十者古師有二三釈一、一云上来至レ此応レ有二一百一十一、但文中脱漏故不レ具列一也、一云上来所レ列是正善知識、若通取二主伴方便導引等一則百一十也、是故上文未レ欠、満足王及大光王等、皆云三漸経二人衆聚落城邑曠野等一、故知通取二所経処一有二一百一十一也、一云信等五位則為二五十一、後摩耶弥勒文殊普賢及仏為二五此五十五一各有二自分勝進一故有二一百一十一也、此等並為二旧経不レ足有二此諸釈一、今既文具、不レ労二異釈一、此総二括前後知識一有二五十四位一、分二徳生童子及有徳童女一則為二五十五人一、各有二自分勝進一故有二一百一十一也」(正蔵三五、四八七b)と諸説をあげ、法蔵の説としては、善財童子が訪れた善知識を五十五人とし、それに勝進分(ある一つの行が達成せられたことを自分といい、さらに進んで他のすぐれた行に向うこと)を加えて、百十人とする。また、入法界品に「爾時善財童子如レ是経二由一百一十城一到二普門城辺一」(正蔵九、七八三b)とあり、一百一十城と見えているが、これについては、澄観の華厳経疏巻六十(正蔵三五、九六六c)参照。

同じく讃嘆して…曰ふが如し(八四2)　これに該当する経文は、入法界品には見当らない。ただ、善財童子が求法順礼の旅に出る最初に、文殊の教を聞き、そのすすめに従って旅に出たことと、最後に弥勒の教を受け、称讃されていることから、このような文章が作られたものと思われる。

五住地の煩悩(八四5)　住地とは、すべての煩悩の起るよりどころとなり(住)、よく煩悩を起す因となる(地)との意で、これを五種に数える。㈠一切見住地(三界の見惑〔理に迷う煩悩。見道で一時に断ぜられる〕)。㈡欲愛住地(欲界の愛煩悩〔とらわれ執着する煩悩〕)。㈢色愛住地(色界の愛煩悩)。㈣有愛住地(無色界の愛煩悩)。㈤無明住地(諸惑の根本となる無明〔真理にくらく物事に通達せず、事象や道理をはっきり理解できぬ精神状態〕)。

九条・七条・五条(八四11)　つぎあわせて作る布片の条数により、この称がある。九条はサンガーティー(大衣)といい、街や王宮に行く時に用い、七条はウッターサンガ(上衣)で、礼誦聴講、布薩の時などに用いる。五条はアンタルヴァーサ(内衣)で、日常の作業、就寝の際に用いる。

両長一短(八五7)　袈裟を作るのには布を小片に裁断して縫い合わせるが、九条や七条は、布の裁ち方が、長いのを二枚と短いのを一枚つなぎあわせて一条とし(縦)、それを九枚、横に縫いあわせて九条となる(つなぎあわされた小布を、形から田相という)。七条は同じようにして七枚縫い合わせたもの。それ故、九条や七条を受けるのを、受両長一短という。

一長一短(八五7)　五条は、長い布一枚と短い布一枚をつないで一条とし、それを五枚、横に縫い合わせて五条となる。故に五条を一長一短という。

袈裟は赤血色なり(八五15)　真諦訳に律二十二明論(正蔵二四)があり、真諦の注記があること、如律二十二明論後記により知られるが、現存しない。「真諦云く」の文はこの注記によると推察されるが、不詳。ただし吉蔵の金剛般若経義疏巻二に「真諦三蔵云赤血色衣、外国袈裟雖二復五部不同一、同皆赤色、問常云三種壊色、云何言並赤色、答常解云、新衣前取㆑青染、次則入㆑泥、次樹汁度㆑之名為㆓木蘭㆒故云、若青若泥若木蘭、三蔵云、預是中国人都無㆓此法㆒、言㆓三種壊色㆒者、三色之中随用㆓一色㆒以㆑点印㆑之、若有㆓青処㆒印㆑用㆓青点㆒、若無㆑有㆓青点処㆒用㆑泥為㆑点、無㆓泥処㆒可㆓磨㆑鉄汁点㆑之、並但応㆘取㆓一色㆒便足㆖、但為㆓時処各異一色不㆑恒、恐諸比丘生㆓於疑悔㆒、故言㆘於㆓三種㆒随取㆗一色㆖、十八部義雖㆑異衣色是一」(正蔵三三、九七b)とあり、赤血色とは、染浄の場合で新衣をさきに青にひたして染め、次に泥に入れ、次に木蘭の汁につけて出すものの如くである。自他の持物を区別するために行う点浄は、三色のそれぞれの中、一色をとる。部派が異なっていても衣の色は赤血色であると。なお三種壊色については、四分律巻十六(正蔵二二、六七六c)・摩訶僧祇律巻十八(正蔵二二、三七六b)参照。

捨して更に受くべき時…(八五15)　律の上で、捨法には、衣鉢等所定以上の物を持つ時、その品を教団に没収される捨法、金銀・飲食等を俗中に捨すべき捨法、古くなった物を捨する捨法等がある。受法は衣鉢等を受ける時の作法であるが、曇無徳律部雑羯磨、受衣鉢文に「長老一心念、此僧伽梨若干条割截成、今受持不離宿〈第二第三亦如是説、余二衣亦如是受〉」(正蔵二二、一〇四三b)と見える。また衆中で戒律を犯した場合、財物等を捨して罪をつぐなう捨堕の法があり、それについては、「大徳僧聴、我比丘某甲、故畜爾許長衣、過十日犯捨堕、今捨与僧〈捨衣竟即入僧中懺悔〉」(同一〇四四b)とある。この顕戒論の文章の捨は、古くなった衣を捨すの意か。

此鉢多羅応量受常用故(八五17)　鉢を受ける際に唱える文。曇無徳律部雑羯磨、受衣鉢文に「長老一心念、此鉢多羅応量器、今受持常用故〈第二第三亦如是説〉」(正蔵二二、一〇四三b)とある。

此尼師壇応量作今受持(八六1)　坐具を受ける際に唱える文。応量作は、長さ・広さともに規定の法にかなって作ること。四分律巻十九に「尼師壇を作らば、まさに応量に作るべし、この中の量とは長さ仏二搩手、広さ一搩手半(いっちゃくしゅはん)なり」(正蔵二二、六九四b)とあり。一搩手は手のひらを広げて母指と中指とで画する長さ。約八寸。

普賢経(八六11)　観普賢経。具さには仏説観普賢菩薩行法経。一巻。劉宋の曇無蜜多訳。正蔵九所収。普賢観(普賢菩薩を観ずる観法)と大乗経典の受持読誦により六根の罪を懺悔すべきことを説く。天台ではこれを法華の結経として重視する。

白四羯磨(八六12)　一白三羯磨のこと。仏教教団で行われた会議法の一種。白は提議の意、羯磨は作法の意。即ち僧衆に一度提議して、三度その可否を問う議事作法で、具足戒を授ける場合や僧残罪などの重罪を懺悔する場合のように、最も重要な議事に用いられた。授戒の際には、問遮(十三難・十遮という受戒資格の条件の審査)のあと、戒和上が受者に戒の能持を確かめ、受者は能持の意志を三回繰返す。さらに和上は同じ方法で衆僧にこの僧の受戒を許してよいかを諮り、授戒作法の最も重要な行事を完了する。なお羯磨は南都や真言宗ではコンマとよむが、天台宗ではカツマとよむ。

三師七証(八八2)　具足戒の授受に際して招請すべき三人の指導者と七人の証明者。三師とは、戒を授ける戒和上と、威儀作法を教える教授師と、表白を読む羯磨師。七証とは、証明に預る七人の尊証師である。合わせて十師という。十師には法臘十年以上の僧中の長老をえらんだ。

大海の水は…(八八15)　円覚経(大方広円覚修多羅了義経)賢首菩薩章に「是経名為㆓頓教大乗㆒、頓機衆生従㆑此開悟、亦摂㆓漸修一切群品㆒、譬如㆘大海不㆑譲㆓小流㆒乃至蚊虻及阿修羅飲㆓其水㆒者皆得㆗充満㆖」(正蔵一七、九二一c)とある。この経は頓教大乗であり、大乗の機及び一切群類を摂することを、大海は蚊虻の小さいものがその水を飲むにも、よく充満させることに喩える。

七逆(八九1)　㈠出仏身血(仏身を傷害する)、㈡殺父、㈢殺母、㈣殺和上、

㈤殺阿闍梨(師僧を殺す)、㈥破羯磨転法輪僧(不正な言論行動によって教団の融和統制を破壊する)、㈦殺聖人。以上、梵網経巻下に出。

仮名の菩薩(八九14) 実徳のそなわらない名のみの菩薩。ここでは六即(理即・名字即・現行即・相似即・分真即・究竟即。→二〇三頁注)のうちの相似即(三界の中で起す見思の惑が尽き、六根が清らかになって真の悟りに相似する位)より以前の菩薩をいう。次の「分真の菩薩」の項参照。

分真の菩薩(九〇4) 天台宗では、菩薩の修行位に十住・十地等の五十二位を立てる。それを円教の立場から見るならば、仏も衆生も本来同等であるが、現象としては迷悟の差別があるから、修行位が立てられるという立場で、六即(→二〇三頁注)を立てる。五十二位中の十住・十地等は、六即の分真即(無明の惑が晴れ、真理の一部分を悟った位)に相当するとする。

五濁(九〇4) ㈠劫濁(時代のけがれ。天災・戦争・飢饉等)、㈡見濁(邪悪な思想・見解等がさかえること)、㈢煩悩濁(貪瞋等の精神的悪徳がはびこること)、㈣衆生濁(心身共に衆生の資質が低下すること)、㈤命濁(人間の寿命が短くなること)。

一猴に預る(九〇6) 守護国界主陀羅尼経巻十に出る説話(→本文一二五頁以下)に基づく。訖哩枳王の夢に十獼猴あり、九獼猴(九匹の大猿)は乱暴狼藉、人々を苦しめるが、一匹の獼猴は知足し安坐しているのを、九匹がいじめて仲間より追い出してしまうという説話。この一匹は釈尊の前身であったというのであるが、「一猴に預る…」とは、南都の僧統たちを九匹の猿に喩え、一匹のおとなしい猿であることを彼らはねがわないという。

仁王経(九〇8) 二訳あり。鳩摩羅什訳は仏説仁王般若波羅蜜経(二巻)。不空訳は仁王護国般若波羅蜜多経(二巻)。いずれも正蔵八所収。国土安穏・国家隆昌の方策を仏教の本質より論証し、般若波羅蜜の受持の功徳を説く。奈良朝以来護国三経の一として尊重されてきたが、学者の間では中国撰述説が有力。以下の引用文ははすべて不空訳。

星宿(九一3) インドの天文法では、二十八宿、十二宮、七曜の別あり、人界・天界の一切の事実はつねに反映して吉凶相が星宿にあらわれ、また星宿の運行が人界の個人の運命を予定すると信ぜられた。

世の五通(九一10) ㈠道通(無心にしてよく物に応じて万有をあらわす通力)、㈡神通(宿命などを知る通力)、㈢依通(薬や護符や呪などに依って得る通力)、㈣報通(業のむくいとして得た通力)、㈤妖通(妖怪のもつ通力)。その他、仏菩薩の得る五通(→一〇五頁注「五通」)、外道の得る五通等がある。

五方菩薩(九三2) 不空訳仁王経奉持品に「大王若未来世有二諸国王一、建二立正法一護二三宝一者、我令三五方菩薩摩訶薩衆往護二其国一、東方金剛手菩薩摩訶薩、手持二金剛杵一放二青色光一、与二四倶胝菩薩一往護二其国一、南方金剛宝菩薩摩訶薩、手持二金剛摩尼一放二日色光一、与二四倶胝菩薩一往護二其国一、西方金剛利菩薩摩訶薩、手持二金剛剣一放二金色光一、与二四倶胝菩薩一往護二其国一、北方金剛薬叉菩薩摩訶薩、手持二金剛鈴一放二瑠璃色光一、与二四倶胝薬叉一往護二其国一、中方金剛波羅蜜多菩薩摩訶薩、手持二金剛輪一放二五色光一、与二四倶胝菩薩一往護二其国一、是五菩薩摩訶薩、各与二如レ是無量大衆一、於二汝国中一作二大利益一、当立二形像一而供二養之一、爾時金剛手菩薩摩訶薩等、…十方世界一切国土若有二此経受持読誦解説之処一、我当下各与二如是眷属一、於二一念頃一即至二其所一、守二護正法一建二立正法一、令中其国界無二諸災難一、刀兵疾疫一切皆除上」(正蔵八、八四三b)とあり、金剛手菩薩・金剛宝菩薩・金剛利菩薩・金剛薬叉菩薩・金剛波羅蜜多菩薩を五方菩薩という。羅什訳仁王般若経では、五大力菩薩(金剛吼菩薩・竜王吼菩薩・無畏十力吼菩薩・雷電吼菩薩・無量力吼菩薩)となっている。それらは密教化して五大明王とも結びつく。

牟尼法主は…(九三18) 不空訳仁王経奉持品に「仏告波斯匿王、我滅度後法欲滅時、一切有情造悪業故、令諸国土種種災起、諸国王等為護自身太子王子后妃眷属百官百姓一切国土、即当受持此般若波羅蜜多皆得安楽、我以是経付嘱国王」(正蔵八、八四三a)とある。羅什訳仁王経では、正蔵八、八三一b。

普明は…(九四1) 仁王経護国品に普明王と班足太子の話がある。班足は千人の王の頭を取らんとの願を立て、千人目に普明にあったが、普明は一日ゆるしを得て、百高座を敷き百法師を請じて般若八千偈を講説した。班足はその非を悟ったという説話(不空訳、正蔵八、八四〇b、羅什訳、同八三〇a)。

白土(九四4) 顕戒論賛宗鈔には「白土」(浪人、微賤な人)、顕戒論闡幽記には「白社」(地名、㈠河南省洛陽県東、㈡湖北省荊門県南)、顕戒論講弁には「日土」(出拠なきも吾国の事)とあり、または「白徒」(訓練していない人)の誤写かという。なお本草の白堊の項に「釈名、時珍曰、土以黄色為正色、則白者為悪色、故名堊」とあり、悪い土地の意か。

講師(九四4) 日本の律令時代、諸国に置かれた僧官。はじめ国師といい、大宝二年(七〇二)に諸国に設置。部内の僧尼・寺院を検校し、かねて経論の講説に当った。はじめ一国一員であったが、延暦二年(七八三)、大・上国のみ二員に増員。同十四年(七九五)、国師を改めて講師となし、別に国分寺僧中より読師をえらび、もっぱら経論の講説を行い、かたわら部内諸寺の統制にも当らせることになった。最澄は「六条式」において、叡山の得業学生のうち国師・国用を諸国講師に差任されることを要求している。

不形の論(九四16) 荘子巻六に「不形之形〈宣云不形者形所自出〉、形之不形〈宣云形者不形所為〉、是人之所同知也」とあり、不形といい、形といい、それぞれ定まった形質のないことをいうが、そのことから、確実でない虚論を、不形の論という。

大聖文殊閣(九五8) 表制集巻三に「二月十五日有勅於大興善寺翻経院起首、修造大聖文殊鎮国之閣、…於新置文殊院長時為国講宣読誦、有闕続塡、務使法音伝燈不絶」(正蔵五二、八四二b)、三蔵和上遺書に「吾奏聖人造閣、下置文殊菩薩、上安梵漢之経、為国福田永代供養、閣則大改已成、…奉為国家置三七僧、転経念誦」(表制集巻三。正蔵五二、八四四c)と見える。

真言契(九五11) 真言と契印。ここでは密教の修法を意味する。真言は梵語マントラの訳。真理を象徴する神聖な語句。契印は梵語ムドラーの訳。真理を象徴する手印、あるいは神聖な器物。密教では、身に印契を結び(身密)。口に真言をとなえ(口密)、心を三昧に住し(心密)、身口意の三業を仏智に相応させることによって仏凡一体を成就しようとする。

舎利弗等…(九六6) 大乗経典に現われる舎利弗は、大乗に回心した者といわねばならないが、菩薩とよばない、の意。舎利弗は釈迦の弟子で、代表的な声聞であるが、般若経はじめ多くの大乗経典に対告衆として登場する。

犯戒の名は…(九六18) 犯戒の名は十地の菩薩とてまぬがれることがむつかしい、の意。瓔珞経に、受戒の者、犯すことあるも菩薩と名づけ、戒ありて犯すは戒なくして犯さざるにまさると説く。菩薩瓔珞本業経大衆受学品に「其受戒者、入二諸仏界菩薩数中一、超二過三劫生死之苦一、是故応レ受、有而犯者勝二無不レ犯、有犯名二菩薩一、無犯名二外道一」(正蔵二四、一〇二一b)とある。

火を避けて…(九七2) 摩訶止観巻九上に「雖レ免二魔害一更為レ定縛、如二避レ火堕レ水無レ益二三昧一」(正蔵四六、一一七b)とあるのによる。

大の安居(九七7) 梵網経に説く安居。顕戒論講弁によると、梵網経第三十七軽戒に対する明曠疏がその制となるという。明曠の梵網経疏刪補の第三十七軽戒の注に「言レ結二夏安居一者、要期二此住一也、多制二出家菩薩一在家菩薩必無二他縁一、安居亦善応レ云、菩薩大士一心念〈女言二大姉一〉我仮名菩薩某甲今依二僧伽藍乃至某甲宅一前三月夏安居、四月十六日已後応レ云二後三月夏安居一、房舎破壊修治故〈三説若在二俗宅一除二此句一也〉、対二首人一報言、依レ誰持律者答言、某甲和上此見下濫用二法界安居一者上、既乖二真教一人法倶非以二法界一為二所安一何須レ用レ結、今文令レ安乃成二徒設一壊二乱聖法一、非レ魔何謂、…言㆓十八種物㆒者、三衣為㆑一、経律各為㆑一、仏菩薩像各為㆑一、余名可㆑見」(正蔵四〇、五九七a)とある。なお、梵網経第三十七軽戒には「若仏子、常応㆓二時頭陀冬夏坐禅結夏安居、常用㆓楊子澡豆三衣㆒」(正蔵二四、一〇〇八a)とある。

円の五徳(九七15)　出家の菩薩の具足すべき五徳。智顗の梵網経義疏に「論㆓徳業㆒梵網経中言為㆑師必是出家菩薩、具㆓足五徳㆒、一持戒、二十臘、三解律蔵、四通禅思、五慧蔵窮玄」(正蔵四〇、五六八a)とあるのによる。

牛驢の乳・両迦の果(九八3)　「牛驢の乳」は、牛の乳と驢馬の乳。互いに似てはいるが異なることをいう。大智度論巻十八に「譬如㆓牛乳驢乳、其色雖㆑同牛乳攢則成㆑酥、驢乳攢則成㆑尿」(正蔵二五、一九一c)。「両迦の果」は、迦羅迦果と鎮頭迦果(梵語カーラカとチンデュカの音写)。カーラカとチンデュカはその果実が似ていて見わけにくいが、カーラカは有害でチンデュカは無害であり、互いに似て異なることをいう。なおチンデュカは柿樹科の植物ともいう。涅槃経巻六に「如迦羅迦林其樹衆多、於㆓是林中㆒唯有㆓一樹㆒、名㆓鎮頭迦㆒、是迦羅迦樹鎮頭迦樹、二菓相似不㆑可㆓分別㆒、其菓熟時有㆓一女人㆒悉皆拾取、鎮頭迦菓纔有㆓一分㆒、迦羅迦菓乃有㆓十分㆒、是女不㆑識齎来詣㆑市而衒㆓売之㆒、凡愚小児復不㆑別故、買㆓迦羅迦菓㆒噉已命終」(正蔵一二、六四一c)。摩訶止観巻十下には、大智度論と涅槃経を引いて「又従㆓外道四句㆒乃至円門四見雖㆓同研錬㆒有㆓成不成㆒、譬如㆓牛驢二乳㆒、又従㆓外道四見㆒乃至円門四見有㆓害不害㆒、譬如㆓迦羅鎮頭二果㆒」(正蔵四六、一三六b)と、牛驢二乳、両迦の果をいう。

南唐の註経(九八7)　梵網経の注であるが、撰者は確定しがたい。顕戒論賛宗鈔には鑒真撰かとし、顕戒論闡幽記には道璿、顕戒論講弁には道璿の撰かとする。最澄の依憑天台義集の序に「最澄、南唐の後、この一宗を稟け、東唐の訓、彼の戒疏に聞く。……この間比蘇にあり、大唐天台に聞く」というる。前後勘按すれば、南唐は道璿を指し、戒疏は彼の梵網経集註を意味するようである。道璿は唐許州の人(延暦僧録)、今の河南省許昌県で、いわゆる唐の地(山西省冀城)の東南に当る。よって東唐といい、南唐といったのではないか。南唐は道璿とするのが最も妥当と思われる。なお道璿の梵網経集註については、解説(三)参照。

心浄きが故に…(九八11)　維摩経弟子品に説く、優波利と維摩の問答である。二比丘が律行を犯した咎に対して、優波利が律法の定めるが如くに解説したのに、維摩居士が、かの罪性は内になく、中間になく、心垢るるが故に衆生垢るのであり、心浄きが故に衆生は浄いのであるが、心もまた内にあらず外にあらず、罪垢も亦然りと、律行を大乗の空、不可得の立場においてとらえたものである(正蔵一四、五四一b)。

三十の賢の菩薩(九八14)　十住・十行・十廻向の菩薩。菩薩の階位五十二位中の十住・十行・十廻向は賢の位に当る。賢はまだ見道(無漏智を生じた位)には至らぬが、すでに悪を離れた人。内凡三賢の位ともいう。

第一義諦の…正法性(九九14)　第一義諦は最もすぐれた教法。ここは梵網の説かんとする大乗菩薩道をいう。以下はその菩薩の階位あるいはその性格を列挙したものである。習種性は、修習にはげむ段階(十住)。長養性は、正しい行を受持して身心をのびやかに養う段階(十行)。不可壊性は、進んで金剛不壊の確信にいたる段階。道種性は、道(悟り)に隣接し、それに随順する段階(以上二性、十廻向)。正法性は、正法を受持する段階(十地)。以上は明曠の説によったものだが、階位の配当については諸説がある。

その中の多少、観行の出入(九九15)　前項の習種性から正法性にいたるまでの階位に関する詳細、及びその階位に配当された観行(実践)のすすめ方。明曠は「多少」を観行の不同の意とし、「出入」を仮観と空観に配釈している。法蔵は「多少の観行、及び出入」と訓み、「出入」を「入定と出定」

と解釈している。

法華経は…(一〇〇13)　法華経安楽行品の「不レ親下近求二声聞一比丘比丘尼優婆塞優婆夷上」「不親近増上慢人貪着小乗三蔵学者」(正蔵九、三七a b)の文。

病行八万劫(一〇〇15)　涅槃経に五種(声聞四果と辟支仏)の病行処を説く。その第一の須陀洹果(声聞四果の一)を得た人は、人天を往来し、未来八万劫をすぎたのち、はじめて成仏するという。涅槃経巻十に「迦葉、有二五種人一於二大乗大涅槃典一、有二病行処一、非二如来一也、何等為レ五、一断二三結一得二須陀洹果一、不レ堕二地獄畜生餓鬼一人天七返永断二諸苦一入二於涅槃一、迦葉、是名三第一人有二病行処一、是人未来過二八万劫一便当レ得レ成二阿耨多羅三藐三菩提一、第二人者…」(正蔵一二、六七三a)。

三周の説(一〇一4)　法華三周。中国で法雲(四六七—五二九)にはじまり、以後、智顗・吉蔵・窺基らが用いた法華経解釈説で、法華経迹門(前十四品)では、声聞を教えて一乗に入らせるために、相手の能力の上・中・下に応じて、三回繰返して説法されたことをいう。㈠法説周(上根の舎利弗のために直ちに諸法実相の理を説く)、㈡譬喩周(中根の迦葉らのために火宅三車の喩を説く)、㈢因縁周(富楼那らのために過去大通智勝仏の因縁を説く)。

安楽行(一〇一12)　法華経安楽行品の所説。菩薩が悪世末法において、法華経を弘通させるために安住すべき四つの法。即ち身・口・意・誓願の四安楽行。慧思はこれを法華経の無相行として体系づけた(安楽行義)。

湛然(一〇三7)　七一一—七八二。天台宗第六祖。荊渓尊者・妙楽大師などとよばれる。中国晋陵の人。俗姓は戚氏。二十歳、玄朗の門に入って天台の教観を学び、三十八歳、はじめて出家。ついで曇一に律を学んだが、天台の復興を期して智顗の法門を注釈整理し、よく一家の教権を確立した。世に天台の中興という。法華玄義釈籤十巻・法華文句記十巻・摩訶止観輔行伝弘決十巻のほか、五百問論三巻・金錍論一巻等、著作多し。

七方便(一〇三11)　真の目的に至るための前段階の七つの位。㈠小乗の七賢(三賢・四善根。小乗の声聞の修行の階位で見道以前の凡夫位)、㈡天台宗で法華経に説く円教を聞くに至るまでの七種の立場。人・天・声聞・縁覚、及び蔵・通・別教の菩薩。

最勝王経(一一一5)　十巻。義浄訳。金光明経の新訳。異訳に、曇無讖訳金光明経(四巻)、真諦訳七巻二十二品(現存せぬが、一部は合部金光明経中に入る)、耶舎崛多訳金光明更広大弁才陀羅尼経、宝貴等編の合部金光明経がある。法身・般若・涅槃について説くが、とくに懺悔滅罪・攘災致福の経典として信仰され、聖徳太子の四天王寺は本経の所説に基づいて創建された。護国三部経の随一。最勝会も本経による(正蔵一六、四〇三以下)。

まさに二乗の道を…(一一一11)　これに全く該当する文は最勝王経には見当らず、滅業障品に「為レ求二阿耨多羅三藐三菩提一故、修二三乗道所有善根一」(正蔵一六、四二六a)とあるのが、これに該当するかと思われるが、二乗が三乗となっている。前掲の最勝王経の「声聞・独覚の道」とある文(一一一頁五行)も、大正蔵経には「声聞独覚大乗之道」とあり、いずれも三乗であるのが、顕戒論には二乗として扱われている。なお、合部金光明経の真諦訳業障滅品にも「欲レ得二阿耨多羅三藐三菩提一者、応レ修二声聞縁覚大乗之行一」(正蔵一六、三七〇a)とある。

十魔の中…(一一一13)　摩訶止観巻八下、観魔事境に「若華厳明二十魔一亦何得レ出二此意一耶」(正蔵四六、一一五a)とあり、華厳経(六十巻本)巻四十二に、十種の魔を出して、「有二十種魔一、何等為レ十、所謂五陰魔、貪二著五陰一故、煩悩魔、煩悩染故、業魔、能障礙故、心魔、自憍慢故、死魔、離二受生一故、天魔、起二憍慢放逸一故、失善根魔、心不悔故、三昧魔、味著故、善知識魔、於レ彼生二著心一故、不知菩提正法魔、不レ能レ出二生諸大願一故」(正蔵九、六〇三a)とあり。その第九善知識魔を指して、十魔の中のその一というと、顕戒論賛宗鈔・顕戒論闡幽記にいう。

二部の戒本(一一二3) 戒本は、律のうち戒律を箇条書にした部分。二部というのは、比丘・比丘尼の二部の戒本か、大乗・小乗二部の戒本か、明らかでない。前者の場合ならば、四分律比丘戒本と比丘尼戒本。後者の場合ならば、四分律と梵網戒本(もしくは瑜伽戒本)を合わせ用いたのであろう。顕戒論講弁は後説をとる。

一巻の羯磨四分律鈔(一一二4) 石田茂作氏の奈良朝現在一切経疏目録に見える「四分律刪補随機羯磨。一巻。道宣撰」(現存本は四巻。四分律羯磨疏ともいう)が、これに当るか。

円宗の三学(一一二15) 仏教を戒学・定学・慧学の三学に分類する古来の法式があり、国清百録の普礼法に、十方三世諸仏虚空不動の三蔵の盧舎那仏の礼法が規定されている。最澄が日本天台法華宗を、円の三学、天台三学、一乗三学等と呼んだのは、とくに道璿等の梵網経の注書の自性清浄の三学の思想に拠ったと推定されている。

玄奘、山に入る(一二〇10) 大慈恩寺三蔵法師伝巻九に玄奘の表(上書)をのせ、玄奘入山の志を述べる。「玄奘少来頗得レ専ニ精教義一、唯於ニ四禅九定一未レ暇ニ安心一、今願託ニ慮禅門一、澄ニ心定水一、制ニ情猨之逸躁一、縶ニ意象之奔馳一、若不レ斂ニ迹山中一、不レ可ニ成就一」(正蔵五〇、二七四a)。仏教編年通論にも出る。

師子身中の虫(一二一5) 師子が死する時、他のけものが来りてその肉を食うことなく、師子の身中に虫を生じて、これが師子を食う如く、仏法も他より来りてこれを破壊するのでなく、仏法中の悪比丘により破られるということ。仁王経嘱累品(正蔵八、八四四b)・蓮華面経巻上(正蔵一二、一〇七二c)にも出る。

三性(一二四5) 三性はすべての存在の本性や状態を三種に分けたもので、唯識学派(法相)で用いる。三性とは、遍計所執性・依地起性・円成実性をいう。㈠遍計所執性は、種々な縁から生じた実体のない存在を、実我実法であると思い執着する迷の心〔能遍計〕と、その識の対象となる境〔所遍計〕と、この識と境とによって心外に実在すると誤認された存在のすがた。㈡依他起性は、他、即ち種々なる縁によって起ったものをいう。㈢円成実性は、依他起性の真実の体である真如のことで、すべてのものにあまねくまどかにあり、不生不滅でその体はいつわりでないから円成実という。

仮名(一二四5) 梵語プラジュニャプティの訳。仮設とも訳す。事物は勝義としては空であるが、世俗としては縁起(種々なる条件が相より相まって事物は起っているということ)によって、仮りにありとされていること。仮名とは、他のものを仮りて名を得るという意。

応供…世尊(一二五11) 如来の十号。㈠応供。阿羅漢ともいう。ふさわしい(相応)者の意で、尊敬せられ供養される資格ある者。㈡正遍知。正しく完全に真理をさとった者。等正覚・正等覚とも訳す。㈢明行足。天眼・宿命(しゆくみよう)・漏尽の三明(さんみよう)の智慧と、身体、言語の行いとが共に完全である者。㈣善逝。善く逝ける者の意で、迷の世間をよく超えて出て、再び迷に還らない者。㈤世間解。世間・出世間のことをことごとく知る者。㈥無上士。世間において最も尊い者。㈦調御丈夫。衆生をよく調伏(じようぶく)制御して、涅槃に導く者。㈧天人師。天と人とを導く者。地獄・餓鬼・畜生などをすべて導くが、天と人とを導くことが最も多いから天人師という。㈨仏。仏陀。真理に目ざめたる者。㈩世尊。多くの徳を具えて世間から尊ばれる者。

三千界(一三〇4) 三千大千世界。古代インドでは、宇宙の成立と構造を須弥山説によって説く。須弥山を中心にして九山八海あり、それに四洲(四天下)や日月などを合わせたものを単位として一世界とする。一世界を千合わせて小千世界とし、小千世界を千合わせて中千世界、中千世界を千合わせて大千世界とする。一大千世界の中には小中大の三種の千世界を含んでいるので、大千世界を三千大千世界(三千世界)ともいう。そして宇宙は、無数の三千大千世界より成り立っているものとしている。

貢名(一三二7) 教団が自主的に得度・授戒を執行し、そのあとで度者・受者の名を官に申告する制度。従前の制度では、得度は宮中で、授戒は東大寺で、省・寮立会いの下に行われ、本人の手実(自筆の身もと申告書)を民部省所管の戸籍と照合し確認した上、度縁・戒牒を作成し、治部省・玄蕃寮・僧綱の三者が署を加え、太政官印を捺印して本人に賜わることになっていた(延喜式玄蕃寮)。最澄は唐の不空表制集から示唆を得、得度・授戒とも教団側が自主的に行い、そのあとで官にその名を届け出て、度縁・戒牒に太政官印を請うという方法の実施を要求したのである。→一三七頁「記籍を立てず」補

梵本賢護三昧経(一三三17) あるいは大方等大集経賢護分(ブハドラパーラ)か。これは般舟三昧経(プラティウトパナ・スートラ)に相当する(山田竜城『梵語仏典の諸文献』一〇〇頁参照)。

陀羅尼(一三三17) 梵語ダラーニーの音写。総持・能持・能遮と訳す。すべてのものを持って忘れず、悪法を遮する念力のことである。長句のものを陀羅尼といい、数句の短いものを真言(→九五頁「真言契」補)というが、しだいに同一視されるようになった。

荘厳寺(一三三18) 中国長安の古寺。隋の初に建てられ、仁寿二年(六〇三)、文帝が献后のために禅定寺となし、武徳元年(六一八)、荘厳寺と改められた。その西半部は大総持寺とよばれた(長安志十・両京新記三)。なお、建康(南京)にも荘厳寺(三四八年建立)があった。

梵本大孔雀王経(一三四5) 漢訳は仏母金曜孔雀明王経・孔雀明王経・孔雀経等といい、不空訳(三巻)。仏母大孔雀明王陀羅尼の功徳を説く。この陀羅尼を誦することにより、劫財・刀杖・水火・蛇その他の諸難を除くという。他に、僧伽婆羅訳の孔雀王呪経(二巻)。義浄訳の大孔雀呪王経(三巻)、羅什訳の孔雀王呪経(一巻)あり、ともに正蔵一九所収。

随求陀羅尼并に経(一三四5) 随求陀羅尼経中に説かれる陀羅尼で、一切の罪障を消滅し、煩悩を除き、十波羅蜜を満足せしめ、父母をして生死の苦をまぬがれしめる等、求めるところに随って即時に福徳を得しむる陀羅尼という。随求陀羅尼経は、くわしくは普遍光明清浄熾盛如意宝印心無能勝大明王大随求陀羅尼経。一巻または二巻。不空訳(正蔵二〇所収)。

西明寺(一三四6) 中国長安の大寺。もと隋尚書令越国公揚素の宅であったが、唐の高宗が皇太子のために寺となし、顕慶三年(六五八)落成。西明寺と号す。玄奘に作らせ、インド祇園精舎を模したという。その結構の雄大なること古今無比といわれた。竣工と同時に道宣を上座、神泰を寺主、懐素を維那とした。大中六年(八五二)、福寿寺と改めた(長安志十・両京新志三)。

梵本出生無辺門経(一三四7) 菩薩の四清浄行法、四種悦意法、四陀羅尼門等の他、出生無辺門陀羅尼について説き、この陀羅尼に通達すれば、不退転を以て無上正等菩提を証することを述べる密教経典。漢訳には仏陀跋陀羅訳(一巻)、不空訳(一巻)、智厳訳(一巻)あり。いずれも正蔵一九所収。

記籍を立てず(一三七16) 記籍は僧籍のこと。従前の制では、出家者は得度と同時に本貫の戸籍から除き、僧籍に編入した。僧籍は三通作り、一通は京ならば京職、諸国ならば国に留め、二通は太政官に送り、中務省と治部省に保管した(雑令、造僧尼籍条)。この僧籍の制は大宝律令の実施とともに行われたが(続日本紀宝亀十年八月条)、一時弛緩し、宝亀・延暦期に再び励行された。最澄は「八条式」において、度者の貢名(→一三二頁補)を要求するとともに、仁王経嘱累品の主張に基づき、山家の学生については、

僧籍を廃止し、戸籍からの除籍を止めて、得度とともに本貫の戸籍に「仏子」の号を記入することを要求した。

屈滞なし(一五五2)　僧尼令有事可論条には、僧尼が所司(三綱→僧綱→玄蕃寮→治部省)を経ずして越訴することを禁ずるとともに、「もし官司及び僧綱、断決不平にして理屈滞すること有つて申論すべきことあらば、この例にあらず」という但し書を付けている。最澄は「八条式」の奏上以来、何度も上申を繰返したわけであるが、その意見が採納されなかった。彼はこれを省・寮ではなく、僧綱が屈滞した所為ときめつけたのである。

顕戒論を上るの表

光定(一五八2)　七七九―八五八。伊予国風早郡の人。俗姓贇氏。大同の初め、京師に入り、最澄に師事す。大同五年春、最初の天台宗年分度者として宮中で得度。弘仁三年東大寺で受戒。同五年、最澄に従って興福寺に赴き、義延と論争。嵯峨天皇の信任を得て、円頓戒壇独立に当っては師命を帯びて宮中に斡旋に努めた。のち仁寿四年、延暦寺別当となったので、別当和尚とよばれた。伝述一心戒文(三巻)等の著がある。

護法(一五八5)　六世紀中頃。南インドの人。瑜伽派の学者。マガダ国のナランダ寺で講義を行い、声誉高く、学徒が雲集したが、年わずか三十二歳で示寂したという。玄奘の師戒賢も彼の弟子である。中国法相宗の所依とする成唯識論は、窺基の協力のもとに玄奘が翻訳したものであるが、その際、護法の釈論を中心とし、他の九論師の説を合糅したという。これを法相宗では「護法正義、慈恩楷定」という。

悪取の空(一五八5)　梵語デュルグリヒーター・シュニヤターの訳。悪しく空の義を理解すること。成唯識論巻七に「二諦を撥無(否定)するはこれ悪取空」(正蔵三一、三九b)という。暗に中観派の空観を評する言葉。

青弁(一五八5)　六世紀。南インドの人。護法と同時代に属し、中観学派の学者。大乗掌珍論や般若燈論釈を著わす。瑜伽派の心識論が想定する阿頼耶識を有とする見解を有所得(執著)として排した。

衆賢(一五八7)　五世紀。カシュミールの人。阿毘達磨順正理論・阿毘達磨蔵顕宗論の著者。世親の倶舎論を破析して説一切有部の正義を説き、前書は破邪、後書は顕宗に努める。

法琳（一五八8）　五七二—六四〇。中国許州の人。唐の武徳四年（六二一）、太史令傅奕が寺塔や僧尼の減省を帝に進言した時、破邪論二巻（→一五頁注）を撰して帝に献じ、仏教を擁護し、六二六年の釈道二教の沙汰に際しては、弁正論八巻を著わして道教側と対論し、後に極刑を宣告されたが屈せず、終生護法に努めた。

宝台の上座（一五八8）　唐の法宝のこと。玄奘の高弟。のち師説に疑問を持ち、不空の訳場に参加し、一乗仏性究竟論六巻を著わし、一切皆成説を唱えた。宝台は七宝台の略。新訳仁王経に「翻経沙門七宝台上座法宝証義」と見える（伝述一心戒文上。伝全一、五六〇）。

恵沼（一五八9）　六五〇—七一四。中国淄州の人。玄奘や窺基に師事した法相学者。成唯識論了義燈や能顕中辺慧日論を著わし、後書では法宝の一乗仏性究竟論の悉有仏性説を破析した。法相宗の第三祖とされる。

化城を…（**化城喩**）（一五八13）　法華経化城喩品に説かれた譬喩説。法華七喩の一。旅人たちが宝処に行こうとして道程に疲る。先達、一計を案じ、神通力をもって一つの化城を現出し、旅人たちを休息せしめたのち、化城を消滅し、再び真の宝処に向わしめたという話。化城を方便教に喩え、宝処を真実教に喩える。

功を賞むる…（**髻珠喩**）（一五九1）　法華経安楽行品に出る譬喩説。法華七喩の一。転輪聖王（→八九頁注「転輪王」）は、諸国を討伐して最大の功労あるものに、自己の髻中につけた珠を与えるという話。髻《もとどり》を二乗方便教に喩え、明珠を一乗真実教に喩える。

一行（一六〇14）　六八三—七二七。中国鉅鹿の人。俗姓張氏。はじめ普寂に禅、真纂に律を学んだが、善無畏・金剛智に密教を受く。玄宗からは師礼を以て遇された。大日経疏二十巻のほか、多数の著・訳あり。暦学にも通じ、開元暦・大衍暦を作った。最澄の密教の師順暁は、不空・義林のほか一行の付法を受けていた。最澄の密教の祖師になる（内証仏法血脈譜）。

毘壇（一六〇14）　湛然（→一〇三頁補）のこと。最澄の通六九証破比量文に「天台法華宗第六祖毘壇湛然」（伝全二、七三三）と見える。湛然は晋陵荆渓の人。晋陵は唐代の常州に属するが、隋代には毘陵郡といった。陵と壇は義通。よって湛然のことをその生地にちなんで毘壇といったのであろう。なお、毘壇は毘尼壇の略で、戒壇の意。

顕戒論縁起

大(多)朝臣入鹿(一六七9)　七五九—八一六。平城天皇の寵臣。延暦十二年(七九三)、少外記となり、式部少丞、兼播磨権少掾、兵部少輔を経て、延暦二十年六月、従五位下にして少納言となり、翌年、近衛少監を兼ねる(公卿補任)。最澄の表に見える官職位階は右に合う。ついで近衛少将、右少弁、民部少輔を歴任して、大同四年(八〇九)、従四位下にして参議・山陽道観察使となる。弘仁元年(八一〇)九月、薬子の変に坐して讃岐守に左遷され、同七年十月、五十八歳で卒。日本後紀には多朝臣に作る。多氏は神武天皇皇子の神八井耳命の後裔と伝える古来の大族である(古事記・新撰姓氏録)。

司戸参軍(一六九11)　司戸参軍事。諸州に置かれた官。従七品下から従八品下の官。戸籍・計帳・道路・逆旅・田疇・六畜・過所・蠲符の事をつかさどる(大唐六典巻三十)。わが令制の諸国の史生(国司の下級官)に当る。司功・司倉・司戸・司兵・司法・司士の六参軍事あり。司戸は民生担当。

身を砕くこと…(一六九14)　金光明経捨身品に説かれた本生譚に基づく。仏、過去世に摩訶羅陀王の第三王子たり。摩訶薩埵という。ある時、一大竹林に遊んで餓虎に会う。王子、大悲心を発して、身命を惜しまず、断崖より身を投じて自分の体を虎に与えたという。旧訳では正蔵一六、三五三c以下、新訳では同一六、四五〇c以下。

筑紫の斐紙…(一七〇3)　延喜式、民部下の年料別貢雑物の太宰府の項に、筆一千一百二十管(兎毛・鹿毛各五百六十管)・墨四百五十廷・斐紙一千張・麻紙二百斤などと見え筑紫に良質の筆・墨・紙を産したことがわかる。

司馬(一七〇12)　州の官人。従五品下より従六品上の官。大唐六典巻三十に「府州に弐する事を掌り、衆務を紀綱し、列曹を通判す」と見える。わが令制の諸国の掾(国司の三等官)に当る。

録事参軍(一七〇17)　録事参軍事。州の官人。従七品上より従八品上の官。府事勾稽・省署鈔目・糾正非違・監事符印をつかさどる(大唐六典巻三十)。わが令制の諸国の目《さかん》(国司の四等官)に当る。

行満(一七一13)　八—九世紀初、中国姑蘇(蘇州)の人。二十歳出家、二十五歳受具。律を学ぶこと五年。大暦三年(七六八)、浮槎寺に在りし時、湛然に天台三大部を聞き、止観・玄・文各一遍、文句三遍、涅槃疏二遍に及ぶ。のち天台山仏隴寺に住したという(内証血脈譜所引、伝法記)。最澄入唐の当時、仏隴寺座主であったが、「昔、智者大師告ぐ。わが滅後二百年にして東国にわが法興隆せんと。今この人に遇ふ」と随喜し、所持の法門(法華疏・涅槃疏・釈籤・止観・文句記等八十二巻)を与え、手書の印信を付した(伝)。宋高僧伝(巻二十二)の伝にも、華頂峰下の智者禅院に棲み、「一土床に臥し、その下に糞掃を焼きて煖む」と、その恬淡な行持の一端を伝えている。また「多く偈頌を作りて以て道を唱」えたというが、顕戒論縁起所収の詩も、彼の文才を示すものである。寂年不詳だが、法聡の釈観無量寿経記に、元和十二年(八一七)六月の奥書を存するから、この頃まで生存したことがわかる。涅槃経疏私記十二巻・涅槃経音義一巻・六即義一巻・学天台宗法門大意一巻等の著がある。

慧可(一七一18)　四八七—五九三。中国洛陽の人。姓は姫氏。達磨に従って精勤し、自ら左臂を断って開示を求め、ついに印可を受けたという。禅宗第二祖とされる。

弥天(一七一18)　道安(三一四—三八五)のこと。仏図澄に学んで学名高く、秦王符堅に迎えられて長安に入り、翻経・講経につとめ、徒衆数千といわれた。ある時、習鑿歯と対し、歯、自ら「四海」を冠称す。道安答えて「弥天の道安」と称す。これより、人、道安を「弥天」と称した。

乾淑(一七三2)　道邃の門弟。越州録に止観記中異義および長安座主伝の記者として見える「天台沙門乾済」、学生式問答七に見える「天台仏隴寺沙門乾升」は、乾淑の誤りか。仏祖統記巻八には誤って日本沙門とする。

監察御史(一七三4)　御史台に属する官。定員十人。正八品上の官。分察百僚・巡按郡県・糾視刑獄・粛整朝儀をつかさどる(大唐六典巻十三)。御史台はわが弾正台に当る。監察御史はわが巡察弾正に当る。

常州妙楽寺(一七三8)　常州は中国江蘇省常州(武進県)。妙楽寺は湛然の住寺として有名。

揚州の法雲寺(一七三10)　揚州は中国江蘇省揚州。大運河に沿ってあり、唐代には殷賑を極めた。法雲寺は小東門の北東、演武庁の北にあった(揚州府志所掲、揚州府城池図)。

麟角(一七三13)　婆沙論・倶舎論・瑜伽論では、独覚に二種を分け、部行独覚と麟角喩独覚ありとする。部行独覚は、声聞が果位に入る時、教を離れて独悟するをいう。麟角喩独覚は、独覚の威儀をまねた獼猴に敬慕して五百人の外仙が果位に入ることができたという故事によって、恩師の威儀に接してその感化を受けて発奮し、長期間独居して自行に精進するをいう。

御史端公(一七三16)　端公は侍御史の異称。侍御史は御史台に属する官。定員六人。従六品下の官。糾挙百僚・推鞫獄訟をつかさどる(大唐六典巻十三)。侍御史はわが弾正台の巡察弾正に当るが、とくに殿中を担当。

竜興(一七四2)　竜興寺。唐の中宗の神竜元年(七〇五)、天下諸州に大唐中興寺を置いた。同三年竜興寺と改称。わが国分寺は竜興寺の制を模したものといわれる。

国清寺(一七四10)　天台山の根本寺院。智顗が生前より建立を企図したが実現せず、隋開皇十八年(五九八)、煬帝の援助によって建立された。天台山仏隴峰の南麓にある。

仏隴に宴坐す(一七四13)　仏隴は天台山にある峰の名。ここでは、その北麓にある修禅寺をいう。智顗の弟子智晞が修禅寺で宴坐の暇に、伽藍を創造したことは有名。続高僧伝巻十九(正蔵五〇、五八三b)参照。

互郷軽進(一七四15)　互郷は中国江蘇省沛県。風紀の悪かった所。論語述而篇に「互郷、与《とも》に言《かた》り難し。童子見ゆ。門人惑へり。子曰く、その進むに与《くみ》するなり。その退くに与せざるなり。ただ何ぞ甚しき。人、已れを潔くして以て進まば、その潔きに与せん、その往を保せざるなり」とあるによる。軽進は軽々しく進むこと。

仏隴寺(一七五10)　天台山仏隴峰の西南にある仏寺。智顗埋葬の地。龕前に双石塔があり、定慧真身塔院という。のち宋大中祥符元年(一〇〇八)、真覚寺と改む。最澄が天台山を訪れた当時、仏隴寺座主は行満であった。行満の最澄に与えた印信の中に、「先師(湛然)、言に仏隴に帰して已に余生を送れり。学徒雨散して犢の母を失ふが如し。纔かに銀峰に到るに奄に灰滅に従へり。父去つて薬を留む。狂子何にか依らん。且らく行満龕墳を掃灑し、院宇を修持して、今に廿余祀を経たり」とあり、当時の天台山の状況、ならびに行満が仏隴寺の祖廟を住持したことが語られている。ただし、国清寺(前出)・修禅寺(前出「仏隴に宴坐す」補)を仏隴道場とよぶことがあり、ここではひろく天台山の国清寺以下を指した総称と見ることもできる。

万行を一心に総べ(一七五13)　摩訶止観の一念三千や法華玄義の初発心即便成正覚の思想を指す。智顗が大蘇山で慧思に代って大品般若経を講じた頃、この経の一心具万行品(一念品)に関心を寄せ、これが後の円頓や性具の説の母胎となった。

藤原朝臣葛野麻呂(一七六1)　七五五―八一八。藤原北家、大納言小黒麻呂の男。従五位下鳥養の孫。母は従四位下秦島麻呂女(尊卑分脈)。延暦四年(七八五)、

従五位下。陸奥介、少納言、右少弁兼春宮亮、左少弁、右中弁、左中弁を経て(公卿補任)、延暦十六年二月、従四位下右大弁にして春宮大夫を兼任。その後大宰大弐を経て、延暦二十年八月、遣唐大使となる。同二十二年四月、節を持して難波津を進発したが風損のために中止。翌年四月再び出発、七月六日、肥前松浦郡田浦より四船共に海に入り、大使の乗った第一船は八月十日、福州赤岸鎮に着岸。福州より上陸して大使一行は長安に向い、同年十一月下旬、入京して唐の朝廷に謁見、国信・貢物を呈した。たまたま徳宗の崩御と順宗の即位に会した。帰途は越州を経て明州(寧波)より乗船。五月十八日、第一・第二船ともに解纜。第一船は六月五日、対馬嶋下県郡阿礼村に到着。七月一日、帰朝復命した。同月二十五日、従三位に叙し、翌大同元年二月、春宮大夫、ついで参議・東海道観察使となる。大同四年三月、中納言にして正三位に叙し、薬子の乱には、藤原薬子と姻威に当ったが、平城上皇を諫止した故をもって罪に問われなかった。弘仁三年(八一二)、民部卿を兼ねたが、同九年十一月十日薨。六十四歳。その子常嗣も承和五年度の遣唐大使となり、父子相襲して大使となるはこの一門のみと称された(日本後紀・続日本後紀・類聚国史・日本紀略)。最澄は往途は第二船に乗ったが、帰途、葛野麻呂の乗る第一船に乗った。顕戒論初篇には、「大使、処分して第一船に乗らしむ」とある(一六頁一四行)。なお空海は往途第一船に乗り、福州に到着した際、「為大使与福州観察使書」一首を代筆している。文中には藤原朝臣賀能と見え、賀能という唐風名を用いたことがわかる。その他、「藤大使為亡児設斎文」一首・「為藤大使中納言願文」一首等、葛野麻呂に関する願文数篇、収めて性霊集にある。

経生真立人(一七六9)　前掲の明州牒(一六八頁)には見えない。その後、経生として遣唐使一行の中から雇用したのであろう。「真」は、真野もしくは真髪部の唐風略称か。

曼荼羅(一七七16)　梵語マンダラの音写。檀とか輪円具足と訳す。密教では聚集の意味ありとし、諸仏や菩薩の集まる処とする。中国や日本では、インドのように土壇を築かず、紙帛に聖衆を図出した。東密では、金剛界を図出した金剛界曼荼羅と胎蔵界を図出した胎蔵界曼荼羅を用い、台密では、このほかに蘇悉地法による雑曼荼羅を用いる。

悉地(一七七17)　梵語シッディの音写。成就または妙成就と訳す。密教では真言等を誦持することによって成就される妙果を意味する。悉地をここで上中下の三品に分けるのは、唐の善無畏三蔵訳出の三種悉地破地獄転業障出三界秘密陀羅尼法に、下品悉地阿羅波左那、中品悉地阿尾羅吽欠、上品悉地阿鑁嚂唅欠という三種の真言を説いているのに拠ったもの(正蔵一八、九二一a)。また仏頂尊勝心破地獄転業障出三界秘密三身仏果三種悉地真言儀軌・仏頂尊勝心破地獄転業障出三界秘密陀羅尼にも拠っている。本朝台祖撰述密部書目の記載によれば、最澄も弘仁十三年、三種悉地付法を撰述したという(大日本仏教全書第二、仏教書籍目録)。

三部三昧耶(一七八3)　三昧耶は梵語サマヤの音写。時・衆会・規則を意味するが、密教では、平等・本誓・除障・驚覚等の意とする。胎蔵界曼荼羅の聖衆の三昧(定)を修めて仏の本誓に相応し、聖衆と平等一体となり、仏の加被力を受けて煩悩の障を除き、仏は衆生の迷心を驚覚せしめる。胎蔵界の聖衆は仏部・連華部・金剛部の三部に分れているので、三三昧耶という。

峰山頂の道場(一七八4)　越府(紹興)の郊外にあった寺。鄭審則の題記(一七九頁)には、「西のかた鏡湖の水に泛び」とあり、越州録には「鏡湖の東、峰山道場」といい、顕戒論初篇(一六頁)には「鏡湖東嶽の峰山道場」という。越府の近郊にあった鏡湖の東峰の山頂にあった寺と考えられる。

善無畏(一七八5)　(六三七—七三五)。東インド烏茶国の王子。梵名シュパカラ・シンハ。十三歳で王位についたが、兄の叛にあい、位を譲って出家。諸方に遊学の末、マガダ国ナランダ寺の達磨鞠多に密教を学び、入壇。師のすすめにより、突厥、吐蕃(チベット)を経て唐に達す。開元四年(七一六)、長安に到着。玄宗これを国師として遇し、興福寺、ついで西明寺に安置した。翌年、虚空蔵求聞持法一巻を訳し、さらに同十二年、洛陽大福先寺に赴き、一行の筆受で大日経七巻を訳し、中国密教の基礎を確立した。同二十三年十一月、洛陽で入寂、年九十九であったという。

義林(一七八6)　伝不詳。この順暁の付法文が彼に関する唯一の伝記史料である。善無畏の弟子となり、その法を順暁に授けたが、今、一百三歳で、新羅国にあって法輪を転ずというから、新羅の人であろう。貞元二十一年(八〇五)当時、百三歳とすれば、唐長安三年(七〇三)の生まれで、善無畏(七三五年寂)の付法をうけることも可能である。なお内証血脈譜には順暁の印信を引いて、善無畏は彼に大悲胎蔵曼荼羅妙法を授けたとしている。

抜折羅・金剛鈴・金剛輪・羯磨抜折羅(一七八13・14・15・16)　抜折羅は梵語ヴジュラの音写。金剛と訳す。金剛杵(こんごうしょ)のこと。先端の形状によって独鈷・三鈷・五鈷等があり、それぞれ一法界・三密三身・五智五仏を象徴するものという。五種鈴とともに大壇の定位に置く。

金剛鈴は密壇に用いる道具。一種の楽器。先端の形状によって、五鈷・三鈷・独鈷・宝珠・塔の五種がある。これを五種鈴という。修法の際、諸尊を驚覚、歓喜せしめるために振り鳴らすという。

金剛輪は車輪を象った密壇具。輪のよく強敵を摧破するごとく、金剛智をもって罪障を摧伏するを象徴する。

羯磨抜折羅は三鈷金剛杵四つを十字に組合せた密壇具。羯摩(磨)は梵語カルマの音写。行事と訳す。これにより行事成弁を表わすという。

孔夫子の云く…(一七九2)　列子仲尼篇に出る説で、商の大宰が孔子に聖人を尋ねた。答えていわく、三皇五帝も聖人ではないと。然らば誰が聖人かという問いに答えて、次のごとく述べる。「夫子容を動して間有りて曰く、丘聞く、西方に聖者有り、不治にして乱れず、不言にして自ら信じ、不化にして自ら行はる。蕩々たり民よく名づくる無し」と。この説は、孔子が釈迦を聖人として尊んだ証として仏家の間に広く行われた。広弘明集巻一にも引用される(正蔵五二、九八b)。

礼義の国(一七九4)　淮南子や博物志(張華)に、「東方に君子国あり」とか「君子の国の人」の語が見えるが、続日本紀慶雲元年七月条に、わが遣唐使に対して、唐人が「海東に大倭国あり、之を君子国と謂ふ。人民豊楽にして礼義敦く行はる…」といったとある。

帝釈…(一八〇17)　獅子に追われて井坑の中に堕ちた野干(狐)が偈を説く。これを聞きつけた天帝が、身を屈してその本生因縁と法を説くのを聞いたという説話。聴法の功徳を説く。未曾有因縁経上巻に出る(正蔵一七、五八六c)。

雪子…(一八〇17)　大般涅槃経巻十四の、雪山童子が羅刹の「諸行無常・是生滅法」の前半偈につづいて「生滅滅已・寂滅為楽」の後半偈を聞かんがために、羅刹の要求を容れて樹上より身を投げたという説話。

天竺の上人(一八一2)　古来、これを善無畏(一一七八頁補)とする説が行われている。扶桑略記巻六・元亨釈書巻一には、この内侍宣を傍証に引いて、養老元年(七一七)、善無畏来朝説を述べている(ただし元亨釈書資治表には養老三年とする)。また三国仏法伝通縁起では、善無畏は大日経翻訳後日本に来り、「東大寺西南之岡」に結庵八十日、「来目寺東院之岫」に二年七百二十日在住、八丈の多宝塔を造り、その刹柱に大日経を納めたといい、神亀末、天平初の頃かとしている(日本三論宗・真言宗条)。もとより荒唐無稽の説であるが、これが早くから信ぜられていたことも事実である。おそらく養老二年に帰朝した道慈が、在唐中西明寺に住し、善無畏について学び、その翻訳になる求聞持法一巻(→七二頁「比蘇は自然智」補)をもたらしたことから思いついて作られた伝説であろう。伝通縁起の説は、後世の真言の徒が、これに尾鰭をつけたものに違いない。ところで問題は、この内侍宣の「天竺の上人」であるが、文による限り、どこにも善無畏であるとはいっていない。おそらく天平八年、道璿と同時に来朝した波羅門僧正菩提遷那のことを指したものではなかろうか。ここに「壑舟を遷す」とは、「みぞを渡す舟がなかった」の意味で、言語の障害のためにうまく法が伝えられなかったことを意味するであろう。しかるにここに舟の字が用いられたために、善無畏が一時来日し、のち再び舟に乗って唐に帰ったという着想を導き、前述のような妄誕な説話を生み出すに至ったのであろう。

和気広世(一八一13)　平安初期の官人。有名な和気清麻呂の長子。文章生として出身、一時、事(種継の変か)に坐して禁錮を命ぜられたが、延暦十八年(七九九)四月、父の死後許されて本位本官(従五位下少判事)に復し、ついで式部少輔となり、大学頭・阿波守を兼ねた。同年十二月、備前の私墾田百町を窮民の賑救田に充て、同二十五年二月、式部大輔、ついで正五位下左中弁で大学頭・美作守を兼ねる。その後但馬守に任じたらしいが、大同の末か弘仁の初に没したようである(日本後紀)。彼は長らく大学頭をつとめ、大学寮に墾田二十町を勧学料として入れ、また大学南辺の私宅に弘文院を設け、内外の経書数千巻を蔵し、墾田四十町をその学料に充てたという当代有数の文化人であったが、最澄や空海の新仏教にも深い理解をもち、「天台・真言両宗の建立は、真綱(広世の弟)及びその兄但馬守広世の両人の力なり」(続日本後紀承和十三年九月条真綱卒伝)と称された。和気氏の氏寺高雄山寺(神護寺)が新仏教発展の淵叢をなしたことは、下記「高雄山寺」の項を見よ。なお弟真綱(清麻呂第五子)は、承和元年(八三四)、延暦寺俗別当に任じている(伝述一心戒文下)。

国昌寺(一八一16)　近江国にあった定額寺。当時、近江の国分寺(延暦四年焼失)に指定されていた。最澄の本寺(日本紀略弘仁十一年十月庚申条参照)。なお法進の「沙弥十戒法並威儀経疏」(五巻。日本大蔵経小乗律章疏一所収)の跋に、「天平宝字五年十月十五日、随駕往保良宮、住国昌寺」とある。この日は淳仁天皇が保良宮に行幸(解説第三節参照)して到着した日で、法進も行幸に随い、国昌寺を宿所としたのであろう。国昌寺は保良宮(大津市国分)に近接していたことがわかる。

四月(一八二1)　最澄は前年(延暦二十二年)から大宰府に逗留し、六月頃乗船したと思われるが、遣唐使一行は三月二十五日殿上に辞見、同二十八日節刀を賜わり(日本後紀)、四月初頃、難波津を進発したのであろう。

高雄山寺(一八二8)　山城国愛宕郡にあり、今、京都市右京区高雄の神護寺。創立年代は明らかでないが、叡山大師伝によると、延暦二十一年(八〇二)、当寺に天台会を催し、善議など南都の学匠や最澄を招いているから、それ以前の成立。おそらく平安遷都(延暦十三年 七九四)の直後、和気氏によって建立されたのであろう。天長元年(八二四)九月、和気真綱・仲世等の奏請により、神護国祚真言寺と名づけ、真言僧十四人を置き、定額寺に列した。その時の奏請にいわく、神護景雲年中、道鏡が皇位を窺覦した時、亡父清麻呂は宇佐八幡に赴き、「皇緒を紹隆し国家を扶済せんがために、一切経及び仏を写造し、最勝王経万巻を諷誦し、一伽藍を建てん云々」という託宣をうけ、この神願に基づいて、延暦年中、一寺を建立して神願寺と名づけ、奏して定額寺に列した。しかるにその地勢汚穢にして壇場にふさわしくない。よって今、これを高雄寺と相替えたいと。かくて、高雄寺は、もとの神願寺の由緒をひきついで神護寺を称した。もとの神願寺は、延暦十二年に清麻呂が墾田を寄進したといい(類聚国史一八二)、それ以前の建立だが、所在地については河内・大和・山城等の諸説があって一定しない(横田健一「神護寺草創考」、史泉 三号)。高雄山寺は前述の延暦二十一年の天台会以来、新仏教の温床となったが、最澄は唐より帰朝早々、勅命によって当寺に灌頂壇を築き、日本最初の灌頂を行なった。「伝教大師消息」によれば、最澄はじめて当寺を訪れた時、故但馬守(広世)より文書を収める厨子一基を贈られたといい、当寺北院には最澄専用の房もあったらしい(伝全五、四四七)。弘仁三年十月二十七日、最澄は乙訓寺に空海を訪ね、密教の伝授を懇請した。同月二十九日、空海は高雄寺に移り、これを追って最澄も十一月十四日、高雄に向い、翌十五日、和気真綱・仲世らと共に空海より金剛界結縁灌頂をうけ、ついで十二月十四日には、僧俗百四十五人とともに胎蔵界結縁灌頂にも入壇した。このとき以来、高雄寺をめぐる新仏教の主導権は空海の手に移ったといってよい。その後、空海は高雄寺に居住し、前述、天長元年の奏請には神護国祚真言寺と称されるに至った。神護寺略記等によれば、当寺は、天長六年にいたって和気真綱から正式に空海に付属されたという。空海の滅後は、忠延や真済など、空海の門弟が住し、真言宗の重要な拠点寺院となった。

和朝臣入鹿麻呂(一八二15)　平安初期の官人。延暦十六年(七九七)、従五位下より従五位上に進み、大同元年(八〇六)一月、従四位下で伊勢守となり、同年二月、神祇伯で常陸守を兼ねた(日本後紀)。底本では「和気朝臣」に作るが、当時、和気氏一族で入鹿麻呂を名のる人物はいない。和入鹿麻呂は最澄伝になじみの深い人物で、延暦二十一年八月、高雄山寺で行われた天台講会に桓武天皇の勅使として派遣されたのも「治部大輔正五位上和朝臣入鹿」であった(伝)。ところが後世、天台講会の檀主和気氏と紛れたためか、石山寺本以外の「伝」のすべての版本は「和気入鹿」と改作している。顕戒論縁起の諸本も、これにひかれて誤ったものであろう。ちなみに和朝臣氏は、もとは和史(やまとのふひと)と称する百済系の帰化氏族であるが、桓武天皇の生母、高野(和)新笠を出してより氏族として発展し、延暦二年四月、朝臣姓を賜わり、新笠の甥に当る和朝臣家麻呂のごときは、延暦十六年三月に参議となり、ついで十八年三月には中納言に任じ、「帝の外戚たるを以て特に擢進せらる。蕃人の相府に入るはこれより始まる」(日本後紀延暦二十三年四月条)といわれた。入鹿麻呂はおそらく、この家麻呂の弟か子であろう。なお和氏の家系をしるした「和氏譜」(和気清麻呂撰)があったという(同上延暦十八年三月条)。

翰(一八三2)　清翰和上のこと。のち円珍が入唐したとき(仁寿三年 八五三)、台州開元寺(もとの竜興寺)で老宿僧知建なる僧と会ったが、彼は「清翰僧正の弟子」であり、互いに喜歓の思いをなし、骨肉の如きであったという(行歴抄・智証大師伝)。智証大師将来録に、翰の著述として、維摩経演正疏五巻・同抄三巻が見える。

文挙(一八三4)　七六〇—八四三。中国婺州の人。四分律・法華を学び、国清寺大徳となる。宋高僧伝(巻十六)には、「挙身量六尺余、其形如㆑山、其貌如㆑玉、静若㆓止水㆒、動如㆓浮雲㆒、目不㆓廻視㆒、口無㆓戯言㆒、四威儀中無㆑非㆓律範㆒、丹丘二衆仰為㆓縄準㆒」と伝えている。円珍入唐して国清寺に到り、文挙老宿の弟子、元璋・清観両師に面会したという。智証大師将来録に、文挙の碑文一巻・影賛一本が見える。

年分度者(一八七16)　毎年一定の人数を定めて定期的に得度させる制度。「例得度」ともいう。持統十年(六九六)十二月紀に「勅旨して、金光明経を読ましむるにより、毎年十二月晦日、浄行者一十人を度せしむ」と見えるのが初例。毎年宮中で金光明会(正月七日—十四日)の前か後に、十人ずつを度し、祈年(としごい)の読経をさせるものとして始まった。顕戒論(一一二頁)所引の僧綱表が「年分度者は本と国を鎮めんがためなり。故に宮中において歳の初めに度せしむ」といい、最澄が同じ所で「古来の度者、毎年十人」といったのは、ともに年分度者の制度の大要と性格を的確に表現している。「年分」の語には、「毎年の」という意味とともに、「その年の(攘災招福の)ための」という意義があった。その後、金光明経が新訳の最勝王経にかわり、天平六年十一月には法華経も加えられたが、この制度は本質的に変化なく延暦に至った。しかし、天平期以降、造寺造仏が盛んになるにつれて、年分十人の枠を拡大して、数百人数千人も度することがあった。たとえば最澄の師主行表は、天平十三年十二月十四日、宮中で「例得度」した七七三人中の一人であり(内証血脈譜)、天平十九年正月十四日には、難波宮で六五六三人が「例得度」し(寧楽遺文五二二頁)、同二十年四月二十八日には、(元正上皇崩御の斎会読経のために)奈良宮中中嶋院で五一〇人が「例得度」した(同五二四頁)。「例得度」の用例は、一心戒文(上ノ一)にも「大同五年正月十四日宮中金光明会年分二十一人例得度」と見え、年分度の意味である。二葉憲香氏は、行基年譜所引の「聖武天皇十五年〈天平十年戊寅〉正月十日、於中宮得度三十二人、和泉国早部郷早部里戸主従七位上大鳥連史麻呂戸口、大鳥連夜志久爾、年分十箇人例、沙弥秦証〈年十九〉、未定寺」に注目し、奈良時代を通じて年分度者十人の制が厳守されたというが(同氏「年分度者の原義とその変化」『木村武夫先生還暦記念 日本史の研究』所収)、これは右の史料の正しい訓み方ではない。秦証なる沙弥は、「年分十箇人の例」として、(現実には)三十二人、中宮において得度せしめられた一人と訓むべきである。この史料によって、「例得度」は「年分〇〇人の例としての得度」の意味であることがはっきりする。このように天平期には、年分度十人の制は、建前としては守られたが、現実には大量得度の放漫に堕したのである。そこで奈良末、宝亀・延暦期には、僧尼の素質向上をはかるために一連の得度制度の改革が行われる。延暦十二年四月には以後年分度者は漢音を習うものに限るとし、同十七年四月には、年三十五以上のもので、大義十条の試験に通五以上のものを採ることにし、同二十年四月には、三論・法相の別を区別し、同二十二年正月には、十人中、三論五人・法相五人と定めた。このように年分度者制に宗別の観念がもちこまれ、宗学練達の条件が重視されるようになった。これをさらにすすめたのが、最澄の上奏に基づく延暦二十五年正月の年分度者制(一八七頁以下)であり、天台宗を加えて五宗別の定員が明示される。従来の祈年読経のための度者という意味が薄れ、宗別年分度者の制が確立された。最澄はさらに「八条式」以下で、天台宗年分の得度の期日を改めて桓武天皇国忌の日とし、「宮中の出家は清浄に非ず」として比叡山上での得度を主張した。大戒独立運動は、同時に得度制度の改革でもあったのであり、彼は得度—受戒制という奈良時代の国家仏教の構造原理の急所をつくことにより、自主的な宗派教団建設をめざしたのである。その結果、受戒制度はもちろん、年分度制にも本質的な転換が生じ、平安時代には、宗別のほかに、寺別・神別の年分度者が現われることは、上記二葉氏の論文にくわしい。

国宝（一九四3）　法華経譬喩品に「其劫名二大宝荘厳一、何故名曰二大宝荘厳一、其国中以二菩薩一為二大宝一故」（正蔵九、一一b）、摩訶止観巻五上に「自匠匠他、兼利具足、人師国宝、非レ此是誰」（正蔵四六、四九a）、止観輔行伝弘決巻五之一に「行解具備、堪レ為二人師一、是国之宝」（正蔵四六、二七九a）、「自行満須二以レ教利一レ人、譬二能説行堪一レ為二国宝一」（正蔵四六、二七九b）とあり、自利利他の菩薩行を行ずるものを国宝としている。また続日本紀天平十五年一月条に「或万里嘉賓、僉曰二人師一、咸称二国宝一」とあり。なお、左氏伝隠公六年に「親レ仁善レ鄰、国之宝也」とある。荀子大略篇第二十七に「口能言之身能行之国宝也」とある。

径寸十枚…（一九四4）　止観輔行伝弘決巻五之一に「如二春秋中一、斉威王二十四年、魏王問二斉王一曰、王之有レ宝乎、答、無、魏王曰、寡人国雖レ小、乃有二径寸之珠十枚一、照二車前後一各十二乗、何以万乗之国而無レ宝乎、威王曰、寡人之謂レ宝与二王宝一異、有レ臣如二檀子等一、各守二一隅一則使三楚趙燕等不二敢輙前一、若守二寇盗一、則路不レ拾レ遺、以レ此為レ将則照二千里一、豈直十二乗耶、魏王慙而去、此即能説能行之国宝也」（正蔵四六、二七九b）とある。史記巻四十六に見える。斉の威王は桓公の子。田因斉。諡は威。戦国時代、王と自称した。

照千一隅（一九四4）　これまでこの部分を「照于一隅」とし、「一隅を照す」とか「一隅に照る」と訓んできたが、これは正しくない。㈠延暦寺現蔵の最澄自筆本（巻頭写真参照）によると、「于」でなく「千」であることは明らかである。最澄の書きくせで「于」の第一画を「ノ」と書いたという疑問もあり、これは写真三・四・二八・二九行目の「行」の字の書き方などから考えられるが、しかし同一七行目の「永期于後際」の「于」と比べれば、やはり明らかに区別される。㈡「径寸十枚」から「これ則ち国宝なり」までは、「古人言く」として引かれた引用文である。そしてこの引用文は、前項「径寸十枚…」に述べたように、止観輔行伝弘決巻五之一（正蔵四六、二七九b）から引かれたものである。止観輔行伝弘決は史記巻四十六（田敬仲完世家第十六）によって書かれたものだが、最澄は直接史記を見ていないことは、上文「国宝」の文が、やはり同書（同二七九a）から引かれたことからみて間違いない。㈢止観輔行伝弘決によれば、「照千」は「照千里」の略、「一隅」は「守一隅」の略であることは明らかである。したがって、「照千一隅」は「一隅を守り、千里を照す者」、すなわち檀子等のすぐれた将を意味し、これを「一隅を照す」と訓むことは不可能である。

能く言ひて…（一九四4）　止観輔行伝弘決巻五之一に「後漢霊帝崩後、献帝時有二牟子一、深信二仏宗一、識二斥荘老一著二論三巻一三十七篇、第二十一救三沙門譚二是非一中立レ問云、老子曰、知者不レ言、言者不レ知、又云、大弁若レ訥、又曰、君子恥二言過一レ行、設沙門知二至道一何不二坐而行一レ之、空譚二是非一虚論二曲直一豈非二徳行之賊一耶、答、老亦有レ言、如其不レ言吾何述焉、知而不レ言不可也、不レ知不レ言愚人也、能言不レ能レ行国之師也、能行不レ能レ言国之用也、能行能言国之宝也、三品之内、唯不レ能レ言不レ能レ行為二国之賊一也、今云二自匠匠他一、故云二国宝一」（正蔵四六、二七九a）とあり。止観輔行伝弘決には牟子を人名とするが、牟子は書名（牟子理惑または理惑論という。清の孫清衎が弘明集より摘出して一巻とし、漢太尉牟融撰と題して百子全書に収めた）。牟融は後漢の人。字は子優。永平年中（五八—七五）司空となり、建初四年（七九）太尉に昇進した（後漢書巻五十六）。止観輔行伝弘決には献帝（一八九—二二〇）の時の人とある。

仏子（一九四7）　その他の意味。㈠菩薩。仏のあとをつぎ自らも仏になろうとつとめるものの意。㈡衆生。仏によって我子のごとく慈愛せられるもの、また、仏となるべき本性をもつものの意。㈢大乗の菩薩戒をたもつものの意。

悪事を…（一九四7）　梵網経第七重戒に「若仏子、自讃毀他亦教二人自讃毀他一、毀他因毀他縁毀他法毀他業、而菩薩応下代二一切衆生一受レ加二毀辱一、悪事自向レ己好事与中他人上、若目揚二己徳一隠二他人好事一、令二他人受レ毀者、是菩薩波羅夷罪一」（正蔵二四、一〇〇四b）と見える。

覚母の五駕…（一九四12）　文殊（覚母）の問いに答えて仏が説いた五種の菩薩（羊乗行・象乗行・日月神通乗行・声聞神通乗行・如来神通乗行）のうち、羊乗・象乗の菩薩は無上智の道より退くのに対し、「後三」即ち日月神通乗・声聞神通乗・如来神通乗の三菩薩は仏果に至ること必定であり、この三類の菩薩が数をますであろうとの意。顕戒論巻上（四一頁）では、羊乗・象乗を三蔵教・通教の戒とし、後の三類を別教・円教の戒にあてる。

海を汲む…（一九四13）　賢愚経巻八大施抒海品（正蔵四、四〇五b以下）に見える説話。婆羅門の子、大施は、貧窮の大衆に衣食と宝物とを施したが、蔵がつきてしまったために海に行き、竜王から、七宝をもたらすという如意珠を得たが、海中の諸竜にとられて失い、それを再び得んがために海水を汲んでとりもどそうとしたという。釈尊本生譚の一であるが、大施は釈尊が菩薩行を修した時の名。能施・普施とも訳す。

籍名を除かず…（一九五2）　年分度者の俗籍を除かず、そのままにして、出家者として記入し、僧籍を作らぬこと。顕戒論巻下の「天竺記籍を立てず、また僧統なきの明拠を開示す　五十二」の条に、仁王般若経（嘱累品）と良賁の疏をあげて説明している（一三三頁）。これはまた梵網経第四十七軽戒に「若国王太子百官四部弟子、自恃二高貴一破二滅仏法戒律一、明作二制法一制二我四部弟子一、……犯二軽垢罪一」（正蔵二四、一〇〇九b）とあるのにもよるのであって、南都の僧統とその制法への反駁を示すものである。↓一三七頁「記籍を立てず」補

円の十善戒（一九五2）　円教の十善戒の意であるが、異説がある。顕戒論闡幽記（真流）には梵網十重禁戒（↓八頁「十重四十八軽戒」補）とし、三式貫註（敬光）には沙弥戒の十戒（殺生・偸盗・邪婬・妄語・飲酒・塗飾香鬘・歌舞観聴・坐高広大牀・非時食・蓄金銀宝の十戒）とする。また十善戒には十善（殺生・偸盗・邪婬・妄語・両舌・悪口・綺語・貪欲・瞋恚・邪見をはなれる）の意もある。天台宗では円教の十信位の菩薩を十善の菩薩と名づける。ここでは梵網十重禁戒と見るべきか。

得度の年…（一九五4）　得度は在家の者が出家して沙弥となること。さきに円の十善戒を授けて菩薩沙弥となし、次に仏子戒を授けて菩薩僧となすという手続きを同じ年に行うこと。しかし実際には十善戒を授けると同時に仏子戒を授けることになる。「大乗戒を立つることを請ふの表」に、毎年桓武帝国忌日（三月十七日）に、清浄出家のために菩薩沙弥となし、菩薩大戒を与えて菩薩僧となすことが見える（二〇六頁）。

止観業（一九五7）　延暦二十五年正月二十六日の官符（一八九頁）には「天台業二人〈一人令レ読二大毘盧遮那経一、一人令レ読二摩訶止観一〉」とあり、止観業は摩訶止観を読ましむることになっている。顕戒論巻中（九五頁）には、摩訶止観業には、四三昧院を置き、止観の行を修し、転経と講経をなさしむることが見える。故に止観業とは、摩訶止観を読み、摩訶止観による四種三昧を修し、経を読み講ずる行業のこととなる。

法花（一九五7）　妙法蓮華経。鳩摩羅什訳。七巻（八巻）。他に五訳あるが、羅什訳が最も一般に行われた。ひろく流布し、中国では経王といわれた。日本にも早く飛鳥時代に伝来し、奈良時代には懺悔滅罪の護国経典として

ひろく行われた。法華経の所説の核心は一乗開会の思想にあるが、この点を最も正当に評価し、本経を正依の経典として宗を立てたのが天台宗である。最澄は自宗を「天台法華宗」と称している。正蔵九所収。

遮那業（一九五9）　遮那は毘盧遮那の略。大毘盧遮那成仏神変加持経（大日経）よりとったものと思われる。止観業が顕教であるのに対して、密教の真言行。不空の表制集に、興善寺両院（灌頂道場・大聖文殊閣）に真言念誦と一切経転読とを護国のために行うべきことが見えており、さらに最澄は、日本天台の両業は、大悲胎蔵業と摩訶止観業なるべきことを述べているが（顕戒論巻中（九五頁））、遮那業は大悲胎蔵業にあたり、大日経を主とする行業である。

遮那（一九五9）　大毘盧遮那成仏神変加持経（大日経）。唐の善無畏訳。七巻。密教中、胎蔵法の根本経典。一切万有は大日如来の六大（地・水・火・風・空・識の六）法身ならざるはなく、衆生本有の菩提心もまた六大であり、衆生は三密の行を修行して本有の曼荼羅を開顕し、智法身を開示せしむべきことを説く。正蔵一八所収。

孔雀（一九五9）　仏母大金曜孔雀明王経。孔雀明王経、大孔雀王経ともいう。不空訳。三巻。仏母大孔雀明王陀羅尼を憶念すれば、劫賊・闘争・水火難・蛇等のあらゆる災難を消散する功徳ありと説く密教経典。正蔵一九所収。→一三四頁「梵本大孔雀王経」補

不空（一九五9）　不空羂索神変真言経。唐の菩提流支訳。三十巻。不空羂索観音の真言陀羅尼念誦法、曼荼羅、功徳等を説く密教経典。正蔵二〇所収。

仏頂（一九五9）　仏頂尊勝陀羅尼経。本経には杜行顗訳・地婆訶羅訳・仏陀波利訳・義浄訳（いずれも各一巻）などがあるが、そのうち中国唐代、日本奈良時代に最も広く行われたのは仏陀波利訳のものであった。仏頂尊勝陀羅尼の功徳と念誦法を説く。仏頂とは、仏の頭頂のごとく最も勝れた無量の功徳を具うるの意。

安居の法服の施料（一九五15）　毎年の安居（→二九頁注）に際して官から施与される法服料。延喜式、玄蕃寮には、諸国国分寺の安居には最勝王経を講じ、その布施は当処の官物を用いよ、とあり、また同、主税上には、その布施の内訳をくわしくしるし、法服料としては講師・読師に各絁《あしぎぬ》五疋ずつを支給することが定められている。なおそのほかに布施として、講師には絁十疋・綿二十斤・布二十端、読師にはその半分が与えられる。六条式では、このうち法服料だけを利国利人のために提供することを求めたわけである。

二人を闕かば…（一九七2）　もし止観業・遮那業各一人の二人がととのわない場合は、いずれか一方の業で二人を取っても差支えないという意。とにかく定員二名をみたしてゆきたいという最澄の切実な気持があらわれている。

一乗止観院（一九七16）　最澄在世当時における比叡山寺の中心的な堂舎。山門堂舎記・叡岳要記等によれば、延暦四年叡山に登った最澄は、同七年根本中堂を建立し、自作の薬師像を安置して一乗止観院と号したというが、確かではない。一乗止観院を号したのは、その名から見て、彼が天台所依の立場をはっきり打出した延暦十年頃以後のことであろう。文献上の初見は、伝の延暦二十年霜月会を述べた条で、そこでは「卑小の草庵」といっているから、まだ小規模なものであったろう。この院には一切経蔵が所属していたことも確かである（御経蔵目録）。弘仁三年には法華三昧堂を作り、叡山の諸堂もしだいにととのい、弘仁九年には九院（一乗止観院・定心院・総持院・四王院・戒壇院・八部院・山王院・西塔院・浄土院）を定めており、一乗止観院はその中心的存在であった。弘仁十三年最澄が入滅した中道院というのも、この止観院のことであろう。中堂の初見は伝述一

心戒文中ノ十一であるが、そこでは中堂と中道院が同じ意味で使われているから、中道院から中堂の名が出たのではなかろうか。なお比叡山寺に延暦寺の号を賜わったのは、弘仁十四年二月のことである。

大乗の法（一九八1）　大乗の布施は波羅蜜の三輪清浄（布施を行ずる時は空観に住し、施者・受者・施物に執着せぬこと）によって行わるべきこと、また梵網戒（第二十六・第二十七・第二十八軽戒）によれば、布施の利養はひとり受けるべきではないこと等を指す。

俗別当（一九八13）　別当は一山の寺務に専任する長官で、諸大寺に置かれたが、俗別当は在俗の文武顕官に伽藍の造作修理や試業度縁、または宗内の庶務を処理せしめたもの。延暦寺俗別当のはじめは、弘仁十四年三月、権中納言藤原三守・右中弁大伴国道の二人である。

現前の一の伝戒の師（二〇〇11）　目前の一人の伝戒師。仏・菩薩を三師証として請じ、一人の法師を伝戒師として戒を授けられること。三師七証は普賢経によって請ずるのであるが、実際の伝戒は、目前の一人の師によって行われる。その明文は普賢経には見あたらぬが、梵網経第二十三軽戒に「若現前先受二菩薩戒一法師前受レ戒時、不レ須三要見二好相一、何以故、以二是法師師師相授一故…」と見える。

大鐘の腹に鏤めて…（二〇一13）　学生式講弁に、曹植（魏武帝の子）の表文に「功名著二於景鐘一、名称垂二於竹帛一」とあるのにならい、永く後世に伝える気持をあらわしたものとある。また、伝述一心戒文上に、鐘のことが見え、後世に伝える心と実際に鐘をつくる希望をあらわす。伝述一心戒文上に「案二四条式文一、云一宗伝法、固鏤二大鐘腹一、遠伝二塵劫後一者、丹後守従五位下浄野朝臣夏嗣撰二鐘銘一、冷泉天皇御書…」（伝全一、五四五）と見える。これは最澄没後の天長四年（八二七）のことである。

比叡山天台法華院得業学生式（二〇二2）　比叡山天台法華院は、叡山天台法華宗の山院の意か。得業学生は、南都諸大寺では所定の階業を終了した者に与えた称号であるが、ここの意味は、年分学生に対して、十五歳以上二十五歳以下の者を採用して、止観業・遮那業を授け、菩薩僧養成の前段階とするものをいう。

春雷の秘響…（二〇二3）　涅槃経（南本）巻八に「譬如下虚空震雷起レ雲一切象牙上皆生レ花、若無二雷震一花則不レ生亦無中名字上、衆生仏性亦復如レ是、常為二一切煩悩所一レ覆不レ可レ得レ見、是故我説二衆生無一レ我、若得レ聞二是大般涅槃微妙経典一、則見二仏性一如二象牙花一…」（正蔵一二、六五三b）とあるのによる。春雷は次の夏電に対したもの。春雷起れば時を知って象牙も花咲く如く、今や大悲の菩薩行を起す時であることを知るべきであるの意。

夏電の密光…（二〇二4）　大般泥洹経巻一に「聚決芭蕉無レ有二堅固一、電光野馬呼声之響、水月幻化如二海濤波一、駛流立草須臾不レ住」（正蔵一二、八五四b）、涅槃経（南本）巻二に「当レ観是身猶如下芭蕉熱時之炎水、泡幻化乾闥婆城坏器電光上」（正蔵一二、六二四c）とあり、電光・芭蕉を堅固ならず無常須臾なるものに喩えることは多い。ここでは、夏電の密光に芭蕉は自らの無常をさとるように、無常迅速を知り、今こそ菩提心を起すべきであるの意。

情猴の逸躁を制し…（二〇四12）　玄奘の請入嵩岳表に「玄奘少来頗得二専精教義一、唯於二四禅九定一未レ暇二安心一、今願託二慮禅門一、澄二心定水一、制二情猨之逸躁一、縶二意象之奔馳一、若不レ斂二迹山中一不レ可二成就一」とある。大慈恩寺三蔵法師伝巻九にも出。なお顕戒論巻下（一二〇頁）頭注参照。獮猴の逸躁に関しては、守護国界主陀羅尼経等に、象の奔馳に関しては、仏説譬喩経・涅槃経巻十四（正蔵一二、六九九a）・正法念処経巻八（正蔵一七、四三a）・仏説譬喩経（正蔵四、八〇一b）等に出。

守護国界章

如来の使…(二〇八2)　守護国界章巻上のはじめに掲げる目次標題と本文内題とが相違する。以下、第十・第十一・第十二・第十三各章の目次標題と本文内題とを、ここにまとめて対照して示しておく。「如来の使」は、法華経法師品に、法華経を説く人を指して如来の使といい、「是人則如来使、如来所遣、行如来事」という。ここでは、摩訶止観の説者、智顗を指し、止観が仏意に基づいて説かれたことを寓意している。

	〔目次標題〕	〔本文内題〕
(十)	弾麤食者謬破止観章	助照如来使所伝止観章
(十一)	弾麤食者謬破絶待止観章	(目次標題と同じ)
(十二)	弾麤食者謬破止観三徳相摂章	助照如来使所伝止観三徳相摂章
(十三)	弾謗法者大小交雑止観章	(目次標題と同じ)

止の七名(二一九13)　唯識了義燈(巻五本)には「定の七名」として掲げる。㈠三摩呬多(梵音サマーヒタ)は等引と訳し、定力の引くところによって心が浮き沈みを離れて安定すること。㈡三摩地(サマーディ)は等持と訳し、心を平等に摂持すること。㈢三摩鉢底(サマーパッティ)は等至と訳し、身心が平等に至ること。㈣駄衍那(ドヒャーナ)は静慮または禅と訳し、念慮を静めること。㈤質多翳加阿羯羅多(チッターイカーグラター)は心一境性と訳し、心を一つの対境に集中させること。㈥奢摩他(シャマタ)は止または正受と訳し、邪念乱想を止めて心を寂静ならしむること。㈦現法楽住はドリシュタ・ダルマ・スカ・ビハーラの訳。現世において定の楽しみの中に落ちつくこと。

四尋思智・四如実智(二二〇11・16)　瑜伽師地論巻三十六に説かれた唯識の修行・観法。
　四尋思智は、名尋思・事尋思・自性仮立尋智・差別仮立尋思の四。即ち諸法の名義及び自性差別を仮有実無であると観ずること。加行位(四善根位。→七九頁「凡聖」補の表)のうちの煖・頂の前二位の所修とする。
　四如実智は、名尋思所引如実智・事尋思所引如実智・自性仮立尋思所引如実智・差別仮立尋思所引如実智の四。即ち先の四尋思に引発される四種の如実の正智を決定して観ずること。加行位中の忍・世第一法の後二位の所修とする。

四行(二二三17)　瑜伽師地論巻三十の四種毘鉢舎那のこと。第一能正思択毘鉢舎那は、浄行や善巧等の所縁境界において正しく思択(思惟決定)すること、第二最極思択毘鉢舎那は、所縁境界において最極に思択するもの、第三周遍尋思毘鉢舎那は、慧を基とする行において分別作意を起して所縁境界について遍く尋思し、第四周遍伺察毘鉢舎那は、さらに伺察を加えて所縁の境界について推求する(正蔵三〇、四五一b)。

三門(二二三17)　瑜伽師地論巻三十の三門毘鉢舎那のこと。第一随相行毘鉢舎那は、聞いたり受持したり教えられた諸法について何の思量も推尋も行わずに修行する場合を指し、第二随尋思行毘鉢舎那は、思量推察を加えて修行する場合、第三随伺察行毘鉢舎那は、上の諸法について充分に推察する上に、さらに規定にしたがってつまびらかに観察を加えるのである(正蔵三〇、四五一b)。

六事差別所縁(二二三17)　三門の観行をなす時にあたって、具体的な所縁(対象)として、義・事・相・品・時・理の六つに分類したもの(瑜伽師地論巻三十。正蔵三〇、四五一c)。

師子(二二九2)　伝教大師全集(新版)では、「師子」の字に続いて九十六字の文が補充されている(ただし、旧版には無い)。その補充されている文は、瑜伽師地論巻三十一(正蔵三〇、四五七b)から抽出したもので、「師子相似」の一句を二分して、「師子」と「相似」の間に九十六字を加入したものである。かえって、本文を訓読するにも、理解するにも、極めて困難であるし、九十六字を欠く諸本が多いので、削除すべきである。

伏(二三四18)　伏惑のことで、煩悩の活動を一時的に圧伏するが、永久的に根絶する断惑にまで至らない段階を指す。この断伏に関する説は区区であるが、唯識系でも有漏智によっては煩悩の現行を伏するのみで、その種子まで断除するのは初地入見道以上の断道においてのみ可能であるとする。ただし瑜伽師地論は、第三遠離作意によって欲界の煩悩品の麤重性を断除するといい、窺基も、前二作意では断惑はなく、第三遠離はよく煩悩を断ずるという(遁倫、瑜伽論記巻八上)。しかるに徳一は、上三品の惑道を伏すると規定したのである。ここに独自の識見が見られる。けだし瑜伽師地論の本文では、観察作意のところで、欲界の煩悩の繋縛を暫時伏断するにすぎず、畢竟して煩悩の種子を永害するわけにいかないといっている(正蔵三〇、四六六b)。

二静慮、乃至、非非想(二三五9)　四静慮四無色定の八定にそれぞれ行者の心理作用が技術的に専門化し一切の雑念が停止する。初静慮は五支(→二三五頁注)であり、第二静慮では尋・伺は滅して内等浄の一支が加わり、第三静慮では行捨・正念・正慧・受楽・定の五支となり、第四静慮では行捨・念清浄・非苦楽受・定の四支のみとなる。四無色定は空無辺処定・識無辺処定・無所有処定・非想非非想処定の四種である。

四諦(二三六5)　若・集・滅・道の四諦。仏陀の自内証に基づく仏教の根本教説であるから四聖諦ともいう。㈠苦諦とは、人生は苦であるということ。㈡集諦とは、苦の因は煩悩であるということ。集は招引の意で、苦を招引する原因は煩悩、即ち愛執であるとする。㈢滅諦とは、苦の原因たる愛執の心を滅したのが窮極の理想境、即ち涅槃であるということ。㈣道諦とは、このような苦滅の境に至るには八つの正しい道があるということ。これを八正道(正見・正思・正語・正業・正命・正精進・正念・正定)という。

三無性(二四三11)　三性(→一二四頁補)とともに瑜伽唯識学派における基本教説の一。三性は諸法(存在)の空なることを有の面より説いたものであるが、三無性はこれを無の面より説いたもので、相無性・生無性・勝義無性をいう。㈠相無性とは、遍計所執性に対し、諸法(存在)が実体・形相ともに全く空無なることをいう。㈡生無性とは、依他起性に対し、諸法が因縁所生のものであることをいい、常識的な自然生のものでないことをいう。㈢勝義無性とは、円成実性に対し、真如が分別智(あらゆるはからい)を超越したものであることをいう。

決権実論

一権四実・一実三権(二五二3) 一権四実は、徳一など法相宗の説で、一乗を方便、四乗(仏・菩薩・独覚・声聞の乗)を真実とする立場。ただし、仏と菩薩とは因果別説したにすぎないとするから、この立場は三乗真実ということに帰する。次に一実三権は、最澄など天台宗の説で、一乗を真実とし、三乗は方便にすぎないとする立場。両説の対立の焦点は一乗と三乗のいずれが仏の真実の教えかということになる。なお、決権実論の最後の節(二八一頁以下)参照のこと。

唐の基(二五二3) 唐の慈恩大師窺基(きき)。六三二―六八二。中国長安の人、俗姓尉遅氏。父は左金吾将軍松州郡都督という名門の出身。幼少より身才ともに抜群の誉あり、十七歳にして出家し、勅により玄奘の弟子となり、五天竺の語を学んでこれに精通。玄奘の訳場に参加する。顕慶四年(六五九)、成唯識論を訳するに当り、玄奘を助けて十大論師の釈論のいわゆる糅訳に成功し、瑜伽唯識学派(法相宗)の基礎を確立し、玄奘の後継者に擬せられた。成唯識論述記二十巻・法華玄賛十巻・大乗法苑義林章七巻をはじめ著述甚だ多く、世に「百本の疏主」と称する。また大乗基あるいは霊基の尊称を得た。

無性の仏子(二五二6) 〔五種姓〕法相宗では、本有の無漏種子(成仏の因子)を有するか否かによって、人間の機根(素質)を五種に分かち、すべての人間の皆成仏を許さない。これを五姓各別説という。五姓とは声聞定姓・独覚定姓・菩薩定姓・不定種姓・無性有情である。㈠声聞定姓とは、決定して声聞の果を証することのできる無漏種子を有するもの、㈡独覚定姓とは、決定して独覚果を証しうる無漏種子を有するもの、㈢菩薩定姓とは、決定して仏果を証しうる無漏種子を有するものをいい、以上三種を決定姓(定姓)とする。これに対して、㈣不定種姓とは、声聞・独覚・菩薩の三種の無漏種子のうちの二種以上を兼ね備えたものであるが、声聞もしくは独覚にとどまってその証果を開くもの(不定性の二乗)や、進んで菩薩に至り仏果を証するものがあって、一定しないものをいい、㈤無性有情とは、無漏種子を全く欠き、ただ有漏種子のみを有し、人・天の果報にとどまるものをいう(無性の仏子とはこの種をいう)。さらに成唯識論掌中枢要(巻上本)等によれば、無性を一闡底迦・阿闡底迦・阿顚底迦の三種に分かつ。㈠一闡底迦は、梵語イッチャンティカの音写で、一闡提とも書き、訳して断善根・信不具足などという。㈡阿闡底迦は、梵語アッチャンティカの音写、不楽欲・随意作と訳し、涅槃に入ることを楽欲しない人間をいう。枢要には、大悲の菩薩(衆生摂化の大悲のために自ら進んで闡提となる菩薩、例えば地蔵の如し)をも含むという。㈢阿顚底迦は、梵語アティヤンティカの音写、訳して畢竟無涅槃性といい、最も成仏しがたい機とする。以上のごとく、五種姓説によれば、仏果を証しうるものは菩薩定姓と不定種姓中の菩薩種子を有するものに限り、菩薩の無漏種子のないものは永久に仏になれぬと主張し、一切皆成仏を主張する一乗家とするどく対立する。

三時教(二五五3) 解深密経にもとづく法相宗の教判。すなわち仏陀の説法の時期を三分して、初時は有教、昔時(第二時)は空教、今時(第三時)は中道教といい、これを初昔今の三時、あるいは有空中の三教という。㈠初時有教とは、仏陀成道後の初時に、小乗の機のために、実我は空であるが、それを構成する諸法は有である(我空法有)と説いたもので、阿含経所説の四諦の法門をいう。㈡昔時空教とは、第二時に、大乗の機のために、人我はもとより諸法も無自性空である(我法倶空)と説いたもので、般若経所説の無相の法門をいう。㊂今時中道教とは、第三時に、大小乗のすべての機のために、非有非空・唯識中道の理を説いたもので、解深密経はじめ華厳・法華の諸経をいう。前二を方便未了義教とするに対して、後一を真実了義教とするのが、三時教判の趣旨である。

余処の所説(二六三3)　ここに引かれた正法華経の文は、同経巻四往古品の「誘以声聞、縁覚易弁、化作城者、謂羅漢泥洹、没城不現、謂臨滅度、仏在前立、勧発無上、正真道意」(正蔵九、九三c)よりの取意の文と考えられる。また「声聞・縁覚、生死已に断じ…」の部分は、同経巻一光瑞品の「比丘…生死已索、衆結即断」(正蔵九、八三a)によった文と思われる。しかし、右の部分は、今問題になっている法華経化城喩品の「生滅度想、当入涅槃…是人雖生、滅度之想、入於涅槃」(正蔵九、二五c)の部分にまさしく対応するものではない。正法華経は法華経の異訳ではあるが、両者は互にあい当る同一部分でない。よって最澄は「余処の所説なり」といったのである。

瑠璃の空(二六三5)　守護国界章巻下之上の弾麤食者謬破一切有情皆悉成仏章第一の末尾に、「麤食者又云」として、大宝積経巻百十二(普明菩薩会)の次の文を引用している。「迦葉、譬如諸天及人、一切世間善治偽珠、不能令成琉瑠宝珠、求声聞人亦復如是、一切持戒成就禅定、終不能得坐於道場成無上道、迦葉、譬如治琉璃珠、能出百千無量珍宝、如是教化成就菩薩、能出百千無量声聞辟支仏宝」(正蔵一一、六三四c)。最澄は、徳一がこの文を引いて定性二乗の不成仏を立証したことを指して、「瑠璃の空」を執するものと批判したのである。かように決権実論の文章には、守護国界章で展開された議論を要約して示した場合があり、守護国界章を下敷きにしないと理解できない部分が多い。

熱鉄の空(二六三6)　大乗密厳経では、如来常住の仏性を説明するにしばしば、熱鉄の譬えを用いる。たとえば、同巻上では「若有住此三昧之者、於諸衆生心無顧恋、証於実際及以涅槃、猶如熱鉄投清冷水故、諸菩薩捨而不証近住而已」(正蔵一六、七三四c)とあり、熱鉄を清水に投ずれば熱去って鉄の自性が損ぜざるがごとく、如来の仏性はよく過去の諸悪を除去することが説かれている。同じ譬えは、同経巻上の偈の部分(同七三九a)。また巻下(同七四三a)でも説かれている。これを「熱鉄の空」といったものであろう。この項については、大谷大学の横超慧日教授の御教示を得た。

この会にあらざるは…(二六四3)　守護国界章巻下之上第一章に、定性二乗の成・不を論じているが、その中で涅槃経巻三十四迦葉菩薩品の文(正蔵一二、五五六c)を引き、三乗教を実教とする徳一の論を破っている。ここに「迦葉伝説す」といったのは、以上のことが迦葉菩薩品に説かれていることをいう。よってこの一段の文意は、「不定の二乗は法華会前に大乗教をもって済度し、定性の二乗は法華の会に大乗教をもって済度した。以上に洩れた部類の二乗については、涅槃経の説会(涅槃経は仏入滅時の経とされるから、もちろん法華会後である)で済度された。このことについては迦葉が語り伝えて、涅槃経の中に伝えられている」という意となる。

理外の依他(二六九5)　依他は依他起性(→一二四頁「三性」補)のこと。依他起性は種々な縁によって生起したものをいい、まぼろしのごとく仮の存在であるが(如幻仮有)、理として存在し、情として無いものとされる(理有情無)。しかるに今、徳一のいう「宅内所許の牛車」は、理としても存在しないものであるから、これを「理外」といい、全く実在しないことを表わしたのである。徳一が法相宗の学者であることを念頭において、かかる表現を用いたのであろう。

初二三地・四五六地・七地以上(二七八11・12)　十地に関する名称や行相・所証等については、諸経・諸論によって諸説があるが、ここでは旧訳華厳経系のいわゆる「歓喜等の十地」を成唯識論巻九によって紹介しよう。なぜなら、徳一が所依とした法相宗はもちろん、最澄所依の天台宗でも、だいたいこの説を踏襲しているからである。

（名称）	（所行）	（所断）	（所証）
㈠極喜地	施	異生性障	遍行真如
㈡離垢地	戒	邪行障	最勝真如
㈢発光地	忍	闇鈍障	勝流真如
㈣焔慧地	精進	微細煩悩現行障	無摂受真如
㈤極難勝地	静慮	於下乗般涅槃障	類無別真如
㈥現前地	般若	麁相現行障	無染浄真如
㈦遠行地	方便善巧	細相現行障	法無別真如
㈧不動地	願	無相中作加行障	不増減真如
㈨善慧地	力	利他中不欲行障	智自在所依真如
㈩法雲地	智	於諸法中未得自在障	業自在等所依真如

なお徳一は、ここで十地を⑴三地以前、⑵四五六地、⑶七地以上の三つに大別して、それぞれを世間・出世間・出出世間に配しているが、これは十地論によったものである（守護国界章巻下之中第十一章参照）。

旧に執り替へて…（二八〇8） 守護国界章巻中之下、「三車の体」を論じたところで、最澄は、徳一の引文の不備をつき、「古徳を推して並に二義を立」てながら、その一方の義を勝手に削除したことを非難している（伝全二、吾〇）。即ち徳一は、恵沼の法華玄義義決の文を引く時、「旧徳説故云々」の前にある十四字をわざと引かず、「旧徳説」が、あたかも第二の説（「ただ二乗のみ索む」）にかかるような引用の仕方をしたというのである。これが「旧に執り替へて」ということである。

解深密・仏地・阿毘達摩の経等（二八四3） 解深密経（五巻、玄奘訳）は法相宗の正依の経典。仏地経（一巻、玄奘訳）は十地の第十の仏地を論じた経典。阿毘達磨は対法と訳し、論の異名。普通、発智論（二十巻、玄奘訳）・六足論（身足論・集異門足論・施設足論・法蘊足論・品類足論・識身足論（いずれも玄奘訳）の総称）などの論をいう。

瑜伽・雑集・唯識の論等（二八四3） 瑜伽師地論（百巻、弥勒説、無著受、玄奘訳）、阿毘達磨雑集論（十六巻、安慧雑糅、玄奘訳）、成唯識論（十巻、護法等十大論師説、玄奘訳）。いずれも法相唯識学の根本論書。

華厳・涅槃・勝鬘・楞伽・密厳の経等（二八四4） 華厳経（六十巻、仏駄跋陀羅訳。八十巻、実叉難陀訳。四十巻、般若三蔵訳）、涅槃経（四十巻、曇無讖訳。三十六巻、慧観等再治。三巻、法顕訳）、勝鬘経（大宝積経第四十八、勝鬘夫人会。竺法護訳）、入楞伽経（十巻、菩提流支訳）、大乗密厳経（三巻、地婆訶羅訳）などの代表的な大乗経典。

智度・中観・宝性・起信の論等（二八四5） 大智度論（百巻、竜樹造、鳩摩羅什訳）、中観論（四巻、竜樹造、青目釈、鳩摩羅什訳）、究竟一乗宝性論（四巻、堅恵造、勒那摩提訳）、大乗起信論（馬鳴造。一巻、真諦訳。二巻、実叉難陀訳）などの論書。→一五頁「起信…仏性」補参照。

願文

提韋女人・貪著利養の五衆（二八七1）　未曾有因縁経巻下に、波斯匿王の皇后末利夫人が、過去世において、家族に先立たれた孤独と貧窮の中に、よく自分の前業を反省し、仏法に随順して、悪善知識の婆羅門や五比丘の陰謀にもかかわらず献身的に利他の精神を実行した果報として、現生では高貴の地位に恵まれて、よく王を助けて王の危機を救う美徳を備えるに至ったが、提韋を欺いた五比丘は、現生では石女となって皇后の輿を担うに至ったことを説き、すべて自業自得であると説いている（正蔵一七、五八一c）。

六根相似の位（二八七8）　天台では、十信・十住・十行・十廻向・十地・等覚・妙覚という五十二階の行位を設定するが、相似位は十信位に相当し、十住以上の聖者に相似して、眼・耳・鼻・舌・身・意の六根が清浄となり、不可思議霊妙な感覚機能が発動することができるという。法華経法師功徳品参照。

出仮（二八七8）　「仮を出づ」と訓めば、出塵や出世間の意であって、十住位以上が出塵・出世間であることを確認することを意味する。空門を悟りの第一の立場とする段階から仮観へ転出する意味に解する時は、衆生済度の利他行は少なくとも六根清浄位に達するまでは軽率に行うべきでないとする決意を表示したものと解せられる。後者の場合は「仮に出づ」と訓む。

解説

最澄とその思想

薗田香融

一 最澄の著述について

最澄の思想を解明しようとする場合、まず問題になるのは、彼にはどのような著述があり、またそのうちどの程度のものが残されているかということである。最澄の撰述目録としては最も早く成立し、かつ最も権威ありとされるものは、修禅院和尚すなわち義真が記したと信ぜられている「伝教大師御撰述目録」(修禅録)であるが、それによると、まず百八十八部二百六十八巻を録して、「已上、伝教大師御経蔵目録中より書す」といい、次に五部五巻を出して、「已上、伝教大師御記」としるし、さらに「右の外」として八部十巻を挙げ、都合二百一部二百九十三巻を収録している。次に江戸時代の中期、叡山無動寺の学僧可透が作った「伝教大師撰集録」(可透録)は、書誌的考証のゆきとどいた目録として定評のあるところであるが、これには最澄の著作を宗承教観部(二十八部四十巻)、弘賛経論部(五十五部八十四巻)、光顕大戒部(十四部十九巻)、闡揚密乗部(四十三部六十四巻)、破権顕実部(六十八部九十三巻)、図伝雑録部(五十八部八十八巻)の六類に分ち、ほかに疑偽書として十一部十二巻を加え、合計二百七十七部四百巻を挙げている。

このように修禅録や可透録の挙げる最澄撰述の部巻数はすこぶる多いが、このうち現存するものは僅かである。修禅録には一々の書目について存欠を示す注記はないが、可透録には「見行」もしくは「某処に本有り」の注記をもって現存するものを指示している。まず真撰とされるものについては、「見行」と注されたもの十九部四十三巻、「有本」の注を有するもの五部七巻、都合二十四部五十巻を数えるが、それは本録の全収載書目(真撰)二百六十六部三百八十八巻に対して、部数にして約十一分の一、巻数にして八分の一弱にすぎない。かえって疑偽書とされた十一部十二巻については、そのうち十部十一巻が「見行」と注されているという皮肉な結果を示している。思うに、中古天台において口伝法門が盛行し、それぞれの流派で自家の説を権威づけるため、宗祖の名に仮託して多数の秘事書が捏造された結果、こうした疑偽書の横行をまねいたのであろう(硲慈弘『日本仏教の開展とその基調』下巻第二・三章)。

現行の『伝教大師全集』(全五巻)にも、こうした疑偽書のたぐいがかなり大幅に収載されていることは周知のところである。塩入亮忠氏は、『全集』所収の百三十四種について、真・真歟・真偽未決・偽歟・偽および非親の六種の分類を試みているが、真、すなわち間違いなく真撰として判定されたものは六十一部八十五巻である(塩入亮忠『伝教大師』四九八頁以下)。この数字は、可透録中の「見行」「有本」の注記を有する真撰、二十四部五十巻を大幅に上廻っているが、これは『全集』と可透録との数え方の違いと、また『全集』が、「願文」や「請十大徳書」(いずれも「叡山大師伝」より分出)のように他書から別出したものを数多くとり入れたことによるものであって、可透録に比べて『全集』が、大師の真撰として増広し得たものは、「天台霊応図本伝集」(現存二巻)、「付法縁起」(三巻内、逸文)など、数種に限られている。

以上の概観のとおり、最澄の真撰として知られるものは、修禅録や可透録によると二百部以上を数えた。しかるに今現に伝わるものはそのうちのごく一部で、『全集』流に分出本を加えたとしても六十種前後にすぎない。この数値は、最澄の思想を考察しようとするわれわれに対して一往は悲観的な見通しを与える。そこで次の問題は、現存する最澄の真撰が、彼の全著述において占める地位もしくは比重についてである。ここで再び修禅録や可透録についてその一々の書目に当ってみると、これらの目録に収載されたものには比較的に小部なものが多く、しかもその小部のものには、大部の著述の別行本、もしくは草稿本と見られるものが少なくないことに気がつく。たとえば可透録の破権顕実部には、上述のように六十八部九十三巻という多数の書目を収めているが、それらの書目を検討してみると、「守護国界章」など、現存する大部の論争書の内容（具体的にいうと章名）と共通するものが少なからず含まれており、前者は後者の別行本もしくは草稿本（執筆に当って用いられたノート）とみなされる場合が甚だ多いのである。このことは、叙上の目録の考察によって悲観的な見通ししか与えられなかったわれわれに再び明るい見通しを与えてくれるとともに、目録に収録された多数の小部撰述が早く散佚してしまった理由をも説明するものである。

さて最澄の主要な著述は何かという問いに対して一つの解答を与えてくれるものに、「叡山大師伝」の記載がある。いうまでもなく「叡山大師伝」（以下「伝」とよぶ）は、最澄の滅後数年を出ない以前に彼の直弟「一乗忠」の撰したところで、最澄伝の根本史料たることはもちろん、この種僧侶の別伝としても出色の史料的価値を有するものであるが、近時、学界の一部で不当な論拠をもってその史料的価値を疑う議論が横行していることは慨嘆にたえない。それはともかくとして、「伝」には、その末尾に近いところで、「凡そ注記・撰集・著作の諸文筆有り」として、最澄の撰述十九部六十一巻の書目を挙げているが、これらはその記載の仕方から見て、彼の代表的な著述を挙げたものとみなして差支えないであろう。今その書目を引けば左のとおりである（（ ）内は筆者の後補）。

註法華経十二巻	（欠）	守護国界章十巻	（存、現行九巻）
註金光明経五巻	（欠）	法華去惑四巻	（存）
註仁王般若経四巻	（存、現行三巻）	法華輔照（又、秀句）三巻	（存）
註無量義経三巻	（存）	照権実鏡一巻	（存）
天台霊応図（本伝）集十巻	（現存二巻）	決権実論一巻	（存）
頭陀集三巻	（欠）	依憑（天台義集）一巻	（存）

新集総持章十巻　（欠）　付法縁起三巻　（欠、一部逸文存）
顕戒論三巻　（存）　長講願文三巻　（存）
顕戒（論）縁起二巻　（現存一巻）　六千部法華銘一巻　（存）
（内証仏法）血脈（譜）一巻　（存）

以下これら十九部についてややくわしく見てゆくと、まず「註法華経」以下の四部は、それぞれの経典についての注釈である。現存する二部について見ると、経文の逐語釈であり、欠失の二部も同様なものであったと考えられる。現存する二部のうちの「註仁王般若経」が嘉祥（吉蔵）の「仁王経疏」を全く写したものであることは、早く宝地房証真が指摘したところで（可透録）、塩入氏がこれを「非親撰」としたのも同じ理由にもとづくであろう。

次に「天台霊応図集」と「頭陀集」は、可透録には図伝雑録部に収める。「頭陀集」は今伝わらぬため、内容を窺い知ることができないが、「霊応図集」は十巻の内、第一・第二巻を存している。巻首に序を付し、まず孫興公の「遊天台山賦」を収め、以下智者大師の伝記数種を収める。序によれば、最澄在唐中の貞元二十年（八〇四）十一月、国清寺の蔵本について模写した「天台智者霊応の図」なるものに添えた「霊応本伝」だという。「台州録」をひもとくと、果して「天台智者大師霊応図一張」が見え、また智者大師の伝・讃・碑のたぐいが多数将来されたことがわかる。「日本紀略」弘仁七年（八一六）三月丙戌（二十一日）条によると、この日最澄は、嵯峨天皇のもとに「天台霊応図及本伝集十巻、新集聖教序三巻、涅槃獅子吼品一巻」を献上している。「霊応図集」十巻は、おそらくこのとき、霊応図の模本に添えて献上すべく、唐より将来した智者大師の伝記類を集めて作られたものであろう。

次に「守護国界章」以下の五本は、奥州会津に住む法相宗の学僧徳一との間で行われた有名な三一権実論争の所産で、弘仁八年から十二年（八一七〜八二一）、最澄の五十一歳から五十五歳のころの撰述と考えられる。これら一群の論争書の成立については後述にゆずるが、ここでは「依憑天台義集」についてふれておきたい。なぜなら、この書もまた対徳一の論争書の中で、しばしば引用されているからである。現存の本書について見ると、序に弘仁七年丙申歳の年記があり、巻尾には弘仁四年九月一日の日付を有する。巻末の日付は本文の編述が行われた日を示し、序の弘仁七年という年記は、本文に序をつけて一本に成書された年次を示すものであろう。本書の内容は、唐・新羅の諸宗学匠が、みずからは余宗に属したにもかかわらず天台宗義に「依憑」したことを物語る文証を集め、もって天台宗の余宗に卓越することを内外に明示しようとしたものである。かかる最澄の、自宗の卓越を誇り、諸宗を批判する態度の昂揚は、そのまま対徳一論争の必然性を予告するものである。「依憑集」一巻は、厳密には対徳一論争の所産ではないが、むしろ論争の発端をなした書ということができ、この意味で私は、本書を上記一群の論争書の部類に加えてよいと思う。

次に「新集総持章」十巻は、今全く伝わらない。修禅録には「弘仁新集〈六巻・百四十六紙〉」として見え、可透録には闡揚密乗部に分類し、「新集総持章十二巻〈修禅録云或云弘仁新集或云六巻〉」とする。残るところの少ない最澄の密教部の撰述として、本書の散佚は惜しまれる。

次に「顕戒論」および「顕戒論縁起」は、いうまでもなく大乗戒の独立と日本天台宗の存亡をかけて、南都・僧綱との間で展開された大戒論争を契機として成ったもので、前者は弘仁十年(八一九)、後者は同十一年、最澄五十三、四歳の撰述である。両書の成立については、その詳細は後述にゆずるが、この両書に関連して「血脈一巻」について見ておきたい。「血脈」、くわしくは「内証仏法血脈譜一巻」は、最澄・義真の受けた日本天台宗の伝法相承の系譜を表示したもので、禅・天台・菩薩戒・両部密教・雑部密教の五つの系譜より成り、末尾に弘仁十年十二月五日の撰上と記している。弘仁十一年二月二十九日の「上顕戒論表」に、「顕戒論」三巻とともに上ったという「仏法血脈一巻」が、すなわち本書に当るであろう。可透録には、「顕戒論」を光顕大戒部に、「血脈譜」を宗承教観部に分類しているが、両書は少なくとも、その成立の時期と動機とを共通したことは認めなければならないであろう。思うに「顕戒論」は、のちに詳論するごとく、単なる戒律論ではない。それはむしろ戒律論を通じて表現された教団改革の書、教団理論というべきであって、事実この書によって叡山教団はその教団的独立の理論的根拠を与えられたのである。ところで、叡山教団が仏教教団である限り、その宗派的独立を確保するためには、釈迦牟尼以来の嫡々の師承を示さねばならない。それはいわば、宗教教団の免れがたい本質的制約ないしは宿命である。ここに「内証仏法血脈譜」一巻が、「顕戒論」とともに撰上されねばならない必要があった。この意味で私は、この両書をきりはなして論ずべきではないと思う。なお次の「付法縁起」三巻も、伝えられる逸文が、零細な断簡にすぎないため、その成立の年時や事情をつまびらかにせぬが、「血脈譜」とほぼ同じような動機にもとづいて製作されたものと考える。現在集められた「付法縁起」の逸文には、聖徳太子に関するものが多いが、おそらくそれは天台宗の高祖慧思大師が日本の聖徳太子に転生したという伝説に関連して引かれたものであろう。凝然の「三国仏法伝通縁起」日本天台宗の項に、「伝教大師天台付法縁起三巻を作り、その中、道璿・鑒真並びにその門人法進等を列ね、天台を弘むるの匠となす」と見え、本書の内容の一端を伝えている。聖徳太子の慧思転生説は、早く宝亀年間(七七〇〜七八〇)成立の「七代記」に見え、思託等、鑒真の徒によって喧伝せられたところという(福山敏男「唐招提寺建立年代の研究」、東洋美術 特集寧楽時代下)。この転生説話は、「伝」所引、延暦二十一年八月三十日の沙門善議等の謝表にも「聖徳太子は霊山の聴衆、衡岳(慧思を指す)の後身なり」と見えるところで、当時ひろく流布された説話であったらしい。天台宗をひろめるためには甚だ好都合な説話であったから、最澄もまたこれを盛んに用いたであろう。「付法縁起」三巻は、太子をはじめ道璿・鑒真・法進等、日本における天台宗の先駆者の事蹟を集めた書であったと推定される。

次に「長講願文」と「六千部法華銘」について見よう。「長講願文」三巻は、右の表示には、一往「存」としたが、これには多少問題がある。三浦周行氏の『伝教大師伝』には、「長講願文一部三巻たるか、又は現存する長講金光明経会式一巻、長講仁王般若経会式一巻、長講法華経先分発願文、同後分略願文二巻の総称たるか明かならず。若し後者とすれば四巻となりて三巻といふに合はず」(二五一頁)と疑を存し、福井康順氏は、上引の現存する四巻につき詳細な検討を加えた結果、(1)法華経の先分上巻だけは(今ある仏名の、後からの改修であるらしい点を除いて)真撰であり、後分下巻は断じて偽撰であること、(2)現存する四巻は、普通、「三部長講会式」の名を以て呼ばれているが、それは別伝にいう「長講願文三巻」とは似て非なる別ものであること、(3)長講法華経後分略願文の神分と仁王・金光明二式の神分とは同一人の造作であること、などを論証している(福井康順「長講法華経願文の研究」、『東洋思想史論攷』所収)。福井氏の論考は長講法華経願文を当面の研究対象としているため、仁王・金光明二式の全体を偽撰とするのかどうか、真撰とする法華の後分下巻と「伝」のいう「長講願文三巻」とはどう関係するのか、などの点が充分明らかにされていないが、今はしばらく現存の四巻に、「伝」のいわゆる「長講願文三巻」のある程度の投影を認めて「存」としたわけである。こうした講式・会式のたぐいは、製作後も継続的に諷誦・伝持される性質のものであるから、後人の手が加わりやすいという特殊事情も合せ考えるべきであろう。最後に「六千部法華銘」については、普通、「護国縁起」の載せる「六所造宝塔願文」をこれに比定している。これは一紙にも満たない短文で、最後の四言の偈は、六所宝塔のうちの「安総」すなわち近江宝塔院にのみ関するもののようである。しからば現存の願文は抄本であり、もとの銘には他の五所の宝塔に関する同様の偈文が付せられていたのであろうか。しばらく疑を残して「存」と判定する。

以上、簡単ながら「伝」の記載に従って、最澄の主要な撰述と考えられる十九部についての考察を試みた。その結果、十九部のうち、完全に現存するもの九部、部分的に残存するもの二部、若干の疑問を存しつつ現存本を比定しうるもの二部、そして逸文を存するもの一部である。最澄の全著作について見れば、現存するものは僅少といわねばならなかったが、彼の主要な撰述に限っていえば現存率はきわめて高い。ことに最澄の教学面を代表せしむるに足る「守護国界章」以下の一群の論争書と、教団改革者としての最澄の真面目を窺わしめる「顕戒論」以下の大戒問題関係の著述が、ほぼ完全に伝えられていることは、われわれにとって甚だ幸運である。おそらく最澄は、同時代の空海とともに、思想的文献を大量に産出し、そしてこれを、まとまった形で後世に残すことのできた日本史上における最初の思想家である。

本書には、最澄の教団論に関するものとして、「顕戒論」と「顕戒論縁起」の両著のほか、若干の関連文書を収めた。「上顕戒論表」は、「顕戒論」撰上に際して添えられた表文。「山家学生式 付 得業学生式・表文」として一括したものは、いずれも大戒論争の発端と経過を物語る貴重な文献であり、なかんずく「四条式」は、「顕戒論」の主文ともいうべきもの。「顕戒論」は「四条式」の脚注として書かれたという表現も可能であって、日本仏教史上、革命的な意義を荷う教団改革の宣言書である。

次に教義論に関するものとしては、「守護国界章」の一部と、「決権実論」を収めた。これらの論争書の成立する動機となった対徳一の論争の全貌を捉えるためには、「守護国界章」と「法華秀句(輔照)」を全文収載することが最ものぞましい。しかし両書とも現存著述中の最も大部のものに属し、限られた紙面に収めることが到底許されないので、最澄の止観(禅)論(実践論)の語られた「守護国界章」巻上之下の第十・第十一・第十二・第十三章の部分と、対徳一論争の問題点を要約した「決権実論」を収めるにとどめた。

最後に収めた「願文」は、比叡入山の当初、修禅の隙に作られたものといい、若い日の最澄の手に成る唯一つの思想的文献である。思想家最澄の出発点を窺知せしめる貴重な文献として収載した次第である。

以上によって私は、最澄の全著述のあらましと、その中において占める現存著述の地位ないしは比重を概観し、さらにそれらの現存著述の中から、いかにして本書の収載書を選んだかについて概述した。ここに収載した著書は、それによって最澄の思想の全貌を限なく探求するためにはあるいは不充分かもしれないが、彼の思想の核心を捉えるためには不足のない筈である。そこで次に項を改め、一々の文献についてくわしい解説を試みることにしよう。

二　生いたちと環境

右に見てきたように、主要な著述の大半が、彼の晩年に属する二つの論争を契機として執筆されたということは、最澄の思想の成りたちを探る上で注目すべき事実であるが、だからといって彼の思想が、一朝一夕にして成ったということでは決してない。すでに修禅録や可透録に見える、今は失われたおびただしい数の小部撰述の存在に関して指摘したごとく、彼の思想は長い蓄積の上に徐々に築かれてきたものであった。この意味から、ここではまず彼の生いたちやその生活環境について見ておきたい。

彼の幼少時代に関する基本的な史料として、現在われわれは、「伝」の僅かな記載と、国府牒・度縁・戒牒という三つの公験(証明書)をもっているにすぎない。「伝」については上述したが、大原の来迎院に現蔵される「公験」は、このうち原本は戒牒だけで、他は案文(写)にすぎないけれども、いずれも国府や僧綱などの公的な機関が発給したもので、公文書としての権威と客観性をそなえ、「伝」に勝るとも劣らぬ史料的価値を有する。しかるにこの「伝」と公験類との間には、彼の出生年という伝記研究上さけて通ることのできない基本的事実をめぐり、相異なる記述が見出されるのである。この問題に立ち入る前に、まず「伝」によって、出生から延暦四年(七八五)の受戒にいたるまでの彼の行実を示そう。

最澄は、俗姓三津首、近江国滋賀(郡)の人である。先祖は後漢の孝献帝の末裔、登万貴王で、応神天皇の世に来朝し、滋賀に居地を賜わって三津首の姓を称した。最澄の父は百枝といい、私宅を寺となし、礼仏誦経につとめる熱心な仏教信者であったが、つねに子のないことを悲しみ、比叡山に登って好地を求め、草庵を営み、至心に懺悔すること数日、ついに四日目の明け方にいたり、夢に好相を得て生まれたのが最澄であった。幼少のころから聡明だった彼は、七歳で村里の小学に入って陰陽・医方・工巧等を修めるが、十二歳のとき近江国分寺に入り、大国師行表の弟子となり、唯識の章疏等を学び、やがて十五歳のとき国分寺の僧闕を補って得度し、さらに二十歳のときには具足戒をうけ、正式の僧となった。

以上は「伝」の書き出しの部分を要約したものだが、ここまでの記載に「公験」と矛盾する点はない。ところが「伝」の末尾に近いところで彼の入滅をしるして、弘仁十三年(八二二)六月四日の滅、春秋五十六とすることから問題が生ずる。すなわちこれを基礎に逆算すれば、彼は神護景雲元年(七六七)の出生となるが、国府牒以下には、宝亀十一年(七八〇)十五歳得度延暦二年(七八三)十八歳で度縁追与、同四年二十歳で受戒としるし、逆算して天平神護二年(七六六)の出生となり、「伝」の記載と一年の差違を生ずるのである。すでに江戸時代末期の学僧慈本がこのことに気がつき、「天台霞標」の中でこの問題にふれ、得度試業には年十五以上をとったことから、実は十四歳であったものを表向き十五歳とし、以下因循して一年を加えたのであろうと推測した。この慈本の説は、最澄の生年に関する通説として長らく一般の承認をうけてきたのであるが、最近、嗣永芳照・福井康順の両氏によって疑問が提出されるにいたった。嗣永氏は、慈本のいう得度試業の制に、年十五以上に限るという規定がどこにも見えぬばかりか、当時の実例についてもそのような規定を認めることができないとし(嗣永芳照「伝教大師伝に関する一、二の考察」、歴史教育　一三ノ五)、福井氏は、「伝」と「公験」の史料的価値を対比し、「伝」の現行の諸本に誤写の多いことから、最澄の生年は原本の伝わる「公験」に準拠すべきであり、「伝」の没年「五十六」は、伝写間の誤写にもとづく誤りであろうと論断した(福井康順「宗祖生誕年時考」、天台学報　一〇)。両氏の論調には、公文書としての「公験」の有する史料的客観性を尊重しようとする態度がつよく認められるが、この点をするどく批判し、公文書の信憑性という立場からこの問題をくわしく論じたのが勝野隆信氏の反論である。勝野氏によれば、当時の公文書は公文書なるがゆえに必ずしも信用すべきものではなく、また「伝」については、伝写の過程で誤写のおそれなしとしないが、公文書に比して決して史料的価値の劣るものでないことを論証し、さらにいくつかの傍証を加えて、「伝」の伝える神護景雲元年出生説を再確認している(勝野隆信「伝教大師最澄生誕年時の問題」、仏教史研究 四)。

最澄の生年をめぐる最近の論争についてこれ以上深入りする余裕はないが、公文書なるがゆえに「公験」の記載を無条件に尊重する嗣永・福井説に対して、公文書と宗内史料を、それぞれの成立した歴史的条件に位置づけて検討を試みた勝野説の方により妥当性を認めざるをえないであろう。ただ勝野説について疑問の残るのは、最澄の生年詐称のもとづく理由として述べた氏の説明である。すなわち、上述した嗣永説によって慈本の説が成りたたなくなった以上、「伝」による出生年を正しいとするためには、「公験」に見られる年齢詐称の理由を他に求めなければならないが、勝野氏は、当時の得度制の準則とされた天平六年十一月太政官奏の「浄行三年以上」という規定に注目し、次のごとくいわれる。すなわち、「別伝にいうごとく、「年十二にして近江大国師伝燈法師位行表の所に投じて出家修学」した最澄は、十二歳から三年以上、すくなくとも「年十五」でなければ得度の資格が得られないわけである。十四歳の愛弟子を前にした大国師行表の苦衷はここに存する」と述べ、たまたま国分寺僧の定員に死闕を生じたことから、「この機を逸せず直ちに得度させて、僧への道を開いてやりたいと希う」師主行表の師としての恩情が、年齢詐称の原因であったとするのである。

私見によれば、公文書に見られる生年の詐称は、最澄の所為でもなく、いわんや師主行表の所為でもない。試みに「公験」のうち、原本の伝わる戒牒について問題の箇処を引いてみよう。それは、

僧最澄年廿 近江国滋賀郡古市郷戸主正八位下三津首浄足戸口同姓広野 黒子 頸左一 左肘折上一

という僅か一行の記載である。当時の制度によれば、出家得度の際には、必ず本貫に照合して課役免の手続きをした上で「僧尼籍」(雑令、造僧尼籍条)に編入したが、その際、本貫の戸籍に照合することを「勘籍」(民部式、勘籍条)といい、位子・雑色の場合は「三比」、諸衛の場合は「五比」であるが、得度者の場合は「三比」、すなわち過去三回分の戸籍(六年一造)にさかのぼって

勘合を行なったのである(同上)。今右に引用した最澄の年齢と出身を示す記載も、彼の本貫の戸籍にもとづいて記されたことは、「某国某郡某里、戸主某戸口某」といった書き方、あるいは首の左と左肘の屈折部の上に二つの黒子《ほくろ》があったという記載などから見て明らかである。しからば公文書における最澄の年齢の詐偽を行なったものは、彼自身でも行表でもない。彼の出生後、最初の造籍の年といえば、彼が四歳のときの宝亀元年(七七〇)であるが(虎尾俊哉『班田収授法の研究』)、このとき、彼の属する生家の戸主が、四歳を詐って五歳と記載したことにもとづくのである。それはいうまでもなく造籍の翌年か翌々年かに予定される班田収授(六歳以上に給す)に当って有利な条件をつくり出すためであったに違いない。

現在、正倉院に残る奈良時代の戸籍や勘籍には、こうした年齢に関する詐偽が少なからず見出されるが、それらはすべて口分田の給付と課役の負担に有利な条件を得るために行われた作為である。その最も典型的な例として、天平勝宝二年三月二十一日の日付をもつ経師、大伴若宮連大淵の勘籍(寧楽遺文五三五頁)を挙げよう。今かりに天平勝宝二年(七五〇)当時の「年廿八」の記載を大淵の実年齢とすれば、神亀四年(七二七)籍では五歳でなければならないのに一年を増して六歳とし、天平十二年(七四〇)籍では十八歳であるべき筈が、こんどは逆に一年を減じて十七歳と記している。前者は口分田を得んがための、後者は中男作物(十八歳以上)の課役を忌避したための結果にほかならないであろう。

以上によって知られるように、戸籍にもとづく公験の年齢記載は必ずしも信用しうるものではない。少なくとも直弟子の執筆した「伝」や「伝述一心戒文」(光定撰)などの宗内の一等史料が一致して伝える弘仁十三年、五十六歳入滅説をくつがえすに足るほど有力なものではない。そして以上の論証によって、最澄の生家も、戸籍を偽らねばならない程度の家、いわば当時の平均的な農村家族であったことが推測されるにいたった。われわれは、かかる戸籍の詐偽ということじたいを一つの歴史的事実として受け止め、最澄伝を構成してゆく心がけが必要であって、このことは福井氏のいわれるように「宗祖をして妄語戒を犯させる」ことには決してならないであろう。

国府牒以下の「公験」に見える年齢記載については右に見たとおりであるが、その他の点に関する「公験」の記載は、最澄の出自に関していくつかの重要な事実をつけ加えてくれる。第一は、彼の生家が滋賀郡古市郷に属したことであり、第二は、彼の生家の戸主が父の百枝ではなく、正八位下の肩書をもつ三津首浄足であったことであり、第三は、彼の幼名が広野であったことである。これらは、それぞれ「伝」の記載の不備を補うものである。第一の生家の所在地について、「伝」には滋賀の人といい、郡名を示すにとどまったが、「公験」によって郷名まで知ることができる。滋賀郡は、今の大津市域とほぼ重なり合う地域であるが、「和名抄」には古市・真野・大友・錦部の四郷が見える。古市郷の名は、古く「日本書紀」天武即位前条に見える「粟津の市」にもとづくもので、滋賀郡の最南部を占め、現在の大津市膳所・粟津・石山付近と考えられており、郡中の最も殷盛の地であった。郷内に国分寺が所在したことも、彼の出家の事情を理解しやすくするであろう。ただし、彼がこの古市郷で生まれたかどうかについてはいささか問題がある。古くからの伝承では、最澄の出生地を東坂本(当時の大友郷に属する)といい、今の生源寺をその跡と伝えるからである。生源寺は、宗祖の生誕根源の地を意味する名と考えられるから、すでに安元二年(一一七六)の古文書(平安遺文三七六九号)に「生源寺」の名が見えることは、この伝承のかなり早い成立を窺わせるであろう。また三津首という姓が坂本の津を意味する三津(今、坂本の小字として三津の地名が残る)にもとづく名と思われること、最澄の父が比叡山に登って子の出産を祈ったということなども、この伝承にとって有利な傍証となる。かくて、有力な古来の伝承と「公験」の記載との調和を図ろうとすれば、最澄の生家が、彼の出生ののち、大友郷から古市郷に移ったとするか、彼の母の実家が坂本にあり、彼はそこで生まれたとでも解するしかないが、当時の実情から見て、前者より後者の方が、事実に近い想定ではなかろうか。

次に彼の生家については、当時の郷戸が傍系親族を含む大家族制をとっていたことを思うと、浄足はおそらく彼の祖父か伯父であったと思われる。正八位下という低いながらも官位を帯びていたことは、生家の社会的地位をある程度物語るであろう。しかし、地理的に近い山背国愛宕郡出雲郷(京都市北区)の神亀三年(七二六)の計帳(寧楽遺文一四四頁以下)によれば、この史料によって知られる郷戸二十三戸のうち、有位者の戸主を有する戸八戸、ほかに戸内に有位者を含む戸二戸を数え、そのうち出雲臣真足の戸のごときは一戸の内に有位者四名を含んでおり、当時の一般公民が何らかの理由で官位を帯びることは、さほど珍らしいことではなかったことがわかる。要するにこれらのことは、彼の生家が平均的な農村家族であったというさきの推定と決して矛盾を生ずる事実ではないのである。

　三津首を名のるものとしては、天平四年(七三二)のものと推定される山背国愛宕郡計帳の戸主秦人広幡石足の戸に、「御津首持麻呂、年参歳、緑子」(寧楽遺文一一七一頁)という記載が見えるほかに、カバネは明らかでないが、正倉院文書に三津若万呂(勝宝二写経所解)と三津広前(宝亀二奉写一切経所解案他)という人名が見え、最澄の同族のものが奈良時代の東大寺写経所において経師もしくは校生として活躍していることが注意される。しかし史料への現われ方から見て、最澄の生家である三(御)津首氏が、あまり大きな氏族でなかったこともたしかである。なお右の御津首持麻呂には、「放賤従良、天平四年七月九日」の注記があり、同戸「別項」に「婢刀美売」(戸内の項では「富売」)とともに記された「奴持麻呂、年参歳」と同一人物であったことがわかる。おそらく持麻呂は、婢の刀美売が御津首姓を名のる良民と通じて生んだところで、「公私奴婢、与二良人一為二夫妻一、所生男女、不レ知レ情者、従レ良」(戸令、為夫妻条)の適用をうけて、賤民の身分を解放されて良民に従ったものであろうが、彼の父については推測する何の手がかりもない。

　ところで「伝」によれば、三津首氏は後漢王朝最後の皇帝であった孝献帝(献帝)の苗裔、登万貴王の後と伝える帰化氏族であった。このことは、彼および彼の生家にとって、どれほどの具体的な意味をもったであろうか。以下この点について考えてみよう。

　弘仁六年(八一五)成立の「新撰姓氏録」によれば、後漢の献帝の後と伝える氏族に、当宗忌寸(左京・河内)、台忌寸(右京)、志賀忌寸・台直（摂津）、広原（河内）、志賀穴大村主（未定・右京）があり、このうちの台忌寸と同祖で「魯の白竜王の後」と伝えるものに、山代忌寸（左京）、河内忌寸（河内）、凡人中家（和泉）がある。また「続日本後紀」承和四年（八三七）二月条には、近江国人永野忌寸石友等を左京に貫附し、後漢献帝の苗裔なりといい、同年三月条には、右京人槻本連良棟等に安墀宿禰の姓を賜わり、献帝の後なりといい、同年十二月条には、近江国人志賀史常継・錦部村主薬麻呂・錦部主寸人勝・大友村主弟継らに春良宿禰の姓を賜わり、献帝の苗裔なりと述べている。かように、最澄の属する三津首氏以外にも、「後漢献帝の苗裔」と称する帰化氏族がかなりたくさん見出されるが、今注意されることは、これらのうちに近江国に関係ありと推定される氏族が少なくないことである。すなわち、「姓氏録」所見の志賀忌寸・志賀穴大村主、「続日本後紀」所見の永野忌寸・槻本連・志賀史・錦部村主（主寸）・大友村主らがそれである。

まず志賀忌寸については、「続日本紀」延暦六年（七八七）七月条に、右京人大友村主広道・近江国野洲郡人大友曰佐竜人・浅井郡人錦曰佐周興・蒲生郡人錦曰佐名吉・坂田郡人穴太村主真広らに志賀忌寸の姓を賜わり、「日本後紀」延暦十八年（七九九）三月条に、近江国浅井郡人穴太村主真杖に志賀忌寸の姓を賜わっている。これによって、志賀忌寸の旧姓が大友村主・大友曰佐・錦（部）曰佐・穴太村主等であったことがわかる。彼らは右の賜姓の時期には、近江国諸郡にひろく蕃居していたが、その姓の一部に含まれる「大友」「錦部」「穴太」等の名は、近江国滋賀郡の地名にもとづいたものと考えられる。大友・錦部は上述したとおり滋賀郡内の郷名であり、穴太は大津市坂本の南に今も地名として残っている。これら帰化氏族の氏族としての社会的形成を遂げた故地が、いずれも近江国滋賀郡内であったからこそ、延暦の改賜姓に当って、それらを総括する「志賀」忌寸の姓が与えられたと解することができる。彼ら滋賀系の帰化氏族は、一部は朝廷に出仕し、他は近江国一円にひろく分布していたけれども、彼らにとっての先祖発祥の地は滋賀郡であり、同じく「後漢献帝の苗裔」という氏族伝承によって結ばれた同族だったのである。最澄の属する三津首氏も、こうした滋賀系の帰化氏族の一つとして捉えなければならない。

滋賀系の帰化人として、なおいくつかの姓を加えることができる。「大友」の地名を冠するものに大友漢人(志何郡計帳)があり、「穴太」を冠するものに、穴太曰佐(宝亀九近江国某郡売券)・穴太史(天平二十近江国坂田郡司解他)・穴太野中史(天平十七仕丁送文)がある。また前引の槻本連の旧姓は槻本村主(朱鳥元紀)であり、天平頃には「志賀采女」(天平八・同十七紀)を貢する滋賀郡郡領の地位は、その一族によって占められていた。大友槻本連(貞観三録)もその同族であろう。以上に掲げた滋賀系の帰化諸姓に若干の整理を施して図示すれば次のとおりである。

志賀史
大友村主・大友曰佐・大友漢人
錦部村主・錦部曰佐
穴太村主・穴太曰佐・穴太史
（以上）→志賀忌寸・春良宿禰
槻本村主(連)→安墀宿禰

これら滋賀系の帰化氏族は、わが国の古代に数多く存在した帰化氏族や渡来氏族の中で、どのような地位を占めるものであったろうか。すでに前掲表の中に大友漢人の姓が見え、また彼らがいずれも後漢の献帝の後裔を称したことからも推測されるように、これらの諸族は、わが国古代の帰化および渡来氏族の中の雄族、東漢氏系に属する氏族であったと考えられる。関晃氏の「改編新撰姓氏録諸蕃之部」(東北大学文学部研究年報　一一・一二)でも、これら滋賀系の帰化氏族を、すべて漢氏系の中に分類している。周知のごとく、大和国高市郡に本居を有する東漢氏は、応神天皇の世に来朝した阿智王の後と伝えるが、その阿智王は、「後漢霊帝の曾孫」(延暦四紀、坂上苅田麻呂上言)と称するのが普通であった。しかるに滋賀系の漢人は、河内に本居を有したと思われる台忌寸や当宗忌寸などとともに、霊帝の後とは称せず、あえて霊帝の子の献帝の後と称したのである。ここに同じ漢氏系に属しながら、みずからを東漢氏と区別しようとした滋賀および河内の漢人たちの同族意識を認めなければならぬ。

ところで前掲の整理表に見られるごとく、滋賀系の漢人は、志賀・大友・錦部・穴太・槻本など、滋賀郡内の地名を負うとともに、村主・曰佐・史・漢人などのカバネを有し、彼らの姓は、一定の地名とカバネの組合せから成っている。これに関連して想起されるのが、「坂上系図」所引、姓氏録逸文に見える次の部分である。すなわちそこでは、応神天皇の世、本国より多数の人衆を率いて渡来した阿智王が、大和国今来郡（のちの高市郡）に居住したが、人衆が巨多であり、居地隘狭であったため、一族のものを諸国に分置したことが述べられている。今注目されるのは、そのあとに、「摂津・参河・近江・播磨・阿波等の漢人の村主是れなり」と述べられていることである。右に明らかにしてきたところの、滋賀系の漢人こそ、「坂上系図」のいわゆる「近江の漢人の村主」そのものにほかならないであろう。

ここで次のようなことが考えられる。前掲表に掲げた諸姓は、奈良時代およびそれ以後の文献から抽出したものであるが、天智朝に始めて造籍定姓が行われる以前、彼らに対して与えられた社会的称呼として考えられるものは、「大友村主」（推古十紀）と「志賀漢人」（推古十六紀）だったのではなかろうか、ということである。おそらく「志賀漢人」は、彼らに与えられた一般的称呼、「大友村主」は志賀漢人の一部をなし、大友郷付近に居住した一族を指す内部的称呼であろう。よって以下、近江滋賀の地に本居を有した漢氏系の帰化諸族を「志賀の漢人」と総称することにしたい。最澄の生家、三津首氏も、おそらく傍系の小氏族であったと思われるが、「志賀の漢人」に含まれる帰化氏族であったと考えられる。したがって、彼の生家なり、幼時の環境を知るためには、これら「志賀の漢人」の史上における社会的・文化的活動を考察しておくことが必要である。

この一族の中で最も早く史上に著聞するのは、大友村主高聡であるが、彼は推古十年（六〇二）十月、百済より来朝した僧観勒について「天文遁甲」を学んだという（紀）。遁甲は後漢書方術伝の注に「推二六甲之陰一而隠遁也」と見え、のちの陰陽道に当る方術である。神堀忍氏は、「万葉集」巻二の柿本人麻呂作「吉備津采女死時」歌に見える「天数ふ大津の子」の解釈をめぐって、奈良時代に首・大浦等、陰陽道の大家を輩出した大津連(造)も、志賀の漢人系の一族であったことを考証している(神堀忍「「吉備津采女」と「天数ふ大津の子」」、万葉 八三)。大津連首は、はじめ沙門智法として入唐したが(慶雲四紀)、帰朝後「占術」をもって出仕せんがために還俗(和銅七紀)、のち陰陽頭に任じた人物。首の子であったと思われる大津連大浦も陰陽頭となったが(宝亀二紀)、その卒伝に「世々陰陽を習ふ」(宝亀六紀)とあり、上述した推古朝の大友村主高聡と特別の関係が推定される。なおこの一族には遣唐大通事となった広人(大宝元紀)、但馬守の船人(天平九但馬税帳)、讃岐大目の上万呂(宝字五官人歴名)などがある。

ところで「志賀漢人」を名のる人物として史料に現われるものは、推古紀の志賀漢人慧(恵)隠だけであるが、彼は推古十六年(六〇八)、小野妹子に従い、学問僧として入唐。同行の「学生」には倭漢直福因・奈羅訳語恵明・高向漢人玄理・新漢人大圀あり、「学問僧」には新漢人日文・南淵漢人請安・新漢人広済あり、これら東漢系の漢人たちに伍して、彼は志賀の漢人を代表して一行に加わったことが推測される。舒明十一年(六三九)に帰朝し、その翌年(六四〇)と白雉三年(六五二)に、内裏に召されてはじめて無量寿経を講じたことは有名である。

志賀漢人系の諸族の中で本宗的な地位を占めたのは大友村主・大友曰佐など、大友郷に本居を有した一族であったと考えられるが、大友村主では、前述の高聡をはじめ、天平期には主船佑兼南藤原夫人家書吏の広名(天平十九同家解)、山背史生の真名(天平二十山背国加美郷売券)、近江少掾の広国(勝宝九某郷使解)があり、ついで稲一万束・墾田十町を西大寺に献じた人主(景雲元紀)、やや降って太政官史生の弟継(承和四紀)、施薬院使の家人(貞観十一録)がある。大友曰佐では、近江蒲生郡桐原郷出身の経師、広国が天平期の東大寺写経所で盛んに活動し(天平十七経師等調度充帳他)、志何史堅魚麻呂を優婆塞として貢進した椋麻呂は栗太郡木川郷戸主であった(天平十七貢進文)。降って平安初期、東大寺三論別供衆学頭の安宝も滋賀郡真野郷の大友曰佐氏の出身であった(仁寿四近江国大国郷売券)。なおこのほかに村主と曰佐の区別をしるさないで単に「大友」を称する多数の経師の名が、正倉院の写経所文書に見出されるが、彼らの活躍が天平十二〜十五年（七四〇〜七四三）、天平宝字五、六年（七六一〜七六二）の二つの時期に集中するのは、前者は近江甲賀宮への遷都、後者は近江保良宮への行幸および石山寺の造営にそれぞれ関連するであろう。すなわちこれらの出来事が、近江国に住む志賀の漢人たちの朝廷に出仕する契機をなしたことが推定される。なお石山寺の造営に関係した「大友禅師」（宝字五造寺料銭用帳他）も、大友氏出身の僧であったと考えられる。

次に「錦部（織）」を冠した志賀漢人系の諸氏では、中宮職美作国主稲の錦部主村石勝（天平四播磨税帳）、東大寺坂田庄領の錦部小老（宝字六造石山院所符案他）、経師の錦織曰佐（行）大名（天平十四装潢本経充帳他）、同じく経師の錦織曰佐（行）広継（勝宝七経師等紙筆墨充帳他）、やや降って左衛門少志の錦部村主薬麻呂・越中少目の錦部主寸人勝（承和四紀）が見える。また「穴太」を冠する諸姓では、近江坂田郡主帳の穴太村主麻呂（天平十九同郡司解）、近江員外少目の穴太史老（勝宝三甲可郡司解）、竪子所竪子で経生となった穴太村主雑物（宝字六石山院奉写大般若所牒案）、降って右衛門少志の穴太曰佐門継（仁和元録）を挙げることができる。

次に「志賀采女」を輩出した槻本連は、志賀系漢人の在地における有力氏族であったと思われるが、この一族では槻本村主勝麻呂が、朱鳥元年（六八六）六月、連姓を賜わり、勤大壱位に叙し、さらに封二十戸を賜わっているが（紀）、これは天武天皇の病床に侍医として仕えた賞賜と考えられている。また僧霊福が優婆塞として貢進した槻本連堅満侶（天平十四貢進文）、造寺司大判官の蓑麻呂（天応二正倉院御物出納目録）、降っては遣唐知乗船事の良棟、およびその弟の民部少録の豊額（承和四紀）があり、伊勢少目の大友槻本連真吉（貞観三録）もその同族と考えられる。

以上の例示によって知られるごとく、志賀の漢人の諸姓に属した人々の活躍は、すこぶる多彩である。これらのうち、数の上で最も多いのは、経師、諸国の掾や目、中央諸官司の下級書吏などの文筆的活動に携わった人々である。またそれに関連して、遣唐大通事や遣唐知乗船事など、外交事務に携わった人々、遣唐使に従って入唐した慧隠や智法のごとき学問僧の輩出も注意される。志賀の漢人たちに与えられたカバネの中に、曰佐（訳語）や史のあったことが想起されてよいであろう。さらに特殊な学術に長じたものとして、早く天文遁甲を学んだ大友村主高聡や陰陽道の大津連首と同大浦、天武天皇の侍医をつとめた槻本村主勝麻呂の存在は、最も注目されるところである。このように志賀の漢人の活動分野は、主として文化面にあり、一族の中から、さしたる高位高官のものは輩出しなかったけれども、中央・地方の行政機構の下級官僚として幅広く進出し、文筆活動を通じて古代国家の支配体制の一翼を荷ってきたのである。そして、そうしたところに、帰化氏族としての志賀の漢人たちの、古代国家において果す一定の役割が認められていたのである。平安時代に入ると、左衛門少志や右衛門少志などの武官となった例も二、三認められるが、それは文事を主とした志賀漢人の氏族的伝統の失われた結果とみなすべきである。

　このような志賀の漢人の氏族的伝統を念頭において、最初に述べた最澄の「伝」の書き出しの部分を読み直してみると、一々肯綮に当るところが多い。最澄の父が、私宅を寺となし、礼仏誦経につとめた熱心な仏教信者であったということも、早く慧隠や智法を輩出し、またその後、天平期には「大友禅師」をはじめ、何人かの優婆塞（尤も彼らが無事成業して一人前の僧侶となったかどうかは不明であるが）を出した志賀の漢人の伝統から見て、何ら異とするに足らない。また七歳に達した最澄が、「村邑の小学」（伝）について陰陽・医方・工巧を修練したという叙述も、万葉集に「天数ふ大津の子」（神堀忍氏によれば、「天数ふ」は、天体・気象の観測をふまえ、陰陽五行の往来消息を通じて、人事・世事の祥瑞・災異を洞察することとされる）と謳われた陰陽師たちや、臨終の天武天皇の脈をとった侍医を輩出した、志賀の漢人の伝統を思えば、きわめて無理なく理解できる。ちなみにこの「村邑の小学」について、その実態は必ずしも明らかではないが、彼ら志賀の漢人たちがその氏族的伝統を保持し得た秘密を解く鍵として注意される。志賀史たちは、東漢氏系の東史《やまとのふひと》、西文氏系の西史《かわちのふひと》のように、帝都に唯一つの大学に入学する資格を与えられてはいなかった（学令、大学生条）。とすれば、彼らの特異な氏族的伝統を守ってゆくためには、子弟の教育のために何らかの手段を講じなければならなかったであろう。「伝」の「村邑の小学」は、この疑問に答える殆んど唯一の貴重な史料といわねばならぬ。

以上述べたところによって、幼時の最澄をとりまく環境は、予想以上に開明的で文化的なものであったことが推測されたが、近江滋賀の地は、天智天皇の大津宮がおかれて以来、しばしば直接に中央文化にふれる機会をもった。天平十二年(七四〇)九月、藤原広嗣の乱起るや、聖武天皇は同年十月、突然伊勢に行幸し、ついで美濃を経て近江に入り、十二月十一日には志賀郡の禾津頓宮に到った。「禾津」は粟津であり、最澄の生家の属した古市郷内に含まれる。同月十三日には、志賀山寺に行幸あり、礼仏が行われた。十四日には粟津を発って山城の恭仁宮に向ったが、粟津滞在中に行幸のあった志賀山寺とは、現在大津市滋賀里町長尾の山中に寺跡をとどめる崇福寺である。天智天皇七年(六六八)、天皇が夢告によって発願建立するところと伝える(扶桑略記)。天皇の死とそれにつづく壬申の乱によって大津宮は廃墟に帰したが、天智勅願の崇福寺は、近江朝の余光を伝える唯一の記念物として法燈を伝え、文武天皇四年(七〇〇)には封戸の施入あり(大宝元紀)、和銅六、七年(七一三～七一四)のころには、時の近江守藤原武智麻呂が当寺に詣で、受戒長斎して神剣を造り、天皇に献上したという(家伝、武智麻呂伝)。「内証仏法血脈譜」によれば、最澄出家の師行表は、近江大国師となる前に崇福寺の寺主たりしことあり、同寺に像高一丈余の千手千眼観音像を敬造したといい、最澄にとっても忘れることのできない寺であった。

さて山城の恭仁宮に到った聖武天皇は、そのまま恭仁にとどまって平城に還都しなかったが、天平十四年(七四二)八月、近江国甲賀郡に紫香楽《しがらき》宮を造って行幸し、その後、恭仁と紫香楽を往復する状態がつづいた。とくに十五年七月から十一月までは紫香楽宮滞在四箇月に及んだが、この間に天皇は甲賀寺を造り、ここで盧舎那大仏像の造立を発願、翌十六年十一月にはその「像体の骨柱」を建立した。これ実に東大寺大仏の前身である。天平十二年の粟津滞在はいうに及ばず、紫香楽宮への行幸、甲賀寺や大仏の造立が、隣接する滋賀の地にさまざまの影響を及ぼしたことは察するに難くない。国分寺の建立が発願されたのも、また同じころであった。唐の毎州官寺の制に範を求めた国分寺建立の計画は、すでに天平九年のころから天皇の胸中に描かれていたらしいが、それがしだいに具体化され、はっきりした形をととのえるのは天平十三年二月十四日の勅においてであった。この勅も志賀行幸の直後、恭仁宮で発布されている。後年、最澄が入寺するであろう近江の国分寺も、この勅の発布によって建立に着手せられたであろう。近江国分寺は古市郷の南辺、現在の大津市国分《こくぶ》にあったと考えられる。

この国分寺の南に接して石山寺が建立されたのもほぼ同じころであった。寺伝によれば、石山寺は天平勝宝元年(七四九)、東大寺の開山良弁僧正が夢想にもとづいて草創するところというが、最初は良弁私願の小寺院にすぎなかったようだ。石山寺が今ある大寺院としての地位と体裁をそなえるに至ったのは、天平宝字五、六年(七六一〜七六二)頃に行われた大規模な造営によるものである。そしてその造営の端緒をなしたものは、天平宝字五年十月から翌年五月にかけて行われた淳仁天皇の保良宮への行幸であった。このころ奈良の平城宮が老朽化し、その改作のために一時皇居を近江の保良に移すことになり、天平宝字三年十一月、行宮の造営に着手した。同五年十月十三日、天皇は孝謙上皇を奉じ、百官を従えて保良に行幸し、翌年五月二十三日まで滞在した。行宮とはいえかなり長期の滞在であったから、宮殿の造作も立派なもので、随行の官人たちにも宅地が班給された。現在、大津市国分部落の西南丘陵上にある旧保良神社のあたりが保良宮跡とされ、その西麓一帯が官人たちの宅が軒を並べた京域に推定されている(滝川政次郎「保良京考」、史学雑誌 六四ノ四)。したがって近江の国分寺は保良京に包みこまれた恰好となり、またそのすぐ南に接して、良弁私願の石山寺が存在するという形であった。

このころ政治の実権を握っていたものは大師(太政大臣の唐名)藤原仲麻呂であるが、良弁はこの仲麻呂と政治的に親密な関係にあった。天皇に風光明媚な保良への行幸を奨めたのも、石山寺を造って付近の事情をよく知る良弁であったかもしれぬ。石山寺の北に接して保良宮が営まれたのも決して偶然ではなかった。果して、保良宮行幸を契機として石山寺の造営工事が始まっている。正倉院文書の中には、この石山寺造営に関する文書が多数残されているが、造営事業はだいたい天平宝字五年末に着手され、まず近江にある東大寺の杣山より用材を伐り出し、六年三月頃には仏堂の建立にかかり、同年八月頃には、丈六観音菩薩像を安置する七間と四間の仏堂一宇をはじめ、僧房四宇、経蔵・法堂・食堂各一宇、その他雑屋がことごとく成った(福山敏男「奈良時代における石山寺の造営」、『日本建築史の研究』所収)。またこれと並行して勅旨による大般若経一部六百巻の書写が行われた。この写経には費用およそ五百貫以上を要し、石山寺の造営に要した全費用四百貫を凌ぐというから、いかに重視されたかがわかる(福山敏男、前掲論文)。この写経に当っては、穴太村主雑物や大友路万呂など、「志賀の漢人」出身と推定される経生たちが大いに活躍したことはすでに指摘したところである。石山寺の法堂・食堂には、紫香楽宮の旧殿舎が利用されたらしいが、この旧殿を甲賀から石山へ「壊運」する工事には、例の「大友禅師」が事に当った。彼は僧侶の身とはいえ、建築技術に才能を有したのではなかろうか。そうしたところに「志賀の漢人」らしい器用さを見出すことができるかもしれない。石山寺の造営に当っては、滋賀郡人の画師、上村主楯が仏像の彩色を担当し(宝字六造石山院所労劇文案他)、同じく滋賀郡古市郷の人、大友但波史吉備麻呂(志何郡計帳)が、田上山(栗太郡)にあった東大寺の山作所に赴き、何かの買田料を受け取っている(岸俊男「但波吉備麻呂の計帳手実をめぐって」、『日本古代籍帳の研究』所収)。大友禅師といい、吉備麻呂といい、在地出身の僧侶・下級官人たちは、土地の事情に通じたという利点を生かして、何かと寄与するところが大きかったと思われる。建築に長じた大友禅師が「志賀の漢人」に属したことはすでに述べたところであるが、上村主楯や大友但波史吉備麻呂(いずれも帰化系)をも、広い意味での「志賀の漢人」に属せしむることができるならば、最澄が、その「伝」に村里の小学で修めたという工巧も具体的意味を帯びてくるであろう。

保良宮の造営や石山寺の造立は、天皇はじめ中央貴族の発願するところで、在地の民衆には犠牲をのみ強いる事業であったと考えられやすいが、このように見てくると、必ずしもそうでなかったことがわかる。最澄の生家は、経済的にはさほど豊かとは思われぬ当時の平均的な農村家族であったが、幼時の最澄をとりまく文化的環境は、近江朝や天平文化の残照を伝える記念物で満たされ、またそうした文化創造に一翼を荷った「志賀の漢人」たちの氏族的伝統に彩られていた。保良宮や石山寺が近江国滋賀郡に造営されたのは、最澄の生まれる僅か五年前のことである。

三　「願文」をめぐって

延暦四年(七八五)四月六日、最澄は当時の教団のしきたりに従って、南都に赴き東大寺の戒壇に進んで僧戒を受けた(戒牒)。受戒とは、正式の僧侶の資格を授与するに当って、戒律の条項(僧は二百五十戒、尼は三百四十八戒)の遵守を誓う厳粛な儀式である。時に最澄は弱冠十九歳、もっとも戸籍面では二十歳を称していたが(「東大寺授戒方軌」によれば、二十歳に満たざるものには授戒を許さぬことになっていた)、それにしても順調な出身である。しかるになぜかその年の七月中旬、彼は突如として身をひるがえすようにして比叡山に登り、樹下石上の禅行生活に入った。最澄の生家や環境を見るにつけても、これまでの彼のたどった足どりは生まれながらにして与えられた条件への順なる対応であったが、ここではじめて彼は「入山」という行為を主体的にえらびとった。

この間の事情を伝えたものとして、われわれはやはり「伝」の簡単な記載しか持たないが、それには、「延暦四年を以て、世間の無常なる、栄衰の限りあるを観じ、正法の陵遅し、蒼生の沈淪せるを慨いて、心を弘誓に遊ばし、身を山林に遁れんとす。その年の七月中旬、憒閙の処を出離して寂静の地を尋求し、直ちに叡岳に登りて草庵を卜居す」といい、一般に具体的な叙述に富む「伝」としては、珍らしく内容空疎な文体といわねばならぬ。「その年の七月中旬」という一句を除いて、おそらく「伝」の筆者は、入山前後の事情について何の資料をも持ち合せていなかったのであろう。

かくて彼の入山の動機を探るためには、しばらく当時の社会情勢に目を転じなければならない。童形の行者として行表の膝下にあった広野が、髪を下ろして得度し、国分寺僧最寂の死亡の闕を補って最澄を名のったのは、宝亀十一年(七八〇)、彼の十四歳の年の十一月であるが(国府牒)、この年の三月には、陸奥で蝦夷の族長、伊治呰麻呂の大規模な反乱が勃発している。この事件は、律令政府に大きな衝撃を与え、光仁天皇は失望のうちに位を皇太子山部親王にゆずり、間もなく世を去る。得度した最澄が正式の「度縁」を得たのは、山部親王が即位し、桓武天皇となって三年目の延暦二年(七八三)正月のことであった(度縁追与の事情については、前掲の嗣永論文にくわしい)。現存する「度縁」を見ると、まず行表が師主として署名し、ついで近江国師(四員)と近江国司(七員)が判を加えている。これは、当時の度縁の実例として貴重なものだが、今注目されるのは末尾の国判である。まず守(長官)の藤原朝臣は「在京」とあり、上京して不在のため判署を加えなかったらしいが、「参議正四位下行左衛士督兼守」という肩書よりして、当時の重臣、藤原種継であったことがわかる。彼は、桓武即位とともに左衛士督兼近江守に任じ、ついで抜擢されて参議となり、「天皇甚だ委任し、中外の事、皆決を取る」(延暦四紀)といわれた人物。この種継の首唱によって、延暦三年十一月、都が奈良から長岡へ移されたことは有名である。次に介(次官)として署名した大伴継人は、宝亀八年(七七七)遣唐判官として入唐し、翌年帰途、海難に遇ったが、九死に一生を得て帰国し、間もなく能登守に任じ、伯耆守に転じ、種継の近江守就任と同時に近江介となった。彼らの判署が、なぜ今とくに注目されるのかといえば、長岡遷都の翌年九月に起った種継暗殺事件に筆を進めなくてはならない。

この事件は、延暦四年九月二十三日の夜に起っている。このころ長岡宮の造営は昼夜兼行で進められ、造営事業の最高責任者として、種継はこの日も夜間工事を催検するため現場を見廻っていたが、突然、闇の中から飛んできた二本の矢に当って倒れ、翌日息を引取った。すぐさま下手人の探索が始まったが、犯行の張本として捕えられたのは、意外、最澄の「度縁」に種継と肩を並べて判署した当時左少弁の大伴継人とその一味のものであった。種継の死は、当時の政局に波紋をまき起し、ついに皇太弟早良親王の廃立——憤死という事態にまで発展した。遷都によって人心を刷新し、宝亀末年以来の政情不安を一掃しようとした天皇の意図はもろくも挫折し、政局はいっそう混迷の度を加えるに至った。以上が藤原種継暗殺事件の概要である。

この事件の起った延暦四年九月といえば、すでに最澄の入山二箇月後である。しかし自分の所持する度縁に肩を並べて判署を加えた、かつての近江の守と介が加害者と被害者になった暗殺事件に、無関心ではありえなかったであろう。そしてこの事件の伏線をなしたところの宝亀末年以来の政情不安が、今問題とする入山の動機としての無常感の形成に一役を買ったこともたしかであろう。近江滋賀の地は政治的にも文化的にも辺境地域ではない。彼が起居した近江国分寺は、既述のとおり大津市国分の伽藍地山にあり、瀬田川を距てて対岸に、種継や継人が執務した近江国衙(大津市三大寺山)をのぞみ、脚下には東海・東山・北陸の三道をたばねる東西交通の要路が走っていた。東北情勢が悪化し、遷都の事業が始まってからは、兵士や役民・運脚など、人の往来もとみにはげしくなったことであろう。

もっと身近なところでは、同じ延暦四年に、最澄の属した近江国分寺が火災にあって焼失している。「日本紀略」弘仁十一年十一月条によれば、近江国が、延暦四年に焼尽した国分寺の代りとして、定額寺の国昌寺(本書一八一頁補注参照)を国分寺に指定してほしいと上言している。この記事には単に延暦四年としかいっていないので、最澄入山の七月中旬以前とも以後ともわかりかねるが、火災はおそらく七月以前に起きたのではなかろうか。どうも国分寺の火災が、最も直接的に最澄の隠遁を動機づけたように思われるからである。

以上に見てきたように、感じ易い青年の日の最澄をとりまく諸情勢は、有為転変ただならぬものがあった。しかし、そのことからただちに彼の入山の動機を、「伝」のいう「世間の無常なる云々」の叙述に短絡させてしまうわけにはゆかない。たしかに上述のごとき彼をとりまく諸情勢は、このころ彼が懐いたであろう無常感を説明するものではあるが、彼が宗教的決断としてえらびとった「入山」、あるいはそれを動機づけた無常観を説明するに足るものではない。入山の動機を最澄の内面に即して理解するためには、ここで「願文」を取り上げねばならないであろう。

「願文」は、入山後まもなく「坐禅の隙に」(伝)作ったものといい、全文僅か五百五十字程の小品であるが、前文、五条の誓願、結文の三つの部分から成りたっている。「悠々たる三界は純ら苦にして安きことなく、擾々たる四生はただ患にして楽しからず」という名文句で始まる前文の基調をなすものは、深刻な無常観であるが、書き出しの数句は、彼が行表のもとにあってすでに得度以前に誦し覚えた「法華経」(国府牒)譬喩品の「三界無安、猶如火宅、衆苦充満、甚可怖畏」あたりから、その意を取って構成したものであろうか。最澄の目に直接ふれたとは考えられないが、光明皇后執筆の「東大寺献物帳(国家珍宝帳)」の願文のはじめに、「妾聞、悠々三界、猛火常流、杳々五道、毒網是壮」(寧楽遺文四三三頁)という類似の句のあったことも思い出される。こうした文献上のいくつかの先蹤が認められるにもかかわらず、「願文」の基調をなす無常観が、最澄自身の言葉となり思想となっていることは、前文末尾の「愚が中の極愚、狂が中の極狂、塵禿の有情、底下の最澄」という、するどい自己省察の言葉と照し合せることによって確かめることができる。四百年後の親鸞が、最澄のこの悲嘆の言葉に示唆を得て「愚禿親鸞」を名のったことは有名であるが、親鸞が「愚禿」を称したのは三十五歳の春、それも流罪という深刻な体験を媒介としてであった。それと同じ深みをもった自省の語が、二十歳そこそこの最澄の口から吐かれているとすると、彼はおどろくべく非凡で早熟な宗教家であったといわねばならない。彼はみずからをおそった無常感を「世間の無常」に解消してしまうことなく、自己の内なる罪悪感をもってこれをうけとめ、主体的な無常観へと昇華させることに成功している。

最澄の「願文」に見られる無常観のかかる構造が明らかになると、そうした彼の透徹した自己洞察を導き出す契機を示したものとして注目されてくるのが、前文中段の次の部分である。「伏して己が行迹を尋ね思ふに、無戒にして竊かに四事の労りを受け、愚癡にしてまた四生の怨と成る」のくだりは、彼の入山の動機が那辺に存したかを、また彼の入山が南都での受戒の直後に決行されたことの意味を的示するものである。すなわち最澄は、南都での受戒をきっかけとしてこれまでの自分の生活をかえりみ、痛切な慙愧心におそわれ、もはやこれ以上、国分寺僧として官の僧供（四事の労り）に甘んじる生活に安住していることができなくなったのである。おそらくこれが、最澄の内面に即して語られた、事の真相である。

当時の授戒の方軌をしるしたものとしては、鑒真の弟子、法進の作った「東大寺授戒方軌」（東大寺要録巻九）があるが、これによると、諸寺より参集した受者たちは、まず戒壇院中門内にて治部省玄蕃寮官人の簡検をうけ、ついで食堂に入って粥を受けたのち、当時「厳清無比」（伝述一心戒文中ノ八）と称された戒壇に進み、「三師七証」（戒和上・羯磨師・教授師の三師と七人の証師）を前にして「白四羯磨」（和上の質問、すなわち一白に対して三度重ねて誓約の文言をくりかえす作法）の作法をもって大僧二百五十戒の遵守を誓うのである。当時一般の常識では、この荘重きわまりない儀式も、その本来の精神が忘れられて、資格授与の単なる儀式としかみなされていなかった。しかるに十九歳の純粋な最澄は、受戒の実質と形式との乖離を見ぬき、世の多くの僧侶たちのようにその矛盾をごまかすことなく、みずからの問題として解決することをはかり、ついに入山行をえらびとったのである。

このことは、つづく五条の誓願を見ることによっていっそう明らかになる。五つの誓願は、前の四条と後の一条に分けることができるが、前の四条は、それぞれ具体的な目標を掲げて、それが成就されるまでは断じて山を下りないという、不退転の決意を示した別願であるのに対して、最後の一条は、山中での修行の成果を決してひとり占めせず、あまねく衆生に回施することを誓った大乗的な誓願であり、全体に通ずる総願である。あるいは前の四願を最澄自身のための往相の願、後の一願を広く他に施す還相の願ということもできよう。

次にその誓願の内容を見ると、第一に掲げた「六根相似位」とは、主として天台宗で用いる語で、六根清浄位ともいい、眼・耳・鼻・舌・身・意の六根が仏と同じく清浄となる境位をいう。前述のように最澄入山の動機が、南都の戒壇に登って遵守を誓った一定の戒律の条項がどうしても守れないということへの反省にあったとすれば、彼がここで山中での修行の目標として、「六根相似位」すなわち、おのずから戒律を守ることのできるような境地の獲得を設定したということは、きわめて自然である。同じことは、第二の「照理心」(禅定の達成によって獲得される観智)、第四の「般若心」(智慧の至極)についていうことができるが、とくに第三に「具足浄戒」を挙げていることから見ても明らかであろう。彼が、南都での受戒を否定的な契機として山林修行にとびこんでいったことは、個々の誓願の考察からも裏づけることができるのである。最澄は晩年に至って南都の戒を否定し、叡山に新しい大乗戒をうち立てようとするが、この段階ではまだそこまでいっていない。このころの彼は、南都での受戒をそのまま是認し、むしろ自己の煩悩の制御をめざして山中の苦行に入っている。しかし、ここには早くも彼が生涯の課題として「戒」の問題と取り組まねばならない運命が暗示されているであろう。

ところで右に見た五つの願を、「すべて、きびしい世俗からの自己断絶の誓いである」とする解釈がある(梅原猛「日本の内面道徳――最澄」、『仏教の思想』5所収)。これは個々の願文の「……より以還《このかた》、……せじ」、いいかえれば「……せずば、……せじ」という形の後半部に力点をおいた見方であり、文の当面に即する限り、そうした解釈も不可能ではない。しかし、こうしたいいまわしは仏教の誓願文に通有のスタイルであって、後半の「……せじ」によって前半の「……せずば」を逆説的に強調した文脈なのである。具体的にいえば、第一の願で「六根相似位を得ないかぎり、出仮しない」といったのは、「出仮しない」というところに終局の目標がおかれていたのではなく、「六根相似位を得る」ことにこそ重点がおかれていたといわねばならない。したがって梅原氏の解釈は、「願文」の正しい読み方とはいいがたいのであるが、ただ最澄の場合に限っていえることは、この解釈が彼の山林修行の実態を結果として正しく捉えているということである。なぜなら最澄は、「願文」のこの逆説的ないいまわしを、そのいいまわしどおり忠実に遂行するきまじめさを持ち合せていたからである。事実、われわれが現在見ることのできる史料による限り、最澄は延暦四年(七八五)、十九歳の秋に叡山に入ってから、延暦十六年(七九七)、内供奉十禅師に任ぜられるまでの十二年間、山を出た形跡はない。後年、彼は自己の門弟たちに十二年間一紀籠山の修行を義務づけるが、それはこのときの彼自身の体験にもとづいたものであろう。彼は、その人柄を見ても、自分にできないことを他人に強要するような人物ではなかったからである。

こうして比叡山に入った最澄は、「毎日、法華・金光明・般若等の大乗経を読誦して一日も闕かず、懈怠あることなし」（伝）という生活に入ったが、彼の籠山生活の実態を窺わせるものとして、彼が入滅に際して門弟たちに与えた「遺誡文」（伝）を挙げることができる。

それによれば、山上の生活は質素そのものでなければならなかった。路傍に打ち捨てられた古着を着用し、小竹で編んだ小さな円房に住し、藁を寝具とする生活を最上とした。そして「不求自得の食」、すなわち求めずして与えられたものだけが、彼らの食糧でなければならなかった。ここでも、自分にできないことは他に要求しないという彼の人柄を想起すれば、「遺誡文」に描かれた生活こそ、彼自身の籠山生活の実態ではなかったろうか。

また光定の「伝述一心戒文」（巻下）には、人口に膾炙するもう一つの遺偈が残されている。「道心の中に衣食あり。衣食の中に道心なし」（伝全一、六四三）。およそ飢えと寒さをしのぐための衣と食とは、人間生存の最低の条件である。最澄は、それすらも「道心」のためには賭けよ、というのである。この語は、彼の晩年の言葉だが、おそらく十九歳の秋、比叡入山に当っての覚悟でもあったであろう。今この語の「衣食」を「国分寺の僧供」に、「道心」を「六根相似位」や「具足浄戒」におきかえてみるとよくわかる。彼は、無戒にして国分寺の僧供を貪るよりは、浄戒の具足のために山中で餓死することも、あえて辞さなかったのであろう。飢えと寒さとの格闘こそ、のち長く叡山教団の伝統をなすが、それは最澄の原体験に淵源するものである。

このように最澄の入山の目的は、あくまでも宗教的な絶対自由の達成にあり、世俗との断絶はそのための手段にすぎなかった。しかし、彼が入山を決意した背景には、苦行と脱俗を看板とした奈良時代以来の山林修行の伝統が大きな影響を与えていることも否定できない。奈良仏教の主流は、平城京に営まれた官大寺を中心に展開したが、それと並んで幽邃な深山に営まれた数多い山寺・山房と、そこに拠った多数の山林行者が存在したことを忘れてはならない。こうした山林仏教は、インド以来の仏教固有の山林修行と、わが国古来の山岳信仰とが結びついて形成されたもので、いちじるしく神秘的・呪術的な色彩を帯びたものであった。大和周辺では、葛城山系や吉野・熊野の連峰が練場として早くから知られており、後世、修験道の祖とされる役小角が葛城山で練行して神秘な呪力を得たことや、同じく葛城山中に苦修して如意輪・宿曜の秘法を習得したという道鏡などの例が有名である。道鏡がみずから山林行者の出身でありながら、いったん権力の座につくと山林修行を禁止したのは、自己と同じ道を通って権勢を狙う後続者の出現を警戒したからであろう。しかし、この禁令にもかかわらず山林の仏徒は跡を絶たず、世俗化した官寺仏教への批判的な分子を吸収した。道鏡失脚ののち、仏教界の主流に戻った僧侶たちには、こうした山林行者が多く含まれていた。宝亀三年(七七二)三月、十禅師に迎えられた広達は(続日本紀)、長らく吉野金峰山に入り、「樹下を経行して仏道を求」めた行者であったし(日本霊異記中ノ二六)、同じく永興は、紀伊国牟漏郡に住んで「法華経」を持ち、看病を能くし、土俗これを「南菩薩」と尊称した禅師であった(同下ノ一・二)。「日本霊異記」には、その他国史に名をとどめない無名の山林僧の消息を数多く伝えている。

しかし奈良時代の山林修行は、必ずしもこうした反体制的な民間修行者の独占するところではなかった。たとえば宝亀年中(七七〇〜七八〇)、興福寺の僧賢璟の開創した大和の室生寺は、賢璟・修円に代表される興福寺法相学派の歴たる官僧たちのための山林道場であった(薗田香融「草創期室生寺をめぐる僧侶の動向」、『京大国史論集』所収)。奈良猿沢池をへだてて興福寺に対峙する元興寺にも、もう一つの有力な法相学派が形成されていたが、この派の勝虞(悟)・護命たちは、吉野の比蘇山寺によって「虚空蔵求聞持法」を修め、「自然智宗」の名をもってよばれていた。そしてその先駆は、奈良時代前期の神叡や道璿にまでさかのぼることができる。

神叡は持統朝のころ来朝した唐僧で、養老の頃(七一七〜七二四)、道慈とならんで「釈門の秀」(天平十六紀)とよばれた学僧であるが、患によって芳野現光寺(比蘇寺)に入り、苦修すること二十余年、ついに自然智を得たと称せられた(扶桑略記所引延暦僧録)。「今昔物語」の説話(一一ノ五)によると、現光寺の塔の杓形(水煙)には虚空蔵菩薩の像が鋳付けてあり、神叡はそれに緒をとりつけて祈願し、ついに自然智を得たと伝える。この説話は、神叡が比蘇山寺で虚空蔵求聞持法を修めたことを物語風に伝えたものであろう。神叡の学統をひく護命は、のちに最澄の論敵となって戒壇問題を争う法相宗の学匠であるが、その若年のみぎり、「月の上半は深山に入って虚空蔵法を修め、下半は本寺に在って宗旨を研精」(承和九紀)したという。「求聞持法」とは、虚空蔵菩薩を別尊として、聞持の智慧、すなわち記憶力(自然智)の増進を祈る密教の修法である。複雑な法相唯識学の研究に携わった彼らが、この秘法の習得に熱中した理由もわからないではない。

次に道璿は、天平八年(七三六)、鑑真に先立ってわが国に招かれ、戒律を伝えた唐僧であるが、彼は、また如来禅を伝え、さらに華厳の学にも通じた学僧である。吉備真備作るところの「道璿和上纂」(内証仏法血脈譜)によると、天平勝宝三年(七五一)、朝廷は彼を律師に任じたが、病と称して比蘇寺に退居し、持戒修禅につとめたといわれる。最澄の出家の師主、近江大国師行表は、実にこの道璿の弟子であった。「内外清浄にして仏法を住持す」(内証仏法血脈譜)とか、「離欲清浄にして潔く物色に染せられず」と称された行表の清潔な行持が、最澄の山林修行のあり方をつよく支配したことはいうまでもないであろう(薗田香融「古代仏教における山林修行とその意義」、南都仏教 四)。

こう見ると、奈良時代の山林修行は、民間の行者のみならず、官大寺に籍をおく当時の代表的な学僧にとっても欠くことのできないものであった。しかし、それは「求聞持法」や「如意輪法」などといった呪術的な修法と結びついたものであり、また二次的なものでしかなかった。たとえば、護命は月の半分は山林修行に熱中したが、表面的にはあくまでも元興寺に属する著名の法相学徒であったごとくである。それに対して最澄は、今までの山林修行から呪術的な要素を払拭し、これを表面に押し立て、公的・第一義的な意味を持たせるであろう。彼は、「如意輪法」や「求聞持法」といったもろもろの秘法による特殊な能力(呪力)の獲得をめざしたのではなく、かえって煩悩の捨離をねがって山居の生活に入ったのである。ここに最澄の「願文」が、思想史的文献として高く評価されねばならない理由が存する。最澄の比叡入山は、奈良時代の山林仏教の伝統を継承しながらも、それを止揚し、克服する意義を有した点を見逃すことはできない。

四 「顕戒論縁起」をめぐって

「顕戒論縁起」二巻は、弘仁十二年(八二一)三月、史記官すなわち太政官の外記局に進上されたもので、序には「今この縁起は、その新文を拾ひて顕戒の由を示す者なり」といい、前年「顕戒論」を撰上したにもかかわらず、大戒問題がはかばかしく進展しないことに業を煮やした最澄が、「顕戒論」撰上の動機と必然性を示す文証を集めて上覧に供したものである。「史記官に進む」としながら、嵯峨天皇の上覧を期待したことは、序に「もしこの文を墜さば、恐らくは偏執の者、まさに聖化を断ぜんとす」といったところから察せられる。

本書は二巻のうち、今上巻を残すのみであるが、幸い巻首に収めた目録によって、下巻の内容も明らかにすることができる。下巻に収める文書九首のうち、はじめの表と式は、弘仁十年三月に撰上した「四条式」とそれに添えられた「請立大乗戒表」に当るであろう(いずれも現存、本書所収)。つづく六首の牒は、南都の六大寺より僧綱に送られた文書で(「牒」は上下被管の関係にあらざる官司と諸機関との間で取り交わされる公文書の形式)、内容は「四条式」に対する六大寺側の反論であったことはいうまでもない。最後の東大寺景深和上の論というのは、「顕戒論」にもしばしば引用される景深の「迷方示正論」のことで、これまた「四条式」に対する反論の書である。以上六首の牒と一篇の論は、大戒に対する南都側の意見を述べたもので、「顕戒論」が直接論破の対象とした僧綱の「表対」は、これらを集約して書かれたものである。したがって、下巻の伝わらないことは惜しむべきであるが、その内容は「顕戒論」に引かれた僧綱の「表対」によって、ある程度推測を加えることが可能である。

かように本書の下巻は、「顕戒論」撰述の直接の動機となった諸文献を集めたものであるが、現存する上巻の方は、時間的にもややへだたった延暦末年における天台宗年分度者の設置に関する文書、およびそれの前提となった最澄・義真の入唐に関係する文書、合せて二十四点を収めている。今これを大別すれば、五類に分つことができる。(1)入唐の動機を明らかにする文書二点、(2)入唐中の事蹟を物語る文献十点、(3)帰朝復命の表およびそのとき与えられた伝法公験など四点、(4)訳語として同行した義真に関する文書四点、(5)天台宗年分度者に関する文書四点、である。このうち、今最も重要なものは(5)の文書、とくに二十三番目に収める天台宗年分度者の設置を認めた延暦二十五年(八〇六)正月の太政官符である。(1)から(4)までの文書は、いわばこの官符の成立する前提を示すために集められたものにほかならず、天台宗年分度者の設置という事実こそ、上巻に収めた文書の物語る一連の事実の帰結であり、そして下巻に収められた大戒問題の発端をなすものであった。こうして年分度者の問題を中心に据えることによってのみ、上巻と下巻との対応関係を確かめることができる。

年分度者の問題は、大戒建立を必然ならしむる主要な動機をなすとともに、それが桓武天皇の勅許にもとづいたという点において(太政官符は勅を奉ずることによってはじめて発効する)、時の天皇に大戒建立の勅許を要求しうる理由を構成するものでもあった。最澄によれば、叡山に建立しようとする大乗戒は、桓武勅許の天台宗年分二人のための施設であり、その本来の使命を発揮せしめるための手段である。ここに最澄が、時の天皇に対して執拗に大戒勅許をせまりえた論理と権威とがあった。そしてこの論理と権威とを、事実の文証をもって実証したものが「顕戒論縁起」二巻にほかならない。最澄のこのような態度、すなわち大戒の建立が桓武勅許の年分度の問題にもとづくことを強調する態度は、すでに「六条式」の「先帝の御願、天台の年分」といういい方、「請立大乗戒表」の大戒の授与を「毎年春三月、先帝国忌の日(三月十七日)」に行わんとしたところに認められるが、とくに「顕戒論」の初篇には、「今私に式を造りて輙く以て奉献す」という僧綱の問難にこたえて、「今造る所の式は先帝の制を述ぶ。何ぞ私に造ることあらん。元由を知らずして輙く私に造ると言ふ。あに忠言にあらんや」といったところに明白に示されている。「顕戒論縁起」二巻は、まさしく右にいわゆる「元由」を明らかにするとともに、大戒の建立が「先帝の制を述ぶ」る所以を明らかにしたものということができる。

本書撰述の動機や意図は、ほぼ右に述べたとおりであるが、現存する上巻は、入唐前後における最澄の行実を明らかにする伝記史料としても重要である。よって以下、これらの文書を中心に、入唐前後における最澄の思想遍歴のあとをたどってみたい。

比叡入山当時の最澄の学的立場は、如来禅と菩薩戒を将来し、華厳学をよくしたという道璿(七〇二―七六〇)、およびその弟子である行表(七二二―七九七)の学的系統をうけたものであったと考えられる。道璿の伝として最も精しい吉備真備作るところの「道璿和上纂」によれば、彼はつねに梵網の文を誦し、かつその集註三巻を作ったことを述べている(内証仏法血脈譜)。この集註三巻は、「東域伝燈目録」に見える「註梵網経三巻 大安寺道璿師於日本撰文」に当ると思われるが、光定の「伝述一心戒文」に二箇所まで引用されており(伝全一、六一八・同六三三)、また「顕戒論」(中ノ三十六)に引用された「南唐の註経」も道璿の「註梵網経」と考えられる。これらの逸文を考察した常盤大定氏は、本書の特色として、(1)濮陽智周の「疏」を参考にして成れること、(2)智周の「疏」は天台義に多くよっているが、道璿の「註」は、さらに一歩を進めて天台義への依存をつよめていること、を指摘している(常盤大定「道璿律師の日本仏教史上に於ける位置」、『日本仏教の研究』所収)。次に思託の「延暦僧録」にも道璿の伝を収めるが(要文抄三)、それには彼が晩年「華厳浄行品」を実修し、その入滅の前日には、城中(平城京か)の一俗人の夢に、白衣を着けた道璿が六牙の白象に乗り、東に向って去ったという説を伝えている。これらの伝えられる事実から道璿の学的立場はいかなるものであったと考えられるか。

近時の研究によれば、大乗戒経中の代表的な地位を占める「梵網経」の成立について、それが中国撰述であること、その際、既往の大乗戒に関する諸経典の系統をうけかつ統摂して成ったこと、その組織は全く「華厳経」に依存していること、などが明らかにされている(大野法道『大乗戒経の研究』一〇章)。してみると、彼がつねに梵網の文を誦したことと華厳浄行品を実修したこととは、いわば楯の両面をなす事実であったと解されるのではなかろうか。道璿は吉備真備の「纂」が伝えるように、梵網戒と如来禅を将来し、いわゆる戒禅一味の立場でこれを実修する清潔な実践的宗教家であったが、その教学上の立脚地は、これを華厳学においていたのであろう。凝然の「三国仏法伝通縁起」日本華厳宗の条に、彼を「華厳宗章疏」の日本への最初の伝来者に擬しているのもゆえなしとしない。ところで、もともと華厳宗は地論宗より出で、広義の唯識学派に属する。ただし、唯識学派の主流をなす法相宗が諸法の本質(性)よりも現象形態(相)を重視するのに対して、華厳宗は「性相融会」と称して、インド以来の中観と唯識の二大思潮の対立を解消し、両者を融会統一することに成功している。いわゆる華厳の法界縁起説がこれであるが、その大成者である法蔵(賢首大師、六四三―七一二)が、自説の形成に当って天台智顗(智者大師、五三八―五九八)の学説を大幅に採り入れたことは、仏教史上有名なる事実である。してみれば、常盤氏の指摘した道璿の「註」に天台義の濃厚に認められるという事実も、華厳宗学にもともと内蔵されていた天台義の影響を示すものではなかろうか。道璿の学的立場は、天台学の影響をつよく蒙りながらも、あくまでも華厳義におかれていたと解すべきであろう。

右に見た道璿の学的傾向は、そのまま入山当時における最澄の学的立場におきかえることができる。「伝」によれば、はじめ最澄は行表のもとで「唯識の章疏等」を学んだというが、それは三乗実義・五姓各別を説く南都の法相唯識学ではなくて、道璿・行表ゆずりの、いわば華厳立ちの唯識学であったであろう。後年最澄は「内証仏法血脈譜」の中で、行表からの師承について「即ち和上(行表)に心を一乗に帰すべきことを稟く」と明記しているが、ここにいう「一乗」も、天台一乗ではなくて華厳一乗を意味するものにほかならないであろう。「願文」の中に、「六根相似位」という天台用語が見えることも、道璿の華厳学がいちじるしく天台義の影響を蒙っていたことによって説明がつくであろう。

このような道璿・行表の学風をうけついだ最澄が、入山中の思想模索の中で、しだいに「大乗起信論疏」(法蔵撰)や「華厳五教章」(同上)などの華厳の章疏に深い関心を示したことは当然である。そしてまたこれらの華厳の章疏を通じて、天台の学説の存在を知り、それに注意を向けるようになったとしても不思議ではない。華厳の学説が、天台の釈義の指南をうけるところ甚だ多かったことは、上述のとおりだからである。「伝」には、「起信論疏、幷に華厳五教等を披覧するに、なほ天台を尚んで以て指南となす。この文を見るごとに覚えず涙下つて慨然たれども、天台の教迹を披閲するに由なし」と、この辺の事情を描いて甚だ的確である。最澄はいわば、中国仏教の教学発展のあとを逆にたどる形で、唯識から華厳へ、華厳から天台へと到達するのである。

こうして天台の教籍を求める彼は、たまたまその所在を知った人に値遇し、「摩訶止観」・「法華玄義」・「法華文句」等の天台の基本典籍を写得することができたのであるが、それは「故大唐鑒真和上将来」の本であったという(伝)。鑒真が天平勝宝五年(七五三)十二月、わが国に来朝したとき、「天台止観法門(玄義・文句各十巻、四教義十二巻、次第禅門十一巻、行法花懺法一巻、小止観一巻)」をもたらしたことは、「唐大和上東征伝」に明記するところであるが、これらの書は鑒真の滅後、弟子の法進の手によって東大寺の唐禅院の蔵に帰したようである。最澄はおそらく東大寺の唐禅院に就いて、これらの典籍を写得することができたのであろう。「守護国界章」(上ノ九)に「又案招提真和上並東大寺法進僧都及普照法師等将来第二本十巻円頓止観」(伝全二、二九三)を引き、「伝述一心戒文」(中ノ序)に「大師求之大日本人、未入唐前披一切経、璿和上経覧於叡岳、進和上経検於東嶺」といったふうに、鑒真将来本を指すに、法進もしくは東大寺の名を加えていることは、右の推測を裏付けるものである。また「天台霞標」所引、天長二年八月付の「伴国道書」には、鑒真将来の天台教籍は、「物機未熟」のゆえに久しく世に行われなかったが、延暦年中、比叡禅師(最澄)が天台の諸宗に卓越せることを知り、「東大寺に就きて玄義・文句・止観・四教義等を写し」、天台仏法が本朝に流布するにいたったと述べている。この消息は史料的にやや疑わしい点もあるが、今問題とする部分は、疑問を入れる余地はなさそうである。以上によって、最澄が東大寺で天台典籍を写得したことはほぼ間違いのない事実である。しかるに「伝」がこのことを明記しなかったのは、おそらく後年の大戒問題のいきさつを考慮に入れたからであろう。東大寺唐禅院といえば、鑒真のために建てられ、のち彼が招提寺に移ってからは法進が管し、最澄と同時のころには大戒論争の好敵手、「迷方示正論」の撰者である景深律師の拠るところであった(要録四)。最澄は後年の敵の本営で珠玉を得たわけであり、逆に鑒真や法進にしてみれば、みずからの将来した典籍によって、みずからの建立した戒壇の意義が否定される破目に立ち至ったわけである。かかる運命の皮肉を荷いながらもこれらの典籍は、鑒真将来後三十余年にして、最澄という真の理解者にめぐりあうことができたのである。それはまことに宿命的な人と法との出会いであった。

天台の教えは、籠山中の最澄に何を教えたであろうか。すでに述べたように、最澄入山の目的は、「無戒」の自覚の上に立って、宗教的な自在境をめざすところにあった。梵網戒の実践をもってしても、華厳の観念論をもってしても、それは不可能である。しかるに天台の実践哲学では、「止観」の極成において「諸法即実相」を説く。すなわちそこでは、諸法(現象)のあるがままが実相(実在)であるとする徹底した現象即実在論が説かれているのである。入山の課題は、かかる天台実践哲学に固有の「具」の論理によって解決が与えられるであろう。今や最澄は、自信をもって山を下るべき時を迎えた。

ちょうどそのころ、桓武天皇は都を長岡から山城国葛野郡宇太の地に移した。延暦十三年(七九四)十月の平安遷都がこれである。新京の東北方、比叡山で、きびしい修禅とたゆみない研学をつづける最澄の存在は、ほどなく宮廷にも知られるようになった。延暦十六年(七九七)、彼は内供奉(宮中に奉侍し、天皇の護持に当る僧)に補せられ、延暦二十一年(八〇二)には、和気氏の主催する高雄神護寺における法華経講会に講師の一人として招かれ、やがてこれがきっかけとなって入唐求法の機会が与えられる。「伝」は、最澄入唐の契機となった高雄天台会に重大な意義を認め、これがために相当の紙幅を割いている。しばらく「伝」にしたがって、前後の経過をたどってみよう。

高雄天台会に先立って、最澄は延暦十七年十一月、比叡山に法華十講を始めている。いわゆる叡山の霜月会の濫觴であるが、「伝」によれば、このとき最澄は、「卑小の草庵」なりといえども、「六宗の論鼓を聴聞せん」と考え、七大寺の学僧を招請したという。かくて叡山の十講には最初から南都の大徳を招いたらしいが、とくに延暦二十年十一月中旬には、勝猷(猷)・奉基・寵忍・賢玉・光証・観敏・慈誥・安福・玄耀等、「十箇の大徳」を招き、三部の妙典(無量義・法華・観普賢)すべて十巻の各一軸を講演せしめ、大いに「天台教迹の釈」を宣揚したという。招かれた九人のうち、奉基は東大寺(宝亀四東大寺六宗未決)、玄耀は東大寺三論宗(要録五)の学僧、他の七人も「七大寺の英哲」(伝通縁起)であった。今や天台への関心は、最澄あるいは叡山教団のみの独占するところではなく、ひろく南都の教界にも認められる現象となりつつあった。

こうした情勢のもとに、問題の高雄天台会は、延暦二十一年一月十九日、南都の大徳十四人を集めて開催された。招かれた十四人の講師の顔ぶれを見ると、善議・勤操・修円・歳光・道証の五人が新しく加わった以外は、前年の叡山の十講に参加した九人がそのまま顔を揃えている。叡山の十講と高雄の法会との間に密接な関連が推定される理由である。新加の五人のうち、善議は大安寺三論宗に属する教界の耆宿で一座の上首をなし(弘仁三紀)、勤操はその弟子(日本紀略・元亨釈書)、修円は興福寺法相宗の学僧(興福寺別当次第)、道証も「学業精粋」と謳われた学僧(元亨釈書)であった。多彩な顔ぶれを集めて開かれたこの会は、後述のように少なくとも同年秋冬のころまで継続された。講会としては長きに過ぎるので、一月十九日を講師の招請状の日付と見る説もあるが、赤松俊秀氏が指摘したように、ここはやはり開講の日付と見なければなるまい（「最澄と空海」、大谷学報 五三ノ二）。皇太子に宛てた善議らの謝表によると、この法会では、天台智顗所造の「法華玄義」二十巻を講じ、ついで「法華文句」二十巻、「円頓止観」十巻と進む予定で、その進行状態は、開講以来春から秋にかけて「玄義」二十巻を念入りに講じ、九月二日ようやくこれを終り、ついで九月六日から「文句」の初巻を開繙したことが知られる。わが国における法華経の講義は、延暦十五年（七九六）、石淵寺で行われた勤操の法華八講（四日二座）に始まるといわれ（元亨釈書）、天台の注疏にもとづく講義としては、上述の延暦十七年の叡山の十講（五日二座）を嚆矢とするであろう。しかし天台三大部を中心に、かくも多彩な顔ぶれを集め、かくも綿密な講義を行なった例は、前後に類を見ない。高雄天台会を指して、「日本、天台の会を開く。乃ちこれを初めとなす」（伝通縁起）といった凝然の評も決して不当ではない。

それではこうした注目すべき天台会が、なぜこの時期に開かれたのであろうか。その答えは、叡山の十講と高雄の法会との間に行われたこの年の宮中最勝会（一月八日〜十四日に行われる例）の状況を見ることによって与えられるであろう。宮中最勝会は南都維摩会と並ぶ当時の仏教界最大の年中行事であるが、とりわけこの年の最勝会は、例年と違った特別の課題を負わされていた。高雄の会の始まる六日前の一月十三日に出された太政官符（三代格二）によれば、最勝会及び維摩会に、六宗の学僧を均等に出すことを命じ、その理由として、「三論法相、彼此角争し、阿党朋肩して、己れの宗を専らにせんと」した状況を指摘している。三論・法相の相諍という事態は、この前後の法令にしばしば見られるところで、朝廷でも取扱いに苦慮していた問題であった。すでに延暦十七年九月の詔に、僧の「偏へに法相に務め、三論に至つては多くその業を廃」する状態だから、誘導を加えて「両家並習せしめよ」といい（類聚国史一七九）、同二十二年正月勅には、「三論の学、殆んど絶えんとす」る状況だから、「自今以後、三論法相各五人を度せ」（同上）といい、さらに同二十三年正月勅には、「三論法相両宗の菩薩、目撃すれば相諍す」（日本後紀）という状況を伝えている。竜樹以来の中観学派を継承する三論宗と、世親以来の瑜伽唯識学派の正嫡をもって任ずる法相宗との思想的対立は、半ば宿命的なものがあったといえるが、それがこの時期にいたってとくに激化した事情は充分明らかではない。ただ上述の法令にも一貫して語られているように、奈良末期以来、元興・興福の南北両寺を中心に法相宗が隆盛化することは事実であり、これに対する三論宗側の反撥が主たる内部的原因をなし、さらに平安遷都による南都仏教の相対的地位の低下に伴う危機意識が、両者の対立に拍車を加えたのであろう。

今こうした状況を念頭において見ると、両宗の協調を図ることを課題とした延暦二十一年の宮中最勝会に引きつづいて、南都の名だたる大徳が和気氏の招請に応じて高雄に参集し、前後に比類を見ない大規模な天台講会を営んだ理由がわかるように思う。最澄に宛てた和気広世の招請状にも、「今度《このたび》の会はただ世間常修の功徳の事に非ず」と、会の意義を強調している。すなわち、さきにも指摘した南都仏教界における天台への関心のたかまりは、三論・法相の思想的対立を克服するものとして要請せられたのであり、善議らの大徳が高雄に結集して天台の注疏を開繙した動機もまたここにあった。果して、講たけなわの八月末、天皇の勅使差遣にこたえた善議らの謝表には、天台の妙理を指して「七箇の大寺、六宗の学生、昔より未だ聞かざる所、曽て未だ見ざる所。三論法相の久年の諍、焕焉として氷釈し、照然として既に明らかなり」と称揚し、その彼らの期待にそむかなかったことをたたえている。高雄天台会を契機として南都の長老たちを捲きこんだ、急激な天台研究の機運のたかまりが、最澄入唐の花道を開くのである。

ところで最澄がこの会に招かれたのは、開講三箇月後の「夏始明日」、すなわち四月十五日のことであった。檀主の和気広世は、前年の叡山の十講に参加した九人の講師たちから最澄の名を聞き知ったのであろう。時に最澄は三十六歳、いかに多年の天台研究を積むとはいえ、まだ無名の山林僧であった。広世の招請状に「専らこの会の主となさん」といったのは、手紙文の常套として割引きして読む必要がある。しかし、いったんこの会に参加してからの彼は、その天台学の蘊蓄の深さによって、たちまち一座の中で重きをなしたことと思われる。このことは、九月七日、天台宗興隆のことについて天皇の諮問をうけた広世が、まず最澄に相談し、二人は「弘法の道」について終日談議したということからも裏付けられる。かくて最澄は、三論・法相は「論宗」であるが、「天台独り論宗を斥けて特に経宗を立つ」という、人口に膾炙する名句を含む上表文を上り、「留学生・還学生各一人」の差遣を請う。しかるになぜか、即日允許されたのは、円基・妙澄の二人の留学生であった。この理由は、九月十二日になって明らかにされるが、はじめ最澄はみずから入唐する意図をもたず、弟子の円基・妙澄を派遣しようとした。ところが九月十二日にいたって、最澄自身を入唐せしめたいという天皇の意向が伝えられ、彼自身が還学生として入唐することを決意する。円基・妙澄の二人を留学生に指定したのは、最澄を還学生にしようという天皇の内意によるものであろう。ちなみに、円基については、円珍の「行歴抄」(大中七年十二月十五日条)に「貞元年留学円基、伴称眼疾、便帰本国、作外州県綱維知事」と見え、妙澄については、空海宛最澄消息の中に二箇所「妙澄仏子」として見える(伝全五、四五二・同四五七)。「伝」の一切経書写のところに見える「妙証」も同一人物かもしれない。円基は留学生として入唐したが成業せず、妙澄は結局入唐しなかったのであろう。

桓武天皇が、自分の治世の最後を飾り、かつは万代の都と奠めた平安京を修飾する新しい唐文化を将来するために、遣唐使の派遣を計画したのは、この少し前のことである。延暦二十年八月に大使藤原葛野麻呂以下の遣唐使を任命しており、高雄の法会のころには、随行する留学生等の人選がすすめられていたことであろう。九月七日の天台宗興隆に関する和気広世への諮問も、留学生の人選という形で、すでに問題が具体化されていたと思われる。高雄天台会は、こうした意味からも、まことに時宜を得た試みであったといわねばならない。

以上縷述してきた高雄法会に関する「伝」の記載は、かなり複雑にこみ入っている。「顕戒論縁起」に収められた関係する二つの表、「謝勅差求法使表」と「請求法訳語表」とは、それぞれの日付を保存しており、前後の事実経過を確定する上で貴重な役割を果していることを注意しておきたい。同じようなことは、入唐中の事蹟に関する文書についてもいえる。以下こうした点に注意しながら、彼の入唐中の行状を述べてみよう。延暦二十三年(八〇四)七月六日、肥前田浦を四船同じく解纜した遣唐使船のうち、最澄の乗った第二船は九月一日に明州(寧波)に着岸(延暦二十四年六月紀)、彼は中国大陸に第一歩を印した。九月十二日付の「明州牒」は一部が「伝」にも引用されているが、到着後の彼の身辺の消息を伝える好史料である。渡海の疲労のためであろうか、上陸早々彼はしばらく病臥したらしいが、間もなく病癒え、九月十五日に台州に向けて出発することになった。そのとき携行した荷物の詳細、従者の名前もこれによって知ることができる。携行した金字三部経は、「日本国の春宮永く封じて、未だ到らずんば開柝することを許さず」とあり、前述の高雄法会に随喜した皇太子安殿親王(のち平城天皇)が、最澄に託して「天台山修禅寺一切経蔵」(伝)に送らんとした経であることが知られる。高雄法会中の善議等謝表に、聖徳太子の慧思転生説話が引かれていることは、前に指摘したところであるが、「伝」の記載の上でもこのことはしばしば語られている。金字経を天台山に託送した皇太子の胸中には、「延暦僧録」等にすでに見える聖徳太子の「先世持誦法華経七巻一部、一部一巻成小書」(要文抄三)を南嶽に取らしめたという故事を思い浮べ、みずからを太子に擬そうとする思惑が秘められていたのかもしれない。

さて九月十五日に明州を発った最澄の一行は、同月二十六日台州に到着、さっそく刺史陸淳に謁して、日本から持参した金十五両、筑紫の斐紙・筆・墨、そして火鉄・蘭木などの珍品を贈呈している(台州相送詩叙)。ついで念願の天台山に登り、国清寺などを訪れたことはたしかであるが(伝)、「縁起」にはこの辺の行状を物語る史料は何も収められていない。修禅寺の経蔵に皇太子託送の金字経を奉納したことはもちろんであろうが、十一月には、国清寺で「天台智者霊応之図」を模写している(同本伝集序)。このころ、天台山修禅寺座主の道邃は、刺史陸淳に招かれ、台州の竜興寺で「摩訶止観」を開講中であった。天台山の巡礼をおえた最澄等はその講筵に列し、道邃から天台の付法と菩薩の三聚浄戒を受けた。また陸淳の加護を仰いでこの年の冬を研究と聖教の書写に宛て、同時に天台山仏隴寺座主の行満からも天台法門の伝授を受けた。「縁起」

所収の「道邃和上書」は、台州を去るに当って、道邃より最澄に与えられた書、「道邃行迹」「道邃道徳述」は、道邃に関する伝ないしは讃であって、「行迹」の方は「行業記」の名で「血脈譜」にも収められている。行満に関する文書が何も収められていないのは、しかるべき文献が手もとになかったからで、後世の宗徒が揣摩臆測するように、道邃の付法と行満のそれとの間に次第を立てたり軽重を認めたからではなかろう。相伝の師承を示すものとしては別に「血脈譜」一巻があり、すでに天皇のもとに上呈されていたから、「縁起」ではただこれを事実として裏付ける文証を示せばよかったのである。なお「台州求法略目録并陸淳詞」は、「台州録」の末尾の部分を抄出したものであることはいうまでもない。ここにも、理証よりも事証を尚んだ「縁起」の編纂態度が現われている。

こうして天台中興の祖、荊渓湛然の高弟である道邃・行満の二師から、正統天台の付法と菩薩戒の伝授をうけ、同時に陸淳の「慈造」を蒙って、天台の聖教百二部二百四十巻の書写の功を畢え、入唐の主要な目的を果した最澄は、唐貞元二十一年(八〇五)三月下旬、台州を発って明州にもどり、遣唐使の帰便を待った。遣唐使一行は入京して天子との謁見をすませ、四月三日に明州に帰着したが、大使の乗船ははじめ福州に着岸したため、その廻運に手間取り、これが明州に到来したのはようやく四月一日のことであった(延暦二十四年六月紀)。こうした事情で出発までにはまだしばらく余裕のあることを見とどけた最澄は、明州(寧波)と並んで揚子江河口南岸の港町として繁栄していた越州(紹興)へ求法の旅を試みる。四月六日付の「明州牒」にいわく、「台州に往きて求むる所の目録の外、欠くる所の一百七十余巻の経并に疏等、その本、今見に具足して越州の竜興寺并に法華寺にあり」と。最澄は、これらの経の存在と、ことによると順暁という阿闍梨が当地の竜興寺に滞在中であることも、どこかで聞き知っていたのであろう。明州と越州は距たること凡そ九十キロ、明州・台州間よりも近い道程である。ほどなく越州に着いた最澄は、四月十八日、早くも越府の峰山頂の道場で、入壇して泰嶽霊巌寺阿闍梨の順暁から三部三昧耶の印信をうけた。順暁は善無畏の法孫にして新羅僧義林の直弟であった。「縁起」所収の「寂照闍梨書」は、密壇に必要な「六事の宝器」が、入壇した当の十八日の朝になってやっと調達がついたという興味ぶかい事実を物語る私信である。越州竜興寺で密部を主とする経典百二部百十五巻を書写し、刺史の題記を請うたことは、台州の場合と同様である(明州刺史詞)。再び明州にもどった最澄は、船出前のあわただしい日程の中で、五月五日、明州開元寺の霊光より軍荼利壇法を、明州檀那行者の江秘より普集壇ならびに如意輪壇法を、寿州草堂寺比丘の大素より五仏頂法を受けるなど、忙しく動きまわった(内証仏法血脈譜)。越州や明州など、江南の港町にはさまざまの密教行者が雑密の壇法を張行していたことが知られる。

五月十八日、遣唐第一・第二船は同時に明州を出帆し海に入った。第一船は六月五日対馬の下県郡に達し、第二船は同月十七日肥前値嘉島に着いた。最澄は、往途は第二船に乗ったが、帰途には大使の搭乗する第一船に乗った(顕戒論初篇には、大使の処分により第一船に乗ったという)。彼は長門(山口県)に上陸してただちに入京し、七月十五日には早くも「進経疏等表」を上って正式に帰朝の復命をとげ、法文若干・法具若干を天皇に贈呈した(「伝」がこれを八月二十七日のこととするのは、後述の内侍宣の出された日付と混乱したのであろう)。そして八月九日には、宮中に召されて悔過読経を行い、また唐国の仏像を献じたという(日本後紀)。遣唐使の帰朝は、桓武天皇にとって待望久しい朗報であった。というのは第一に、天皇は自分の創造した新しい都を新しい唐文化で装飾したいと考えていたからで、事実、延暦二十三—四年度の遣唐使によってもたらされた中唐爛熟期の文化が、弘仁・貞観期の唐風文化全盛期を生み出したことは、文化史上かくれもない事実である。第二に天皇は、このころ健康をそこね、いささか陰欝な気分にとりつかれていた。ことに、最澄入唐中の前年十二月末には、一時聖体不予が伝えられ、七大寺をして誦経せしめ、大赦を行い、親王以下が天皇の病床に宿侍するという有様であった。宮廷の内外では早良親王の祟りが噂され、さらにその背景には、征夷と遷都という二重の重荷にあえぐ民衆の不満が高まりつつあったからである。天皇が新帰朝の最澄を厚く優遇し、とくに彼のもたらした密教の修法に異常な関心を示したのも、おそらくそのためであろう。

最澄の復命と同時に、天皇は図書寮に命じて新来の天台法文を七通ずつ書写させ、それを七大寺に置くことを命じた。それは弘仁六年三月に至ってようやく完成し、嵯峨天皇御筆の金字の題を付して七大寺に安置された(伝)。また新写の法文を野寺天台院(京都市右京区)に置き、道証・守尊・修円・勤操・慈蘊・慈完等の碩学に披閲せしめた。右のうち、道証・修円・勤操は、入唐以前の高雄天台会の講師に招かれた人々であったことを注意したい。さらに和気広世――これも最澄にとって忘れることのできない人であるが――に命じて、天台会ゆかりの高雄山寺に灌頂壇を築かせ、最澄をして新渡の法によって伝法灌頂をとり行わせた。このとき、日本最初の灌頂に入壇したのは、道証・修円・勤操・正能・正秀・広円等の八人の大徳であった。このように見てくると、前年高雄天台会に結集して天台研究の機運を盛り上げ、最澄を唐に送り出した道証・修円・勤操、そして和気広世という人脈が、そっくりそのまま新帰朝の最澄を歓迎する人脈を作り上げていることに気づかざるをえない。そしてこの人脈(南都仏教における進歩派といってよいだろう)の背後にあって、彼らの行動を支持し組織する天皇の偉大な存在にも注目せざるをえないであろう。後年の最澄が、大乗戒の授戒の日を「先帝国忌の日」に行おうとしたのも、由るところまことに深いものがあったのである。

右に述べたところをさらに明らかに示すものが八月二十七日付の「内侍宣」である。これは、右の日本最初の灌頂に当って出されたものであるが、文中には「石川・檉生の二禅師」をして「朕が躬に相ひ代りて」灌頂を受けしむべきことを命じている。この「石川・檉生の二禅師」が勤操・修円の二人であることは本文の注(一八一頁)にゆずるが、この二人に対する天皇の信頼のいかに深かったかが知られるとともに、最澄将来の修法に対する天皇の大きな期待のほども察知されよう。しかし、つづく文中には、もしそのために「世間の誹謗」が起きたとしても「憚るべからず」と述べられており、勤操・修円などの進歩派に対する反撥が、教界の一部に厳然として存在したことを示している。やがて桓武天皇という大きな支持者を失ったのち、悪戦苦闘しなければならない最澄の運命を、この「内侍宣」は早くも暗示しているといわねばならない。

高雄の灌頂は九月一日に行われたが(伝法公験)、同月上旬、天皇は重ねて広世に命じて城の西郊に壇場を築かしめ、最澄をして五仏頂法を修せしめた。これには前記の八大徳のほか、さらに豊安・霊福・泰命等が加わった(伝)。さらに九月十七日には、最澄は内裏に召されて毘盧舎那法を修めた(日本後紀)。このような天皇の態度、とくに密教に対する異常な関心は、おそらく最澄の予期せぬところであったろう。もともと彼は、天台宗の相承を目的として派遣されたのであり、密教の相承は、予定外の付加的な成果にすぎなかった。順暁からの付法も、上述のように遣唐使船の船よそおいを待つ余暇を利用したものだった。灌頂のために必要な「六事の宝器」が、入壇の当日の朝になってやっと調達できたとする、「寂照闍梨書」の物語る事実は、この間の事情をまことによく示している。いわば、ゆきがけの駄賃程度のつもりで相承してきた密教が異常な歓迎をうけ、むしろ本命の天台宗の相承をしのぐ人気を博したことは、最澄の今後にとって、あるいは日本天台宗の今後の発展にとって、複雑な問題を残した。帰朝した最澄が、密教の将来によって朝野の歓迎を博したことは、彼にとって奇貨とすべきであったかもしれぬが、他面では、今後の日本天台宗に密教という厄介な重荷を持ちこむことになったのである。

延暦二十五年(八〇六)一月、最澄の請により、天台宗に対して年分度者二人が与えられ、南都の諸宗と並んで「天台業」は国家的な公認をうけた。年分度者設置のもつ意義、それが後年の大戒問題といかに関連するかについては、この項のはじめに述べたから、ここではくりかえさない。ただここで上述の密教の問題に関してふれておきたいことは、このときの年分度者の勅許が、天皇の病床に宿侍したことに対する恩賞という色彩がつよかった上に、「天台業二人」のうちの一人は止観業(天台)だが、他の一人は遮那業(密教)で、天台と密教の抱き合わせという奇妙な形となってしまったことである。

最澄自身としても、天台教と密教との理論的な関連づけが充分できないままに、事実が先行してしまった。要するにそれは、「世俗」との妥協の産物である。年分度者の問題についても同じことがいえるが、これについてはのちに「顕戒論」の項で述べることにしたい。きびしい「世俗」との断絶をかけて比叡山に入山したころの最澄のおもかげはどこへいってしまったのだろうか。ここにも最澄が残りの半生を賭して、教団改革運動に苦闘しなければならない理由が見出される。

五　三一権実論争について

現存する最澄の著述の中で、彼の教学の内容を最も詳細かつ豊富に伝えるものは、「守護国界章」以下の一連の論争書であるが、それはいうまでもなく、弘仁八年(八一七)から十二年(八二一)にかけて、当時、奥州会津に居住した法相宗の学僧徳一との間で行われた、いわゆる三一権実論争を機縁として成ったものである。そこで以下この論争の始終の経過を復原し、これら論争書の成りたちと、そこに表現された最澄の教学の一斑を窺ってゆくことにしたい。

三一権実論争という名は、三乗と一乗の権実を争う論争ということで、三乗・一乗という教法論上の名目で表現されている。しかしこの問題は、法華経に即すれば三車・四車の論となり、仏性論に約すれば悉有仏性を認めるか否かの問題となり、人性論に約すれば五姓各別を認めるか否かの問題となる、といった性質のもので、たとえてみればニュートン力学とアインシュタインの相対性理論との対立にも比すべき、根本的な考え方の違いにもとづく広汎かつ体系的な教学上の対決であった。歴史的には、当時の仏教界に優勢を誇った法相唯識学派(三乗家)とそれに反対する華厳・天台等の一乗家との間に見られた教学上の論争を指すものである。したがってその起源は、瑜伽唯識学派の成立とともに古く、インドでは瑜伽派と中観派との間で、中国では瑜伽唯識学を体系的に伝え、これを法相宗学として組織大成した玄奘・窺基およびその門下たちと、他の一乗諸家との間で、しばしばくりかえされたところである。法相宗が日本に伝えられたのは白鳳時代にさかのぼるが、それとともに南都の諸大寺の学僧の間でも、この種の論争が芽生えたことは、たとえば「決権実論」の中に伝えられる法華経譬喩品の「衣裓机案」の解釈をめぐる元興寺法相宗内の論諍(二七五頁)などからも知られる。しかし、それらは、なお部分的な語句解釈論争の域を出るものでなく、「三一権実論争」が、その本来の性格として有する、全体系的な理論対決にはいたらなかった。日本における本格的な「三一権実論争」は、天台宗の将来者である最澄と、草深い関東の荒野にひそんでこれを迎えうつ稀代の学匠徳一との間ではじめて実現されるのである。早く常盤大定氏が喝破したように、最澄・徳一の論争は、ひとり日本における「始にして又終りともいふべき高潮に達し」たばかりでなく、また「三国仏性論諍の最高潮」ともいうべき意義を荷うものであった(常盤大定『仏性の研究』二五頁)。

かくて天台対法相の対決は半ば必然的なものがあったが、現実にこの論争が天台宗公認の延暦二十五年(八〇六)当時になされず、弘仁の中頃になって始められたのはなぜであろうか。その理由は三つほど数えることができる。第一に、天台宗年分度者が勅許された当時、古代有数の専制君主である桓武天皇が新仏教に甚だ同情的であり、南都法相宗の反論を許さなかったことである。教団の内部でも天皇の意向を体した修円・勤操らのいわゆる進歩派が勢力をもっており、これが最澄の新宗建立を南都側の無抵抗のうちに成功せしめたのであろう。第二に、最澄の奏請した「天台業」には、天台固有の止観業のほかに真言の遮那業が加えられていたことである。帰朝当時の最澄が、本命として将来した天台宗よりも付随的に受法した密教によって朝野の歓迎を博したことは前節に述べたとおりである。天台宗に密教をとり入れたことは、新宗の開立を容易にするとともに、南都側の反対をいちじるしく緩和する面があったと思われる。第三に、最澄自身の態度にも、開宗のことをいそいで、南都側の抵抗をさけようとする配慮が働いたと思われる。今、天台宗年分の勅許を奏請した「請加新法華宗表」(一八七頁)を見ても、このことが痛感される。「十二律呂に准じて、年分度者の数を定め、六波羅蜜に法りて、授業諸宗の員を分ち、両曜の明に則りて、宗別に二人を度せん」というのは、どう見ても他愛ない語呂合せとしか思われない。そこには入唐前の彼が、三論・法相両宗を指して「論宗」ときめつけ、「天台独り論宗を斥けて特に経宗を立つ」とした批判的態度は全くかげをひそめている。

しかし、新宗の開立に深い理解をよせた桓武天皇が崩ずると、彼をとりまく客観情勢はにわかに一変した。新しく即位した平城天皇は南都旧教団に好意的であり、また天皇の態度に呼応して南都の仏教界にも保守的な空気がつよまる。しかも同じころ、唐都長安で本格的な密教を学んだ空海が帰朝する。叡山密教の有する矛盾と弱点は、たちまち暴露されざるを得ない。空海の帰朝は、日本天台宗のかくれ蓑を奪い、その退路を断つ意味をもった。今や最澄は、否応なく「天台独り経宗を立つ」といった批判的態度に立ち返り、法相宗との理論的対決に身を挺せざるをえないであろう。

最澄と南都法相宗との対論は弘仁四年(八一三)頃に始まった。弘仁四年六月、光定を従えて興福寺に赴いた彼は、臨席した藤原冬嗣を前にして、同寺の義解・義延と法論を交え、「天台の奥義、法相宗に秀」でたことを宣揚し(伝述一心戒文上ノ一)、ついで翌年一月十四日(宮中最勝会の結願日)には、詔により宮中で諸宗法師と対論した(伝)。同六年三月十七日(桓武天皇国忌)には、弟子の光定が宮中において玄蕃頭真苑雑物《さいもつ》と対論したが、雑物は、もと孝成と名のる興福寺の僧であったという(伝述一心戒文上ノ一・延暦寺故内供奉和上行状)。さらに同年八月には、和気氏の主催で開かれた大安寺塔中院の法会に招かれた最澄が、「諸寺の強識博達の大徳」らと法論を試み、「三乗の鉾楯、是に於て摧折し、一乗の法燈、是に於て熾烈なり」(伝)という激論を展開し、大いに天台宗義を宣揚したのであった。

このように弘仁四、五年のころから最澄とその一門は南都法相宗との対決の姿勢をつよめ、両者の対立、論争はしだいに拡大、激化する傾向を見せていた。最澄が弘仁四年九月、「依憑天台義集」の本文を編述したのも、彼の理論的武装を示すものである。しかし、これらの法論は、その場限りの討論に終り、文書の往復による本格的な論争には至らなかった。

しかるに弘仁八年(八一七)に行われた最澄の関東行化の旅が発端となって開始されるのが、本節の主題をなす最澄・徳一の大論争である。

「伝」によれば、弘仁六年八月、大安寺塔中院の法会に招かれた最澄は、その「講筵竟るや、本願に催されて」、関東行化に旅立った。やがて両毛の曠野に姿を現わした彼は、上野国浄土院（緑野郡）と下野国大慈院（芳賀郡）に各一級の宝塔を起し、二千部一万六千巻の法華経を写し、これを塔別八千巻ずつ安置した。いわゆる千部法華経塔である。そしてその塔下において、毎日、法華経および金光明・仁王等の大乗経を長講したが、その盛況ぶりは「所化の輩百千万を逾え、見聞の道俗歓喜せざるはなし」という有様であったという。「元亨釈書」の最澄伝にも、「東州経塔会、上野緑野寺、場に預る者九万人、下野大慈寺五万人、東民化に嚮ふこと斯の如し」と伝えている。このような成功は、一日にして成ったものではなく、「伝」には、かげの功労者として「上野国浄土院、一乗仏子教興・道応・真静、下野国大慈院、一乗仏子広智・基徳・鸞鏡・徳念等」七人の名を挙げ、いずれも「故道忠禅師の弟子」であったことを勒している。道忠は、わが国律宗の祖、鑒真の「持戒第一」の弟子で、早く関東に下って民衆教化につとめ、「東国の化主」と仰がれた人物であるが（元亨釈書・招提千歳伝記）、延暦十六年（七九七）、最澄が比叡山で一切経書写を発願したとき、これを助けて「大小経律論二千余巻」を写し、それ以来、最澄ならびに叡山教団と「師資」の関係を闕かさなかったという（伝）。この事実は、最澄の関東行化の成功の理由を物語るとともに、最澄の新しい宗派教団の形成が、こうした民衆教化の最前線からの要請に応ずる形ですすめられたことを示すものとして注目される。けだし、最澄の拠る比叡山寺と、道忠門徒の拠る上野緑野寺・下野大慈寺との間に見られた「師資」の関係は、平安中期以降に一般化する、わが国宗派教団の原型を示すものといえよう。

ところで右の「伝」の記載によれば、最澄は、大安寺の「講筵竟るや」、ただちに関東に向けて旅立ったようにしるされている。この「伝」の叙述に災いされて、これまでのあらゆる書物や論文は、最澄の関東行化を弘仁六年秋から翌七年春にかけて行われたと解した。七年春までとするのは、七年二月には借請して未だ写し得ざる法文を空海に返却し（伝全五、四五〇）、三月には宮中に「霊応図」等を献上しているので(日本紀略)、そのころまでには帰京したと考えられるからである。しかし次に掲げる史料は、いずれも関東行化が弘仁八年に行われたことを示している。(1)承和四年二月十四日付、円澄の「相承血脈書」によれば、円澄は、弘仁八年五月十五日、緑野寺法華塔前において、広智とともに最澄から両部灌頂を受けたとし(天台霞標二ノ二)、(2)「慈覚大師伝」によれば、最澄の関東行化に随行した円仁が、弘仁八年三月六日、徳円とともに円頓菩薩戒をうけたといい(続群書類従他所収)、(3)三井寺唐院秘蔵の「徳円阿闍梨付法文」には、右と同じ事実にふれて、弘仁八年三月六日、下野大慈山寺において最澄より付法をうけたことを記録する(智証大師全集所収、余芳編年雑集)。また七年五月一日には、長らく空海との間で去就の定まらなかった弟子の泰範に宛てて帰参を促す長文の手紙を書いているが、その中に「来春の節を以て東遊して頭陀し、次第に南遊し、更に西遊北遊し、永く叡山に入りて生涯を待たん」(伝全五、四六九)と述べたことも注目される。このころ最澄は、「六所造宝塔願文」にふれて述べたように、日本国の東(上野)・南(豊前)・西(筑前)・北(下野)・中(叡山西塔)・総(同東塔)の六箇所に千部法華経塔を建立し、法華経の功徳をもって「大日本国」を守護しようという雄大な計画をもっていたらしいが、文中の「東遊……南遊……」は、その計画を述べたものと思われる。「伝」が「本願所催」によって東国に向ったという「本願」も同じことを意味するであろう。かくて泰範宛の消息は、当時最澄の胸中に熟しつつあった「本願」を正直に述べたものと思われるが、そこでも東遊は「来春」すなわち弘仁八年春のことと予定されているのである。

右に最澄の関東行化の時期をくわしくせんさくしたのは、他でもない、徳一との論争の発端が、最澄の東遊と深く関係していたと思われるからである。現存の論争書の中で、最も早く成ったと思われるものは、「照権実鏡」一巻であるが、その跋に「弘仁八年歳次丁酉二月日、依下陸奥仏性抄判二法華一為上権、且作二此鏡一」(伝全二、一二)と述べ、本書執筆の動機が陸奥、すなわち徳一の「仏性抄」撰述にあったことをしるすとともに、その執筆年次を弘仁八年二月であったとしている。前述のように最澄が関東へ旅立ったのは、泰範宛消息に弘仁八年春と予定されていたことがわかるだけで、厳密には定かではない。間違いなくいえることは、「徳円阿闍梨付法文」によって、八年三月六日には下野国芳賀郡の大慈寺に到着していたことである。したがってぎりぎり遅く出発したと見ても、道中の日程を考えれば、出発の直前ということになるが、おそらくは関東で執筆されたと見るのが妥当であろう。田村晃祐氏は、徳一の「仏性抄」が「後の論争に発展していく、細かな具体的な、経典自体に即した議論を行っていた」のに比べて、この論争における最澄の立遅れを指摘し、「『仏性抄』への反論として最澄が書いた書物『照権実鏡』は、権実を区別する基準を述べた概括的書物」にすぎなかったことを述べているが（田村晃祐「徳一著作考」、天台学会編『伝教大師研究』所収）、それは右の旅先で書かれたという推定を裏書きするであろう。しかし、「照権実鏡」に先立って成立した「仏性抄」のことについては、関東の道忠門徒を通じて、出発前の最澄の耳に達していたのではなかろうか。これは彼の関東行化の意味を考える上に大切なことであろう。前にも一度引いた天長二年八月付「伴国道書」には、「常陸僧借位伝燈大法師徳溢」なる僧が、盛んに天台宗義を誹謗したことによって、弘仁八年の関東布教が行われたとしている。当時徳一は奥州会津に住し、常陸住とするのは正しくないが、徳一との対決を最澄東遊の動機の一に考えてみることは、充分成り立ちうる想定である。

徳一は、徳溢・得一とも作る。その伝は、「元亨釈書」（四）・「南都高僧伝」・「東国高僧伝」（五）・「私聚百因縁集」（七）・「尊卑分脈」（武智麻呂公流）等に出るが、諸書の伝えるところを要約すれば次のとおりである。彼は恵美押勝（藤原仲麻呂）の第九男で、はじめ興福寺の修円に法相を学び、東大寺に住したが、のち奥州に移り、同国会津の恵日寺（福島県耶麻郡磐梯町大寺）に住し、その後さらに（一説に天長元年七月）、常陸筑波山の知足院（中禅寺）に遷り、承和の初年（八三五頃）に同院（一説に恵日寺）に没したという（一説に七十六歳という）。「元亨釈書」には、「麤食弊衣、恬然として自ら怡《たの》しむ」という行持をたもち、門葉多く、死後も「全身壊せず」という伝承が信ぜられたという。彼はまた民衆教化にも力を尽し、士民大いに貴んで「菩薩」と称したといわれる人物であり、それがこういう空海の高野入定説まがいの伝説を生み出したのであろう。同地方には彼の開基と伝える寺院が多い。

徳一が恵美押勝の息男であったとするのは、年代的にも系譜的にもすこぶる疑わしいが（薗田香融「恵美家子女伝考（上）」、史泉 三二）、「守護国界章」（下ノ十二）には、「麁食者（徳一に対する貶称）、弱冠にして都を去り、久しく一隅に居す」（伝全二、六一五）といい、若くして辺境に移されたことには、何か特別の理由があったのであろう。また論争当時、会津に居住したことは、同書の序に「奥州会津県溢和上」（伝全二、一五二）と見え、その他本文の数箇所で徳一を指すに会津を称していることから明らかである。次に彼の学系については、興福寺の修円について法相を学んだというが確証はなく、年齢的にもやや疑わしい。むしろ徳一の師承について論及した「法華秀句」（上ノ末）の一節（伝全三、七六）が注目されるが、そこには道昭・智通・比蘇（神叡）・義淵の名を挙げ、彼の学系がこのうちの誰の系統に属するかを質問している。この四人はいずれも奈良前期の法相宗における代表的学匠で、いわば法相宗諸学派の始祖的な人物ばかりである。この記事は、徳一の学系があまりはっきりしたものでなく、少なくとも最澄はその点について何も知らなかったことを示すであろう。それにもかかわらず、彼の論説の示すところは、いわゆる「護法正義、慈恩楷定」の伝統義に立脚した純乎たる正統法相学説であった。「守護国界章」（上ノ五）が、徳一の境遇を述べて「居住京に遠く、明匠得難し、法門具せず」（伝全二、二三六）というが、かかる境遇の中でよく正統法相義を守り、当時の最新知識を誇る最澄を相手に、五年間にわたる大論争を戦いぬいた逞しい闘魂はまことに賞讃に値するであろう。

さて論争は、上述のように徳一の「仏性抄」の撰述によって火蓋が切られ、弘仁十二年（八二一）の最澄の「法華秀句」の撰述によって一段落をつげるまで、およそ五年間にわたって継続されたが、まず最澄について見ると、論争に直接関係して産出された論著のうち現存するものは、次の六部十九巻である。

照権実鏡　一巻（弘仁八年二月）　法華去惑　四巻

守護国界章　九巻（弘仁九年）　通六九証破比量文　一巻

決権実論　一巻　　　　　　　　　　法華秀句(輔照)　三巻（弘仁十二年）

次に徳一について見ると、「東域伝燈録」や「法相宗章疏録」等によって知られる彼の著述十六部のうち、半数以上がこの論争に関係したものと見られる。ただ残念なことは、現存するものが一部もなく、最澄の論著をはじめ他書への引用文を通じてしか窺い知ることができないことである。まず最澄の書に、はっきり書名の引用されたものは次の四部である。

仏性抄　　中辺義鏡　三巻　　慧日羽足　三巻　　遮異見章　三巻

次にその書名から見て、論争に関連したもの、もしくは論争書執筆のための資料集と見られるものを参考のために挙げておこう。

法華肝心　二巻　　法華権文(門)　一巻　　中辺義鏡残(箋)　二十巻　　義鏡要略　　通破四教章　一巻

右のうち、「中辺義鏡残」は、「中辺義鏡」執筆のための資料集、「通破四教章」は、前掲の「中辺義鏡」の上巻の別行本ではないかと思われる。「義鏡要略」に関しては、田村晃祐氏が、「一乗要決」(源信撰)に引用された同書の逸文をくわしく考察して、「七巻又は七巻以上」であったこと、「中辺義鏡に主張した主な教理について、その根拠を示す為、証拠となる文を経典等から集め、示したもの」であったことを推定している(田村晃祐、前掲論文)。このように徳一の論著が残らず、引用関係についても不確かな点が多いので、以下、もっぱら現存する最澄の著述について、その成りたちを考えながら、論争の経過を復原してゆきたいと思う。

まず最初に成った「照権実鏡」については、論争の発端に関連して、すでに大体のことを述べたから、次に「法華去惑」四巻について見よう。「法華去惑」四巻は、「守護国界章」の中巻(三巻)とほぼ同じ内容をもっていることから、従来の説では、まず去惑四巻が執筆され、ついで守護章上・下巻が成るとともに、その中巻として編入されたものと見てきた。しかし、田村氏が指摘するように、去惑四巻の中には、守護章上・下巻の成立を前提としなければ書けない文章があり、去惑はもともと守護章の一部として書かれたものと見なければならないのである。現行の守護章は九巻本だが、「伝」にはこれを十巻とすることは第一節に示したとおりである。今かりに守護章の初稿本には、中巻として去惑(四巻)が編入されていたとすれば、上・下巻(各三巻)とともに「伝」の伝える十巻という巻数が得られる。ゆえに「伝」の十巻本は守護章の初稿本であり、現行の九巻本は、その後の再治本だということが推定される。次に去惑(四巻)と現行の守護章中巻(三巻)とをくわしく対照して見るに、第一に、前者にあって後者になく、後者にあって前者にない部分が僅かながら見出されるが、それは全体の論旨から見て、さほど重要な意味をもたないと思われる。第二に、守護章の方には、去惑にないところの各章ごとの短い序文が付せられており、前者は後者の再治、もしくは改修本である関係がはっきりする。ちなみに守護章が弘仁九年の成立であることを示す記述(伝全二、三七二)も、そうした追補の文章の中に見出されることが注意される(田村晃祐『法華去惑』について」、印度学仏教学研究　一九ノ二)。要するに「法華去惑」四巻は、「守護国界章」初稿本の一部であり、その成立は、「守護国界章」再治本の成った弘仁九年以前であるが、一方、本文の中に「照権実鏡」の名を引用するから、この書の成った弘仁八年二月以後、ということになろう。最澄が東国から帰った時期は、出発の日付と同様にはっきりしないが、おそらく弘仁八年中のことと思われる。してみると、帰山した最澄がまず着手しなければならなかった仕事は、「守護国界章」(初稿本)の撰述であったといわなければならないであろう。

次に「守護国界章」(九巻)の成立については、右の「法華去惑」の項に関説したから、ここではくりかえさず、やや内容的な面について見ることにしよう。本書上巻の序によれば、守護章九巻は徳一の「中辺義鏡」三巻の対破の書として書かれたことが明記されている。守護章九巻が、上中下の三巻として各三巻ずつ大別されているのは、「中辺義鏡」三巻との対応関係を推測せしめる。上巻では、主に判教論(法相の三時判、天台の五時八教判)および止観論が取り扱われているが、「中辺義鏡」からの引用文に「中主云」としたのは、最澄が「中主と称するは法苑の文に似たり」(伝全二、一五三)と喝破したように、窺基の「大乗法苑義林章」(七巻)からの引用であり、「辺主云」もしくは「彼云」としたのは、天台の「八教大意」(一巻)、「四教義」(十二巻)、および「摩訶止観」(二十巻)からの引用である。すなわち徳一は、窺基の「義林章」を引いて自宗の義を示し、天台の「四教義」・「摩訶止観」等を引いて天台義を対破したのである。次に中巻では、法華経の経体論を取り上げるが、徳一は「中主云」として窺基の「法華玄賛」(十巻)を引いて自宗の解釈を示し、「辺主云」として天台の「法華玄義」(二十巻)と「法華文句」(二十巻)を引き、天台の法華経解釈説を逐一論破している。最後に下巻では、衆生成仏に関する仏性論ないしは人性論が展開される。ここで徳一が、「有執(有るが執す)」として引いたのは、これまた最澄が「宝公の詞に似たり」(伝全二、五一〇)と指摘したように、法宝の「一乗仏性究竟論」(六巻、現存一巻)である。徳一はもっぱら法宝の「仏性論」を引いて一乗家の仏性説を論破したのである。

これに対して最澄は、上巻では、澄観の「華厳経疏」(六十巻)、法宝の「涅槃経疏」(二十巻)を援引して、あるいは徳一の説を弾破し、あるいは天台の判教論・止観論を「助照」し、中巻では、湛然の「法華文句記」(十巻)を駆使し、時には智周の「法華玄賛摂釈」(四巻)や窺基の「法華玄賛」・「大乗法苑義林章」まで逆用して応酬し、下巻の仏性論では、霊潤の「十四門義」、神昉の「種性集」、義寂・義一の「法華論述記」を引いて論難を防いでいるが、ここに引かれた霊潤の「十四門義」以下の諸書は、玄奘の新訳が開始された当時、すなわち最澄のいわゆる「変風始めて扇」(伝全三、一九〇)いだ頃、新訳義を破斥した一乗家たちの著述であり、いずれも現存しないもので、これらを引用する守護章下巻および「法華秀句」中巻は、唐代前期の一乗家の思想を復原的に研究する上に貴重な資料となるものである(宇井伯寿「瑜伽行派における二系統」、『印度哲学研究』第六・常盤大定『仏性の研究』三五一頁)。最澄がこれらの書をどこからどのようにして入手したか、今では知る由もないが、それは、はじめ近江国分寺に入って、行表のもとで「唯識の章疏等」(伝)を学び、さらに華厳の研究を経て天台に到達したという、彼の前半生における思想遍歴と深く関連するであろう。

以上の概観によって知られることは、「守護国界章」は弘仁八、九年のころ（くわしくいえば、弘仁八、九年に初稿本、同九年に再治本）に成ったものであるが、それは徳一の「中辺義鏡」を対破したものであったこと、徳一の「中辺義鏡」は、最澄の論を対破したものではなく、上巻で「四教義」・「摩訶止観」をとり上げて天台の判教論と止観論を破り、中巻で「法華玄義」・「法華文句」をとり上げて天台の法華経宗体論ないし解釈説を論破し、下巻では法宝の「一乗仏性究竟論」をとり上げて一乗家の悉有仏性・一切皆成説を徹底的に破るという、まことに規模雄大な論難書であったこと、などである。ここでも論争における最澄の立遅れが看取されよう。日本における瑜伽派対一乗家の「全体系的な理論対決」は、「明匠得難く、法門具せず」といわれた会津の徳一の主導のもとに開始されるのである。

次に「決権実論」について見よう。「決権実論」一巻の成立年代は明らかでないが、本文中に最澄の「守護国界章」・「照権実鏡」・「依憑天台宗」の名を引き、また引用文中に徳一の「中辺義鏡」・「慧日羽足」・「遮異見章」の名を見出すことができるから、「中辺義鏡」を対破した「守護国界章」成立以後であることはもちろん、おそらく「守護国界章」以後に書かれたと思われる徳一の「慧日羽足」・「遮異見章」よりも後出であることがわかる。この「遮異見章」についても田村晃祐氏の研究がある。田村氏は、「法華開示抄」（貞慶撰）に引かれた「遮異見章」の短い逸文を手がかりに、まずこの逸文が「守護国界章」巻下之上の第二章、および「決権実論」の第七章に関連することを発見し、このことから、「遮異見章」が「守護国界章」（もしくはその一部）に対する反論として書かれたこと、そしてこれが再び「決権実論」でとり上げられたことをあざやかに論証している（田村晃祐「徳一の『遮異見章』について」、印度学仏教学研究　一八ノ二）。そうだとすれば、「守護国界章」と「決権実論」との間には、徳一との間で論争の一往復する時間を見なければならないが、一方、「法華秀句」（上ノ末）に本書の名が引かれているから（伝全三、七〇）、「法華秀句」撰述の弘仁十二年以前には執筆されたと見なければならない。

次に「決権実論」の内容に入ると、本書一巻二十章は大きく二段に分かれ、前段十章では、三乗と一乗の問題、無性有情や定性二乗の成不の問題など、仏性論ないしは人性論がとり上げられ、後段十章では、三車・一車の問題、すなわち法華経の経体論がとり上げられている。大体において、前段は「守護国界章」下巻の要約、後段は同書中巻の要約と見ることができる。次に論述の体裁を見ると、巻頭に論の体裁を標示して、

(A)山家問難　(B)北轅会釈　(C)山家救難

と示している。さらにこのうちの(A)山家問難をさらに開いて、

(1)一問　(2)二答　(3)三難　(4)四不通義

という組織を標示している。しかし、本文と読み合せてみると、(1)〜(4)がすべて(A)に属したのではなく、(A)に属するものは、(1)(2)(3)で、(4)は(C)に属せしむべきことがわかる。すなわち、まず(A)山家問難では、最澄が「守護国界章」中・下巻から二十の論題をえらんで、これを、(1)問(2)答(3)難、という形にまとめて問題点を明らかにした。これが文中に見える最澄の「二十問難」(二八二頁)に当るであろう。ここに見える(1)問(2)答(3)難は、いわゆる問答体という、当時一般に行われた論・釈の記述形式に倣ったもので、最澄が自分で設定した問題に自分で答難したものであることはいうまでもない。そして、本文によってすぐわかるように、(1)問は、天台の立場、(2)答は、法相の立場、(3)難は、再び天台の立場を示し、なかんずく(3)難で、すべて法華経の文を引証して自宗の義を論成しているところに、最澄の最大の苦心と工夫があっただろう。次に(B)北轅会釈は、いうまでもなく徳一の答釈であるが、それは最澄より提示された「二十問難」に一々答えたもので、文中に見える「二十会釈」(二八三頁)がこれに当るであろう。そして徳一の「会釈」に再び答えたものが、(C)山家救難であり、これが「決権実論」において新加された部分である。

以上の本文分析によって知られたとおり、「守護国界章」と「決権実論」との間には、最澄の「二十問難」とこれに答えた徳一の「二十会釈」の応酬のあったことが知られた。このことは最澄・徳一論争の展開の上で、すこぶる注意すべき事

柄である。第一に、これまでの論争書は、「守護国界章」といい、「中辺義鏡」といい、不特定多数の読者を予想して書かれたものであったが、この「二十問難」と「二十会釈」だけは、互に論敵を特定して書かれた正式の質問状であり回答状である。「守護国界章」や「中辺義鏡」の場合には、おそらく第三者の仲介を経て、互に相手の論書を入手したと思われるが、「二十問難」と「二十会釈」の場合には、おそらく正式に使者を立てて問答を往復させたであろう。真に論争書の名に値するものはこの両書だけである。数多い三一論争関係書の中から、特に「決権実論」一巻を本書に収めた積極的理由もまたここにある。なお、田村氏の指摘によれば、「決権実論」の(C)山家救難の部分に、「遮異見章」の文章がそのまま収められていたことになるが(田村晃祐、前掲論文)、このことは徳一が、正式の使者を立てて最澄に「二十会釈」を送り返した際、「遮異見章」以下、「中辺義鏡」・「慧日羽足」のいわゆる「三部の章」を添えて送ったことを示すであろう。同様に最澄もまた、「二十問難」とともに、「守護国界章」・「照権実鏡」・「依憑天台義集」の三部の書を徳一のもとに送り届けたことであろう。第二に注目すべきことは、この正式の論争書の往復が、まず最澄の「二十問難」の送付によって始められていることである。対徳一論争における最澄の立遅れについては、上にたびたび指摘したところであるが、見よ、最澄はここにおいて論争の主導権を自らの手に奪回しているのである。第三に、最澄の「二十問難」が、各論題のしめくくりで、法華経の文を引証して自宗の義を論成していること、そしてそこに彼の大きな苦心の存したことは上述のとおりである。それは、今や論争の主導権を手の中にした最澄の作戦ともいえるが、徳一がまんまとその作戦にのせられたことは、次の「法華秀句」の検討によって明らかにされるであろう。いったい三一権実論争は、根本的な考え方の違いにもとづく、「全体系的な理論対決」である。そこでは、無限の問題が派生する可能性を秘めるとともに、一方ではつねに、問題は「一通一執」(二八二頁)していたのである。したがってそこでは、最初に述べたように、三・一の権実を争う問題が、仏性論に約すれば悉有仏性を争う論となり、人性論に約すれば五姓各別説を争う論となる性質のものであった。この種の論争では、自他「共許《ぐうこ》」の立脚点を我が田に引いたものが勝ちである。最澄はこの作戦を実行し、さすがの徳一もそこまで見ぬけなかったわけである。すなわち、三一権実の問題は、法華経の判教論に約すれば法華経の権・実を争う論となるわけであるが、最澄は法華の経文を正邪の判定に用いることにより、徳一を知らず知らずのうちに法華経を実なりとする立場に引き入れたのである。「一通一執」した「全体系的な理論対決」の場においては、一部分で敗れたものは、全体で敗れることにひとしい。そのことは、次の「法華秀句」の考察によって知られるであろう。

「法華秀句」三巻は、すでに述べたように、弘仁十二年、すなわち最澄入滅の前年に書かれたもので(伝全三、五五)、この大論争の掉尾を飾る大著である。三巻十章より成るが、第一章(仏説已顕真実勝)に上・中二巻を宛て、第二章以下の九章が下巻所収であるから、第一章が桁はずれに大きなことがわかる。第一章は上・中二巻に分れるが、上巻はさらに、(1)十教二理にわたる徳一の「謗法華文」を対破した部分(伝全三、二—五一)、(2)四教二理にわたる「死法華心腑文」を対破した部分(同三、五二—七一)、(3)同じく徳一の「死法華心腑証文」を対破した部分(同三、七一—一〇九)から成る。このうち(1)(2)は「守護国界章」下巻十二章(弾謗法者偽示法華権実章)を増広したもので、「中辺義鏡」の七教二理・四証二理が、「法華秀句」ではそれぞれ(1)十教二理・(2)四教二理に増加されている。また(3)は、最澄の「通六九証」を逐一論破したものである。そのうち(1)の部分は、各条とも「明知、是権、非二実教摂一」(同三、四)とか、「法華是権、非レ為二実教一」(同三、六)という文句で結ばれているから、この部分を前掲徳一の著述中の「法華権文(門)」一巻に比定することができるのではないか。また(2)と(3)の部分は、「死法華心腑文」あるいは「死法華心腑証文」といわれているから、やはり前掲表の「法華肝心」二巻に比定することができるのではなかろうか。すなわち徳一は、「二十問難」ないしは「決権実論」における最澄のたくみな誘導作戦にのせられて、法華経の権実を争う論域に引きこまれ、かつて「中辺義鏡」で述べた七教二理を僅かに十教二理に補強して「法華権文」一巻を作り、また四証二理を四教二理に改修し、これに「通六九証」を破る文を新加して「法華肝心」二巻を組織したけれども、もはやそれは最澄にとっておそるべきものではなかったであろう。なぜなら天台宗こそは諸経の王たる法華経をもって宗をなす「経宗」であり、法華経をもって自宗の義を論成することは、きわめて容易だったからである。これに対して法相宗は、法華を権となすためには、どうしても仏性論ないしは人性論によって論理を立てなければならないという弱味があった。五年にわたる論争が、「仏性抄」によって「法華を権と判じた」徳一の論難に始まり、「法華秀句」によって一切皆成を論成した最澄の論によって終幕をつげていることは、この間の事情を象徴的に示すものではなかろうか。

次に「法華秀句」中巻は、第一章の後半部分に当るが、題して「抉択仏性護咽喉」という。そこではもはや論争書の体裁をとらず、天竺・大唐・日本の仏性論諍が回顧されるが、このうち日本の部は成稿されずに終っている。見方によれば、「守護国界章」以下の論争書のすべてをこれに宛てることもできよう。天竺・大唐の部、とくに大唐の部が仏性論争の復原的研究のための貴重な資料を集成していることは、すでに述べたとおりである。最後に「法華秀句」下巻は、「仏説経名示義勝」以下、法華経の最勝を示す九章より成っている。これまた論争の体をとらず、もっぱら天台の「法華玄義」と湛然の「法華文句記」によって天台独途の義を巍々堂々と論成した一種の判教論である。しかも法相宗のみならず、三論や華厳といった大乗家もしくは一乗家に対しても天台法華宗の最勝が説かれるのである。そこには徳一との対決を止揚し畢った最澄の余裕ある態度すら認めることができる。

こうして、徳一の「法華判権」に始まった未曾有の大論争は、最澄の「法華秀句」結巻の「法華最勝」という結論によって終止符が打たれた。論争はすこぶる多岐にわたったけれども、結局は、法華経に始まり法華経に終ったということではないか。ここにわれわれは、この論争の有した独自の、つまりインドにおける中観派対瑜伽派の論争でもなく、盛唐時代における新訳三乗家対旧訳一乗家の論争でもない、わが最澄対徳一論争のもった独自の歴史的意義を見出すことができるであろう。それは具体的にいえば、最澄の関東行化にあたって、緑野寺や小野寺の経塔会に群集した民衆の存在である。それは、「伝」によれば「百千万」といい、「元亨釈書」によれば「九万人」「五万人」といわれるもので、多少の誇張を割引きしても、とにかく万をもって数えられる「一切衆生」である。最澄はこの群衆を前にして法華経の最勝を説き、写経をすすめ、造塔への知識結縁をすすめ、そして法華経の説く「一切衆生悉皆成仏」の福音を解放した。民衆伝道の場では、「法華最勝」と「一切皆成」があるばかりで、その間をつなぐ何の理論も教学も不要である。しかし、ひとたび「法華を権と判じ」、「五姓各別」を説く異端者が現われた場合には、これを「全体系的な理論対決」をもって破斥することは、師主たるものの使命である。私は、五年間の大論争を通じて、最澄の脳裏をつねにはなれなかったものは、経典の説く「一切衆生」と二重写しになった関東の民衆の存在であったと思う。

同じ事情は、徳一の側にもあった筈である。彼は当時の新知識である最澄を相手に五年間の論争を戦いぬいた学僧であるとともに、また菩薩をもって称せられる民衆布教家であった。おそらく当時の関東における宗教地図は、上野・下野による道忠門徒と会津から常陸にかけての徳一門徒の勢力によって二分されていたのではないか。それは三乗主義対一乗主義の対立といってよいであろう。最澄対徳一の論争は、かかる関東の数千数万の民衆の存在を背景として戦われた一種の宗教戦争であったとしてあえて過言ではない。

近代の学者は、この論争において、最澄は徳一を指して「麤食者」「北轅」「短翮者」などの卑辞を用い、徳一もまた最澄を指して「法華の末学者」「愚夫」などと貶称したことをもって、「共に教家の論難に免れざる欠点を伴ひ、今日の研究者をして眉を顰せしむ」といい(常盤大定『仏性の研究』三一六頁)、「守護国界章」や「中辺義鏡」が経典の一文一句に立ち入った議論をなしたことを見て、「まま文字に拘泥して枝葉の論議に亘ることなきに非」ずと評する(三浦周行『伝教大師伝』二二七頁)。しかし、右に述べたような論争の歴史的背景に思い至るならば、これらの批評は、また異なったものになるのではなかろうか。最澄にしろ徳一にしろ、彼らの教化に従う数千数万の民衆のためには断じて負けられない論争であった。

卑辞・貶称も、相手がのちに入滅後、「全身壊せず」と称されるほどに偶像化された人物であってみれば、民衆布教上の効果として許されるのではなかろうか。

しかも当時の関東地方は、奈良末期以来の打ち続く征夷戦争の前線基地とされていた。「五姓各別」と「一切皆成」をかけた法華経論争は、荒々しい自然と風土にとりかこまれ、律令政府のきびしい収奪にあえぐ当時の関東の農民たちの目前で展開されるとき、特別に切実な意味を荷ったであろう。そしてこのはげしい論争を体験することによって、最澄はもち前の非妥協精神をよみがえらせ、自己の奉ずる教学についての優越性を確信することができた。すでに五十歳の坂を越え、余命いくばくもないことをさとる最澄は、いよいよ終世の念願を実現に移すべきときの来たことを自覚した。すなわち大戒独立の運動がこれである。

六　「顕戒論」撰上をめぐって

最澄が関東から比叡山に帰った時期は明らかでないが、おそらく弘仁八年(八一七)中のことであったと思われる。弘仁九年二月七日には、はじめて弟子の光定に「大乗寺建立」の素志を告げてその協力を請い(伝述一心戒文上ノ二)、ついで同年暮春(三月)には、門弟たちを集めて、彼が十九歳の昔、東大寺の戒壇で受けた小乗二百五十戒の棄捨を宣言し、同時に比叡山に新しい大乗戒を建立する決意を表明した(伝)。いわゆる大戒独立運動の火蓋は、ここに切っておとされたのである。

大戒独立の構想は、早くから最澄の胸中に熟しつつあったことに違いないが、これを急速に具体化せしめたものは、前年に始まった徳一との論争であったと思われる。前節に明らかにしたように、関東から帰山した最澄が、まず着手しなければならなかった仕事は、徳一の「中辺義鏡」に対する反駁の書、すなわち「守護国界章」(初稿本)の執筆であったが、大戒独立の構想は、この「守護国界章」の執筆をすすめる中で具体化されたものと見て間違いないであろう。弘仁九年五月、最澄はまず「六条式」を撰上して、菩薩の出家を奏請し、ついで同年八月には「八条式」を撰上して、重ねて勅許を請うているが、これらは時間的に見て、「守護国界章」の初稿本もしくは再治本の執筆と並行して行われたものと見なくてはならぬ。このことは、三一権実論争と大戒独立運動との密接不可分の関係を最も明瞭に示すものであろう。すなわち徳一との論争が、南都旧宗に対する思想的訣別を告げる戦いであったとすれば、大戒独立運動は、南都旧宗から天台宗の教団的独立をかちとるための戦いであったということができるのである。

弘仁九年三月における大戒独立の決意表明から「六条式」撰上にいたる前後の経過については、光定の「伝述一心戒文」(上ノ二)にくわしい。最澄は門弟たちにこの決意を告げるとともに、同年四月二十一日を期して、山門の結界を定め(伝全五、四〇三)、また同日、六所宝塔の建立を発願し(伝全五、三七三)、さらに四月二十六日の五更を期して山内の九院を定めた(伝全一、五三三)。六所宝塔については、すでに前節で弘仁七年五月一日付泰範宛消息を引いて論じたように、これまた早くから最澄の胸中に描かれていた計画であるが、ここに至って具体的に形をととのえたものと思われる。そして同じ日に行われた山門の結界という事実も、六所造塔の計画の最後の仕上げを意味するものであったろう。泰範宛消息の文面に即していえば、「東遊……南遊……」ののちに、「永く叡山に入りて生涯を待たん」といった「叡山に入る」という表現の具体化である。山門の結界、九院の設定、六所造塔という一連の構想は、「山修山学の規模あるいは輪郭」を示すとともに(村中祐生「大乗戒提唱と顕戒論」、天台学会編『伝教大師研究』所収)、大戒独立の理念をきわめて具体的・即物的に示したものであった。いったい最澄の主張する大乗戒には二重の意味が含まれていたと思う。一つは南都の小乗戒に対して、叡山の大乗戒の有する宗教的優越性という意味である。それは、声聞の自利を追求する「歩行の迂回道・歴劫道」である小乗戒に対して、「飛行の無礙道」(守護章上三ノ十)にたとえられる「円頓戒」という言葉で表現されよう。この「円頓戒」という呼称とともに、叡山の戒を「自性清浄一心戒」「自性清浄虚空不動戒」、略して「清浄戒」とよぶことがしばしば行われた。最澄自身も晩年には、この呼称をよく用いているが、その出典は灌頂纂の「国清百録」の普礼法中に見える「帰三宝文」にあり、最澄はこれを道邃─行表に学んだのであろうというのが、常盤大定氏の所説である(常盤大定「円頓戒論」、『日本仏教の研究』所収)。それはともかく、この場合の「清浄」は、宗教的純粋性といいかえてよいであろう。宗教的純粋性とは、いうまでもなく世間通俗の事柄や道理から出離した勝義諦であり第一義諦である。最澄が「顕戒論」の中で、叡山の山林修行を指して「第一義の六度は、山林の中に坐臥し……」と述べ(一一九頁)、その度者を「清浄の度者」、山中での出家を「清浄の出家」といい(一三七頁)、またそれに対して「宮中の出家は清浄に非ず」(一三九頁)としたのも、大体この意味で理解してよいであろう。最澄の提唱する大乗戒が、南都の戒壇を否認して僧綱支配からの離脱をはかるとともに、南都・僧綱を通じて加えられる国家権力の規制をはねかえす力をもったのは、主としてこの「清浄」という語で表わされる大乗戒の宗教的純粋性の理念にもとづくものである。してみると、大乗戒の理念の実現の場である「山修山学の規模あるいは輪郭」は、世俗の世間から聖別された清浄な区域でなければならないであろう。ここに、大戒独立の前提として山門が結界されねばならぬ理由が存した。そして清浄な区域として結界された山門を意義あらしめるものとしての九院と、またその全国的拡大の手足としての六所宝塔も同時に設定されねばならなかったのである。

光定の「伝述一心戒文」によれば、大戒建立の前提ともいうべき上記の一連の事柄が、ちょうど同じころになされた朝廷の要請にもとづく祈雨読経を機縁として行われたことを伝えている。同年四月二十一日、左近衛大将藤原冬嗣より最澄に宛てて書状が到来し、祈雨読経を乞う旨がしるされてあった。翌日、重ねて墨勅が下り、二十六日より三か日を期して宜しく精進転経すべきことが要請された。最澄が山門を結界し、六所造塔を発願したのは、冬嗣の書状の到来した日であり、九院を定めた二十六日五更(午前四時)といえば、まさしく三か日転経の開始された日時に当っている。「日本紀略」によれば、この年春より亢旱がつづき、四月三日には京畿に使を遣わして雨を祈らしめることあり、同二十二日には、伊勢に奉幣し、諸大寺、畿内諸寺ならびに山林禅場をして祈雨読経せしめている。二十三日の詔には、前年の秋収とともに今年の春苗も絶望的な状態にあること、都内にも飢餓がひろがり死者が続出していること、などを述べ、諸寺をして三か日祈雨読経せしめている。この詔は、「伝述一心戒文」所収の二十二日付の墨勅(伝全一、五三七)と同文で、両所伝は矛盾なく一致する。

すでに大戒建立を決意した最澄とその教団にとっては、このたびの祈雨読経は一つの試金石であった。三か日の読経の結果は細雨が降るに止まったが、同月二十九日、最澄の表と献上のための金字仁王経を携えて内裏に参上した光定は、四十人の大徳を率いて夜もすがら内裏に念誦講経する護命僧都らの姿を見かけている。清浄に結界された山林の読経と、非清浄なる宮中での読経との対決である。「顕戒論」(巻中)で議論される題材が、そこにはすでに事実として現出されていたといわねばならない。まさにそうした状況のもとにおいて、山門の結界以下の一連の布石が打たれたのである。

またこの祈雨一件を通じて、宮廷に対する積極的な働きかけが開始されたことも注意すべきである。すでに最澄から、大戒建立の意図を天皇および左近衛藤大将(藤原冬嗣)の耳に入れるようにという内命をうけていた光定にとって、今回の祈雨一件はまことに好機到来というべきであった。四月二十三日には最澄の返書を携えて冬嗣に面会し、大戒問題に関する最澄の内意を伝え、冬嗣はこれに対して「しばらく待て(且待須臾)」という回答を与えたといい(伝全一、五三三)、二十九日には上述のように内裏に参上した光定は、右大弁良峰安世の曹司(役所)を訪れて献上の表と写経を託するとともに、安世にも最澄の内意を告げ、「しばらく待て」という同じ返事を得たという(伝全一、五三七)。光定はすでに弘仁四年六月、師に随って興福寺に赴き、義解・義延との論争を試みたとき以来、冬嗣とは面識があったが、安世との交渉の発端は明らかでない。しかし、冬嗣と安世という二人の名流貴族に目をつけ、その支援を請うたことは、最澄もしくは光定の政治的炯眼を示すものである。藤原冬嗣は北家の嫡流で、薬子の乱(弘仁元年九月)以後は政界の実権をにぎる権勢家であったし、良峰安世は桓武天皇の皇子で、良峰の姓を賜わって臣籍に下っていたが、冬嗣とともに嵯峨天皇の羽翼をなす人物であった。安世と天皇は異腹の兄弟で、しかも同じ年齢の親密な間柄であった。また安世の母は飛鳥部奈止麻呂の女といい、女孺《にょじゅ》となって宮中に入って安世を生む以前に藤原内麻呂に嫁し、冬嗣を生んでいる。すなわち安世は冬嗣とも異父同母の兄弟に当り、冬嗣より十歳の年少であった。

上述のような経過を経て弘仁九年五月十三日に撰上されたのが「天台法華宗年分学生式」(一九四頁)、すなわち「六条式」である。その二日後の十五日付の「得業学生式」(二〇二頁)は、年分学生が得度試業を受ける以前の段階、いわゆる得業生に関する内部的な規定であって、大戒独立の決意表明以来、内部的な基礎がためと、外部的な準備工作を着々とすすめてきた最澄の周到な態度を示すものである。さらに数日後の二十一日には、「六条式」の趣旨を重ねて要説した「請菩薩出家表」(二〇四頁)が天皇のもとに上られた。しかし朝廷側からは何の反応も示されなかった。光定が良峰右大弁を通じて入手した情報によれば、最澄らが満を持して放った「六条式」等の第一弾は、天皇はこれを僧綱の討議に付したけれども、護命僧都らの「大乗寺無㆓天竺㆒、亦無㆓大唐㆒、亦無㆓此間㆒」という反対意見によってにぎりつぶされてしまったのである(伝全一 五三八)。ついで八月二十七日には、「勧奨天台宗年分学生式」(一九七頁)、すなわち「八条式」が撰上され、重ねて勅許を申請するところがあった。「八条式」撰上前後の事情は光定の私記にも伝えられないけれども、おそらく「六条式」の場合と同様の運命を辿ったことが想定される。

「六条式」および「八条式」で最澄の奏請したところのものは、いうまでもなく、桓武天皇によって勅許された天台宗年分度者に関する諸規定であり、その意味でたしかに井上光貞氏が指摘したように、延暦二十五年の法令(格)に則る細則(式)に当るものと見なすことができる(井上光貞『日本古代の国家と仏教』一〇〇頁)。しかし、この両式に盛られた最澄の要求は、表面的にはおだやかであるが、言外に南都戒壇の否認と僧綱支配からの離脱をはかり、さらに奈良朝以来の国家仏教の体質の根本的転換を迫る意味を秘めたものであった。護命以下の僧綱が、言を左右にして黙殺の挙に出たことは、むしろ事の重大さを認識したものといえるのではなかろうか。

「六条式」では、まず弘仁九年を期して天台宗年分学生を「大乗の類」となすことが宣言され、ついでその具体的な内容として、(1)天台宗年分の得度には円の十善戒を授けて、菩薩沙弥となすこと、(2)得度と同じ年に仏子戒(大乗戒)を授けて菩薩僧となし、以後十二年の山修山学を課すること、(3)止観業には護国の大乗経の長転・長講、遮那業には護国の真言経を長念させること、(4)所定の年限をおえたものは、その能力に応じて国宝・国師・国用にわけ、国宝は衆の首として山にとどめ、国師・国用は伝法および諸国の講師に任ぜられんこと、などが要求されていた。なお第一・二条に述べられた、天台宗年分の籍名を除かず、戸籍には仏子の号を書き加えるにとどめること(僧籍の廃止)、その度縁・戒牒に官印を請うこと(貢名出家)の二つの規定の有する重要な意義については、のちに再論するであろう。これを要するに、「六条式」の眼目は、新しい「菩薩僧」の理念とその具体的な修業内容を示したことである。人口に膾炙する冒頭書き出しの「国宝とは何物ぞ。宝とは道心なり」といった「国宝」の意味するところも、この式に添えて上られた表が「請菩薩出家表」と名づけられた理由も、「六条式」に提唱された「菩薩僧」にもとづいている。また第六条に、修池修溝等の利国利人の社会的実践を説いたのも、「菩薩僧」のイメージに伴う大乗利他の行として付加されたものであろう。そしてそれは、井上光貞氏が指摘するように、行基の事業を思いうかべて書かれたものにちがいない(井上光貞、前掲書)。次に「八条式」は、全体として「六条式」に洩れた部分的規定を拾遺したものと見られるが、第一・二・三条は、得度以前の得業生に関する規定で、さきの「得業学生式」の制を若干補訂するとともに、その待遇(供料)に関する規定をさだめ、かつ「六条式」には出なかった得度試業の法をくわしく規定しているが、そこでも「貢名出家」の原則が再確認されている。第四条は、年分学生に課した十二年の山修山学をややくわしく規定したものであり、第五・六条は、天台宗年分、および他宗自進の学生の待遇をさだめたものである。さらに第七条では、十二年修学のものには、大法師位もしくは法師位を賜わらんことを請い、第八条では、俗別当二員を差遣されんことを請うている。

このように「八条式」で、最澄が、得業生ないしは年分学生の待遇のことや、業を卒えたものの僧位のことに大きな配慮を示したことは、大戒問題が、天台宗の独立と教団の革新をのぞむ理想的な念願に発するとともに、一面では、門弟の離散を防ごうという、きわめて切実な動機から出ていたことを示すものである。桓武天皇の勅許にかかる天台宗の年分度者は、長らく実施されず、勅許後五年目の大同五年(八一〇)一月になってはじめて施行されたが、このとき過去四年分、八人が一度に得度し、以後弘仁九年(八一八)にいたるまでの十二年間に都合二十四人が得度した。しかるに、そのうちの一人は死亡、四人は法相宗に奪われ、九人は種々の事情で山にとどまらず、結局住山のものは十人にすぎない有様であった(天台宗年分度者学生名帳)。これは天台宗で得度しても、授戒には東大寺に赴かねばならず、それを機会に、出身の便宜の多い南都諸大寺へ走ってしまう者が多かったからである。得度・授戒を同時に叡山で行い、さらに所定の業を卒えたものに対する任用・出身の道を開きたいという要求は、門弟の離散を防いで教団の永続を確保しようとする、きわめて現実的な動機にもとづいている(辻善之助「顕戒論撰述の理由」、『日本仏教史の研究』所収)。「八条式」に俗別当二員の設置を請うたのも、単に門徒の風儀を取り締らせるばかりでなく、彼らにこうした経済的・世俗的な保護の役割を期待したからであろう。

明けて弘仁十年三月十五日、黙殺の態度をとりつづける南都・僧綱に対して、最澄は重ねて「天台法華宗年分度者回小向大式」(一九九頁)を撰上し、つよく訴えるところがあった。すなわち「四条式」がこれであるが、題して「回小向大式」という。南都の戒壇を小乗戒と貶して否認し、叡山に大乗戒を建立することをはじめて積極的に意志表示したあからさまな挑戦状である。これまで黙殺の態度をとりつづけた南都・僧綱側も、果たして反撃に出、同年五月十九日、僧綱は南都七大寺の反対意見をとりまとめ、四条式をはげしく論難した。最澄の式は、教理に合わぬばかりでなく、僧尼令の規定にそむいて僧綱・玄蕃寮を経ずに上奏に及んだ過失がある、よって本人を召喚して、教えに照らして論定すべきである、というのがその結論である。この僧綱の奏状にこたえて執筆されたのが、最澄畢生の大著「顕戒論」三巻であった。

「伝述一心戒文」(上ノ三・五)によると、「四条式」の奏上に先立って、最澄は僧綱の上首、護命の賛同を得ようと試みたが、光定が「大乗の伝戒の成・不成の事は天子に在り、僧都に在らず」と主張したので思い止まったという(伝全一、五五二)。四条式とそれに添えた「請立大乗戒表」(二〇六頁)は、例によって光定が宮中に持参し、良峰安世に託して上呈された。四条式撰上の日が三月十五日に選ばれたのは、この段階ではじめて具体化される天台宗年分の得度を、先帝国忌の日(三月十七日)に比叡山上において行いたいとする要求(請立大乗戒表)を考慮したものであろう。しかるに三月十七日の夕になっても四条式に対する勅答は下されなかった。「欝結」した光定は、藤原冬嗣に事態の進展についてたずねたところ、天皇の態度は変らず、式は僧綱に下され、その判断にゆだねられるという、前回と同じような首尾に終ったことが知らされた。「伝戒の事は天子に在り」として護命の署名を請うことに反対した光定が、最澄の「請署名文」を携えて野寺(常住寺)なる護命の房を訪れたのは、その数日後の三月二十日のことであった。その際行われた護命と光定との会話は「伝述一心戒文」(中ノ三)に見えるが、護命が大戒の独立に反対する論拠は、さすがに問題の本質をついたものであった。彼は最澄の提唱する「菩薩僧」を別受・通受の二類に分ち、「通受菩薩僧」は認めるが、「別受菩薩僧」は大唐にも前例のない新儀だから認められないというのである。護命の署名が得られず、むなしく帰山した光定の報告を聞いた最澄は、「僧都は一切経・論疏を読んでいない」といった。そして「諸法無行経に喜根菩薩、法華経に常不軽菩薩があるのだがなあ」とつけ加えた(伝全一、五七一)。

こうして護命の署名を請うことは不首尾に終ったけれども、四条式に対する取扱いが、前回まではやや異なった進展を見せたのは、冬嗣や安世の助言によるところが大きかったのであろう。すなわち、六条式・八条式は僧綱によって黙殺されたが、四条式は諸大寺に回付してその意見を徴するということになったからである。しかも五月十九日に至って上奏された僧綱の表及び七大寺の反論が天皇の手もとに届くまでの経路が全く違ったものとなった。ここにも冬嗣の陰の斡旋が大きな役割を果しているであろう。すなわち四条式は玄蕃頭(当時の玄蕃頭は前年、光定と宗論を闘わせた真苑雑物である)の手を経て僧綱に回付されたが、僧綱の表対及び七大寺の状は、内匠頭藤原是雄の手を通じて天皇のもとに達し、その後も内匠頭の手もとに保管されることになったからである。是雄は冬嗣の甥であった(尊卑分脈巻二)。彼が冬嗣の意をうけて最澄側に好意的であったことは、最澄の要望にこたえて、これらの文書を彼の閲覧に供したことからも明らかである。最澄が是雄の諒解を得て、宮中文殿に保管される僧綱側の文書を入手しえたのが、「上顕戒論表」(一五八頁)の文首に見える「去年十月廿七日」すなわち弘仁十年十月二十七日のことだったのである。

ところで「上顕戒論表」には、ここに収めた(A)「叡山大師伝」所収、弘仁十一年二月二十九日付のものと、(B)「伝述一心戒文」(上ノ五)所収、某年十一月二十一日付のもの、の二種があり、両者対照して見ると文に多少の繁簡が認められる。最も大きな違いは、(1)(B)の方に「菩薩瓔珞本業経」(下巻)の文を引くこと、(2)文の末尾の天台宗年分学生の離散の実情を訴えたところで、(A)は「弘仁十一年まで云々」、(B)は「弘仁九年まで云々」となっていること、(3)同じく末尾に近いところで、(A)は「弘仁十一載……造顕戒論」、(B)は「弘仁十載……造顕戒論」となっていることである。以上によって、(B)は弘仁十年十一月二十一日に執筆された草稿本であったことがわかる。おそらく最澄は、僧綱側の反論を入手するや否や、「顕戒論」三巻を一気呵成に書き上げたことであろう。すでに上述の経過に見られるごとく、「顕戒論」の構想は、早く最澄の胸中に用意されていたと考えられるからである。「伝述一心戒文」所収(B)の「上顕戒論表」は、この一気呵成に書き上げられた「顕戒論」(かりに初稿本と名づけておこう)に添えられた表であったと思われる。しかるに何らかの事由によって、「顕戒論」撰上は翌年春二月に延期された。(A)の「上顕戒論表」はそのとき再治を加えたものと思われるが、「顕戒論」の本文の方にも、充分修治の手が加えられたことであろう。なお「顕戒論」の撰上が延期された事由については、今のところ推測の手がかりはない。

「四条式」およびその脚注ともいうべき「顕戒論」で展開された論点は多岐にわたるが、今これを、(1)一向大乗寺の建立、(2)菩薩の出家、(3)大乗戒の僧戒化、の三点にまとめて見てゆきたいと思う。

(1)最澄は仏寺に一向大乗寺・一向小乗寺・大小兼行寺の三があるとし、このうち一向大乗寺について、日本には行基の四十九院以外に前例がないが、天台宗年分学生の住するのは一向大乗寺でなければならないとし、比叡山にそれを建立することを要請した。これに対して僧綱は、この三寺の分類じたいを認めない。これは当時の南都の諸大寺において、六宗の僧侶が同一寺内に雑住した実状からして当然の考え方である。最澄の主張は、「大乗寺」を建立して南都・僧綱の統摂からの離脱をはかるとともに、当時の一般の寺院のあり方に根源的な疑問をなげかけ、日本仏教にはじめて「宗派寺院」の概念を導入したものであった。

(2)この一向大乗寺に住するものが、出家の菩薩、すなわち「菩薩僧」である。これは、四条式よりも、むしろ六条式と八条式で提唱された問題であるが、これまた僧綱の反撃の的となった。僧綱の意見によれば、菩薩と僧(声聞)とは矛盾する概念で、「菩薩僧とは無し」(伝述一心戒文上ノ三)、すなわちありえない概念である。これは大乗仏教が在家信者の宗教運動として勃興してきたという歴史的事実に照らしても、充分成り立ちうる一つの見解である。たとえば仏像彫刻をとってみても、菩薩像が大悲闡提である地蔵を除いて、すべて在俗有髪の姿をとっていることもこの間の事情を物語っているであろう。ところで南都六宗には華厳・法相・三論の諸宗があり、すべてこれ大乗仏教である。とすれば、大乗の僧が声聞形(小乗律師)をとる理由を示さねばならないが、これについては、実は最澄の四条式が回答を用意してくれていたのである。すなわち彼らは「利他の故に小律儀を受く」といえば良かったのに、僧綱は回答を誤まり、この文を「これ倒言なり」(四六頁)と非難したために、逆に自らを小乗的立場においこんでしまう愚を犯した。最澄の真意は、「菩薩僧」という新奇の概念を提唱することによって、南都僧儀の小乗的偏向を痛打することにあったのであり、それはそのかぎりで成功を収めている。

(3)最澄の主張する「大乗戒」とは、「梵網経」にもとづく十重四十八軽戒である。彼は南都の戒を小乗戒ときめつけ、これを否認するとともに、この梵網の菩薩戒をもって僧侶の資格を印可する大僧の別解脱戒に用いようとした。しかし梵網の菩薩戒は、もともと在家の信者(菩薩)に対する結縁戒として構成されたという歴史的経過を背負っていた。よく知られるように梵網の十重禁戒の一つに「不酤酒戒(酒を売ってはならない、売らしめてはならない)」があり、どう見てもこれは在家生活者に対する規定である。最澄はこれを「その戒広大にして真俗一貫す」としたけれども、これを大乗不共の別解脱戒とすることには無理があった。菩薩戒の伝授は中国でも盛んに行われたけれども、光定との対話で護命が語ったごとく、すべて「通受菩薩僧」の立場でこれを授受したのである。最澄が入唐した際、天台宗の根本聖地である天台山でさえ、この立場は変らず、現に最澄に随行した義真も天台山において三師七証を前にする声聞別解脱戒を受けて僧としての資格を允許されているではないか(一八二頁)。南都の法師たちが、「大乗戒の僧戒化」をもって「法門を紊乱する」(一七頁)ものとみなしたのも無理はなかった。

右に見たように、僧綱側の回答に不手際があったにもせよ、仏教学の常識からいって最澄の主張の方に無理があった。それにもかかわらず彼の意見が最終的に勝利を収めえた理由は何か。私はその理由を三つほど数えることができると思う。

第一に、最澄の無垢な宗教的良心である。われわれはここで、彼が十九歳の昔、南都での授戒を契機として痛切な無常感におそわれ、比叡山に隠遁したときのことを思い出さねばならない。そこでも述べたように、それ以来、彼はこの「授戒」の意味を問いつづけてきたのである。彼がこの「授戒」の問題を槓桿として、自己の宗団の確立のみならず、仏教界全体の改革を企てるに至った必然性は、実にこのときに根ざしたのである。鑒真が三師七証の具足戒を日本に伝えてより四十余年、彼ほど真剣に「授戒」の意義を考えたものはいなかったということである。彼のするどい宗教的良心が、授戒の形式的側面(僧団への入門儀礼)と実質的側面(戒律遵守の誓約)との乖離を見抜き、その矛盾に悩んだ。彼は天台の実相論哲学によってこの矛盾をのりこえることができたが、そうなると、大乗の至極である天台一乗にふさわしい授戒方軌が求められねばならなかった。「菩薩戒の僧戒化」は、かかる理論的要請にもとづくものであった。

第二に、時代の趨勢である。最澄の大戒運動は、南都仏教の存立を外からおびやかすものであったが、その素地は実は南都仏教の内部にも芽生えていた。たとえば学問仏教の建前に立つ南都仏教界にも、しだいに宗派仏教への傾斜が見られ、六宗雑住のはずの諸大寺でも、東大寺は華厳、大安寺は三論、興福・元興両寺は法相へというふうに、しだいに分化の傾向が見られたのである。そもそも最澄入唐の契機となった高雄天台会の当時における、「三論・法相の久年の諍」(伝、善議等謝表)といった現象も、そうした南都仏教における宗派教団化の動きを示すものにほかならなかった。ところでこうした宗派仏教化、寺院の宗派化は、民間仏教において特にいちじるしく、僧綱の奏文に添えられた東大寺景深の論文にも、一向大乗寺の先例として行基の四十九院が挙げられていたことは、「顕戒論」に見られるとおりである(二七頁)。古代仏教における宗派の観念は官大寺の学僧の間においてではなく、これら民衆教化の最前線からの要請にもとづいてしだいに醸成されていったのである(薗田香融「知識と教化―古代仏教における宗派性の起源―」、『赤松教授退官記念国史論集』所収)。このことは、最澄の場合でも例外ではなく、かの弘仁八年における彼の関東行化の際に見られたごとく、上野・下野に教勢をはった道忠門徒と最澄の叡山教団との間に見られた「師資」の関係が、彼の宗派教団創出の運動、すなわち大戒独立運動を根底的に動機づけ、かつ支えていたと見ることもできるのである(ここにも三一権実論争と大戒独立運動との本質的に不可分な関連を見出しうるであろう)。

第三に、国家仏教の凋落である。奈良時代の国家仏教は、その存立の原理的基礎を僧尼令と得度・授戒制においていた。すなわち僧尼令という小乗的禁制をもって僧尼の行儀を取り締る一方、僧尼育成の手段としての得度・授戒制を、実質上、国家の官僚統制のもとにおくことによって、仏教を国家に従属・奉仕させてきたのである。この場合注意を要することは、それがあくまでも「実質的に」なされたことであって、得度・授戒の認許権は、表面的・形式的には教団の師主や長老の手ににぎられていたことである。得度・授戒制における国家の官僚的関与の仕方は、得度の際における勘籍・除籍事務、僧籍への編入事務、度縁の発給とか、授戒の際における玄蕃寮官人の立会い・簡検、戒牒の発給というような形でなされた。このような当時の国家仏教のあり方を最も典型的、もしくは象徴的に示すものが、毎年正月の最勝会に行われた年分度者の宮中出家である。宮中出家の場合といえども、度を与えるものは教団の師主であり長老である。しかし、それが宮中で行われることによって、教団における師資の関係は減殺されてしまって、度者はさながら天皇から度を与えられた恰好になってしまうであろう。これが最澄をして「宮中の出家は清浄に非ず」といわしめた理由である。最澄はこうした国家の仏教統制のあり方を敏感に見破り、僧籍の廃止や貢名出家制を提唱したのである。これらは些末な事柄であるように思われがちであるが、実は当時の国家仏教のあり方をするどく批判したものであった。最澄の大戒独立運動は、国家仏教の構造原理上の急所——得度・授戒制を痛撃するものであり、その結果、律令国家の衰退とともにすでに始まっていた国家仏教の凋落はいっそう促進された。大乗戒の独立によって、仏教教団に対する国家の官僚統制は、やがて全くその実を失うに至るであろう。

しかし、不幸にしてこの主張は最澄の生前には実現しなかった。「顕戒論」の反撃を見て、形勢不利と見てとった僧綱側は、権力をにぎったものがしばしば用いる最も悪辣な手段、例の黙殺の挙に再び出たからである。彼は成果を見ることなく弘仁十三年(八二二)六月四日、山上の中道院でさびしく息を引き取った。時に五十六歳であった。しかし彼の宿願は、残された門弟たち、とくに光定の奔走と、藤原冬嗣・良峰安世等の助力によって、滅後七日目の六月十一日に至って勅許された。彼は大戒独立の成功を見ずに死んだが、それはきびしい非妥協精神に生きた彼にとっては、むしろふさわしい最期であったかもしれない。

後記

本書の共著者、大谷大学教授安藤俊雄先生には昨年十二月二十六日、六十四歳をもっておなくなりになった。私が先生に最後にお目にかかったのは、たしか昨年七月中旬のことであったと記憶する。学長の要職におられた先生は、すこぶる御多忙の様子であったにもかかわらず、本書の執筆にはきわめて意欲的で、怠慢な私を励ましてくださったのである。その直後の七月末から私は、勤務する大学から在外研究を命ぜられてヨーロッパ各国をめぐり、十月末に帰国した。出発前には本文の訓み下し文がほぼ完成し、注を加える作業に着手したところであったが、勤勉な先生は、私の不在中にすっかり注の仕事を完了しておられた。今にして思えば、この仕事が先生の御健康によくない影響を与えたのではなかろうかと悔やまれるのである。帰国した私は、最初にきめた分担に従って、さっそく歴史的な事項に関する注を加える仕事に着手したが、そのころ先生は、すでに過労を訴えて田原の御自坊に帰臥されていた。一度お見舞に伺いたいと思っていた矢先、はからずも先生の訃報に接したのである。

先生の中陰忌も明けたころから、本文及び注の校正の仕事がはじまり、かたわら解説の執筆もすすめねばならなかった。もともと解説は、最澄の教学思想に関する部分を先生に分担していただくつもりであった。今やそれらの仕事について私は、先生の御尽力も御指導も期待できなくなった悲傷を思いきり味わわねばならなかった。もっとも、先生の衣鉢をつがれる大谷大学の白土わか・福島光哉の両助教授が、煩雑な頭注・補注の仕事について献身的な尽力を与えられたのであるが、本書にもしそれらについて不備な点が残ったとすれば、それはすべて私の責任であることはいうまでもない。

今ようやく稿を畢えるに当り、大戒建立の基礎をかため、その成功を見ずして中途に斃れた最澄のことを思わざるをえない。私は、白土・福島両氏とともに、最澄にとり残された遺弟、わけて光定の心裡を偲びつつ、印刷された最初の一本を先生の墓前に手向ける日のことを考えている。(薗田)

日本思想大系 4
最澄

1974年 5月29日 第1刷発行
1985年 5月10日 第8刷発行
1991年 4月8日 新装版第1刷発行
1991年 6月25日 新装版第2刷発行
2016年12月13日 オンデマンド版発行

校注者 安藤俊雄《あんどうとしお》 薗田香融《そのだこうゆう》

発行者 岡本 厚

発行所 株式会社 岩波書店
〒101-8002 東京都千代田区一ツ橋 2-5-5
電話案内 03-5210-4000
http://www.iwanami.co.jp/

印刷/製本・法令印刷

ISBN 978-4-00-730546-7　Printed in Japan